Ignaz Vincenz Zingerle

Die tirolische Weisthuemer

Ignaz Vincenz Zingerle

Die tirolische Weisthuemer

ISBN/EAN: 9783743698635

Hergestellt in Europa, USA, Kanada, Australien, Japan

Cover: Foto ©ninafisch / pixelio.de

Weitere Bücher finden Sie auf **www.hansebooks.com**

Im Verlage

von Wilhelm Braumüller, k. k. Hof- und Universitätsbuchhändler in Wien,

sind erschienen:

Weisthümer, österreichische, gesammelt von der kaiserl. Akademie der Wissenschaften. I—III. Band. gr. 8. 1870—1877. 16 *fl.* — 32 *M.*

> I. Band: Die salzburgischen Taidinge, herausgegeben von Heinr. Siegel und Carl Tomaschek. 1870. 6 *fl.* — 12 *M.*
>
> II. „ Die tirolischen Weist 'mer, herausgegeben von J. V. Zingerle und K. Th. von Inama-Sternegg. I. Theil: Unterinnthal. 1875. 4 *fl.* — 8 *M.*
>
> III. „ Die tirolischen Weisthümer, herausgegeben von J. V. Zingerle und K. Th. von Inama-Sternegg. II. Theil: Oberinnthal. 1877. 6 *fl.* — 12 *M.*

Franzisci, Franz. Cultur-Studien über Volksleben, Sitten und Bräuche in Kärnthen. Nebst einem Anhang: Märchen aus Kärnthen. Mit einem Geleitbrief von P. K. Rosegger. Herausgegeben vom Grillparzer-Literatur-Verein in Wien. gr. 8. 1879. 1 *fl.* — 2 *M.*

> Dies Werk des verdienstvollen Ethnographen macht, wie Rosegger sagt, den Eindruck voller Wahrheit und Gediegenheit. Denn der Verfasser war überall durch Selbstschau die Scenerie und Figuren aufzufassen bemüht gewesen, daher die Unmittelbarkeit der Schilderung, localtreue Zeichnung und farbenfrische Wiedergabe der dramatisch bewegten Handlungen. Ohne ins Breite und Umständliche sich zu ergehen, glänzt der Verfasser durch treffende Kürze, deren reicher, stofflicher Inhalt um so ursprünglicher den Leser anmuthet, da er sich gleich nach den ersten Zeilen mitten in die Handlung versetzt sieht. Franzisci gilt als Schöpfer dieser volksthümlichen Literatur-Richtung in seiner Alpenheimat, in welche alljährlich der hochsommerliche Strom der Touristenwelt sich lenkt. Auch die dem Text eingefügten Verse sind als originaler Beitrag zur alpenländischen Volkspoesie Süd-Oesterreichs zu betrachten. Der Eintheilung nach Thälern entsprechend, finden wir lebenvolle Darstellungen der Volksspiele aus dem Möll-, Drau-, Metnitz-, Gurk-, Glan- und Gailthale und den Schluss bildet ein halbes Dutzend anerkannt reizender, dem Volksmunde getreu nacherzählter Märchen aus Kärnthen, wahre Goldkörner der Lebensphilosophie des schlichten Volkes.

Schlossar, Dr. Anton. Inneröstorreichisches Stadtleben vor hundert Jahren. Eine Schilderung der Verhältnisse in der Hauptstadt Steiermarks im achtzehnten Jahrhundert, zugleich Beiträge zur Literatur- und Culturgeschichte der Aufklärungsperiode. Mit einer Ansicht der Stadt Graz in Lichtdruck. gr. 8. 1877. 3 *fl.* 50 *kr.* — 7 *M.*

— — **Oesterreichische Cultur- und Literaturbilder mit besonderer Berücksichtigung der Steiermark.** gr. 8. 1879. 4 *fl.* — 8 *M.*

> Inhalt: Die Wiener Musen-Almanache im achtzehnten Jahrhundert. — Ziegler's „Asiatische Banise" auf der Bühne. — Zur Geschichte des Grazer Theaters im achtzehnten Jahrhundert. — Goethe und zwei innerösterreichische Theaterdirectoren im achtzehnten Jahrhundert. — Der Schrattanz in Ober-Steiermark. — Die deutschen Volkslieder in Steiermark.
>
> In dem vorliegenden Bande bietet der Verfasser der wissenschaftlichen Lesewelt eine neue werthvolle Gabe. Die sechs Aufsätze, welche in diesem Werke aneinandergereiht sind, werfen höchst interessante Streiflichter auf das sittengeschichtliche und insbesondere literarische Leben Deutsch-Oesterreichs seit dem Anfange des vorigen Jahrhunderts.

OESTERREICHISCHE

WEISTHÜMER

GESAMMELT VON

DER

KAISERLICHEN AKADEMIE DER

WISSENSCHAFTEN

VIERTER BAND

DIE TIROLISCHEN WEISTHÜMER

III. THEIL

WIEN 1880

WILHELM BRAUMÜLLER

K. K. HOF- UND UNIVERSITÄTS-BUCHHÄNDLER.

DIE TIROLISCHEN

WEISTHÜMER

IM AUFTRAGE

DER

KAISERLICHEN AKADEMIE DER

WISSENSCHAFTEN

HERAUSGEGEBEN VON

IGNAZ V. ZINGERLE UND K. THEODOR VON INAMA-STERNEGG

III. THEIL: VINSTGAU

WIEN 1880

WILHELM BRAUMÜLLER

K. K. HOF- UND UNIVERSITÄTS-BUCHHÄNDLER.

EINLEITUNG.

Die Weisthümer des Vinstgaues, welche den dritten Theil der „tirolischen Weisthümer" füllen, sind in mehrfacher Hinsicht besonders bemerkenswerth.

Sie zeichnen sich in der überwiegenden Mehrzahl durch hohes Alter aus, indem sie zu zwei Drittheilen dem 15. und 16. Jahrhundert angehören und auch von diesen wieder mehrere auf noch ältere Rechtsgewohnheit (Mals, Maibrief von Mals und Burgeis, Schlinig, Schlanders II, Goldrain, Martell I) und selbst ausdrücklich auf ein noch älteres Weisthum verweisen (Glurns II, Planail, Tschars).

Ebenso sind sie durch Reichhaltigkeit und Vollständigkeit ihres Inhaltes ausgezeichnet und geben uns damit ein vielfach geradezu erschöpfendes Bild eines reich entwickelten und frischen gemeindlichen und genossenschaftlichen Lebens.

Und endlich ist die Sammlung der Weisthümer des Vinstgaues auch von einer bis jetzt nirgends erreichten Vollständigkeit, indem nur wenige, zumeist unbedeutende Gemeinden in derselben nicht vertreten sind; nur von dem Klostergericht der Karthause in Schnals (Allerengelsberg) ist es nicht gelungen ein Weisthum aufzufinden; vom Gerichte Castelbell mussten wir uns mit einer nur wenige Punkte des öffentlichen Rechtes berührenden späteren Gerichtsordnung begnügen. Dass auch die „Freiheiten und altes Herkommen des Stift's zu Chur" und die Münsterthaler Civil- und Criminalstatuten in die Sammlung aufgenommen sind, und damit über die gegenwärtigen Grenzen von Tirol an einem Punkte hinausgegriffen wurde, rechtfertigt sich mit dem älteren

bgeordneten in Mals, Dr. David Schönherr, k. k. Archivar
Innsbruck, Josef Bliem, Pfarrer in Latsch, Franz Kupe-
lon, Pfarrer in Tschars, P. Cölestin Stampfer, Professor
Meran, Jos. Tarneller, Professor in Meran, Josef Egger,
Cooperator in Meran, und den löblichen Gemeindevorstehungen
Latsch, Mals, Martell, Staben, Tarsch und Tschars.

Möchte der folgende Band, der die Weisthümer des Burg-
grafenamtes und des Etschlandes bringen wird, ebenso freund-
liche Unterstützung erhalten, wie der vorliegende!

24. April 1880.

1. Glurns (Gericht).*)

Aus Copialbuch des 16. Jahrh. Fol. 237 Bl., im Besitze des Grafen Oswald v. Trapp in Innsbruck, aus dem Archiv des Schlosses Churburg im Vinstgau. Die Landsprache von circa 1440 (A) auf Fol. 3—6. — Eine spätere Fassung aus dem 16. Jahrh. (B): Lanndtsprach und ehafftaiding, so von aldter her im gericht Glurns und Mals jerlichen zwierennde gehalden wirdet, erstliche an sand Anthonien abendt, zum andern mal an sand Veits abendt steht in demselben Copialbuch Fol. 190—195.

Lantsprach des Gerichts Glurns.

Item zum ersten werden die aidsweren und froien von ainem ieglichen richter ze Glurns gefragt, [1]) ob lantsprach und elich teding an dem

---

*) Das landesfürstliche Gericht Glurns kam schon im Jahre 1347 durch Markgraf Ludwig den Brandenburger als Pfandschaft an die Vögte von Matsch und verblieb, wenn auch mit Unterbrechung, bis zum Aussterben dieses Geschlechts bei demselben. 1356 ist Vogt Ulrich von Matsch Richter von Glurns. 1363 wird Stadt und Gericht von Gräfin Margaretha von Tirol neuerdings an Vogt Ulrich von Matsch versetzt. Im Jahre 1418 verlieh Kaiser Sigmund das Gericht Glurns an den Bischof Johann Naso von Chur, aber schon 1422 sind die Vögte von Matsch wieder im Besitze des Gerichts, und 1425 zeichnet Vogt Ulrich der Jüngste als Inhaber des Gerichts an Statt der Erzherzoge von Oesterreich. 1480 ist Vogt Gaudenz von Matsch Gerichtsherr von Glurns, das Erzherzog Sigismund ihm eingeantwortet hatte. Nach dessen kinderlosem Tode fiel Glurns wieder an die Landesfürsten zurück, aber noch im 16. Jahrhundert gelangten die Herren, später Grafen von Trapp in den Besitz der Pfandherrschaft Glurns und Mals, und verblieben Gerichtsherrn, bis die bairische Verordnung vom Jahre 1806 die Patrimonialgerichte aufhob und Glurns nebst dem Eigenthumsgerichte Matsch und dem Hofgerichte Marienberg, sowie die Gerichte Naudersberg, Schlanders und Montan zu einem grossen Landgericht mit dem Sitze in Fürstenburg vereinigte. Im Jahre 1809 wurde nach Auflösung dieses Gerichtsverbandes ein Landgericht Glurns aus den Patrimonialgerichten Glurns und Mals, Matsch, Schlanders, Montan und der Propstei Eyrs gebildet. Nach Wiederherstellung der Patrimonialgerichtsbarkeit im Jahre 1817 kam Glurns wieder in gräflich Trapp'sche Verwaltung, bis dieselbe im Jahre 1824 heimgesagt und in Folge dessen im Jahre 1825 ein landesfürstliches Landgericht Glurns eingerichtet wurde.

Die vielfach strittigen Verhältnisse zwischen den Freisassen und den herrschaftlichen Eigenleuten im Gerichte Glurns regelte schon ein Freibrief König Heinrichs von Böhmen im Jahre 1332, welcher durch Herzog Leopold von Oesterreich 1371 in folgender Urkunde bestätigt wurde: Wir Leupold herzog zu Österreich etc. etc. verjehen und tun kunt, das wir wol gesehen und gehört haben die hantfest die der . . . könig Heinrich von Beheim etc. etc. unsern aigen

---

[1]) werden *bis* gefragt] sol ain richter zu Glurns die aidswerer und freien befragen *B.*

jar, an dem tag und an rechter zeit sei, ze melden und ze offnen alle stuck
und ehaft, so dann [2]) unser genedige[n] herschaft zu Tirol [3]) und dem gericht
Glurns [4]) zugehört, als dann von alter herkomen ist.

Darauf die freien aidsweren des benannten gerichts Glurns erfunden
5 und auf ir aid ertailt haben, wie und wol [5]) am jar und tag und zu rechter
zeit und weil [6]) sei, umb lantsprach [7]) ze setzen und der egenannte[n] her-
schaft und gericht Glurns herlichait und gerechtichait ze melden. [8])

　　　Am ersten recht muot, recht metze,
　　　recht wag, recht ellenstab,
10　　recht yrn, recht patzeiden,
　　　recht trinken- und alle rechte mas, und als oft ainer der stuck aines
überfert und unrecht gibt, der ist unser genedigen herschaft und dem
gericht Glurns verfallen v ₰ perner auf genad. [9]) Wullen tuch bei dem
rugken gemessen und leinen tuch bei dem end, und der weber sol den

leuten in dem gericht ze Glurns gegeben hat und die von wort zu wort lautet,
als hienach geschrieben stet: Wir Heinrich von Gottes gnaden kunig ze Behaim
und Polan, herzog in Kernten und graf ze Tirol und Gortz, verjehen an disem
brief, daz wir wellen, daz alle unser aigen leut in unserem gerichte von Glurns
uns sunderlich dienen in unser chamer und mit der freileute dienste nicht ze
schaffen haben, daselben auch tun wir in die sunder gnaden, daz si gewalt
haben ze furn trukens gut und pallu mit sampt den freileuten ân alle widerred
und hinderung. Und schaffen mit unserem getreuen Chunraten von Schennan,
richter ze Glurns, oder wer an seiner stat ist oder nach im kunftiger richter
wirdt daselben, daz er si an derselben gnaden, die wir in getan haben, bescherm
und behalt vor männiklich und geben in daz in disen brief versiegelten etc. etc.
1332 freitag vor phingsten indictione quinta decima. Davon haben wir vor-
genannt herzog Leupold denselben aigenleuten durch ir fleissig bett willen, nach
rat unsers rats und an statt unsres lieben bruders Albrechts und unser selbs
die vorgenannt hantvest bestätt und verneut, bestätten und verneuen auch
wissentlich mit disem brief in aller weise, als si hie vor geschriben stet. Und
haben in darzue die gnad getan, daz die freileute in demselben gericht ze
Glurns weder um mal noch um ander sachen nichts sullen fürbas mit in ze
schaffen haben. Und gebieten ernstlich allen unsern haubtleuten, richtern und
andern unsern amptleuten, gegenwurtigen und kunftigen, das si die obgenannten
aigen leut bei diesen rechten, gnaden und freiheiten beleiben lassen und si auch
dabei halten und schirmen, das in dawider chain irrung bescheeh in dheinem
weg . . . Tirol am eritag nach dem suntag reminiscere 1371. (Orig. Perg. Arch.
Oenip. Abschrift Dipauliana im Ferdinandeum zu Innsbruck 614 f. 108).
　　²) alle bis sodann] fehlt B.
　　³) unser bis Tirol] der röm. k. Maj. alls unsers allergnedigisten herrn
und landsfürsten und gemaines landes B.
　　⁴) und Malls recht und freihaiten, ehaften, wie von alters her zu betrachten
und zu riegen B.
　　⁵) des benannten bis und wol] getreulich und erberlich solches ertailen
und getuen das B.
　　⁶) und weil] fehlt B.
　　⁷) und chafftaiding obbeschriebner massen B.
　　⁸) und bis melden] fehlt B. Dafür hat B: Zum andern wo landesfürstliche
geschäft oder andrew unsrer genedigsten grundtherrschaft mandat, geschäft oder
verpot verhanden wären, die sol man offentlichen lesen und ieder eben und wol
darauf merken und denselbigen mit underthenigen willen gehorsam laisten, nach-
volgends das ganz jahr sich halten und prauchen solle.
　　⁹) und bis genad.] Anstatt dessen in B: welcher oder welche solches uber-
fahren und nit halten, der oder dieselben sollen inhalts der new lautsordnung
und nach gestalt der sachen gestraft werden.

kamp volfürn, als er zu recht tun sol, nemen von acht elln leinen tuch
ain elln. [10])

Es [11]) ist auch durch die freien erfunden worden, das ain ieglich
richter selbst dreizehendister wol mag ze gericht sitzen, ist es umb swär
sach; ist es aber umb ring sach, so mag der richter sitzen selb sibender, 5
umb kuntschaft selb funfter und umb gerhabschaft selb dritter. Es haben
die freien aber erfunden, das drei redner im gericht Glurns sein sullen, und
sol kainer uin redner vorhin bestellen, dann an offem rechten, und ainem
redner geben ze lon iij kreuzer: wär aber, das ain gast oder ain frömder
man ain andern redner ins gericht herbrächt, der selb gast sol dannoch 10
den gesatzten rednern zu Glurns iren lon geben iij kr.

Aber [12]) ist mit urtail erfunden, wer weisung stelt von ainer chlag
wegen, weiset ir ainer mit dreien oder zwaien zu im, das drei aid gesworn
werdent, so ist der pan v ₰ auf genad, es sei anchlagen oder antwurten.

Aber ist erfunden, das all stangen-recht im gericht Glurns an die 15
gewondlichen dingstat gen Glurns gehort und sol durch den freien frou-
boten des benanten gerichts nach gewonhait und gerichtsrecht fail ge-
fürt [13]) werden.

Ain [14]) ieglich verlegnüs, so in dem gericht Glurns beschicht und ver-
legt wirdt, die gehört under der herschaft stab ze Glurns und ist der pan 20
v ₰ perner auf genad. Alle urbar, die in der herschaft gericht Glurns
ligend, die sullu under dem selben stab berecht und mit recht besucht
werden, kain urbar ausgenomen.

Messer, swert, degen oder ander waffen, die gezuckt werden ân
schäden, so ist der pan xviij kr. auf genad. 25

Ain maulstreich xviij kr. auf genad.

Ain fließende wunden ist v ₰ perner auf genad.

Ain waizelde wunden ist der pan xxv ₰ perner auf genad, wär aber
sach, das die wunden ain durchgende wunden oder ain durchstochne
wunden wäre, und wie vil waizel darzu gestossen werden, so ist der pan 30
aber nicht mer dan xxv ₰ perner auf genad, und ob si nicht gewaizelt

---

10) kamp *bis* elen] kamp als er recht ist, volfürn und von 8 ellen leinen
tuch nehmen ain ellon und dem weber von ainer ellen wollein tuch 6 fierer
und von ainer ellen mezelainen (?) tuch 6 fierer und nit mer zu wirken geben,
und der weber noch schuldig sein, das wullen tuech und mezelainen selbs vom
rath zu lösen, und wer solches aindest kaines thue, der sol nach erkanntnus
des gerichts gestrafft werden *B.*

11) *Dieser Absatz lautet in B:* Zum dritten sollen in diesem gericht Glurns
und Mals drei redner sein und durch die gerichtsleut, auch fremde personen und
gest mit besoldnus gehalten, wie dan solches die lantordnung ausweist, und
inhalts derselben ain richter in grossen treffenlichen sachen albegen mit zwelf
und in gemainen sachen nit under siben, in gedingen, schreibtägen und taxirung
der schaden siben oder fünf rechtsprecher sizen und die rechtsprecher beim
recht gegenbürtig und gehorsame richter schuldig sein.

12) *Dieser Absatz fehlt B.*

13) *B fügt ein:* und vergandt, dergleichen alle urbar, keine urbar aus-
genommen, im gericht Glurns ligende und demselben stab berecht und mit dem
recht besucht werden.

14) *Dieser Absatz und die folgenden fehlen in B bis:* Wer der ist der frei
gueter inhat.

1*

wurd, so ist es dannoch xxv *tt* perner auf genad und sol alzeit mit dem rechten besucht und gestraft werden.

Ain painschröt ist funfzig phunt perner auf genad, und als oft ain wunden haft, als oft v *tt* pr. auf genad.

5   Stainwurf, hebt ainer ain stain auf und würft, trift er mit dem stain, so ist ze richten nach dem schaden, fült er aber und trift nicht, so ist der pan funfzig phunt auf genad, legt er aber den stain ûn schaden wider nider, so ist er dem gericht nichts phlichtig noch verfallen.

Welcher der ist, der dem andern furwart auf freier strassen unge-
10 warender sachen und unabgesagt, und uber in zuckt und in anlauft, so ist der pann funfzig phunt pr. auf genad, doch vorbehalten, ob er in ge-warnd und mit im gezurned hiet und an ainander mit zorn komen waren, so ist ze richten nach dem schaden.

Hacken zucken, trifft ainer mit dem ör, so ist es ain mort, trifft er
15 mit der sneiden, so ist ze richten nach der wunden und nach dem schaden.

Wer der ist, der frei güter inhat und arbait, der selb sol mit den freien dienen.

Welicher mensch, mann oder frau, über Wormser joch von Wurms über den Valdieron [15]) durch den Scharlen uber sand Marteins prugken in
20 dem under Engidein durch die Vinstermüns, oder von welichen andern landen er kumbt, wes herrn er sei, niemand ausgenommen, in [16]) der herr-schaft land zu Tirol, item und besunder, wer sich in das frei gericht Glurns nider leit, dorselb gehort meiner gonedigen herschaft zue, und sol der her-schaft zu Tirol und dem benannten gericht Glurns gewertig [17]) sein und
25 dienstpär, zu behalten, ob ainer dem gotshaus von Chur da vormals angehort und dient hat, derselb sol noch dem gotshaus zugehören [18]) hierinne, zeucht er aber danna hinuber und ausserhalb der gemerk, genannt Stadelrain, bei Castelwell, der ist dann hinfür unser ob gemelten gnedigen herschaft zu Tirol.

Welicher [19]) sich ainer gewer ân gerichts willen und wissen ân recht
30 underzeucht, so ist er funfzig pfund pr. auf genad, melt oder antet er es aber dem gericht inner jars frist, so sol man in mit der ersten urtail wider in gewer setzen.

Item, ob ainer ain gemain infieng oder [von] mehr leuten ingefangen wurde, so sol ain paurschaft anlaitung darumb haben und tun und auch
35 auffundig lassen werden, und wer dawider wär und der anlaitung nicht gestatten oder gehorsam sein wolt, der ist v *tt* pr. auf genad verfallen.

---

[15]) Valdiern *B.*

[16]) in *bis* Glurns] und sich in dieser fürstlichen graveschaft Tirol und besonders in diesem freien gericht Glurns *B.*

[17]) mit iren leit und guettern gewertig und dienstpar sein, in massen wie ain ieder herrschaftman zu halten schuldig und verpunden ist *B.*

[18]) *B fügt bei:* mit vorbehalt, ob ain gotshausner herrschaft genies hette, von denselben neben gemain gericht mit laistungen und steuren ingleich zu tragen schuldig und verpunden sein, was billiche darauf getragen werden. Wo aber aingegens fremde personen aus dem gozhaus zuegehörig über angezaigt gemerk des gerichts Glurns und bis an das gemerk, genannt Stadelrain, bei Kastebell ziehen würden, alsdann sein si Ulteiner und unsrer allergnädigsten herrschaft zu Tirol, und sonst niemauts andern unterwurfig und zustendig.

[19]) *Dieser Absatz fehlt B.*

Umb[20]) unzucht und früvel ist erfunden worden, si sein wes herrn
si wollen in freiem gericht Glurns gesessen, die sullen daselb in Glurns vor
dem stab darumben kuntschaft geben, es sei weib oder mann.

Wer der wär, der ainen marchstain früvelich auswurf und verruckte,
das sich mit warhait erfunde, ist funfzig phund pr. auf genad verfallen. 5

Welicher ainer anlaitung nicht gehorsam wil sein, derselb ist v *ℳ* pr.
pann verfallen, als oft er das uberfert, und sol dannoch die anlaitung für
sich gen und mit den eltesten gesessenen aufkumen und ausfündig werden,
den umb solich sach kund und wissent ist.

Item, wer lehen hat von der herschaft, er sei edel oder unedel, reich 10
oder arm, derselb sol allwegen bei der lantsprach, und so man über malefitz
sizt, dabei sein bei dem selben lehen, ob aber ainer des nicht tut, so waiss
in ain herschaft darumb wol ze straffen.

Item[21]), welicher ain armbrost spant und scheust, trift er, so ist nach
dem schaden ze richten, scheust er aber und trift nicht, so ist der pann 15
fünfzig phunt pr. auf genad, spant er aber und scheust nicht, so ist er dem
gericht verfallen 18 kr.

Item[22]) von ainem mut oder metzen zu pfechten, davon sol man ze
lon geben 1 kr. und niemand hindan gesetzt, dann allain die freien aid-
sweren[23]), die[24]) uber das blut ertailen, die sullen nicht geben. 20

Item, welicher ainem sein woib, swester, freund oder ehalten oder
kinde hinfürt oder ân sein urlaub, willen und wissen verheirat, derselb ist
der herschaft verfallen leib und gut auf genad.

Item, welicher mensch dem andern nachlauft uber ains ieglichen
frumen mans türswell und im unzucht erbeut mit früvelicher hand, derselb 25
ist 50 *ℳ* pr. auf genad, und ob ainer furbas darum beschediget wurd, das
hocher pann brachte, dann die 50 *ℳ*, so nimbt der gross pann den
klainen ab.

Item, welicher der wer, der ainem frumen mann durch die venster
bei nacht oder tag mit waffen in stech oder stain wurf, ist erfunden und 30
ist gesetzt zu dem vordern also, ob ainer iemant durch die venster in vor-
geschriebener mass mit stechen oder werfen beschediget, so ist ze richten
nach dem schaden, fält er aber, so ist der pan 50 *ℳ* auf genad verfallen.

Item von des flaischs wegen ist erfunden, das der probst fragen sol,
wie man das flaisch an Meran geb, es sei castrauuen, kelbrein, scheffein oder 35
rindflaisch, also sol man es hie auch geben, wann man an der mass und wag
da suchen und[25]) nemen mues.

Item, welicher ain recht in disem gericht fürt und das nicht aus-
findig macht[26]), und fürbas das sucht in ain und anderen gericht, wer

---

[20]) *Diese und die folgenden Absätze fehlen in B bis:* Item, wer lehen hat.

[21]) *Dieser und die folgenden Abschnitte fehlen in B bis:* It. von des flaisch
wegen.

[22]) *Dieser Absatz ist in B zu einem früheren Alinea (Anm. 9) hinzugefügt.*

[23]) Zwelfer, so über maleficis sprechen und menschenbluet zu erkennen
den aid than haben *B.*

[24]) die *fehlt A.*

[25]) da suchen und] allda in Meran *B.*

[26]) und *bis* macht] davon stet, nit zu ende persequiret *B.*

derselb ist, der das recht nicht volfürt, derselb[27]) ist verfallen v *tt* pr. auf genad, ausgenomen aidsweren und kuntschaftstellen.[28])

Item auch haben die freien aidsweren erfunden, ob ain richter zu pieten hab bei v *tt* oder bei 50 *tt*, darüber ist erfunden und ertailt, darnach und die sach ain gestalt hab, sei der handel zu bieten bei v *tt*, so sol man im dabei bieten, sei aber ain sach grosser, so mag ain richter hoher bieten, und ob ainer umb der obgeschribnen pot nicht gehen wolt, so mocht man im wol bieten bei leib und bei gut, damit der herschaft und dem gericht genug beschehe, und bei welichem pot ain richter gepeut, dabei sol das gericht gehalten werden.

Item, welicher ainon in seinem haus uberfart und in seinem haus erstochen wird, den sol ain richter darumben straffen mit dem rechten.

Item umb waitzenbrot ist erfunden, wer gersten darunter mischt, der ist 18 kr. zu pen verfallen und das prot ganzlich dem gericht.

Item, welicher frei zu der lantsprach nicht kumbt, derselb ist verfallen 4 schilling, und ain aidswer, der auch nicht darzu kumbt, v *tt* pr., da sind die zwaitail ains richters und der drittail der aidsweren.

Item die Stilfser sullen zu mitten maien geben zu der lantsprach jerlich und alle jar besunder 2 lamp oder 6 kr. für si baide.

Item, welicher frei sein dienst verbringt, derselb sol hinfür ledig und los sein bis auf sand Johanns tag zo sunnewenden, und darnach[29]) so mag er dann ziehen, in weliches gericht er wil, unbechumert von menichlich.

Item[30]) ist auch erfunden umb alle trinkgeschirr, es sein kandelen, gleser, kopen oder pecher oder ander trinkgeschirr, als oft ain wirt oder ander weinschenken darzu nicht die rechten mass geben und darumb ainer uberweist wirdt, als oft ist derselben ainer verfallen v *tt* pr. auf genad, kumbt aber ain probst zu dem trinkgeschirr, darinn das mas zu klain ist, wie das genant ist, und der brobst das meldet, so ist im darumb ze gelauben und ist der uberfarer v *tt* pr. verfallen auf genad, es wäre dann, dass ain wirt, der ain kandel oder trinkgeschirr auf ainen tisch satzte seinen gesten, derselb ist darumb kain pen verfallen.

Item, so ist ains richters recht, an wem die tegnei zu ainer ieglichen lantsprach im jar gevallet, in welichem gericht Glurns das ist, die selben sullen dem richter geben 10 *tt* pr. auf genad.

Item, welich zu ieglicher zeit im jar und in welicher tegnei zu der lantsprach die marend geben sullen, das wissen die aidsweren wol.

Item[31]) aber ist erfunden durch die aidsweren, wann ainer zinsgüter von ainem hat, und vor sand Martins tag verprent wirdt, ob er die zins

---

[27]) derselb *bis* stellen] der sol, wie sich gepürt, gestraft werden B.

[28]) *B fügt hier ein:* Zum 11. ist erfunden, wo sich im gericht ain unzucht, unwill und aufruer erhüebe und ain richter und fronbot oder gerichtsdiener nit allda wäre, so hat hinfür ain iede person macht und gewalt von unsrer allergnedigsten herschaft, nach aller notturft frid zu pieten, nach dem und sich ain jeder handel zuetragen, und welche dann über solche verpot unehrlich mit wort oder werken verhanden, sollen alle nach gestalt der sachen und erkanntnuss der rechten gestraft werden, wie sich gepüert.

[29]) und end nit *B.*

[30]) *Dieser Absatz fehlt* B.

[31]) *Dieser Absatz fehlt* B.

desselben jars sull geben oder nicht, wann es die aidsweren des gotzhaus von Chur im Vinschgau mit urtail erfunden und auf die lantsprach zu Glurns geschoben und daselb es durch die freien aidsweren sol auffundig werden, darauf die freien aidsweren des gerichts Glurns auf ir aid erfunden und urtail durch si bracht hat, welicher güter hab, von wem das ist, ze 5 zinsen, und dieselben ainem andern loicht, derselb sol den zins geben, und ob dann ainer verprent wurd oder verprunne vor sand Martins tag, derselb sol umb dieselben zins desselben jars ledig und los sein.

Item aber ist erfunden in der lantsprach und verpoten alles furkaufen, und wer das überfuer, denselben sol ain richter mit dem rechten 10 darumb straffen.

Item, welicher übel swert und got übel handelt, es sei ob spil oder anderswo, den sol ain richter darumb straffen mit dem rechten.

Item [32]), weliche zu malefiz und zu der lantsprach nicht komen, er sei edel oder unedel, den darzu geboten wirt, den verpeut ich als ain 15 richter an stat der herschaft alle vischwaid und alle ander waidenei und besonderlich verpeut ich in als ain richter all laugner, dass chainer noch niemant mit kainem laugner nicht mer vischen noch ziehen sol.

Item es sol auch allwegen ain freier fronbot des gerichts Glurns, so lantsprach und malefiz ist, allen gesessen leuten im gericht Glurns, si sein 20 wes herrn si wellen, niemant ausgenomen, mit irer wer bei v *ll* pr. darzue pieten und von den, den durch in darzu geboten wirt und nicht kommen, v *ll* pr. nemen, ausgenomen der adel gesessen in dem egenannten gericht, den sol ain ieglicher richter zu Glurns darzu durch sein erber potschaft ze wissen tun, als von alter herkomen ist.   25

Dann [33]) von der geding wegen ist durch den erwirdigen herrn herrn Jorgen, bischove zu Brichsen, den wolgebornen herrn vogt Ulrichen von Metsch den jungern, grave zu Chirchperg und haubtmann an der Etsch, her Wolfhart Fuchs, burggraf auf Tirol, und her Hansen von Spaur, anwält des allerdurchlauchtigisten fürsten kunig Fridrichs des römischen kunig, 30 als ains herzog ze Osterreich und grafen ze Tirol etc. und durch die ganz lantschaft der bemelten herschaft zu Tirol erfunden worden und verlassen, das in allen gerichten in dem land geschaffen und geboten sol werden, hinfür in ainer solichen ordnung ze halten, also das niemant dingen sol noch mag, bis urtail, volg und frag durch das ganz geding und urtail- 35 sprecher ains ieden gerichts ganz herumb gangen ist, und welicher tail sich dann derselben behalten urtail beswert, das dann derselb derselben urtail wol dingen mag an die stet, als mit den landsrechten her komen ist.

Item, und wer der obgenannten stuck der lantsprach ains oder mer indert überfuere und des nicht ze pessern noch ze puessen hiet am 40 gut, so sol er mit urtail darumb gestraft werden und das puessen am leib.

Item, als dann ain stos zwischen dem gericht Glurns und des hofs, genant Rafurn, ob Slaus gelegen, von wegen aines polsters mit sambt ainem pank, darauf der frei lantrichter zu Glurns, so man dan daselb zu Glurns umb malafiz sizt und richt, selb dritter vollichlichen sizen mag, gewesen, 45

---

[32]) *Dieser Absatz fehlt B.*
[33]) *Dieser und der folgende Absatz fehlt B.*

ist von baiden tailen ze Glurns vor den freien aidsweren, die [34]) über das
plut sizen, ertailen, in urtail ist gesezt worden, und dieselben aidsweren
durch vil frumer, weiser leut und ir selbs rat auf der lantsprach zu
sand Anthonien tag anno dm. 1437 auf ir aid bechant und haben ertailt
5 also, wann das kumbt, das der richter [35]) zu Glurns daselb zu Glurns
under dem alber umb malafiz über das plut sizt zu gericht und die lest
urtail uber ainen armen venglichen mensch, daruber das recht in malafiz
volfürt wirt, es [36]) sei hienieden oder auf Tertscher pühel, zu dem tod
gevelt, dem zuchtiger gar empholhen wirt und dann gefrägt wirt, also ob
10 dem rechten genug sei geschehen, so sol zu stund der polster mit ainem
pank oder v *℔* pr. dafür von dem obgemelten hof Rafurn gedient sein und
gereicht werden. [37]) *)
     Item [38]) von dem freien fronboten ist erfunden worden auf ains er-
kennen, ain ieglicher fronbot, der von den freien aidsweren erwelt wirt, so
15 sol er in dem ganzen gericht Glurns vollen gewalt haben, nicht ausgenomen,
als von alter her komen ist, alte gerechtigkait des benannten gerichts zu
volfüren mit fronbot, verlegnusse, niderlegung und ganten, ist man im
schuldig 1 kr., wolt in aber ainer fürbas haben, so sol er im geben 2 kr.
ze lon, wär aber sach, das in ainer ungeverlichen begriffe in ainem anderen
20 dorf und sein bedorft zu fronbot, in welichem dorf das wär, so ist das
fronbot aber nicht mer dan 1 kr., und mochte auch ain ieglicher prabst
das gericht durch sich selbs also versorgen, des sol [39]) er vollen gewalt
haben. Ist aber ain ort oder mehr im gericht, das er nicht selbs versorgen
mocht, doselben hat er vollen gewalt ze sezen ainen andern prabst, doch
25 daran ain richter und die gesworen ain benügen und gevallen haben, und
im an seiner statt gewaltsam zu emphelhen, und der gesazt prabst sol auch
alle die gewaltsam und gerechtichait haben zu volfüren, so geschriben stet,
wolt auch ainer ain gastrecht fürn, so ist er dem prabst davon zu Glurns
2 kr. schuldig, wolt er aber mehr aidsweren haben zu dem rechten aus
30 anderen dorfern, so ist er dem prabst von ieglichen dorf schuldig, wie vil
aidsweren er peut, 2 kr. und nicht mer.
     Es sullen auch die von Fürstenburg kainen gevangonen füren, geist-
lichen noch weltlichen, durch das gericht Glurns nicht durchführen ân er-
laubung und wissen ains phlegers oder richters des egenannten gerichts
35 zu Glurns.
     Auch haben die freien aidsweren bechant, das niemant im gericht
Glurns spilen sol noch spilen lassen an heiligen nechten, an unser Frauen
abenten, an vigilien und an sambstagnachten, und welicher das überfür, [40])

---

     [34]) die *bis* ertailt] mit urtl und recht entschieden sein *B.*
     [35]) richter *bis* gericht] richter über malefiz ze Glurns steht zu richten *B.*
     [36]) es sei *bis* gefrägt wirt] *fehlt B.*
     [37]) *B setzt hinzu:* Ist beschehen auf der lantsprach zu s. Anthonis tag
a. d. 1437.
     *) *Der Hof führt darnach bis auf den heutigen Tag den Namen „Polsterhof“.*
Stafler, Tirol I. 166.
     [38]) *Dieser Absatz fehlt B.*
     [39]) so *A.*
     [40]) überfür *bis zum Schlusse*] überfuer, auch gestattet, sol mit dem rechten
gestraft werden *B.*

der ist zu pen verfallen v *ₗₗ* pr., und welicher wirt das auch überfür und
spilen lies, als davor gemelt ist, und das nicht meldet ainem richter oder
phleger zu Glurns, der ist auch verfallen pen v *ₗₗ* pr. auf genad, auch
welicher fluecht und scheltwort also trieb, der sein erweist wurde, der sol
mit dem rechten gestraft werden, und wer das höret und das auch nicht 5
melte dem gericht ze Glurns und mit warhait erweist wurd, der sol auch
mit dem rechten gestraft werden.

In B folgt nun noch weiter:

Zum 19. ist von alters herkomen, das alle ledige kint und bankhar-
ten in der grafschaft Tirol egenannt unsrer allergnedigsten herrschaft zue-
gehörig seint. 10

Zum 20. sol kain gürber leder annemen, er well dann das leder
guet machen, wo er aber ainem das sein verderbe, soll [er] ime dasselb
nach billigen dingen bezalen, und ein vierling sol er abschneiden, das die
augenlöcher halbe an der haut beleiben.

Zum 21. ist erfunden, das im gericht Glurns durch gemaine anlaitung 15
weg und steg, wasser, wasserleitung nach dem Minsterpach getan werden
soll; es sol auch niemant ain tagwerch mer geben, dann wie von alter
herkomen ist; als oft ainer das überfuer, sol nach erkanntnuss rechts und
aidschweren gestraft werden.

Zum 22. ist laut erfunden, das alle unzucht, inziecht, malefiz, 20
fürkaufen und wie ain iede verhandlung benennet sol werden, hierin ernst-
lichen verpoten sein sol. Welcher aber solches überfüer, der sol nach laut
der lantsordnung und gestalt der sachen gestrafft werden, wie recht ist.

Ain ieder richter zu Glurns und Mals sol mit sitz-, verhör- und sigl-
gelt, ain gerecht schreiber mit seinem schreibgelt, fronbot mit seiner be- 25
soldung und ander verdienst gehalten werden nach laut und inhalt neuer
lantsordnung auch, wie mit alters herkomen ist.

2. *Glurns (Stadt).**)

*Aus dem Stadtpuech (Papierhds. v. Jahre 1643, Fol.) im Archive zu Glurns. Das Folgende steht
Seite 2—44 und wird Seite 53 im Jahre 1650 als mit der ältern Aufzeichnung gleichlautend erklärt.*

Hierin seind geschriben alle berechtigkeiten und altes herkomben,
so die statt Glurns und rath und gmain zue Glurns haben und von alter
herkomben ist und also gehalten, in ainen alten puech gefunden und 30
durch ainen rath verneiert, in ain puech geschriben in der jahrzahl tausent
vierhundert darnach im neun und achtzigisten jahr.

Anfangs, nachdem vorberierte gmaine statt, rath und gmain nach
alten prauch und herkomben jährlich an st. Peters stuelfeier oder am
küssontag, welcher eheist kombt, die gross gmain halten solle, auf den- 35
selben tag die ganz gmain, reich und armb, so darzue gehören und burger-
recht haben oder zu hüwohner an- und aufgenomben seint, bei gueter

---

*) *Sein Stadtrecht erhielt Glurns von Herzog Otto, dem Sohne Meinhards II.,
am 30. April 1304.*

weil und zeit erscheinen und vor dero das statpuech verlesen werden;
man soll zur solcher grossen gmain, wann gleitet wirdt, ohne weiters ver-
ziechen darzuo erscheinen, und so ainer oder mehr, wie gmelt, nit erscheint,
souder ohne genuegsambe ursachen verabsaumben würde, deren ieder
5 soll ainem 1 pfd. ohne alle gnad straff verfallen sein und solche durch der
burgerschaft eingezogen werden; wo sich aber ainer in gnad oder ungnaden
und widerwertig erzeigen würde, so soll solches bei erkantnus und wahl
der burgerschaft stehen, doch hierinen gottsgwalt, herrschaft-gebott,
vergonstnus oder andere genuegsambe redliche ursachen, da sich ainer
10 billichen zu entschuldigen hat, ausgenomben.

Vor solcher grossen rath und gmaind nach verlesung des stattpuechs
sollen alsdann burger- und paumaister erscheinen und alda ainsmahl ihren
gwalt aufgeben und volgents fueg und macht haben, alda niemant
weder zu lieb noch zu laid ied zween neue burger- und paumaister, die
15 taugenlich und geschickt, und damit ain ehrsambe burgerschaft versechen
und versorgt sein, erkiesen und fürwerfen, darüber soll alsdann menige-
lichen und ieder insonderhait befragt werden, und die, so die maisten
stimen haben und ainen ersamben rath darzue gefüllig sein, sollen alsdann
im glüb verfasst und bestätt werden, und so sich aber ainer solches nach
20 erklerung der neugeordneten burger- und paumaister, so konftigs jahr
sein, als von alter her komben, verwaigern würde, soll derselbe ohn alle
gnad umb ain yhren wein gestrafft werden und dennocht darzue des an-
gehenden jahrs im ambt sein und verbleiben; die sollen der gmain statt
ehr, nuz und fromben zu firdern, nachtl und schaden, sovil müglichen ist,
25 zu wenden gwalt und macht haben, und soll ainer ohne des andern vor-
wüssen nichts fürnemben noch handlen und soll ain ieder sein statt-
knecht und die recht und freihait, so ainer gegen der statt hat, der
ander auch haben und sollen in ämbtern zu verwesen gleichlichen sein
und daran nichts verkert, als der nahmen.

30 Aines pfahrers gerechtigkait also, wann das ist, wann ain leich ist,
so soll ain pfahrer ain möss haben zu der gröbnus, ain möss zu dem
sibent und ain möss zu dem dreissigisten, von den drei mössen soll man
ainem pfahrer schuldig sein zu geben ain pfunt perner, vorbehalten, ob
ain pfahrer ersuecht wurd, und das ain nachbauer mehr mössen wolt
35 lassen habon, das gehet die statt nicht an.

Item und ain pfahrer soll derselbigen gestorbnen leich die dreissig
tüg alle tag das grab segnen, davon soll man ihme pfahrer schuldig sein
zu geben dreissig kreizer, und als oft er ainen tag das grab nit besegnet,
als oft mag man ihm ainen kreizer abbrechen.

40 Item, so ain pfahrer ainem das heilig öhl gibt, und so derselbig
mentsch mit tot abgehet, so soll man ainem pfahrer schuldig sein zu
geben achtzöchen kreizer, kombt dann derselbig mentsch mit dem leben
davon, so ist man ainem pfahrer nicht schuldig davon.

Item man soll auch ainem pfahrer, als oft er ain möss hat, wie vor-
45 stehet, geben ain mahl oder aber drei kreizer für das mahl, und bringt die
summa fünf pfunt und drei kreizer.

Item, was kint unter zwölf jahrn verschaiden, da ist man ainem
pfahrer schuldig zu bestütten drei kreizer und nicht mehr.

Item, wann ain pfahrer etwo hinreiten will, so soll er nindert hin-
reiten, er hab dann ainen andern an sein statt, damit niemant verkürzt
wurd, thüt er aber das nit, widerfuehr dann ainem nachpauern auch wann,
das er verkirzt wurd, es wür mit kindertaufen oder andern, dasselbig
mecht ain nachpauer gegen ainem pfahrer suechen.   5

Item, wann ain nachtbauer ainem pfahrer seine pführliche recht aus-
richten will, so soll ain iedlicher pfahrer von ainem nachtbaurn werth
nemben, ob ain nachtbauer nicht gelt gehaben mecht, und zween burger
vom rath die sollen dann den werth betheiern, und wie der betheiert oder
geschäzt wurd, also soll er genomben und gegeben werden.   10

Item des seint die nachtbaurn ainen iedlichen pfahrer hinwider
schuldig, also wann ainen pfahrer ain noth angüeng von pführlicher recht
wegen, da solle ihm die gemain ain beistant thuen und ihm hülflich sein,
warzue er recht hat.

Item von wegen der friemess, die ist der gemain und gehört der   15
statt zue und ist durch stadt und gemain erfunden und ist von alter her-
komben, so die gottsgab und pfrüent ledig wirdt, es sei, das ain frie-
mösser mit tot abgehet oder sonst von dannen ziechen wolt und nicht
persohnlichen auf der gottsgab bleiben wolt, so soll kain friemösser
kainen andern an sein statt stöllen in seinen namben, sonder er soll die 20
gottsgab mit aller gerechtigkait und freiheit denen von Glurns ledigelichen
aufgeben, inmassen als die von Glurns ihm die verlichen haben als ver-
leicher der gottsgab.

Item, und so die gottsgab der friemöss daselbs ledig ist, so mögen die
von Glurns die ainem friemösser verleichen mit aller freihait und gerech- 25
tigkait dem, der ihnen darzue gefölt, und die von Glurns seint verleicher
der wirdigen gottsgab.

Item ain ieder friemösser sol dann die früee möss frueo haben,
damit ain arbaiter oder ehehalt an ainem morgen zu ainer heiligen möss
komben mög, als von alter her komben ist, zu behalten, an ainem heiligen 30
tag, so mag der friemösser mit der möss wol auf ainen pfahrer warten,
doch wann die nachtpauern das nit empern wolten, so soll der friemösser
der gemain mit der möss dienen.

Item ain ieder friemösser sol mit iedem pfarer helfen singen zu
ainer ieden vesper, metten, complet, ambt und begröbnussen, das ist von 35
alters herkomben, und über die friemöss hat kain pfahrer nicht zu bieten.

Item auch mag ain ieder friemösser ainen tag in der wochen feiern
und nit mehr, und als oft er ain möss abbricht oder versaumbt ohn er-
laubnus, als oft mag man ihm ain schett küs abbrechen.

Item es soll auch kain friemösser über velt reiten oder gehen, 40
da er mehr aus ist dann ainen tag, ohn aines burgermaistors wüssen und
wüllen.

Item, wann ain nachtpauer aines priesters bedarf, es sei zu grebnus,
sibent, treissgist oder jahrtag, so mag im der friemösser wol möss halten,
als vor, das man ihm gebürlichen thue, das ist ain mahl und vier kreizer, 45
oder 3 groschen für das mahl.

Item es ist auch von alter herkomben, welchor nachtbauer zu
Glurns kürchenguet, wüdenguet, friemössguet innen hat und güeter-

mair ist und richtigelichen zünset, den hat kain pfahrer, friemösser, noch
kürchprobst nicht zu vertreiben oder weiter zu vermairn ohn des burger-
maisters, paumaisters und des raths wüssen und wüllen, vorbehalten, ob ain
nachtpauer von ainem pfarror oder friemösser oder kirchprobst dingen
5 wolt, das soll ihme unverwört sein.

Auch ist von alter herkomben, ob ain guet überteuert wer, wer
vil oder wenig züns darauf gelegt, es sei widumbguet, friemössguet oder
kürchenguet, da mögen die geschwornen dieselbig güeter betheiern und
darauf lögen, was si ertragen mögen, dabei ain herr und mair be-
10 leiben mög.

So seint nemblichen aines burger- und paumaisters freihait, das si
des jahr hinumb nit schuldig sein, ainiche gemain arbait zu thuen, weder
in die wähl noch andere, doch das si alweegen aber selbs und sonder-
lichen der paumaister bei dem volk sollen sein und dasselb anordnen,
15 damit die arbait nuzlich verbracht und hierdurch der gmain nuz betracht
und befirdert werde.

Es mag burger- und paumaister ied ainen nachtparn in iedlicher
wahl über sich nemben und ieder ainen ain fueder holz in ain mult zu
machen und in ieder mult ainen vergunnen zu meien.

20 Item so mügen dasselbig jahr der burg- und paumaister das gmain
moss unter Pern-anger und dunten bei der Puni für ihr müche und
arbait miteinander selbs genüessen und meien lassen.

Zugleich seint burger- und paumaister, sowohl kürchprobst des-
selben jahrs ihrer ümbter den kelber-zehent zu geben befreit.

25 Anbetröffent frembde sümb- oder andere gestross, die sollen weder
hörbst- noch lüngs-zeiten kain fueg auf die gmain waid zu schlagen
oder zu bieten befuegt sein, desgleichen auch ander gross oder clain vich,
so daher in die statt zu wintern aufgenomben würde, weder hörbst- oder
lungs-zeiten auf die gmain waid weder vor den hirten oder sonder-
30 wahr zu treiben und hieten zu lassen ohne vorwüssen oder bewilligung
burger- und paumaister oder aines ehrsamben raths nit fueg haben, bei
peen von iedem haubt grossvich 1 pfd., und clainen 10 kreizer.

Verer, wann iemant in der burgerschaft, wer der soi, ainen burger-
und paumaister was ungebürlichs ohne ürsachen zuefüegen würde, es sei
35 mit worten oder werken, und sich des erfünd, der soll gmainer statt 1 pfd.
straff verfallen sein, und vorbehalten, denselben weiter, es sei vor rath
und gmain oder der obrigkait, nach gelegenhait der sachen und desselben
verbröchens darumben fürzunemben und zu beclagen.

Herentgegen, ob ain burger- und paumaister auch nit thüten, was si
40 schuldig sein, so sollen si, so ofts beschicht, in gmainer statt straff auch
verfallen sein, zugleich soll es also mit den rathsverwohnten, item kirch-
brobst und andern gemainer statt diener und beambten also verstanden
werden und die peen-fahl 30 kreizer sein.

Item, wann ain burger- oder paumaister verraisen und mehr als ain
45 tag aussein würde, so soll er ainen andern im mitl an sein statt verordnen,
damit seinethalber gemainer statt nicht verabsaumbt werde.

Wann in fürfallenden sachen burger- und paumaister den rath, oder
zum fahl rath und gmain ibernacht zu bieten den stattknechten bevelchen

und solches ausgericht und das poth zu haus glassen wirdet und ainer
oder mehr hierinnen (ausgenomben gottsgwalt und herrschaft-gebott oder
sonsten ainer nit anhaimbs, aussor der statt verraist were) ungehorsamb-
lichen erscheinen, so soll ohn alle gnad ain rathsverwohnter 1 ℔ und
ain gmainsmann 30 krz. der statt straff verfallen sein, aber anderwerts 5
sollen die vom rath, wann ihnen im tag zu ainer benanten stunt zum
rath zu erscheinen geboten wirdet, und der ohne bewöglich ursach nit
gehorsambt und erscheint, ist die straff ohn alle gnad, damit hierinen
guete gehorsamb erhalten und hierdurch gmainer statt nuz desto ehe und
mehr befürdert werde, 30 kreizer. 10

Es soll auch kainer dem andern bei rath oder gmain einröden,
unzt die röd an ihne kumbt und darumben angefragt wirdet. Und welcher
zu rath oder gemain komt, und die vermeldung des burgermaisters be-
schechen und schon umbgefragt worden, der soll den rath oder gmain vor-
saumbt haben und 30 kreizer gestrafft werden. 15

Vermörkt die gerechtigkait der feieraben an heiligen sambstagen
und andern verlobt und gebotnen tagen, so unser liebe voreltern guet-
herzig gmaint, erfunden und verlobt haben und durch den herrn pfahrer
auf offenlicher canzl bei den pann zu ehrn und zu feirn gebeut, der soll
hierumben nachbenanter massen gestrafft und hierinen niemant ver- 20
schont werden, und seint das die gemörk: wellicher sich nach feier-
abent zeit, wann man zu der vesper zusamben gleitet hat, ausserhalben
finden lässt am ersten zu den unterwahl ob der kürchen, dann der wis-
wahl und Punpruggen, bei der ausser mihl von Schluderns her, bei Peern-
anger und aber Punig-steeg, desgleichen gegen Seles, auch bei der platen 25
am unterwahl, und welcher sich nach feirabent ausser dise gemerk
finden lasst, es sei dann sach, das er ursach halber nit vortkomben
kinte, der ist peen verfallen

von ainem par oxen . . .	6 krz.
von ainem ganzen pflueg . .	12 krz.	30
von ainer seges	3 krz.
von ainer sichl	3 krz.
von ainem rechen	2 krz.

und von iedem arbeiter, wo sich erfündt, 2 kr.

Und was peen fahlen die 6 kreizer und darunter, die gehern den 35
stattknechten und saltnern zue, was aber mehrers betrüfft, das gehört der
statt zue, davon man ihnen aber auch nach gelegenhait ain trinkgelt
geben solle, damit sie desto fleissiger sein.

Dann so ist die peen von dem vich, so zu schad gehet und gehiet
wirdt, darbei sonderbahr ain gfahr beschicht oder erfunden wirdt, 40

von ainem ross in güetern . .	3 krz.
von ainem ieden rintvich . .	3 krz.
von ainem rev. schwein . . .	3 krz.
von ainer gans	1 krz.

Und was uber nacht in schaden betreten wirdt, von iedem haubt gross 45
vich 6 kreizer und clainen 3 kreizer.

Hierinen dem, der schaden empfacht, zu clagen vorbehalten.

Und welcher sein vüch guetwillig weis (wie ofts laider beschicht)
bei tag oder nächtlicher weil an schieten oder kern lasst und zu schaden
gehet, ist die peen von iedem habt 6 krz. den saltnern, und hierinen der
statt gegen demselben muetwilligen die straff nach erkantnus des raths
5 und auschuss fürzunemben, sowohlen, dem schaden beschicht, gegen dem
frävler zu klagen vorbehalten,

    Darumben derselb solches alles abzetragen schuldig sein bei peen 1 *℔*.

    Von ainer ganzen herd vich ist die mult 12 krz.

Und welchen nachtbarn oder rathsfreunt in der statt, wie gmelt,
10 es sei durch ainer ganzen herd oder sonderbahrn vich schaden in sein
guet zuegefiegt wirdt und beschicht, so mag derselb, den der schaden volgt,
ainen burger- und paumaister anruefen, das sie 2 oder 3 gschworne hierzue
nemben, den schaden besichtigen und schizen, was si erkonnen, das soll
ihme widerkert werden durch den oder die, so das vich zuegehört, ohne
15 widerröd bei peen der statt 1 *℔*.

Alle, die in Glurns hausen und wohnen, auch süzen und genüessen,
wun, waid, holz, weeg und steeg gebrauchen, die sollen schuldig sein,
3 tag in den 3 wüllen, als unter-, mütter- und den berkwahl, machen
helfen und schicken, auch sonsten helfen, es sei zu kirchen und strassen,
20 als oft es noth beschicht, doch nach aines ieden vermugen, und so oft
ainer geboten wirdt und nit erscheint, der ist der statt peen verfallen
12 krz. und soll nichts destoweniger hinnach sein gebürende gemaine arbait
erstatten.

Auch ist von alter herkomben, wann ainer von Lautsch ainem
25 wäller das wasser abbräch oder nimbt, es sei der mitter- oder unter-wall,
der soll hierumben nach laut der verträg abgestrafft werden.

Desgleichen der perkwahl, wo daran durch iemant schaden zue-
gefüegt wurde, so soll derselbig, durch dem es beschicht, solches abtragen
werden.

30 Item auch sollen die wäller den mitern und perk-, auch untern
wahl, so sie zu hieten angenomben, schuldig sein, von anfang ihrer huet
biss zum ent zu dem wasser zu sechen, zu hieten und zu fieren, damit
die gruemater und kreiter nach nuz gewässert und erhalten werden
mügen.

35 Die saltner, welche bissher ungehorsamb und unfleissig sich erzaigt,
sollen hinfiro ihr bössers aufsechen haben und das vich, so zu schaden
gehet, herein pfenten und guet obacht halten, damit niemant schaden
beschicht, welcher aber fahrlüssig erscheint, soll derselb durch ainen ehr-
samben rath 30 krz., so oft es beschicht, gestrafft werden ohne gnad.

40 Item die wäller, so angenomben werden, das wasser zu hieten, zu
füeren und anzugeben, die sollen dasselbig fleissig nach den radanten, wie
von alters hero komben ist, füeren und angeben, auch hieten so lang, unzt
prachen, pauen und biss die kreitter herein sein, und wann si vich zu
schaden gehen sehen, sollen si des böstes vleiss verwöhren, sowohlen sollen
45 si allezeit im velt die weeg raumen, stauden weckhacken und bössern,
damit man fahrn mag, und wo si das nit thuen, solle man ihnen die
prugggarben zu geben nit schuldig sein von demselben fueder, da sie leiden
müessten den schaden-abtrag.

Sowohlen sollen si wüller, wie von alter herkomben ist, ieder den stattknechten ieden jährlichen geben ain muth roggen und ain muth gersten.

Item auch, wann die wüller das wasser anderst geben, als von alter herkomben ist, so seint si in straff der statt verfallen 12 kreizer, als oft 5 es beschicht, und sollen darzue ihres diensts entsezt sein.

Und wann iemant, wer der sei, dem die rod nit betrüfft, den wällern das wasser unwissent nimbt und hinkert ungeboten, des sich erfündt, der ist der statt peen verfallen 30 krz., so ofts beschicht, und darzue, wann er mehr als ainmahl betreten wirdt, soll alsdann zu weiterer 10 des raths erkantnus stehen, was gegen ainem solchen ungehorsamben aigennuzigen fürzunemben sein sollo.

Welcher auch ain wasser hinkert in ain radant und solches ainem andern zu schaden güeng, ist der peenfahl der statt 6 kreizer, und dem der schaden beschicht, mag den andern darumben beclagen, wie vor stehet, 15 das er seines schadens vergnüegt und widerkert wirdt.

Wann ain mult holz ausgeben wirdt, und iemant weiter greifen oder anders machen würde, so sich erfündt, ist die peen der statt 36 krz. und darzue das gemacht holz verfallen.

Welcher in der statt, wer der sei, von den perkleiten, so in 20 Glurnser pfahr hausen und wohnen, ohne vorwüssen burger- und paumaister holz kaufet, so aus Glurnser waldung kombt, der ist der statt ohne gnad verfallen peen 1 *fl*, dahero man genuegsambe ursach hat, damit die wälder nit verschwendt werden.

Item, welcher in den pannwäldern holz macht oder schlagen last 25 ohne vergonstnus aines ehrsamben raths, der ist von ieden stamb peen verfallen der statt 1 *fl* und darzue des holz.

Aber der walt im Patlei und Schwarzwalt ist menigclichen verpotten, bevorab Patleiwalt bei peen von iedem stamb 10 *fl*, und darzue aller gemainen gnuss entsezt und weiter zu kainem ehrlichen burgerlichen 30 sachen nit gebraucht werden, dann an disem (wie menigclich bewisst ist) ligt gemainer statt hegste wolfart daran zu versicherung der güeter.

Und welcher daselbs im bemolten Patlei umbgehackt oder sonsten umgefallens, ligents, oder was der Rafein-pach sonsten hertragent, holz zusamben machen und herabfüeren und bringen wolt oder würde, es sei 35 grüen oder durs holz, öst oder anders, wenig oder vil, der ist peen verfallen 3 *fl* der statt, und darzue der burgerschaft weitere regress gegen demselben zu clagen vorbehalten, welcher solchen unfueg vom andern sicht und des ainem burger- und paumaister nit anzaigt, der soll in gleicher straff stehen, und gegen demselben allermassen gehandlt werden, als ob 40 ers selbs gemacht und hingefüert hete.

So ainer ainen gemainen weeg oder wahl zu nachtl bracht oder panen thuet, der ist der peen verfallen 36 kreizer und soll daneben den weeg oder wahl wider zu machen schuldig sein.

Es ist menigclich zu wüssen, das es von alter herkomben und er- 45 funden, auch verpotten worden ist, das kainer bei peen ain yhren wein niemant, kainen insäss oder ingeheiss, wer der scie, mann oder weib, innembeu soll ohne aines burg- oder paumaisters und raths wüssen und wüllen; welcher das überschreit, ist die peen ohn gnad, wie obgemelt, ain yhren wein.

Und wann ain eingheissfrau oder mann ainem andern ain schaden zuefüegt, es sei an zeinen, kreitern oder andern früchten, mit dem
5 spiglen, denselben schaden ist der hofherr abzutragen schuldig, welcher denselben einglassen hat, und darzuo stehet der statt ihr nochfart, gegen ainem solchen schädlichen mentschen die straff zu ersuechen, bevor, und wanns mehr als ain mahl erfunden oder betreten wirdt, so soll derselb aus der statt geboten werden.
10   Es ist auch von alters her erfunden, das alle jahr zween holzmaister gesezt und erwöhlt werden iber den wald in Sulden und Trofeir, sowol alhie der gmainen auen und gebirg, so weit sich das gmürk erströckt, dieselben alle jahr ain anzahl mit rath burger- und paumaister, auch aines ehrsamben raths holz angeben, und wer weiter macht, oder das gebott
15 iberfört, der soll gestrafft werden, bei peen von iedem fueder 1 *ℳ.*, so ofta beschicht, und weilen grosse missbrauch und verschwendung der wülder fürgehet, zu abstöllung desselben soll ieden noch gelegenhait seines hausweesens jährlichen ain zalholz geben werden, und welcher über der anzahl weiter holz machen und greifen würde, der soll hierumben mit
20 dopplter peen, wie negst verstehet, gestrafft werden.
          Es ist nicht weniger zu wüssen, dieweil uns der allmechtige gott verwichne jahr mit ainer straff genedig haimbgesuecht, und uns von sünden ab zu stehen und firterhin unser leben zu bössern, auch die heilige sonn- und andere gebotne und verlobte feiertag zu heiligen und zu feiern
25 vermant, derowegen hat ain ersambe burgerschaft ainhöllig verlobt in der statt, es sei, wer es welle, zu heiligen sontügen im Glurnser velt die ücker, sie seint unter den perk, item mitter- und unterwahl, es sein die hürer oder ander waid, wüssern thuet, der oder dieselben sollen der statt ohne alle gnad verfallen sein $\frac{1}{2}$ yhren wein, dieselbe auf den plaz zu tragen
30 und die gros gloggen gleit werden, wie gegen andern der statt ungehorsambe, was aber die wisen belangt, sol bei dem alten verbleiben.
          Und wann die hürer so gros und zu wüssern zeitig sein, sollen dieselben unter den drei bemelten wüllen sambstag zue morgens gewüssert und wasser durch den wüllern nach der stadt ordenlich angehen und ge-
35 wüssert werden, welcher aber die stadt nit wolt warten, sondern den wülern fürgreifen und das wasser gwalttätig nemben wolt oder würde, so sols der wüller bei seiner pflicht den beambten anzaigen, das der oder dieselben sollen alsdann der statt ohne gnad 1 *ℳ* straff verfallen sein, und hierunter niemant verschont werden.
40   Vermörkt der wühler lohn, was man ihnen zu geben schuldig ist: von ainem jauch 4 garbe, von marentzeiten drei garbe, von ainem halben jauch zwo garbe, und sonst von ainem ieden stuck, das ain mutmell ist, ain garbe, desgleichen zwai mannwork ist zu raiten für ain jauch, dann von ainer ieden einkeer ain garbe, und von ainem ieden fueder, clain
45 und gross, so mit dem wispämb gebunten wirdt, ain prugg-garbe.
          Es ist von alters herkomben, das kainer kainen wüller, saltner oder gmainen hürten, noch andere gmaine stattdiener was ungebürlichs zuefüegen solle, wann aber iemant anderer sehen wurde, dass dieselben

oder andere, so gemaine ambter von der statt haten, das si nit thuen, was
si schuldig sein, so soll sich niemant an ihnen selbst rechnen, sondern
solches einem burger- oder paumaister anzaigen, dieselben sollen und mügen
alsdann si darumben straffen nach der statt recht, wie oben vermelt.

Item, welcher etwas verschuldt und in der statt straff, es sei allhie 5
beschriben, benent oder nit, verfallen wer, und sich vorbeschriebnenmassen
nit pfenten oder straffen lassen wolt, und sich auf ain ganze gemain
ziechen wurde, so soll man ihmo des zuelassen, und erfindt es sich, das er
unrecht hat, der soll alsdann in dopplter straff verfallen sein, und das,
darumben er gestrafft und ausgesprochen worden, ohne gnad bezallen. 10

Item, welcher unsaubere ding oder wasser (so nit sein solle) zu den
palknen auf den gassnen ausgeusst oder schitten thuet, der soll hierumben,
so ofts beschicht, per 36 kreizer gestrafft werden.

Ain burger- und paumaister sollen ohne wüssen des raths was
ansehenliches zu handlen und fürzunemen nit gewalt haben, hergegen soll 15
der rath ohne ihren beisein und bewilligen nichts handlen, damit guete
ordnung gehalten und der gmain nuz befördert werde.

So ist von alters herkomben, wann man den mitterwahl macht, so
soll der paumaister die dorfmaister zu Laatsch es dag zuvor wüssen lassen,
dann sollen burger-, paumaister und dorfmaister zu Laatsch mit sambt den 20
geschwornen den miterwahl in- und ausgehen, und vermelden unser alts
herkomben laut der brüeff, und die von Laatsch sollen ihr wasser füeren
unsern wahl ohne schaden.

Selleser wüsen sollen, inmassen von alters herkomben, sambt den
wisnen in Schladitsch, so neilichen ausgeben worden sein, an st. Jacobs tag, 25
der alten zeit nach, geraumbt sein, und wer des nit thuen wolt, der ist
peen verfallen 6 kreizer von iedem manmadt, und soll dennoch raumen,
oder man mag ihm mit dem vieh darein fahren und hieten.

Die wüsen, so im Schladitsch vor wenig jahrn wegen verarch- und
wöhrung der Ötsch ausgeben worden sein, haben stehet zu fahren durch 30
der Selerr und kainer andern wis in Schladitsch, darumben man ihme
daselbs von der gmain ain stuck wis gleich unter den üeckern darfür zu
aigen ohne bezallung geben hat.

Die Seleser haben vermüg der zwischen ihnen aufgerichten brüef-
lichen schein, so bei der statt ligt, zu waiden, inmassen von alters her- 35
komben, bis an der Ötsch und nicht über die Ötsch, und unter dem weeg
gegen st. Jacob, bis hereinwerts bis am weeg im Schladitsch, und von
dannen grad hinan an das mos der Ötsch zue, und hinaus an den prunen
und an die Ötsch, und dieselbigen möser sollen auch auf st. Jacobs tag der
alten zeit geraumbt sein, inmassen als die wisen; wo nit, hat man ihme 40
darein zu fahren; dann so mögen si Seleser auch waiden hinauf an st. Jacob
Rofeinthal zunegst bei der kürchen, so alda stehet, und grad hinauf an
den weeg, der in Pauel gehet, und nicht weiter driber hinauf; so mögen si
mairleit zu Seles auch holzen unterm weeg, in Faschlundt genant, und
nicht ob den weeg, wann er hat kain gerechtigkait, weder zu holzen 45
noch zu waiden ob den weeg laut des vertrags, doch sollen si untern
weeg auch nicht holzen, es werde dann durch der gmainschaft Glurns
zugleich ausgeben.

Item auch mügen die Seleser, wann die zeit kombt zu wüssern,
alle freitag und sambstag zwo fürch wasser nemben aus den unterwahl,
und nit mehr, dieselben zwai fürch wasser soll man ihnen unbekombert
lassen unzt sambstag zu feierabent-leiten, und zu den güetern, die nit
5 zu den hof gehören, sollen si kain gerechtigkait haben.

Item es ist auch von alters herkomben, wann die Laatscher ihre
güeter wüssern wellen, so sollen si ihr wasser aus den Ranpach selbs
herkeren, und wann si gewüssert, sollen sis wider in Ranpach (daselbs
sis herkert) hinkeren, damit Glurnser wasser unverhindert sein vortgang
10 habe, wie es der wühler her gericht und gemacht hat, damit weder weniger
oder mehrer werde, und den Glurnsern an wahl oder güeter kain schaden
beschechen thüe.

So hat gemaine statt von alters hero gerechtigkait, das ihnen ain
weeg soll offen sein in Panöl durch den acker und wisen ob den Panölhof
15 von des heiligen creiz tag am herbst bis auf st. Geörgen tag, damit man
das holz heraus bringen und fieren kann, wie von alters herkomben.

Item auch so ist erfunden, welcher ainen hürten sein lidlohn nit
gibt oder bezalt in 8 tagen, nach dem das der hürt jahr aus hat, der soll
der statt straff verfallen sein 30 kr. und sollen die hürten zu ainem wirt
20 auf dorselben uncosten, so den lohn nit bezalt haben, gestölt werden, bis
der sachen ain guets benüegen beschechen, und durch ihnen der lidlohn
und zörung abgstatt worden ist.

An welchem haus die rodt betrüfft, die figusserey oder den statt-
knecht zu halten, wie dann von alters herkomben, und kain haus in der
25 statt (alain beede wüden, item die drei porten-heiser, dann ihre gnaden
herrn Trappen etc. dann herrn Küslers und Schydmonnisches haus, so alte
adlssiz) ausgenomben, noch befreiter sein, also das sich dessen kainer ent-
schuldigen oder verwaigern kann, wover es aber beschüche, megen gegen
ihme mit nemb- oder austreibung der pfantung die stattrecht gebraucht
30 und verfahren werden, als von alters herkomben ist. Der soll desselbigen
jahrs speis und lohn von den rc. küen und schwein nicht schuldig sein
zu geben, noch ainiche gemaine arbait thuen, allain si sollen alle sachen
bieten und gemaine unschniz aufröcken, was dann der gemaind zue-
gehört, auch sich bei der gemain arbait befinden.

35 Item, welcher ainer dem andern auf seine güeter und frücht den
acker mehr dann 3 fürch mit der ganzen menet, es sei prachen oder
pauen, strecken und schaden thuen wurde, der solchen schaden nit leiden
will, mag den andern darumben fürnemben und beklagen, wie vorgemelt,
und der so unrecht hat, der statt peen verfallen 18 kr. und den gebürlichen
40 unkosten abtragen.

Item, welcher in der statt unter und zue zu komben begert und an-
genomben wirdt, der soll der statt einkaufgelt zu geben schuldig sein,
doch nach rath der beambten und aines ehrsamben raths, auch gstaltsame
der persohn und herkunft zu erweisen, auch die huldigung, pflicht und alle
45 gehorsamb zu laisten, offentlichen zu praestiern.

Die salztrager sein auch schuldig, jährlichen die wahl des Puniwassers
zu gueter und rechter zeit im herbst abzuschlagen und zu versorgen, damit
weder im Rungg, noch beim züeglstadl kain eis nit macht, wie auch nit

weniger, wann die Puni aufgehet, der statt und strassen zu nachtl er-
scheinent, sollen si, sovil ihnen müglichen ist, verwöhren. Also sollen si
auch längs- und herbstzeiten, wann es ihnen durch den beambten bevol-
chen wirdt, die vasil von der Etsch fleussig in die statt herein, und nach-
mahlen widerumben an den ort zum beschlus, da mans nicht mehr 5
brauchen werdet, widerumben hinkeren.

Weiter ist erfunden worden durch die geschworne der statt Glurns,
das hinfiro niemaut kain mestvüch auf dem poffl haben und halten solle,
dann allain, welcher nachbauer ain par ochsen oder zwai und zween stier
vintern, dieselbigen mügent ain par möstochsen auf den poffl schlachen 10
und halten, welcher nachbauer aber kain ochsen wintern mag und
dennocht ain möstochsen oder zween in das haus schlachen wollent, die
soll man ihm dasselbig möstvüch auch auf den poffl gehen lassen.

Welcher aber solches überfüere und des poffls halben darwider thäte,
und über solichs obnen gemelt weiter trübe auf den poffl, als oft das be- 15
scheche, sollent solche übervüch gepfendt werden, und als oft solch über-
vüch getrüben wirdt, sol ain iedes häbt umb 18 krz. gepfendt werden.

Es soll auch ain ieder, so in der statt Glurns süzt, kain vich mehr
haben, als das er wintern mag, firkeren, und wover ainer oder anderer,
wer der sei, sein vich, es sei klain oder gros, fir den gmain hürten nit 20
treiben wolt oder lies, dem soll man solches vüich auf die gemain nit treiben
lassen, sondern herein pfenten und volgents als fir die gemaine hirten
treiben.

Welche aber weiter, dann ob geschriben ist, ochsen auf die waid
treiben wolten und es in das haus schlachen, die sollent burgermaister 25
und paumaister begrüessen und ohn ihr willen nit auf den poffl schlachen.

Vermörkt der neuwisen halben, wann die gefridt sollen werden, auch
wann die wisen gewaidt und offen sein sollen:

Erstlichen so sollen si an st. Medarden tag gefreidt und befridt sein
und zu st. Bartholomes tag so sollen si gemat und geraumbt sein; wo ainer 30
ain stuck oder mehr nit raumen wurde, so mag man darein waiden und
dasselb ausözen.

Weiter der alben halben, wie es darmit gehalten werden solle, ist
es also berödt und beschlossen worden:

Erstlichen ist also beschlossen worden, das man alwegen und zu 35
zöchen jahren die alben wexln und abtauschen sol, wanns der ain theil
zöchen jahr inen gehabt hat, alsdann sols der ander theil auch zöchen jahr
inen haben und sol also in ebig gowexlt werden, wann aber der ain theil
mehr vich zu ausgang der zöchen jahren haben wurde, dann der ander
theil, so soll solches durch ainen ehrsamben rath gethailt und verglichen 40
werden; weiter, ob etwas an den alben zu bössern wer, das soll ain
ehrsambe gemain mit ainand bössern und machen; weiter der verzinsung
halber der neun gulden, so man denen von Stülfs jehrlichen von der
innern alben, sowol ain ehrsambe gemaind mit einander erlegen und be-
zalen; weiter der schaf halber ist also berödt, das man kain fremde schaf 45
nit hinein nemben soll, dann allain der statt schaf, und dise zwo alben die
keren niemand zue, dann allain gemainer statt, und hat sonst niemand
kain gerechtigkait nit in kainer alben.

Weiter ist durch ain ehrsamben rath berödt und erfunden worden
der ingeheisen halben, wie es hinfiran gehalten werden soll: es soll kainer
mehr freiheit haben, dann zween ingeheisen zu haben; welcher solches
überfuer, der soll umb ain yhrn wein gestrafft werden.

5   1587.

Weiter erfundne und pösserte artickl.

Erstens, wiewol der laistenden ungehorsamb halben anvor im statt-
puech benannte straffen einkomben, weilen dieselben aber klain, also das
sich derselben oft manicher aines aignen gesuechs ehe begeben, weder die
10 gehorsamb erwisen, daraus alle zerspaltung gefolgt, demnach also gestaigert
worden, alsdann, inmassen von alters herkomben, jührlichen an St. Petters
oder küssontag, welcher ehonter ist, die gros gmain gehalten wirdet, das
hierzue ain ieder, so burgerliche recht hat, selbs ohne vehrers pott bei der
peen 1 *lb* unachlässliche straff erscheiuen soll.   .

15   Zum andern, so oft rath oder gmain poten oder gliten würd, soll
sich ain ieder als aufs lengist nach dem gloggenstraich in halber stunt,
dann, so ainer über nacht oder sonsten poten wirdt, zu benanter zeit an
bestimbt ort verfüegen, daselbs verwarten, da dises durch ainen oder
mehren nit beschäche, sondern, wo gliten wurde, nach der halben stunt,
20 und da poten ist, die relation des burgermaisters, oder wers dann sonsten
fürzetragen hat, versaumben thete und kain erlaubnus hete, solle ain ieder
von rath peen 18 krz., dann ainer von der gmain peen 1 *lb* perner ohn alle
gnad in straff verfallen sein.

Da aber ain ansech- und treffendliche sachen fürfallen wurde, sollen
25 burgermaister und paumaister iederzeit selbs nach gstalt ieder sachen ain
pot, es sei bei von ainer ganzen oder halben yhren wein, auch minder oder
mehr, ehrbarlich, treulich und ohne geverde aufzelegen und, dadurch iemands
ainiche übertrettung beschehe, alsbalt einzuziechen macht haben.

Wann dann ain rath oder rath und gemain, es sei in der rathsstuben,
30 pall-, item gemainen würtshaus oder ander gelegenliche ort, zusamben
komben und durch den paumaister umbgefragt wirdet, so soll in der frag
kainer vor dem andern reden, antwort geben oder einfahren, sondern
menigelich losen und schweigen, bis die frag an ihm kombt, alsdann mag
[er] sein notturft genueg anzaigen, alles bei peen, so burgermaister und
35 paumaister vor der anfrag darauf legen mügen, darumben, damit ain gleich-
hait gehalten, und man wüssen möge, was erfunden seie.

Es soll auch bei versamblten rath oder gmain kainer dem burger-
maister, paumaister oder andere reverender lipplen, schelten, poldern, mit
übrigen unnothwendigen reden schumpfieren, noch drohen, vilweniger
40 unterstehen zu schlagen, auch kainer mit ungebürlichen oder andern,
sonder allain zimblichen seiten [gewehr]
zu rath und gemain erscheinen, und was in haltung rath oder gemain
firgenomben wirdet, behuetsamb und verschwigen halten, wo aber solches
durch ainen oder andern (des aber zu anricht- und erhaltung gueten regi-
45 ments zum hegsten verpoten sein solle) beschäche, item sich ainer oder
mehr, umb was sachen das were, wider den rath und gmain, so derselben zu

nachtl kümbe, sezen und stöllen wurde, der oder dieselben, ain ieder soll
umb ain yhren wein ohne alle gnad gestrafft und alsbald von ihme ein-
zogen [werden], und er ist nicht destoweniger schuldig jeniges, als ob gemelt,
zu laisten bei vermeidung der pfantung, die man gegen demselben mag
brauchen und darmit verfahren; da ainer aber das pfant nit hergeben, noch 5
weniger seines fürnembens abstehen wolte, deme soll zu erhaltung der
burgerlichen gmainen recht durch rath und gmain für die thür zogen, ain
pfahl darfür geschlagen, auch zu ainem zaichen seiner ungehorsamb alle
gmaine gnuss, holz, feur, wasser, wun, waid, weeg, stög, inn- und ausfarth
verboten werden. 10

Item, so ainer in gemain arbeiten poten wirdt, (so aber iederweil
ehrbarlich ohne gefahr beschehen soll) und nit volzeucht, soll iede person
peen 12 krz., dann die, so mit ain par ochsen poten sein, p. 2 *℔* unnach-
lesslich gestrafft, und darzue nicht destoweniger sein rod zu verbringen
verpunten sein. 15

Da sich aber ainicher der pfandung, umb was sachen die beschüche,
beschwerte, die nit geben wolte, und für ain ganze gemain ze komben be-
gerte, der soll zuvor ain pfand erlegen, alsdann für ain gemain fürze-
komben vergonnt, daselbs baid theil gehert werden, und ob der gepfendt
durch die gemain nit ledig erkennt wurde, volgents zwifache mult ver- 20
fallen sein.

An der soll ain ieder guete, annembliche, umb den driten theil mehrer,
weder die peen oder was sachen antrüfft vermag, wolgiltige pfantungen
hergeben, damit die des weniger verstanden werden.

Item auch, da ainer dieselben pfantungen als die todten in 14 tagen 25
zunegst hernach nit lese, sondern die tag verscheinen lass, soll die pfantung
verstanden sein, aber die lebendigen pfantungen sollen in 3 tag glest, wo
nit, alsdann ausgeschüzt werden, wo aber burger- und paumaister dasjenig,
was ihnen gebürt, auch iederweilen erfunden wirdet, nit würklich nach-
sazten, sondern hinlässig, auch widerwertig erschinen, sollen si in dopplter 30
straff gfallen sein.

Were alsdann in negst verrückt stattraitung befunden, das als von
den haubtsachen verfallnen interesse, sowol kürchenzins wenig triben,
sondern maistenthails noch ausstendig, dargegen die last von der statt, nicht
weniger kürchenzüer, item gebei- bösserung und gloggen mit beschwer 35
von den haubtsächlichen vermügen haben abgefördigt werden müessen,
welches fortan zu gedulden gar nit für thuenlich, sondern der gliebten
billigkait, auch der statt und allgemainen nuz wegen also in das werk zu
richten angesehen, das fürterhin der statt geföll ieder burgermaister und
paumaister einnemben, ainiche testamenter auf die nachkombenden nit 40
anstehen lassen, dargegen so weit sich dasselb erströckt, und so es nit er-
raichen mechte, gebürlichen anschnüz machen, einziechen lassen, damit
iederweil alle der statt obligende beschwehr, wie und was von alter her-
komben, abledigen, desswegen alle jahr von ihnen rech- und raitung ge-
nomben, und ob si was schuldig bleiben wurden mit bezallung, oder da 45
man dieselb empern mechte, verschreibungen abzefördigen begert werden,
und beschechen solle, damit was zum salzhandl gelegt, daselbs verbleiben,
ehe pössert, als gleichtert worden müge, weil dann den burgermaister und

paumaister ain solche purth auferluden wirdt, soll ihnen auch ain me hre
ergözligkait, weder üuzt her beschechon, ervolgt werden.

Nicht weniger mit dem kürchen-probst ain solche mainung gehalt,
und angericht.

5　　In sonderhait uber, als iezunder inmassen fürterhin also beschiecho
soll nit allain von der statt haubtsächliche schulden, die gegenwürdig 8
sonder wol auch von 2 jahr her verfallne züns und andere restanten, (
den burgermaister und paumaister einzulaugen überlifort, item auch o
liche kürchengeföll von 86 ausstendig und iezigen kürchen-probst einz
10　bringen gebüren, so obbemelten beeden theilen ohne verzug zu röcke
bevolchen ist, darauf bschlossen worden, du si solche restanzen iber ihre
begehrn und güetliches ansuechen von ainem oder mehrern nit ohne verzu
bekomben mechten, solle vermüg altem der statt recht, gebreich und he
komben nach schäzrecht benent iedem schuldner, und damit sich iede
15　ainicher ibereilung nit zu beclagen, sondern darnach ze richten und vo
schüden ze hieten wiss, weil dise sachen kain pfandung, noch andere ord
nung auf sich tregt, vil weniger erleiden kann, 14 tag darvor durch de
stattknecht verkündt, und da mitlerweilen ainiche bezallung nit beschicht
alsdann dis schäzrecht sein würklichen fortgang gehaben, durch aine
20　unpartheiischen viziburgermaister und etlich vom rath von des schuldner
haab und guet sovil und umb ain pfening (das es hernach umb pfargel
wol leichtlich und ehe etwas bössers hinbracht und verhandlt werden mag
ausgeschäzt werden, bis ieder der billichen ansprach, es betröff haubtsach
züns und schaden, vellig bezalt und abgeförtigt worden ist und darinner
25　soll es ainiche ferien nit irren.

Was dann für kürchenzüns erst in gegenwürdigem jahr und ver-
schinen Martini gefallen sein, nicht weniger firohin fallen, die durch den
inhabern der stücker bis liechtmös nit benüeglichen erlegt wurden, sollen
die abseinigen inhabende stücker den negsten tag hernach vermüg statt-
30　puech ledig sein, und wers erfragt, darumben anhalt, auch gueter pau- und
zünsman sein will, vergont und also in kondenent weiter verlassen
werden.

Und obschon ainer die stücker obgeschribner massen fahren lassen
wolte, so soll aber umb den gefallnen und hinterfölligen züns nicht des-
35　weniger, wo er in güete nit bekomben wurde, inmassen der negst hernach
inserierte artickl vermüg nach ausweisung stattrecht ersuecht und ein-
zogen werden.

Item es soll ain gemainer wiert fürgenomben werden, der soll
gemainer statt zörung halten, und, so oft man von gemainer statt oder
40　kürchen oder spitall ze thuen hat, auf begehrn burgermaister und pau-
maister, auch kürchenprobst gebürlich speis und trank, auch ort und graumb
hergeben, was aber bei ihmo verzört wird, iederweilen von wessentwegen
es verthon, unterschidlich aufschreiben, damit es auch derselben gestalt, als
was von der statt verzört, von der statt geföhl, was kürchen-sachen durch
45　den kürchprobsten, item spital von dem spitalmaister, dann andere gemaine
zörungen und pfantungen von denselben genomben und abgefördiget
werden müge, sowohl in abforderung der raitungen sechen und spüren
müge, ob es leidenlich oder nit angrüffen, darauf den raitungsgebern

passierlich sei oder nit, ain aigentlichs wüssen und moderation brauchen
künde, damit weder die kürch, statt, spitall oder iemands anderer nit be-
schwert werde.

1581.

Es ist durch ainen ganzen rath und gesambter burgerschaft der statt 5
Glurns der lantsteuer halben abgerödt und beschlossen worden, solches
vorterhin zu halten und nachzusetzen, dahin das iede steur solle unver-
zogenlich erlegt werden, als auf st. Anderes tag die ain, und die ander auf
st. Geörgen tag, und solle ainem ieden burgermaister oder haubtman erlegt
werden, und welcher oder welche an vor gemelten tagen von der gleichen 10
tägen die steuern nit erlegt hat, dem selben solle zu stunt an ain pfant
außtragen oder triben werden, das dreimahl so vil wert ist, und sollen als-
dann kain losung darzue haben, man solle auch forthin umb die steuern
den inhabern nachgehen und ersuechen, gott geb, er habe die frucht ge-
nossen oder nit, damit die statt ir steuer auf den güetern richtig habe, 15
und vermaint ainer beschwerter zu sein, suech er seinen gwehrn.

Und in allen obgemelten fällen und pfantungen, die sein umb was
sach die wellen, mag iemants nit beschirmen oder entschuldigen, ob er
vermaints oder sieg, man soll ihn für gerücht suechen und boclagen, dann
solcher fueg aus und in dem gemainen wesen erwachsen, auch zu ver- 20
hietung gefehrlicher verlongerung gründet und von alters herkomben ist.

Im 1581. jahr ist durch burgermaister, paumaister, rath und gmain
der statt Glurns erfunden, das nach der Etsch ab und ab neuprüch und
loß auf der mehrer thail heuser außthailt und geloslt worden. Dieselben
innhaber der stuck sollen in ebig schuldig sein, dieselben an ihuen erlesiten 25
stuck gegen und vor der besagten Etsch gonuegsamblich und notturftiglich
zu verpauen, zu verwöhren und zu versorgen, das die Etsch nit durch-
tringet oder einbröche, sondern die gemain au, waid und holz gehait, er-
zigt und erhalten werde, und sollen jährlich zu disem gepei zwen aumaister
erwöhlt und gesezt werden, die sollen jährlich die refieren der loß aus- 30
gebuor stuck besichten, wo oder an welchem ort und enden sie was besorg-
lichs befänden, das was erpaut und pössert werden sollte, das sollen si an
iedem inhaber der loß und stücker müntlich und hendlich anzaigen, die-
selben sollen alsdann schuldig sein, diejenen gepoi, was ihnen die aumaister
anzaigen worden, dermassen zu verrichten, und da es aber iemant gedunken 35
wurde, das ainem ain zu grosser pau durch den aumaistern zu thuen auf-
erlegt wür worden, soll solches durch burgermaister und paumaister und
ainen ehrsamben rath auch besichtigt und beratschlagt werden, und wie es
durch denen vor [1]) den aumaistern erfunden und zu pauen bevolchen wirt,
das soll ain ieder inhaber der stuck dermassen zu pauen und zu verwöhren 40
schuldig sein, bei ainer aufgesezten peen 15 ₰, die ain ieder verpröcher,
so oft ers übertrit, der statt ohn alle gnad zu bezallen verfallen sein soll,
und soll das stuck der statt auch haimbgefallen sein. Und diso aumaister
sollen auch waltmaister in der au und im walt sein, ihr aufsehen zu haben,

---

[1]) vor *getilgt und sambt von späterer Hand darüber geschrieben.*

damit kain verschwendung oder nachtl der ende ervolge, und deme ent-
lichen nachzukomben hat ieder an aidstatt anglobt.

Item es ist auch von alters herkomben, das alle gemainden ausser-
halb der statt Glurns sollen alle jahr [für] die dorfmaister komben und die
5 multe oder pecu vom burgermaister und paumaister aufnemben, und wie
die pfantung des viehs, holz oder anders, wie es zu Glurns gehalten wirt,
also sollen die aussern derfer die multen oder pfantung auch halten, des-
gleichen sollen sie die multen des müen halb auch hie aufnemben.

Item hienach ist vermörkt aines ieden schmiden, der ainem nach-
10 pauern zu Glurns schmidt oder arbait.

Item, wann ain schmidt ainem nachpaurn zu Glurns ij neue röder
bschlegt in des schmidts koll und speis, so soll man ihm davon zu lohn
geben ij *ß* perner.

Item, wann ain schmidt ainem nachbaurn ij reder bschlegt in des
15 nachbaurn eisen, speiß und koll, davon soll man ihm zu lohn geben xvi kr.

Item, und wann er ij röder bschlegt und nit zeucht mit alten schinnen
in des schmidts speis und koll, davon soll man dem schmidt geben 1 *ß*
perner, und in des nachbahren speis viij kr.

Item der schmidt soll ain neus huefeisen ainem roß anschlagen umb
20 xii perner.

Item, und wann er ainem nachpauern neue huefeisen macht, nagel
und eisen 8, in des nachbahrn speis und koll soll man ainem schmidt geben
aber 1 kr und soll das eisen darzue anschlagen.

Item und in des schmidts speis und koll vi perner.

25 Item von ij neuen oxeneisen in des schmidts koll und speis anzu-
schlagen umb iij kr.

Und ain alt oxeneisen, das der nachpauer selbs bringt, anzuschlagen
iij perner.

Item ain alts huefeisen anzuschlagen umb 1 kr.

30 Item ain schmidt soll aller gemain arbait vertragen sein, darfür soll
er, wann man in die gemain wühl geet, züring spitzen und negl, auch
klampern machen, was man zu den wühlen bedarf, doch die gemain soll
das eisen darzue geben.

Item ij neue oxeneisen zu machen in des nachbarn eisen, koll und
35 speis, dem oxen anzuschlagen umb vi perner.

3. Mals.*)

Papierhds. 16 Blätter im Gemeindearchiv zu Mals.

Der gemein Mals päurliche recht. 1538.

Actum am zehenden tag monats aprillis nach Christi unsers lieben
herrn und erlösers geburt fünfzechen hundert dreissig und acht jahr. —

---

*) Das Gericht zu Mals stand seit alter Zeit den Vögten von Matsch zu,
welche schon im Jahre 1297 die Pfarre Mals zu ihren Taidingen rechneten. Auch
die Unterthanen des Bisthums Chur zu Mals scheinen denselben unterworfen gewesen

Haben die ersamen Sigmund Bangartner, Carl Balser, beede dis jahr ge-
waltige dorfmeister einer ganzen ehrsammen gemein und nachbarschaft zu
Mals; Minig Hans, Johann Caspar Müssl, Minig Pott, Phili Pangartner,
Volf Verdross und Peter Moritsch, als geschworne daselbs; Peter Glück,
Kästl Pflueger, Büstl Verdross und Paulen Ladner, auch Christl Miller, 5
Jacob Moritsch, Daniel Heugl, als nachbauren zu Mals, aus bevelch obge-
melter gemein die artikl ihrer gemeinlichen recht und alten herkommens
in die feder angeben und durch den ersammen Paulen Ladner obgemelt,
so darzu erbetten, ordentlichen beschreiben lassen und durch ain ganze
gemain zu halten angenommen worden. 10

Erstlichen so ist es von alten herkommen, das jährlichen am kans-
sontag wird die groß gemein zu Mals gehalten, die gemeinliche ampter
verneuert; dazu soll ein ieder nachpaur, so püurliche recht hat, für sich
selbst potten sein, bei straf eines scheet kaas ohne alle gnad.

Auf den selbigen tag werden zween dorfmeister, als einer herdis- 15
halben und der ander enthalben der Punig erwölt, nämlichen also, dass
die nachpauren auf der seiten gegen der landstraßen ein dorfmaister ent-
halben der Punig gen Schleiß werts, und die nachpauren daselbst einen
dorfmeister herdishalben setzen, und welche also gesetzt werden, die sollen
sich dessen nit verwidderen, sonder gehorsam laisten bei einer yhren wein 20
und nicht desweniger dorfmeister sein, der gemein nutz und frommen
fürderen, ihren schaden wenden treulich ohn geferde.

Mer so werden auch bedorseiten des dorf Mals zwen neu geschworne
gesetzt; die sollen samt den alten dorfmaister, so das jahr nach ihrem dorf-
meisteramt auch geschworne bleiben, den neugesetzten dorfmeisteren an 25
aid statt anloben, der gmein nutz zu fürderen und schaden zu wenden,
auch in anleitung und anderweg an aid statt niemands zu lieb noch zu
leid, sonder was recht ist, erkennen treulichen ohn geverde.

Die sollen auch samt den dorfmeisteren, was in püurlichen anleitungen
und gemeinlichen sachen, es sei urtlweis oder sonst, fürgenomben und be- 30
schloßen wird, behutsam und verschwigen sein und keiner parthei das
anzeigen, und welcher das überfuehre, der soll seines amts entsetzt und
wie ein meineidiger gehalten werden.

Verer, welcher unter ihnen dorfmeisteren oder geschwornen seiner
eehaft und geschäft nach aus der gmein gienge oder verreiten wurde, der 35

zu sein, wenn schon darüber langer Streit bestand. *Eine am 12. Jünner 1394 zu
Schluderns aufgenommene Kundschaft sagt darüber aus:* wenn die churerischen
gotteshausleute nach herkömmlicher gewohnheit ihre placite, gewöhnlich land-
sprachen genannt, zu Mals hielten, seien immer die amtleute der vögto gesessen,
wie wahre richter mit ihrem stabo auf dem richterstuhle zu gericht zu sitzen
pflegen, und hätten die klagen und antworten der gerichtsuchenden angehört,
und dass der ieweilige (churerische) probst zu Fürstenburg auf der einen und
der reichenbergische amtmann auf der andern seite des vögtischen amtmanns
gesessen seien, welcher cum plena potestate in den landsprachen im Jänner
und im Mai das gericht hielt. *Ladurner J., die Vögte von Matsch, in der Zeitschrift
des Ferdinandeums für Tirol und Vorarlberg. III. Folge, 17. Heft, S. 18.* Später
erscheint Mals mit Glurns als eine Pfandherrschaft vereinigt im Besitze der Vögte
von Matsch und ihrer Erben der Grafen von Trapp. Ein Marktprivilegium erhielt
Mals von der Erzherzogin Claudia (1632—1646).*

soll einen anderen tauglichen mann und nachpauren an seiner statt zu ver-
ordnen schuldig sein, bei der straf eines pfund perner.

Auf obgemelten tag werden auch vier saltner gesetzt, als zwen, so
die garben-saltner genänt und auf die Heiden ze sechen geheißen werden;
5 diese vier sein schuldig, der gemein nutz und frommen ze ferderen, iren
schaden ze wenden, als mit pfenden und anderen, und, wo man sie bedarf,
gehorsam ze sein.

Und sonderlichen die zwen garben-saltner die gmein ze pieten, an-
leitung, kuntschaften, zum wetter und gemein ze leiten, im ungewitter
10 das vich samlen und heimtreiben helfen und aus den fruchten ze wenden
allenthalben in Malser piet: das ze thuen sein alle vier saltner schuldig
und, was ihnen befolchen wird, treulichen auszurichten und nicht ze ver-
saumen.

Auch was in anleitungen und anderen päurlichen rechten firge-
15 nommen, geredt oder beschlossen wird, zu verschweigen und keiner partei
anzuzeigen bei entsetzung ihres amts. — Die saltner sollen demnach ze
kommen anloben.

Die höfleut Lechtaller und Sacker sollen des walds halben anloben.

Es sollen auch auf bestimten tag alle hirten in der gmein, darzu
20 ein spitaler und ofner gesetzt werden; die sollen samt den zweien garben-
saltneren, wann die gemein fir ist, der gemein ein zimlichen trunk, auch
kaas und brot zahlen.

Ofner, spitaler und küeger und öxeler sollen verpürgen, Lechtaller
und Sacker sollen anloben.

25 Item die obgemelten dorfmeister, geschworne und saltner um ihr
mühe und arbeit die ergötzlicheit haben, namblichen die dorfmeister sollen
alles hürtenlohns (ausgenommen schaaf und geiß) ze geben gefreit sein,
mer an holz, heiligen wein und zeltengaben wie von alter ihren zimlichen
vortheil haben.

30 NB. Holz, heiligen wein und zelten sein abgenommen nit mehr, dann
so vil einem anderen nachpaur.

Item den geschwornen soll auch holz, heiligen wein und zelten-
gaben wie von alter erfolgen, und den zweien garben-saltneren sollen
allwegen von dreien mutmahlen zwo garben gegeben werden, ihnen auch
35 alle vich-pfandung zuestehen, aber andere pfandung der gemein zue-
gehörig sein.

Anleitung.

Item, wann und als oft die dorfmeister um ein anleitung, besicht,
schaden-beschatzung, aussteckung oder marchstein ze setzen angeruft
40 werden, alsdann sollen si dem, so angeruft hat, und sonderlichen um an-
leitung ainen tag benennen, die saltner vergunnen und dem gegentheil, ob
der um den gegenwärtigen span, so zu der zeit schwebt, ein anleitung ein-
gehen will oder nit, einen saltner zuschicken und befragen lassen; und ob
anderwerter theil auf solches ordentliche zuesprechen sich in anleitung
45 nit laßen, noch des spans abstehen wolt, dann so soll derselbig um ein
yhren wein gestraft werden; und als oft er sich der anleitung verwidert
und des spans nit abstehet, soll er obbemelter massen gepfendt, auch durch

die herrschaft, wie sich gepiert und von alter herkommen ist, gestraft werden oder aber anleitung inngeen oder seines vorhabens abstehen.

Wann aber der eintweder sich in anleitung einlassen thut, dann so sollen auf eins oder beeder theil begehren zu der anleitung kundschaften und ander nothdurft durch die saltner ordentlichen gepotten und ihnen von 5 beider kundschaft persohnen ein kreutzer zu lohn gegeben werden, und wann der anleitung verhanden ist, dann sollen dorfmeister und geschwornen vor allem eingang von beiden thailen um alle sach genugsame pfandung nemmen und empfangen, und so das beschechen, den kläger mit einer klag und antwurter mit einer antwurt samt beider parteien gerechtigkeiten nach 10 nothdurft verhören und demnach, was sich gebirt und ehrbar ist, treulichen ohn alles geferde erkennen, — davon man ihnen dorfmeisteren und geschwornen fünf pfunt perner gelds zu geben schuldig sein solle, wover aber mehr als ein klag und ein antwurt gethan und firbracht wurd (welches in der partheien willen stehet), alsdann soll die zörung und 15 kostung zu erkantnus der geschwornen bleiben, und welcher theil in anleitung verlürstig wirdet, der soll die obbestimte fünf pfunt perner (so fern es bei einer klag und antwort bleibt) dem dorfmeister und geschwornen zustellen, auch was die saltner auf den tag mit kundschaft pieten und zu wißen thun verdient, erlegen und dem gegentheil sein selbs, 20 seines firmunts und eines beistands (das ist selb dritens) zehrung abzetragen schuldig sein; aber ob mehr als ein klag und ein antwort firbracht ward, soll die mössung zu erkantnus der geschwornen stehen; und so sich einer der päurlichen anlait - urtl beschwert, der mag die von eröfnung derselben thun, in vierzehen tägen wohl fir ein geschworne anleitung 25 führen; wo er aber die in obbestimter zeit nit volfierte oder schub brachte, dann soll die verlegen und dem gegentheil als begehrenden geschrieben und bestelt um seinen pfenning gegeben werden.

Item, so in obbeschriebnen gemeinlichen sachen einer oder mehr dorfmeister oder geschworne dem einen oder anderen theil nachent ver- 30 wandt oder partheiisch würe, dann sollen an des- oder derselbigen statt andere taugliche mannspersohnen genommen werden, und was also durch dorfmeister und saltner in guten treuen ohn betrug gehandlet, das soll gehalten und wider sie frevenlichs was nicht geret noch than, sonder sie von der gmein vor solchen frevel beschirmbt, ob aber si in der gmein fühlen 35 wurden, sollen sie umb zweifache mult gestraft werden.

Und so die dorfmeister ihr jahr aus haben, sollen sie den jungen dorfmeisteren aller ihrer handlung der gemein halben reitung thun und, was in ihrem jahr ist, selbs zahlen und keine restanten auf die junge lassen.

Item so auf anrufen marksteine gesetzt, soll an ieden ort von dem 40 ersten sechs kreutzer und darnach von dem anderen ieden drei kreutzer gereicht werden.

Item, wann einer in der gmein oder von der kirchen ein amt ein jahr lang gehabt, soll im nechsten jahr darnach gefreiet und mit keinem amt beladen werden. 45

Verer soll niemand ohne wissen und willen der dorfmeister oder deren, so an ihrer statt gebetten sein, die gemein biethen lassen, allein es geschehe von herrschaft wegen.

Und die dorfmeister sollen ohn beweglich ursachen bei einer yhren
wein nit bieten, noch die groß gloggen anzühen lassen; so aber aus echafter
und redlicher ursach obberierter massen gebotten und geleit wurde und
einer oder mehr nit gehorsam zu der gmein erscheinen, sollen die bei der
5 peon, wie die benant wirt, gestraft werden.

Und so auch in kleiner sachen gebotten und geleit wurd und einer
in einer halben stund nach der gloggen hall zu der gmein nit gehorsam
erscheint, der ist ohn alle gnad ein pfunt perner peen verfallen.

Und so man zu der gmein gehen will, soll keiner weder gablen,
10 hauen, peichel, hamer, noch andere derglcichen wehren bei ihme haben,
sonder allein sein menliche seitenwehr tragen, und wer das überfert, der
ist ein yhren wein ohn alle gnad verfallen.

Weiter, so ein gemein bei einander versamlet ist, soll keiner bei ob-
gemelter straf kein ungbirliche wort noch werk brauchen.

15 Ob einicher sich, um was sachen das wür, wider die gmein setzen
und widerwärtig sein wurde und der gmein zu nachtheil reichte, der soll
um ein yhren wein ohn alle gnad gepfünt, und so er die pfandung nit gibt,
noch seines firnemmens abstehen will, dem soll (zu erhaltung gmeinlicher
recht) durch die ganz gmein fir das haus gezogen, ein pfahl fir die thir
20 geschlagen und damit zu einem zeichen seiner ungehorsamme und wider-
spännigkeit alle gunst in der gmein, als holz, feur, wasser, wun, weid,
weeg, steeg, in- und ausfahrt verpotten worden und sein. — Ob aber selb
ihme mit dem unrecht beschechen sein vermeint, der mag die gmein
darummen, wie sich gebirt, mit recht firnemmen und ersuchen.

25 Auch, so ein ganze gemain einem als widerwürtigen zu haus und zu
hof ze ziehen aufsteht und doch nit beschicht, nicht desto weniger soll der
selbig der gemein ein yhren wein zu geben verfallen sein.

Welicher in der gmein mit einem anderen ein span hat, so anleitung
auf ihm tragt, und nit nach päurlichen rechten gefert, sonder anderstwo
30 hingehet, der soll bei einer yhren wein gepfent werden ohn alle gnad.

Es sollen auch keine mairen noch insaßen ohne wißen, willen und
vergunstnus dorfmeister und geschworner ingenommen werden bei der
mult einer yhren wein, und sonderlich in einem haus nit mehr als ein
insaß sein, doch der gmein ohne schaden.

35 Item, so einer sich einer pfandung beschwert und die nit geben will
und fir ein ganze gmein zu kommen und zu erscheinen begehrt, derselb
soll ein pfand erlegen, dann soll ihme fir ein gemein zu kommen vergunt
und daselbs beide theil gehört werden; und wird der gepfendt durch die
gemein der bemelten pfandung nit ledig erkennt, so soll er alsdann zwei-
40 fache mult ze geben schuldig sein.

Mer, so einer um multen pfandung gibt, und die in vierzehen tagen
nit lest, sonder die täg verscheinen last, soll sie verstanden sein.

Es soll auch keiner, wer der sei, kein unrein ding in die Punig thuen,
bei der pen einer halb yhren wein.

45 Weeg, steeg, schweller oder rodanden zu machen, auch wasser durch
die rodanden zu führen, soll bei der gmein erfunden stehen und demselbigen
nachgelebt werden, bei der mult, so man auf ein iedes setzen wird.

Dergleichen der fruh- und spatwisen heu und gruemat zu meien auszugeben soll bei der gmein erkennen bleiben, und wie sie es ordnet oder erfindt, dem soll vollzogen, und welcher das übertrette, ums taglohn gepfent werden.

Verer, wie die gmein die pöfel zu weiden ausgibt, dem soll unwider- 5 sprochen nachkommen, wo aber sich einer darummen übersehen oder überfahren wurde, der soll beim tag um sechs kreutzer und nachts um ein pfunt perner gestraft werden.

Gleichermassen den hirten speiß und zuchirten ze geben, auch heiligen wein, zeltenbrot und tuech den armen leiten in der gmein soll, wie von 10 alter beschehen, ausgetheilt werden.

Die feirtag und feirabend sollen inhalt der lantsordnung, und wie die gmein zum theil zu halten aufgesetzt und verlobt und noch beschehen mag, gehalten werden und soll sommerzeiten um vier uhr nachmittag und winterzeiten um die drei feirabend sein; ob aber einer im feirabendleiten 15 ein fueder zu laden angefangen hette, der mag das faßen und heim führen, auch ob einer ein schober zu machen angefangen, mag den vollenden und darvorn laßen und soll darummen nit gepfendt werden.

Alle firkauf, wie die sein, bei der straf einer yhren wein ver- botten sein. 20

Der tagwercherlohn soll zu ieder zeit nit höher, sonder wie von alter gegeben werden.

Hienach wird angezeigt, was und wie vil ein ieder nachbaur oder insaß auf die gmein weid treiben mag.

Erstlichen ist beschlossen, daß ein ieder in der gmein das vich, so 25 er mit dem hüter, so auf seine güeteren, es sein aigen, lehen oder bstants- güeteren, winteret, summeren und auf die waid treiben und nit mehr, und sonderlichen bstandsgüeter, deren oder mehrer thail in Malser piet ge- legen sein.

Item, welcher in Mals sein haus hat und püurliche rechte thuet und 30 weder nigene, lehen noch bstandsgüter hat, dem ist vergunt, daß er zwei rinder, sechs haubt schaaf und geiß, zwei schwein halten und zu unter- haltnus des alles heu, stro und anders, wo ers bekommen mag, kaufen und auf die waid treiben; doch ob einer ein gwerbiger mann würe, der ein roß hätte, der soll ein rind des weniger halten. 35

Weiter ein insaß, so keine gemeine recht thut, mag ein rint, vier haubt schaaf und geiß, ein schwein auf die gemein waid treiben und das hei und stro außerhalben der gmein wohl darzu kaufen; wo aber einer sich mit dem oder anderen dingen ungebirlich hielte, der soll aus der gmein than werden. 40

Item, welcher nachpaur zween tägpau hat, der mag ein ziehend roß halten, und also fir und fir allwegen von zweien tägon pau ein roß halten und auf die waid treiben; welches aber ein jungs ist und nicht ziehen kann, mag nicht destoweniger auf die waid getriben, und fünf mutmal acker sollen fir ain tagpau gerechnet und gehalten werden. 45

Item, so einer güeter, in ander gepiet gelegen, bstantsweise aufnimt und inhat und in Mals haushablichen sein will, der soll das vich, so er mit derselben güter nutzung wintert, auf die gmein weid Malser piet nit treiben.

Die hofleut, als die Sacker und andere, so in unseren gmeinlichen rechten sein, die sollen nit mehr vich, als sie mit ihren hofgüteren und
5 nutzungen winteren und nit erkauften futer wintern, auf der gemein Mals weid treiben.

Es soll auch keiner frömds vich unter dem schein, als ob es sein sei, nemmen und unterhalten; und als oft soliches beschicht, soll man denselben um ein yhren wein pfünden ohn alle gnad.

10 Es soll auch keiner mehr als vier ochsen (ob er gleich wohl mehr hüte) fir den ochsler treiben, und welcher zu seinem pau-brauch nit vier ochsen bedörfte, der soll nach sanct Jacobs tag nit noch zween kaufen und auf den pofel treiben, sonder allein die er vom langes unzt auf sanct Jacobs tag mit arbeiten gebraucht hat, und sein schlegrind im haus auf die weid
15 treiben, und sonst kein anderes vich nach st. Jacobs tag zu kaufen und auf die gmein weid zu treiben gestattet, noch nachgeben werden bei der peen, so die gmein darauf setzen wird.

Die gens zu halten ist gar verpotten.

Item ein ieder nachpaur, so an unfrische ort leutsterbens halben ritte
20 oder gienge oder davon käme, auch ob einer durch unfrische ort, da vich-presten wäre, vich tribe oder dardurch fuhre oder von solchen enden vich in die gmein brüchte, der soll um ein yhren wein ohn alle gnad gestraft werden.

Dermaßen auch welicher nachbaur leut oder vich von unfrischen
25 enden ohne der dorfmaister und geschworen oder deren, so darüber ge-ordnet sein, vergunstnus einnemmen werde, der soll mit leut und vich eingespert und ieden tag und nacht um ein yhren wein gestraft werden ohn alle gnad.

Item die häuser, so von alter gewesen und püurliche recht haben, die
30 sollen dabei bleiben; was aber von neuen hüuser gebaut sein oder werden, die sollen ohn der gemeind vergunstnus keine päurliche oder gmeinliche recht haben, und wo aus einem haus zwei hüuser gebaut und gemacht werden, dan so sollen die gmeinliche recht bei dem einem haus bleiben.

Es solle auch ein ieder nachbaur vor seinem haus einen feurhaggen
35 und leiter haben und die zu fuessen halten, bei der peen eines schedt kas.

Das wasseren betreffend.

Item, welcher das wasser in ackeren und wiesen, in Malser piet ge-legen, vor einem anderen hat, dem soll es nit genommen, sonderen ûn intrag gelassen; ob aber einer das nüm, der soll um ein sched kas gepfendt
40 werden, und nicht des weniger das wasser dem, so das zum ersten gehabt, zu lassen schuldig sein.

An panfeirabenden, sontagen und panfeirtagen soll das wasser allein in den wisen gebraucht und werchtags in die acker gekehrt werden.

Und wo einer weeg oder steeg mit dem wasser oder sonst in
45 anderweeg vernachteilen und zu schaden bringen wurde, der soll die wiederummen in massen, als sie vor gewesen, machen und nicht des minder nach gstalt des schadens und handlung nach erkantnus gepfendt werden.

Den wald berirend.

Welicher im panwald ohn erlaubnus der gmein holz schlügt oder macht, der ist fir ieden stammen ein gulden, und ob er das führt, darzue von einem ieden fueder ein pfunt perner ohn alle gnad verfallen, und der solches thuet, soll zu keinem amt in der gmein gesetzt, sondern fir mein- 5 eidig gehalten werden.

Item in anderen wäldern ausserhalben des panwalds des stammens und fueders mit dem gulden und pfunt zu strafen, soll gleichermassen, wie ob steht, gehalten werden.

Aber in den wäldern auf der Haid zu beiden seiten mag ein ieder 10 nachpaur in der gmein zu ieder zeit im jahr holz schlagen und samlen.

Vermercht vich- und andere pfandung.

So ein ganze kut oder herd allerlei vich zu schaden gehet oder übertriben wird, so ist die mult ein pfunt perner und nit mehr; was aber weniger als der halb theil ist, soll nach den hüubteren, wie hernach ge- 15 schriben, gepfendet werden, als, wo es ohne geferde beschicht, zwei rinder um ein kreutzor auf gnad gepfendt werden.

Was aber in der gmein mit geferde beschicht, ein rind um drei kreutzer, und wo großer schaden gethan würe, der soll auf des, dem sohaden beschechen ist, anruefen durch dorfmeister und geschwornen geschäzt 20 werden und die zöhrung, so darüber gehet, soll der, so ohnrecht hat, nach ihr erkantnuß bezahlen und erlegen. — Ain roß beim tag zwölf fierer und nachts sechs kreutzer auf gnad.

Zwei haubt schaaf um ein kreutzer.

Die gaiß um ein kreutzer.   25

Ain schwein um ein kreutzer.

Item, zu wellicher zeit im jahr einer, wer er sei, in- oder außerhalben der gmein mit einem geladen oder lähren wagen durch ein guot, da er kein weeg, fug noch recht hat, fahret, der soll um ein pfunt perner gepfendt, darzu der schaden durch dorfmeister und geschworne auf des 30 beschwerten anruefen geschäzt werden; mit einem protzen um 6 kr., mit der zieter um 3 kr. gestraft werden.

Freiung der fruhe-wisen.

Die egartler sollen acht tag vor st. Georgen tag gefreit sein und nit geezt werden, unzt das gruemad darob gemüit ist, aber die andere fruh- 35 wisen die sollen vier tag nach st. Jörgen tag befridet sein, und die spatwisen, wie vor alter gueter gewohnheit das herbracht worden, nach gestalt der zeit und gewitters ohn geferde.

Wellicher massen gehütet, auch wo und wie weit zu ieder zeit geweidet werden solle.   40

Es soll keiner sein vich zu langeszeiten vor und eent der gemeinhirt ausfert, aushieten an keinem ort, und sonderlichen die engen rain sollen nicht geweidet werden, unzt das die acker lür sein.

An sanct Gerdrauten tag angefachen mag ein gmein ze Mals mit
ihrem vich, als klein und groß vich, unter Laatscher weeg von Schinau
hinab unzt zu der statt Glurns und Etsch fahren, die weid besuchen und
daselbs weiden bis auf st. Jörgen tag und st. Marxen tag, und von
5 st. Marxen hin nicht mehr unzt auf des heiligen kreutz tag am herbst, wie
von alter laut brief und sigl.

Item in Tschangner, wann das gruemad ab ist, bis auf sanct Ger-
drauten tag hat die gmein zu waiden.

Item mit den schaafen und geißen mag die gmein von st. Martins tag
10 bis auf st. Jörgen tag am perg fir Tartsch hinaus gegen Schluderns werts
unzt zu den marchsteinen, nebent und unter Matscher acker ligend, wohl
weiden, treiben und fahren, alles nach laut der brief, und so darumen
verhanden.

Hienach volgen die zwen artickel, welche ain gemeine nachpaurschaft zu Mals
15 an die hochlobl. Roem. kais. maiestät regierung zu Innsbruck hierin hinzuzu-
setzen begert haben, samt darauf ergangnen abschid.

Und wiewohlen in der gmein nachparschaft zue Mals von alters und
bisher bräuchig gewesen, wann einer um der nachbäurlichen anleitungen
kuntschaften zue beweisung seiner recht firstellen thut, das die selbigen
20 nit beschrieben, sonder nur müntlichen verhört worden seind, dieweil aber
zue etlichen malen von den nachbäurlichen anleitungen zu den geschwornen
anleitungen geapelliret wird und die kuntschaften zu zeiten mitlerweil
weckziehen oder wohl auch mit tot abgehen, dardurch oftmals bei der
geschwornen anleitung anderst, dann bei der nachparlichen anleitung
25 gemelt werden muß:

Demnach und demselbigen fir zu kommen, hat gemeine nachparschaft
beschlossen, das hinfiran die kuntschaften, so man in den nachbäurlichen
anleitungen firstellen thuet, ordentlichen beschrieben werden.

Verer haben gemeine nachpaurschaft beschlossen, wann in den nach-
30 päurlichen anleitungen einiche briefliche gerechtigkeiten eingelegt werden,
und von den nachpäurlichen anleitungen zu den geschwornen anleitungen
geapelliert wird, so sollen die selbigen eingelegten brieflichen gerechtigkeiten
nit herausgegeben, sonder bis zu der geschwornen anleitung bei der nach-
bäurlichen anleitung bleiben und behalten werden.

35 ## Abschid.

Auf der gesamten von Mals gegenbericht, den sie auf herrn Jacoben Trappen
supplication übergeben, betrefend die brieflichen gerechtigkeiten, so in der
päurlichen anleit einkomen, desgleichen das dorfbüchl und die zwen artikel,
so sie darein ze setzen begehren, geben die herren der regierung, sovil des
40 herrn Trappen brieflichen gerechtigkeiten belangt, diesen bescheid, das sie
dem herrn Trappen schreiben wollen, wofern die sachen dermaßen, wie sie
anzeigen, geschaffen, das auf iren deren von Mals firgegeben nach derhalben
ein abschid ergangen, dessen sich der herr Trapp ordentlich nit beschwert,
das er von seinem vorhaben disfals abstehen und dem abschid seinen fir-
45 gang lassen solle.

Aber das dorfbüechl und die zween artickl, so die von Mals hinzue setzen zu lassen begehren, dieweil die selb ordnung zum theil die obrigkeit auch berieren, so hierüber nit gehört worden, so lassen die herren der regierung dieselb ordnung dieser zeit in ihrem unvergreiflichen wert bleiben, doch mögen sie wol leiden, das guete alte löbliche brüuch und 5 einigung unter ihnen erhalten werden.

Actum Innsbruck den 11ten tag august anno ut supra.

Tirollische canzlei.

Auf verlangen der loblichen burgerschafts-vorstchung abgeschrieben von Gottlieb Mannhart, dermaligen schullohrer und organist, so beschechen 10 den 16ten mai 1778.

4. Tartsch.

Nach collationirten Abschriften des Herrn Anton Grafen von Brandis und des Herrn Ferdinand Freiherrn von Giovanelli. Das Original, das im Gemeindearchive zu Tartsch — Sign. Lit. J. No. 1 — sich befindet, wurde nicht zur Benutzung gestellt.

Der gemain Tartsch dorfbuech und peirlichen recht.

Actum Tartsch den 24. tag monats sebtember

in 1716. jar.

Vor und durch dem wolfirnemben Christan Follie, wirt 15 und gastgeb, auch Sebastian Höllrigl, dis jars dorfmeister, dann Christian Minig, anwalt, item Geörg Mazegger, kirchprobst, und Anthani Follie, Christianes Moriggl, Veit Folio, Symet Lung, auch Balthaßar Lizi, alle ausschuss-interessierte, und Clement Amperg, gemainen dorfpieter, alle in berierter gemeinschaft Tartsch seß- und wonhaft. 20

Nachdeme und alldieweil das in der gemain Tartsch verhantene gemaine puech, so anno 1574 auf ein neues verfasst, und seithero umbwillen der lang verfloßnen jaren in etwaß verfinstert und nit woll leslich befunden worden, als ist dasselbe dem alten nach widerumben abgeschrieben und confirmiert worden, wie volgt: Erstlichen, nachdem be- 25 rierte gemain Tartsch nach alten herkomben jarlichen zu ainen ieden sanct Peters Stuelfeirtag, den zween und zwainzigisten tag mannats februari, ir .groß gemain haltet, solle auf demselben tag die ganze gemain, das ist, alle, die darzue gehörn, si seien in- oder ausserhalben des dorfs, bei zeitner, rechter weil und zeit erscheinen, und vor dero solliches dorfpuech verlesen 30 werden. Man soll auch zu sollicher großen gemain nit schuldig sein zu leiten oder iemant darzue zu pieten, und so ainer oder mer dieselbe nit, als gehört, besuecht, sonder halb oder gar ohne genuegsamb redliche entschuldigung verabsaumben wurde, deren ieder umb ain yron wein verfallen sein, und sollliche durch die gemain einzogen werden, wo sich aber ainer 35 in genad oder umb genaden orzaigen und eingeben wurde, sol solliches bei erkantnuß und wal der gemain steen, doch hierinnen iedem gots gewalt, herrschaft poth, vergonstnus von ainer ganzen gemain oder ander genuegsambeu, redlicher ursachen, damit sich ainer billichen zu entschuldigen haben mecht, vorbehalten und ganz unvergriffen.

5 Vor sollicher großen gemain und nach vorlesung angeregten dorfpuechs sollen alsdann die dorfmaister erscheinen und alda ainmal iren gwalt aufgoben, und volgentes fueg und macht haben, auch schuldig und verpunden sein, neben und sambt der gemain geordneten kirchprobst, und noch zwaier, die jenen auß der gemain gefällig und auf das kunftige 10 jar zu dorfmaister nit gesezt werden migen, auch den gemainen pieter, von der gemain [an] ain absonderliches ort abzutreten, und alda niemant weder zu lieb noch laid zwen neue dorfmaister, die taugenlich und geschickt, und damit ain gemain auch versechen und versorgt seie, setzen und erkiesen, und so nun durch sie die erwell- und sezung der neuen dorfmaister, allwie 15 gehört, beschechen, sollen si widerumb vor der gemain erscheinen und derselben die dorfmaister, [so] kunftigs jars sein und regieren sollen, erklären, anzaigen und alsdann dieselben, wie von alter herkumben, nach ordnung mit glib verfaßen und bestäten; es soll auch kainer, der ainmal zu sollichen ambt erwelt, desselben sich verwaigeren; wo es aber bescheche, soll der-20 selbe ohne alle genad umb ain yreu wein gestrafft werden, und dannoch darzu des angeenden jars dorfmaister sein und bleiben.

Darauf sollen alsdann die benenten neuen dorfmaister nach empfachung des ambts mit dem kirchprobst und pieter von der gemain abtreten und mit inen alle ümbter, als geschworne, pieter, albmaister, velt-25 und feirabend-saltner, auch pruunenmaister, inmaßen, wie von alters herkumben und der brauch alhier zu Tartsch allwegen gewest und noch ist, veränderen, von neuen setzen und mit ordeulichen glib, wie sich gebirt, bestätigen.

Wovern aber solliche erwellung der neuen dorfmaister durch die 30 alte und ire zuegebene auß miet, gab, schankung, tro, forcht, feintschaft, freint-, gefater- oder nachtperschaft beschüche, und solliches wahr und bewürlichen auf si darbracht wurde, sollen si und ain ieder ohne alle genad umb ain yren wein gepfendt werden, auch hienach bei der ganzen gemain die wal steen, ob si die unordenlich erwelte dorfmaister annemen, be-35 halten und darbei bleiben oder andere an irer stat firnemben, ordnen und sezen wellen; es beschehe alsdann die ündrung oder nit, so soll es nichts desto weniger mit den neuen dorfmaistern die gestalt und mainung haben, inmaßen obbeschrieben und verlesen worden.

Ernente neue dorfmaister sollen auch in verfaßung ires glibs an 40 aids stat, bei iren ehren und treuen, zuesagen und anloben, in allem der gemain iren nuz und fromben firderen, nachtl und schaden warnen und wenden, alsvil dann ieden bestes fleiß imer zu thuen miglichen. Si sollen auch, wie von alters herkomben, allwegen die gemaine recht von denen von Glurns, Mals und Schluderns empfachen, und hiernach solliches der 45 gemain und den saltnern verkinden und anzaigen.

Item, und damit auch ain gemain in allweg versorgt und versechen, geordnet, das weder der ain oder der ander dorfmaister nit auß der gemain ohn ain zuvor durch ime gestelten und gesezten amtwalt hinwekgeen und iber nacht oder noch lenger auß sein und bleiben solle, bei der pen einer yren wein.

Wann dann si dorfmaister was zu handlen und iber nacht ain ganze oder halbe gemain zu pieten bevelchen, soll der pieter selbs oder durch ain genuegsamben poten ainen iedlichen zu haus und hof pieten; wo er 5 aber iohemant nit dahaimb funt, soll er drei stain zu ainem wortzaichen auf die hausthür legen, und damit auch gepoten haben. Er pieter soll auch allwegen zu der gemain bei gueter zeit erscheinen und auf zuefragen der dorfmaister seines verrichtens anzaigung thuen, wo er aber ainicherlai pieten verabsaumbt und nit nach bevelch der dorfmaister außrichten oder, 10 ob es beschechen, zu der gemain zu rechter weil und zeit nit erschoinen wurde, sol er nit allain um die mult, so er das pot geordent, sonder auch nach gestalt der verprechung zu ieder zeit gestrafft werden.

Zu ieden mal, als oft die dorfmaister ain gemain umb notwendiger sachen gar, halbs, minder oder mer laßen pieten, so sollen si oder ire ver- 15 ordente amwült entgegen erscheinen und alda die artiggl firtragen und anzaigen, warumben das pot beschechen.

Und wann also ain gemain, wie erst gehört, gepoten und durch die dorfmaister oder ire amwült umbgefragt wirt, [sol] kainer vor dem andern red oder antwort geben, sonder menigelichen schweigen und losen, was 20 der angefragt sagt, biß das die umbfrag an in kombt. Alsdann mag er sein notturft und was herkomben genuegsamb reden und anzaigen, alles bei der pen, so die dorfmaister in der umbanfrag darauf legen, allein um des willen, damit si wißen, was erfunden.

Item, wellicher erst zur gemain kombt, so die dorfmaister ainmal 25 umbgefragt haben, der soll nit angefragt werden, sonder die gemain ver- saumbt haben, und er sich nit genuegsamb zu entschuldigen weiß, das der gemain annemblich, darumb gestrafft werden.

Es soll auch kainer bei versambleter gemain die dorfmaister oder andere iemant sich unterfangen [zu] schelten, polderen, schumpfieren, oder 30 sich untersteen zu schlagen, auch kainer mit ainer ungepirlichen wer fir oder zur gemain nit erscheinen; wo aber solliches durch ainen oder anderen, — aber zum hegsten, auf das ain ordenliche, guete gemain auf- enthalten werde, verpoten sein solle, — beschäche, soll ain ieder alspalt umb ain yren wein und nach gestalt der verprechung gestrafft werden. 35 Es seint auch die dorfmaister weiter kein gemain zu halten nit schuldig unzt und so lang, biß das sollliche straff nit zuvor einzogen und vergeniegt worden.

· Item, wellicher iber nacht poten wirt, und dariber ohne erlaubnus und vergönstung abweck geet, der soll allweeg umb die ungehorsamb und 40 verabsaumbung der gemain, wo er sich nit auf der gemain vergeniegen genuegsamb zu entschuldigen het, bei der pen, [so] gepoten worden, gepfendt und gestrafft werden.

Item es sollen auch die dorfmaister umb ain iede schlechte sach, die gleichwol der gemain antreffen mecht, nit allweegen gemain oder 45 geschworne darzue pieten oder helligen, sonder hiemit und in kraft dieses dorfpuechs von ganzer gemain vollen macht und gewalt haben, in sachen zu handlen, was dann der gemain dienstlich, nuzlich und firder-

3*

lichen, das solle auch kreftig und fir giltig gehalten werden, als wan es
durch die ganze gemain gehandlet und zu kreften gesprochen und erkent
worden wäre.

Was aber nambhafte sachen und handlungen seien, so grunt, boden,
5 wun und waid oder anders antreffen mecht, das alles soll auf ain ganze
gemain gelangen, und mit vorwissen und willen derselben firgenomben und
zu ent gebracht werden.

Item, wo ainer, er sei inner- oder ausserhalben der gemain,
ain anlaitung begern und darumb anruefen wurde, der soll die dorfmaister
10 deßwegen ersuchen, und an si umb den pieter und alle notturft der sachen
vergonstnus begern, und so das beschechen, er pieter hirnach schuldig sein,
sich in iezto zu dem gegenthail zu verfiegen, und ime des anruefenden
thail vorhaben anzaigen, auch dariber befragen, ob er sich in ainiche an-
laitung einlassen und die sach orleiteren lassen will oder nit, und sodann
15 die gegenparthei der anlaitung zufriden und sich derselben guetwillig
untergibt, sol er pieter solliches den dorfmaisteren und dem, der der an-
laitung begert, alsbalt anzaigen, und so derselbe die sach nit ligen, sonder
zum austrag nochmallen komben lassen wolt, er alsdann macht haben, die
ernenten dorfmaister umb tagsazung anzuruefen, die sollen darauf schuldig
20 sein, solliche dem anruefer zu benennen, als nemblichen: umb waxenden
schaden in dreien tägen, so aber kein waxender schaden darauf lüge, nach
gestalt und gelegenheit der zeit und handlung, die sol hirnach der gegen-
parthei durch ernonten pieter auf des anruefenden thails begern und
bevolch auch zu wissen gemacht werden. Ob nun auch der ain oder ander
25 thail urkunt, kuntschaften, oder andere notwendige bewaisungen hierzue
haben, in sachen einlegen und zum behelf gebrauchen wolte, sollen die
zuvor — sonderling so, die so lang sein mechten, daß mans mintlichen
nit in der gedechtnuß behalten kunde, — zu desto gewißer und statlicher
abhandlung der hauptsach ordenlichen beschriben und alsdann im handl
30 aufgelegt, firgebracht und gelesen werden. Doch er und zuvor solliche an-
laitung fir- und an die hand genomben wirt, sollen baide theil und partheien,
si seien in- oder ausserhalben des dorfes, nach alten gebrauch und her-
komben den benenten dorfmaistern ainmal pfant firtragen, geben und dar-
stellen. Es sollen auch ernente dorfmaister auf sollich angesezte täg, auf
35 daß niemants verabsaumbt und klaghaft werde, mit geschwornen genueg-
samb versechen sein, auf daß, wo ain oder die ander parthei ainem oder
mer auß beweglichen ursachen weigern wurde, si dan noch der notturft
nach gefasst sein. Im fall aber der gegentheil sich [nicht dar]auf einlassen
und daneben des spenigen orts auch nit absteen oder den abtrag der haubt-
40 sach, darumb zu klagen, nit thuen wolt oder wurde, soll er allweg umb
ain yren wein gestrafft werden, unzt er des spans absteet oder sich in die
anlaitung einlasst und die vergeniegung tuet. So aber beede parteien der
anlaitung eingeen und zufriden, soll inen nach alten herkomben und in
massen vor gehört, peirliche anlaitung gesezt und gehalten, auch das jenig
45 in sachen firgenomben, erwogen, betracht und erkent werden, was dann
der erber- und billigkeit gemäß und recht ist.

Sovil aber belangt den umbkosten sollicher anlaitung, oder
was derselben anhengig, der soll, wie von alter herkomben, durch die dorf-

maister und geschwornen nach erbaren und billichen dingen taxirt und
außgesprochen werden und darboi verbleiben, auch sollichc hinnach dem
schuldigen thuil zu bezallen verpflicht und verpunden sein.

In disem und allen anderen firfallenden gescheften und handlungen,
auch was zu pieten von neten, solle ain ieder pieter den dorfmaisteren dio 5
schuldig gehorsamb inhalt seiner gethanen pflicht laisten und erweisen,
auf das durch ime nichts versaumbt oder verschlaffen werde, alles bei der
pen, darumben das pot anbevolchen worden, und nach gestalt und gelegen-
heit ieder verprechung.

Item, so auch ainer von gemains wegen schulden hat, die er mit 10
gueten willen nit bekomben mecht und nach peirlichen rechten einlangen
wolt oder miest, der sollo sich zuvor bei den dorfmaistern umb den pieter
vergonstnus nemben, das er dem gegenthail zu wissen thie, auf daß er in
drei tägen den gläubiger seiner ansprach [beniege], wo er die gietig bezall,
ob aber solliches nit beschüch, sol er pieter ime nach peirlichen rechten ain 15
rint auf sein schuldners uncosten einthuen uud so lang erhalten, unzt die
bezallung durch ime gethan werde. Er pieter solle auch, so es darzuo kumbt,
solliches rind alwegen dem gemainen dorfwirth iberantworten, der soll es
in verwahr, wie gehört, zu versorgen und zu unterhalten schuldig sein,
der gemain, dem pieter und gläubigem ohne alleu entgelt, nachtl und schaden. 20

Sodann ain ieder, der gepfendet wirt, sei, umb was sach es well,
und aber das pfant nit lassen oder geben, sonderen selbs hierumben fir ain
ganze gemain erscheinen und sein verantwortuug thuen will, dem soll es
gleichwol zuegelassen werden, doch dergestalt, das er selbs ain gemain auf
sein uncosten pieten laß, und zuvor den dorfmaisteren, er die verhörung 25
beschicht, ain annemblichs pfant firtrag und darstell, alsdann mag er ver-
hört werden. Erlangt er darauf nach beschechner umbfrag die haubtsach,
soll er seiner pfantungen wider frei und ledig sein; wo er aber derselben
verlirstig wurt, soll er um topplete mult gestrafft werden.

An sanct Peters tag, so man die grosse gemain halt, sollen allo ge- 30
maine recht aufgehebt sein, und auf sollichen tag ain ieder meßmer zu
Tartsch die schlißl und auch seinen gwalt vor den neuien dorfmaisteren
und den geschwornen aufgeben. Wellicher alsdann auf das konftig jar zu
meßmer gesezt und angenomben wird, der soll der gemain genuegsamblich
verpirgen, wie dann gepreichlig und von alter herkomben. Es soll auch 35
ainer zu meßmer angenomben werden, der in sterbsleiffen bestendig, auch
darzue geschickt und taugenlichen, und damit alle drei kirchen, die uhr
und ain gemain genuegsamb versorgt und versechen seie, auf das niemant
verkürzt oder verwarlaist werde.

Es sollen auch auf sollichen tag allwegen sibeu neuie geschworne, 40
als nemblichen die zwei alten abgesezten dorfmaister und noch finfe
darzue, auß der gemain, wie von alters her der brauch, gesezt und bestüt
werden.

Item, als oft man neuie dorfmaister erwelt uud sezt, sollen si auf
demselben tag der gemain, ieder in sonderhait, zwai pfunt perner zu geben 45
und zu erlegen schuldig sein,

Dargegen auch fir und umb ir tragende miche und arbeit sollen si
dorfmaister der gemainen hirten, was nit auf die cost geet, item des schmid-

korns und der wülknecht ledig und frei sein, auch, als oft in jar man holz
außgibt, ain fuecler zu fieren haben.

Verer so sollen auch zwen wüller und veltsaltner, die selbst auch gieter
in der gemain haben, oder sonsten guet vertraut- und heusliche persohnen
5 und die den ämbteren vorstehen kinen, auch darzue taugenlich und ge-
schickt seien, geordent und gesezt werden, doch daß solliche der gemain
auf ir vermigen genuegsamblich verpirgen, nemblichen, wo in nach-
volgenden artiklen durch ir verwarlosung ainicher nachtl oder schaden
entstiente, daß dieselbe umb haubtsach und schäden der gemain ohne nachtl
10 pirg, gelter und bezaller sein, auch vergeniegung, red und antwurt thuen
und geben sollen, bei verpindung sein pirgens und seiner erben haab und
guet, kaino davon ausgenomben.

Ernento wüller und veltsaltner sollen auch den dorfmaisteren an aids
stat zuesagen und anloben, der gemain in allem dem, was dann ir dienst und
15 ambt außweist, iren nuz und frumben zu firderen, nachtl und schaden zu
warnen und zu wenden, auch hierinen iren aignen nuz nit suechen oder
gebrauchen, noch vil weniger gegen ainen oder anderen weder freintschaft,
gonst, noch anders nicht ansechen, oder sich partheiisch halten, sonder alls
das jenig thuen und verrichten, was ehrlichen, getreuien gemainen diener
20 gebirt, si auch des schuldig und verpunden sein.

Weiter sein die obbemelten saltner schuldig, ernenten dorfmaistern
gewertig, gehorsamb und unterthenig zu sein, wo si sie[1] dann hinschicken
und verordnen, in oder ausserhalben der gemain, von vichpfantungssachen
oder in andern weeg, nicht davon außgenomben.

25 Item ernente wüller und veltsaltner seint auch schuldig, die wüll,
so si unter handen, genuegsamblichen zu versorgen, damit weder der ge-
main noch anderen kain schaden darauß entstee. Si sollen auch solliche
wüll, das ist den ober- und mitter-wall genuegsamblichen mit Punipach
ankeren und das wasser auf das gleichist in der rod angeben, wie das von
30 alter herkomben, und hirinen niemants verfortailen; wo aber mit abpruch
der wüll oder in ander weeg durch ir verwarlosung ainicherlai schaden
sich zuetragen oder beschechen, sollen ire pirgen darumben behaft, auch
red und antwort zu geben, item die vergeniog- und bezallung derselben
zu thuen schuldig und verpunden sein, der gemain ohne allen entgelt,
35 nachtl und schaden. Damit auch die gefar bei nächtlicher weil gleichfals
verhiet werde, sollen si wüller alle abent das waßer von den wällen mit
fleiß, wie von alters, abschlagen und hinkeren, und wo sich bei tag oder
nacht schwere gewiter oder wassergiß zuetragen, darauß den wällen und
gietern schaden beschechen mechte, hierauf ir bestes aufsechen halten, und
40 damit sie denselben unverzogen zue eilen, und solliche vor gefahr bei
zeiten versorgen und erretten migen, sollen si fueg, macht und gewalt
haben, ain roß auß dem negsten stall, wo si es bekumen migen, zu nemben
und widerumben hienach dermassen zuestellen ohne eintrag menigclichens.

Und wover es sich auch begeb und zuetrieg, daß am waßer in Puni-
45 pach mangl erschin, sollen si wüller und saltner schuldig sein, dem pach
nach hinauf zu geen und achtung zu geben, wo sollicher mangel entstanden,

----

¹) sich *hs.*

und wo si den befinden, mit fleiß, als vil miglich, wenden und das waßer
allenthalben einkehren, damit die wüll befirdert, auch die gemain und
menigclichen deßhalben ohn clag und nachtl gehalten werd.

Auch sol das wasser alle sambstag und panfeirabent, in fall es in
den wisen nit in der rod ist, frei sein, und bei dem tag durch die wüller 5
niemants angeben oder genomben werden, doch daß die, so das wasser
brauchen, solliches der gemain, auch den wüllern und iren pirgen ohne
nachtl und schaden fieren; wo aber ainer oder mer in der gemain zu den
zeiten, da das wasser nit in der rod geet, an si wüller dasselb herauß zu
kern begert, so sollen si solliches ungewaigerter zu geben, auch darneben 10
den wal, wie hievor verlesen, zu versorgen schuldig sein.

Es sol auch kainer dem anderen auß der rod das wasser nit nemben
oder abprechen, wan aber das beschüch, soll derselbe ohn alle genad umb
ain pfunt perner gepfendt und durch im den wülleren die cost beschriebner-
maßen ausgegeben worden, es wür dann sach, das ainer das wasser zum 15
crautpuschen bedirftig were, mag er dasselbig wol nemben und brauchen,
es sei hievon in- oder außerhalb der rod, ohne eintrag menigclichens.

Item ain ieder, der das wasser von dem wüller innhat und ge-
braucht, es sei auf Malser oder Tartscher gebiet, der soll, wan er dem
wässerer den formüß, das mittagessen und marente, so er das wasser anderst 20
so lang hat, gibt, der wüller und saltner thail auch mitschiken; wo si aber
solliches essen auß unweil oder vere des wegs nit erraichen mechten, solle
jenen der wüsserer küß und prot behalten und, so si kumben, dasselb zu
geben und zu raichen schuldig sein.

Und so lang das wasser vor gefrist heraußgeen mag, sollen si wüller 25
solliches schuldig sein heraus zu kern und alle wochen auf die wüll zu
geen und, wo not, dieselben zu raumen.

Wann sich auch begibt, daß schwere, besorgliche weter erscheinen
und anfallen und der meßmer darzue leiten solle, sollen ime ernente wüller
und saltner leiten helfen; wo aber große wassergiß entstuenten also, daß si 30
den wüllen zuespringen und abwarten miesten, sollen si solliches leitens
entladen, und er meßmer das allain verpunden sein zu verpringen.

Verner, so man mit creiz in oder außer der gemain geet, als oft es
sich in jar begibt, sollen die gedachten wüller und saltner alwegen das creiz
schuldig sein vorzutragen, so si es aber nit teten oder verabsaumben 35
wurden, ieder um dreissig kreizer gestrafft werden, und wan man auf
Minster und auf der Haid geet, solle jenen ain kirchprobst umb zwen pazen
prantewein zu geben und zu bezallen schuldig sein.

Es sollen auch die saltner zu lüngeszeiten, wan die neuie hirten auß
treiben und die gemerk und marchstain gegen den anderen anstossenden 40
gemainden nit wissen, das vich helfen firkeren, auß treiben und inen die
gemerk und marchstain, als ofts not tuet, zaigen und unterweisen.

Item si saltner sollen auch auf die vichpfantung und veltschäden
guet acht und aufsechen haben, wo si vich in velt ersechen, auch den
hirten zum driten mal zueschreien, und [ob] si iber solliches zueschreien 45
das vich auß den schaden nit weren oder treiben, migen si saltner dasselb
pfenten, den ganzen stab umb ain pfunt perner, und was darunter, allwegen
von zwei rinder ain kreizer, ain roß ain kreizer, ain gaiß ain kreizer,

ain gans ain kreizer, ain schaf ain fierer; wo aber iemant durch sollich
gepfendt vich so groß unleidenlicher schaden beschüchen wäre, sollen si
saltner sollichcs vich einthuen und dem, so der schaden gethan worden,
von stund an zu wissen thuen; wo alsdann derselbe sollichen schaden nit
5 ligen, sonder durch si besichtigen und schäzen lassen wolt, sollen und migen
si sollichcs dem gegenthail zu wissen thuen, und, so er sollicher schäzung ein-
geet, mag dieselb durch sie saltner nach erbar- und billichen dingen vol-
zogen und verricht werden. Darentgegen sollen beede partheien, wo si
anderet der schüzung zufrieden, inen saltneren ainen gebirlichen trunk
10 zu bezallen schuldig sein; im fall aber si saltner inen den schaden zu
schüzen nit getrauten oder, so die schüzung durch si beschechen, sollicho
ain oder dem anderen thail nit fiegclich oder annemblichen wäre, soll und
mag der cleger alsdann gleichwollen bei den dorfmaisteren erzaigen und an
si begern, das si im ain tag benennen und denselben dem gegenthail durch
15 den pieter zu wissen machen, die gegenparthei erschein alsdann oder nit,
nicht destoweniger solle auf demselben angesezten tag die schäzung des
schadens durch die dorfmaister sambt iren geschworoen beschechen und
gehalten werden, und was gehandlet worden, dabei bestendig sein und
bleiben, doch solle den uncosten, der iber sollicher schüzung allenthalben
20 ergangen, ain mal der anruefende thail erstaten und bezallen, auch in
eingang der handlung den dorfmaisteren ain annembliches pfant fir zu
tragen und zu iberantworten schuldig sein, ob auch ain oder die ander
parthei hierzue die saltner, oder andere gerichts- oder kundtschafts-leit
haben wolte oder micste, solle si die auß vergonstnus der dorfmaister
25 ordenlich auf den angesezten tag lassen firpieten, wo aber gots gwalt oder
gerichtsherrschaft poth ain oder den anderen thail auf sollichen tag zu er-
scheinen verhinterte, solle aber das jenig firgenomben und erkent werden,
was verantwortlichen, auch billich und recht ist.

Und wann sich begibt und zuetragt, das si clain oder groß vich, in
30 die gemain gehörig, pfenten, so sollen si ainmal sollichcs dem, so das vich
zugehört, fir sein thür treiben und die mult begeren, wie die hievor auß-
gesprochen; wo er aber die mult nit, oder darumb red und antwort geben
wurde, migen si alsdann das vich weiter treiben und einthuen, auch
sollichcs dann [dem], so das vich zuegehört, verer zu wissen machen, si
35 sollen dasselb iber drei tag mit zimblicher fieterung zu unterhalten nit
schuldig sein, wo es derowegen in sollichen dreien tagen aber nit gelest
wurde, durch si saltner den dorfmaistern iberantwurten, die sollen inen
alsdann den tax der unterhaltung von den dreien tagen aussprechen, und
neben der mult erlegt und bezalt werden; wo aber ainer oder mer sollichcs
40 durch die saltner gepfents und eingethanes vich durch sein selbs gewalt
ohne erlaubnuß der dorfmaister oder saltner außnamb und hintrieb, der
soll zwifacher mult verfallen sein.

Was frembt vich aber außerhalb der gemain si pfenten, sollen si die
mult volgender maßen begeren, als erstlichen gegen der gemain Matsch
45 von ieden rind ain kreizer, von der gemain Schluderns von ieden zwai
rinderen ain kreizer, gegen denen von Glurns und Mals auch von ieden
zwai rinderen ain kreizer, dann von allen vier orten allwegen von ieden
roß ain kreizer und von ainer ganzen oder halben hört gegen denen von

Glurns, Mals und Schluderns allwegen ain pfunt perner; was aber bei der
nacht gefunden oder gepfent wirdt, ist allwegen umb zwaifache mult
verfallen.

Item si saltner sollen auch allwegen sollich gepfents vich denen
dorfmaisteren oder gemainden, so es zuegehörig, von stunt an zu wissen 5
thuen, daß man darnach schicken und solliches lösen kan.

Und was vich si pfenten, es sei in- oder außerhalb der gemain, das
sollen si iederzeit dem gemainen wirt zu Tartsch iberantwurten und dasselb
damit schon versorgt haben, der soll's hienach wol verwahren, dann wo
solliches vich unter seinen gewalt außkumbt, imc selbs oder andern weitere 10
schäden tät, soll sollicher durch ime wirth bezalt und abtragen werden,
der gemain, auch den saltneren und iren pirgen ân allen entgelt, nachtl
und schaden.

Die gedachten saltner sollen auch mit den pfantungen kain gefar
brauchen, und dardurch weder in miet, gab, gunst, freintschaft, feintschaft, 15
gfater- oder nachtperschaft nit ansechen, sonderen alles das jenig in sollichen
fällen thuen und handlen, was billich und recht, auch der erbarkeit gemäß
ist, alles bei der pen ainer halb yren wein.

Wo sie auch in nöten und firfallenden sachen der feirabent-saltner
bedirften, sollen dieselben inen, so oft es noth beschicht, zuelaufen, auch 20
dienstlich und beistendig sein, und sich hierab nichts verwideren.

Beschließlichen, so seien beede saltner und wäller, wan si gesezt
und bestatet werden, auf bestimbten sanct Peters tag der gemain zu geben
schuldig vier pfunt perner.

Die berkleit sollen auch alle jar unter inen ainen saltner haben und 25
sezen, der soll auch den dorfmaisteren oder inen perkleiten bei seinen
treuien an aidstat anloben, das er der gemain nuz firdern und allen nachtl
und schaden dervor sein welle, auch, wo er frembd vich am perg fint, oder
daß durch iemant, sei wer da well, in der gemain walt ainiches holz ge-
schlagen und außgehackt wurde, solliches den dorfmaisteren und der gemain 30
firderlichen anzaigen, darumben sollen die jenen nach gestalt ieder ver-
prechung gestrafft werden.

Ob aber an ime saltner ainiche varlüssigkeit oder iberruggtragung,
auch falsch[ei]t und betrug gespirt und erfunden wurde, daß durch im
selbst, die perkleit oder andere in der gemain mit aufnembung frembder 35
roß und anderen vichs oder verhackung der wälder und verfierung des holz
ainiche päct, practig und pardicien geiebt und gebraucht wurden, soll er
und ain ieder nach dem, und als die verhandlung geschaffen, auch ân alle
gnad bei unnachlässlicher peen gestrafft werden.

Item es soll auch niemants in Platei in dem indern und außern 40
walt außerhalb vergunstiguug der gemain kain holz, weder klain noch
groß, nit ausgeben oder schlagen, bei der peen von ieden stamb ain gulden,
und darzue von ieden fueder, das darauß gemacht und gefiert wirt oder
werden mecht, ain pfunt perner, wie von alter herkomben.

Es soll auch kainer auf der gemain, noch anderm auf seinen aignen
urbär- oder zinsgietern, weder klain noch groß, vil oder wenig holz ohne 45
erlaubnuß der gemain oder dessen, dem das guet zuegehört oder solliches
innen hat, aushacken oder hinfieren, bei der peen ain pfunt perner.

Gleichfalls so soll auch kainer dem anderen kain zaunholz unerlaubter nit hintragen oder abweck fieren, auch bei der peen ain pfunt perner.

Item, ob auch iemant, es sei frau oder man, jung oder alt, niemants
5 ausgenomben, betreten wird, der bei tag oder nacht ainen in sein kraut-, paumbgarten oder acker steigt oder gestigen, dieselben sollen durch die dorfmaister und drei geschwornen, so es beim tag beschechen, umb ain pfunt perner, vor tags oder bei der nacht umb zwai pfunt perner ohne alle genad gestrafft werden, und beneben der gerichtsherrschaft gegen derselben
10 persohn ire sprich und straffen auch vorbehalten sein, desselben gleichen sol solliches mit den holzpeen gegon der obrigkeit auch irer bestraffung halber die gestalt haben.

Sodann die, so zu feirabentsaltner gesezt und verordent werden, die sollen im gleichen fall, inmassen die veltsaltner gethan, den dorf-
15 maisteren auch an aitstatt anloben, daß si in iren dienst fleiß ankeren und auf die pfantungen, was inen zu pfenten gebirt, guet acht und aufsechen geben, und darinnen niemants verschonen oder iber rugg tragen, sondern gegen menigclichen ain billiche gleichheit halten und gebrauchen sollen und wellen; wo si aber hierwider handlen, auch irem dienst nit in-
20 massen, wie gehört, nachsechen, sonder varlassig darin sein wurden, als oft das auf si gewar wurdet, solle ieder umb dreissig kreizer gestrafft werden.

Demenach so sollen si feirabentsaltner, wo si (ausser der nachbeschribnen sonderen artigglen) nach feirabentszeiten, so zusamben geleit
25 worden, hinter den nachvolgenden gemerk iemant, sei wer der well, betreten oder ersechen, die erst ab und von der arbait komen, dieselben pfenten bei der mult, wie hernach steet, wan si aber in zusambenleitung des feirabents auf oder fir die gemerk reichen, sollen si unpfantpar sein, und sein erstens die gemerk anzuhören, als nemblichen von Mals werz
30 fir sanct Niclaß, von Latsch fir Prerher, von Glurns fir Krapfen-Thairpilt, von Schluderns fir das Hoch-Egg, item ab Munttertschinig, und von Walt fir die Platen.

Verer volgen die multen. Erstens von ainen wagen ain pfunt perner, von ainem pflueg ain pfunt perner, von ainer egg sechs kreizer, von ainer
35 zieter sechs kreizer, von ainem prozen sechs kreizer und von ainem graten auch sechs kreizer.

So aber ainer mit ainem wagen außfart und zum schober bestelt, also daß er die laiter fol hei oder drei traidgarben, ee man den feirabent zusamben gleit, geladen hat, derselb soll und mag das fueder gar und
40 fiederlich laden und darumben nit gepfent werden, und wellicher auch ain schober zu machen angefangen, ee man zusamben leit, der soll zugleichfulls firderlichen außmachen und darumben auch nit straffpar sein.

Dann ain schnitter umb sein lohn, ain mader umb sein lon, ain tagwercher oder tagwercherin umb iren lon, dann der bauer mit seinem volk
45 nach gestalt und maß der verprechung. Es soll auch kainer an ainem panfeirabent der arbait nach auß geen oder faren, es traue im ainer dann, ee man zusamben leit, anhaimbs zu kumben, und wer da tungt und vor zusambenleitung des feirabents auf die lucken kumbt, der mag hinein-

faren, umbwerfen oder abladen; wo das aber nit beschäch und er dariber hinein fuer, soll er bei der obgeschribnen mult gestrafft werden.

Solliche feirabentsaltner sollen nach irer bestätigung der gemain auf ernenten sanct Peters tag nach alten gebrauch und herkomben geben zwai pfunt perner, si sollen auch, wo die veltsaltner irer begern und betirftig 5 sein wurden, inen ieder zeit zuospringen, beistendig und behilflich sein.

Betreffent die gemain prunen, damit die auch das ganze jar genueg versechen und versorgt sein, soll alle jar auf angezaigten sanct Peters tag hierzue in der gemain ain prunenmaister gesezt und bestät werden; der soll schuldig sein, das ganze jar auf angezaigte prunen guet acht zu haben, wo 10 dieselben sich verschoppen oder an wasser besigen, daß er dasselb unverzogen, es seie beim ursprung oder wo der außgang des wassers erfunden wirt, aufs best mit allen fleiß wende, die teichl öfter raumben und solliches wasser wider einkeren und in rechten gang und runst bringen, auf das in der gemain an sollichem kain mangl oder abgang erschein. Er 15 soll auch dasselb in der gemain ohne eintrag und verhinternuß menigelichens auf die prunenseilen gleichlich außthailen und hierinnen gegen iemant kain sonderen gonst oder fortl brauchen; wo es aber beschäche, soll er darumb durch die gemain gepfendt werden. Firs ander solle er gleichfalls auf die prunenpöter iederzeit achtung geben, wo die rinstig wurden, daß 20 er die, so ofts not beschicht, mit fleiß verschopp, auf daß die nit weiter in abfall komben und durch sein verwahrlosung gar zu grunt geen; wo aber an prunnenkeren, seilen oder peteren was zu besseren oder von neuen zu machen vonneten wer, soll er das in allweg bei gueter zeit der gemain anzaigen, und wo derowegen zimerleit gebraucht wurden, und neuie oder alte 25 rer, seilen oder prunnenpeter aufgehebt, gebessert, gemacht und wider gelegt werden mießten, sol das auf der gemain unkosten ergeen, aber er prunenmaister bei sollichen gebeien allwegs selbst sein, und im geholfen werden, wie von alters herkomben. Er soll auch allwegen sein fleißiges aufsechen haben, daß die gelegten teichl durch niemant verhackt, durch- 30 port oder in ander weeg verlezt werden, wo er aber ainen hierwider beträt oder das auf ainem gewar wurde, solliches der gemain anzaigen, der soll alsdann umb ain halbe yren wein gepfent werden. Darumben soll ain ieder prunenmaister von der gemain fir sein versaumbnus, miehe und arbait gebrauchen, nuzen und genießen, nemblichen, ain stuck wis in Puntelliä, ob 35 Spyney gelegen, desselben coherenzen, ansteß, gemerk und umblagen vorbehalten und ganz unvergriffen, und so zimmerleit, als wie obgehört, gebraucht werden, und man die auf die kost verdingt, soll er prunnenmaister die kost in der gemain nach der rod anzusagen auch schuldig sein; beschließlichen so ist ain prunenmaister nach seiner bestätigung der gemain 40 zu erlegen schuldig ain pfunt perner.

Item, wo sich in der gemain feirsnoth zuetrieg, darvor got ewig sein wolle, soll menigelichen zue laufen, auch ainer den anderen treuilich beisteen, sein fleiß und hilf erzaigen, sovil dann iedem miglichen, wie dann menigelichen in sollichen neten ohne das zu thuen schuldig und ver- 45 punden ist.

Es soll auch das feuir weder bei tag noch nacht, frie oder spat, von ainem haus zum anderen, wie man des ain weil in prauch gehabt, darauß leichtlichen prunst und feirsnoth entsteen mechten, firohin unbedeckter oder ohne ain genuegsambe lutern zu tragen nit mer ibersechen oder gestat werden; wo aber ains hierumben betreten wurde, solle es ohne alle genad durch die gemain bei ansechenlicher mult gepfendt werden.

5 Und ain iedes haus und feuirstat soll sein aignen feuirhaggen sambt ainer laiter [haben], daß man in feuirsnoth gefaßt sei und die gebrauchen mige, bei der pen, wo die nit befunden werden, ainer halb yren wein. Damit aber solliche ordnung der feuirhaggen und laiteren ins werk gericht und in der gemain stät gehalten werde, soll ainem ieden, so ain 10 feuirstat besizt oder innen hat, erlaubt sein, mit vorwissen und bewilligung, auch nachgeben der dorfmaister drei durre oder, wo die nit zu bekumben wären, sonsten grione stümbler, die zu der gleichen feuirhaggen und laiteren dienstlich und gebreichig, auß der gemain walt zu nemben, doch soll ain ieder, wan er die von walt zu haus gebracht, solliche ee, und er 15 die verhockt, die dorfmaister ersechen lassen; wo dieselben alsdann erfunden, daß ainer oder mehr auß sollichen zuegeben unbeschaidenliche stümb geschlagen, gefelt und gefiert heten, die sollen des holz ainmal verfallen sein, und darumb nicht desto weniger bei der mult, wie hievor einkumben, gestrafft werden.

20 Sodann, alle quatember sollen die dorfmaister mit etlichen geschworen zwaimal oder auf das wenigist ainmal die feuirhaggen, laiteren und feuirstett, auch kuchen und kemicher besichtigen, und wo si bei einem befünden, daß solliche nit verhanden, geseibert und abkert wären, solle derselb durch si dorfmaister und geschworne ohne genad nach gestalt und gelegenheit der 25 verprechung gepfendt werden; dieselb pfantung, wie dann die ausgesprochen worden, solle alsdann der pieter auß bevelch der dorfmaister eintreiben: wo sich aber ainer der pfantung verwideren und auf ain ganze gemain ziechen wurde, dem soll es gleichwol zuegelassen sein, doch daß er ain gemain auf sein uncosten pieten laß, und derselbe vor der verhörung ain 30 genuegsambs pfant darstelle, und so er auf der gemain umbfrag die urtl erhelt, soll ime sein pfant wider zuegestelt werden, wo ers aber verleuirt, alsdann zwifacher mult, wie hievor gehert worden, verfallen sein.

Und wellicher durch den gemainen dorfpieter gepfendt wirdt, und dasselb pfant ohne erlaubnus der dorfmaister oder gemain durch sein 35 aignen gewalt wider hinnimbt und haimb tragt oder treibt, der soll auch umb zwaifache mult gepfent werden.

Niemant sol weder zu herbst-, noch längeszeit das ganze jar durchauß weder zu winteren, noch zu simberen ohne vorwissen und zuegeben der dorfmaister und gemain kain vich einnemben, bei der pen ainer halb 40 yren wein.

Item, so soll auch niemants in der gemain ingeheisen ohne wissen und willen ernenter dorfmaister und gemain einnemben, bei der mult ohne genad ainer yren wein; wellicher aber mit vorwissen, wie gehört, ainen einlaßt, der soll ine auch behülzen, der gemain und anderen ohne schaden.

45 Es soll auch kainer auf der gemain nichts einfachen, reiteren, pauen, zimeren, mauren, meien oder ab dem seinen stain darauf außfieren ohne vergonstnus der benanten dorfmaister und gemain, bei der mult ainer yren wein.

Und nachdem vor etlichen verschinen jaren durch ain gemain
neuie wisen und reit ausgeben worden, ist erfunden, auch außtruckenlichen
ainhellig gemacht und beschloßen, daß ain ieder, was ime mit dem los
und außgesteckt worden, das sein außmachen und hienach auf ewig un-
geirt menigclichens innenhaben, besizen, nuzen und genießen solle, in- 5
massen, wie andere seine aigenthumbliche gieter; wie es sich hienach auch
begeb und zuetrieg, das ainer oder mer dieselben, es seie iber kurz oder
lang, verkaufen oder verwenden wolten, soll derselbe vor menigclichen den
dorfmaisteren und der gemain anzutragen, auch wo ainer[2]) in der gemain
wär, der es nach erkantnus gueter nachtperen, auch erbar und billichen 10
dingen nemben wolt, keiflichen verrolgen zu lassen schuldig sein. Wo
ainer aber hierwider handlen und solliche reit oder neuie wisen frembden
ausser der gemain antragen und verkaufen wurde den dorfmaisteren und
gemain hinterruggs, die sollen ohne genad bei ansechenlicher mult gepfent
werden, item die beschechne verkaufung ausser der gemain unpindig, 15
strafflos und nicht geltend, auch der gemain an iren vorbehaltnen rechten
und gerechtigkeiten unschädlichen sein, es wäre dann sach, daß kainer
in der gemain, wie gehört, knufen wolt, mag er es alsdann wol verkaufen
und hingeben, wemb er will, ohne der gemain eintrag und verhinterung.
Item zu lünges-zeiten, so durch ain gemain die wüll zu machen 20
zeit und tag firnomben und benent werden, soll ain ieder, so darinen ver-
wandt, sich darzue schicken und befasst machen, und ist nemblichen das
der brauch und von alten herkomben, daß ain ieder paur oder hausgesessner
in der gemain, so acker und velt hat, selbs persönlich mit seinem volk
in die wüll geen und arbaiten soll, und wo er derowegen selbs arbaitet, 25
sollen ime fir sein person vier müt mel in der raitung abgezogen werden,
und fir ain knecht oder diern, so fir guet angenomben worden, drei mut
mel, arbeitet er uber nichts, so soll er nichts desto weniger mitgeen und
zuesechen helfen, darfir soll man ime ain mut mel verrechnen und ab-
ziechen. Man soll auch in ain iedliche ruet vier personen stellen und ge- 30
brauchen, darunter sollen sein drei manspersonen und nur ain dieren oder
weibsbilt, und nit mer; die sollen die greß und sterk haben, daß die mans-
person ain joch wid-widen, und das weibsbilt ain schaff voll mit wasser
ohne hilf selbs auf iren kopf aufnemben künn; wo aber solliches nit befunden
wirt, sol man si nit annemben, sonderen dem, der es geschickt, wider 35
haimbschaffen. Es soll auch ain ieder mit seinem volk zu rechter weil und
zeit erscheinen und in wüllen sein, auf daß, wan im gerueft wirt, er in sein
rueten einsteen mig. Wan aber ainer oder mer außblib und nit, als gehört,
erschin, solle ain ieder nach erkantnus der gemain gepfent werden, die aber,
so außerhalben der gemain uud in diesen wüllen auch zu helfen schuldig 40
sein, denen soll kain weibsperson angenomben werden. Es soll auch ain
ieder paur oder mairsman, wan man die raitung der wüll halben helt,
darzue selbs persönlich erscheinen oder auch darumben straffpar sein, und
als vil ainem ieden knecht oder personen, wie obgemelt, manglen, soll ime
fir ain person fünfzöchen kreizer zu geben und zu bezallen gerait werden. 45
Es soll auch kainer hierinnen außgeschlossen oder entschuldigt sein, es irr

---

[2]) ainem *hs.*

ain dann gotsgewalt, herrschaft pot oder er·hab erlaubnuß von ganzer
gemain.

Und was ausserhalben der Malser fir außwendige personen sein, die
solliche wüll auch aufrichten helfen müessen, denen sollen die wüller auf die
5 angesezten tüg, da man in die wüll zu geen und zu erscheinen schuldig,
bei gueter zeit zu wissen tuen, wie dann von alter herkomben.

Es sollen auch die dorfmaister die rueten angeben und auszaichnen,
treuilichen und ohne alles gefür, und die veltaltner seint schuldig zu
helfen, und auf die rueten zu sechen, damit daß die recht und ordenlich
10 ausgemacht werden, und, wo not ist, auszumachen helfen.

Wann man solliche wüll, auch die weg, steg und straßen, deß-
gleichen den schaffgangl macht oder zu machen hat, soll der pieter selbs
persönlichen und durch kainen poten erscheinen und mit geen, auß-
genomben, ime irr gotsgewalt, dann er sollicher orten fir andere zu ge-
15 brauchen ist.

Die wein, so in die vorbenanten wüll gehören und verordent, die
seien hierinnen nit einzuficeren, sollen derowegen geraicht und gegeben
werden, wie dan die in der kirchen puech ordenlich eingeschriben und ver-
zaichnet worden.

20 Es sollen auch die dorfmaister, kirchprobst, veltaltner und pieter
mit holz und wein ausgeben gehalten werden, wie von alter herkomben
und der brauch allweg gewest ist.

Der radanten halben ist erfunden und beschlossen, was die gemain
Tartsch von alter her fir radanten zu fueßen erhalten, das sol nochmalen
25 darbei bleiben, aber die jenen radanten, so an gemainen weeg, lantstrassen
oder an ains ieden gieter stossen, davon kainen anderen wasser geben wirt
oder werden mag, auch die Toller und andere wasserflüß, so auß Aineßen
gieter auf die gemaine weeg oder lantstrassen iren außgang haben, die soll
ain ieder inhaber derselben gieter hiefir an, auch in ewigkeit, bei eren und
30 wirden erhalten, der gemain ohne allen schaden, bei der mult ainer halb
yren wein, und der obrigkeit ir straff auch vorbehalten.

Wovern aber ainer zu seinem abwasser kain radant het, scie die
gemain dem jenen aine auf dem wenigisten schaden ainmal zu machen und
aufzurichten, aber hinfir dieselb durch dem, so solliche gemacht worden, in
35 ewigkait zu fueßen zu erhalten schuldig und verpunden sein, bei der mult,
wie oben einkomben.

Es soll auch kainer nach sanct Geörgen tag dem anderen mit tung
iber sein anpaut guet, ob er schon weeg dardurch het, nit faren, und vor
Micheli gleichfulls weder hinein strecken, noch dariber tungen.

40 Wenn man zu längeszeiten gemaine hirten dingt und aufnimbt,
sollen dieselben dem jenen, was mit inen abgeret und beschlossen war,
alles fleiß nachkumben, auch iren hueten selbst und durch niemants
anderen (außer gotsgewalt) bis zu end, und si geurlaubt werden, abwarten.
Es soll sie auch hieran in der gemain, weils dieselb [zu] besolden schuldig,
45 niemants hinteren oder aufhalten, wo es aber beschüch, derselbe umb ain
yren wein gepfendt werden, allain deßhalben, damit nit vor dem gemainen
nuz der aigen firgee; wan aber ir huet auß und si durch die dorfmaister
geurlaubt werden, mögen si sich alsdann, wo si wellen, und si es auch

bekomben, in der gemain wol mit arbait aufhalten. Ernente dorfmaister
sollen auch schuldig sein, was auf die kost geet, das hirtenlon einzurecken,
auch alsdann die hirten nach iren geding, sovil ieden betreffent, ohn
lengeren verzug treulich und erbarlichen abfertigen und befriden; wo aber
ainer oder mer in der gemain wären, die sich zu entrichtungszeit sollicher 5
gemainen hirten mit erleg- und bezallung seiner gebirnus varläßig und
absaumig halten und verziechen wurden, sollen denselben die hirten so lang
auf die kost geschickt werden, unzt die bezallung beschechen, inmaßen wie
von alters herkomben.

Es soll auch ain ieder in der gemain, den die rod der hirten betrifft, 10
dieselben mit der kost treilich unterhalten und sich desselben mit nichten
verwaigeren; wo es aber beschäch, der soll durch die dorfmaister gepfendt
werden.

Und es soll auch niemant kain feirents vich, weder klain noch groß,
ohne erlaubnus der dorfmaister oder gemain nit besunder hieten, sonder 15
dasselb fir die gemaine dorfhirten keren und treiben; wo mans aber befünd,
darauf die saltner ir fleißiges aufsechen halten solten, solle solliches vich
durch si gepfent werden; was aber arbeitsamb vich ist, das solle die ge-
rechtigkeit haben, wie von alter herkomben.

Item nachdem auch der brauch und von alter herkomben, daß 20
Tartsch und Mals, die zwo gemainden, mit ihren vich an sanct Michaels
tag in der groß wis faren, sollen si die mit einander außezen hinauf bis
im Latscher weeg, und hinüber bis an den Punipach, und hinab an
Glurnser gebiet an den großen wall, oder aber baide gemainden migen dio
pöfl mit einander tailen, wie si dann dessen gelüst und rütig werden. 25

Verner so ist gebreichig und von alter herkomben, daß die
gemain Tartsch und die von Glurns an Allerheiligen tag mit einander mit
iren vich auch in die Kriegwiß faren, dieselb außezen und waiden.

Item, wan man zu herbstzeiten die pöfl zu waiden firnimbt,
sollen die dorfmaister hierauf iren besten fleiß haben, auch achtung geben, 30
daß auf iren bevelch die saltner von sanct Bartlameis tag an bis auf sanct
Michaels tag den arbaitsamben vich, so zum prachen, pauen, reverender
tungen und ert auffieren gebraucht werden, allwegen ain ort außstecken
und ain gemerk firgeben, auch stunt und zeit darin und darauß zu faren
benennen, wie es sie dann fir guet ansicht, damit das vich nit weiter oder 35
iber das gemerk gewaident oder getriben werde. Wo alsdann ainer oder
mer iber solliches gemerk waiden oder faren wurde, der soll darumb nach
erkantnus der dorfmaister und geschwornen gestrafft werden.

In gleichen fall soll es auch gegen dem dorfmaister und saltner
die gestalt haben, wo si mit ürgebung und aussteckung der pöfl absaumig 40
oder vergeßig wären, sollen si auch darumben gepfent werden; si sollen
auch hierinnen dermassen ordnung halten, damit man solliche pöfl nit
unnuz gebrauch und verschwend.

Und wan nun die zeit mit firgebung der pöfl, als ob gehört, auß,
solle hienach ainem ieden angeseßnen in der gemain, der peirliche recht 45
tuet, von seiner behausung, die er selbs in aigner person ersizt, zwai par
oxen, doch daß er die gewintert hat, deßgleichen auch ain schlegrind,
oder was er in haus zu seiner gebrauch zu schlüchtigen bedirftig, auf den

pofl firgelassen werden. Im fall aber ainer fir die oxen, als wie gehört, zu
verrichtung seines veltpaues dreitinger halten und winteren wolte, soll
auch ieden zuegelassen sein; wo aber ainer oder mer in der gemain solliche
zal der oxen oder dreitinger nit, wie gehört, winteren, sondern solliche
5 aller erst zu langeszeit oder zu angeenten pofl auf demselben erkaufen und
firtreiben wurde, dem soll man es in kainem weeg auf dem pofl firlassen;
ob aber sach wär, daß ainer so vil veltpau het, das er mit zwai par oxen
sollichen nit erschwingen mecht, mag er sich dessen vor den dorfmaisteren
und geschwornen erklüren, soll iedem nach gestalt und gelegenheit der
10 sach, wo noth, ain mereres vergont werden; die aber, so in der gemain ge-
sossen hausen und keine peirlichen recht thuen, denen soll man weder ain
noch zwai par oxen oder dreitinger, ob si es schon gewintert heten, auf
den pofl zu treiben gar nit gestaten, ân allain ain schlegrint, das er fir
sein aigen und kaines anderen haushaben bedirftig, das mag er wol treiben;
15 wo aber ainer hierwider handlet und iber sollicher ordnung mer firtrib,
als im zuegelassen worden, der soll, als oft die ibertreibung beschicht, umb
dreissig kreizer gepfent werden.

Wo aber in oder außerhalb der gemain ainer wäre, der sein innen-
habente behausung selbs nit besizen, sondern paugieter vermairen wurde,
20 deme sollen hievon auch kaine oxen, noch dreitinger, oder schlegrinder
auf dem pofl gelassen werden; es würe dann sach, das ainer dem bestants-
man ligente stuck und gieter auch darzue ließ, und derselb besteer die
peirliche recht tüt, soll er in gleichen ful gehalten werden, als ob der ver-
lasser selbs in und die recht het, wie andere angeseßne die peirliche recht
25 gebrauchen und zu thuen schuldig sein.

Es soll auch mit haltung solliches men- und schlegvichos, wie gemelt,
kain list, fortl oder betrug gebraucht werden, sonderen hierinnen genz-
lichen verpoten sein; wo aber ainer wür darmit betreten, der soll bei an-
sechenlicher mult und nach erkantnus der verprechung gestrafft werden.

30 Item, wellicher in der gemain gesessen oder wont, der peirliche
recht tuet und roß hat, die er in der gemain außgewintert, und in zeit der
pöfl zum prachen, pauen, reverender tungen und ert auffieren praucht, dem
sollen si von Bartolomei an bis auf Michaeli nach den oxen werchtüg und
feirtags auf den pofl zu treiben vergunt sein. Aber die foirenten roß die
35 sollen durch den hirten auf die leiten hinauß und bei den Cantscheten
hinauf außerhalb den wisen mit allen fleiß gehietet und gewaidet werden;
si sollen auch zu lüngeszeit und nach Micheli allwegen nach den kieen
geen und ir waid haben und besuechen.

Sodann sollen auch alle jar zu sanct Peters tag zween albmaister
40 firgenomben und gesezt werden, die sollen an aidstat anloben, der gemain
iren nuz zu firderen und schaden wenden, und wo in den albnen an aim
und anderen mangl erscheint, sollichs der gemain anzaigen, auch mit auf-
samlung salz und prots alles zu thuen, wie von alter horkomben.

Dargegen soll inen fir ir miehe und arbet zu ainen vorauß von
45 albgeschüft gegeben werden ieden ain küß, nit den größesten, noch den
klenesten, desgleichen auch auf die maß zu waidung der kie ain ziger,
auch nit den gresten noch klenesten; wo si aber hierinnen varläßig er-
schinen, sollen si darumben gepfent werden.

Nachdeme auch von alter herkomben, daß die gemain und nachtperschaft Tartsch ire albuen, so si von der gemain Stilfs zu lechen innen haben, und vermig gemachten vergleich die ober-derfer die unter alb und die unter-derfer die ober alb unzt an. 1723, als 8 jar noch innen haben, auch genießen, und alsdann wiederumben die abwexlung vermig 5 durch ganz versambleter gemain ainhellig beschlossen, daß die abwexlung firtershin allweg auf . . jure gemaint, dabei dann auch beschlossen, daß ain tail dem anderen den gangl auch taien und die bedachung in aller gebir und sauberkeit, wie auch den albkeßel, prenten und anderen albzeuig gebirent einschäzen, damit der ander tail nit zu clagen ursach hab. Anbei dann 10 wirt auch vorbehalten, im fall sich zuetrieg und begeben mecht, daß durch gotsgewalt die ain oder ander alb, gangl oder taien, auch bedachung sambt irer zuegehör des albzeuigs zertrimbert oder gar zu grunt gelegt wurde, darvor aber got sein wolle, so soll ain tail dem anderen auch gleichen uncosten schuldig sein, solliche widerumben aufzurichten und zu machen 15 helfen. Anbetreffent wegen der Taschiner, so in der oberen alb den perg bestantsweis innen gehabt, wau derselbe firtershin widerumb sollicher gestalt bestantsweis verlassen, soll das gelt oder der bestantszins auf beede albmen auf gleich getailt werden.

Weiters des Jan von Wurmbs, mair in Trafeui, und alle seine 20 erben und nachkombene sollen auch von etliche stuck grunt und boden, auch wun und waid, so ime die gemain Tartsch in Trafeui zu seinen hof geben und iberantwurt, wie dann das mit marchstain außgezaichnet worden, der berierten gemain die pruggen, weeg und steeg auß der alb bis zum Rechemacher- oder Camairhof herauß zu machen und bei fueßen zu 25 erhalten schuldig sein, der gemain ohne allen nachtl und schaden, auch wo nach Laurenzii schne fiel, sollen die von Tartsch mit irem albvich herab in die obgeschribene stuck grunt und boden zu faren fueg und macht, auch gewalt haben, ohne allen des Janen, seiner erben und nachkomben einred, hinternuß und widersprechen. Er sol auch bei seiner behausung der 30 gemain ain guoten gemauerten keller lassen machen und auch erhalten, der gemain ohne schaden, doch soll die tir und gesper daran in der gemain unkosten gemacht werden. Mer soll er Jan, seine erben und nachkombene berirter gemain jürlichen und ewigclichen zinsen raichen und geben zu sanct Martins tag, nemblichen zwelfthalb pfunt perner gelts und ain scheel 35 schmalz laut und inhalts brieflicher gerechtigkeit, so darumben aufgericht und verhanden, und das dem allen dermassen gelobt und volzogen werde, ist der gemain Tartsch der ganz Trafeuihof darumben zu ainen firpfant eingesezt und verschriben.

Es soll auch weder er Jan, seine erben noch nachkombene oder 40 andere, so in Trafeui gesessen, weder mit irem clain, noch großen vich der gemain Tartsch zu kainerlai zeit in ir wun und waid faren, noch dieselb außezen; als oft aber er oder andere solliches tüten und derowegon in schaden befunden, solle ieder darumb gepfent werden, in gleichen fall auch solle ir kainer in ir der gemain von Tartsch wälder in Trafeui kain holz 45 nit schlagen, noch hinfiron bei der mult iedes stambs, wie der ist, ain gulden.

Von sollichen vorbeschribnen albnen und waldungen in Trafeui, so die gemain Tartsch von der gemain Stilfs zu lechen innen hat,

ist man berirten Stilfseren jarlichen und iedes jar insonders allwegen auf
ain ieden sanct Anderes tag, nach laut brieflicher gerechtigkeiten, in
Tartsch walt- und grasgelt zu erlegen schuldig acht gulden dreissig kreizer
guete minz und lantswerung; solliches gelt soll in der gemain, wie von
5 alters gebreichig, so zeitlich angelegt und eingetrieben werden, auf das,
wan der gemain Stilfser dorfmaister auf Anderei darnach komben, man
inen solliches unverzogen zuestellen und iberantworten kenne; wo aber
ainer oder mer in der gemain were, der sein gebiernus beschribner anlag
nit vor Anderei erleg und hierdurch der gemain schüden aufwenden wurde,
10 das aber nit sein oder beschechen solle, so soll sollicher unkosten allain
iber den unhaltigen ergeen und bezalt werden, ohne entgelt, nachtl und
schaden der jenen, so bezalt haben, und ist nemblich das waltgelt, auch
was brief und sigl vermag, siebenzöchen pfunt perner sechs kreizer, das
soll der gemain Tartsch dorfmaister einrücken, und das grasgelt, so die
15 gemain schuldig zu geben, dreizöchen pfunt sechs kreizer, und bei dem Jan
in Trafeui vorbeschriben zwelfthalb pfunt perner, das sollen die albmaister
alles vor Anderei, wie gehört, eintreiben und zusamben bringen.

Wo es aber durch ir verwarlässigkeit nit beschäche, und die Stilfser
dorfmaister umb die bezallung erschinen, soll es hienach, damit si un-
20 verzogen abgefertigt werden migen, durch si auß dem irigen bezalt werden,
der gemain Tartsch auch ohne allen schaden.

Item was holz ain ieder in der gemain, es seie in walt oder ob
der lent, ainmal fir sein haus notturft verlangt, iberkombt und in anlag
des lentholz begeet oder aufschneiden lasst, das soll er zu behalten und zu
25 bezallen schuldig sein; wo er aber ainiches davon außer der gemain hin-
geben, oder verkaufen und in ander weeg verwenden wurde, das durchauß
verpoten sein und nit gestat werden soll, der soll um ein halb yren wein
ohne gnad gepfent werden.

Dann soll auch mit außgebung des waltholz in der gemain ge-
30 halten werden, wie dann das järlichen ain gemain rütig wirt und von alter
herkomben, dabei soll es bleiben.

Dieweil dann auch der prauch in allen gemainen, daß man kain
hei, graimat oder stro weder vor sanct Geörgen tag, noch anderen zeiten,
wie es dann ain iede gemain erfint und benent, außer der gemain frembden
35 zuegibt oder gestat, zu verkaufen oder in ander weeg zu verwenden, ist
durch ernente gemain Tartsch auch ainhellig erfunden und beschloßen,
daß kainer in der gemain von sanct Martins tag an bis auf Geörgi frembden
außwendigen personen kain hei oder graimat, deßgleichen auch stro das
ganze jar durchauß gar nit ohne vorwißen der dorfmaister und ganzen
40 gemain hingeben und verkaufen solle; wo es aber durch ainen wur iber-
treten, der soll umb ain yren wein gepfendt werden, doch wo ainer inner
obbenenter zeit was heu oder graimet zu verkaufen het und hingeben
wolt, soll imo solliches in der gemain bewilliget und zuegelassen sein,
auch wover sich baide parteien der schüzung nit vergleichen mechten, sol
45 solliche, so si es begern, durch die dorfmaister sambt zwaien geschwornen
oder anderen guet, erlichen nachtpersleiten, die inen darzue gefellig, be-
schechen und verricht werden; geleichfalls auch sol es mit dem stro, so
außerhalben der gemain zu verkaufen, das ganze jar bei obbeschribner

mult verpoten, der schüzung halber auch die voreingefirten gestalt
haben.

Verer, nachdem sich die gemain Tartsch auch entschloßen, jär-
:ichen in der gemain ain aignon wirt zu halten, ist deshalben durch die
ganze gemain ainhellig erfunden, das der anfang solliches gemainen wirts 5
zu negst sanct Peters tag des erscheinenten 1575igisten jars bei Michael
Weißen und also von im von jar zu jar, als von ainem sanct Peters tag zum
andern, die raid herumb auf ieder behausung geen und gelegt werden solle;
wo sich aber ainer, so die rod betrifft, sollicher gasthaltung und wirtschaft
verwideren wurde, der soll umb ain yren wein gepfent werden und darzue 10
dannoch wirt sein; mag er aber, wo er selbs nit sein [wil], mit ainen anderen
reden, der der gemain annemblich und sich sollicher wirtschaft unterfachen
wolte, soliches kainem verpoten, sonderen hiemit bewilliget und zuegelassen
sein. Es solle sich auch ain ieder das ganze jar nach dem besten, so ainem
miglich, mit gueten wein, speiß und anderen, was zur wirtschaft gehörig, 15
schicken und befasst machen, auf das ain gemain in anleitungen und
andern hündlen, so bei ime gehalten werden mechten, versorgt und ver-
sehen seie, darumben soll die bezallung unter drei mallen im jar durch
ainem beschechen; dem aber er wirt umb dem unkosten nit trauen wolt,
mag er darumben pfant begeren und einnemben. 20

Es soll auch außerhalb des gemainen wirts kain anderer ohne
vorwissen und nachgeben der dorfmaister und gemain in Tartsch nit wirt-
schaft halten, es kumb dann die rod an im, oder es seie ime erlaubt. Item
als oft die saltner ain pfunt perner pfantung eintreiben, soll der gemaine
wirt auch allwegen zwen kreizer darbei haben, von wegen versorgung des 25
gepfenten viches.

Dann ain ieder gemainer schmid alhir ist der gemain auch
jerlichen an sanct Peters tag ain taller von sechs pfunt perner zu erlegen
schuldig, gleichfalls auch ain meßmer zwai pazeiten wein oder dafir sechs
pfunt perner gelt, mer gibt der kieger und schwainer, ain ieder zwei pfunt 30
perner.

Item ain ieder kirchprobst soll jerlich an heiligen creiztag in
herbst, wie der prauch und von alters herkumben, durch ainen ieden pfarr-
herrn von Mals, weil und so lang er der gemain Tartsch gotsheiser ver-
sicht, wie auch beede dorfmaister und ausschuß erwelt und gesezt werden; 35
derselb soll bei seinen treuen an aitstat berirten pfarherr und dorfmaister
im namben der gemain anloben und zuesagen, der kirchen und gotsheiser
nuz und wolfart firderen und botrachten, auch ire mengl und schiiden, sovil
miglichen, wenden, wie er dann das gegen got, den lieben heiligen und
der welt im ze verantworten getraut; demselben neui gesezten kirchprobst 40
soll fir sein habente miehe und arbait von der gemain inzuhaben, auch
zu nuzen und zu genießen zuesteen und verfolgen, nemblichen ain stuck
wis, so an der Punig prugg upd pach stoßt, so man geen Latsch geot, davon
und hinentgegen soll er den opferwein, sovil man dessen zu denen drei
kirchen das ganze jar braucht oder bedirftig, raichen und geben, wo er 45
aber sollichen opferwein nit gäb, soll er von der wis acht pfunt perner
zinsper sein; dann, als oft auch der gemain holz außgeben wirt, soll er all-
wegen, wie von alter herkomben, ain fueder vorauß haben.

4*

Die weilen auch wie von alters gebreichig, daß alle die, so in oder ausßerhalben der gemain von den gotsheisern heilige kie innen haben, solliche alle jar auf sanct Michaels abent ainem kirchenprobst zue zu stellen und zu iberantworten schuldig, welliche nochmals durch ime
5 und die dorfmaister mit nuz denen gotsheiseren verlassen und angelegt werden sollen, soll es firtershin nochmalen darbei bleiben und also gehalten werden.

Gleichfalls auch sollen die ligenten kirchengieter, so nit verlechnet oder zu erblechen hingelassen, allmal zu zwai jar ainem kirch-
10 probst und denen dorfmaisteren haimbfallen, die migen nachmallen mit rath denen geschwornen solliche auch widerumben hinlassen und vermairen, wie von alter herkomben.

Es soll auch kain kirchprobst ohne beisein der dorfmaister und etlichen geschwornen, kain thail ûn dem anderen, von niemants kain
15 heiligen wein so liederlich, als wie bißhero beschechen, firohin unversuechten nit mer annemben, und wie wol ain zeit her von den jenen, so sollichen wein zinsen und geben, zum eftern mal schlecht, arger wein, so nit werung, eingenomben worden, wie es dann also schier in prauch kumben, soll es aber firtershin nit mer gestat, und also durch dise ordnung sollicher
20 betrug aufgehebt und gar abgenumben sein; es sollen auch solliche heilige wein nach den kirchen-urbar, wie von alter herkomben, außgeben werden

Betreffent obberirten gottsheiser gefell, zins und einkomben, ist gleichwoll von alter her der gebrauch gewest, daß dieselben ain ieder kirchprobst allain ersuecht, triben, eingenomben und verrait hat,
25 dieweil aber hinnach in verraitung derselben sich schier ain ieder des anschlags beschwert, auch nachmallen den kirchen schworlichen verschult worden, und hierdurch in schuldenlast erwaxen, darauß die zeit sich unlust, unwillen und unainigkeiten erhebt, deme aber firohin vorzukumben, ist darauf durch ain ganze gemain mit rath und beisein des
30 erwirdigen und geistlichen hern Anastüßien Petsch, gewesten kirchherrns alhir und pfarrers zu Mals, ernstlichen firgenomben, erfunden und beschlossen, das hinfir järlichen die zinsleit, so den kirchen in der gemain Tartsch zinsen, die zins ordenlich geben, außrichten und antwurten sollen, als nemblichen zwischen sanct Martins tag und weinnachten, oder aber
35 auf das lengst zwischen weinnachten und unser lieben Frauen lichtmessen: die sollen alsdann durch ain ieden verordenten kirchprobst und beeden dorfmaister, sembentlichen mit einander, einnomben und empfangen, auch das getrait alles in dem kornkasten, so in altem sager darzue verordent, eingelegt und zu seiner zeit mit nuz der kirch verkauft und versilbert werden,
40 und was also fir gelt auß dem trait gelest und sonsten eingenomben wirt, so den kirchen zuesteet und gehörig, das soll man hinnach in dem neuien sager in die kirchen-truchen einlegen, und sollliches aller erst zu firfallenter not herauß nemben und gebrauchen, und wo auch ain zinsman das gelt firs trait geben wolt, soll das von ime auch angenomben werden, wie dann
45 das zur selben zeit geng und güb oder verkauft worden ist, und das gelt auch darfir einlegen, wie ob gehört. Bei sollicher ordnung soll es nochmallen verbleiben, doch wo ain kirchprobst die zins und gefell nit neben dem dorfmaister und, wie von alters herkomben, allain einnemben und verraiten

mecht, soll es ime gleichwol zuogelassen sein, aber er sich hinnach des
anschlags, wie im derselbe durch dem herrn pfarrer und die gemain des
trait und anderer sachen halber gemacht und gegeben wirt, ohne ainiche
widerred contentieren lassen, auch wo er alsdann den kirchen was mit
raitung verbleibt, denselben raitrest im iezto mit parem gelt zu erlegen 5
oder mit gebirlichem interesse auf beniegen der gemain mit genuegsamben
aignen grunt und poden den gotsheiseren zu versicheren schuldig und
verpunden sein.

Beschließlichen was und sovil ain ieder kirchherr und seel-
sorger gegen der gemain und derselben gotsheiser alhie jürlichen von ainer 10
zeit zu der anderen das ganze jar durchauß zu verrichten schuldig, dem-
selben soll nach laut beschlossner und in schrift aufgerichter, verfasster
abred vestigclichen durch baide parteien, als dem herrn pfarrer und der
gemain, mit allen fleiß, wie sich gebirt, auch erbar und recht ist, nach
ganzen gelebt und volzogen werden. 15

Alldieweilen nun die burgerschaft Glurns und gemainschaft
Tartsch ain stuck oder refir, in Spinei genant, in Glurnser gebiet gelegen,
welliche bereits vellig oder mereren tail mit gesteid verwaxen, mit ein-
ander craft disfalligen vertrags zu waiden und zu genießen haben, so hat
man doch genuegsamb warnemben mießen, daß dessen ungeacht weder 20
ermelte burgerschaft oder gemain hievon gleichsamb niemals keinen nuzen
gehabt, weniger sollich refier mit der gemainen huet, so wenig clain- als
riotvich, besuecht habe, allerdings auch nit wol ohne sonderen schaden
dahin fahrn migen, sonderen selbiger tail iederzeit fir menigclichen anderen
frei, offen oder gar unbesuecht verbliben ist, daß dannenhero und damit 25
man es auch fortan, sowol zu ain, als anderen thails besseren nuzen
bringen kinde, sich erdeite burgerschaft Glurns, als in deren volmechtiger
gewalts vertretung die ernvesten und firoemben Hans Lun, derzeit burger-,
item Michael Veilleger, paumaister, dann herr Syman Moriz, stat- und
grichtschreiber, Gaudenz Schenweger, stathaubtman, und Christoff Theni, 30
gerichtsanwalt, sambt gleichmeßigen einlaß gesambten rats, ausschuß und
gemain, und dann ermelte gemain Tartsch durch denen auch ernvesten
firoemben Hieronimus Pinggera und Syman Märk, beede diß jar dorf-
maister, item Dominig Luth, gerichtsverpflichter, Martin Sailer, Christian
Minig, Hans Tschiggfrey und Caspar Lung, alle zu ermelten Tartsch, mit 35
consens ganzen ausschuß und gemain aldaselbs wolbedächtlich mit ge-
pflognen, ainhelligen wissen und willen mit einander ganz nachtperlich
dahin verainbart und verglichen haben,

Daß nemblich mer genante gemainschaft Tartsch fir sich und deren
nachkumbende wirklichen zuegelassen und verwilliget, das der grunt und 40
boden mer angeregter Spinei-refier, so weit sich dieselbe von darunter
ligenten ackervelt biß zu dem darob gegen miternacht steenten march-
stain erstreckt, der burgerschaft Glurns und aller deren nachkombenten
fürtershin und weltewigclichen fir allein, auch aigentumlichen geherig und
verbleiblich sein solle; auch sollliche zu ainen friemad mit zuelassung mig- 45
lichisten wassers-genuß, allermassen und wie es die darunter ligenten gieter-
inhabern zu geniessen, ieder weils ervolgt und zuekumbt, wegen der er-
forderlichen wasserszuelassung dann ain ieder inhaber diser Spinei-refier

jerlichen der gemain Tartsch zu machung derselben gemainen wäll ain
pazeit gueten verjehrner wein geben solle, doch solliches wasser aber
ohne schaden zu fiern, inmassen, wie es mit andern friewisen, zu gewonlicher
zeit zu fridigen und zu raumben gepflegt wirdet, zu arbaiten und zu
5 genießen, auch in ander weg darmit zu handlen, tuen und lassen, unver-
hinterlich der gemain Tartsch, ausser obigen wein.

Hinentgegen aber auch obbesagte burgerschaft Glurns nit allain
von dero bißher hierbei gehabten mitwaidung genzlichen abgetreten, son-
deren auch den pofl auf der negst iber am gemerk gegen Schluderns
10 werts anstossenten wis, ob des herrn Hendls acker und rain wißmad, unzt
zu dem daselbs verhantnen felber, nicht weniger dem fleck in der genant
Kizpichlwiß, so der zeit Caspar Lung zu Tartsch innen hat, sovil unter
den darinen craft der verträg gesezten marchstain, bei denen es sonsten
unveränderlich zu bewenden, so si burgerschaft gleichfalls in der mit-
15 genießung gehabt, begeben, also daß dieselb in angedeiten ort, id est, sovil in
der heriberlassung gemaint und begriffen ist, ainichen nuzen, noch auftrib
mere, sonderen selbige sowol längeszeit biß zu der friewisen fridigung,
als in herbst nach beschechner raumbung des gruemats die gemain Tartsch
auch allainig zu waiden, zu nuzen, zu besuechen und zu genießen, wegen
20 des wassers und von inhaber besagter refier Spinei jerlichen zu machung
gemainer wüll ain pazeit verjehrner wein zu empfachen, auch bei der
berichtnuß der durchfart es zu verbleiben haben solle, doch solle diese
nachtperliche verainparung in iberigen den zwischen der burger- und
gemainschaft anderwertigen, unterschiden aufgerichten verträg, auch aus-
25 marchungen in allen, und in sonderheit der Kriegswisungs-poflung halber
nach laut selben vertrags, auch außmarchungen in iren creften zu ver-
bleiben, und sollichem zu gleben, auch nach zu kumben haben die vorsteer
leztgemelter burgerschaft Glurns und gemain Tartsch anstat derselben ein-
ander mit munt und hant gelobt.

30 Beschechen den 27. märtzi an. 1674.

5. Schluderns.*)

*Pergamenthds. vom 17. Jahrh. 4. 12 Bl. im Gemeindearchive zu Schluderns. Der Anfang, eine Lage
von vier Blättern, fehlt.*

Alsdann ist vermig alten peirnpichles von alters hero zu befinden,
daß durch der obern mil ain gmainer offner weg geet, von menigclichen
unverhinterlichen ist.[1]

Desgleichen durch den Lampfüll- und milwisen von des heiligen
35 kreuz tag im herbst unzt sanct Geörgen tag geet auch ain gemainer weg.

---

*) Die Gemeinde und Pfarre Schluderns gehörte schon im 13. Jahrhundert
zu dem Bezirke des Gerichts von Matsch, dessen Sitz durch die Herren, später
Grafen, von Trapp, den Erben der Vögte von Matsch, nach Schloss Churburg bei
Schluderns verlegt worden ist.
[1]) Beisatz von späterer Hand: Diser weg ist 1773 durch Andre Ortwein
abkauft worden in beisein des letzten ausschuß.

Dann ob den Lampfällwisen, so man nennt hinter dem Neuer, geet
ain gemaine drei hinein unzt fir dem Vernalhof hinauf.

Item der unter walt von dem Vernalhof hinein, wellicher vermig
alten peirnpiechl der gmain geherig gewesen, wellicher aber vor jarn
durch der gmain zu aufenthaltung der veltwähl-kündl, archen und anders 5
ire graflich gnaden, dem herren Trappen grafen etc. hiniber gelassen, also daß
man sonsten weiter nichts darinnen ohne vorwissen ire gnaden des herren
Trappen zu hacken haben soll, außer der gmain gepei; wann aber ain oder
der ander dariber betreten wurde, haben ire graflich gnaden abzustraffen.

Verrer so geet ain offner gemainer steg durch des Jacob Kropfen hof 10
und anger, und von dannen durch Hannsen Tyallers behausung und hof-
stat, welliches Knillebergerist lechen ist, und der Plantenhof genennt
wirdet.

Verrer so ist aniezten abgeredt und beschlossen worden, daß von der
Kollwis nach Tschneirer wahl hinein in Greiner thal, von Greiner thal 15
nach Morsailer wegen hinauf, von weg hinauf durch dem Morsailer thal
unzt auf den albsteig, von albsteig der alb zue, von der alb hinaus dem
abweg nacht hünzt auf Gulden-egg, und dem Gulden-egg herab unzt auf
Tschneirer wahl, [2] das soll ain pambwalt sein, und wellicher darinnen
hackt, es sei prauchholz, zaunlaten, pirchen oder sagprigl, er seie zu dorf 20
oder perg, ohne vorwissen der dorfmaister, der solle von iedem stamb das
erst mal umb ainen gulden, das ander mal umb zween gulden gelt und
albegen forterhin, da kein absteen erscheinen wirt, alle mal toppelt ab-
gestrafft werden.

Wellicher dann ain pau firzunemen und gedacht sein wirdet und 25
darzue ain brauchholz bedirftig sein möchte, soll sich derselbe, er sei zu
dorf oder perg, bei den dorfmaistern erzaigen und umb der vergonstigung
anhalten; das solle alsdann demselben nach beschaffenheit des paus ver-
gonstiget werden, und so man dergleichen holz außer des pambwalts be-
komen kann, soll es außerhalben gehackt und zu hacken gewisen werden, 30
damit der pambwalt alzeit verschont werden kann, und soll von iedem
stamb den dorfmaistern guetgemacht werden sechs kreizer.

Anbetreffent das prenholz, soll sich ieder in der heche und des
unfruchtper und dürren holz bedienen, und in fal ainer was fruchtpares
hacken und fiern wurde, solle derselbe von iedem stamb gestrafft werden, 35
doch außer umb die schlaipfpamb, per sechs kreizer.

Wann man den perkwahl macht oder machen will, so soll ain ieder
hof am perg ainen gueten poten schicken, wellicher aber güeter unter dem
wahl hat, der solle zween poten schicken, und wellicher ungehorsamb ist,
der soll von iedem poten umb vierundzwainzig kreizer gestrafft werden. 40

Verrer, wann dorf- oder perkleit zaunholz bedürftig, soll man
unfruchtbars fiern, bei der peen aines ieden pflanzers zechen kreizer.

Item, wann die perkleit wellen ire wähl machen, sollen si die dorf-
maister darumben begriessen, auf wellichen tag si das wasser nemben und
einkern mügen, und wann si das wasser empfachen wellen, sollen sie das- 45

---

[2] *Am oberen Rande von späterer Hand:* Einschluß ober Faunwalt und
Fliterwald.

selbe mit ainem puter empfachen, und sollen alsdann die wühl und pruggen
iber die wühl vleissig erhalten, damit niemant kain schaden bescheche, und
wann ainer, es seie zu dorf und perg, iber den wahl neben den pruggen
faren wurde, daß derselbe den wuhl widerumben raumben solle, damit das
5 wasser unverhindert gebraucht werden kann, und si iren schuldigen zins
davon desto fleissiger zu geben ursach haben.

Si perkleit sollen ainiches groß oder klain vich außer der gemain
aufzunemben nit befuegt sein, bei der peen von iedem stuck dreissig kreizer.

Ermelte perkleit sollen die abkern vleissig erhalten, als aine ob dem
10 Flitschhof, die der Fliter zu erhalten schuldig, item im Morfailer tal aine
und aine unter dem Laimbegg, die beede gebirn dem Morfailer zu erhalten,
dann der Greiner aine bei der Tschatschat, darumben ain raut zugemessen,
und die andern höf solle ieder zur besicherung seiner selbs und der ganzen
gemainschaft güeter, wo es dann zum notwendigisten ist, ain abker zu er-
15 halten schuldig und verpunden sein, bei der peen ain halb yhrn wein.

Wann si perkleit, ainer oder mer, ain reverender veltin heten und
dieselben reverend anzuschelen in dorf herab thuen wolten, sollen die dorf-
leit solliche mit iren rossen drei tag firtreiben zu lassen ohne speis und
lohn schuldig sein, wann aber dieselben perkleit dieselben lenger geen
20 lassen wolten, sollen si von iedem pfert zu geben schuldig sein acht kreizer.

Die perkleit sollen in gmainen velt mit irem vich nit zu waiden
befuegt sein, und wie weit si ohne das befuegter sein, sollen si die wal und
fricht ohne schaden waiden, bei der peen und abtragung allen schadens
und in fal auch des unkostens.

25 Si perkleit sollen mit ihrem vich in länges bis an sanct Geörgen tag
in Gwayr und Clamanger zu waiden befuegter sein und darnach in der au
bis an der Tschoggen-pfoss, und so si dariber faren, sollen si pfendet werden.

Anbetreffende die meen-oxen migen si dieselben in der au mit der
gmain faren, doch daß si dieselben selbs versorgen lassen.

30 Obbemelte perkleit, die sollen, wann die dorfleit auf der Etsch weren
wellen, täschen fieren; wellicher nachper aber ain mos herunten het, der
solle desto merer zu fieren schuldig sein.

Belangende die Unter-Spandiniger, die haben mit der gmain nichts
zu genießen, weder holz, wunn, waid, 'tail und gemain, wasser, noch
35 wasserlaitungen, welliches vermig aines im 1459 jars ledig entschlagen
worden laut aufgerichten briefs, doch außer des waltholz, das si inen vor-
behalten haben, und sein davon von Eirscher gebiet hünzt anfang Ober-
Spandiniger güeter die straß zu erhalten schuldig.

Sie Ober-Spandiniger mit irem rev. vich faren und waiden bis an
40 der Tschoggen-pfoss, aber mit den meen-oxen mit der gmain.

Ermelte Ober-Spandiniger sollen die straß, so weit ire güeter herauf-
geen, fleissig erhalten, daran kain klag erscheine, der gmain ohne entgeltnus,
doch sollen si anderer gmainer arbeiten außer den Gwayr-wahl befreit sein.

Obbesagte Ober-Spandiniger sollen zu machung des Gwayrs-wuhls
45 vier pothen geben, als ainen, der voran geet schnaiten und die stauden zu
raumben, item zwen zu schepfen, und ainen, der nach dem volk geet be-
sichtigen, ob man den wahl recht machen thuet, und sollen alsdann von
dem alten sanct Geörgen tag, als freitag, sambstag und suntag zwo furch

wasser zu brauchen und geniessen haben, doch in fal in der rod ain schaden beschäche, sollen die Spandiniger den schaden nach erkanntnus der dorfmaister und aidschwerer abzutragen schuldig sein.

Und ob ainer zeinen will, soll derselbe die dern auf den seinigen legen, und sollen alle wisenzein auf sanct Geörgen tag vleissig gemacht 5 werden, bei der peen zwelf kreizer.

Alle radanten, es seie in den ackern und wisnen, solle ieder in seinem stuck fleißig machen, damit die untern güeter auch gewässert werden können, darauf die aidschwerer ir obacht haben sollen, und wellicher ain radant nit macht, der soll dem aidschwerer von ainer radant zu geben 10 schuldig sein sechs kreizer, und [so] iber disem nit wendung beschechen wurde, soll derselbe von der gmain um ain halb yhrn wein gestrafft werden.

Von dem platz hinab durch des herrn pfarrers anger, genannt der Pfaffenanger, ist von des heilig Creitz in herbst unzt den alten sanct Geörgen tag ain gemainer weg, wie auch durch den freithof neben dem 15 widen und der Framerkin anger geet ain gemainer offner wasserwahl und steig.

Vermig alten peirn-piechl ist zu sechen und befindt sich, daß durch dem haus, so anietzt Georg Vischer innenhat, ain offner steig geet zu erhaltung des iweiligen wahls. 20

Item, wann lünges das schwenzen und wassern angeet, und daß ainer die rod hat und kann auf seinen rodtag nit fertig werden, mag er das wasser die ganze nacht brauchen, hinzt den anderen tag die sonne aufgeet, doch daß der wüsserer bei dem wasser verbleib, sonsten mag ain anderer, der die negst rod darauf hat, ime das wasser nemben, und in fal ainer 25 schon geschwenzt und der ander nit, sol derselbe, der geschwenzt hat, dem andern das wasser lassen.

Wellicher in der au auf der gmain ain holz macht, der solle von iedem fueder auf gnad abgestrafft werden per dreissig kreizer und von [ainer] pur grien-holz und zaunlatten, wie auch von ainer pur gras auß äckern, 30 welliches alles gonzlichen verpoten, und wellicher dis iberfert, ist die straff vierundzwainzig kreizer.

Es solle auch kainer kain mos ohne vorwisson der dorfmaister weitern oder schwenten, bei der peen von iedem stock achtzechen kreizer.

In fall ainer den andern iberpauen oder ibermüen wurde, solle der 35 kläger von dem dorfmaister die aidschwerer zu vergonnen begern, und alsdann den schaden schützen lassen, und in fall aber der beklagte nit einsteen wollte, sondern das stuck sein zu sein begert, mueß der kläger umb ain gemaine anlaitung anruefen.

Da und in fall ainer ungever ainen marchstain außfarn wurde, und 40 das loch offen, auch die zeugen darbei zu bofinden, solle er den jenigen, deme das stuck gehert, darzue begern, den stuin im beisein desselben widerum beisetzen, und im fall das nit, sondern ain betrug beschäche, soll der ibertreter nach beschaffenheit der sachen abgestrafft werden.

Verrer, so ainer dem andern durch dem gras oder traid geet oder 45 fert, der solle von ainem wagen zwelf kreizer, von ainem schnitter oder mader sechs kreizer, und ain recherin drei kreizer abgestrafft werden, damit ieder rechte weg und steg farn und geen solle.

Desgleichen so hats zu den feirabenden sonderbare bewandte und
benannte orten, als ain ort bei dem Seen-heisl, ains auf den Tuft-priggl,
das drit bei dem siechenhaus-priggl, das vierte beim gärberhaus, das finfte
bei der Wanditin haus gegen den weiten wisen, das sechs[t] beim priggl

5 zu eisseristen dorf gegen Glurns und das sibent auf dem priggl iber dem
Quaderwahl, und wann die feirabner ainen ausserhalb disen benannten
orten an der veltarbeit oder haimbfarn betreten, sollen si denselben von
ainem par oxen per zwelf kreizer, von ainem roß sechs kreizer, ain
schnitter oder mader sechs kreizer und ain recherin drei kreizer alspalt

10 abstraffen, und die straff soll inen geherig sein.

Welicher ainen gemainen wahl einfilt, der soll denselben widerumben
außzuraumen schuldig sein, bei der peen der gmain straff ain gulden.

Der saltner solle den gemainen hirten die vermarchung zaigen und
solle auch ain labmesser langes-, sumber- und herbstzeiten bei sich tragen,

15 und in fall das sich ain luck abrisse, damit er dieselbe widerumben auf-
machen thuen kann, und ob der zaun so fort zerrissen, solle er demjenigen,
deme das stuck geherig, wissenschaft thuen, auf das er den zaun eheisten
machen thie, und so er ain reverender sich pfenten thuet, solle er von
ainem häbt großvieh, so iber nacht in schaden ist, pfenter-lain haben sechs

20 kreizer, von tag drei kreizer, von clainen vich, als schaf, gais, reverender
schwein und gens, zwai kreizer.

Jeder saltner solle gegen dem großen velt ob des Perkharts haus ain
gatter erhalten, wie auch den weg von Matl herab zwischen die Gwayr-
ücker und wisen fleissig machen, davon er das gras zu genießen haben solle.

25 Der gemain ofner solle alle drei festzeit, als weinacht, ostern und
pfingsten, ieder zeit den ofen zu der erstern hitz [1]) von seinem holz selbs zu
werbnen schuldig sein, und soll der ofner von ainem mut korn zum
pachen gegeben werden drei pachscheiter und drei prot, doch daß der paur
das koll widerumben zu empfachen haben solle. Der ofner solle auch am

30 sambstag und panfeirabenten nit zu vil pachen [2]) aufnemen, damit er vor
feirabentzeit aus dem ofen und fertig werden kann.

Die miller sollen am sambstag und vesttägen-abonten zu rechter
feirabentzeit feirabent lassen und an sunn- oder vesttügen vor drei uhr
nachmittag nicht zu mallen befuegter sein, bei der peen ain gulden.

35 Welicher sich alhie mit hauswesen nider zu lassen und einzukomen
begert, der soll sich bei iro hochgraflich gnaden, herren graf Trappen,
gerichtsherren der ende, wie auch bei den dorfmaistern zuvor erzaigen und
umb der vergonstigung anhalten und biten, und so er durch ire hochgräflich
gnaden und der gemain an- und aufgenomen wirdet, solle er sich ver-

40 obligieren, der obrigkeit und der gemain in allen firfallenden beschwerungen,
kriegswesen und dergleichen, nichts außgenomen, iederzeit gehorsamb zu
sein, und solle der gemain zu einkaufgelt geben werden, wann beede
frembd, dreissig gulden, ist si aber alhie gebirtig, finfundzwainzig gulden.
Im fal, das aber nit beschäche und er sich ungehorsamb einstellen wurde,

45 so solle derselbe alspalt widerumben auß der gemain geschaffen werden,
und das gegeben einkaufgelt solle der gemain in henden verbleiben und

---

[1]) Hili? Gili? *hs.* [2]) poschen *hs.*

inen einkaufende eheleit nichts merer, weder wenig oder vil, schuldig sein, hinauß zu geben.

Im fall ain nachper were, der ainen [3]) bestantsmann oder sonsten ainen frembden einkhaus ohne vorwissen iro graflich gnaden und der gemain einlassen wurde, solle derselbe abgestrafft werden von der gmain 5 auf gnad umb ain yhrn wein, und dannocht iro graflich gnaden straff vorbehalten sein.

Sover aber die dorfmaister ainen einlassen ohne vorwissen iro graflich gnaden und der gemain, sollen dieselben toppelt abgestrafft werden. 10

Es solle auch kainer merer als ein inkheus einlassen, bei der peen ain yhrn wein, und der hofherr solle den inkheus selbs behilzen, damit die zein und werk [4]) unverlögt bleiben, und niemant beschwert werde.

Verrer so ist auch entlichen und austrucklichen firgenomen und beschlossen worden, daß die hausarmen und bedirftigen leiten in der gemain, 15 welliche das heilge almuesen bedirftig, zu besuechung desselben bei den dorfmaistern umb ain gemaines zaichen anhalten und pitten sollen, damit nit der jenig, der das almuesen nit bedirftig, die armen bedirftigen abschneiden thie, und ob die bedirftigen das zaichen nit dragen wurden, soll inen kain almuesen nit gegeben, und noch darzue gestrafft werden. 20

Item, es solle ieder ingeheis, es seie manns- oder weibspersohnen, ob er schon kain peierlich recht nit hat, im jar drei tüge in gemain arbeit zu geen, es seie am pach, Etsch oder lantstrassen, wohin mans dann behueft, gehorsamb zu verrichten schuldig sein, bei der peen, wie es durch den dorfmaistern poten würdet. 25

So ver auch ainer oder aine, wer der seie, von soldaten, ehehalten oder herlos gesindl was abkauft, und beweislichen ist, daß dasselbe verkaufte guet ainem andern entfrembdt worden ist, solle dieselbe persohn von der gemain (außer eur hochgraflich gnaden etc. straff) nach beschaffenheit der sachen abgestrafft und alsdann auß der gmain poten werden. 30

Der gmain Schluderns gemaine peirliche recht und prauch umb ungehorsambigkeit-straff.

Item, so ainer oder mer nachpern, die da in der gmain zuegeherig sein und in der gmain firfallenden notturft oder nuz zu firdern, wie das sie und solliches beratschlagt, auch poten wirdet, wer darinnen ungehorsamb 35 ist, alsdann ist die straff ain yhrn wein und mueß nicht desto weniger gehorsamb sein, und wo der gepfendt abermals am rechtlichen auftrag sich des verwidert als ungehorsamb, so schlecht man durch und vor ganzer gmain ime ain pfeil fir sein haus oder hofmark zu ainem zaichen seiner ungehorsambe, und wurd auch demselbigen im pfeilschlagen verpoten und 40 abkundt alle freiheit und geniessung der gmain, als wunn, waid, behilzung zu perg und thal, all gmaine weg, steig und steg, auch wasser und wasserleitung, der gmain wühl und prunnen, auch in- und ausfart, auch feur [5]) und liecht auß den heisern dero gmainsleit nit ze nemben oder zue tragen, verrer alle millen, so auch durch die gmainen wällen gebraucht und gefiert 45 werden, und all gmaine pachöfen.

---

[3]) sey ainen *hs.* [4]) werz *hs.* [5]) fuer *hs.*

Der soll auch zu kainen ehrn anderwerz in der gmain erfordert und
berueft, noch zu versechen gesezt werden, und ob ain sollicher ungehor-
samber erhaltnen ardiggel ibertrete, welliches doch nit sein soll, alsdann
soll und mag die gmain solliches (!) der herrschaft in gnad und ungnad ge-
5 fallen sein, als ainen ungehorsamben zu straffen, damit gemaine peirlich
preich und recht der armen als der reichen, auch dem armen von der obrig-
keit aufenthalten, dabei geschüzt und geschirmbt, auch widerumben in
gehorsamberkeit bracht werden mit erlögung der pfandung und abtragung
aller erlitnen kost und schäiden, wie von alter herkomen und noch
10 breichig ist.
   Es [6]) solle auch ain ieder dorfmaister sein ambtsraitung acht tag
nach st. Peters stuelfeirtag ablegen, damit man solliche alsdann bei er-
haltenden klainen gmain vorlegen und publicieren kann, und wann solches
nit beschicht, solle der raithalter die dariber ergeende unkösten abzuführen
15 schuldig sein.

6. Burgeis.

Pergamenthandschrift vom Jahre 1591. Fol. 12 Bl. im Gemeindearchiv zu Burgeis.

Vermörkt die puncten und artüggl der peurlichen recht, so in der
ersamen gemain und nachperschaft zu Burgeis von armen und reichen ge-
halten werden sollen, wie dann solliches von alter herkomen und zum thail
anietzo verneuert und erfunden worden im fünfzehenhundert fünfund-
20 sibenzügisten jare.
   Anfangs und zum ersten renoviert man an saut Petters stuelfeirtag
die gmain mit dorfmaistern; dieselbigen werden erwölt von ainer ganzen
gmain, auch in gegenwirtigen beisein aines herrn prelaten auf Sant Marien-
perg *) oder iemant andern an irer gnaden stat, als der ausser Zerserthal
25 und andere wülder für zween die vermüglichisten nachpern gehalten wiert,
und woverr die erwölten dorfmaister sich solliches verwidern und nain
darzue reden wurden, als oft si solliches tüten, so sein si der gmain ain
yhrn wein straff verfallen und nicht destweniger dorfmaister, auch die ob-
bemelt mult der gmain verfallen sein. Dieselbigen neuerwölten dorfmaister
30 sollen auch denen alten gewesten dorfmaistern bei irer treu anloben, das si
in albeg, sovil ir verstant außweist, der gmain nutz und frumen wellen
fürdern und schaden wenden mit gueten treuen on alles gefärde, und die
gmain solle auch denen dorfmaistern verspröchen oder anloben, inen hilf
und beistant zu thuen; so verr sich auch begübe, daß die dorfmaister und
35 gmain oder si selbs mit einander unuins wurden, so sollen die kürchbräbst
die gmain peurlichen recht zu handen nemen und dieselb an der dorfmaister
stat regiern, damit dieselben nit zu grunt, sonder aufgehalten werden, wie
von alter herkomen ist.

-----
   6) *Es bis schuldig sein von späterer Hand.*
   *) *Die Pfarre Burgeis gehörte schon seit dem Jahre 1186 dem Stift Marien-*
berg, woraus sich die Intervention des Prälaten bei der Dorföffnung und Gemeinde-
wahl erklärt.

Alsdann so sollen die alten dorfmaister, so an bemelten sant Petters-
tag urlaub nemen, ir ordenliche, specificierte particular-raitregister ires
emphang und ausgaben ordenlich stellen und verzaichnen lassen und denen
neu angeenden dorfmaistern und geschwornen in beisein ainer ganzen
ersamen gemain innerhalb aines monats frist zu negst nachbeschriben 5
sant Petters tag ordenliche specificierte rechnung und raitung thuen; so si
es aber nit täten, das gesagt monat fürüber geen liessen, solten sie die
dorfmaister on alle gnad umb ain yhrn wein gepfendt werden.

Zum andern so erwölt man un obbemelten tag zu denen gewesten
dorfmaistern noch drei gemain geschworner oder eidschwörer. Dieselbigen 10
werden in aller maß im glüb bestät, wie die dorfmaister, und umb so vil
mehr, da si auf anrüefen und begern ain[s] nachpern sollen nach verhörung
der kuntschaften, ob dern fürgestölt wurden, auch clag, antwurt, red und
gegenreden, helfen marchstain setzen, auch so ainer umb ain anlaitung an-
rüefen thüt, desgleichen darinnen sollen si alles das jenig zu handlen 15
schuldig sein, was si gott ermant, ir gwissen außweist und si solliches
gegen gott am jüngsten tag zu verantwurten getrauen, und wellicher
nachper umb dergleichen handlung, es sei anlaitung oder marchstainsetzen,
anrüefen thuet, so soll er und sein gegenthail denen dorfmaistern zuvor
ain zwifach pfant stöllen oder geben, alsdann sollen ime die dorfmaister 20
ainen tag zu benennen schuldig sein. Es solle auch ain ieder nachper,
gegen dem umb ain dergleichen sachen, als anlaitung oder marchstainsetzen,
angerüeft wüert, in dieselb einzugeen schuldig sein, oder aber der sachen,
darumben er seinen gegenthail anzurüefen ursach gibt, absteen, wover er
aber solliches nit thuen wolt, soll derselbig umb ain yhrn wein gestrafft 25
werden und nicht desto weniger einzugeen schuldig sein; und da ain
nachper umb ain anlaitung anrüeft und selbs auf sollicher handlung nit
reden oder sein sach fürbrüngen kan, so soll er in der gmain ain redner
nemen und nit in andere gmainden geen, und wann er ainen nachparn
in der gmain, der ime sollicho sein sachen fürbringen kan, erpüt, derselbig 30
soll alsdann solliches, doch umb gebürliche besöldung, zu thuen schuldig
sein. Von sollichen handlungen soll ir der geschworner oder eidschwörer
besöldung sein, nämblichen, wann nur marchstain gesötzt werden und
kaine exceptiones beschechen, vom ersten marchstain zwölf kreizer und
alsdann von ieden, sover dann ainer gesötzt wiert, sechs kreizer, und von 35
ainer anlaitung, oder umb was sachen das sonsten sein möchte, so clag
und antwurt ergeen und darinnen geurtelt werden mueß, soll der verlurstig
thail von ieder handlung achtundvierzig kreizer, doch sover ain handlung
so groß und hochwichtig würe, daß dieselb in ainem tag nit außgeen möchte
und mer verzört wurde, so soll die zörend[1] besöldung bei erkantnus irer 40
der geschworner oder eidschwörer steen und gesötzt sein. Do aber ainer
oder der ander deren fünf gmain gschworner, da ain anlaitung sein solle,
nit anhaimbs würen oder mit denen parteien unains oder mit freuntschaften
verwant, so sollen die dorfmaistern an derselben stat die kürchbröbst,
waltgeschwornen und die, so über die almuesen gesötzt sein, pieten lassen, 45
damit die handlung ain fürgang habe und durch si nit verabsaumbt oder

---

[1] zörend *darüber geschrieben.*

ninich vergebeulicher uncostung gwiglt werde. Gleicher gestalt, sover dise
ulle oder zum thail, so mit glib gefasst, mit denen parteien mit freuntschaft
verwandt oder niner oder der ander selbs sächer und partheiisch wäre, so
sollen die dorfmaistern fueg, macht und gwalt haben, zwai, dreie oder mer.
5 wie die not oraischt, verstendige und unpartheiische nachpern pieten [zu
lassen; dieselben sollen auch gehorsamb zu laisten, und durch die dorf-
maistern alsdann beglübt werden, es sei dann, daß dieselben zu beisitzern
oder in ander weg beistant zu thuen gebrücht werden, schuldig sein.

Sover auch die dorfmaistern, niner oder der ander, der sachen
10 partheiisch würen, so sollen die kürchenbröbst an des ainen oder beder stat
peuerlich recht zu handen nemen und die sachen, darumben angerüeft
wiert, zu end ersitzen und verrichten, und ob auch, wie dann erst gemelt,
sach were, das ain handlung auf ersten tag seinen fürgang nit haben
möchte aus ursachen, daß niner oder der ander thail auf sollichen tag nit
15 gefasst were oder mit prauchung der unordnung auß dem rechten geworfen
wurde, soll derselb obenfalls den uncosten, als achtundvierzig kroizer ab-
zutragen schuldig sein. Sover auch niner ain urtl appeliert und nit vol-
füeret, soll derselbig gleichfalls den uncosten nach erkantnus zu bezallen
schuldig sein. Sousten sollen si die gemolte gmain gschwornen auch zu
20 ieder zeit denen dorfmaistern verhelfen und selbs auch thuen, der gmain
nutz und frumen zu befürdern und schaden zu wenden, wie von altem
herkomen.

Item mer orwölt man an obbemelten tag vier saltner, die werden
gleichfals in alter maß bestät, wie die dorfmaistern, und dieselben sollen
25 alle vier unverschidenlich im jar drei paurschaft pieten, als erstens am
maienabont, die ander, wann man den Töschgwal außkern thuet, die drit
am sant Petters abent, und alsdann, so oft die noth erhaischt, und si solliches
die dorfmaister haissen oder bevelchen; wann auch ain nachper umb ain
anlaitung oder marchstainsetzung anrüefen thuet, sollen si die vier saltner
30 schuldig sein, die gschworner, aidschwörer, kuntschaftpersonen, und was
die notturft zu sollicher handlung notwendig ist, auf bede partheien nach
ordnung der peurlichen recht darzue zu pieten, und von ieder kuntschaft-
person soll inen der, so dieselben fürzupieten begert, ain kreuzer zu lon
geben. Sover sich auch begüb, daß ie zu zeiten ain ungestüem wetter wäre
35 oder unversehens anfallen thüt, so sollen si die saltner hinaus zu denen
vichhierten geen und inen ir herd oder vich herein und haimb treiben
helfen, und so revender ain kue auf dem velt ochsnot und durch ain frucht,
es sei korn, waiz oder ander traid, lief, und ir zöhen, zwainzig, mer oder
weniger stier nachluffen, und so gleich dieselb frucht in der pesten pluemen
40 und aufnemen wäre, so sollen si die saltner dasselb vich nit pfenten, sonder
haimb und aus dem schaden treiben, dann solliches hat kain mult auf; da
si aber anders vich auf dem veld oder in donen wisen, so darauf zu waidnen
verboten, finden wurden, so sollen si dasselbig pfenten um die mult, so
darauf ist. Item und wann ain nachper oder merer reverendor mist auf-
45 tragen last, so sollen dieselben ir vich einspörren und verwaren; da
solliches nit beschühe und dasselbig vich in schaden gefunden oder be-
tretten wurde, so sollen die saltner dasselb vich, wie anders, one gnad
pfenten; si sollen auch alle vier unverschidenlichen auf ücker und wisen

pfenten und hierinnen kainer für den andern kain vortheil haben. Für-
nemblichen sollen die saltner auch inmassen, dann bißher gebreichig gewest,
in der creizwochen, item am auffartabent und sonsten im jar, wann
solliches die notturft erhaischt, die creiz zu tragen schuldig sein, und als-
dann, so das veld verpotten und gefürdert ist, so sollen si die saltner bei 5
hernach volgender mult pfenten: als erstens ain rint, so beim tag im
schaden betretten wiert, ain kreizer, und die nacht auch ain kreizer, ain
roß beim tag ain kreizer und die nacht zween kreizer, reverender ain
schwein beim tag ain kreizer und die nacht per zween kreizer, ain gaiß
per vier fierer, ain häbt schaf per zween fierer, ain gans per ain kreizer 10
und von ainer ganzen kut vich ain pfunt perner, wo es aber minder, dann
ain ganze kut were, so soll die mult nach dem haubt und nit nach der kut
genomen werden. Sover auch die saltner, ainer oder der ander, ain vich in
sinem acker oder wisen in schaden funden, so sollen si dasselb im dorf
und zu ainem wiert treiben und dem nachpern, so der schaden beschehen, 15
auch dem gegenthail, so das vich zuegehörig, wissen lassen, dieselben sollen
alsdann zween nachpern pieten und sollichen schaden neben denen saltner,
so das vich in schaden gefunden, besichtigen und schützen lassen, und
nach dem der schaden beschehen, sollen si hündlen; was alsdann für den
abtrag erkant wiert, soll der, dem das vich zuegehörig, dem andern, so der 20
schaden beschehen, one verere verwider[ung] zu bezallen schuldig sein, und
ob auch ain nachper vich in seinem velt zu schaden geen fund, so soll ers
haimb treiben und ainem saltner zue antwurten, und so im schaden be-
schehen wäre, solle derselb schaden, wie obbegriffen, besichtiget und ge-
schützt und gleicher gestalt mit dem abtrag gehalten werden.   25
    Item weiter ist auch fürgenomen und erfunden worden, wellicher
nachper nach feirabent pracht oder paut, der [soll] von ainem ieden pflueg
umb ain pfunt perner gopfendt werden, wöllicher nach feirabent ögt, soll
pfendt werden per drei kreizer, wöllicher in ainem acker wässert nach
feirabent, ist die mult drei kreizer, desgleichen, wann ainer schneiden lasst, 30
von ainer ieden person drei kreizer; auch ob ein nachper schniter hete, und
die über seinen willen schneiden wolten und nach feirabent in der arbait
und schnit betröten wurden, so sollen die saltner si der mult anfordern;
geben si dieselb, ist guot, wo aber nit, so sollen si hingeen zum nachpern,
dem die schnitter schneiden, und ime der mult anvordern; der selb soll inen 35
alsdann von iedem schnitter drei kreizer zu geben schuldig sein und
solliches den schnittern an irem lon abziehen, doch soll er solliches den
schnitern zuvor, und ehe si in die arbait geen, anzaigen und berichten.
Item wellicher nach feirabent garben pündt, ist die mult drei kreizer, und
ob ainer ainen schober vor feirabent hete angefangen, so mag er denselben 40
nach feirabent gar vollenden und aufmachen, doch er allain, und das ander
volk soll haimb geen, und der so den schober macht, soll kain mult zu
geben schuldig sein; da er aber mer schöber nach feirabent aufmachen
wurde, soll er alsdann gepfendt werden per drei kreizer. Wellich güter in
güt nach feirabent, ist die mult ir lon, und wellicher mader in Burgeiser 45
gebiet nach feirabent in der arbait oder madt gefunden wiert, soll die mult
verfallen sein drei kreizer. Item wöllicher nachper mit ainem wagen aus-
fert und nach feirabent wider haimb kumbt, soll gepfendt werden umb ain

pfunt perner, und von ainem protzen söchs kreizer, von ainem zieter drei kreizer, und wo aber ainer etwo umbwurf oder ain rad oder was anders präch, das er vor feirabent nit haimb komen oder faren möcht, auch ob zween, drei, vier, minder oder mehr mit einander fueren und ainem unter 5 inen gleichfals ain rat oder was anders zerprechen wurde oder auch umbwurf, wie sich solliches begeben möchte, und einander hulfen, daß si vor feirabent nit haimb komen möchten, so sein si frei und kain mult zu geben schuldig. Wellicher müllner zu Burgeiß melt oder stampft nach feirabent, ist die mult von ainem ieden rad söchs kreizer; auch wann ainer pacht 10 und das feur vor feirabent erlöscht ist, so mag er denselben ofen oder hitz gar auspachen, so aber das feur vor feirabent nit erlöscht, ist die mult söchs kreizer, und wellicher walcher walcht nach feirabent, ist die mult söchs kreizer.

Verer auch erfunden, wellicher nachper zu der paurschaft potten 15 wiert und nit kombt, soll gepfendt werden umb ain paceiden wein, und so die sultner oder der wegman zu der paurschaft pieten und etwo ainen nachpern oder sein hausgesint nit anhaimbs fünden wurden, so sollen si auf desselben schwellthür drei stain legen zu ainem wortzaichen, daß er ime poten habe; der selb soll auch damit gebotten sein, und so er alsdann 20 nit kumbt oder iemant von seinentwegen, so ist er auch gleichfals die mult vervallen.

Item, wann ain ersame gmain die strassen, weg und wäler machen und pessern lassen welle, zu wellicher zeit solliches im jar beschehen möcht, und wellicher nachper darzue poten wiert und ime das pot trifft, 25 so soll er selbs komen, begreift in aber das pot nit, so soll sein hausfrau geen, und wo si bede nit kümen oder schon ain ehehalten oder kint schicketen, so der arbait nit vorsteen möcht, so soll derselb gleichfals umb ain paceiten wein gepfendt werden, und solliche multen vonwegen niterscheinung zu der paurschaft, auch zu machung der weg und wül gehören 30 denen dorfmaistern zue, und die andern obbegriffnen und gmaine multen gehören denen saltnern zue.

Weiter auch erfunden worden, wellicher nachper an ainem feirabent aus dem felt anhaimbs kumbt, es sei mit ainem pflueg, wagen oder anders, was er denn gearbait hat, und kumbt, ehe man feirabent zue einander 35 geleit hat, herwerts des ,zerklobnen kofels', auf ramaunisch Pödra ressa genant, unter dem creuz, der soll der mult frei sein; ist er aber noch enhalb dern gemürk, so man feirabent zu einander geleitet hat, so ist er der mult vervallen, und nachdeme innerhalb diser zwaier gemürk mer güeter sein und kain sonder gemürk zu denselbigen benennt, so sollen die- 40 selbigen, sover si aus dem stuck, es sei ücker oder wisen, sein, so man feirabent zu einander geleit hat, der mult frei sein; sein si aber noch darinnen oder in ainer andern arbait nach feirabent, so sollen sie gleichfals gepfendt werden.

Item [2]) so ist auch erfunden worden den letzten tag decembris anno 45 1630 durch die hern dorfmaistern, geschwornen und ain ganze ersame gmain, den obgemelten bannfeirabent umb willen deren laidigen sucht der

---

[2]) *Dieser Paragraph ist von späterer Hand.*

pestilenz halber auf ain neues verlobt und confirmiert worden, als erstens
neben allen sambstagn die 12 apostelabent, item die 4 hochen unser Frauen
vest-abent, Christi geburt, neues jar, die h. 3 künig, auffart, heiligen pluets,
st. Johannes des tüufers und aller heiligen abent von Georgi biß Martini
umb 4 uhr und von Martini biß Georgi umb 3 uhr, ders übertrit, es sei 5
in aigner person oder mit dem haimvich, soll ieder umb seinen taglon
verfallen sein, und (die) im haus mit arbeit sich befinden lassen, per 12 kr.
gestrafft sein.

Item mer, das kain nachper alhie frömbde leit, es seien eeleit oder
ainzellige personen, so von frembden orten herkomen und im dorf nicht 10
haben, ân wissen und willen der dorfmaister und gmain beherbrigen oder
unterhalten soll; welicher das nit helt, derselb soll von ainer ieden nacht,
so er denselben frömbden beherbrigt, gepfendt werden umb ain yhrn wein;
sover auch ainer zwai beherbrigen thet und in seiner behausung hielt, so
in der unehe lebeten und nit rechte eheleit würen, und sich solliches mit 15
wahrheit erfunden wurde, derselb soll gleichfals von ainer ieden nacht,
so ers beherbrigt, umb ain yhrn wein ân alle gnad gepfendt werden.

Item mer so setzt man an obbemelten sanct Petters tag zwen walt-
geschworner oder eidschwörer über den paunwald, dieselben werden auch
in aller maß bestätet, wie die dorfmaister, und umb sovil mehr, das si 20
ain gelerten aid mit aufgehabnen fingern zu gott und seinen heiligen
schwören müessen, sollichen walt sovil müglichen zu bewarn, desselben
nutz zu fürdern und schaden zu weuten, und wann die dorfmaister und
gmain holz aus zu geben vorhabens sein, so sollen si niemant kain holz
geben, es seien dann die zween waltgeschworner darbei oder doch der ain, 25
und wie solliches holz alsdann ausgeben wiert, sollen si ir vleissiges auf-
merken haben, wellicher hierüber fält und mer holz machen thuet, dann
ime troffen oder geben worden, der soll von ainem ieden stamb um fünf
pfunt perner und von ainem ieden fueder desgleichen, auch so aim sein
leel geben wiert und er dasselb nit nimbt, sonder weiter fort, soll gleich- 30
falls um fünf pfunt perner durch si die waltgeschworner gepfendt werden.
Si die obbemelten waltgeschworner sollen auch macht haben, sover ain
nachper auf der Haiden ausser des pannwalts mer holz, dann er zu seiner
hausnotturft bedarf, machet und auß dem dorf verkauft, umb ain iedes
fueder, so er verkauft, gleichfalls per fünf pfunt perner zu pfenton. Es soll 35
auch alles gmain holz, als wilt, erlen, haseln und anders dergleichen
schlecht holz, desgleichen stöck zu fölgen, in sol/lichem pannwalt zu
machen ganz verpotten sein, allain sover ain nachper ain prauch- oder
gschierpürchen notturftig und dergleichen im walt zu fünden wist, so mag
er dieselb machen und haimb tragen, oder ob er zu ainem nachpern küme, 40
so holz füeret, so mag ers auf das fueder legen ob der spaal, und ers dor-
massen haimb pringen mag, soll ime mit aigner meen darnach zu faren
auch verpotten sein.

Item wann ain nachper ain haus oder hofstat wider aufpauen will,
so vorhin ain hofstat oder behausung gewösen, und sich befünden thuet, 45
das dieselb hofstat gerechtigkait in den peurlichen recht gehabt, dem sollen
die dorfmaister und gschworner geben sechzehen stümb, und zwai stümb
zu dachkandlen, und der nachper, so das holz bedarf, soll dasselbig in

vierzehen tagen machen füeren und zu dem pau, so ime solliches holz
geben worden, anlegen, so aber ainer ain hofstat von neuen aufpauen
wollt, da vorhin kein hofstat gewösen und kain peirliche recht hete, soll
demselben gar kain holz gegeben werden, auch im walt gar nit einkaufen
5 lassen. — Item und sover auch ainem nachpern ain teen faul würe und
er denselben erpauen müeßt, so soll man demselben nachpern zu sollichen
teen fünf stümb geben und nit mer, auch wo ainem nachpern ain dach-
kandl oder ain durchzug an seiner behausung faul were und deshalben ain
stamb holz begern wurde, so sollen si die dorfmaister und gschworner hin-
10 geen in desselben nachpern behausung und solliches besichtigen, und wie
sie die sachen gestaltsamb fünden, darnach sollen si handlen. Weiter
sover ein gotsgwalt, des gott vor sein und verhüeten welle, es sei mit an-
laufung der wasser oder unverschenlicher verlünungen winter- oder sumers-
zeiten, auskümb und ainem oder mehrern zu schaden geen wurde und da
15 dieselben so eilents zu denen dorfmaistern nit komen mügen und darumben
erlaubnus nemben, so mügen si in dem walt holz nemen, sollichen gwalt
und schaden zu wehrn, und sollen darumben nit gepfendt werden.

Verrer auch erfunden, wo ainem nachpern noth würde holz zu ainer
archen, zu müllstampfen und walchstampfen, so sollen gleichfals die dorf-
20 maister und gschworner hingeen und dasselb besichtigen, und nachdem si
sehen, das noth ist, darnach sollen sie handlen und holz geben, doch ieder-
zeit nach dem mündisten schaden und von ainem ieden stamen, so inen
gegeben wiert, sollen die jenigen, so das holz prauchen, den dorfmaistern
geben drei kreizer.

25   Weiter auch erfunden, wann man öst oder holz in obbemelten pann-
walt ausgeit und da ain nachper, vor und ehe man das holz ausgeit, hin auf
den pannwalt gienge und das holz machen düte, da es sich befunde, soll der
oder dieselbigen umb ain halb yhren wein gestraft werden und die mult soll
denen waltgschworner zuegehörig sein. Es solle auf denselbigen tag nie-
30 mant weder mit ross noch ochsen hinauf aus dem dorf zu farn schuldig
sein, der peen ain paceiten wein; aber andern tag, da man holz zu fiern
ausgeit, mag ain nachper den andern nachvolgender massen wol fürsetzen,
als erstens, da man aus Pylla fert biß herein auf das ögg gegen Lubas-prun,
desgleichen aus Gandas heraus biß auf Fuschgader ögg, und so man holz
35 ob dem see und Plaun Werblaun herauß fiert, auch dermassen fürspannen
biß zu der pruggen; wellicher aber mit ainem par oxen entgegen fuer, soll
gepfendt werden umb ain pfunt perner und von ainem roß söchs kreizer.

Item, wenn man das holz zu füeren außgeben oder ledigen thuet, so
sein des walts gmörk verzaichnet, als nümblichen, was her dishalbs wassers
40 Pleiss und unterhalb des troys auf Lufina und Counptemunt oder des wegs
auf Planecza, auch unter oder her dishalb Sesseiff [?], das ist aus dem walt,
und was aber ober oder enhalb diser gemörk, das ist im walt; hierüber so
sollen die waltgschworner oder aitschwörer ir vleissigs aufmerken haben
und halten, und wellicher die obbeschribnen artiglen nit hielt und über-
45 faren wurde, so sollen si pfenten bei irem gegebnen ait und denselben
nachpern, nachdem er gefült, der mult zum ander mall anfordern, und so
derselb sich der mult oder straffen zu geben verwidert, sollen si demselben
darumben sein vich einlegen, und so si die waltgschworner mit ainem

nachpern stössig oder unains wurden, was alsdann die gmain und nachper-
schaft zwischen inen deshalben handlen und die mult höchern oder nidern
thuen, soll irem ait ân schaden sein, und wo aber si di waltgschworner
ainer oder der ander die obgeschribnen artigglen früventlich überfueren und
ains oder das ander nit halten wurden, so sollen si zum ersten mall umb 5
ain yhrn wein, zum andern mall umb zwai yhrn und zum dritten mall umb
drei yhrn wein durch die gmain gepfendt werden, si auch solliches one
verwiderung zu geben schuldig sein sollen.

Item mer erfunden, wer oder wellicher nachper wider die dorf-
maister, gmaingschworner, auch waltgschwornor und saltner redet, der ist 10
mult verfallen ain yhrn wein, herentgegen auch, wen die dorfmaister,
gschworner und saltner gegen der gmain früvenlich überfueren, es wür mit
rich pfenten und anderes, wie das beschehen möchte, dieselben sollen zwi-
fache mult verfallen sein, und sover die saltner oder andere, die ain ambt
oder glüb in der gmain haben, den dorfmaistern nit gehorsamb wären, so 15
sollen die dorfmaister gwalt haben, dieselben gehorsamb zu machen, da
aber die dorfmaister nit gehorsamb wären und das jenig nit tütten, was si
schuldig zu thuen sein, so sollen sie die gmaingschworner pfenten und ge-
horsamb machen. Die obbemelten vier saltner sollen auch die vier schwöller,
als den ersten unter sanct Niclaßkürchen, den andern in Sürä, den driten 20
zum creiz und den vierten in Nüsträlls alle jar zu machen, raumen und
zu fuessen zu halten schuldig sein.

Item, wo ein nachper oder mer mit denen saltnern oder walt-
gschwornern unains wurden, so sollen si solliches für die gmain bringen,
und der nachper, so mit inen den stoss hat, der soll ain pfant bringen, und 25
wie die gmain alsdann den spann zwischen inen vergleichen thuet, so soll
inen solliches an iren glüb und ait unschedlichen sein.

Item, wellicher nachper ain wisen, so vorhin ain acker gewösen,
wässern will, der soll dieselb wässern, wie ain acker, und wo er das nit
thuen wurde, so ist er der mult verfallen ain schödt küs, auch wellicher 30
wässert und ain acker oder klamanaun offen laßt, ist die mult ain schedt
käs bei tag, und nachts zwai schedt, und wellicher wüssert und ainem andern
dardurch schaden thuet, so soll er im den schaden abtragen.

Item darnach fürgenomen und erfunden von wegen der ochsen im
poffel zu treiben also, wann ain nachper in der gmain zwai par ochsen 35
hete und im herbst das ain par verkaufet, so soll er macht haben, das ander
par an des stat, so er verkauft, im poffel zu treiben, doch das dieselben
ochsen, so er in poffel treiben will, ziehen künnen und derselb nachper
sich traut, sein arbait damit zu verbringen, so aber ain nachper nur ain
par ochsen hete und sich begübe, das er dieselben zeitlichen im herbst ver- 40
kaufet und ain ander par, damit er sein arbait gar vollenden möcht, kaufen
müeßt, so soll derselb nachper gleichfalls dieselben an der andern stat, so
er verkauft, im poffel und für den öxler zu treiben gerechtigkait haben.
Sover aber ainer ain par oxen verkaufen thüt im dorf oder aus dem dorf,
so soll derselb verkaufer sollichte verkaufte oxen im poffel zu treiben on 45
ainichen vorbehalt kain gerechtigkait haben. Wann aber ainer, wie ob-
verstanden, zwai par oxen hat und mit peden paren einsümmern thuet, so
soll er nur das ain par im poffel treiben und dieselben auch abzuwexlen

5*

kain macht haben biß sanct Michels tag, und so ain nachper ausfuer umb
holz, wein oder anders seiner hausnotturft nach, wie sich das begeben
möchte, und ime ain ox krank oder tadlhüftig wurde, das er denselben nit
brauchen oder damit arbaiten möcht, und ain andern an desselben stat
5 müest kaufen, so soll und mag er die zween oxen mit sambt dem kranken
oder tadlhüftigen im poffel treiben, biß derselb gesunt wüert und er damit
arbaiten mag.

Es soll auch ain ieder nachper zu Burgeis gerechtigkait haben, ain
par ochsen im poffel und für den öchsler zu treiben, und so er zwai par
10 hete und dieselben zu einbringung und verrichtung seines veltpaus haben
und nit emperen möcht, so soll er das ander par nit vor den öxler, sonder
für den stierhierten und im nachpoffel treiben und hieten lassen; so aber
ain nachper oder mer wären, so nit gross oxen zu halten vermöchten und
nüe stier, die im driten jar alt wären, heten, die nit zwaijürige oder stro-
15 stüer würen, und mit denselbigen einsümmerten und ier veltpau und ander
arbait damit verrichten und verbringen möchten, so sollen si dieselben
anstat aines par oxen im poffel zu treiben gerechtigkait haben, doch das
dieselben ücker und wisen darzue haben, auch wagen, reder, protzen und
anders, was zu dem pau gehörig; wo ainer das nit hat, soll kainer weder
20 oxen noch stüer im poffel treiben oder zu waidnen gerechtigkait haben

Item so ist erfunden worden, wer oder wellicher nachper ain par
oxen oder stier von frembden orten oder aus dem dorf vor Liechtmessen
umbs horen aufnemen wurde, so soll derselb solliche oxen oder stier gleich-
fals im poffel und für den öxler zu treiben gerechtigkait haben; so aber
25 ain nachper zwischen Liechtmess und sanct Geörgen tag ain par oxen oder
stier von frembden orten umbs horen aufnümb, soll er dieselben nur für
den stierhierten treiben und waidnen, und so ainer nach sanct Geörgen tag
ain par oxen oder stier umbs horen aufnemen wolt, soll er dieselben weder
im poffel oder andere waid zu treiben kain gerechtigkait haben. Da aber
30 ain nachper allhie im dorf Burgeis ain par oxen oder ain par stier vor
eingendon apprill umbs horen aufzunemen und zu gebrauchen findt, mag
er dieselben gleichfalls im pofel und für den öxler treiben und hieten
lassen, was aber ainer hie nach beschribner zeit annemen thuet, sollen die-
selben nit im poffel oder für den öxler getriben, sonder mit dem stierhirten
35 gewaidnet und gehiet werden, und wellicher solliches nit halten wurde
und mit wissen überfuere, der soll, so oft er fält, umb ain pfund p. ge-
pfendt werden.

Item, wo zween brüeder in ainem haus hausen oder sonsten ir zwen,
und ain ieder ain par hette und vermöcht, die mögen dieselben auch für den
40 öchsler und in poffel treiben und hieten lassen, so aber ainer oder der ander
zwai par hat, so soll er das andre par für den stierhierten hieten lassen,
doch das si auch güeter und pauzeug, wie hievor verstanden, darzue haben.

Item, wellicher nachper also obverstantner massen ain par oxen im
poffel treiben oder füeren thuet, der soll auch peurliche recht zu thuen
45 schuldig sein. Man soll auch ainem ieden haus, darinnen ain haushaben
ist und peurliche recht thuet, holz geben für ain haus, es hausen darinnen,
wie vill ir wellen, so soll der recht haushaber das holz nemen und kain
anderer, thailon si alsdann solliches holz, wie si wellen.

Weiter durch die ganz gmain und nachperschaft fürgenomen und
funden, das diejenigen, so in der gmain roß haben, auch reverender küe,
xen, stier, schaf, gaiß oder ander vich und dasselbig auf kaufmanschaft
alten, es sei was kaufmanschaft es wölle, nicht ausgenomen, die sollen
asselb vich auf die waid zu treiben oder hüeten zu lassen kain gerechtig- 5
ait haben; wo aber ainer solliches überfuer und dasselb vich on vergonst-
aus der gmain auf der waid hieten und waidnen ließ, der soll von ainem
tag umb ain pfunt perner und die nacht desgleichen gepfendt werden, von
ainem oxen söchs kreizer und von ainer kut schaff oder gaiß auch ain
pfunt perner, doch sover aber ein nachper oder mer längeszeiten zehen, 10
zwainzig, dreissig, hundert, münder oder mer, haubt schaf kauft het und zu
ainander samlet, der soll drei tag nacheinander zu waidnen hinaus für den
Fallmeini-pach gerechtigkait haben, und nach verscheinung der drei tagen
soll kainem weiter zu waidnen nachgeben sein, sonder die schaf hin thuen,
wo er will. So aber dieselbigen oder andere nachpern allhie ir schaf herbst- 15
zeiten von albm bringen, sollen si ebenfals ire schaf drei tag hinaus für
obbemelten Fallmeiner pach, damit si dieselbigen auf dem markt wüschen
und scheern migen, zu waidnen gerechtigkait haben. — Verrer ist auch durch
ain ersame gmain erfunden worden, wellicher nachper in denen obbe-
schribnen artigglen und sonst in andern, es sei, in was suchen es wölle, 20
fälen wurde und sich darumben nit wol straffen lassen wolt, auch nit ge-
horsamb sein, so sollen die dorfmaister ihre saltner zu denselbigen nach-
pern schicken und die straf oder mult, so er gefült, begern lassen; gibt er
dieselb one verwidern, ist guet; gibt ers aber nit, so sollen die dorfmaister
mitsambt der ganzen gmain hingeen in desselben nachpern haus und aus- 25
treiben oder tragen, sovil die mult, darumben er zum ersten mall gepfendt,
tröffen thuet nach peurlichen rechten und noch zu der vorigen mult solle
er von wegen der ungehorsame der gmain ain yhrn wein verfallen und zu
geben schuldig sein, und sover er alsdann widerumben nit gehorsam sein,
sich der mult zu geben verwidern und erwörn, auch mit der gmain nit 30
geen wollt, so soll derselb nachper aber um ein yhrn wein gepfendt werden;
wellicher nachper aber, ainer oder mehr, nit mit denen dorfmaistern und
gmain geen, sonder dem ungehorsamen nachpern beistant thuen wolten,
der oder dieselben sollen gleichfals umb ain yhrn wein gepfendt werden
und nicht desto weniger mit der gmain zu geen schuldig sein; vermainen 35
si, das inen die gmain unrecht thüe, so migen si die gmain fürnemen nach
peurlichen rechten, dann die gmain hat außtricklichen erfunden, so oft
dieselbigen oder andere nachpern in der gmain fälleten und nit dasjenig
thuen wolten, was si schuldig sein, so mag si die gmain doch albeg nach
glegenhait der sachen und irem verprechen gemäß pfenten nach peur- 40
lichen rechten.

Verrer ist auch erfunden worden, das man auf bemelten sanct Petters
tag zwai nachpern in der gmain über die wasser und zu abschnaidung der
hörner, wann man die küo längeszeiten fürtreiben thuet, [sezt], die sollen in
aller maß, wie die dorfmaistern, mit glib bestät werden, also das si zu denen 45
wässer auf dem veld und ausserhalb des velds, wo es die notturft erhuischt,
zue sehen, und denen, so fallen und das wasser bei tag oder nüchtlicher
weil in iren güetern einkehren und dardurch ainen andern oder mehr zu

schaden erraichen wurde; alsdann sollen si längeszeiten, wann man in di
ersten täg die reverender küe fürtreibt, so sollen si zue sehen, welliche nach
pern ire küe die herner nit abgeschnitten haben, die sollen, wie von alter:
herkomen ist, gestraft werden.

5 Weiter ist erfunden worden, so ain oder mer nachpern alhie in de:
gmain würen, die ain oder zwai, es sei mer oder weniger, küee heten un(
dieselbigen herbstzeiten aus dem dorf umb die winterfuer hinaus ließen un(
zu längeszeiten wiederumben haimb nemen, auf der albm und gemain(
waid treiben thuet, der oder dieselbigen sollen der gmain auf den heilig
10 creiz-tag im herbst zu den Zerser zins von ainer ioden kue vierundzwainzig
kreizer zu geben schuldig, so aber ainer oder mer nachpern weren, so in
Zerser thall nit gerechtigkait haben und reverender küee haben, dieselbigen
auch zu winterfuer ausserhalb des dorfs liessen, der oder dieselbigen sollen
weder in Zerser thall, noch auf der waid kain gerechtigkait haben, sonder
15 inen dasselbig günzlichen verpotten sein. — Verrer so ist auch anheut er-
funden worden, welliche nachpern, so reverender zwai par oxen zu irer
notturft haben müessen und dieselbigen gewintert heten, sover die dann
pauzeug zu baide par haben, das dieselbigen bede par zu langeszeiten hinauf
den perg mit die andern vor den öxler zu treiben und zu waidnen fueg,
20 macht und gwalt haben sollen, aber in den poffl sollen die jenigen, so es
haben, nit mer als ain par hineintreiben.

Die folgenden Blätter sind ausgerissen. Auf einem Papierblatte steht
der Nachtrag:

Heut dato 28. October anno 1722, als am heiligen apostlen Simon
25 und Judas tag, ist durch ainer ganzen ersamben gemein Purgeis ain-
helligklich erfunden und beschlossen worden, als nemblichen, das kain herr
oder nachper oder inwoner oder gemains genossner, wie auch der sagmeister,
in gleichen auch die herrn vorsteher etc. in suma, er sei armb oder reich,
kainer außgenomben, weder mit oder vil minder ohne erlaubniß hinfihro
30 kain holz mer auß der gemaind zu verkaufen sich nicht unterfangen, ge-
trauen oder gelisten lasse, es sein pümb, fläcken, schintlen oder anders
holz, mer auß der gemain zu verkaufen, so nur von holz den namben haben
mechte, nicht außgenomben.

Es solle auch hinfihro kain beamter under die herrn dorfmaister oder
35 herrn geschworner oder auch waltgeschworne kein gwalt mer haben oder
erlaubnus geben, soliches ob eingefierte holz ausser der gemain zu ver-
kaufen. So vern sie aber soliches überfuehrn, so sollen sie von ihrem ambt
oder gemainspflicht abgesetzt sein, und wie andere hart gestraft werden.
Ein ieder aber, er sei, wer er wolle, der soliche ob eingefierte punkten über-
40 treten tüte oder wurde, es sei wenig oder vil, der solle zur benentlicher
stroff gezogen werden:

Erstens solle er auß gemainswaldung außgeschlossen sein, zum
anterten zu keiner gemain mer poten, fir kainen gemainsmann erkent,
zum driten nach erkantnus der gemain weiter abgestroft werden.

7. Mals und Burgeis.

Pergamenthds. vom Jahre 1542. Fol. 10 Blätter im Gemeindearchive zu Burgeis.

Der alt maibrief.

Hie sein vermerkt die gesatz und multen, die järlichen geöffent und gemelt werden auf dem maientag, so Malser und Burgeuser gemainlich paurschaft haben, als es denn von alter herkumen ist und mit gueter gewonhait herbracht haben alwegen, auf der wisen Tertschinüräs.   5

Item am ersten, so sollen die saltner von Burgeus den dorfmaistern von Mals loben und verhaißen bei iren treuen an aides stat, desgleichen sollen auch die saltner von Mals den dorfmaistern von Burgeus auch verhaißen und loben, baider paurschaften frumen zu fürdern, iren schaden zu wenten, in gueten treuen on geverde.   10

Item darnach wiert geöffent, wann das ist, das der Sortwal in dem bovel anhebt, so haben die von Burgeus die wal, ain waler ze setzen; hebt sich aber der selbig wal in Ultn an, so haben die von Mals die wal, ain waler ze setzen, auch nach dem, als von alter herkumen ist.

Item mer wirt geöffent, wenn si auf dem obgenannten tag ains tags   15 ainig werden, den Testwal ze machen, so sollen die von Burgeus iren nachpaurn pieten, desgleichen die von Mals iren nachpaurn und denen von Tartsch, welliche dann ausserhalben der baiden paurschaften sitzend, soll der waler pieten.

Item auf dem tag, als der wal Test gemacht wiert, ist sach, das den   20 mairleuten in Ultn kunt wiert getan, so sollen si mit ainem pflueg da sein, wär aber sach, das inen nicht gepotten wurde, so sollen die selbigen mairleut da haben zwen grottn und der mair im Sagk auch ain grottn und iedlicher grot sein arbaiter.

Item, wer die wisen arbait in Pedrus, der soll ain grottn da haben   25 mitsambt aim arbaiter.

Item, wer die wisen arbait Orapedräczü, die da zuegehört dem gotshaus von Münster, soll auch ain grottn da haben mitsambt ainem arbaiter.

Item ain wisen ist genant Boschkareida und ist meines herren des abts, ain grotn. Item aus ainer wisen in Maläschg, die da pauen des   30 Markhun erben von Burgeus, auch ain grottn sambt ainem arbaiter. Item aus ainer andern wisen in Maläschg, die da paut Hans Allesch von Tartsch, auch ain grotn mitsambt ainem arbaiter.

Item aus ainer wisen, genant Prülöng, ain grottn mitsambt ainem arbaiter. Item aus ainer wisen in Prülöng auch ain grottn mitsambt ainem   35 arbaiter, und paut Christan von Schleis.

Item aus ainer wisen, genant Muras, ain grottn mitsambt ainem arbaiter, und paut Egnäll.

Item aber aus ainer wisen, gelegen zu Muräs, ain grottn mitsambt ainem arbaiter, und paut Michl Säm.   40

Item aber aus ainer anderen wisen, gelegen in Murüs, ain grottn mitsambt ainem arbaiter, und paut Gratadeura.

Item aus ainer wisen, genant Boschkarcida, und ist des gotshaus von Münster, ain grottn mitsambt ainem arbaiter, und paut Anthoni
5 Bückerli. Item aus ainer wisen, genant Prürutzer, ain arbaiter mitsambt ainem grottn.

Item, wellicher der wür, der das übersäß, der ist verfallen von ainem iedlichen grottn zwai schedt küs und von ainem arbaiter ain schedt.

Item mer wiert geöffent, wellicher der wür, der wismat pauet under
10 dem benannten wal, es sei lützl oder vil, der soll auch ain arbaiter da haben, bei der ee gemelten peen.

Item es ist auch mit gueter gewonhait herkumen also, ob sach wür, das drei, vier, oder wie vil der würen, ain wisen pautent, sie wär groß oder klain, so soll iedlicher ain arbaiter da haben, paut ers aber nur allain, so
15 gibt er nur ain und nicht mer.

Item, und wenn denn der wal am ersten ausher geet, so soll mans füeren in des gotshaus ab Sant Marieperg wisen, genant Boschkareida, davon soll man dem waler geben ain schedt alts küs.

Item darnach soll man das wasser füeren in Pedrus, davon soll auch
20 dem waller fallen ain schedt alts küs.

Item darnach soll man das wasser keren in Maläschg, darumb sollen dieselbigen die prugk machen zue dem mittren kreuz; wann si aber das nit tüten, so geit man inen kain wasser.

Item nach demselbigen soll man das wasser ze rod legen.
25 Item, wer der wür, der ain klamaun abbrüch ûn des walers willen, der ist verfallen bei tag ain schedt küs und nachts zwai schedt, und vellt die mult die zwai tail den paurschaften, der drit tail dem waler.

Item, wenn der wal gemacht wiert, so soll der waler geben ain pazeiden wains, ain schedt küs, prot, als er will eer haben.
30 Item auch wiert geöffent, wenn das wär, das die von Mals, was obgeschriben stat, überfueren, so sollen die dorfmaister von Burgeus und ir saltner abhin kumen und darumb phenten, doch also, das inen die dorfmaister von Mals darinn hilflich seient.

Item, wür dann sach, das die von Burgeus in obgeschribnen sachen
35 veltent, desgleichen sollen die dorfmaister von Mals aufhin kumen mit iren saltnern und darumb pfenten, doch auch also, das die dorfmaister von Burgeus inen auch hilflich seien, zu behalten; ob iemant ausserhalb baider paurschaften süsse, der sölichos überfuer, den sollen baide paurschaften darumb phenden gemainiglichen, also ist es von alter herkumen.
40 Item darnach wiert geöffent des walers lon. Item an der ersten rod gibt man dem waler von dreien manmatten zwai prot, darzue küs, als ain frumer man eer will haben; die ander rod auch zwai prot, die drit rod, wellicher tail ain waler setzt, dieselbigen geben dasselbig jar von dreien manmatten zwen metzen roggen.
45 Item ist es dann sach, das man die vierten roden füert, so gibt man dem waler von iedlichem manmadt ain garben.

Item auch auf demselbigen tag wiert geöffent, das Malser und Burgeuser mit ainander waiden sollen von sant Martans tag bis auf mitten

maien von dem wasser Punig biß in die Etsch, ausgenomen Restives, da
agker sind gewesen, soll ietweder tail waiden auf seinem gebiet.

Item nach mittem maien sollen si waiden nach ausweisung irer brief,
so si gegen ainander haben.

Item auch wiert geöffent an dem tag die vichmult, von iedlicher 5
kuttn allerlai vichs ain phunt perner auf gnad, ain pfert bei tag ain kreuzer,
nachts zwen, ain rind, klain oder groß, bei tag ain zechiner, nachts ain
kreuzer, ain schwein tag und nacht ain kreuzer, dannocht vorbehalten dem
der schad beschicht, will er sein nicht geratten, dem soll man sein schaden
schätzen nach alter gueter gewonhait.   10

Item auch wiert geöffent an dem tag, wann man anschlecht ze maien
in den multen. Item auf der heiligen zwelfpoten schidungtag so schlecht
man an in Fundaings, darnach an dem dritten tag in Serräd. Item darnach
des nügsten tags nach sant Anna tag unter Larguna, darnach an dem achten
tag under Test, darnach an dem fünften tag auf überall.   15

Item die obgeschribnen multen sollen albeg gefridet werden acht
tag, das man mit kain vich darein treiben soll niemand zu schaden.

Item, wellicher der wür, der aufhin ritte in das mad oder in das
rechat, der soll sein phert in seiner wisen wenden und waiden iederman
on schaden; wellicher in aber fund in seiner wisen und im schaden täte, 20
der mag ain pfert pfenden umb ain schedt käs.

Item, wellicher der wür, der in die obgeschribnen multen gieng zu
meien vor den obgeschribnen tügen, der ist verfallen von iedlicher segens
ain phunt perner auf gnad baiden paurschaften.

Item, wellicher der wär, der durch die obgeschribnen multen und wis- 25
mat fuer, so si gefreit sein, mit ainem prozen, der ist verfallen ain schedt käs,
nachts zwai schedt, und wann das wismat lär ist, tag und nacht ain schedt
käs, und von ainem ziechter drei kreuzer, und wär sach, das ze zehen mit
ainander fuern an ain haufen, minder oder mer, so ist iedlicher verfallen
drei kreuzer.   30

Item, welliche wismat haben auf Malserhaid, die sollen weg haben
von ainer wisen durch die andern bis in den gemain weg, als dann von
alter herkumen ist; wellicher das überfuer, den soll man pfenden umb ain
schedt käs, und wär sach, das in der saltner nit begriff, und in begriff der,
des die wisen wär, der mag in auch pfenden in obgeschribner mas, und 35
was ob wal Krieg lait, das soll zuekeren zue dem marstain unter Vindretta
in dem gemain weg.

Item die mairleut auf Allsagk in Ulten im Sagk sollen kain vich ze
alp nemen, die drei monat auf die wisen zu füeren, und wann si das über-
fueren, so soll man pfenten alltag umb iedliche kut ain phunt perner, als 40
es von alter herkumen ist.

Item auch wiert berueft auf demselbigen tag, wellicher rodandon hat
neben seinem wismat, der soll si offen halten, damit den gemain wegn
und strassen kain schad nicht beschech, und als oft und als dick er das
nicht täte und das überfuer, so soll er gephendt werden umb ain phunt 45
perner.

Item, wellicher sonst wismat hat auf Malserhaid, der soll der straß
on schaden wässern, bei der obgeschribnen peen.

Item auf demselbigen tag soll ain iedlicher herr und apt auf Sant
Marienperg *) selbs da sein oder sein obrister anwalt und soll da lassen
melden sein gotzhaus freihait, die dasselbig gotzhaus hat, sonder von der
pfert wegen, die es haben mag ob Serrüs, und von wegen, das es in den
5 obgeschriben multen mag allwegen ain tag vor anschlahon ze meien, als
es dann von alter herkumen ist. Das wiert dem benanten gotzhaus durch
die paurschaften daselbs vergunt.

Item es ist zu wissen, das alle obgeschribne artikl also von alter her-
kumen sein, aber an der nügsten visnangk (sic!), so baide paurschaften
10 Malser und Burgeuser mit ainander volfüert haben auf dem maientag,
sind ains sollichen ainig worden mit gemainem rat von wegen der arbaiter
zue dem wal Teschg.

Item, wellicher der wär, der da pawet kaine [1] der wisen, daraus
grotten und arbaiter geen sollen, das steet für sich selbs in obgeschribner
15 mas, hieten aber dieselbigen ausserhalb der selbigen andre wisen daselbs,
davon sollen si arbaiter zue dem benanten wal Test geben in nach ge-
schribner mas.

Item, welcher der ist, der unter fünf manmadte hat, der soll ain
arbaiter da haben, und was er über fünf manmadt hiet, davon soll er zwen
20 arbaiter geben. Wär sach dann, das er zehen manmadt hiet, so soll er des-
gleichen zwen geben, hiet er aber icht über zehen manmadt, so soll er
drei geben, desgleichen fünfzehen aber drei arbaiter, und nach dem für
und für nach dem, als er hat, von fünf manmadtn ain arbaiter bei der be-
nannten peen.

25 Item mer ist beredt worden, der fürgab sex manmadt für fünf, es
wer dann minder oder mer nach dem, als raitung brächt, und sich mit der
warhait erfunde, das dem nicht also wär, der soll gepfendt werden umb
ain schedt käs baiden paurschaften und iren dorfmaister.

Item mer ist beredt worden an der nüchsten paurschaft an dem
30 maientag, das kainer nicht mer soll gebon von ainem manmadt dann vier
kreuzer ze maien. Wer aber mer darüber güb, der ist verfallen ain pfunt
perner on gnaden baiden paurschaften.

Item alle mult nach sant Jacobs tag soll zwelf tag frei sein, das kain
sach darauf soll geen; wer das überfüer, der wür verfallen von iedlicher
35 kut ain pfunt perner baiden paurschaften.

Chunt und ze wissen sei gethan allen den, die disen brief ansehen,
hören oder lesen, das wir dis ietz genanten Minig Albertin und Görig

---

*) Um des Stifts Marienberg Wiese Serrad war schon im 13. Jahrhundert
Streit; die Burgeiser verlangten beständige Durchfahrt, während die Aebte solche
gänzlich verweigerten und die Wiese sogar mit einer Mauer umfangen liessen; die
Burgeiser, darüber ergrimmt, rissen die Mauer ein und bahnten sich den Weg.
Dieser Streit wurde endlich durch einen Vertrag beigelegt, dem zufolge die Wiese
von Mitte Mai bis Jacobi geschlossen, zur übrigen Zeit der Gemeinde offen sein
sollte, während diese dafür dem Kloster ein Weiderecht abtrat, auf das sich wohl
die obige Stelle bezieht. S. Ladurner, die Vögte von Matsch I, 66 in Zeitschr. des
Ferdinandeums. III. Folge, 16. Heft.
¹) kainem hs.

Brobst, baid die zeit dorfmaister, und die ganz gemainschaft des dorfs
Mals ains tails, und auch wir Chunrat Güdischlün, ambtman auf Sant
Marienperg, und Minig Stampfer, baid die zeit dorfmaister, und die ganz
gemainschaft des dorfs Burgeus des andern, bekennen und jehend des offen-
lich von der zuesprüch und mißhellung wegen, so wir obgenante von Mals 5
zu den eegenanten von Burgeus haben gehebt umb die hernach beschriben
vier stuck.

Am ersten von des wegs wegen zwischen Mals und Burgeus, der
genant ist der Weinweg, den die vorgenanten von Burgeus ietz an dem
herbst nügst vergangen hatten gemacht bis an die prugg ob Mals ân unser, 10
der von Mals, willen, darumb si gen Glurns für recht geklagt und be-
rechtet wurden.

Item von des waldes wegen ob Burgeus, daraus die von Burgeus
järlich gen Fürstenburg in die veste zinsen und antwurten sond etwievil
fueder holz, dasselb holz si nement aus unserr baider und gemainen wäldern 15
ob Langkrüz und furtind das gen Fürstenburg, das si von inen auch nit
mer mechtent geliden.

Item das drit von der thüsen wegen auf Malserberg, darinn wir von
Mals auch etlich recht hetten. Wenn wir mit unsern wegen von Lang-
kreuz sumerzeit herab geladen furind, es wär mit holz, salz oder ander 20
ding, so möchten wir unser ochsen under dem joch lassen essen oder ainer
ain phärt in den obren thüsen, und mer, ob ainer ain rad prochen hette
oder ain achs, so möcht er durch denselben thüsen ungefarlich faren, fuer
aber ainer durch den thüsen gefärlich ân not, den möchten die von Burgeus
pfenten; entgieng er aber inen, so sollten si es uns von Mals kund thun, 25
die sollen wir dann selber darumb pfenten, darinn si uns auch ettlich
irrung tätind wider rechts mit pfenten.

Item das viert von der waid wegen under dem steig Ultem und des
markstains bis an Burgeusor agker und gmaind, was darunder wär, das solt
uns, den von Mals, zuegehören nach mittem maien bis gen sant Martans 30
tag, darinn uns die von Burgeus lang zeit irrung hettin gethan mit irem
vich und rindern, des wir langer von inen nicht mer mochten leiden und
hettn auch des erber leut, denen das kuntlich war. Darauf wir von Burgeus
antwurten, wir wärn der waid von dem wal Trofersaing und gen Sagk ob
Spineid bei hundert jaren und mer in gueter stiller gewer gesîn, das wir 35
darumb von denen von Mals nie bekumert noch angesprochen würind, dann
ietz bei zwaien jaren, des wir auch erber leut hettind, damit wir si des
auch bewisen wolten derselben zuesprüch der vier stuck, wir baid tail mit
gunst und wissen des wolgebornen unsers gnedigen herren vogt Ulriohs
von Matsch, gravon zu Kirchperg des jungsten, als ain innhalter derzeit 40
des gerichts Glurns an unserr gnedigen herrschaft stat von Osterreich etc.,
nach rat frummer leut lauter und gänzlich sind gegangen am ersten ze
obman hinder Hainrichen Mitterhofer aus Schnalls und hinder die vestn
und erbern Larenz Präzen von Latsch, Ruedolfen und Ulrichen die Rufen
geprueder, Hansen Borrelln von Glurns, Crispin von Schläs und Minigen 45
Russen von Täfers, also das die ietz genanten siben all ain mann in den
sachen sein sollen, und baider tail red, anklag, antwort, kuntschaftleut,
brief oder was ieder tail getraut ze geniessen, aigenlich ze verhörn, darnach

ain minn ze versuechen, mag die gan, das ist guet, wär aber des nit, so
sollen si das recht sprechen auf ir aid, und was si da sprechen, es sei mit
der minn oder mit dem rechten, das sollen wir baid tail und all unser
nachkomen ietz und hernach iemer vest und stät halten und ewigklich
5 darbei bleiben, als wir inen auch das bei unsorn gueten treuen an ge-
schworner aiden stat aufgegeben hand. Die obgenanten siben nach unsrer
baider fürgab, antwurt und kuntschaft, die wir baiderseit für si mit erbern
leuten gestellt hand, haben si am ersten gesprochen ain lauter ganz frunt-
schaft zwischen baiden tailen und allen den unsern. Darnach haben si
10 gesprochen in der minn, das wir baid gemainschaften Mals und Burgeus
die zwen weg zwischen Mals und Burgeus baid ieder tail auf seinem gemerk
und gebiet zwiren im jar, wenn wir des baid tail ainander ermanen, ge-
treulich und nutzlich machen und iedweder tail dem andern weder mit
wasser oder andern sachen gefärlich dhain schaden thuen sond bei der
15 mult und gesatz, die wir auf den maientag, als wir zu ainander koment,
darumb sond setzen, getreulich und ungefärlich.

Item von des waldes wegen haben si gesprochen, das wir von Burgeus
und unsere nachkomen das holz, so wir in Fürstenburg antworten sond,
aus dem wald ob Burgeus, den wir ze lehen von ainem bischof von Chur
20 hand, järlich sollen nemen und das gen Fürstenburg antwurten, und aus
kainen andern wüldern, so wir gemainlich haben, aber bei der mult, die
wir auf den obgenanten maientag darauf setzen sond.

Item von der thüsen wegen haben si gesprochen, das wir zu baiden
seiten beleiben sond bei den rechten, als wir uns des gegenainander selber
25 bekennt und begeben hand in der maß, als auch das vorgeschriben stet,
ungefärlich.

Item und von der waid wegen, so vor geschriben stet, darumb wir
baid thail unser erber kundschaft mit erbern leuten für si hand gestelt,
haben die zue dem rechten auf ir aid bekant, das der frei richter zu Glurns
30 und auch des gerichts geschwornen daselbs zu Glurns und zwen geschworn
aus dem gericht Nauders mitsambt den sprechern auf heutigen tag gab diß
briefs zue den markstain und dem steig Ultan sind komen und haben den
markstain beschaut und darauf mit den aidschwerer ain ausschidung ge-
than also, das wir, die von Mals, und all unser nachkomen nun hinfür
35 ewiglich von mittem maien bis auf sant Martans tag ruepklich und ganzlich
beleiben sollen bei der waid ob Spineid enent der lantstraß bis an den steig
Ulten; item und wir, die von Burgeus, bei der waid ob dem Grafersain,
als das auf heutigen tag ausgemarkstaint ist, und der gemaind, so wir baid
thail mit einander haben gehabt, bis an unser Burgeuser bovel unz an die
40 lantstrass, also das ietweder tail fürbas auf den andern tail bei der mult,
die järlich darauf gesetzt werden soll, nimer mer gefärlich ze treiben von
mitten maien biß auf sant Martins tag, doch ze behalten an dem längs bis
auf mittem maien. So sollen wir baid tail waiden zwischen baiden wassern
Etsch und Puny, als wir das dann von alter her alweg haben gethan, un-
45 geferlich und auch ze behalten den höfen Ulten und Sagk aller irer recht.

Der ausspruch ist also beschehen und haben den zu baider seiten für
uns und all unsere nachkomen mit rat aufgenomen und versprochen bei
der gelübt, so wir darumb hand gethan, vest und stet ze halten bei der

peen des mansrechten. Bei dem beschauen und dem ausspruch sind gewesen
der obgenant unser gnediger herr von Matsch, Ulrich von Hochdorf, sein
diener Mathes von Nuders, dazemal an des freien richters stat ze Glurns,
item Michel von der Lefüd von Brad, item Blasi von Liechtenberg, item
Jacob von Rifair, item Jacob von Pednüll von Taufers, des gerichts Glurns 5
frei aidgeschworne, item Niclas Müllner, item Caspar, baid von Glurns,
item Herman, item Hans, Paulen sun, baid von Latsch, des gerichts ge-
schworn, item Matheis von Gaprün aus Taufers, item und Michl Amort
von Graun, aidschweren des gerichts Nauders, und das alles ist gevestnet
und bestät mit des obgenanten unsers gnedigen herrn von Matsch und der 10
obgenanten Laurenzen Prätzen und Uelreichs Rufen insiglen, die wir baid
tail darumb ernstlich haben gepeten, doch inen on allen schaden, des iet-
weder tail ain ausspruchbrief hat in gleicher laut. Beschehen bei dem
markstain und dem steig Ultem an sant Lenen tag nach Cristi gepurt im
vierzehenhundert und fünfundzwainzig jaren in gegenbürtigkait der ob- 15
genanten sprechern und aidschweren.

8. Schlinig.*)

Pergamenthds. 16. Jahrh. Fol. 12 Blätter im Archive des Stiftes Marienberg.

Vermerkt die artikl und punct der peuerlichen recht ainer erlichen
nachpauerschaft in Schlinig und am perg zusambt der coherenzen und an-
stöß, und auch die gerechtigkait unsers gotzhaus aigenthumbs, wie das
gehalten soll werden von armen und reichen, als dann von alter herkomen 20
ist und erfunden anno 1532.

Erstlich die coherenzen und anstöß unsers gotzhaus aigenthumbs.
Die erst coherenzen und gemerk unsers tals und perges Schligs Pramaiur,
Sand Steffans pharr, so dem gotzhaus Sand Marienperg aigenthuembs ist,
facht sich an und von alter her gewesen und noch ist inhalt aines alten 25
[briefes], des datum steet ain tausend dreihundert und zwaiundsechzigisten
jar des phinztags in der osterwochen, von der Etsch hinz an weg, der under
Sand Marienberg geet geen Sand Steffan und also durch hin huntz an das
wasser Metz.

Das ander gemerk hebt sich an dem stain an, der haisset Platles und 30
leit unter dem vorgenanten weg ob Furstenburg, und gehet hinz an das
vorgenannt wasser Metz, hirinn hat das gotzhaus Sand Marienberg mitsamt[1])
den gemainten Burgeus und Schleuss seine alte recht, aber die gemain von
Schlinig nichts darpei.

Aber des gotzhaus aigenthumb, darin die gmain Schlinig und ain 35
pergwaiden, vacht sich ob dem weg an, der unter Sand Marienperg gegen
Sand Stephan wertz gehet, zwischen den zwaien wassern Valmeina und
Metz dem alten weg nach, dann der neu soll nur ain steig gewesen sein;
die ander chorenzen gehet nach dem pach Valmeina hinz zu dem Paliu

---

*) *Das Hof- oder Eigenthumsgericht der Benediktinerabtei Marienberg um-
fasste die Gemeinden Schlinig und Schleiss.*
¹) *mit pau hs.*

Mürtscha, darnach dem troy ob dem see, so visch innen hat, hin geet bis
zu dem eck, genannt Cantault, hinz an den grat hin bis auf das joch.
Zwischen obgenannten gemörken haben Schliniger gemain, auch Burgeuser
mit irem vich mit ainander zu waiden, aber ennhalb des pachs Valmeina

5 sollen unser mairleut nit faren und die Purgeuser auch über gemelts eck
Candalt auch nit faren, sonder den selbigen pach Valmeina dem steig nach
gerad hinein gehen und dem selbigen pach nach durch nider; wag, holz,
wunn oder waid her dishalb des pachs under dem steig ist gegen Prümaiur
worz, solle alles herüber under das gotzhaus Sand Marienberg dienen zu

10 wunnen und zu waiden; was aber über den pach gegen Burgeus wertz
ligt, das waiden und wunnen die Burgeuser vermög und inhalt aines ver-
trag-briefs zwischen denen Burgeusern und unsern mairen, Sand Steffans
pharrleuten, und Schliniger gemain aufgericht, der datum steet funfzehen-
hundert und im zehenden jar an unser Frawen abent conceptionis, in welichem

15 brief unsers gotshaus gerechtikait und alter herkumen vorbehalten und
unangriffenlich ist.

Die dritt chorenzen gehet vom gemelten joch von Cantolt oder
„hochen egg" gerad durch und durch; was ennhalb ligt, gehort den Bur-
geusern zue, das si von Zersaren erkauft haben, wie dann sollichs zween

20 markstain aufweisen, hinz geen Furgls, da stehet aber ain markstain und
ob der Furgl gegen Farnaun wertz, zwischen unser und Zersa, stehet mer
ain markstain, den selbigen markstain nach grad hin; was ennhin-halb
ligt, gehört geen Zersa und her dishalb uns zue huntz zu oberist des spitz
auf Farnaun.

25 Und darnach durch hin nach dem grat huntz Ugwinn de Dent, oder
hinder Furgl. Von dannen hin biß zu dem hindern spitz, sover man waiden
mag, gegen uns der linken hant nach gehörtz ennhalb den Reshnen, und
dishalb aber uns zu, gegen dem Scharlla und Engedein auf der linggen
hand an Parey Castanges, gegen der rechten hand Crestalten, und unden

30 im poden am markstain.

Die viert chorenzen facht darnach an das gomörk und perg, den wir
von Sinsern haben, inhalt der selbigen markstainen. Rimbs ist unser bis
zu der Furgl Laschauna, was dishalber ist, gehört uns zue. Darnach heraus-
wertz nach dem gerat bis an die Furgl Zisteirenna, da man in den Scharla

35 hinab gehet. Was onnhalben ist, gehört den Schulßern, was aber herdis-
halb, ist unser hintz hin durch bis an ferner Folge, der thailt Schulser,
Schleuser und uns von einander. Dannen bis zu dem markstain zu oberist
Val Cruschuta, da ist ain markstain, von demselbigen markstain nach dem
grat hinz zu obrist Vall da Dora. Da steet aber ain markstain, da facht

40 wider der Schulser gepiet an und auf der lingen hand ists unser, auf der
rechten hand der Schleisser hinab bis mitlt Vall da Dora, da ligt ain mark-
stain, und hin zu underst Vall da Dora, da ligt ain grosser markstain, da
hat man ain creuz darauf gemacht, von dannen hinab bis zu unterist
Chüneck, da paide wasser von den thelern Val Causchütli und Vall da Dora

45 zusammen kumben, da ist ain grosse platt, hat zwai kreiz auf. Von diser
platten geet es nach dem wasser hinab bis zu der Kreuzwisen, darnach
denselbigen weg zwischen paiden heusern Surauwa und Schliniger wasser
bis unter den kalchofen Vallschlei, da Prasurer und Valschlyer weg

zusamen kumen, darnach denselben alten weg durch die Rafenie hunz wider
an das wasser Valmeina.

Die püurliche recht.

Am maientag soll man ain pauerschaft halten, ainen ieden herren
von Sand Mariaberg, wo er anhaimb wür, oder in seinem abwesen seinen 5
anbalt wissen lassen. Auf denselbigen tag setzt man dorfmaister, saltner
und ainen gemainen würt; aber kürchpröbst solle man alweg auf sand
Michels tag setzen und in vierzehen tagen darnach sond die alten kürch-
pröbst umb ir einnemen und ausgeben ainem ieden pharrherren in namen
und anstat aines herrn und ainer gemain raitung und zalung thuen. Die 10
neuen kürchpröbst sollen von den alten kürchpröbsten allen rest und aus-
stend vom zins emphachen und einnemen, und was die alten empfangen,
selbs behalten, aber zins und schulden nit eingebracht und doch richtig und
gichtig gemacht, das sollen die neuen kürchpröbst auf sich als ier selb aigen
schult nemen, aber nit von zinsleuten oder schultnern, sonder von den 15
alten kürchpröbsten einziechn, aber die alten kürchpröbst mögen gleichwoll,
wellen si das nit verliern, von den zinsleuten und schuldneren einziehen.

Es ist auch erfunden, welicher in unser gemain zu ainem ambt oder
bevelch von der gemain erwelt und fürgenomen wirt, wann man die setzt,
der soll gehorsam sein; wer sich aber des weret und wol erwelt und für- 20
genomen werden mag, und sich aber und darauf, bis man von der gemain
geet, verhart, den soll man umb ain uren wein straffen und dennocht nicht
dester weniger dasjenig ambt, darzue er fürgenomen und aufgelegt, ver-
sehen oder in drei tagen darnach auß der gemain ziechen.

Es soll auch ain ieder, der in unser gemain sich heuslichen nider 25
last, den dorfmaistern, saltnern und verordnet bevelchsleuten, was si ires
ambts halben bieten und was ain gemain erfund, gehorsam sein, welicher
aber darwider thüt, der soll nach rat der gemain gestraft, wer aber sach,
das ainer gedachten dorfmaistern und saltner in ir ambt oder ait redt, der
soll umb ain uren wein gestraft werden. 30

Die dorfmaister sollen in ihrem ambt treu und vleissig sein, was si
aber in irem ambt aus irer selbs verwarlosung übersechen, und si umb
zwifache mult gestraft werden, als nämlichen umb zwo urn wein, der-
gleichen auch die saltner und ander, so bevelch haben, den dorfmaistern
gehorsam sein und thuen, was ain ieder seines ambts und gethonner phlicht 35
halben schuldig ist; wo das nit geschoch, sollen der gemain geschworne si
darumben phenden und gehorsam machen, und soll umb ain halb urn wein
gestraft werden und, wo not, der herrn hilf hierinnen anrueffen.

Weliche das vergangen jar dorfmaister gewesen, die sollent das nagst
jar darnach der gemain geschworne sein und sich in, so der gemain zue 40
steet, irrigkaiten und fürfallenden sachon prauchen lassen, und aber sonst
des selbigen jares mit kainem andern ambt beladen werden.

Und weliche dorfmaister sind, die haben iedweder ain gulden von
der gemain für ier müe.

Es sollen auch die dorfmaister der nachpauerschaft umb ir einnemen 45
und ausgeben umb sand Martins tag ungeverliche raitung und bezallung

. thuen. Die dorfmaister und geschworn, und wen si zu inen erforderen
sollen den nügsten feiertag, ee und man auß dem perg mit dem vich wil
faren, die schaf, aber die roß und ochsen umb sand Jacobs tag abzellen, so
es am füeglichisten gesein mag, und was dan die gemelten dorfmaister
5 geschwornen und erforderten in ainer zal befunden und fürgüben, das sol
man inen bei dem aid, den si der gemain gethon haben, gelauben.

Vom wirt, wie und sich ain iedlicher wirt halten sol, der
soll auch an dem maientag furgenomen und gesetzt werden.

Welicher zu ainem wirt erwelt ist, der soll innerhalb viorzehen
10 tagen wein im haus haben; thüte ers aber nit, solle er durch die dorf-
maister umb ain urn wein gestraft werden.

Damit sich aber der fürgenomen wirt seines unvermögens nit zu be-
klagen habe, solle ainem ieden angeenden wirt zu anefang von der gomain
vier gulden fürgesetzt und gelichen werden; die selben vier gulden sol ain
15 ieder wirt zu ausgangs jares, wann ain ander erwelt ist, dem neuen wirt
überantwurten und par hinaus geben, damit der selbig angeent wirt auch
zum anfang habe.

Der wirt soll erber nach gestalt der jar raitung machen, wirt er aber
ungeschickt, sollen die dorfmaister einsehen und wendung thuen.

20 Und das ainem erwelten wirt in dem, das er zu der wirtschaft mit
wein und ander noturft versehen sein soll, und aber daran kain schad und
verlegenschaft an speis und trangk nemen, solle sonst kain ander nachpaur
in der gemain vailen wein, würtschaft, noch gasterei umb losungs willen
halten, sonst mag ain ieder nachpaur zu seiner hausnotturft frembden und
25 freunden, oder wo ain wirt nit wein derselbigen zeit hiet, wol wein
ausgeben.

Item, welichen man zu der pauerschaft peut, und nit kombt, ist die
mult ain pacciden wein; so aber der saltner ainen nit dahaimen funde,
solle er ime drei stain auf den schweller legen zu ainem zaichen, das er
30 im gebotten hab. Dem solle auch also gebotten sein, und wo er nit kumbt
oder iemant von scinentwegen, und sonst ausserhalb der gemain ee, und
in das pott begriffen hat, wäre, so ist er auch der mult verfallen.

Auch zu welicher zeit im jar das wäre, das man weg oder wüll
machet, welchen das pott begreift, sol derselbig selb kumen, begreift in
35 aber das pott nit, solle da sein hausfrau kumen; so vor sie aber baide nit
kumen, so ist die mult ain pacciden wein; die multen aber von pauerschaft,
weg- und wüllmachen wegen gehört der gemain, die anderen den saltnern,
was die saltner phenten; was aber die gemain aussprechen müessen, das
gehört der gemain zne.

40 Wer in ainem panwalt ain stam ân erlaubnuß felt, der ist mult auf
genad ain gulden verfallen, ain fueder ain *ß*, ausserhalb der panwäld ist
ain stam ain *ß*, ain fueder ain schett käs die mult.

Bedarf aber ain nachpauer prauchholz, semblichs solle er den dorf-
maistern anzaigen, die selbigen sollen die geschwornen zu inen nemen, den
45 pau besichtigen, und was alsdann zu der notturft desselbigen paus befunden
wurd ungevürlich, sollen sie ime im walt ain ort, do ers machen, benennen,

und aber, so es prügl wären, innerhalb vierzehen tagen zu der sag, aber
ander prauchholz im jar zu haus bringen; fuert aber ainer das holz in
semblicher zeit nit oder [hat] von den dorfmaistern kain urlaub, die ime, so
sie notturft erhaischt, wol geben mögen, erlangt oder begert, so ist dasselbig
holz der gemain gefallen; schluege aber ainer mer holz, dan ime erlaubt, 5
der soll umb die mult gestraft werden. Hetten aber die dorfmaister und
geschworne ainem zu wenig stuck erlaubt, und sich das befunde, so mugen
si ime wol mer auf sein begern zu notturft erlauben.

Hierin solle auch gueter fleiß und ordnung gehalten werden, die
weil die gemain Schlinig und am perg augenscheinlich beweislich, das 10
wenig holz und walt verhanden ist, und mit der zeit grosser mangel werden
mag, damit man prauch- und prennholz dermassen [hai], das unser nach-
kumen auch nach uns versehen seien.

Item in Schlinig und am perg soll niemant ân erlaubnuß der dorf-
maister rangken machen, noch mer machen, dann ime erlaubt ist. 15

Wellicher alt städel, stüll, zimer, des gleichen holz, so ainer in seinen
güetern, aufhacken und ausprechen will, der soll semblichs holz, auch ander
holz, weder wenig noch vil, auch heu, klein vieh, als die kelber, wilbret,
gefügl aus der gemain nit verkaufen, verfüeren, noch vertragen, sonder
semblichs, wie von alter her und pillich ist, uns als grunt- und halsherrn 20
zu kaufen umb ain zimlichen phening antragen und anpieten, wo wir
semblichs nit betörften, mögen si semblichs weiter und anderen zu losung
aines paren phennigs wol zue tragen.

Es ist auch erfunden, das kain nachpauer mer vich sumern oder auf
die waid treiben soll, als er auf seinem guet wintern mog, on erlaubnuss 25
ainer gemain und nachperschaft.

Wellicher aber sein vich aus mißrat der frucht oder lengerung oder
früee des winters nit draut außzufüeren und des halben anderstwo hin
thuen muest, auch an ainom erbvich zuestuende, der mag semblichs, wann
es im fuegt, wol haimb nemen, ausgenomen ungesunt ort, ee das ers haimb 30
nimbt, den dorfmaistern anzeigen, obs der ende frisch oder nit ist, auch
soll hierin gefar und zwor on betrug bei straff verbotten sein, und semb-
lichs vich solle nit für frembt vich geraft werden.

Phantung.

Gephent vich, so in die gomain gehört, ist die mult von zweien 35
rindern ain kreuzer, ain schaff ain füerer, ain hört schaff oder rinder ain *d*,
ain schwein on ain ring in ainom weg ain kreuzer, im schaden zween
kreuzer, mit ring im schaden ain kreuzer, ain roß ain kreuzer, zu nacht
zween kreuzer. Es solle auch niemant fremd schwein bei schwerer mult
annemen. 40

Item, wann ain saltner klein oder groß vich im schaden vindt und
phendts, solle er zu ersten, dem das vich zuegehört, haimb treiben oder
iemen sembliche phantung zu wissen thuen, darnach es gelegen ist; wille
er dan das phant lösen, solle er ime das lassen, wo nit, alsdann mag ers
zu dem wirt einstellen und aber, dem das vich ist, semblichs verkunden, 45
und darnach dem, so der schaden geschehen ist, den schaden und phantung

anzaigen; der mag alsdann die dorfmaister und saltner den schaden be-
sichtigen und schützen lassen, und was geschetzt wurde, solle ime durch
den, so des vich ist, bezalt werden, bei der straff, wie vermelt, so aine
den dorfmaistern und geschwornen in ir ambt und aid redt. Were es aber
5 frembd vich, des nit in die gemain gehört, solle der saltner dasselbig vor
stund an dem würt zue treiben, der soll es versorgen, und der saltner dar-
nach emprosten sein, und dem das vich zuo gehört, soll der saltner zu
wissen thuen.

Wann aber ain naohpauer das vich selbs im schaden fund, solle er
10 dasselb dem saltner zuo treiben, der hat die mult; will aber der nachpauer
den schaden schützen lassen, das stehet in seiner wal, und wo der saltner
etwas phenten will und er dasselbig nit ermaistern mag, so mag er ainen
dorfmaister umb hilf anruefen oder den nechsten nachpauer, den er fund,
die sollen ime helfen; wolten si ime aber nit helfen, sollen si umb ain
15 pacciden wein gestraft werden; hilft ime aber ainer, so soll er halbe mult
haben. Und aber ain dorfmaister, wan er ain vich im schaden fund in der
gemain, so mag er dasselbe gleich als wol phenten, als der saltner, und die
mult gehört ime zue. Begebe sich, das ainer das vich, so ime gephendt ist,
ân des saltners wille und wissen ungelöst heraus neme, so mag der saltner,
20 wo er das vich begreift, widerumb phenden, dem würt zue stellen und als-
dann der, so das vich also hinaus genomen hat, umb zwifache mult ge-
straft werden.

Der wirt hat alwegen von sechs kreuzer ain kreuzer.

Item, wann der saltner dem wirt vich treibt und der, dem das vich
25 zue gehört, dem saltner oder wirt ain notphant gäbe, die sollen das nemen;
der solle das phant in vierzehen tagen, so verr der wirt oder der, dem der
schad geschehen, nit geraten wellen, lösen; wo nit, so mögen die dorf-
maister und geschwornen dem gephenten durch den saltner zu wissen
thuen, das der selbig das phant lös, thuet ers aber nit, alsdann eingreifen
30 und, umb so vil das phant steet, sambt das hernach über [durch] die dorf-
maister, geschwornen, saltner verzert worden, ausrichten. Aber frembd vich,
so das gephendt, solle mans mit der mult halten, wie es in der gemain er-
funden wurd, dann mit dem fail füeren soll geschehen, wie landsordnung
vermag und recht ist.

35 Item am maientag ungefärlich solle man auch erfünden, wie man
sich mit aufnemung des vichs und besetzung der alben und perg halten
welle. Man mag zu zeiten, so spate jar, und man noch nit waiß, wie sich
die pirgen und alben der waid halben erzaigen, mit aufnemung oder zue-
sagung des frembdes vichs wol umb vierzehen tag verziechen, und sover
40 man alsdan die fruchtparkait des jares dermassen spüret, das man frembt
vich aufnemen möchte, alsdann solle man die gelegenhait desselbigen jars
bedenken, die alben und pirg mit vich nit zu überladen, dergleichen das
vich, schaf, rinder oder roß nit zu frue annemen, dardurch die waid ver-
zört und beschwert wurd, und auch semliche beschaidenhait gebrauchen,
45 das kain hof sambt irem vich über vierundzwainzig melhender küee kain
alb geladen sei, ungeverlich.

Weiter soll die nachpaurschaft den perg Sursaß hinfuro, wie hunz
her beschehen, mit unser wissen, rat und guetbedunken mit irem und

frembden vich nach gelegenhait des jares besetzen, dasselbig vich mit
vleiß sambt dem unsern versehen und in sonderhait zu ungewitter nach
irem vermögen darob sein, das man guete acht darauf [hab], das kain
schad geschehe; si sollen auch unser vich mit iren hüeten und ir selbs
müe als ir und frembd vich versorgen, doch sollen wür inen weder 5
grasgelt noch kost darvon zu geben schuldig sein, und vom frembden
vich sollen si das grasgelt einnemen, den hürten und uns den gewond-
lichen zins antwurten, was uberig ist, sollen und mögen si an ir müe
und gehabten vleiß in der gemein, wie hunz her gehalten, geniessen und
under einander tailen. 10

Es ist auch bedacht nutzlichen zu sein, das jerlichen zu langs- oder
herbstzeiten die dorfmaistern und geschwornen sambt etlichen auß der
gemain mit vorwissen aines herren, der auch ain potten mitschicken mag,
alle güeter der nachpauern und hindersassen besichtigen und, wo bei inen
befunden wurde, das markstain ausgebaut, verworfen, verruckt oder ver- 15
endert, dergleichen ob etwas durch si aus der gemein inngenomen were,
das sollend si aigentlichen und mit fleiß besichtigen und nach gelegenhait
der sachen verrichten, doch daß weg und ausstellung nicht geschmollert,
auch nichts von der gemain güeter ze machen, on uns als oberigkait und
gruntherrn, nichts ausgenomen oder vergunt werde. 20

Item, wann ain nachpauer oder mair mit den dorfmaistern, saltneren
und geschwornen der peuerlichen recht halben uneins wurden, sollen
dieselbigen ir spänn für die gemain bringen, und wie si dann die ge-
main entschaidet, alsdann si dieselben ires aides ledig, doch der nach-
pauer soll am ersten ain phand legen für die gemain und davor nicht 25
gehört werden.

Begeben sich aber zwitracht und irrigkaiten umb aus- und einfart,
weg, steg, wasser, wasserlaitung, hofmark, fürleg, wall, treien, tachtrophen,
liecht, etc. und dergleichen, coherenzen und anstöß der heuser und güeter
in der gemain oder sonderen personen, nichts darvon außgenomen, wie 30
das sein möchte, die sollen ir mangel erstlich versuechen sich selbst zu
vergleichen, wo nit, alsdann für die dorfmaister bringen, ob semblichs
möchte vertragen werden; mueste aber ein geschworne anlaitung be-
schechen, alsdann solle iedwede partei dem saltner ain zweifach phant
antwurten, und wellicher tail dann verlustig wurd, der soll den dorf- 35
maistern ain ℔ perner verfallen und die costung zu bezallen schuldig sein.

So man aber mer dann ain tag damit umbgeen muest, was dan zerung
mer pringt, das steet zu erkantnus der geschwornen; wo aber ain peurliche
anleitung beschicht, sol alweg des herren pot zugegen sein.

Die dorfmaister sollend nit urtailen. 40

Ain geschworner sol ân erlaubnuß nit reden, wurd es im aber vergunt,
sol er nit urtailen.

Kuntschaft mag ain iedlicher geben, der nit ain erb ist oder werden
möcht, aber ob der urtl soll er nit sitzen.

Urteiler mag ain iedlicher sein, der weiter dan geschwisteriger 45
kint ist.

Weiter so ist erfunden und gemacht worden, wer umb anlaitung
anrueft, derselbig peder thail sollen kainen redner aus der gemain nit

nemen, sonder ainen nachpauern nemen, der ime das wort thuet; derselbig
soll ime schuldig sein, das wort zu thuen, und der, so redner gewesen, soll
darnach nit ob der urtl sitzen; wolt ime aber derselb, den er zum redner
bitt, das wort nit tuen, und er hierinn in der anlaitung versaumbt und
5 durch denselbigen, der im nit das wort hat thann wellen, in kostung keme,
soll ime derselbig die kostung abzutragen schuldig sein, und nicht dester
weniger ime das wort thuen, es were dann sach, das er der anderen partei
so gar nachent mit freuntschaft verwonnt were.

Welicher nachpauer markstain setzen will, so soll er und sein wider-
10 thail den dorfmaistern ain zwifach phant geben, und den dorfmaistern und
geschwornen ist ir lon von ainem markstain drei kreuzer, und wann aber
ainer kuntschaft geben muest, so ist sein lon drei kreuzer, ainem saltner
von ainer ieden kuntschaft zu pieten ain kreuzer.

Es solle auch kainer umb obgemelt päuerlichen handl, so der gemain
15 gehört, für uns unersuecht der gemain zu clagen, noch sonst erfordert
werden, er möchte dan zu kainer furderung und billigkait kumen; wer aber
semblichs aber überfuere, der solle der gemain umb ain uren wein verfallen
sein. Welicher aber sich der peuerlichen anlaitung beschworet, der mag
das wol für ain geschworen anlaitung, wie dieselbig hunz her im prauch
20 gewest, wägern:

Nämblich den herren anruefen, derselbig soll alsdann des gotshaus
richter sambt dreien oder mer geschwornen, darnach der handl ist, darzue
verordnen, die sach auf den spünnigen orten sambt allen, das von nöten
ist, verhören und handlen und alsdann ain güetlichen oder rechtlichen
25 entschid machen, und welicher aber hierin verlustig würd, ist uns in unser
chammer fünfundzwainzig phunt perner on genad verfallen.

Welicher aber die peuerlichen anlaitung nit wegert, der soll, was
erfunden ist, in dreien tagen genüegig machen oder in vierzehen tagen aus
der gemain ziechen.

30 Man hat auch für guet, erlich und der gemain nutzlich angesehen,
dass kainer kain ingesessen beherberige oder underhalte, welche irer elichen
gemeinsam und das si eeleut seien kain glaubliche urkunt haben, und die-
selbigen uns oder den dorfmaistern fürbringen; wo sich aber das erfunde,
soll, der si behaust, umb ain phunt perner gestraft werden.

35 Weiter so ist erfunden, woverr dann ain groß pös wetter im perg [sich]
zuetrueg, als sich dann oft begibt, und wo die dorfmaister die rot anfachen,
und das dann derselbigen ainen der rot treff, und der dorfmaister zu ime
kumbt und peut ime, zu dem vich hinein zu geen, so soll er ân alle ausred
schuldig sein zu geen, welcher nachpauer es sei, allain er wär in gots
40 gewalt; und wollt er nit geen und sich dessen weret, weliches er kaines-
wegs thuen soll, so soll der dorfmaister ainen anderen an seiner statt fünden
und denselbigen umb die besoldung, wie er mit ime überains wurd, hinein
schicken, und dieselbig besoldung, es sei, wie vil es welle, soll der, so unge-
horsam ist gewesen, demselbigen die besoldung bezallen ân alle außred und
45 derselbig soll auch gestraft werden durch die gemain.

Weiter ist erfunden, welicher nachpauer in Schlinig und am perg
wär, der da fält in der gemain, umb was sachen das ist, so in der gemain
und peurlichen recht antrüfft, und wo er sich dann nit straffen wolt lassen

und nit gehorsam wolt sein, so sollen die dorfmaister ire saltner zu
demselbigen nachpauer schicken, das er die mult geb; gibt ers, ist guet;
gibt ers nit, so sollen die dorfmaister mitsambt der ganzen gemain hin
geen in desselbigen nachpauern haus und dann außtreiben und tragen, als
vil die mult trifft nach peuerlichen rechten, und welicher nachpauer, ainer 5
oder mer, also nit mit den dorfmaistern und der ganzen gemain gieng oder
dem andern nachpauern, der ungehorsam ist, beistant thuen wolt, so ist
derselb die mult verfallen ain urn wein; dann, welcher sich dann unge-
horsam erzaiget und nit gehorsam sein wolt, der ist auch ain urn wein
verfallen. Vermaint er, das ime die gemain unrecht thue, mag er die 10
gemain nach peuerlichen rechten darumb fürnemen; doch albeg, als oft
derselbig nachpauer oder ain anderer in der gemain fälte, so mag die
gemain in phenten nach dem, und er gefalt het; so nemb er die gemain
für, wie oben vermelt ist, in so verr er vermaint, ime durch die gemain
unrecht gethan sei. 15

Zum lezten ist auch gemacht, wann ain gemain oder derselben ver-
ordnete außschuss und zwor vor dem herren oder si bei ainander versamblt
waren, sollen si semblichs, was auszurichten, mit züchten stille, ân geschrei,
auch ân alles rotten, und nicht partheien machen ausrichten; welicher aber
ain schreier unzichtige oder scheltwort außließe oder sich zu wer stellet, 20
sowie mit drucknen oder nassen straichen mißhandlet, der oder dieselb
sollen, weliche also mit worten und geschrai dermassen hielten und ain-
mall oder zwai durch den herrn sein anwalt und dorfmaister angsprochen,
auch der, der ainen, wie vormelt, tätlich anfiel oder zu wer schicken [tät],
die sollen von der ganzen gemain, unverschidoulichen verwandten und 25
unverwandten, angriffen und bis zu ent der pauerschaft oder des handels,
darumb man dann erschienen ist, abgeschaffen und behalten, und die
gemain nicht dester weniger fürfaren, auch von stund an erkennen, was
der oder dieselben, so sich also wider dise unser erfündung ungeschickt
gehalten, für ain multen der gemain verfallen sein; es wür dan sach, das 30
ir verhandlung so groß, das semlichs nit der gemain, sondern ainer merern
oberigkait gehört, alsdann mag nicht dest weniger die gemain von inen
und wider wen si gewösen zum rechten vertröstung nemen, das si gegen
einander nit anderst, dan mit recht handlen wellen und nicht destweniger
ier straff, sovil si wider peuerliche recht und diser unser satzung gethan 35
haben, vorbehalten sein. Es ist auch erfunden und für guet angesehen
bei der vorgemelten mult, welicher den dorfmaistern oder andern in
ir ambt redt, das kainer vor der gemain mit kainem peiel, gabel, hacken
oder ander kumen soll, allain sein degen mag er woll tragen, sonst kain
ander were. 40

Es ist auch durch unser leut und underthannen abgeredt und zue-
gesagt worden, was im lant für kriegshandl und aufpott oder sonst aufruer,
sturmb angeschlagen, reintgeschrai im lande, oder hie umbher feuer- und
wassernott entstüenden, sollen unser gotzhaus underthonen uns als iren
rechten und naturlichen herrn von allererst zuelaufen und daselbs, was 45
ferer zu thuen ist, beschaid enphachen, welcher wirt alsdann, was für den
landesfürsten, gemains landsnutz wol wissen (sic!), inen beschaid anzaigen
und sollen hierüber ân semblichen underricht nicht weiterem geschrai oder

versamlung nachhengen. Die weil dann solichs vormals von der ganzen gemainschaft für guet angesehen worden, haben wirs auch hie in dise ordnung setzen wollen, damit ir euch wist darnach zu richten.

Dise obgeschribne artikl haben wir Bernhart von Weehingen, abt 5 des würdigen gotshaus Sand Marienperg, mit rat und willen ainer ganzen gemain und nachpauerschaft unsers tals und pergs Schlinig aufgericht und gemacht, welche auch iren ausschuss von den irigen aus der gemain die eltern und tauglichisten darzue geben haben. Darpei ist gewesen die erbaren Klaus Karl und Valleri ab Pramaiur, Andree Peer und Asam aus 10 Schlinig, Plasi auf Rofen, Klawit von Ludäschg anstat und in namen der ganzen gemain in Schlinig und am perg, und sollen also obgemelte artikl und ordnung jarlichen auf den maientage verlesen und gehalten werden, doch hierinnen vorbehalten, die multen und auch die articlen zu mindern und zu meren, wie semblichs aigenen herrn und gemainsamentlichen, oder 15 ainem herrn sonderlichen [1]) gefallt zu endern und auch dem gotshaus Sand Marienberg rechtlich und ordenlich oberigkait gerechtigkait und alt herkumen vorbehalten.

Vormerkt der schof und küee waid.

Die schofwaid facht sich bei Pramaiur an und sollen treiben ob dem 20 zaun hinein bis zu den Rofner wisen Rungk, zwischen paiden wisen, und gerad unter dem walt hinein bis zu Plaun-Muntfertsut, dannen hindurch Gerlas hin und Crappgrand hin, von dann sollen herin treiben hinein; wann si hineinwertz treiben, sollen si treiben piß zu Lutschkeer alben, für die alben hinein sollen si es [2]) treiben nach den troy de Labescha piß zu dem 25 marchstain, und ob dem troy ist schofwaid und unter dem troy ist kuewaid. Wann die Schliniger schof aufwertz am perg geen, sollen si durch Pradrus und durch Plangrand piß zu den troy, da man auß Wal-Daudter herauß [3]) treibt, ob dem troy ist schofwaid, darunter kuewaid aus und ein, darnach nach dem troy auß und auß bis Planuwerde, bis zu dem see, und ob dem 30 troy aus und inn ist schofwaid und unter dem troy kuewaid; die schäfer hervor, wann si zu dem see mit den schafen faren wellen, sond si hinauf faren nach dem weg Cant dela-lenge hin zu dem Velltal de la Auqua, nach dem selben tal hinauf hinz zu den Planuwerde treiben, ob Planuwerd ist schofwaid hinz in Schlinig.

35 ### Vermerkt unser und der Rescheren *) ainigkait.

Das si und wir anainander nit phenden sollen, es wär dann sach, das die hürten mit dem stab begriffen wurden und hietenden, alsdann mägen wir anainander phenden, aber mit der multen ainander nachparlichen halten, des selben mal haben die Reschner den Christl vom Reschen zu

---

[1]) oder ainem herrn sonderlichen *am Rande.*
[2]) für die alben hinein *steht am Rande.* [3]) herwass *hs.*
*) *Die Gemeindeordnung von Reschen s. Tiroler Weisthümer II. Th. S. 320 ff.*

uns geschickt zu den dorfmaistern, und unser dorfmaister sein Cristli ab
Gesutsch und Asum aus Schlinig gewösen, und ist das dasig umb sand
Lorenzen tag beschehen im ainunddreissigsten jar und mit den Reschern
die ainigkait gemacht.

9. Schleiss.

*Nach den gleichlautenden Abschriften der Herren Anton Grafen von Brandis und Baron Ferdinand
von Giovanelli.*

Ainer ersamen gemain und nachperschaft zu Sleiß gemain puech, darinnen 5
sowol die reverender vichmulten oder phantungen, als auch wie man
sich in der alm verhalten sol, und pergliche recht oder anleitungen auch
begriffen.

 Actum Schleiß, den driten tag monats septembris anno sechzehn-
hundert sieben und vierzig. 10
 Ist durch denen firnemen, weisen und ersamen Niclausen Punt und
Florian Stainer, als beglibten dorfmaistern, Dominig Abört, Hansen Prugg,
Petern Grilant, gemainen geschworen, herrn Leonharten Velclairer, am-
walten, item Luzien Wachter und Christian Pöckan, als hierzue deputirten
mitnachpern, sowol auch Hans . . . . ten, Dominigen Gruber, verordnete 15
kirchb[robsten] . . . . . aus vollmacht[iger] gewalt ainer ersa[men ge-
main und nachperschaft dies gemain]puech . wie und [auf welliche weis]
. . . . in bemelter aine[r gemain und nachperschaft gehalten] werden solle,
verneu[ert] . . . [und in mer] puncten und ar[tikeln] . . . . . . komen
aufgericht . . . . nemlichen und z[um ersten ieglicher nach]- 20
per, so one nachg[esuechte bewilligung der gemain] in dern paumb- o[der
multwalt] . . . . liche, wie von alters herkomen] . . . .
. . . . als von Wälsch Gänüll den gmörk gegen den Latschern nach unzt
Medria und von dannen aber den gmörk gegen besagter gmain Latsch
herein unzt Kohlhaufenriß, dann beschriebner rißen hinab die Guewünner 25
prunnen zue, weiters den Mezpach nach heraus holz schlagen wurde, soll
fir ieden stamm lärchen gepfenet werden . . . . per 45 krz., fir ieden
stamm zirmb oder feichten per 30 krz. . . . . waldung Puzins oder . . .
. . dermaßen unzt zu Prasira, [und v]on dannenhin die grade Mun . . .
. . . und weiters die grede dem . . pirpämb waldung aufgespert 30
. . aber hierinnen . auch one nach[gesuechter erlaubnis der gemain]
beambten holz schlagen [wurde, soll gleich]ermaßen, als vorstet, von
[ieden stamm] lärch, zirm und feichten [gepfenet werden.] Doch solle
hierinnen vorbehalten sein, da ainer oder anderer nachper schlaipfpam
vonnöten ist, sollen selbigen solliche auf den wenigsten schaden zu machen 35
nachgeben sein.
 Es soll auch kain nachper befugt sein, fir sich selbs außer der gmain
weder holz oder flecken zu verkaufen oder zu verschenken, bei straff der
gmainbeambten oder ganzen gmain erkentnis. Wellicher nachper aber zu
seinen pau, als zu seiner behausung oder anderwerts, holz zu prauchen von- 40
nöten, sollen ime durch denen gmain beambten nach beschaffenheit der
sachen die notturft geben werden, iedoch das er sich mit bemelten gmainen

beambten der gebür nach mit ainem trunk einstellen solle; wover abe
ainer oder mer prauch-holz außnemen und schlagen wurde und dasselbi‡
nit anlegen, sondern zu laid gén und verderben lassen wurde, soll er aller
maßen, wie vorstet, fir ieden stamm gestrafft werden.

5   Vichmulten.

Des reverenter vichs halber soll es sollicher gestalten gehalten werden
als das iedweders rind oder häpt, so am schaden befunden wirdet, durch
die saltner gepfent oder bei dem gmain wiert eingelegt werde, nemblichen
ain roß beim tag 3 kr. bei der nacht 6 kr.
10   Dann rev. oxen, stier, kölber und dergleichen bei dem tag fir ieden
rint 1 kr., bei der nacht, wann es one gefar geschicht, 2 kr.
    Zum fal aber solliches aus freßl oder mit willen geschäch, oder in die
pößl befunden wurde, fir ieden rind 6 krz., gaiß und schaf fir zwai
hüppet 1 krz., ain salvo honore schwein, so ungeringt, 2 krz., ain, das da
15 geringt, 1 kr.
    Im fal es sich aber begüb, das ainem durch solliche mitl schaden zue-
gefiegt wurde, das er dasselbige nicht gedulden oder leiden mecht, soll der
schaden durch denen saltneren oder denen gmainen beambten besichtigt
und ausgelegt werden.
20   Es soll auch kain nachper befuegt sein, vor den ersten tag mai nach
der alten zeit unzt st. Jacobs tag weder groß oder klain vich für der Etsch-
pruggen hinaus weder an die weg oder stauden zu waiden, doch außer
der im schnit gehalten stier oder anders tadelhaftiges vich, die sollen drei
oder fünf tag hinaus gehiet werden migen, doch mit gueten poten, das
25 kainen nachper in feld schaden geschicht, andern fals, wie vorstet, ge-
pfent werden.
    Die Partlinen-wisen belangend, sollen selbige, wie von alters, zu
st. Geörgen tag nach der alten zeit befridigt und zu sanct Bartholomeus
tag, auch der alt zeit nach gerechneter, gemät sein, bei peen oder straff
30 iedes tags, so lang es ungemäter bleibt, von ieden manmadt 3 krz.
    Gleichfalls sollen die andern friewisen acht tag hernach befridigt und
gemät werden, bei straf oder peen, als obstet.
    Item die poßlwisen sollen auch mit anderen friewisen befridigt, und
am st. Maria Magdalena-tag bei voriger peen und straff gemät sein.
35   Entlichen sollen die wisen in perg mitleten maien nach der alten zeit
gefridigt und an st. Bartholomeus tag, die neuen zeit nach, auch bei voriger
peen gemät sein.
    Dann so ist durch ain ersambs gmainrecht und mehrer mitnachpern
erfunden worden, das kain nachper vor befridigen der wisen kain wahl
40 aushack oder ober kegle [1]) bei der peen von ieden manmadt ain pazein wein,
aber das wässern soll zueglassen werden.
    Es soll auch kain nachper merer als zwai roß auf der gmainwaid zu
treiben befuegt sein, die sollen aber lüngeszeit ab die Portlinen fünf tag,
vor dieselbigen befridigt, und ab die andern wisen acht tag, vor der

---

[1]) keglen *hs.*

reverenter küen [2]) abgetriben, sonsten sollen selbige ieder zeit nach den reverenter küen [3]) verhietet werden.

Item zu der sämb- oder wagenfart soll kainem weder roß oder oxen zu halten oder auf der gmain waid zu treiben zuegelassen oder gedultet werden. 5

Weiter so ist wegen haltung der oxen dies fürgenommen und gesezt worden, das ieder nachper, so vil er oxen oder stier wintert, auch langes- und sumerszeit dem öxler die kost gibt, sambt ainem müstoxen zu seiner notturft zu kaufen, und gleichwol auf den pofl zu treiben zuegelassen werden, sover aber ainer oder mer nach st. Veitstag oxen oder stier herzue 10 kaufen wurde, soll er der gmain fir den pofl schuldig sein, fir iedes par 1 fl. 12 kr.

Wann aber ain nachper nothalber oxen oder stier zu horn annemen miest, soll ime das selbig, wann es vor st. Geörgen beschicht, zuegelassen, entgegen soll er die vellige kost und lon zu geben schuldig sein. 15

Verners, wellicher nachper in oder außer der gmain tauschen wurde, als ain ox umb den andern, als auch anders vich umb vich, so bei ainer hert gehietet wirdet, solle er nit mer als ainfachen lon zu geben schuldig sein.

Und welicher ain rint oder hüpt gaiß oder schaf drei tag fir den hirt treibt, soll den velligen lohn zu geben schuldig sein. 20

Es soll auch niemant ganze oder hedige stier, so in driten jar gén, für den hirten treiben, sondern eingepfent werden, und wann vermitlst solliches ain schaden entstuende, solle der ibertreter auch das selbige abtragen.

Obgleich wol ain oder mer nachpern ir reverenter vich, es seien 25 stier, oxen, kölber, gaiß oder kiz, sumerszeit weiter hin teten, und hernach widerumben auf der gmain waid treiben wurden, sollen dieselben auch den hirten die kost und lohn durchaus zu geben schuldig sein.

Wie es unzt dato, also sollen auch hinfirter vier taugenliche pöck nach der rod gehalten werden; die sollen speis und lohn befreit sein, ent- 30 gegen aber soll der gmain vorbehalten sein, merer hedige pöck fir zu treiben zu getaten oder abzuschaffen.

Abermalen, welicher nachper über die spenter und almuesen gesezt wirdet, derselbig soll schuldig sein, das selbig jars-gefell fleissig einzulangen und treulich zu verpachen, woran die gmain beambten one klag sein mögen; 35 zum fal aber, das sich ain billiche klag befinden wurde, solle derselbig das prot behalten und der gmain das traid zu restituiern schuldig sein.

Nicht weniger, so es sich begäb, das ain nachper ainen frembden in gestalt aines ingehausen einnemen oder unterschlaif geben wurde, welicher durch obrigkeit der gmain oder derselben beambten nit angenomen worden, 40 der soll iede nacht gepfent werden per 24 kr.

Verer, so ist auch aufgelegt und erfunden, so sich begäb, das ain frembder oder aus ainer andern gmain alda einziechen will, und von der ganz gmain aufgenomen wirdet, der solle der gmain einziechgelt zu bezallen schuldig sein, fir zwo ehepersonen . . . . 50 fl. 45
fir ain person aber . . . . 25 „

---

[2]) [3]) kien *hs.*

Jedoch solle hierinnen alweg durch gmainden beambten die beschaffenheit der personen, ob selbig der gmain nuz oder schad, zu deme auch das groß oder gering vermügen betracht werden, und dernach ain absaz oder gnad zu schepfen sein.

5 Deßgleichen solle auch mit ainem, so ain haus pauen will, so vor disem kains gewesen, also geschechen, das er der gmain zu geben schuldig sein soll . . . . 50 fl.

Der alben halben.

Betreffende der alben sollen all und iede nachpern ire rev. küe, so 10 vil sie in der alben hinein tuen wollen, selbige auf ainen tag hinein getriben werden, und so es sich begäb, das die mairleut in Surauahof ire küe dahaimen behalten wolten, sollen sie dieselben, wie von alters, ob die köfel zu waiden und zu halten schuldig sein.

Es ist auch weiters erfunden, das kainer in der waldung Käserfrid, 15 und was zu der alb geherig, kain stam, weder lärch oder zirmb, schlagen soll bei der peen . . . . 30 kr.

Und als man zu des heiligen creiz tag im herbst von alben fort, sollen bed albmaister in der außern albwisen mit ainander leßlen, der gewinnende soll alsdann voranfarn und der rod nach herumb gehen; hingegen 20 der, so das loß verliert, der letzte sein; inmittelst solle der erste auf den letzten in drei nachbeschribnen orten, als bei Grapei, bei der Prasirpruggen und letzlich in Prädäwant warten; wellicher aber des überfürt der solle umb zwo pazeiden wein gepfentet werden.

So solle auch kainer kain tragende rev. sau in der alben zu tuen 25 gestatet werden, bei der peen ain pazeiden wein.

Widerumben, wellicher ain rev. schwein, so aus der alb komen, oder gleichwol längeszeit einstellen oder mästen wolte, solle darvon weiters kain speis zu geben schuldig sein, wann aber ainer solliches nur unter dem schein tet und hinnach selbig rev. schwein auf der gemainen waid oder in 30 den scheden betreten wurde, solle der selbig den hirten die speis zu geben schuldig sein und nicht desto weniger umb ain pazeiden wein gepfent werden.

Dann so ist aber durch gmain beambten und nachparn erkent worden, da ainer oder anderer nachpar aus erweglichen ursachen von not wegen 35 ain tierl aus der alb nemen mieste, soll mit denselben wegen des lons zu der albraitung erkent werden der zeit nach, soll auch mit wißen der albmaistern geschechen sein.

Wann ainen die rod trifft und reverender fäklen hat, die sechs wochen alt, hievon soll er den hirten die kost zu geben schuldig sein.

40 Denen dorfmaistern soll fir ir besoldung iedem zween päm außer Lärchen-poden und zwischen die Rastifesen innerhalb jars zu machen nachgeben sein und in ire raitung iedem 12 kr. einzulegen paßirt werden.

Deßgleichen den kirchpröbsten soll ainem, so den pfeningzins einlangt, für sein besoldung ain gulden zwelf kreizer paßirt und jenigem, so 45 das trait und käs eintreibt, auf iede mut oder schedt zwen kreizer rechten, als es sonsten geng und gäb ist, geschäzt werden.

Item, welliche nachpern zu albmaistern außgeschoßen sein, denen
soll auch für ir besoldung iedem zwelf kreizer in der albraitung einzulegen
paßirt werden.

Dann wellicher nachper zu der gmain oder außschuß, desgleichen
gmain- und alben-arbait poten wirdet, zu der gmain oder außschuß selbs 5
one erhebliche ursach oder habender erlaubnis außbleibt, auch zu dern
arbait ainen knecht, so den gemainen beambten für taugenlichen angesehen
wirdet, nit schicken wurde, der soll bei der peen ain pazeid wein gestrafft
und die arbait nicht desto weniger aufzemachen schuldig sein; iedoch da
ainer gotsgwalt halber nit erscheinen kunde oder andere ursachen hete, 10
soll er sich bei die dorfmaister anmelden, darauf ime der beschaffenheit
nach nachgeben werden.

Die saltner sollen die pfantungen bei dem gmainen wiert zutreiben
oder tragen, die soll der wiert fleißig versorgen, das kain nachtl oder mangl
daraus ervolge, zum fal aber ainiche verworlosung oder mangl befunden 15
wurden, die solle der wiert abzutragen und guet zu machen schuldig sein;
zudeme solle auch ieder gmain wiert die gmain durch das ganze jar mit
wein und andern victualien der gebür und billichait gemäß fürsehen, dar-
gegen ime alsdann die schuldige abstattung gelaist und durch gmaine recht
auf begern darzue verholfen werden solle. 20

Deßgleichen, wellicher sein pfantung haimblich oder mit gwalt von
dem wiert nemen wolt, der solle one alle gnad umb ain halb yhren wein
gepfent werden.

Item, wellicher ainen gmainen beambten wider sein pflicht und aid
einredt oder lugen strafft, und sich anderst befindt, derjenige soll, wie 25
eevor gemelt, nach aller ungnad umb ain halbe yhren wein gestrafft und
gepfendet werden.

Alle pfantung oder multen, so zwelf kreizer und darunter, sollen
den saltnern zuegehern, darbei der gmain wirt von bedeiten zwelf kreizer
für sein bemühung zwen kreizer haben, was aber über zwelf kreizer ist, 30
soll der gmain zuegehern.

Verners, wo ainem ain hirten die kost zu geben gepoten wirdet,
derselbig mit der kost oder prot nit fürgesechen wär, so soll[1] der hirt drei
tag weiter die kost nemen, nach verscheinung der benenten drei tag aber
solle der selbig die kost geben; wover es nit beschäch, soll der hirt zue die 35
dorfmaister gên, die sollen ime bei den gmainen wiert die kost verschaffen;
derselbige nachper solle alsdann den gmainen wiert bezallen oder pfantung
geben, auch für ieden tag für straff der gmain zu ersezen   .   . 20 kr.

Längeszeit soll iedwederer vor st. Geörgen tag, nach der alten zeit, 40
reverender dungen, prachen und pauen, auch wo ainer dem andern in-
mittelst durch ain frucht durchfart oder einströckt, soll er den oxen maul-
körb aufpinten, nach st. Jergen tag aber soll kainen kain ein- oder außfart
oder ströck nachgeben werden, zum fall aber solliches beschäch und ainem
nachpern dardurch schaden zuegefiegt wurde, so soll er demselbigen den 45
schaden abzutragen schuldig sein.

---

[1] so wol *hs.*

Hierinnen ist auch erkent worden, wo das ain nachper durch die gmaine pöfel, wo er kain weg oder durchfart hat, fart und selbiges übertrit, der soll von iede fuer umb zwelf kreizer gepfent werden.

Deßgleichen sollen auch zwai nachpern, wie es von alters die rod
5 betrifft, die schweller unzt Lürchenpoden und Rastifes fleißig außmachen, wo ainer aber die weg durch das weter verlegen laßen wurde, soll ieder gepfent werden umb ain pazeiden wein.

Gleichfals soll ieder nachper die rodanten, wurzwühl und sweller auf das seinig fleißig erhalten und außmachen, auf das die gmainen weg
10 erhalten werden, alda in feld vor st. Geörgen tag der neuen zeit, die wisen in perg den ersten tag mai der alten zeit, bei peen von iedem wurzwahl oder schweller ain halb pazeiden wein; derohalben sollen die gmain beambten acht tag nach obsteender zeit besicht einnemen.

Bei iedem haus soll ain feuirlaiter und haggen gericht und für-
15 gesechen werden, bei poen 12 kr.

Zudeme solle kainer kain feuir durch unverstündige poten oder gschiren, sondern in winternen von ainem haus zum andern tragen laßen, bei der peen ain halb yhren wein.

Es soll sich auch kain nachper umb billiche sachen wider der gmain
20 sezen, auch ainichen kauf oder tausch tuen, noch sachen annemen, so der gmain zu nachtl und schaden raichen mechte, bei der peen ain yhren wein, auch vermeidung der gmain und allen genuß, auch dergestalt, das man ime für das haus zu ziechen und ain pfüll fürzuschlagen macht haben solle.

25 Sintemalen die gmain die gerechtigkait wegen erhaltung des reveren-der pfarrstiers und schwilch verkauft, ist selbige zue erhaltung dergestalt gesezt, also das, wie etlich jaren hero observirt, zwai reverender stier nach der rod zo halten, die sollen alwegen an neuen jarstag für der ganzen gmain getriben werden, und zum fal selbige nit annemblich, sollen dieselben
30 andere,[5]) so der gmain gefellig, zu stellen und zu erhalten schuldig, die sollen speiß und lon befreit sein und migen auch herbstzeit für den öxler auf den post getriben werden, doch daß sie darvor geschniten werden, auch dem öxler speiß und lon geben werden solle.

Nichtweniger so solle auch salve honore ain schwilch nach der rod
35 durch ain nachper für ain haus gehalten werden, der soll allemal an st. Martins tag fir die gmain beambten fürgetriben, und wo er, als vor stet, nit annemblich, ain andern, so tauglich, stellen, sonsten ist solbiger in-mittelst speiß und lon befroit, soll aber auch zu st. Geörgen tag geschniten werden, wann er dann geringt, so ist er der mult oder pfantung befreit.

40 Es sollen ebenfalls die roß, als das andere vich, einem hirten die speiß, oder nach der rod dem zuchirten geben, es habs ainer bei der hert oder nit, zu deme sollen auch die spenfiler, so von der rev. veldin genomen werden, den hirten die speiß zu geben schuldig sein.

Wegen anleitungen, marchstain sezen, auflegung der pfantung.
45 waßerlaitung und besichtigung der schüden und dergleichen, wie und auf was weis man dasselbige rechten soll, will man sich boßer resolviren, und

---

[5]) soll dieselben anderen *h*.

weiters, wie man sich disfals anderer orten halten tuet, accomendiren; derentwegen hernach weiters meldung beschicht.

Die gmain beambten, so wider vorbeschribnen articeln und ordnungen handlen tuen oder verwirken wurden, dieselben sollen allemal umb zwaifacher mult gepfent werden. 5

Den fünften tag monats martii anno sechzehenhundert ain und fünfzig ist durch den fürnemben Dominik Abörten und Luzien Wachter, dits jar dorfmaister, herr anwalt Leonhart Vellcleyrer, Dominigen Gruber und Christian Pöcken, geschworner, und ganz gesambte gmain, weilen sich etlich jar gegen der bseichung rev. küe in der alben des bseichgelts 10 halben etwas streitigkait begeben, und damit aber hinfürter kain weitere streitigkait gebe, als ist demnach dise ordnung beschloßen, das hinfür, wie vor angedoit, ain rev. beseich-kue die erste wochen mit drei, die andere mit sechs und die drit und weiters mit zwelf kreizor der alben entgegen zu komen schuldig sei. 15

Actum den fünfundzwainzigsten tag februari anno sechzehenhundert zwai und fünfzig als an dem sontag in der fasten ist durch dis jars gmaine beambten und ganz gesambte gmain wegen haltung des reverender pfarrstiers, sintemalen die rot wie herumbgangen, weilen sich etwa beschwerungen oder strit zwischen die nachperschaft erhalten, auf dise weis 20 zu halten und allermaßen, wie vor stet, der gmain fürzutreiben fürgenomen worden, nemblichen, wellicher fünf küe zu wintern, ainen tauglichen stier erhalten soll, doch wo ainer drei oder vier het, so soll ime von andern hilf geben werden, von ieder kue ain gulden.

Verner wegen der rev. schwein, so man in der alben hinein tuet: 25 sintemalen daselben zum alblon dreißig kreizer iedes geben mießen, sollen sie des hirten kost inmittelst befreit sein.

Und wegen anleitung halber, ob ainer in oder außer der gmain zu dem dorfmaistern küme, und umb anleitung und beschauung schadens oder anders anriefen wurde, dann sollen sie dem, so angerieft hat, und sonderlich 30 umb anleitung, ainen tag benennen, den saltner vergunnen und den gegenteil, ob er der gegenwürtigen span, so zu der zeit swebt, ain anleitung eingén wolle oder nit, den saltner zueschicken und befragen lassen, und ob antwurtender tail auf solliches ordentliches zuesprechen sich in anleitung nit inlaßen, noch des spans absten wolte, dann so solte derselbig umb ain 35 yhrn wein gestrafft werden, und so oft er sich der anleitung verwidert und des spans nit abstet, soll er ob gemelter maßen gepfent, auch durch die herrschaft, wie sich gebirt und von alters herkomen ist, gestrafft werden, oder aber anleitung verwilligen oder seines vorhabens absten, und wann der antwurter sich in anleitung einlaßen tuet, dann soll auf aines oder 40 beder tail begern in der anleitung kuntschaften der notturft durch den saltner ordenlich gepoten, und ime von ieder kundschaft-person ain kreizer zu lon geben werden, und wann der anleittag vorhanden ist, dann sollen dorfmaister und geschworner vor allen eingang von beiden tailen umb alle sachen genuegsamb pfantung nemen und empfachen, und so das beschechen, 45 den kläger mit ainer klag und den antwurter mit seiner antwurt sambt baider parteien gerechtigkaiten nach notturft verhern, und demnach, was

sich gebirt, recht und erbar ist, treilich und one alles geferde erkennen,
davon man inen dorfmaister und geschwornen durch der verlurstigten
partei oder nach erkantnus und verbillichung allen unkosten abzutragen
schuldig sein solle; wo ver aber mer als ain klag und ain antwurt getan
5 und fürgebracht wurde, welliches in der parteien willen stet, alsdann soll
der unkosten zu erkantnus der gschworner bleiben, und wellicher tail in
anlaitung verlurstig wirdet, der solle den unkosten abtragen, was die
saltner auf den tag mit kuntschaft bieten und zu wißen tuen vordient,
erlegen, und dem gegentail sein selbs, seines firmunt und beistants, das ist
10 selb driter, unkosten abzutragen schuldig sein, aber ob mer als ain klag
und antwurt firbracht wurde, so soll die müssigung zu erkantnuß der
gschwornen steen, und so ainer sich der peirlichen anlaiturtl beschwert,
der mag die eröffnung derselbigen hin in vierzechen tagen wol für ain
gsworne anlaitung fiern, wo aber die in obbestimmter zeit nit verfierte
15 oder schub brüchte, dann soll die verliegen und dem gegentail als begeren-
den geschriben und gesiglt umb seinen pfenig geben werden.

Item, so in obbeschriben gemainlichen sachen ainer oder mer dorf-
maister oder gschwornen den ainen oder andern tail nachents verwont
oder parteiisch würn, dann so soll an desselbigen statt ain andere taugliche
20 person genomen werden.

Sowolen ist auch pfantung halber erfunden worden: es sei gmaine
oder kirchen sachen, was man mit gmaino recht treiben soll, wellicher
sich verwidert, auch nit bezalt, so soll der begerende tail sich bei denen
dorfmaistern anmelden, dann sollen die dorfmaister ime die saltner ver-
25 gunnen, den schuldner mit den saltner in innerhalb dreien tagen einzulegen
ordenlichen zu wissen machen, widrigenfals, und wann sich der, so schuldig
ist, bei der begerenden innerhalb dern drei tag nit abfindig macht, so mag
der, so zu begern hat, den saltner dem schuldner zu haus schicken und
umb pfantung ansprechen; wann der schuldner solliches aber verwiderte,
30 so mag der saltner umb der schult oder unkosten genuegsame pfantung
angreifen und nemen, dann so solle der saltner sollich pfantung bei den
gmainen wiert tragen oder treiben; wann aber der schuldner sollich
schult innerhalb nachbeschribner zeit nit bezalt, so mag der begerend, ist
lebendiger wert, in dreien, und toten wert in zechen tagen durch den dorf-
35 maistern und geswornen nach lants und gemainen recht schäzen lassen,
dann solle der, so zu begern hat, die geschäzte sach, den lebigen drei, den
toten wert zechen tag liegen lassen; wann der schuldner den begerenden
befridigt umb der schuld und unkosten innerhalb obbeschribner zeit, soll
ers ime volgen laßen; wann aber der schuldner solliche zeit fürüber gên
40 last, so mag der zu begern solliche hat, geschazte sach zu handen nemen
und emphachen und den gmainen wiert den unkosten, was darüber auf-
gegangen ist, abstatten und bezallen. Den saltner soll der, so einlegen
last, umb das zu wißen tuen und pfantung nemen zu lon geben iedes [mal]
drei kreizer.

45 Obwolen hievor ain articl meltung tuet, was gstalten wegen march-
stain, item anlaitungen, und was bei sollichen verstanten, zu fieren, so
ist aber an heint hernach stehenden dato durch ain gesambte gmain und
nachporschaft ordenlich zu halten beschloßen worden, das bei und in

sollichen acta kain frembder beistand nit braucht, auch vor ausgefallener
erkantnus und urtl unter der feder zu proccdieren nichts gestat werden
solle, doch vorbehültlichen, so iemant aines beistants betirftig und derselbe
aus genuegsamer ursachen sich aines frembden bedienen wolte, sollen die
ursachen anvor vor dem eingang des rechtens selbige dem gmainen recht, 5
oder vor ganzer gmainschafft entteckt werden, damit niemants in sollichen
actionen verkürzt erfunden, den 25. febr. anno 1657 als den ersten sontag
nach dem kässuntag.

Den 18. martii anno 1696 als den andern sontag in der fasten.

Obwolen dis gmain puech vorhero klar inhat und zu ersechen ist, 10
was gestalten sich ain ieder nachper in der gmain waldung willen holz
schlagen oder streb machen verhalten soll, und so ainer oder ander sollichs
übertrit, wie selbiger soll abgestrafft werden, auch wann aines auf des
anderen rodanten, rueben oder arbessen erfunden wirt, sollte abgestrafft
und gepfent werden; item willen haltung des feirabents, so gleichwol 15
zwischen Jacobi und Bartolomei solt oder mag ain stunt zugeben werden,
im ibrigen soll es, wie man sollichers verlobt oder versprochen, zu ver-
bleiben haben, und weilen dann etwolliche jar hero man des gmain puech
und dern ordnungen und inhalt ziemblich schlecht nachkomen und zu vil
übersechen, damit aber firtershin die ordnung beßer erhalten und des 20
gmain puech fleißiger nachzukomen, hat sich ain ieder nachper in der
gmain alda unterschriben, und die das schreiben nit erfarn haben, ir haus-
march hier unter gestellt. (Folgen die Namen.)

10. Laatsch.

Papierhds. 17. Jahrh. Fol. 21 Bl. im Archive zu Churburg. Sig. E, 107, 2.

Der gmain Latsch im gericht Glurns aufgesetzte nachperliche recht,
datiert 6. martii des 1546 jar. [1]   25

Erstlichen so ist von alter herkomen, das jürlichen auf sanct Peters
tag seiner stuelfeir oder am kässontag, welcher dann vorkumen wiert, die
groß gmain zu Latsch gehalten werden solle.

Alsdann soll ain ieder nachpar, so in der gmain peurliche recht thuet,
darzue für sich selbs poten sein und sich kainer one erlaubniß der dorf- 30
maister abschwaifig machen, bei der peen ainer yhrn wein on alle gnad,
auf welchen tag dann zween dorfmaister gesetzt und die alten zween

---

[1] *Der Eingang lautet:* Am 6. tag monats Marti nach Christi unsers lieben
herrn und erlösers geburt 1546. jar haben die erbarn Clas Ofner und Stoffel
Wolf Perktaler, baid dits jar gewaltige dorfmaister ainer ganzen ersamen gemain
zu Laatsch, Peter Noder, Jhan Wallnöfer, Andrees Peyrscher, Pale Weber,
Riedl Laschitsser, Jhan Minig Schuester und Jhan Sagmaister, als geschworne
daselbst, aus bevelch und haißen gemelter gmain, die artiggl irer gemainlicher
recht und altes herkomen in die feder angeben und dem erbaren Paulen Gadner
zu Mals, bäbstlichen gwalts gemainen notarius, so derohalben requiriert und
ersucht, und durch ine hienach benennte artiggl in disen formb geschriben,
darzue gebeten worden.

dorfmaister des dorfmaisterambts ledig gezült und zu geschwornen ver-
ordnet werden sollen.

Und so nun die neue dorfmaister gesetzt, so sein si schuldig, zu den
alten zween gwosten dorfmaistern, so geschworne sein sollen, noch fünf [2])
5 andere nachpern zu geschwornen zu setzen,[3]) darunter dann vier herr-
schaft- oder closterleut und drei goteshausleut sein sollen.

Verrer so sein alsdann die dorfmaister, alle hierten in der gmain,
ausgenomen oxen-, schaaf- und gaishierten, zue dingen schuldig.

Und als oft es die notturft ervordert, so sollen si dorfmaister die
10 gmain aufhalten oder pieten lassen und der gmain nutz in albeg fürdern
und iren schaden wenden.

Es soll auch kainer unter inen baiden dorfmaistern ainer allain, one
wissen, willen und zuegeben des andern, ain gmain aufhalten oder pieten
lassen, bei der peen aines phunt perner.

15 Obwol aber sich zuetriege, das der ain dorfmaister nit anhaimbs
wäre, so dann mag der ander ainen nachpern zu ime nemen und das
geschäft ausrichten, und wann si gemain haben wellen, so sollen si solches
dem vieser anzaigen.

Item, wann ain nachper in der gmain oder ain anderer ausserhalben
20 ain gantze gmain samblen ze lassen begert, die soll ime ervolgt werden,
und als oft dorfmaister und gschworne oder ain gmain, als umb anlaitung
oder in ander weg, bei einander ist und ainer sich mit worten oder werken,
es sei, wer der wäre, ungebürlichen hielte, der solle on alle gnad umb ain
yrn wein gestrafft werden.

25 Verrer, ob ainer in oder ausserhalben der gmain zu denen dorf-
maistern käme und si umbe anlaitung, besichtigung und beschätzung
schadens oder anders anrüefte, als dann sollen si dem, so angrüeft hat, und
sonderlichen umb anlaitung, ainen tag benennen, den vieser vergunnen
und dem gegentail, ob er umb den gegenwirtigen span, so zu der zeit
30 schwebt, ain anlaitung eingeen well oder nit, den vieser zueschicken und
befragen lassen, und ob antwurter thail auf solches ordenliches zuesprechen
sich in anlaitung nit lassen, noch des spanns abstehn wolte, dann so sollte
derselbig umb ain yhrn wein gestrafft werden, und als oft er sich der an-
laitung verwidert und des spanns nit absteet, soll er obgemelter massen
35 gephent, auch durch die herrschaft, wie sich gebürt und von alter her-
kommen ist, gestrafft werden, oder aber anlaitung ingeen oder seines vor-
habens absteen. Wann aber der antwurter sich in anlaitung einlassen thuet,
dann so solle [4]) auf ains oder baider thail begern zu der anlaitung, kunt-
schaften und ander notturft durch den vieser ordenlichen geboten und ime
40 von ieder kuntschaft-person ain kreizer zu lon gegeben werden, und wann
der anlaittag verhanden ist, dann sollen dorfmaister und geschworne vor
allem eingang von baiden thailen umb alle sach genuegsambe phantung
nemen und emphachen, und so das beschehen, den cläger mit ainer clag
und antwurter mit ainer antwurt sambt baider partheien gerechtigkaiten
45 nach notturft verhörn, und demnach, was sich gebirt, recht und erbar ist,

---

[2]) f ü n f *getilgt und von späterer Hand* d r e i *gesetzt.*
[3]) *das folgende bis* V e r r e r *getilgt.* [4]) solle] steen *hs.*

treulichen und ûn alles gevärde erkennen, davon man inen dorfmaistern
und geschworen allen unkosten abzetragen schuldig sein solle, worer aber
mer als ain klag und ain antwurt gethan und fürbracht wurde, welliches
in der partheien willen steet, alsdann soll der unkosten zu erkantnus der
geschwornen bleiben, und wellicher thail in anlaitung verlistig wirdet, 5
der solle den unkosten abtragen, auch, was der vieser auf den tag mit
kuntschaft pieten und zu wissen thuen verdient, erlegen und dem gegen-
thail sein selbs, seines fürmunts und aines beistants, das ist selb driter,
unkosten abzetragen schuldig sein.

Aber ob mer, als ain klag und ain antwurt fürbracht wurde, so solle 10
die mässigung zu erkantnuß der geschwornen steen, und so ainer sich der
peurlichen anlait-urtl beschwärt, der mag die von eröffnung derselbigen hin
[in] vierzehen tagen wol für ain geschworne anlaitung füren, wo aber die
in obbestimbter zeit nit vierte oder schub brüchte, dann soll die verliegen
und dem gegenthail als begerenden geschriben und besiglt umb seinen 15
phening gegeben werden.

Item, so in obbeschribnen gemainlichen sachen ainer oder mer dorf-
maister oder geschworne, dann ainer oder ander thail nachents verwonnt
oder partheiisch wäre, dann so sollen an des oder derselbigen stat andere
taugenliche mannspersonen genomen werden. 20

Item, so auf anrüeffen marchstain gesetzt, ist von alter breichig
gwest und soll noch dermassen gehalten werden, das der hierüber ergeend
unkostung iederzeit, wer denselben abtragen und bezalen, zu erkantnus
[der] dorfmaister und geschwornen steen solle.

Weiter, wann man heiligen wein ausgeben will, sollen die dorf- 25
maister dem, so den wein gibt, drei tag vor wissen lassen, damit er gueten
wein kaufe, und solchen wein den geschwornen zu kosten geben und dar-
nach, wie von alter, treulichen on alle gevärde außtailen. Sie sollen auch,
so man schläns- oder ander holz mit dem loß außgibt, solches fürbringen
und mit dem loß on alle gevärde außthailen. 30

Mer sein si verpunden, den saltnern aigentlichen zu bevelchen, daß
si mit allem fleis ain aufsehung haben, daß kainer one erlaubnus in den
pämbwäldern holz schlagen noch machen soll, und so si ainen dermassen
befünden, inen dorfmaistern anzezeigen, und ain ieder, der das ybertrit, der
solle inmassen, wie es hienach von wäldern geschriben stoet, gestroft werden. 35

Si dorfmaister sein auch schuldig, ob die gmain vor der horrschaft
oder anderstwo etwas zu handlen hete und si es thuen künden oder migen,
dasselbig one alle widerred außzerichten.

Item, welcher dorfmaister seiner ehehaft und geschöft nach auß der
gmain in andere ort rite, gienge und yber nacht außblibe, der soll, ehent 40
er hinweck goet, ainen nachparen an seiner stat stellen und denselben
seinem mitdorfmaister anzaigen, bei der peen ain phunt perner.

Und si dorfmaister sollen von der gmain geschirmbt werden.

Hie ist auf signiert was die dorfmaister umb ihr [müee] und
    arbait für ergetzlichait haben sollen. 45

Item die dorfmaister gegen obbeschribner irer [müee] und arbait
sollen ires thailes schmidttraits, dergleichen kieger- und schwainerlons

und kost gefreit sein, aber den andern hierten sollen si speis und lon,
wie ain anderer nachper in der gmain, geben. Die dorfmaister haben in
allen wäldern, so man holz auß gibt, zwifaches holz, doch hierinnen bede
peschwülder außgenomen.

5 Dermassen auch in heiligen wein sollen si doppelt haben, und sover
in heiligen wein ain paceiden oder darunter yberblibe, das sollen und
megen si selbs unter einander außthailen und inen behalten, yberblibe es
aber mer als ain paceiden, das sollen si an der gmain nutz keren.

Es ist auch von alter her gebracht worden, so ainer, wer der ist, der
10 wider den ainen dorfmaister redet, der hat wider si baide verwirkt und
soll umb zwai phunt perner [5]) gestrafft werden.

Item an obbestimbten tag wirdet ain vieser nach der rot der heiser und
feurstät, so peurliche recht thuen, gesetzt, der soll, als oft, wie oder wellecher
gstalt es sei, bei ainer yhrn wein, aines phunt perner oder vier kreizer, so
15 ime die dorfmaister gmain ze pieten bevelchen, dasselbig treulichen auß-
richten und dariunen nicht versaumben, und wann ain gmain versaumbt ist,
soll er guet aufmärken haben, damit kainer one erlaubnus davon verruecht.

Verrer wann ime durch die dorfmaister was zu handlen bevolchen
wirdet, das er in ainem tag außrichten und widerumben haimbkomen
20 mag, das soll er in seinem costen thuen, wo aber er yber nacht außbleiben
müeste, das soll ime bezalt werden.

Der vieser soll auch zu allen peurlichen anlaitungen, besichtigung
und beschützungen, wie hievor ain komen, die geschwornen ze bieten
schuldig sein.

25 Er soll gleichwol denen dorfmaistern die hierten, die si zu dingen
haben, helfen dingen und, ob die notturft ervordert, umb si geen.

Dergleichen die yrn, so man heiligen wein außthailt, wo die dorf-
maister hin begern oder solche widerumben haimb ze tragen bevelchen,
ono alle widerred antwurten.

30 Auch alle anschnitz in der gmain, schmidtkorn und hirtenlon dern
hierten, so die dorfmaister und er dingen, einzeröcken verbunden sein.

Und, ob die geschworne sein bedirfen, in was sachen das sein wurde,
darinnen soll er seinem pesten vorstant nach helfen, raten und in allen
dingen verschwigen sein.

35 Wegen obangezaigter sein müee, arbait und dienst soll er, so man
heiligen wein austailt oder holz ausgibt, toppleten wein und holz haben,
damit auch schmidtkorn, kieger- und schwainerlon gefreit, doch die chost
solle er denen hierten ze geben schuldig sein.

Und ob ain nachper in der gmain wider ine reden wurde, das ist
40 gleich als vil, als wär es wider die dorfmaister bescheben, und er soll durch
die gmain für ungebürlichen sachen beschürmbt werden.

Von geschwornen.

So nun die geschwornen geordnet, sollen vieser, saltner und andere
ämpter in der gmain durch si gesetzt werden.

---

[5]) zwai phunt perner *ist getilgt und dafür von späterer Hand ain* gulden
an den Rand geschrieben.

Item die siben [6]) geschworne sein schuldig in allen dingen, als peur-
lichen anlaitungen, besichtigung, beschätzung und anderen, in der gmain,
als oft die notturft erhaischt, irem pesten verstant nach, was pillich, erber
und recht ist, zu erkennen, zu helfen und zu raten, und als oft ain ge-
schworner ain urtl versaumbt, soll er dafür vier kreizer geben, so aber 5
ainer ain gmain versaumbt, der soll wie ain anderer nachper in der gmain
inmassen, als obsteet, gephendt werden.

Si sollen auch aller gstalt, als dorfmaister und vieser, von der gmain
beschitzt werden, und welcher nachper wider ir ainen redet, der ist ain
phunt perner verfallen, und der, so wider si all wort außgeguist, ist siben [7]) 10
phunt perner schuldig.

Item, was unter inen erfunden wirdet, das soll bei inen verschwigen
bleiben, ob aber ainer, es wär dorfmaister, geschworner oder vieser, den
haimblichen rat außredte, der soll von seinem ambt entsetzt und in der
gmain als mainaidig gehalten und zu kainem erlichen ambt in der gmain 15
nit mer gesetzt werden.

Von saltnern.

Auf gemeltem tag werden drei saltner gesetzt, die sollen, was inen
die dorfmaister und geschwornen zu phenten bevelchen, ordenlichen und [8])
treulichen ausrichten und niemants verschonen. 20

Si sollen auch was in der gmain zu schaden raicht, und si des wissen
haben, phenten, darinnen niemants ybersehen, und wo si das yberfüeren
oder selbs frävenlichen schaden thäten, sollen si ires ambts entsetzt werden. [9])

Und volgen die phantungen also:

Wann ainer, wer der sei, mit ainem gladnem wagen ainem andern 25
durch ain guet, da er nit weg hat, unerlaubt füere, der soll umb ain phunt
perner, und lär umb sechs kreitzer gestrafft, und gleicher massen soll es
mit allem paugschür, als prötzen, gräten und anderen gehalten werden.

Es soll an ainem ieden pannfeirabent albegen umb ainuhr [10]) nach
mittag feirabent gehalten und am selbigen verrer nichts gearbaitet 30
werden, bei der peen aines halben guldens, darinnen die achtzehen kreitzer
der gmain und das phunt perner den saltnern zuegeheren sollen, und
welcher nachpar ainen also arbaiten befindt und sicht und den nicht an-
zaigt, der ist und soll obgemelter massen zu pfenten sein.

Verrer, welcher nachpar zue morgens frie hinfüre auß der gmain 35
und vor feirabent-zeit nit ins dorf kämbt, der ist gleicher weise, wie in
negsten artigl steet, zu phenten, doch sumers zeiten, so ainer ain fueder
ze laden angefangen hete, der mag das volenden, haimfieren und soll nit
gephent werden; dergleichen auch, wann ainer vor feirabent ain schober

---

[6]) siben *ist getilgt und an den Rand von späterer Hand* fünf *geschrieben.*
[7]) siben *ist getilgt und* fünf *von späterer Hand darüber geschrieben.*
[8]) undter *hs.*
[9]) *Zusatz von späterer Hand:* und umb ein gulden gestrofft werden.
[10]) ain *getilgt und von späterer Hand* dreu *darüber gesetzt.*

ze machen anfüenge und vor feirabent nit volenden mechte, der soll den-
selben an sein stat bringen und das ander ligen lassen, welcher aber
solches yberfiere, der soll bei dem taglon derzeit, so das beschicht, ge-
phendt werden.

5   Weiter soll auch kain nachpar in der gmain kain holz noch flecken,
klains noch grosses, auß der gmain one wissen und vergonstnus der dorf-
maister und geschwornen anderstwohin verkauffen, bei der peen ain fueder
prennholz ains halben gulden, aber flecken und prauchholz ain fueder
durch dorfmaister und geschworne ongevärde beschützt werden mag.

10   Item, so ainer laitergschürr, ain vorwagen oder hinterwagen, ain
pennen, tungwagen, phlueg, prötzen oder ain egg, gemachte arbait ver-
kauffen wurde, der soll umb ain iedes stuck per ain phunt perner gephendt
werden, aber umb ungemachten zeug, als ain phluegrueten umb vier
kreitzer, ain deixl drei kreitzer, ain langk wid drei kreitzer, ain axt zween
15 kreitzer, ain laiterpamb zween kreitzer, ain schlegl sechs kreitzer, ain
puren widen sechs kreitzer, ain puren gärt sechs kreitzer, ain spaichen ain
fierer, ain gart ain fierer, ain wid ain fierer und ain drischlschwingl umb
ain kreitzer gephendet werden. *)

       Hienach volgen ordnung der pämbwälder und freiung
20   anderer wülder.

       Item der walt, so dann ¹¹) am untern perg ist von den marchstainen,
so dero von Glurns und Latsch holz tailen, hinein hünzt an die sprengent
riß, die man die Kändl oder Kannüls nent, und hinauf bis an den weg, so
dann untern perg hinauß geet, durch die mitter risen außwerts und hinauf,
25 ist in der gmain menigclichen holz ze machen yber das ganz jar offen und
frei, aber von der miter risen, die man Vasstetiert haist, hineinwerts ünzt
in Aua-dsäs ist pämbwalt, darinnen iedes stuck veichten, thannen oder
färchen umb ain phunt perner und alle lürchen in ganzen untern perg
und am lant, ieder stamen umb ain gulden, ze schlagen verboten ist.

30   Es soll auch niemants zwischen den zwaien risen, als die springent
riß und Vasstethuirt, ob den Kündlen kain holz herab treiben bei verlieren
leib und guet.

       Item der walt von Vasstethuirt und untern weg hinein, so Conpels
genant, ist yber jar frei bis hinein, do man ¹²) nennt Pesch ob dem wale,
35 und von dem waal hinauf daselbs und am lant ist iedes fueder pürchen
bei ain phunt perner verpoten.

       Item für Palliutes hinein ob Prädärongs ist ain ieder stamen bei ain
phunt perner verpoten, und von der Rifier hinain ob Glurnser wahl ist
ain iedes fueder pürchen bei ain phunt perner verpoten, aber anders laub
40 und durholz daselbs ist yber das ganz jar ze machen frei und offen.

       Item von dem weg, da man hinauf in Lafiner fart, zwischen Glurnser
und Latscher wähl hinein ünzt in Aua-dsäs soll niemants holz machen,
bei der straf umb ain iedes fueder ain phunt perner.

---

*) Dieser ganze Absatz ist durchstrichen.
¹¹) dann getilgt.   ¹²) man hs.

Aber von Aua-dsüs hinein bis an Rifairer walt daselbst ist yber das ganz jar alles holz frei.

Am obern perg sunnen-halben und in der Galfen ist ain ieder lürchener stamb ze schlagen bei ainem gulden verpoten.

Item das holz von der risen Oreza hinein ünzt an das gemärk ist 5 alles holz yber jar in der gemain frei ze machen ünzt hinauf an den kofl, Süß-käffrer genant, und von demselbigen kofl hinauf, den man haist Wälda-küern, bis ans joch und heraußworts, so weit der gemain Laatsch pümbwalt geet, hinzt an Müdriann, da ist ain ieder stamb bei ain phunt perner ver-poten, aber die peschen-lürchen ob dem dorf ist ieder bei straf aines guldens 10 vermultet.

Item die Medriann ist durch das ganz jar ze schlagen frei und offen.

Item von Medriann herab und heraus unter den troien, der heraus in altem gangl und in Vastailärg hinein geet, ist auch alles holz durch das ganz jar in der gmain frei ze machen. Dergleichen ist auch alles holz ze 15 schlagen offen durch das ganz jar von Vastailärg hinein hünzt in Platen, außgenomen die peschen unter den troien.

Item das aichholz ob den troien, so man in Plumes haist, ist ain iedes fueder bei ain phunt verpoten.

Und von Platey hinein die zween wült, die dann Fräßneerüis und 20 Küechlperg genennt werden, ist alles holz verpoten, ain iedes fueder umb ain phunt perner.

Vichphantung.

Item die saltner sollen alles vich ausserhalben der gmain Latsch, so zu schaden geet, als ain ganze hert oder was obhalbs ist umb ain phunt 25 perner, aber was unterhalbs ist, als zwai rinder umb ain kreizer,[13]) ain ross ain[14]) kreizer, ain schwein ain kreizer, ain gans ain kreizer, ain schaaf ain fierer, ain gais ain fierer[15]) pfenten; was aber sonst in der gmain umb ain hechers zu phenten aufgesetzt wirdet, das sollen si saltner treu-lichen ausrichten und sich nit verwidern. 30

Verrer, ob die saltner ainicherlai vich, so zu schaden gienge oder getriben wurde oder leut zu schaden fiern, funden und ergrüffen, solches vich sollen si zum wirt treiben und dem, so schaden beschehen, auch dem das vich zuegeherig ist, solches verkinden und demnach auf begern und anrieffen soll der schaden besichtigot und beschätzt werden ongeverde. 35

Item ain ieder nachper, so in unfrüsche ort leutsterbung halben rite oder gienge, davon küme, auch ob ainer durch unfrüsche ort, da vich-presten wäre, vich trübe oder durchfüere oder aber von solchen enden vich in die gmain prächte, der soll umb ain yhrn wein one alle gnad ge-pheut werden.[16]) 40

---

[13]) zwai rinder umb ain *ist getilgt, dafür steht am Rande von späterer* Hand: ain rindt zwoy.

[14]) ain *getilgt und von späterer Hand darüber gesetzt* droy.

[15]) fierer *ist beidemal getilgt und dafür von späterer Hand am Rande:* iedes ain kreitzer.

[16]) *Zusatz:* und im gepoten sein.

Dermassen auch, welcher nachper leut oder vich von unfrüschen enden one der dorfmaister und gschworner vergonstnus einnemen wurde, der soll mit leut und vich eingespert und iede nacht umb ain yhrn wein gestrafft werden.

5 Es soll auch kainer one vergonstnus kain mairn oder inkheisen einnemen und einlassen bei obgemelter mult.

Item, wann ain gmain gebotten wirdet und etwas sachen halben erfinden thue, und was also der merer thail erfündt, dem solle glebt und gehalten, als brief und sigl darumben verhanden vermag, und ob ainer 10 oder mer dawider sein wurden, die sollen ain ieder umb ain yrn wein one gnad gestrafft und nicht desto weniger dem merorn thail gevolgt werden.

Es soll auch kainer one vergonstnus in pämbwäldern holz schlagen oder machen bei der peen, wie ain ieder walt die auf hat.

Weiter soll kain nachper mit ungebürlichen wern, dann allain mit 15 seiner zimblichen seitenwer, zu der gmain geen, und die andern wern alle verpoten sein, und vor der gmain soll sich kainer weder mit worten noch werken ungebürlich halten, ob aber das beschäche, so sollen die dorfmaister in der güete one zorn auf steen und die sachen ablainen, so verr aber si sich erziernen wurden, dann sollen si sambt den andern, wie obsteet, umb 20 ain yhrn wein gephendt werden.

Wellicher das wasser zu wässern vor hat, dem soll das ungeiert gelassen werden, bei der peen aines phunt perner.

Es sollen auch kaine güeter in der gmain, ausgenomen die, so rotwasser haben, an pannfeirabenten und feirtagen gewässert werden.

25 Item, ob ainer in der gmain umb ain yhrn wein gephendt wierdet, der soll denen dorfmaistern und geschwornen darumben ain guet phant geben, und so verr ime in solchen ain gnad beschicht, so soll si doch dermassen sein, das man von ime nit weniger als ain gulden nemen solle.

Item, wann ainer durch die geschwornen umb ain gulten gestrafft 30 wirdet und der sich dessen beschwerter ze sein vermaint und für ain ganze gmain ze komen begert und daselbst derhalben auch verlustig wierdet, der solle zweifache mult ze geben schuldig und verfallen sein und in dem gehert die letste mult denen geschwornen zue.

Nach dem allem so ist durch ain ganze gmain erfunden worden, ob 35 was zu thuen aufglegt, es sei anschnitz oder anders, nichts ausgenomen, und das durch ain vieser aim begert wirdet und aber derselbig sich dessen verwidert, so soll und mag die gmain mit phantungen oder aber mit dem pfääl-zu-schlagen, wie preichig ist, wie von alter her, [und er] kainerlai sachen zu geniessen, so der gmain geherig, fueg und recht haben, und 40 welcher aber solches ybertrete und nit gehorsamb laisten wolte, als oft das beschicht, so soll derselbig umb ain yhrn wein gephent werden one gnad.

Es setzen und ordnen auch die dorfmaister durch erfindung der ganzen gmain: wann und zu welcher zeit die dorfmaister und geschworne 45 was ires ambts halber für die gmain fürzubringen haben, so soll inen niemants in irer red fallen, hinzt si irer notwendige sachen halben fürbracht haben, iedoch wover aber ainer oder mer für ze bringen begert, soll dasselbig, nach dem die dorfmaister irer sachen fürbracht haben, zimblicher·

weis gleichwol fürkomen lassen, und wellicher das ybertritt, der oder die
sollen gestrafft werden umb ain halben gulden, so oft das beschicht.

Verrer ist durch die ganze gmain erfunden, welche die geschwornen
zu saltner verordnen, die sollen sich nit verwidern, sonder gehorsamb sein,
unangesehen was ambts er sei, dann [der] das negst jar saltner gwesen, soll 5
ime das negst jar darnach erlassen sein.

Weiter [17]) ist es fürgenomen und erkennt worden durch ain ganze
ersame gmain und nachperschaft, ob nach würe, das ainer des fürnemens
wäre, zue oder in der gemain Latsch zu ziechen und nachper zu werden,
und so dann ainer von der obrigkait und der gmain angenomen wirdet, 10
der soll der gmain ze geben schuldig sein.

So ist auch mit guethaissen der gerichtlichen obrigkait ieder zeit
von altem her breichig gwest und durch dorfmaister, geschwornen und
ainen verordneten ausschuß in der gmain hinfüro dermassen zu halten für
notwendig angesehen worden, das alle gemaine sachen, wie die namen 15
haben megen, koine davon ausgenomen, sowol auch alle kirchen- und
priester-zins und gülten mit peurlichen recht in der gmain getrieben und
eingelangt werden sollen doch * in albeg hierinnen der gerichtlichen obrig-
kait ire sprüch vorbehalten. *

Verrer so ist mit guethaissen ainer ganzen gemain fürgenommen 20
worden, das ongevürlichen drei wochen oder vierzehen tag vor Georgi und
Anderei die dorfmaister und geschwornen ainen tag benennen, auf welchen
tag alsdann ain ieder nachper in der gmain sein angeschnitne steur zu
handen der dorfmaister und aines hauptmanns erlegen solle. Da aber ainer
oder mer nachperen solche steur auf bemelten tag nit geben wurde, sollen 25
die dorfmaister den negsten tag darnach, oder wann es inen gelegenlich sein
will, gegen denselben mit peurlichem recht verfaren migen. Volgents sollen
die dorfmaister und der hauptmann solche steur der gmain one entgeltnus
an sein ort ze antwurten schuldig sein und entgegen für ir müee und arbait,
auch costung ain gulden und nit merer davon zu empfachen haben. 30

Item so ist durch guethaissen ainer ganzen gemain fürgenomen
worden, so ain nachper in der gmain, wer der seie, ain par oxen nach sanct
Jacobs tag kauft und dieselben wintert, der solle der gmain vier phunt
perner geben. Wellicher aber dermassen kauft, dieselben widerumben ver-
kauft und nit wintern thuet, der solle der gmain von ainem par ain crona 35
ze geben schuldig sein. Item, welcher nachper raist vich herzue kauft
oder selbs ziglen, auf den pofl treiben und kain speis davon geben wurde,
der solle von iedem rint sechzehen kreitzer, welcher aber die speis gibt,

---

[17]) *Dieser Absatz ist durchstrichen.*
—) *Ist durchstrichen. Dem Ruf zu folge ist folgender auf einem beiliegenden
Blatte stehende Absatz von späterer Hand einzuschieben:* Und so einem nachper
durch gemaine sachen halber ain rev. vich oder farnuß bei der gemaine wirt ein-
gelegt wird, der soll demselbigen auß gonstnus der dorfmaister drei tag zuvor
durch den gmains-vieser zu wissen machen, und der das in diser zeit nit herauß
lest, der soll alsdann dem berueffenten thail nach erscheineten drei tag durch
dorfmaister und derselben gmain geschworner heraus geschätzt und von erleiter
summa gelts der drite thail darvon abzogen werden, auch allen unkosten schuldig
sein abzutragen, iedoch zu widerlösung dises ausgeschatzten phauts noch lengist
8 tag licenz und zeit haben.

von iedem rint acht kreitzer. Da aber ain nuchper ain paar oxen vor sanct
Jacobs tag, zu was zeit es dann sein möchte, kaufen und kain speis davon
goben wurde, der solle die speis, so verhintert worden, wie ers bei der
gmain stat finden kann, aufzemachen, so wol auch, so ain nachper ainen
5 oder mer raisten oxen kaufen, dieselben auf der gmain waid treiben und
solche widerumben verkaufen wurde, der soll auch der gmain von ainem
paar ain crona zu geben schuldig sein.

Auch welcher nachper in der gmain reverender ain veltphärt hat,
dieselbig wintern und davon drei ziglen thuet, der soll und mag solche
10 bis auf das viert auf der gmain waid treiben; so aber ainer roß herzue
kauft, dieselbigen auf der gmain waid treibt, widerumben verkauft und
nit wintern thuet, der solle der gmain von iedem roß ain yhrn [18]) wein,
der aber ain roß zu seinem prauch kauft und dasselbig wintern thuet,
der solle der gmain ausserhalb speis und hirtenlon nichts ze geben
15 schuldig sein. [19])

Hiemit so hat die gmain ir vorbehalten, ob not sein wierdet, nach
gestalt ieder zeit und handlung ire artiggl umb peurliche recht zu
mereren oder zu veründern, wie sich gebürt on gevärde.

Actum den letzten tag november des 1607. jars durch den herrn
20 dorfmaistern und gemaine geschwornen fürkomen und fürbracht auf ainer
ersamen gmain dergestalt von wegen des einziehens oder herzue komen,
das man vil mie und arbet der gmain geben worden ist, so hat ein ersame
gmain ainhelligelicher ainer stim dahin erfunden:[20])

Wann ain hausgesessner in der gmain Laatsch in komen will, der
25 selbig sol schuldig sein, doch wover er durch der obrigkait und gmain
angenommen wird, der sol als 20 gulden ûn alle verrere gnad, zum
andern ainer, der sich für ain innkheiss innkauffen will, auch, wie vor-
gemelt, durch der obrigkeit und gmain angenomen wirdt, derselbig soll
auch der gmain schuldig sein 10 gulden und anders sollen die dorf-
30 maister und geschwornen hinfüro nichts in dem mer zu erfinden haben.

11. *Taufers.*

A. *Abschrift vom J. 1668. Papier. Fol. 18 Bl. im gräfl. Trappischen Archiv zu Churburg. Sig. E, 108, 2.*
B. *Erneuerung des Dorfbuchs vom J. 1713 im Gemeindearchiv zu Taufers, 132 Seiten in Klein-Quart,*
   hier berücksichtigt nach einer Abschrift des Grafen Brandis.

Der gmaind Tauffers, Rifayr und Puntfeil dorfpuech, ire peurlichen
recht, coherenzen und andere articul verneuert und gepessert im fünfzehen-
hundert und achtundsechzigisten jare. [1])

---

[18]) yhrn *ist getilgt und dafür von späterer Hand halb yhrn gesetzt.*
[19]) *Hier folgt von späterer Hand:* Und wellicher nachper kain stuck oder
guet hat, der soll ain yhrn wein schuldig sein ze geben, so ers verkauft.
[20]) erfunden] *ist von späterer Hand beigeschrieben.*
[1]) *Der Eingang lautet in A:* Am 9. tag monats novembris, nach Christi
unsers lieben herrn seiner gebuit zeit 1568. jahr, ist das gemain dorfpuech der

Die anstöß und gemerk gegen andere anstossenden gmainden
allenthalben im bezirk herumb.

Anfangs hat die gemain Tauffers, Rifair und Puntfeil von dem mark-
stain, so für der alten cappellen in der Galfen[2]) ob der lantstrassen gesetzt
ist, hinauf der gräde nach unzt am grad zu oberst des perks, da auch ain 5
durchlöchlter markstain gesetzt, mit holzschlagen und labnuß[3]), und von
solchem markstain hinaus und vom poden hinaufwertz unzt[4]) an das thal,
genant Gäfrinoll, von sant Michels tag unzt sant Geörgen tag jürlichen mit
irem vich[5]) gerechtigkait zu waiden.

Verrer so ist aber ain markstain in der Galfen under der lantstraß, 10
neben dem zaun gleich für den obbeschribnen markstain hinauß mit ainem
löchl miten durchgraben aus ursach, das die gemain Taufers mit irem vich,
so weit ire güeter hinauß raichen und daselbst zunegst dabei herumb, unzt
an Rampach gerechtigkait zu waiden haben.[6])

Verrer ist ain grosser markstain mit ainem pargundisch kreuz darauf 15
daselbs ob der lantstraß zwischen dern von Taufers neuvelt und der
Latscher neue wisn, der weist der grede nach derselben maurn hinauf unzt
zu dem perk; solch neuvelt, so zwischen dem ietzigen und dem vordern
markstain ob der straß, ist denen von Taufers, von wegen der wasserroden,
so denen von Latsch vermüg unsers aufgerichten und beihendigen[7]) 20
comissionlibells[*]) ervolgen zulassen, frei eingeben und überantwurt worden.

Item so ist und raicht deren von Taufers anstöß und confin ennhalb
Rampach schattenhalben unzt in Augnatsäß[8]), volgendes daselbs mit holz,
wunn und waidnüessung inhalt des spruchs, so derhalben[9]) fürhanden.

Dann[10]) so haben die von Taufers mitsambt denen von Glurns von 25
Augnatsäß[11]) biß ans Eagg[12]) als gleiche gwer vermüg ainer urtl, mit
einander zu genüessen.

---

ganzen nachtperschaft Tauffers, Rifair und Punttfeil durch die erbarn und für-
nemen Thoman Clasdrachts, Johann Lienhart, Steffan Munget, Heinrich Pundt,
die zu Tauffers, Valthen Mätsch, Jacob Luy zu Rifair, Christof Thaler zu Punt-
feil gesessen, all siben durch obgemelter ganzer gemain und nachperschaft ver-
ordnet, mit mehrern sondern articl der gemain zu nuz verneuert worden.
Volgends dieselben artiggl mitsambt aller peurlichen recht, pannwälder, vich
und andre multen, auch die anstöss gegen anderen gemainen, derselben gemerk
der gemelten ganzen nachperschaft aigentlichen fürgehalten, darauf durch in
allen solche firgenomene ordnung und artigglen mit allen inhalt nun hinfüron
in ewig gänzlichen nach ze komen dem obgemelten Jacoben Luy, als dits jar
verordender probst der pfarrkirchon st. Blasy, bei irn ehrn und treuen zuegesagt
und angelobt.
*Der Eingang in B wesentlich gleichlautend mit verändertem Datum und
anderen Namen.*
    [2]) *Galfa B.* [3]) *läbnuß B.* [4]) *fehlt B.* [5]) *mit irem vich fehlt B.*
[6]) *haben fehlt A.* [7]) *bei banden habenden B.*
    [*]) *In A ist als Anhang die Abschrift des Vergleichsbriefes vom 17. No-
vember 1540 enthalten, in welchem die Gemeinden Taufers, Rifair und Puntfeil
einerseits und Laatsch andererseits ihre Streitigkeiten wegen eines Wasserwahls bei-
legen; zugleich ist in demselben die deutsche Uebersetzung eines lateinischen Spruch-
briefs vom 17. Juni 1301 enthalten, in welchem die Weidegrenzen der beiden Ge-
meinden festgestellt worden waren.*
    [8]) *Aeuäzöß B.* [9]) *darumben B.* [10]) *Item B.* [11]) *Aeuäzäß B.* [12]) *Egg B.*

Item gegen donen von Münster ist deren von Taufers gepiet, auch holz, wunn und waidnüessung, in und ob der lantstrassen unzt zu der richtstat hinein und von der richtstat hinnaufwertz gegen Scharlerjoch der grede nach von ainem markstain zum andern, deren drei nach einander gesetzt

5 sein, unzt an das eck, genant das Tradluß,[13] daselbs aber zwai markstain neben ainander gesetzt seint, das ain weist gegen das eck[14] Tschischeida hinüber, das ander gegen den andern vorbenanten drei markstain herab, und von dem obgemelten eck Tschischeida dem grad nach hinauf unzt zu oberst am joch.

10 Dann unter der lantstraß hinein gegen Münster wertz unzt an das thal oder zaun, genant Vülatscha[15] und daselbs herabwertz unzt am Rampach, daselbs über das wasser hineinwertz unzt in Spinei, wo der markstain gesetzt ist, und von demselben markstain der grede nach hinauf unzt zu dem rotten grossen legerstain, darauf ain kreuz gehauen ist, von demselben

15 legerstain unzt an den schrofen hinauf, darein auch ain kreuz graben ist, von dannen in Wüll-wruna[16] und dasselbig thal hinauf unzt zu obrist am grad, die indern zwo teler sein deren von Münster, das drit und ausser thal mitsambt dem walt deren von Taufers mit disem aigentlichen vorbehalt, das kaintweder thail ohne vorwissen des andern kain holz daselbs

20 weder schlagen noch treiben soll. Damit aber ietweder thail ir zuerkennt walt und behülzung genüessen müge, ist erkennt, das baide gemainden von aller heiligen tag hin unzt zu eingeud monats martii das holz treiben und hinweg füeren sollen und mügen; sover aber durch denen von Taufers deren von Münster darunder habenden güetern durch dits holztreiben

25 schaden zuegefücgt wurde, so soll dasselbig durch deren von Münster zwaien unparteiischen nachpern außgesprochen werden.

Dann gegen denen von Schuls ist deren von Taufers holz, wunn und waidnüessung durch das thal Airinga[17] hinein unzt zu dem prunnen, so zu oberst am Scharler[18] joch zu baiden saiten des jochs rint, und von dem

30 prunnen der grede nach auf baide seiten der perg biß hinauf am grat.

Statuta und ordnung der peurlichen recht in der gemain Taufers.

Erstens soll ain ieder nachper, so zu der gemain gehörig, albegen zu sanct Petters tag stuelfeir vor mittentag zu Padöß[19] an den gewonlichen

35 ort durch sich selbs ohn ainiches verrer fürpieten zu der groß oder neu gemain, alda das dorfpuech der ganzen gemain verlesen werden soll, wie von alters, erscheinen, und welcher ohne bewegliche[20] ursachen außbleibt, soll umb ain halben gulden gephendt werden.

Zum andern sollen die dorfmaister desselben verschinen jars siben

40 andere dorfmaister an ihrer stat fürnemen und[21] erwöllen; alsdann sollen die alten dorfmaister sambt all andere gemaino ümbter, ausser des kirchenprobsts ambt, auf berüerten tag ires glübds halben ledig sein; die neu-

---

[13] Tretläß *B.* [14] das *fehlt B.* [15] Wällätschä *B.* [16] Wällbrünß *B.*
[17] Älwingß *B.* [18] Schaller *B.* [19] Pädiss *B.* [20] beweg- oder erhöbliche *B.* [21] und *fehlt A.*

erwelten dorfmaister mitsambt all ander der gemain bevelchshaber sollen
von stund an [22]) dem kirchbrobst bei iren gueten treuen und ehren an aids
stat anloben, der gemain nutz und frumen zu fürdern und schaden zu
wenden nach irem besten vermügen, und nach sollichem gethanem gelübd
sollen si neun [23]) dorfgeschworne erwellen; alsdann sollen die dorfmair [24]) 5
und geschworne samentlich iren wiert und dorfpoten verordnen, [25]) iedoch
sollen weder dorfmaister noch geschwornen, so unzt zum viert grad oder
nechner mit einander befreunt wären, dergleichen in schwagerschaft unzt
zum dritten grad oder nechner verwandt, nit fürgenomen noch gestat
werden. Es soll auch wedor vatter, noch sun, [26]) noch brueder [27]) dem 10
andern zum dorfmaisterambt mit nichte erwellen, setzen, noch fürgenomen
werden; und wellicher sich [28]) seines ambts, so ime durch der gemain auf-
erlegt worden, ohne genugsamen ursach verwidert und derhalben der
gemain zu verrer erkantnus stelt und nit erledigt wird, solt derselb,
damit die gemain destweniger erhelligt, [29]) umb ain [30]) phunt perner ge- 15
phendt werden; wolt er sich dessen aber verwideren, [31]) soll er umb ain [32])
yhrn wein gephendt und nicht destweniger zu gehorsam bringen, vorbe-
halten dorfmaister und der [33]) gemain wiert sollen inner [34]) dreu jar nit
mer mit solchen ämbtern beschwert werden, aber nach verscheinung [35])
der dreu jar, was die notturft erfordert. [36]) 20

---

[22]) stund *B.* [23]) fünf *B.* [24]) dorfmaister *B.* [25]) verordnen und sezen *B.*
[26]) sohn *B.* [27]) *B setzt bei:* zugleich schwager. [28]) sich *fehlt B.*
[29]) gehölliget *B.* [30]) drei *B.* [31]) erwidern *B.* [32]) ain *fehlt B.*
[33]) der *fehlt B.* [34]) innerhalb *B.* [35]) verfloss- oder verscheinung *B.*
[36]) *Nun folgt in B:* Sintemalen bei verkerung dern gemain ämbter ein un-
ordnung eingeschlichen, das an st. Peters tag nach der neu erwölten dorfmaister
angenomen gelieb iedeman wider ordnung nach haus gangen und nicht anderst
erschinen, hiemit gänzlich wider gemain buch gehandlet und andurch ain lautere
confussion entstanden, derohalben die gemain sich entschlossen, auf volgende weis
die recht thuenlichen ordnung zu erhalten, als nemblich und dergestalten, das ieder
gemainsmann, welcher zu der gemain gehörig, an st. Peters stuelfeirtag umb
12 uhr oder lengst ains uhr nachmitag, wan das zaichen mit der gross glocken
gegeben wirdt, ohne verers firpieten, wie anvor, erscheinen, alwo die vier alte
dorfmaister vier andere dorfmaister erwellen und der gemain offeubahrn, sover
dieselbe kain erhöbliche ursach der entschuldigung, alsobalden von den kürch-
probsten, wie von alters, das pflicht zu empfachen, nach erhaltnen pflicht von
stunt au abtretten und fünf dorfgeschworne mit ordnung dits gemain puech
erwöllen, unterdessen die alte dorfmaister, oder welche darzue verordnet wirdt,
das gemain buech vor offentlich versamblter gemain verlösen, dabei sich ieder
nachper einzufinden hat, nach verlösnen gemain puech sollen die neue dorf-
maister ihr erwelte gemainsgeschworne der versamblte gemain offentlich ent-
decken und in gegenwart desselben ordentlich, wie von alters, die erwelte ge-
schworne den kürchprobst an ait statt das anloben erstatten, auch alle gebür-
liche ordnung gebrauchen; nach vollendter gemainsvorsteher verkerung soll ain
lamb, als fünfzechen pazeiden wein, der ganz nachtparschaft ausgethailt und
ieden nachtpar, welcher zu der gemain gehört, ain drinkl gegeben werden,
welchen wein ieder selbs in gemain schuolhaus zu empfachen haben; solchen
wein haben die alte dorfmaister zu kaufen und auf bemelten tag denen neuen
zu stöllen schuldig, darumben auch zu verraiten haben; welcher nachtper, seie
wer er wolle, wider diese gemachte ordnung sich renitent oder widerspännig
erzaigt und ungehorsamblich nachkombt, auch zu benanter stund nit erscheint
oder vor vollender gemain abtreten oder sogar ohne erhöbliche ursach gänzlich
aussbleiben wurde, derselbe und alle jenige, die es betretten, allmal ieder umb

Ordnung peurlicher anlaitung. [37])

Wellicher ain peurliche anlaitung gegen und wider seinen mitnach-
pern begert oder haben will, es sei von wegen markstain und ander sach,
was in peurlicher anlaitung zu handlen gebürt, der soll ainem dorfmaister
5 umb vergunstnus ieres dorfpotens begeren; der soll ime erbürliche [38]) tag-
satzung thuen und den dorfpoten, so ver ime ain genuegsame phantung
umb die costung [39]) zuegestelt, vergunnen. Alsdann soll [40]) der an-
rüeffer dem gegenthail durch den dorfpoten solche tagsatzung ob acht
tagen verkünden lassen, damit er seinen hof- oder gruntherrn, sover er
10 deren ainich hette, umb hilf und beistant anrüeffen müge, aber den
geschwornen und kuntschaftspersonen, desgleichen dem gegenthail die
selben zu verhören [41]) mag am abent darvor verkundt werden. Alsdann [42])
sollen die neun dorfgeschwornen mitsambt aim dorfmaister, der die umbfrag
haben soll, sover die baiden partheien unverwandt, das peurlich recht
15 ersitzen und auf gethane klag, antwurt und alles fürkomen mit urtl, sover
die güete nit stat haben wolt, aussprechen, dem beschwerenden tail die
gebürende appelation vorbehalten.

Sover [43]) aber ain oder mer nachpern stritt und irrung wider die
gemain hetten und derhalben umb peurliche recht angeruefft wurde,
20 sollen [44]) unverwandt und unparteisch geschwornen und alle ordnung, als
vorsteet, vergunt, gepraucht und one alle waigerung das peurlich recht
anfangs alda [45]) vor der gemain aingenomen [46]) und gegeben werden und
dem beschwerenden thail die gebürliche appelation vor geschworne an-
laitung vorbehalten, aber wo zwischen [47]) der gemain und nachpersgüeter
25 und anderst vermarkstaint wurd, solle auch gleichfalls [48]) die appelation
der ordnung [49]) nach zu verfieren gestat werden.

Sover aber ain thail wider den andern in solchen peurlichen rechten
exequiern wolt und umb die unkostung zu bringen vermaint, dardurch das
recht aufgehebt werden muest, solt dasselbig hinfüro nit zuegelassen oder

---

sein ungehorsambkeit umb ain gulden gepfendt werden und das pfant eben
zu den benanten aussgebwein apliciert und angelegt zu werden beschlossen.
   [37]) Volgen hernach die ordnung und peirliche anlaittung *B.*
   [38]) gebürliche *B.*   [39]) uncöstung *B.*   [40]) soll *fehlt B.*   [41]) vernemen *B.*
   [42]) *In B lautet diese Stelle:* Alsdann sullen die fünf gemainsgeschworne
mitsambt den dorfmaister an dem gemainen plaz an den verordnetn tag und
stund erscheinen, daselbs solle der dorfmaister die umbfrag thuen, ob iemant
unter die geschwornen verwant oder mit die partheien befreundt und ain oder
der ander zu waigern ursach; geschechete, das iemant verwaigert wurde, solle
die andere 4 oder 3 geschworne das recht zu esezen befuegt sein; were es
sach, das sie drei oder vier fir zu schwach erachteten und der strütt zu stark,
sollen dieselbe ain oder zwen in der gemain taugliche und darzue erfahrne un-
partheiische manner beizuziehen berecht sein, alsdan das recht ersizen und auf
volgende clag und antwort, auch vernombner wahrer bericht der kundschaftgeber
und genuegsambes firkomen mit urtl (wover die güte nit statt haben wolt) aus
sprechen, den beschwerenden thail die gebührliche appellation an der gemain
vorbehalten.
   [43]) Und sover *B.*   [44]) sollen der strüttige partheien *B.*   [45]) alda *fehlt B.*
   [46]) genomben *B.*   [47]) wo zwischen] entzwischen *B.*   [48]) gleichermassen *B.*
   [49]) peirlichen recht und ordnung *B.*

gestat werden, aber in taxierung der schüden [50]) von wegen seiner gebrauchten unordnung nach erkantnus rechtens auferladen.

Wolten sich [51]) aber die partheien umb sollich vorbeschribnen spüne und irrtung auf drei unpartheische dorfgeschworne, darunder [52]) ain dorfmaister, als vorsteet, sein soll, güetlich, oder rechtlich auf fünf dorf- 5 geschworne und ain dorfmaister zu vergleichen compromitieren, solt dasselbig auch stat haben und volzogen werden.

Und umb solliche vorbeschribne [53]) güetige oder rechtliche tagsatzungen sollen die dorfgeschworne und dorfmaister [54]) umb ain handl niet [55]) mer, dann ain malzeit ohne verrer besoldung nemen oder begeren. 10

Die geschworne panwülder. [56])

Item die geschwornen panwälder sein mit namen: der walt Splatatscha, [57]) Awinga und Tschischeida von die negsten zwai [58]) theler ob des Treidluns [59]) hinauf unzt das Kuesserthal. [60]) Item der walt Surosta [61]) ist von Pisch Surosta hinein in wall Sant Jan und von wall Sant Jan zu obrist 15 am grat, alsdann wider [62]) von obgemelten Pisch Surosta unter durch in Wolta Mala, von Wolta Mala in Pisch da Funtanelles, [63]) von dem Pisch Wöll Bruna [64]) und dasselbig thal [65]) hinauf unzt zu obrist am grat.

In sollichen oberzelten [66]) panwäldern soll niemants ohne vergunstnus der gemain weder stamen, noch durr holz schlagen oder [67]) machen; 20 welliche aber daz nit halten, sollen von iedem stamen grüen holz per [68]) ain halben [69]) gulden und durr oder prennholz umb ain iedes fueder per [70]) ain [71]) phunt perner gephendt werden; [72]) aber in den [73]) panwüldern in Awinga [74]) soll von iedem stamen lärchholz umb [75]) dreissig kreuzer [76]) gephendt werden. [77]) 25

Item welcher in dem geschwornen pann- und pürchwalt ob Rifair, [78]) genannt Khäfoy, desgleichen in dem rain, so ob oder under dem wal Rainpitschen [79]), von Valarola [80]) hinein unzt im anfang desselben [81]) klain oder groß holz, es sei reiser oder anders, den wal zu nachtl abhackt, soll von iedem stamen ohn alle gnad umb ain gulden gephendt werden. 30

---

[50]) schad *B.* [51]) sich *fehlt B.* [52]) darbei *B.* [53]) vorbeschribne *fehlt B.*
[54]) dorfmaister und gemainsgeschworne *B.* [55]) niet] den tag nicht *B.*
[56]) pämb-wälder *B.* [57]) Splätätsch *B.* [58]) drei *B.* [59]) Tretluss *B.*
[60]) Kressthall *B. Hierauf folgt in B:* und ainizto auss mengl des holz auch das Kressthall und wald Terzä, bis an wald Terzä Pleiss, doch das durch das Kressthall das dure holz, so zu obrist zu finden, herabgetriben werden küne, zugelassen.
[61]) Säruestä *B.* [62]) wider *fehlt B.* [63]) Fontanellas *B.*
[64]) in Wöll Brounä *B.* [65]) dasselbig thal] dasselbs *B.*
[66]) oberzelten] geschwornen *B.* [67]) noch *B.* [68]) per *fehlt B.*
[69]) halben *fehlt B.* [70]) per *fehlt B.* [71]) drei *B.*
[72]) *B fügt bei:* vermüg neue gemachte ordnung. [73]) den *fehlt B.*
[74]) Auingkthall *B.* [75]) umb *fehlt B.* [76]) vier pfundt perner *B.*
[77]) *B fügt bei:* und allmal das holz der gemain verfalen sein.
[78]) ob Rifair *fehlt B.* [79]) Rampitschen *B.* [80]) Wälläralä *B.*
[81]) desselben wahls *B.*

Hernach volgen der dorfmaister waltmult.

Die erst waltmulton der dorfmaister ist von Awinger pruggen auf der rechten hant[82]) hinein unzt zu der grossen pleiß, genannt Vrezaläda.

Die ander mult[83]) ist von Pitzkuern[84]) hinauf[85]) unzt Canut[86]) 5 Spinei.

Die drit mult von Wülschkura hinauf unzt Vrezaplauna.

Die viert mult ist von Ärschüleräs[87]) hinein unzt zu der ersten pruggen, genannt Urtiera.[88])

Welcher[89]) in oberzelten vier multen ohne vergunstnus der dorf-10 maister, es sei zimmer- oder ander holz schlecht, soll von iedem fueder grüen oder saftholz um ain phunt perner, item durr oder prennholz sechs kreuzer gephendt werden.

Item, welcher ohne vergunstnus der gemain ausserhalben[90]) laub-holz macht in Loregg[91]) und Gannda, was ob dem vichtrib unzt das thal, 15 genannt Wüll Plauna, ist, soll von iedem fueder gephendt werden umb ain phunt perner.[92])

Item, welcher ainicherlei stammen, es sei groß oder klain, neben dem runst oder Lunad[93]) von der sag hinein unzt im anfang desselben schlecht,[94]) soll von iedem stammen umb ain phunt perner gephendt 20 werden.

Der gemain järliche zins.[95])

Item Jan Laganda und seine erben zinsen järlich zu underhaltung, pau und pesserung des gemainen wals Rainpitschen nach alter gewonhait, nemblichen zwai schedt käs von und aus ain stuk acker und wisen bei ain-25 ander, genant Runk, stoßt daran morgenthalben der acker, genannt Aquänus, zu mittentag der gemain wall, abenthalben und zu der vierten seiten Hanns Cäpplers erben guet. Gleichwol ist diser zins im kirchenpuech mit gleichen coherenzen auch benent, ist zu vernemen, das an beden orten nur ain zins ist, und wann der zins zu disem wal verzinst, ist dem kirchbrobst nicht 30 verrer schuldig zu verzinsen.

Item Bläß Cäppler und seine erben zinsen järlich zu underhaltung obgemelten wals Rainpitschen, als vorsteet, nemblichen ain mut roggen, ain mut gersten, zwai schedt käs von und aus den Pradtacker, stoßt daran morgenthalben die gemain waid, zu mittentag Doschplanten und Menga 35 Casparin guet, gegen abent an ir der Cäppler guet, zu der vierten seiten der gemain wall, vorbehalten baider stucker ander ware und pessere coherenzen.

---

82) *B fügt hier ein:* der riss nach hinauf und herunter das wasser nach.
83) waldtmuldt *B.*   84) Pizklern *B.*   85) hinauf *fehlt B.*   86) Khiant *B.*
87) Arschiglieräs *B.*   88) *B fügt an:* den grat nach hinauf unzt zu obrist.
89) *Dieser Satz fehlt in B.*   90) ausserhalber *fehlt B.*   91) Laröckh *B.*
92) zwen pfuudt perner gepfendt werden *B.*   93) Lafath *B.*   94) schlagt *B.*
95) *Dieser ganze Abschnitt fehlt in B.*

Hernach volgen etliche artiggl, wasmassen sich iede person in der gemain in peurlichen[96]) sachen halten solle.

Item,[97]) welcher die zeun abpricht, die rank oder latten verprennt oder in anderm weg[98]) verbraucht,[99]) soll umb iedes fueder per ain[100]) phunt perner, iede purde per sechs kreuzer[101]) gephendt werden.[102]) 5

Zum andern[103]), wer bei versambleter gemain ain romor oder hader anfacht, soll von stund an, ehe und vor sich die gemain von ainander thailt,[104]) umb ain yhrn wein ohne alle gnad gephendt werden.

Sover es aber[105]) sach würe, das jenige, so phlicht und ait von der gemain auf sich emphangen, solch aufruer anfangen,[106]) die sollen ires 10 ambts entsetzt und umb zwifache straf[107]) gephendt werden.

Wann man das mer auf oder bei versambleter gemain macht, soll albegen daz weniger thail dem merern nachvolgen.[108])

Item[109]), welche person, es sei mann oder weibspilt, wider die jenigen, so phlicht und ait von der gemain auf sich emphangen, von wegen ires in namen 15 der gemain volzogenen handels mit ungebürlichen worten anmaßt, soll umb ain halben gulden, sover aber gröblich wider ir ehren und glimpfen[110]) zuegredt oder gehandelt wurd, soll umb ain yhrn wein gephendt werden.[111])

Es soll auch menigclich alle feirtag, so durch das ganz jar durch den herrn pharrer zu feiren gepoten werden, mit ordenlicher feier außwarten 20 halten;[112]) wer das nit halt oder sonst im freithof, nachdem halbe meß für ist,[113]) verhart[114]) und nit bei dem gotsdienst sein wellen,[115]) die all[116]) solln umb ain halben[117]) gulden gephendt werden.[118])

---

[96]) peirlich gebührlich *B.* [97]) Item *fehlt B.*
[98]) anderm weg] andere unnützlich *B.*
[99]) *B fügt hier ein:* als dan in die wälder andere macht, das hiemit die wälder geschwächt werden, der
[100]) per ain] drei *B.* [101]) iede purde per sechs kreuzer *fehlt B.*
[102]) *B fügt ein:* Item der ienig, welcher ain andern seine zeun abreist, die latte und ranken verbrennt, der soll um iedes fueder ain gulden, iede purth ain pfunt perner gepfent werden.
[103]) zum andern *fehlt B.* [104]) scheidet oder theilt *B.*
[105]) es aber *fehlt B.* [106]) solch aufruer anfiengen *fehlt B.*
[107]) umb zwifache straf] zweifach *B.*
[108]) *Dieser Absatz lautet in B:* Wann man bei versambleter gemain auf die stimen komen lasset, soll allweg des wenigere thail dem merern nachgeben, dabei auch so gewichtige sachen wegen die stimen begehrt werden, und die umfrag beschicht, ieder sein stim offentlich zu geben schuldig, welcher sich dessen widert oder (ohne erhöblich ursach) waigert, soll gestalt der sachen dene mehr als ain yhrn wein zu schöpfen iberlassen sein.
[109]) Item *fehlt B.* [110]) glimpfen] geliebts *B.*
[111]) *B fügt an:* dabei die gemain denen gemains pflichttragern in allen begebenheit zu beschizen und beschirmen, auch an die hand zu gehen verpunden.
[112]) *B fügt ein:* und nit tenglen, fueder ablähren oder sonsten knechtliche arbeit verrichten.
[113]) nachdem halbe mess für ist] nach anfang der heil. mess *B.*
[114]) verbaret oder bleibt *B.*
[115]) *B fügt ein:* in der kürch in wehrenden gottesdienst oder sonsten ungebührlich verhält.
[116]) all *fehlt B.* [117]) halben *fehlt B.*
[118]) *B fügt an:* und andere meritirende straf vorbehalten.

Zum fünften [119]) soll ain ieder frembdling, so in der gemain haus und
hof zu kauffen [120]) bedacht [121]) oder willens ist, mit [122]) vorwissen und
willen der gemain auf und angenomen werden, alsdann der gemain für all
und iede gemaine gerechtigkait, die er alsdann inmassen, wie andre nach-
5 pern, haben und genüessen mag, geben zehen [123]) gulden reinisch, [124]) hierin
soll niemants ainiche gnad erwisen werden.

Das sechst, [125]) welcher denen von Latsch ir zuegesprochen wasser-
roden nimbt oder abpricht, soll ohn alle gnad umb ain yhrn wein ge-
phendt werden.

10 Das sibent, [126]) wann die wasserroden im veld angeen, soll sich [127])
ieder nachpar, der wassern [128]) will, zu morgends [129] bei der platten ver-
füegen, das wasser von dem waller [130]) emphahen und darüber kainer den
andern nicht [131]) irren; sover aber [132]) derjenige, [133]) an dem die rod ist, [134])
nit fürhanden wür, mag ain ander nachpar das wasser emphahen und
15 damit biß zu end vollenden. [135]) Wer das nit halt oder ainer den andern
darüber irret, [136]) darauf der waller vleissig achtung haben und solches den
dorfmaistern anzaigen sol, [137]) solt umb ain mut roggen gephendt werden.

Das achtet, [138]) soll niemands mer dann ain furchwasser durch ain
punkhera [139]) füern, vorbehalten durch die punkhera, genannt Turätscha,
20 unzt zu den vial, genannt Radanndilg, [140]) mag man [141]) zwai fürchwasser
under ainist und nit mer füeren; wellicher aber mer wasser, als vorsteet,
dardurch füert und schaden daraus entstuende, ist schuldig, denselben ab
ze tragen und umb ain mut roggen darzue gephendt werden.

Das neunt [142]) soll kainer, der in der gemain nit haus, hof oder
25 ligunde güeter hat, zu der gemain nit gepoten oder angenomen werden. [143])

Und sover kunftiglich die albnen mit besatzung reverend. [144])
melchent vich beschwört werden und nit ertragen mecht, sollen erstens die

<hr />

[119]) zum fünften] Es *B.*   [120]) erkauffen *B.*   [121]) gedacht *B.*   [122]) und mit *B.*
[123]) fünfzig *B.*   [124]) *B fügt ein:* das haist geld.   [125]) das sechst *fehlt B.*
[126]) das sibent *fehlt B.*   [127]) sich *fehlt B.*   [128]) tagwassern *B.*
[129]) *B fügt ein:* an der stunt so gegeben wirdt.   [130]) bestölten wäller *B.*
[131]) nicht *fehlt B.*   [132]) aber *fehlt B.*
[133]) *B fügt ein:* das stück zu wässern vollendt, und der andere.
[134]) an dem die rod ist] dem die rodt trüffet *B.*
[135]) biß zu end vollenden] sein stück bis zum end gebürend wässern,
und aber sich kainer anmassen nach ausgethailten wasserroden ainer dem andern
das wasser aus ainer pingerä ainen, welcher das wasser gebürlich empfachen,
zu entnemen, oder wover ainer zu ausser ist des velds, es mag sein, wer es
wölle, das wasser von wäller rechtens empfachen, ain anderer komen und
freventlich und unbefuegter weiss in kainerlei das wasser zu nemen, hiemit
kaineswegs ainer dem anderen ihren oder aufhalten und verhintern, damit das
wasser in grosser trucken nit aufgehalten.
[136]) oder ainer den andern darüber irret] und darüber noch ungebürlicher
weiss überthrät *B.*
[137]) sol *fehlt A.* schuldig *B.*   [138]) das achtet *fehlt B.*   [139]) pinggerä *B.*
[140]) Rodandigl *B.*   [141]) man *fehlt B.*   [142]) Das neunt *fehlt B.*
[143]) *In B folgt:* Es soll sich kainer unterfangen, die flöcken bei der platen
(ausser der wähler) anzugreiffen, das wasser ober oder unter hinauszukeren,
damit ainicher schaden gescheche, wer das iberthrit, soll um ain müth roggen
gepfendt werden uud die straffen oder sonsten verursachten schaden abtragen.
[144]) reverend] von *B.*

jenigen, so ir rich mit der füetterung wintern, so in die neue wisen der
Latscher Galfon emphahen, vor allen andern, volgents die jenigen, so das
fuetter inderhalben der richtstat emphahen, die negsten darnach mit irem
rich aus der albmwaid genomen und [145]) geschaiden werden. [146])

Es soll auch ain ieder die [147]) zeun umb seine güeter [148]) auf und zu 5
fuessen erhalten, damit dem negsten dabei habenden güeter kain schaden
ervolge; wer das [149]) nit haltet, soll umb zwai phunt perner gephendt
werden und den schaden, so darnach beschehen, nach erkantnus der dorf-
maister abtragen. Dise phantung soll das halb thail den dorfmaistern und
das ander halb thail dem, so den schaden emphangen, zuesteen. 10

Wer zimerholz oder flegken ausserhalben der gemain und ohne ver-
gunstnus derselben verkauft oder entzeucht, soll umb ain iedes fueder umb
fünf phunt perner, [150]) prennholz iedes fueder per ain [151]) phunt perner, [152])
pürchenholz ieden stammen per sechs kreuzer, [153]) item phlueg, protzen,
wagen [154]) und dergleichen iedes stuck per dreissig kreizer, aber widen, 15
fölber [155]) und dergleichen aichen holz, iede purd per sechs [156]) kreuzer ge-
phendt werden. [157])

Es soll niemants das prennholz, so durch die dorfmaister in der ge-
main außgeben wurd, seinen mitnachpern verkaufen; dieselben sollen
umb iedes fueder per sechs kreuzer gephendt werden. 20

Es soll auch niemants mer dann drei fueder prennholz järlich auf
den kauf zu machen gestat werden und solch holz, so zu machen nachgeben
und vergunt wurd, soll im walde Surosta [158]) und Sant Johannsthal an
baiden orten auf der linken hant und auf Urfiera, [159]) was ob der alten
käser ist, geschlagen und gemacht werden; welliche das übertreten, sollen 25
umb iedes fueder umb ain phunt gephendt werden.

Es soll auch niemants ainiches klafterholz ohne vergunstnus der dorf-
maister zu machen gestat werden; wer das übertrit, soll umb [160]) iede
klafter umb sechs kreuzer gephendt werden.

Item, welche zu der gemainen arbait gepoten werden und nit er- 30
scheinen, [161]) sollen umb ain phunt perner gephendt werden und sollich

---

[145]) genomen und *fehlt B.*
[146]) *B fügt an:* NB. Die Laatscher Galffä wisen sont vermig brief, so
die Rifairer in handen haben, mit der gemain incorporiert sein, derohalben auss
denen alben nit zu schliessen.
[147]) die] nachper in der gemain seine *B.* [148]) habende güter *B.*
[149]) wer das] und welcher solches *B.*
[150]) umb fünf phunt perner] zween gülden *B.* [151]) zween *B.*
[152]) perner *fehlt B.* [153]) per sechs kreuzer] ain pfundt perner *B.*
[154]) wagen, ego *B.* [155]) fälbern *B.* [156]) achtzechen *B.*
[157]) *B fügt an:* In ansehen, das ieziger zeit das holz solcher gestalten ab-
genomen, ist erkennt und würklich beschlossen, das in kainerlei weg weder zeiner-
holz, flecken, prennholz, widen, pirchenholz, gemachts zeuig oder anderes holz
aus der gemain noch verkauffen oder entziechen noch verwenden niemandt
sich unterstehen solle, sondern gänzlich bei (absonderlich) vorbehaltlichen pfan-
tung verpotten.
[158]) Seruestä *B.* [159]) Urtierä *B.* [160]) umb *fehlt B.*
[161]) *B fügt ein:* oder ain untauglichen arbeiter schickt, sollen die dorf-
meister denselben abschaffen, die verwürker iedesmal achtzechen kreizer ge-
pfendt werden.

gelt [162]) sollen die dorfmaister mitsambt die andern nachpern, so die gemain
arbait verbracht, samentlich vertrinken.

Alle diejenigen, so phlicht und ait von der gemain auf sich [163])
emphangen haben, in vor und nach beschribnen satzungen, es sei in ainem
5 oder mer articlen, übertretten, soll umb zwifache phantung derselben
articln, darin si verprochen, gephendt werden, und sover si der gemain
geschöpften [164]) urtl, spruch oder ander haimligkait der gemain oder der
parthei [165]) zu nachtl öffnen [166]) oder vernemen lassen, sollen [si] vom ambt
entsetzt werden.

10 Es soll auch niemants inkheisen, wer die sein, ohne vergunstnus der
dorfmaister einnemen [167]), und die jenigen, so vergunt werden, sich unge-
bürlich, [168]) es sei mit spigln, zeun abprennen [169]) oder in ander weg [170])
hielten, dardurch die gemain beschwürt, [171]) den hofherrn auferladen, [172])
zu beurlauben, und [so er solche] darüber [173]) behielt, soll alle tag seines
15 verziehens umb ain gulden gephendt werden.

Wer [174]) bei ainer versambleten gemain oder gotsdienst [175]) sich un-
gebürlich, es sei mit stainwerfen oder andern sachen, hielte, [176]) soll [177])
umb ain gulden gephendt werden.

Es [178]) soll niemants zu ainer versambleten gemain ain ander waffen,
20 dann allain sein seitenwöhr, so ver er die haben will, tragen, bei der straff
ain halber gulden, und wer zu der gemain gepoten und nit erscheint, soll
umb ain phunt perner gephendt werden.

Item,*) wer in übertrettung aines oder mer articln die auferlegten
straff oder phantung nit geben oder gehorsamen will, soll derselbe über
25 dasselbig von wegen seiner ungehorsame aber umb ain gulden gephendt
werden; wo ver das alles nicht helf, das ander und dritmal seiner er-
widrung iedes umb ain ührn wein, volgents, so ver die notdurft erfordert,
die ganz gemain zusamen pieten und erforschen, wie die sach verrer zu
thuen sei.

30 So ver man aus wasser- oder feursnot [179]) oder [180]) ander be-
weglicher ursach, [181]) darvor gott der herr [182]) sein und bewaren well,
den gloggenstraich, die gemain in der eil zu berueffen, verursacht, soll
ieder nachpar [183]) in der gemain von stund an zu erröttung desselben [184])
am platz, oder wo die [185]) notturft erfordert, erscheinen und wer darin [186])

---

[162]) pfandt *B.*. [163]) auf sich *fehlt B.* [164]) geschöffen *B.*
[165]) den partteien *B.* [166]) eröffnen *B.*
[167]) *B fügt ein:* wer das übertrit, soll umb ain gulden gepfent werden.
[168]) ungebürlich verhalten *B.* [169]) oder zeun vertragen und abprennen *B.*
[170]) weg ibel *B.* [171]) beschwert wird, auch gezlaungen (?) werden *B.*
[172]) aufzuerladen, solche persohnen *B.* [173]) dariber noch *B.*
[174]) Item wer sich *B.* [175]) oder gotsdienst *fehlt B.*
[176]) oder andern sachen hielte] oder sonsten anders mit ainen trunk un-
füglichen begehrt, der gemain oder gotsdienst ergernuss gibt *B.*
[177]) soll ainsmahl *B.* [178]) *Dieser Absatz steht in B ganz am Schlusse.*
*) *Dieser Absatz fehlt in B.*
[179]) feirsnöten *B.* [180]) und sonsten *B.* [181]) ursachen und gefahren *B.*
[182]) der allmächtig *B.* [183]) ieder man *B.*
[184]) zu erröttung desselben] unausbleiblichen *B.*
[185]) alwo es alsdann die *B.* [186]) welcher dariber *B.*

ohn bewegliche ursach außbleibt, soll [187]) umb ain gulden gephendt
werden. [188])

Wellicher den zehent järlich in die [189]) negsten zwen tag nach sant
Anthonis tag [190]) hie zu Taufers, desgleichen am dritten tag zu Rifair nit
bringt oder gibt, dieselben alle sollen alle tag, so darüber mit dem [191]) 5
zehent außbleiben, umb ain phunt perner gephendt werden. Darumben
sollen, die solchen zehent einbringen, vierzehen tag die negsten vor sant
Anthonis tag [192]) auf der canzel verkünden und zu wissen lassen und solche
phantung soll den zehenteinbringern und ainem dorfmaister zuesteen; dar-
gegen sollen die den [193]) zehent einbringen, die ordenlich und [194]) voll- 10
komenlich quittung alle jar den [195]) halben monat februari der gemain zue-
stellen oder aber umb ain ieden suntag ires außbleibens nach sollicher zeit
umb ain gulden gephendt werden.

Item alle phantung, so von wegen der steur und anderer anlag auf-
genomen wurd, [196]) sollen drei unpartheiisch dorfgeschworne sambt ainem 15
dorfmaister bei irem ait und phlichten betheuren und nach verscheinung
dreier tage, die negsten nach sollicher betheurung, soll niemants ainiche
losungsgerechtigkait gestat werden.

Dergleichen [197]) die phantung, so dem gemainen wiert von wegen
auferloffner costung [198]) und zerung überantwurt werden, sollen 14 tag 20
still ligen und [199]) die drei tag, die negsten darnach, so ver der wiert durch
den dorfpoten dem gegenthail zu wissen thuet, soll die losung auch
ab sein.

Item alle phantung, so ain mal iren tax inhalt dis dorfpuechs [200]) be-
nennt, sollen bei der übertrettung, darin si begriffen, bleiben und weiter 25
durch die geschwornen nicht betheurt werden, wie bißher beschehen, sonder
in kraft derselben aufgelegten [201]) straff der gemain völlig einziehen und
dem gemainen wiert kain nutzung oder soläri [202]) davon geben, dann bloß
allain [203]) von vichmult soll im von iedem phunt perner zwen kreuzer ge-
geben werden. 30

Alle die [204]) phantung, so durch der gemain verordent gewalthaber
außgenomen, khebt und überantwurt werden, soll niemants weder haimblich
noch mit gewalt und ohne vorwissen der gewalthaber zu sich nemen, bei
der straff ain gulden.

Es soll niemants nach sant Geörgen tag und Jacobi durch aines 35
andern angepauto äcker wege oder durchfart haben, vorbehalten denen, so
pauen wellen, soll gebürlicher weis gestat werden, auch welcher [205]) nach
sant Jacobs tag durchfart haben mueß und sonst nit umbgeen mag, soll
dem andern drei tag darvor, darmit er sich wiß darnach zu schicken,

---

[187]) soll ainsmahls umb seines aussbleibens wegen der ungehorsamb *B.*
[188]) *B fügt an:* unverhoffent das derentwegen ain schaden enstünd und
auss mangl des volks nit megen oder derowegen andere in löbensgefahr ge
stöckt, alles gestalt dero sachen die weitere pfandt ieder zeit vorbehalten.
[189]) die *fehlt B.* [190]) *B fügt ein:* als dem 17 Jenuari B. [191]) dem *fehlt B.*
[192]) tag *fehlt B.* [193]) den *fehlt B.* [194]) und *fehlt B.* [195]) den] in *B.*
[196]) wirth *B.* [197]) Verer desgleichen *B.* [198]) unkösten *B.*
[199]) und *bis* darnach *fehlt B.* [200]) buechs *B.* [201]) aufgesezte *B.*
[202]) salarii *B.* [203]) allain *fehlt B.* [204]) Alle *B.* [205]) welcher *fehlt B.*

wissen lassen, und wer sich darüber unmassig halt, mag durch den andern, so oft sich das zuetragt, umb sechs [206]) kreuzer phenten.

Item, wellicher die lantstrassen, gemainen weg oder viall [207]) mit wässern verletzt, [208]) soll von stund an umb ain mut roggen gepheudt 5 werden, und was verletzt [208]) ist, alspalt [209]) widerumben pessern.

Wer den hierten ir speis, [210]) so inen zu geben schuldig, gefärlicher weis verhaltet, soll umb ain gulden gephendt werden.

Item die jenigen, so zu verhüetung feurschadens verordent sein, sollen kaine unvogtpare [211]) kinder, so zu irem verstant nit sein, umb feur [212]) zu 10 holen, nit gestatten; dieselben auch die jenigen, so selbs ungewarlichen damit umbgiengen, umb ain phunt perner [213]) phenten [214]) und solliche phantung der gemain zu verraiten nicht schuldig sein.

Es sollen [215]) die dorfmaister den gemainen hierten ir versprochen besoldung [216]) selbs einbringen und der gemain über der hierten bedingter 15 besoldung nit beschwären, darumb sollen die dorfmaister, so oft sich das zuetragt, umb ain phunt perner gephendt werden.

Die multen in gemainem heumadt.

Die erst mult in dem gemaiuem heumadt in Curthins soll alle jar an sant Ulrichs tag augeen. [217])

20   Die ander mult in Cullarei soll alle jar an sant Placidus und Sigi-wertuns abent und den negsten werchtag darnach angeen. [218])

Die drit mult in Fläsches [219]) soll albegen die negsten [220]) acht tag darnach angeschlagen werden. [221])

Die [222]) viert mult soll albegen den negsten tag nach sant Anna tag [223]) 25 in allen den wismaden, so in mitten monats mai [223]) gefreidt [224]) worden, angeen, und welliche in obbeschribnen vier multen [225]) die negsten drei tag darnach nit gemeit [226]) haben, sollen von iedem manmadt alle tag, so lang über der vorbeschribnen zeit ungemeidt ansteet, umb sechs kreuzer gephendt werden. [227])

---

206) zwelf *B.*   207) wiäll auch wäll *B.*   208) verlögt *B.*
209) also balden auf sein uncösten pessern und in alten stand bringen *B.*
210) Item wer hirten speiss oder kost *B.*   211) venogtpare *B.*   212) feuir *B.*
213) ainen gulden *B.*   214) gepfennt werden *B.*   215) sollen auch *B.*
216) lohn oder besoldung *B.*   217) der alte zeit angehen *B.*
215) *B fügt bei:* und alle jahr an st. Jacobstag neuen kallenders das frie und spat hei abgemaith sein völlig und gar.
219) Fäsches *B.*   220) albegen die negsten *fehlt B.*
221) *B fügt bei:* und acht tag darnach obbenante muldt gar abgemähet sein.
222) Volgendts die *B.*   223) des alten kallenders *B.*   224) gefridiget *B.*
225) in *his* multen *fehlt B.*   226) gemähet *B.*
227) *B fügt bei:* eebenfahls hat mit die vorige erzölte multen gemelte beschaffenheit.
Welcher sich unterstehen wolte auss aigen nuzlichkeit friewissen, drei- oder spatwissen zwen mahl zu maien, hiemit der gemain preiudicirliche und schödliche, auch niemalen in der gemain observierliche bräuch aufzubringen, der soll allmahl für ain mamath umb zween gulden gepfenndt und der ab-gemaite pofi der gemain verfablen sein.

Die multen im gruemadtmai.[228]

Alle die wisen, so an sant Geörgen tag[229] gefreidt[224] werden, sollen an unser Frauen tag irer geburt,[230] dergleichen was am maientag[231] und darnach gefreidt wurdt, sollen dieselben wismader alle an des heiligen creuz tag[232] am herbst[233] gemaidt sein, und was darüber[234] ungemaidt 5 ansteet, soll iedes manmadt alle tag, so langs darüber ansteet,[235] umb sechs kreuzer gephendt werden.

Die verliebung zwischen den von Taufers und denen von Münster von wegen holz, wunn und waid, wie es zu beden thailen mit die multen gehalten werden soll.   10

Erstens, wellicher thail dem andern in die pan-[236] oder ander wälder über das gemerk, als vorsteet, holz schlecht oder entzeucht, soll in die panwälder von iedem stamen, es sei zimer- oder ander holz, um ain halben gulden gephendt werden, in die andern wälder iedes fueder prenn- oder ander holz per 18 xr., und wo solliche übertrettung befunden,[237] soll 15 durch die[238] überfarenden thail auf des anderen begeren iren[239] dorf- poten die phantung zu heben vergunnen, daselbs durch den überfarenden thail außgeschätzt und bezalt werden.

Item ain iedes phärt oder ochs, so bei der nacht auf des andern thail wunn und waid betretten,[240] sollen die pherd iedes haubt per ain halben 20 gulden, ieder ochs per zwelf kreuzer gephendt werden, aber bei dem tag die fremden phert, das ist zu vernemen, wellicher mer dann ains auf der waid kert, per sechs kreuzer, die andern phert per drei kreuzer.

Item das rintvich bei dem tag iedes haubt unzt auf zwelf per ain kreuzer, was darob ist, die kut per ain phunt perner.   25

Dergleichen die schaff und gais das par unzt auf vierundzwainzig per ain kreuzer, was darob ist, die kut per ain phunt perner.

Mit reverender[241] die schwein klain und groß, iedes unberingt schwein per drei kreuzer, die andern, so beringt sein, iedes per ain kreuzer.

Verrer, so ain thail oder der ander[242] mit iren men an die arbait 30 wolt und in des andern thail boß waidet oder etzet, söll das par, es sei gewet[243] oder nit, per acht kreuzer gephendt werden.

So ver ain thail dem andern ain schaden an den güetern oder frucht mit irem vich zuefügen wurde, soll dasselbe durch den thail, so den schaden emphangen hat,[244] betheurt werden und darumb sechs kreuzer 35 für ir besöldung haben.

---

228) gruemadt *B.*
229) alten callenders, das falt an hl. creiz erfindungstag *B.*
230) geburtstag *B.*   231) den zöchenden mai unser alten callender *B.*
232) creizerhöchungstag alten callender so auf 24 septembris neuen callen-
ders falt *B.*
233) am herbst *fehlt B.*   234) darüber *fehlt B.*   235) so *bis* ansteet *fehlt B.*
236) pämb *B.*   237) befunden werden *B.*   238) die *fehlt B.*   239) zwen *B.*
240) getretten *B.*   241) s. v. *B.*   242) oder der ander] den anderen *B.*
243) gewetten *B.*   244) hat *fehlt B.*

Es soll auch zu beden thailen niemants ander, dann allain die dorf-
maister oder saltnor, auf die anstöß zu phenten macht haben und sollich
vich, so durch denen von Taufers gephendt auf ir wunn und waid, soll geen
Taufers, dergleichen was durch denen von Münster auf ir wunn und waid
5 gephendt wurd, soll geen Münster getriben werden und denen, so das vich
zuegehörig, alspalt zu wissen gethan werden, und wer[215]) sollich gephendt
vich oder ander phantung den dorfmaister oder[216]) saltner mit gewalt zu
nemen understuende oder sonst mit ungebürlichen worten anmaßt, soll
umb ain halben gulden gestrafft und samentlich eingezogen werden.

10 Die multen von wegen[247]) mit gunst allerlai vich, wellicher
massen under der nachperschaft Taufers gehalten
werden solle.

Erstens soll kainer mer dann ain ainigs phert auf die gemain waid
zu schlagen gerechtigkait haben, vorbehalten ain veltphert, das ain saugents
15 viln hat, soll neben ir zugelassen werden, und welcher mer als ain phert,
als vorsteet, auf der gemain waid schlecht, soll umb ain iedes, so vil er
darüber hat, umb ain ührn wein ohn alle gnad gephendt werden.
Und solliche obbeschribne zuegelassen phärt sollen zu langszeiten auf
die[248]) wismader auch nit getriben oder zuegelassen werden, sondern ganz
20 und gar bei ietzt gemelter straff[249]) verpoten sein, aber zu der zeit, das
ander vich für den gemainen hiert getriben wurd, mögen vorbeschribnen
zuegelassene phärt ob und nit auf die wisen, als die von Taufers ob[250])
dem dorf und Vialluridnaues, dergleichen die von Rifair und Puntfeil[251])
enhalb Rampach auf der gemain[252]) für iren aignen hiert, den man darzue
25 unzt zu sant Veits tag dingen soll, getriben werden, und welliche die zeit
hin kain hiert haben oder inderhalben der zeun auf die wisen befunden,[253])
sollen bei der nacht iedes phert per dreissig kreuzer,[254]) am tag[255]) per
vier[256]) kreuzer gephendt werden und[257]) nach verscheinung sant Veits
tag sollen solche phärt, wie von alters, am perg getriben werden, und
30 welliche herab entrinnen oder sonst herunten auf der gemain befunden,
soll[en] gleicher massen per dreissig kreuzer gephendt werden.
Item die[258]) schaf und gais sein ieder zeit auf die wisen, dergleichen
winters zeit in den äckern zu waidnen verpoten, soll derhalben den ge-
mainen hierten angezaigt werden, und so[259]) er darüber, wie gehört, be-
35 funden wurd, soll ime, so oft sich das zuetragt, für die kutt umb ain phunt
perner gephendt werden.

---

245) wer *fehlt B.*   246) oder *fehlt B.*   247) wegen *fehlt B.*   248) die *fehlt B.*
249) pfautung *B.*
250) ob *bis* dergleichen] für Sämöprädä guetter hinein und *B.*
251) Pombeil *B.*   252) gemain waidt *B.*   253) befunden werden *B.*
254) *B fügt ein:* und sonsten an verpottnen orthen betretten bei der
nacht 24 kreizer.
255) bei den tag *B.*   256) acht *B.*
257) und *bis* gephent werden] nach st. Veiths tag soll kain pferth die ge-
maine waith betretten *B.*
258) die *fehlt B.*   259) sover.

Itom, wo die dorfmaister [260]) groß rintvich [261]) beim tag im schaden
betretten, sollen si iedes haubt unzt auf zwelf per zwei [262]) kreuzer, und
was darob ist, die kutt per ain [263]) phunt perner phenten. [264])

Was aber bei der nacht auf den poß über die aufgesetzte zeit oder
sonst im schaden betretten wurd, iedes haubt per ain [263]) phunt perner, 5
das ander klain vich das par per zwelf [265]) kreuzer phenten. [266])

Das klain rintvich beim tag iedes haubt unzt auf zwelf per ain [267])
kreuzer, und was darob ist, die kut per ain [268]) phunt perner.

Die schaf und gais das par unzt auf vierundzwainzig per ain [268])
kreuzer und darob die kutt per ain [269]) phunt perner. 10

Die unberingten schwein [270]) iedes per sechs kreuzer, die beringt
sein, per zwen kreuzer. [271])

Verrer, wo die dorfmaister groß oder klain vich bei tag oder naoht
im schaden, ausser des gemainen boßs, bekumen, sollen si, deme der [272])
schaden beschehen, anzaigen, dasselbig, so ver es begert wurd, betheurn, 15
das vich umb die mult und umb den schaden einlegen.

Es soll [273]) niemants, wer die sein, weder ochsen oder stier nach
sant Barthlomeus tag auf den [274]) gemainen poß zu schlagen, weder kaufs-
weis noch in anderm weg, (ausser aines mastochsens für sich selbs zu
schlächtigen), an sich zu bringen gestat werden, aber [275]) an sant 20
Barthlomeus tag und darvor, so ver iemants zwai par ochsen oder stier an
sich gebracht hete, sollen ine dieselben oder andere an derselben stat und
nit mer, weder mastvich oder anders, zuegelassen werden; wurde aber der
fürgeburn mastochs oder stier [276]) nit [277]) darfür gehalten oder geschlüchtigt,
derselb sambt all andern ochsen, so über [278]) vorbeschribnen ordnung auf 25
den gemainen poß gekert werden, sollen [279]) alle tag desselben waidens
umb ain phunt perner gephendt werden.

Dergleichen [280]) soll auch niemants kain vich mer, als die mit irer
aignen füetterung wintern mügen, längeszeiten auf der gemain waid zu

---

[260]) *B fügt bei:* oder darzuc bestölte saltner.   [261]) vich *B.*   [262]) vier *B.*
[263]) zwen *B.*   [264]) in gepfendt werden *B.*   [265]) 24 kreizer *B.*
[266]) phenten *fehlt B.*   [267]) 3 kreizer *B.*   [268]) zwen *B.*
[269]) ain und ain halben *B.*   [270]) schwein auf die gietter *B.*
[271]) *B fügt an:* zugleich die unberingte auf der gemain waidt per 4 kreizer.
[272]) der *bis* betheurn *fehlt B.*   [273]) soll auch *B.*   [274]) den *fehlt B.*
[275]) aber *bis* werden *fehlt B.*   [276]) so fir geben ist *B.*   [277]) nit *fehlt B.*
[278]) über *fehlt B.*
[279]) sollen *bis* gephendt werden] so fir frembde gehalten *B.*
[280]) *Statt dieses Absatzes hat B:* Wann aber iemandt zwen par oxen oder
in driten jahr gehende stiehr selbs wintert, er selbe nit allain auf der gemain
ungehindert, sondern auch auf den poß treiben, sie seint gelernt oder nit, und
wover er ain par von solichen oxen oder stier ainen andern nachper auss-
leichen oder umb den horn liesse, mag derselbe mit der kutt ungeirt treiben,
so ver ain oder der ander ain par oder ain ox oder stier ausser der gemain
verkäfft oder sonsten abgingen, mag derselbe, so viel verkauffen oder abgangen,
andere an statt erkauffen und auf treiben, welche mehr als vorgesagt zwen par
mit aigne fieterung gewintert, die sollen ohn der gemain gebender ergezlichkeit
nit auf der gemaine waid noch poß gekert werden; welche aber von frembde
orten umb dem horn her genomben oder nach der obbestimbte zeit herzu er-
kaufft, als auch die nit mit ihre aigne fieterung gewintert, die allesambt der

keren, (ausser aines ochsen und ain kue, so ver die notturft erfordert), an
sich zu bringen befuegt sein oder gestattet werden, vorbehalten, so ver
iemant rind nach verscheinung unser Frauen liechtmessen abgiengen, soll
iedem, sovil derselben abgangnen rind sein, andere an die stat zu bringen
5 zuegeben und gestat werden; wer das übertrit, soll umb iedes haubt, so
über dise ordnung auf der gemain waid keort wurd, alle tag desselben
waidens umb ain phunt perner gephendt werden.

Item alle hievor beschribne [251]) phantung, so uren wein, ain ganzen
oder halben gulden tragen, sollen der gemain eingezogen und verraitet
10 werden, allain vorbehalten die phantung von wegen der phert, so ain
gulden ist, soll das [252]) halb thail, was darunter ist gar den dorfmaistern
mitsambt die multen oder phantungen aller anderer artigl, so under den
halben gulden tragen, zuestendig und bleiblich [253]) sein.

Item, welcher zimerholz auss verwilligung der gemain schlecht und
15 in jars frist nit treibt oder hinweck füert, soll alsdann der gemain ohn
ainiche ergetzlichait verfallen sein. [254])

Die phantungen mögen [255]) durch [256]) die dorfmaister, ausser der
hohen vesten [257]) und sunntägen, außgenomen werden zu irer gelegenhait.

Dise nachvolgende articl sein auf verwilligung und zue-
20 geben [258]) der ganzen [259]) gemain zu befürderung pessern nutz
und wolfart derselben nachmals hinzue gepessert worden,
wie volgt.

Item alles das holz, so im thal, Välwruna genannt, geschlagen und
gebracht werden mag, sol kain panwalt sein·oder darfür erkent werden.
25 Es soll auch [260]) alles durr- oder prennholz in dem untern walt, auß-
genomen Chafai [261]) und Windlei [262]) ob Rifair, zu machen nit ver-
poten sein. [263])

Es soll auch niemants weder heu, gruemadt, strew [264]) noch graß
weder mit reverender müst, [265]) noch vaiste [266]) auf dem velt, noch auß

---

falsch firgegebnen möstox, so auf der gemaine waidt oder poß getrieben werden,
sollen alle tag desselben waidens umb ain pfundt perner gepfendt werden.
[251]) *B fügt ein:* und in disen gemaine puech nachkommende.
[252]) der *B.*   [253]) verbleiblichen *B.*
[254]) *B fügt ein:* Wovern ain oder ander fir dach-, kandl-, tennholz oder
sonsten zimerholz auf vergunstnüss der gemain schlagt und alsdan zu sagbrigl
verhackt oder schintlen daraus macht oder sonsten zu prenholz braucht, soll
von ieden stamb umb ain halben gulden gepfendt werden.
[255]) wegen mögen *B.*   [256]) durch *fehlt B.*   [257]) vesstägen *B.*
[258]) und zuegeben *fehlt B.*   [259]) ganzen *fehlt B.*   [260]) auch *fehlt B.*
[261]) Käfoy *B.*   [262]) Wutley *B.*
[263]) *Hier fügt B ein:* Verer in ansächen das a° 1686 jars das ganze untern
pergwalt von Wälldälussey hinauss bis an Laatscher gemörk durch den prunst
(ausser das wenig Bußey und Wallplaunä) alles holz zu äschen gelögt, deru-
halben auss grosser noth wegen das noch vorhandene stuck waldt Wäll-Plaunä
zu ainen päämb- und geschwornen waldt geschlagen worden, solcher gestalten,
das welcher ainicherlei stam grünen holz ohne vergunstnuss der gemain schlogt
oder macht, der soll von iedem stam gross oder klain umb ainen gulden ge-
pfenndt werden.
[264]) straß *A.* stro *B.*   [265]) s. v. tunget *B.*   [266]) raisse *A.* festa *B.*

den städeln [297]) ausserhalben der gemain zu ainicher zeit gar nicht ver-
kauffen noch in [298]) anderm weg entziehen, dergleichen in der gmain dem
jenigen, so mer als ain phürt oder sonst frembt vich, so in der gemain
waid nit angenomen [299]) werden, außgenomen ainen offenlichen wiert, zu
aufenthaltung [300]) den durchwanderten, vor eingeendem monats martii nit 5
verkauffen oder entziehen, pei der peen und straff [301]) iedes fueder umb
ain gulden und iede purd per 6 xr. [302])

Item, welcher [303]) nach sant Jacobs tag durch aines andern äcker
mit seiner frucht durchfart hat, und derselb acker mit frucht gfaßt [304]) und
ain anderer acker [305]) darneben lür oder die frucht abgenomen wäre, und 10
mit seiner frucht durchfarn möchte, soll derselb lür acker, [306]) wo die [307])
frucht abgeschniten wär, weg und durchfart lassen.

Item [308]) die wisen in Awinga die sollen alle jar im halben monat
augusti abgemaidt sein; [309]) wer darüber unabgemaidt ansteen lasst, soll
von iedem manmadt alle tag [310]) umb drei kreuzer gephendt werden. 15

Alle frembde verpotne phärt, [311]) zu vernemen, welcher mer als ain
phärt auf der gemain waid kert, soll beim tag umb zwai phunt [312]) und
bei der nacht umb ain gulden gephendt werden; solche phantung soll halbs
der gemain, das ander den dorfmaistern zuesteen, und ob iemant under den
dorfmaistern oder [313]) dorfgeschworne oder gemain wiert solches [314]) in 20
erfarung käm oder bei inen betretten wurd und der gemain zu der würk-
lichen stroff [315]) nit anzaigt, soll vom ambt entsetzt werden.

Item [316]) in der creuzwochen und all andere zuefellige procession
solle den dorfmaistern kain andern vortl oder genüeß irer zerung vor
andern nachpern der gemain zu nachtl gestatet werden. 25

<hr>

[297]) dem stadel *B.* [298]) ain *B.* [299]) genommen *B.* [300]) aufhaltung *B.*
[301]) und straff *fehlt B.*
[302]) ein pfund perner; und wover die noth erfordert, der gemain der
gestalten hei verkauffen zue lassen oder zu verpieten bevorstehen soll *B.*
[303]) welche *A.* [304]) durchsarth *B.* [305]) acker *fehlt B.*
[306]) acker, so lähr ist *B.* [307]) oder *B.*
[308]) *Dieser Absatz steht in B später.*
[309]) sein *bis* unabgemaidt *fehlt B.* [310]) alle tag *fehlt B.*
[311]) Alle verpotne pferth, so fremd genant werden *B.*
[312]) zween pfundt perner *B.* [313]) oder *fehlt B.* [314]) wiert solches *fehlt B.*
[315]) wirklichen genommen straff oder penn *B.*
[316]) *In B heisst dieser Absatz:* Item in der creizwochen und all andere
ordinäri, verlobte, angestölt und anstöllende creizgäng und processionen soll
ieder, ains von der cho, und die junge purst, sovil möglich ist, sich bemihen,
zu morgens, so das zaichen gegeben, ieder in der pfarrkirchen bei zeiten sich
einfinden, das heilig creiz empfachen und also mit allen uiffer, gottesforcht, mit
beten und andern gueten exempl an ent und orth, alwo der creizgang angestölt,
verfuegen, nach verrichter andacht, wan etwan ein wein aussgethailt wirdet,
dasselbig ehrbarlich empfachen, nach eingenohmner colation und laab wider-
umben die heilig creiz empfachen und hiemit der ordnung nach andechtlich
petendt nach haus begeben, auch die creiz biss in die pfarr begleiten; welcher
das nit haltet, sondern in ain und andern dawider handlet, als voll an an trinken
oder greinen, händl anfangen oder handlschafft ibt, oder sonsten in andern weg
ergernüss gibt, der soll umb ein halben gulden gepfennt, und wo greblich, die
straff vorbehalten, bei solchen aussgebwein, es sein, was fir creizgängtigen es
wolle, solle den dorfmaistern kain andrer vorthaill oder geniess ihrer zörung
vor andern nachpern, der gemain zu nachtl, nit gestattet werden.

Item, so ver die dorfmaister von wegen der gemain solchen [317]) nutz
und fromen ausserhalben der gemain zu wandlen geursacht [318]) wurden,
sollen si dasselbig, was und sovil [319]) ir aigen zerung betrifft, [320]) in iren
uncostung und nit in der gemain zerung [321]) außrichten, [322]) im fall aber
5 die notturft erfordert, andere gesandte von wegen der gemain sachen zu
versprechen durch die dorfgeschwornen [323]) zu erwellen oder zu verordnen
erfunden, soll demselben umb sein zerung alle tag ausserhalben der gemain
gangen oder geritten [324]) ain phunt perner [325]) durch die gemain bezalt
werden, aber ausserhalben des gerichts soll die besoldung und zerung zu
10 der gemain erkantnus gesetzt sein.

Es soll alle der gemain sach oder handlung ir zerung bei der gemain
verordenten wiert vergunt und daselbs außtragen werden.

Es [326]) soll auch niemants tüxen [327]), dann allain im monat februari, [328])
weder zu schlagen, machen, noch füeren vergunt, noch [329]) gestatet werden,
15 bei der peen und straff iedes fueder ain [330]) phunt perner, und in [331]) den
panwäldern soll niemants zu ainicher zeit weder stamen oder anders
machen, sondern auf drei ganze jar, so ietzt februari anno 81. jar an-
gefangen, verpoten sein.

Item es soll iederman in diser gemain, der die wisen reverender [332])
20 mit tunget am langes zu versehen bedacht, [333]) iederzeit 14 tag vor be-
fridung derselben wisen tungen, nach erscheinung [334]) derselben zeit, unzt
die befridung [335]) getungt wurd, soll iedes manmat umb sechzehen kreuzer
gephendt werden.

Die [336]) dorfmaister sollen alle verfallne [337]) phantungen zu drei [338])
25 fristen im jar, als eingeenden monats juni, Michaeli und vor sant Petters
stuelfeir, [339]) einziehen, nachmals soll inen nit mer gestatet werden [340]) und
nichts weniger [341]), was der gemain verfallen, zu verraiten und zu [342]) be-
zalen schuldig sein.

Es [343]) soll auch niemants, wer der ist, kain neupruch in wismadten
30 ohne vorwissen, willen und vergunstnus der ganzen gemain understeen,

[317]) gemaine sachen B.   [318]) verursacht B.   [319]) und sovil *fehlt* B.
[320]) anbetrueg B.   [321]) und nit in der gemain zerung *fehlt* B.
[322]) B *fügt ein:* ohne der gemain verleidung verrichten.
[323]) dorfmaister oder geschworne B.   [324]) gerichten B.
[325]) achtzehen kreizer B.   [326]) Verer es B.   [327]) däschen B.
[328]) im monat februarii] die gemain aussgebe oder vergune B.
[329]) vergunt noch *fehlt* B.   [330]) zwen B.
[331]) und in *bis* verpoten sein *fehlt* B, *dafür hat* B: Wan das wasser, wie
breichig, drei tag nach ainander geben wirdet, die äcker zu wässern, soll
innerhalb Fussä die erste zwen tag nit in angriffen werden, nach verflossnen
zwen tag ieder nach notturfft zu wässern befuegt bei der pfant ain muth roggen.
[332]) reverender] mit s. v. B.   [333]) gedacht B.   [334]) verscheinung B.
[335]) dero fridigung B.   [336]) Verer sollen die B.
[337]) verfallne] gleichsamb nit gar gewichtige B.
[338]) zwen oder drei B.   [339]) stuelfeirtag B.
[340]) B *fügt ein:* doch wan die notturft erfordet und gemains pflüchts-
tragern ainen gewichtigs verdienten, so balden es ibertretten, zu pfenten erlaubt
und zue gelassen sein.
[341]) destoweniger B.   [342]) verraiten zu B.
[343]) *Dieser Absatz hat in* B *folgende Fassung:* Volgents soll auch kainer
sich unterfangen, wenig oder vill wissmaden aufzuprechen und darmit ackher

machen oder fürnemen bei der peen und straff iedes manmadt zehen
gulden.

Item alle der gemain anlag, anschnitt und zehenteinbringer, so [311])
die dorfmaister darzue einzetreiben verordnen, sollen si dorfmaister umb
den abgang der gemain red und antwurt geben. *)   5

Item, so ver ain frembds mans-person, er sei wer er wöll, herzue
kombt, und sich in der gemain alda nider zu lassen, oder zu verheirathen
wolte, so solt solcher schuldig sein, wovern die gemain haben will, sich
einzukauffen und mit der gemain abzukommen, nach erkantnus der gemain.

Verer, welcher frembder, der sich nider zu lassen, und ain haus zu 10
kauffen begert oder erheirat und ime von der gemain erlaubt wirt, soll
der selbe, neben was ime niderlass-gelt geschöpft wirt, der gemain darum-
ben zehen gulden reinisch zu geben schuldig sein.

Als ebenfalls, welcher in der gemain ain neues haus pauen will, soll
soliches zuvor mit der gemain wissen und willen beschechen, so im vergunt 15
wirt, soll er der gemain darumben zehen gulden, wie oben, zu geben
schuldig und verpunden sein.

Item, das kainer in der gemain, er seie wer er wölle, soll nit befuegt
sein, ainiches rintvich zu kauffen, allain was er im zu wintern getraut, als
in längens soll ain ieder befuegt sein, ain rint, es seie ox oder kue, welches 20
er zu seiner haus-notturft die wahl haben soll, doch das solcher kauff vor
eingang monats aprilli bescheche, und welcher dariber handlt, soll von der
gemain umb ain yhren wein gepfendt worden.

Es soll kainer mit s. v. tunget durch andere sein stuck wis, allwo
er nit durchfart-gerechtigkeit hat, weder geladen noch ler faren, bei der 25
peen, geladen per funfzehen, und ler per sechs kreizer.

Als auch mit auf die mihlen oder sag faren ieder der strass nach,
und nit durch die wisen faren, bei der pfant zwelf kreizer.

Es soll auch ieder seiner zuegelassne oxen ainicherlei weis besonder
in poss hieten, sondern all mal zu und vor den hirten treiben, welcher 30
das nit halt, soll iedesmal des widerfarens per zwölf kreizer gepfent werden,
und darumben der hirt aufzusechen hat.

Item soll kainer dem andern seine rain weder meien, noch auf
andere weis entnemben noch entziechen, bei der peen, iede purt per
sechs kreizer.   35

Verer, wan ain oder ander seine oxen in die äcker waiden will, soll
derselbe auf sein, und nit in anderen leiten guet waiden, wer solches nit
haltet und den andern gestalten widerfart, soll iedesmal, so oft es ge-
schicht, per nein kreizer gepfent worden.

Item soll kainer dem andern sein potens wasser auss die roden nit 40
nemben, nit verhindern oder entziehen; welcher diss ibertritt, sol bei den
tag per fünfzehen kreizer, bei der nacht per zwen gulden gepfent werden,

---

zu machen oder einzuzeinen und darmit angerrecht zu machen, ohne vorwissen
und vergunstnuss der ganz gemain, bei der peen und straff iedes manmat
10 gulden, und danach in alten standt zu verbleiben haben soll.
    341) so die *bis* verordnen] welche darzue verordnet werden *B.*
    *) *Hiemit schliesst A.*

es soll auch ieder bei sein potens wasser bleiben und nit darvon gehen, bei
der peen dreissig kreizer.

    Sover ain trickne einfiel, das die gemain genötiget wurde, auf das
manmadt so vil zeit und stunt zu wüssern anzuverordnen, soll ieder der
5 ordnung nachkommen, wover das ain oder der ander dariber handln
wurde, alle mal gestalten des verprechens die gemain denselben zu pfenten
befuegt.

    Es soll auch ieder die tragwahl oder pingern, zugleich schwellen
vor oder durch sein stuck rechtens auf tuen und erhalten, damit der
10 nebenmensch, der solich gebraucht, on irr[345]) der gebür nach sein stuck der
notturft wässern möge, darauf ain wähler achtung haben soll, das die wühl
und schweller iedes jar drei tag die nächsten darnach gemachten grossen
wahls in stant gemacht, wans nit beschechen were, soll der wähler denen
dorfmaister zu wissen machen, si alspalten tagwerker zu bestellen, und an
15 orten der notturft nach richten lassen, und denen hinlässigen verwürker fir
iedes monat ain pfunt perner one gnade pfenten, und hiemit dorfmaister
und arbeitsleit zu geniessen haben.

    Ebenfals soll ieder neben sein behausung und dern gerechtigkeit,
als auch neben sein stuck, weg, strass und wällen in recht gebürlichen
20 stant setzen, one klag erhalten und auch drei tag nach gemachten strassen
zu fuessen stellen, und das ganze jar hindurch auf ihren unkösten erhalten,
wurde das nit geschechen, sollen die dorfmaister obige ordnung haben, one
weitern aufhalt gebrauchen.

    Wan die zeit eraignet, das die oxen gehen perg getriben werden, soll
25 sich kainer unterfangen, die seinige zu haus zu behalten, allain er behalt
sie auf sein aignes guet oder im stall, solt derselbe auf der gemain waid
hieten oder hieten lassen, also auch besonder gehietet, soll alle tag per
sechs kreizer gepfent werden.

    Es soll auch, so die oxen in perg sein, ieder guet und taugliche zue-
30 hirten schicken, auch kainer geschir, noch hacken mit nemben, solt etwan
schlechte untaugliche zuehirten geschickt, oder geschir oder hacken mit
genomben werden, und villeicht ihren[346]) geschäften nachgehen, andurch
ain schaden nit verhietet wurde, das villeicht ain solliches die schult zu
sein erwisen wurde, derselbe den schaden abzutragen schuldig, und wan
35 erwisen wirt, das ain schlechter zuehirt geschickt, oder aber hacken und
schir mit nemben, soll,[347]) der zu schicken schuldig, all mal umb dreissig
kreizer gepfent werden.[348])

    Welcher die oxen freventlich auf die albe-waid[349]) treibt oder
waidet, der soll alle mal umb fünfzehen kreizer gepfent werden, es treffe
40 an, wen es wölle.

    Welcher seine oxen in Pontnuss waidet, der soll allmal umb zwölf
kreizer gepfent und den schaden abtragen, zugleich in Krüpägliä und Turn
zur zeit, das die wühl gebraucht werden.

    Es soll all und ieder zeit one vergunstnus der gemain das läb machen
45 verpotten sein, es seie in gemainen gepiet, wo es wolle; wer das nit halt,

---

345) jhr *hs.* 346) ihne *hs.* 347) sollen *hs.* 348) werden soll *hs.*
349) waidt *hs.*

sondern wider verpott noch mnchen wirdet, derselbe soll fir iedes fueder
per dreissig kreizer, ieden purt sechs kreizer gepfent, solt ainer so köck
sein und auf andern leit guet lüb macht, würdet ainsmals pfantung ge-
schöpft fir ain purt fünfzehen kreizer.

Es [ist] kainem erlaubt, in die pämbwülder, auch dorfmaister mult- 5
wälder weder latten, noch schluefpämen, oder griene gamben zu maohen,
bei der peen iedes stammen per vierundzwainzig kreizer.

Sintemahlen die gemain mit grossen unkosten den pruo von Tan-
terüväs in dorf gefiert, auch gedacht zu menuteniern, darumben das holz
und waldung darzue zu verordnen notwendig fallet, und wirdet also be- 10
schlossen, das hinfürders ainicher stammen grien lürch und förches holz
von Kiänt-Spiney in Tanderäväs biss in wäll Schgürä weder geschlagen
noch gemacht werde, welcher aber sich unterfangen wurde, ain oder mehr
stammen dits holz zu schlagen oder zu machen, der sol on alle gnad umb
ain gulden gepfent werden. 15

Sovern, dass ainer so verwögen sein soll, etwan die prunen-trichl zu
verhacken, oder sonsten zu porn, dasselbig soll umb ain gulden gepfendt,
und den schaden zu ersetzen schuldig sein, als auch der bei oder an die
trög etwas verdörbte, soll obige pfantung auszzustehen haben.

Es soll auch kainem erlaubt sein noch werden auf den winter grüen 20
holz, vor das die gemain der ganz nachperschaft an verordneten tag auss-
gibt oder erlaubt, welcher aber ibertritt, soll der selbig umb seiner unge-
horsamkeit umb ainen gulden gepfendt und hiernach vermig verbrechens
der gemain zu pfenten bevor stehen.

Item soll niemant befuegt sein, nach der befridung, weder in 25
Tschischridü, noch walt Awingae holz zu treiben dene wise zu nachtl,
ausser der gemain auf der not, doch mit bescheidenheit, und auf den
mindisten schaden, welcher aber es betretten wirdet, soll iedes mal per
vierundzwainzig kreizer gepfent und schaden abzutragen schuldig sein.

Item, die wisen in Awingü, die sollen alle jar in halben monat 30
augusti abgemühet [sein], [wer es] anstehen last, soll von ieden manmat
umb drei kreizer gepfent werden.

Es soll ieder zu allen zeiten sein vich fleissig vor denen hirten
treiben, und zu abents, wie sich gebirt, einstöllen und weder tag noch die
nacht in dorf herumb laufen lassen, das es entlich in die gieter kombt und 35
hiemit grosse schaden geschechen, welches das nit wolt in obacht nemben
und betretten wurde, es seie zu was für zeit es wolle, mit ross, oxen, küe,
stier, kölber und s. v. schwein, auch schaf und gaiss, so frieling und hörbst
auf die saat, gruemet und poß betretten, soll iedes stuck all mal des be-
trettens, ain ross dreissig kreizer, gross rint fir das haubt zwainzig kreizer, 40
klain rintvich das haupt zwölf kreizer, schaff und gaiss in roggen zwölf
kreizer, auf die wisen, gruemet, poß vier kreizer das häbt, ain s. v.
schwein vier kreizer gepfent werden.

Wan ainer gegen ain ander ain irr [350] oder spänn oder strittig-
keiten hütte, und derselbe zum vergleichen oder giete, und wo not, recht- 45
lich auss zu sprechen nit kommen lassen wollte, sondern [sich] halsstörrig

---

[350] iher *hs.*

und widerspünig erzaigte, auch das gebürliche recht one ursach waigerte, der soll umb ain yhren wein gepfent werden.

Nach dem allen, so ist durch ain ganz gemain erfunden worden, ob etwas zu aufgelögt, es seie anschniz oder anders, nicht aussgenommen, und
5 das durch ain pieter anbegert wurde, und aber derselbig dessen verwidert, so soll und mag die gemain mit pfantungen, oder aber mit dem pfüll zue- schlagen (wie breichig ist, wie von alters her, kainerlei sachen zu ge- niossen, so der gemain gehörig) fueg und recht haben, und welcher iber- trittet und nit gehorsamb laisten wolt, als oft das geschicht, so soll der
10 selbig umb ain yhren wein one gnad gepfent werden.

So ist auch mit guethaissen der gnüdigen gerichtsherrlichen obrigkait iederzeit von altenhero observierlich und breichig gewest und durch der dorfmaister, geschwornen und ain verordneten ausschuss in der gemain hinfiro dermassen zu halten fir notwendig angesechen worden, dass alle
15 gemaine sachen, wie die namen haben mögen, kaine davon aussgenommen, so wol auch alle kürchen- und priester-zins und gilten, und der gleichen gesuech mit peirlich recht in der gemain getriben und eingelangt werden sollen, doch in allweg hierinon der gerichtsherrlichen obrigkait ihr sprich vorbehalten.

20 Der gmain pieter soll denen dorfmaistern befelch in fal der not, auch schworne und ausschuss gehorsamb laisten.

Es soll auch niemant unterfangen, den gemain pieter one vergunst- nuss der dorfmaister, und wie oben gehört, zu gebrauchen, bei straff nach gestalt.

25 In all gebürliche begebenheiten soll die gemain denen dorfmaistern und geschworne beschizen und beschirmen.

Soll auch niemant so vermössen sein, wovern, gott wolle davor sein und hieten, das lähn [und] muhren entstunden, von sein guet in ain anderen zu leiten oder auf gemainen thail zu wenden, soll es unverhofft
30 beschechen, soll der selb ainsmal von der gemain umb zwen gulden gepfent werden, dabei den zuegefiegten schaden ersezen und die weitere straff vor- behalten.

Wan ain oder der ander wider ain dorfmaister oder geschworne ungebürlich redt, der selbe hat so vil gethann, als wan er wider alle
35 beambte gehandlt hätte.

Wan nun iemant in der gemain Tauffers, wer der seie, sein schuldig- keit in vor beschriben unterschieden iber zuvor beschechens ersuechen und angenommen zur bestimbten zeit nit ob gelebt haben, so auch saumbselig oder aufziglich erscheinen wurde, so solle der gleibiger oder anvordernde
40 thail bei den iedesmals gesezten dorfmaister anrueffen, die schuldige parthei vor ihnen kommen zu lassen, und selbige anfänglich dahin zu halten, das selbige den klagenden thail seiner ansprach, wovern solche schult recht- und beküntlich, innerhalben nechsten drei tägen, bei der vermaidung der gemainen recht, contentieren solle, in fal nun gleibiger nach verfliessung
45 solcher täg noch kain bezahlung haben mögen, rueft er bei den dorfmaister ferer an, wider jenigen, so ime also zu tuen, die gemain recht, und von deme ain pfant, als vich, hausrat, auch pau- und wagenzeig, zu welchen er den pesten fueg zu haben vermaint, eintuen zu lassen zu vergonen, so ihme

auch mit vermelden, sovil er dessen befuegt, vergönt werden, welche ver-
willigung gleibiger alsdan der schuldige parthei durch den pieter nit allain
also balden unter augen oder zu haus zu wissen machen, sondern auch
derselben ankinden, er werde seiner ansprach halber inerhalben auch
nechsten drei tag, wovern er darumben nit begniegt werde, genuegsambe 5
pfantung nemben und eintuen lassen, wo nun soliche drei tag auch ohn
abstattung verstrichen, kann glaubiger ersagtem pieter dariber anbefelchen,
das auch, was er von seinen schuldner fir ain pfant nemben oder aus-
treiben und in pfant-stall, oder in dessen mangl bei den gemainen wirt
einstöllen, da dann soliches geschechen, solle selbiges ohn abgang daselbs 10
gehalten und gleichfals inwendig nechster drei tag darzue vor gedachte
dorfmaister mit zuriehziehung der geschwornen, doch ohn zierlichen
process, sondern allain sumarisch und müntlich geklagt, auch darbei die
beschäz- und einantwortung des haftenden pfants begert werden, wariber
alsdan, sovern sich der schuldner nachmals nicht abfindig gemacht oder 15
erlödigt, die dorfmaister und geschworne beriert pfantstuck was selbiges
umbs pare gelt wert geschäzt, davon erstens der drite thail, item die an-
sprach und özung desselben pfants, so auch der unkosten iber solche
schüzung und pieters mihewaltung besoldung ergehen, doch nach pillichen
dingen ermössiget abgezogen, volgents den anrueffer umb den geschöpften 20
tax gegen deme an tag der schüzung auch eingeanwort werden, daran dern
gepfenten stuck ain iberrest erschine, der pfenter solchen iberling gleich-
mössig hinaus geben oder bezalen, zu welchen geschäzt und den glaubiger
zwar eingeantworten pfantstuck hinnach drei tag losung haben soll, der-
gestalten, wie selbiges inwendig solcher zeit wider an sich zu lesen und 25
das jenig, was oder sovil gleibiger darauf ligent hat, oder darumben ime
soliches eingeantwort worden, ausser das drite thail abzug oder zuesazes,
so den schuldner oder leser zu gueten bleibt, par einlögen oder zu bezalen
begert, ime solches zuegelassen und ervolgt, dessen unterlassen aber den
gleibiger firters unablässlich verbleiben, sondern dabei vestiglich gehant- 30
habt werden solle und dise enge gemaine recht, darumben gefärliche auf-
haltigkeit abgeschnitten, auch weitleifigkeit und unnotwendig unkosten
verhiet werden, zuegesprochen, iedoch sollen alle vorgemelter gemainschaft
Tauffers zueständige straff oder pfantung nit der gnädigen gerichtsherrschaft
der ende &. an dero strafsforderung, so darbei versiern möchten, gar unbejudi- 35
cierlich oder benomben, sondern auch derselben so wolen schuldigermassen
angezaigt, als auch bei den befindenden ibertreter einzuziechen, wie zugleich
fir sich selbs zu verstehen, dero sonsten habende gerechtsamb bevorstölt sein.

Volgends sollen die dorfmaister selbs oder iemant andere, der umb
das feur sorg haben soll, verordnen, welche das ganze jar iedes monat mit 40
aller aufmerksambkeit und embsigsten fleiss herumb gehen, iede kuchen
und kemeter recht besichtigen, alsdan an den jenigen orten, wo sie unver-
wohrt und unordentlich mit dem feur oder mit abkörung der kemeter be-
finden, sollen sie alsobalten von stunt an gebürliche pfant mit inen nemben,
und solches pfant bei den gemainen wirt verzören, darumben der gemain 45
nicht zu verraiten schuldig.

Die gemain Tauffers hat anno 1630 willens deromalen geschwöbte
sterbs-contagion-sucht gott dem allmächtigen vorderist, item unser lieben

frauen und allen gottes heiligen zu eron, damit man diser pösen sucht
erlöst werde, das offentlich und haimbliches tanzen abgenomben, und
herentgegen den feierabent zu ieden sambstag oder sonsten vest- und feir-
tag-abent all mal umb zwölf uhr zu halten verlobt, sintemalen aber solche
5 verspröchen und verlobung ain thail nit obacht genomben und gleichsamb
missgehalten, derohalben haben ihro hochfürstlichen gnaden, damals
regierender pischoff zu Chur & & seligisten gedüchtnuss, auf unterthänig
und gehorsambes anlangen der völligen gemain solche verlobung anno 1650
in dem jubilei jar solcher gestalt verendert und auf ain ewigen kreizgang
10 transferirt, als nemblichen, dass ain ganze gemainschaft Tauffers järlich
ewiglichen am tag des heiligen kreiz erfindung, als den driten monats
mai, mit ainer andüchtigen procession von der pfarrkirchen sanct Plässi
alda zu Tauffers auss nacher Liechtenberg die zu eren der allerheiligsten
dreifaltigkeit geweihte pfarrkirchen mit andacht besuechen, und hiemit
15 die allerheiligste dreifaltigkeit mit grosser andacht inprinstig bitten, for-
derist umb verzeichung unserer sünden und missetatten, die wir begangen
haben, auch durch fürbitt der allerseligsten jungfrau Maria, himelskönigin
und mutter gottes, nicht mer gott zu beleidigen, auch von dergleichen
straff behietet werden, bei den ambt der heiligen möss fleissig und mit
20 andacht betten, dabei soll ieder ains von ehe wenigisten sich einfinden,
und junge pursch [351]) [ie] merer es sein, [ie] grösser die ehr und andacht
sein wirdt, welche alle in werenden mössopfer, ieder mensch gross und
klain, sollen zwain mal nach der ordnung und ehrpietig opfern gehen,
dabei soll sich ieder, wie schon in andern wegen die heilige processionen
25 eingefierten puncten gemeldet, verhalten, zugleich auch kainer, welcher
schuldig zu erscheinen, mit nichten aussbleiben, bei vorbehaltliche pfant
und straff. Bei solchem kreizgang soll der herr pfarrer selbsten beiwonen
und das ambt der heiligen möss in besagter pfarrkirchen ohn der gemain
entgeltnuss halten.

30   Volgents solle ain ehrsambe gemainschaft Tauffers, als deroselben
dorfmaister und vorsteher, jürlichen und ewiglich alle jar an dem tag, so
man den wahl Rampitschen machet, fir weilent frau Ursula Guntschin
seliger gestüfte dreiundachtzig guldon, ain seelambt halten lassen, bei
solchen gottsdienst sollen alle, die zu der gemain arbeit gepotten und zu
35 gehen [schuldig], vorderist die dorfmaister, beiwonen, die dorfmaister den
herrn pfarrer bei zeiten erinnern, wau gemelter wahl gemacht werden soll,
damit ain pfarrherr die hl. möss und den tag auf der kanzl verkinden
möge, und nach verrichtem gottsdienst sollen alle arbeiter, so gepotten,
sich in der gemain arbeit besagten wahls begeben. Dem herrn pfarrer ist
40 man fir der gelösten heiligen möss zu geben schuldig achtzechen kreizer,
welche er bei ainem acker in Wernäväss, so uniezto Jacob Cieraus erben
innen haben, aufzuhöben hat; sonsten ist die gemain der pfarrkirch noch
kirchendiener anderwärtig nicht weiters davon schuldig.

    Demnach ain ersambe gemainschaft Tauffers zu befürderung der
45 gemainen nuz und fromben wegen ainhellig beschlossen, das man alle zeit
zum 4ten jar ewiglichen die wisen unbefestiget oder unbedungter stehen

---

[351]) purst *hs.*

und zu verbleiben haben solle, und also anno 1655 der anfang genomben
worden und hinfürders deme nach zu kommen erfunden, ungeacht aine
ersambe gemain Minster particularn in Tauffers gebiet oder bezirch haben-
den gieter, sich dessen zu halten gewidert und günzlich gewaigert, ist aber
hinach durch ihro hochgräflich gnaden herrn herrn Maxmillian graff 5
Trappen &c. &c. und beinass gietig vermittelt worden, dass sie Minster parti-
culärn kraft aufgericht- und verförtigten vergleichs, so datiert den
21ten April anno 1655, hinfürders solchem nachzukommen und dahero zu
obediern obligiert und verpunden sein sollen, andurch alhoro in gemain
puech einzuverleiben fir tuenlich erfunden. 10

Den 25ten tag monats april anno 1576 haben Hans Grass, Simon
Schütz, Andrae Füsser, Janet Classachtae, Valtin Mätsch, Jacob Laganda,
als diss jars verordente dorfmaister, und Steffan Munget, Johann Lienhart,
Class Prassy, Nut Pernel, Marx Gnü, die zu Tauffers, Christoph Tischler
und Plüss Turner zu Rifair, auch Christoph Daller zu Puntweil, all be- 15
stelte gemainsgeschworne, [mit] wissen und guethaissen der ganz gemain-
schaft Tauffers den ehrbaren Johann Wundegü, auch damals dorfmaister
daselbs, auf ewig hin geben und verkauft nemblichen die gerechtigkeit
und nutzungen ainen wiül in der neuen Galflü-ücker Taufferer gebiet
ligent, unter den wahl Rampitschen, Rost genant wiül, morgenthalben an 20
Latscher gepiet, mittag an Tauffer guet, abent an gemaine waid, und zu
der 4ten seiten an gemelten gemainen wahl Rampitschen, bessere cohcrenzen,
ob die erfunden werden, vorbehalten, per drei gulden, dern sie vorbenante
dorfmaister und geschworne im namen der gemain bezalt zu sein bekennen,
doch mit solcher condition und bodingnuss verkauft, das wovern und zu 25
welcher zeit die gemain oder particulärn, wie gemelt, zum bedeiten wahl
was notturft zum bauen, alzeit gerechtigkeit dardurch zue fahren, oder
anderst, was die notturft erfordert, biss an Latscher gebiet zum Lochstain
rechtens reserviert und vorbehalten.

Es soll auch iedes jar ain wachter bestellt werden, welcher zu ge- 30
wisser zeit die nacht: 9, 12 und 4 uhr in der ganz gemain an gewonlichen
orten recht laut und klar die stunt aussrueffen, kain alten ruef nit auss-
lassen, auch kaine neue aufbringen, nit allain die aussrueffen, so vermig
aines anwalten des orts examinierung und auf tragende pflicht die an-
lobung erstatten, hiemit vleissig auf die feuers gefahr zu sehen, wasser 35
schaden, so etwan die nacht geschechen möchte, acht zu haben, als auch
[auf] andere gefahren guete obsicht zu tragen; anfünglichen hat er die
12te stunt zu rueffen, den anfang zu nemben umb st. Lorenzi und umb
Georgi [zu] enden, 9te umb Allerheiligen anzufangen, und umb halben
monat mürtii aussgehen, und 4te stunt umb St. Martini angehen, und 40
halben monats februarii den aussgang haben. Darumben hat er von
iedem haus alda zu Tauffers aufzurecken und zu begeren roggen ain
mezen, und alwo mer parteien und feurstütt, soll ain discretion gebraucht
werden.

Es solle auch kainer unterfangen, er seie wer er wölle, junge pursch 45
oder andere, den gestellten wachter die nacht, weder haimblich oder
offentlich, etwas in weg zu legen, noch üntern, spotten, noch irren, in
kainerlei weiss verhindern, sollte wider verhoffen etwas beschechen, der

taeler soll allmal, so [oft] es beschicht, umb zwen gulden gepfendt, und was weiter zu erwarten, vorbehalten.

So durch herrn gemains beambte die gemain oder ain ausschuss von nöten und durch den picter rechtens gepotten, es seie den abent davor oder
5 auf der stunt, wie etwan die not erfordert, soll ieder, der gemainen thail nuzung geniesset und zu der gemain gehört, niemant ausgenomben, one ainiche aussred unaussbleibens an verordneten ort erscheinen, welcher ausbleiben wurde, der soll allmal des ausbleibens umb ainen gulden gepfent werden.
10 Es soll niemant zu ain versambleten gemain andere waffen, dan sein seitenwör, sover aber er die haben will, tragen, bei straff ain halben gulden, und wer zu der gemain gebotten, und nit erscheint, soll umb ain pfunt perner gepfent werden.

(Folgt das Register der einzelnen Paragraphe.)

Auf unterthäniges anlangen der vorsteher zu Tauffers habe ich dies
15 gemaine puech und dessen guot lobliche sazung nach billichen dingen, iedoch alles und absunderlich was die straffen belanget, nur in giettig stant gemeint, der gerichtherrschaft und dessen prerogativen in allen durchgehents ganz unpraejudicierlich reservato quocunque jure confirmieren und mit eigner hant unterschrift auch angebornen grüfflichen Signet ob
20 verstantnermassen bekrefftigen wollen.

Churburg den 9. 9^{bris} 1720.
(L. S.) Jakob Graf Trapp.

Es ist schon bei versambleter ganzen gemain der schluss ergangen, das, wer einen fremden unterschluf giebt oder zum hausbestand annimt,
25 mit 20 fl. alsogleich soll gepfendet werden, dieser schluss ist heute noch weils von dem ganzen ausschuss mit eigener unterschrift bestättiget worden. So beschehen den 5ten März 1801.

(Folgen die 12 Unterschriften.)

Weiters ist die verschwiegenheit des versamelten ausschusses dergestalten eingeschürfet worden, das wenn ein ausschussglied den vor-
30 getragenen punct fir oder wider einen geklagten ausser der versamlung wem immer etwas anvertraut, soll nach aufgenomener prob ohne gnad um 6 fl. — xr. gestraft werden und von dem ausschuss auf immer ausgeschlossen bleiben.
Beschechen den 5ten März 1801 vor ganz versamelten ausschuss.

35 Da wegen kalbl-auftrieb in dem herbst auf den ochsenpofl zwischen einichen partoien und der gemainds vorstehung eine diferenz entstanden, so ist den 8ten 8^{ber} 1803 des wegen der oberkeitliche spruch ergangen, das jene gemaindsglieder, so mit kalblen zu sümern gedenken, in langes gleich die ochsen, bis der öchsler mit der ochsenheerd auf die weide fart, in stall
40 sollen behalten werden, wo sodann solche mehn-kalblen den sommer hindurch auf gemeine weide, in herbst auf den ochsen-poll kennen getrieben werden, welches urtl durch Baltasar Fliri amwalt alda einverleibt worden.

12. Brad und Agums.

Papierhandschrift. Fol. 114 Bl. im Gemeindearchiv zu Brad. Das Verzeichniss der bäuerlichen Rechte Bl. 2—11.

Verzaichnuß der beirlichen recht, wie und welcher maßen dieselben in der gemaind Brad und Agumbs vor alten zeiten gehalten und gebraucht worden.

Anno sibenzechenhundert ainliften ist durch ainer loblichen wohl fürnemben, ganz ersamen gemain zu torf, berg und thall wirklich be- 5 schlossen und von neuem renoviert, nemblich alle alte gebreich, ordnung und veste gemainen pauren buech in hernach volgenten puncten bestehend und also von wort zu wort zu vernomben, wie volgt.

Erstens sollen zwen dorfsaltner sein, zwon zu Bradt und zwen zu Gumbs, und acht tag vor dem küssuntag sollen dieselben saltner firpaß 10 piethen den negsten nachtbarn nach der rot, und so alsdan derselbig nachtbar nit saltner sein will, so soll er den negsten nachtbar aber firpaß piethen, und welcher es alsdan aufnimbt, der ist alsdan schuldig, das ganze jahr zu der paurschaft zu piethen, wan es nothurftig ist.

Item, so sollen dieselben saltner ainer ganzen gemaind [zu] dorf und 15 auf dem perg acht tag vor dem küssuntag zu wissen thuen, daß an dem küssuntag alle auf Gorgiz zu der purrecht komen, und welcher alsdann nit kumbt, ehe man die paurschaft anfangt, derselbe ist der gemain verfallen ain poceiden wein, wo aber der saltner ainem nit pieten würde, soll man den saltner umb bemelte poceiden wein pfenden. 20

Verer, so soll man sezen saltner und dorfmaister und alle beirliche recht darinn vermeldon, und sollen die zu Gumbs zwen dorfmaister zu Bradt und zwen saltner erwellen, und die gemaind von Bradt zwen dorfmaister und zwen saltner zu Gumbs erwellen und firwerfen, und so solches geschechen und sich der erwelte des verwidert, der soll der gemain ain 25 yhrn wein verfallen sein, und mag man ihm nichts desto weniger erwellen unzt zum driten mahl, und als oft er dasselbig abschlagt, so ist er der gemaind von iedem abschlag ain yhrn wein schuldig, bis er die drite yhrn geben hat, alsdan ist er ledig desselbigen jahrs. Und die alten dorfmaister sollen ihnen gewalt aufgeben, als die von Agumbs denen von Bradt, und 30 die von Bradt denen von Agumbs.

Item mer, welcher dorfmaister oder saltner nit tät, was ihme und ainer gemaind zuekert, und die gemain den erfindt, den mag die gemaind pfenten, den saltner dreifache mult.

Verner wirt erfunden, das der alte dorfmaister dem jungen keine 35 schulden solle überlassen, sondern selbe selbsten einfodern solle.

Auch mit dato den ainderten tag martii in dem 1594 jahr, ist durch ersambe nachtperschaft und dorfmaister zu Bradt und Agumbs erfunden worden die hernach gemelten posten auf ewig zu halten und in disem jahr anzufachen. 40

Erstlich ist erfunden worden durch den Peter Clau und Balser Blazer, bede dorfmaister zu Bradt, und Valthei Wäschenhueber und

Christan Velbnarer, bede dorfmaister zu Agumbs, auch zugegen Christl
Clau, Bästl Egger auf Mitterhof, Theni Oberhofer, Michael Grusser, Hans
Riedl, Deiß schmidt, Marx Burger, mair auf Gorgiz, Lutwig Graßner,
Miny Pitscheider, Hans Matheui, Christl Grüßer, Jürg Johan Pauls, Bern-
5 hart Mitterhofer, Marthin Thurm, Bläß Plazer, Peter Holz, Johann
Diggä etc.

Auch sambt die nachtperen in Velneyr erstlich Sigmunt Velrlairer
auf Velrloyrhof, Peter Vellneyrer auf dem Sprenghof, Villi Gamper auf
dem Moßhof, Veit Thurm auf dem Vellneyrhof, Hans Ortler auf dem Mour-
10 hof, Sigmunt Radtunt auf dem Wißhof und Martin Noggler auf Blazgornun
und die haben vollmächtigen gewalt gehabt.

Erstlichen wart den bemelten nachtperen und durch ainer
ganz ainhelligen gemain erfunden und gemacht worden, daß die heuirgen
dorfmaister hinfiron auf ewig nicht sollen auf gemain zehren, alswie es
15 die posten mitbringen.

Erstens sollen die dorfmaister mit der nachtperschaft die zwen
steuiren alle jahr anlegen der gemaind ohne schaden, darvon sollen si
dorfmaister 1 fl. 24 xr. haben, dargegen aber die zehrung, so darüber er-
gangen, mit anlegen bezahlen, verzehren sie mehrer, als obgemelte
20 1 fl. 24 xr, so sollens sie dorfmaister selbst bezahlen.

Schmit-korn soll man anlegen, wie von alters, ist ain muth mehrer
oder minder über des schmidts begehren und ihme nit gebirt, so sollen sie
daraus die zehrung bezahlen, was man mit anlegen verzehrt.

Verer sollen sie dorfmaister selbsten paumaister sein an der Sulden,
25 Etsch und Tschreinpach, sie sollen auch die pfantung haben, welche nit
die fuehrn gethan haben, und welcher nit fiert, ist von ainer fuehr 1 ₰
und mueß dennocht fiehren, und welcher nit in gemain arbeit gehet, ist
auch 1 ₰ und mueß dechter gehn, und sie dorfmaister sollen der gemain
umb 2 muth roggen raitung geben.

30   Sie dorfmaister sollen auch den herrn Drappen den veltzins recken
und zahlen, was darüber ist, gehert den dorfmaistoren zue.

Mehr, den klainen zechet sollen die dorfmaister recken und zahlen
den ficari, was darüber ist; gehert auch den dorfmaistern zue.

Den großen zechet sollen die dorfmaister recken und den die dra-
35 berzen zahlen, und was darüber ist, gehert auch den dorfmaistern zue.

Die zelten oder die allmueßnen sollen die dorfmaister recken und
außgeben.

Von des holz und flecken, lärchen und feichten zusambt die
pirchen seint ganz verpoten. Welcher das übertritt oder fühlt, der ist
40 der gemain verfallen von ain fueder flecken 1 fl, von ain fueder birchen
30 xr, von ain fueder brennholz 30 xr; solche mult gehert den dorf-
maistern zue.

Verer ist auch erkennt worden, welcher inkeisen, und kein dorf-
kint wore, innliesse, der soll sich, wan sich ainer alda wolte niderlassen,
45 bei dem dorfmaister und außschuß zuvor anmelden; wan aber ainer oder
anderer nachtbar in der gemain einen frembden herberig gebete und von
dem dorfmaister oder außschuß keine erlaubnus hat, so solle derjenige mit
.. fl .. xr gepfendet werden.

Und welcher zu der gemain gepoten wirt, es sei ainer in außschuß oder sunsten ainer, und nit erscheint, derjenig soll per 12 xr gepfendet werden.

Und welcher etwas außsagt, so vor und bei gemaind und außschuß geschlossen wert, der solle mit einer pozeiden wein gepfendet werden. 5

Und wan man etwas erfindet, des er schuldig ist, und ainer für ihn bitten thete, das man ihme solle etwas schenken oder nachlassen, derselbe solle auch mit ainer pazeiden wein gepfendet werden.

Was herrengebot über denen dorfmaistern gehet, das erste mahl aines handels wegen, sollen sie auf ihren pfenig zehren und das andere 10 mahl von ainer persohn 10 xr, verzehren sie aber mehrer, so gehet es auf ihren pfenig.

Item, welcher ain meßner ist gewesen bis auf sanct Peters tag im hornung, der soll an s. Peters tag den schlißl auf den altar legen nach der meß und soll ainem kirchprobst darzue wissen lassen, daß er die kirchen 15 versorg, bis daß die gemaind ain meßner erwelt.

Verer ist von alters herkumen, daß man die nachtparschaft von Stils auch darzue wissen lassen solle von wegen der peurlichen recht, ob etwan ain irrung were mit ainem pfarer oder der kirchen wegen, alsdan soll man erfinden, wie es hinfiren ain gestalt habe oder wie es von alters 20 herkumen sei, auf das sich iederman wisse darnach zu richten, doch sollen die von Agumbs denen ob Stils iederzeit, wan es nottirftig ist, wissen lassen.

Sodann ist auch von alters gegen der gemaind Tschengls wegen des holzes herkumen, das, was selbe mit der hack oder mit der hant megen hinüber pringen über das gemörch, das gehert ihnen, und desselben gleichen 25 haben die gemain Bradt auch recht, was sie herüber pringen megen, das gehert auch ihnen zue.

Weiter ist mermahlen von alters herkumen der mult wegen, wan man multen mocht, das, wan ainer das bericht, derselbig ist der gemain verfallen von ainem ieden stam auf gnad. 30

Verer von der holzdaufen wegen oder der holzrissen, derselben sein zwelf oder dreizechen, die in der gemain Bradt seint. Ist von alters der prauch gewesen, welcher holz machen oder droiben will, der soll mit dem gerechten fueß auf den stamb stehn, den er zum ersten anlassen will, und soll zum triten mahl schreien und zum driten mahl mit der hacken auf 35 den pamb schlagen, alsdann mag er ihn laufen lassen. Tüt[1]) er denselben tag mit dem holz an vich oder leiten auf den gemainen taufen ainen [schaden] und [er] ainen ait thuet gegen gott und seinen heiligen, so ist er nit schuldig zu bezahlen oder abzukumben; thuet er aber das nit und beschicht ain schaden, so ist er schuldig, dasselbig zu bezahlen oder abzu- 40 kumen, wo man ime nit minder lassen will.

Item mer ist was von alters herkumen, und so ainer holz schlagt und nit fieret in selben jahr, so lang der pamb ist, derselbig ist darnach frei und mag ihn[2]) ain anderer nemben und ist ihm nit schuldig zu bezahlen. 45

Das seint der gemaine daufen.

----

¹) tät] deet *hs.* ²) ihn] ihm *hs.*

Erstlichen Dafiell in Wunggin, Dofiert in Dünneidt, in grienen walt,
in-Velbrloir, im Fallneir, im Fallnar, in Dufidan, Mersnen Hobbg in der
Glent, in Dufbant, in Fagaff und im Vallargy.

Item mer ist erfunden worden vonwegen puntioren in Prador velt,
5 das iedermann soll machen, wan der saltner peuit, auf seinem thail bei
ainer peen 6 xr.

Auch mer ist erfunden worden und von alters herkumen, das die
gemainen saltner sollen pfenten von ainer kutt 1 xr.

Verer ist durch denen nachtbarn gemacht worden, was oder wie die
10 saltner pfenten sollen. Erstlichen ain tagwercher oder tagwercherin umb
ihren lohn, ain pflueg 1 xr, ain paur von seinem volk 1 ℔, ain millrad,
stampf- oder walchrad 6 xr, von ainem r. v. schwein 2 xr, von ainem roß
bei dem tag 2 xr, und von ainer nacht 10 xr, von ainem ox oder kue den
tag 2 xr und die nacht 8 xr, von klainvich von ainer kutt 1 ℔ und von
15 ainem höbt 1 xr.

Und wenn ainem ain vich [3]) manglet, das er fir den hirt getriben
hat, und nit haimb kumbt, und derselbig, dem das vich zuckert, zue dem
saltner kumbt und spricht: „das manglet mir", so ist er dem saltner kein
pfant schuldig.

20 Verer ist es auch von alters herkumen, wan ain saltner ain vich in
ainem schaden findet und das ainem ain schaden ist geschechen, so soll der
saltner denselben wissen lassen, so der schaden beschechen wür, ob er im
nit unterlassen will, so soll er die dorfmaister und mehrer nachtbaren
lassen wissen, auch beschauen und beschäzen, und wer alsdan daran schuldig
25 ist, der soll den schaden bezahlen nach rath der dorfmaister und der
nachtparen.

Verer ist von alters her kumen vonwegen der zein in dem velt, wo
ainer ain zaun macht, so soll er außerhalb stehen und hineinwerts zeinen
oder stecken und soll den zaun machen mit 5 geng und anderthalben
30 schuech weit die stecken schlagen, und wo es an der gemaind stoßt, soll er
den dorfmaister wissen lassen, und wo ainer das nit thät und das einem
ain schaden geschöhete an dem grossen vich, so ist er schuldig, dasselbe zu
bezahlen, wo er ihme nit minder lassen will.

Item soll auch iederman das gruemat in dem velt meien vor sanct
35 Lorenzen tag, und welcher das nit tet, so ist man ims nit schuldig zu
friden; wo aber ainer mit ainem pflueg strecken wolt, so solt er ihm wissen
lassen, wo es außerhalb des velt ist, das er das graimadt raumen well, ob
er das thuen will.

Den feirabent soll man halten nach inhalt des beyrle rechts-puech
40 und wie es von alters herkumen ist. Nemblichon, wie volgt, so soll ain
meßner leiten die vorgloggen umb ainuhr und soll darnach feiren ain
stunt, alsdann soll er anfachen und soll leiten die zoichen, das ainer meg
gern ab Diall oder ab Blas kumen, alsdann soll er zusammen leiten, und
welcher darnach ist außerhalb des dorfes oder außerhalb der Sulden-
45 pruggen oder ausserhalb des gütters zu Bradt und außerhalb Aggumbs oder
Blafurg, so der meßner von dem leiten laßt.... Und ob es sich aber ergeben

---

[3]) u. wem ain ain v. hs.

tet, das ainer von Bradt mit ainem fueder zu Gumbs were, so soll er es
still heben mit dem fueder in dem dorf zu Gumbs, bis das leiten fir ist,
alsdann so mag er haimb fahren und ist dem saltner nichts schuldig.

Desgleichen auch ob ainer von Gumbs zu Bradt wore, so mag er
auch wehrenten leiten still heben, darnach so mag er auch haimb fahren 5
und ist dem saltner nichts schuldig.

Wo aber das nit geschechete, so ist von ainem wagen ainer verfallen
mult 6 xr und von ainem pflueg ain pfunt perner und ain iedlich tag-
wercher oder tagwercherin umb das taglohn und ain gesessner mann auch
sovil und von ainem saltner zweifach und von ainem dorfmaister dreifach. 10

Item wan ainer foir in ainem ofen hete und brot wolt buchen, ist
auch von ainem ofen 12 xr.

Der sagmaistor halber ist also orfunden worden, welcher sagmaister
was verhielt, wan man ime fragt, und das man denselben überwise, solt
er dem dorfmaister verfallen sein per 30 xr. 15

Zumahlen ist auch durch der ganze gemain und nachtparschaft er-
funden worden, welcher pfendt wurde mit ain oder anderon suchen und
die pfantung nit löst, [1] der es longer als 14 tag lasst anstehen, der soll
umb der pfantung verfallen sein und kain losung darbei haben, sondern
der gemain zuegehörig. 20

Bradt den 22. Febr. 1687.

Allda ist vor ganzer gemain Bradt und Agumbs ainhellig orfunden
worden, vonwegen der sagprigl also soll gehalten werden. Zum fall ain
nachtper ainen zu seinem selbstaignen nuzen und pau betirftig ist, solle
derselbig an dem gemainen walt oder an seinen schloifholz [5]) jähr- 25
lich aine ergezlichkeit machen und zu dessen noturft an seinem haus
anlegen.

Anderen fall aber wolchem selbiges nit notwendig ist, der hat und
soll auch kainen befuegt sein zu machen. Zum fall aber wo notwendig pau
verhanden were und so derjenige pauen wolt, der soll bei der gemain an- 30
halten, dem solle die notwendigkeit vergunt werden. Dargegen soll selbiger
sich mit einer gebirenden ergezlikheit gegen der nachtparschaft einstellen
und dies in den multwäldern gemaint ist, und welcher dis übertritet, der
soll von ainen stamb verfallen sein mult ain gulden.

Weiters ist vor ersamer gemaind und außschuß wegen der täschen 35
zu machen also vor guet erfunden worden, nemblich das, wan ainer
täschen zur streb machen wolte, der solte zu verschonung der leböstlen,
alwo die waldungen am dickesten, dergestalten zur noturft streb, und
damit das vich durchkomen und die waid besuechen mag, etwas schnaiten
mögen, wan die päumb über stock einen werchschuech haben, ungefehr 40
die helfte hinauf und jene, so ain spann über zwerchsdick sein, das dritl
oder was ain man mit einer gemainen hack von poden an erreichen kan,
die klaineren aber solten bei straf gar nit geschnaitet werden, außer es
weren vil ungewüxige, grobe, am poden außeinander wachsende grötschen
verhanden, und so veren sich einer wider dis als in jungen holz vergreifen 45
tete, der solle dem dorfmaister verfallen sein.

---

[1] leßt *hs.* [5]) schlois holz *hs.*

Item mer ist erfunden worden vonwegen des freiwahls,[6] seint drei
gemaine trib darüber, den ersten trib zu Candlprugg, der andere in
Fundänel, der drite ob Gorgiz, und wan ainer weit darüber fuer nach
s. Georgen tag und vor des hl. kreuz tag im herbst, der ist verfallen in der
5 pen, wie von alters herkumen, nach erkantnus der nachtperschaft, und ist
deswegen von küssuntag hin bis auf h. kreuztag in herbst von Suldenpach
bis auf den Ollweg alles holz gemultet und zu treiben verpoten.

Dato den 6ten Marty an. 1607.

Ist durch ainer ersamen gemain und außschuß gehalten worden und
10 nachvolgente puncten vorgenumben.

Erstens welcher nachtper in jahr ain stuck, es seie wis oder acker,
oder was das möchte antreffent, verkauft, solle sich selbiger bei denen
dorfmaistern anmelden, damit die steur dem verkaufer abgenumben und
dem kaufer entgegen eingefiert und zuegesezt wirt, und welcher dem nit
15 nachkumbt, so soll der verkaufer schuldig sein, die steur zu geben.

Zum andern, welcher nachpar ain stuck aus der gemain verkauft,
der soll dem kaufer die daraus gehenden steuren, auch schmidtkorn, wie
auch andere anlagen, so daraus gehn mechten oder darauf gelegt wurden,
mitgoben und nit in vortl behalten, wo nit, das ers nit tet, ist der ver-
20 kaufer solches zu geben schuldig.

Drittens ist erfunden worden, das die warnen· und wündlweiden
neben den Suldenpach zu beeden seiten, wie auch in der au gar verpoten
sein sollen; welcher aber dis übertrit, so soll der hofherr umb ain gulden
gepfendt werden.

25 Viertens ist auch erfunden worden, das man alle jahr, so oft man
neue dorfmaister sezt, das man ihnen umbwegen der brieflichen gerechtig-
keiten ain inventur überantworten und geben soll.

Den 25. Febr. 1668 ist vor gehaltner gemain und ganzen nachtbar-
schaft zu Bradt und Agumbs und allen incorporierten hofleit außtruck-
30 lichen erfunden worden, wan ain nachtber deu andern vor oder bei er-
haltner gemain oder außschuß mit, salve, ohne orlaubnus lugen straft, der
ist der gemaind oder außschuß umb ainer halb yhrn wein in pfant ver-
fallen. Beschechen in beisein N. und N. gemain und außschuß zu Bradt
und Agumbs.

35 Der Pästlwishof-inhaber solle den weg zwischen der Koflwis und
Puzacker hinauf in ewigkeit erhalten, wo es aber nit geschechete, soll
man fueg haben, durch der Oberwis zu fahren.

Weiter ist ain gemainer weg zwischen dem Maur- und Beschhof, der
Kandlbrugg zuegehet.

40 Item zwischen den Velrloyrer gieter ist auch ein gemainer weg.

Vermerkt ain pourliche anlaitung und wie es von alters her
ist kumben.

Wan ainer ain peurliche oder gemaine anlaitung begehrt und haben
will, der soll zu dem dorfmaister gehen und umb dieselbige anriefen, und

---

[6] freiwohls *hs.*

die dorfmaister sollen ihm dann die sezen ob 14 tagen und unter drei
wochen, und ime die saltner und alle pourliche recht erlauben und ver-
gunnen, dann so soll der anruefor zu seinem gegenthail mit den saltneren
zueschicken, ob er ain peurliche anlaitung eingehen will oder nit, und da
er sagt „ja" oder „nit" darzue, soll der anriefer nicht destoweniger ihme 5
gegenthail mit gemelten saltner darzue zu wissen thuen und fortfahren.

Weiters ist von alters herkumen und breuchlichen gewesen, auch
noch hinfiron sein solle, daß die dorfmaister zu solcher gomaino peurlichen
anlaitung erwellen und erkisen sollen ungefährlich zusamb ihnen und
saltneren auch bei zechen oder zwelf nachtpern, so zu solcher handlung 10
tauglich und wissentlich sein.

Alsdan so sollen und megen die sechs baider seiten die kuntschaft-
persohnen, welche dan zu genießen getrauen und mit den saltneren fir-
piethen lassen, dieselben sollen durch die dorfmaister sambt ihren mit-
erkisen und ihren kuntschaften getreilich vernumon werden [7]) und darauf 15
was recht ist gehandlet [und] firgenumen werden soll.

Es sollen auch die kuntschaftpersohnen ihr kuntschaft sagen, mit
munt und hant eröfnen und sich zuerkennen, wie sie das gegen gott und
der welt solliches getrauen zu verantworten.

Weiters ist von alters herkumen, so die anlaitung fir geendet und 20
außgeredet ist und sich der auriefer oder der gegenthail beschwert zu sein
vermeint, und so megen die beschwörten thail innerhalb 14 tag gleichwohl
umb ain geschworne anlaitung anriefen und damit fortfahren, so vil oder
sovern aber in den 14 tägen von kainem thail weiter angerieft wirt, so
soll ers den hinfiran bei der peurlichen anlaitung verbleiben lassen, und 25
niemant widerreit, sondern von stund an auf der partheien begehren
gemarchstaint werden, und soll von iedem marchstain dem saltner 3 xr
gegeben werden. Es soll auch der anriefer nach verordnung gethaner an-
laitung am lant ain paceiden wein, am perg und perkhöfen oder pergwisen
3 paceiden wein der gemain zu geben schuldig und verfallen sein. 30

Mehr so ist von alters herkumen umb und vonwegen liecht- und
fenster-, treßenen oder dachtrüfen und wasserlaitungen, auch andere der-
gleichen dienstparkeiton, so auf und durch eines anderen guet gebraucht
werden, auch schaden gethan wurde, und wie das alles namen haben kan,
alles ohne orlen, da man nit marchstain sezen kan, so soll solche anlaitung 35
denen partheien umb ihren pfenig und auf ihrem pegehren geschriben und
gesiglet gegeben werden, und hierin so ist ain ersame gemaind Bradt und
Agumbs sambentlich vorbehalten worden, iederzeit über kurz oder lang
in solche anlaitung mit ihren ordentlichen articlen zu meren, zu mindern,
oder die articlen zu verändern und zu verkeren, wie dan solches ainer 40
ganzen ersamben gemaind fiegt und guet tunkt.

Auch so ist von alters herkumen, das der saltner zu Agumbs den
Volätschwohl und andere wöhl, damit man ain velt wässert, alle sament-
lich auch an sambstag und andere h. feirabenter, so sollen sie nach feir-
abent abkeren und er pioter darumben, so von Agumbs, von Tchengls 45
4 muth roggen und gersten, und die Prader pioter auch von Tchengls

---

[7]) werden] hat *hs.*

5 muth roggen und gerst zu empfachen haben, auch sollen sie schuldig
sein zu piethen nach inhalt des peurle-puechs.

Ingleichen ist auch der Brader pieter schuldig den Reit- und andere
wöhl, wo noth ist, von dem Sulden wasser gemelte feirabont abzukeren.

5 Verer ist schuldig Paul Plüß auß ainem krautgarten auf den sant, so
von Thoman übergeng herriereut, die brugg zu oberist in velt, die Schen-
äcker brugg genant, zu fueßen zu ¹) erhalten schuldig.

Bradt den 6. Febr. 1680.

Allda verkaufen die ersamen Jacob Plozer zu Bradt und Caspar
10 Hofer zu Agumbs, als dis jahr verordnete dorfmaister, ain stick gemainen
thail, so an dem haus und stadl anstosset, dem auch ersamen Jacob Tanzer,
wirt alhier, zu ainem re. stal, um darauf ain schipfl zu pauen, dargegen
er besagter Tanzer verspricht, noch über dem gegebnen kaufgelt, er und
alle nachkumente inhaber, so solches auf den sant innen haben, das priggl
15 grad von dem haus hinüber auf ewig recht zu orhalten, das man alle zeit
ohne schaden darüber fahren kann. Beschechen in boisein N. und N. ge-
maind und außschuß. Dis hat aniezto inn Jacob Wollnefer, derweiliger
anwalt.

Item den Vercloir-walt soll man multen von dem obern Sturzweg
20 hinauf bis zu oberisten holz von ainem thal bis zu dem anderen.

Neitwalt soll man multen von unteren Sturzweg von bede seiten
hinauf bis zum joch.

In der Glent von mittern brunsteig grat hinauf bis an joch zu baiden
seiten zu multen.

25 An den 29. märtii 1608 ist durch denen ersamen Christan Moriz zu
Bradt, Hans Goborell zu Agumbs, als dis jahr dorfmaister daselbsten,
sambt deren ersamben Balthauser Moyr, Balthauser Plazer, Minig Pat-
scheider, Peter Clau, Peter Gamper und Martin Renner als mitnachtparen
und außschuß zu Bradt und Agumbs, ist volgende waldung zu halten und
30 zu multwalt gemacht und firgenumen worden, sowohl auch deren ersamen
Georg Johan Paly zu Agumbs, Peter Bernhart auf Miterhof, Peter Blazer
in der Nau und Minig Ortler in Velneyr, dise auch alsamt nachtbaren in
außschuß, auf guthaißen ainer ganzen ersamen gemain beschechen: Erstens
den walt von Plüzl-eben von den troyi, der von Velneyr in die maiß gehet,
35 hinauf durch die Wiegen bis aufn Gampen und von den ersten egg von
den Stockbotten über denselben.

Actum den 15. tag Novemb. 1613 jahr.

Ist der erbar Dominy Theny als inhaber des Verclayr-hofs vor ainer
ganz ersamen gemain Bradt, Agumbs und Velneyr, als vor Johannes Frank,
40 dorfmaister zu Bradt, Hans Bansüman, dorfmaister zu Agumbs, sambt
denen außschuß und iedes orts zu Bradt, Gumbs und Velneyr etlichen
nachtparn erschinen mit andeiten, wie daß er seinen habenden pau, so er
zu ainem hauswasser fiehren mieß, und kinde ihmo aus ursachen, das man
das holz darneben hinhacken thuot, vor der scharpfen winterskelte nit er-
45 halten kan, auch sich beschwert, die steur und anders zu geben, und ge-
betten ain stuck ob oder unter die kündl außer zu multen begehrt.

---

¹) fueßen und zu *hs.*

Derowegen ist auch von ainer ersamen gemain und außschuß, auch nachtparen erkent worden, daß hinfiron hin zwoi pergklafter ob die kündl oder deichtl und zwoi pergklafter darunter durch der ganzen gemain und ihme selbst gemultet sein, und wan das holz darinnen groß außgewaxen ist, solle mit wissen der dorfmaister und gemain der gebir nach vergunt werden, 5 daraus zu nemben.

Item rolgt auch in hernach stehenden puncten, zu was fir zeiten die egerten, frie und spat, auch neuwisen, zugleich Sgandloir-, Diol- und Plazwisen mitsambt dem Reuithol und paupoß, schließlichen auch fleß- und friemöser sambt die neien lois sollen befridiget werden. 10

Erstens die egerten und wisen unter den pottweg sollen acht tag vor s. Georgen tag befridiget werden.

Die andern friewisen außer den neuiwisen sollen acht tag darnach befridiget sein und die neuwisen der ersten tag in maien.

Zumahlen auch die spattwisen in Rumen, Laschaur, Pabenuz und in 15 der Nau, zugleich auch auf die Theinen, die sein acht tag in maien alten calenders und zeit nach befridiget.

Widerumben die Gesandloyr- und Rial- auch Plazwisen mitsambt dem Reuithal die sollen mitten in maien befridiget sein.

Fleßmöser, neui lois, paupoß sambt alle friemöser sollen auf den 20 neuen s. Veitstag gefridiget sein sambt alle neuimöser, iedoch den verträgen unvergriffen.

13. Planail.*)

Papierhds. vom J. 1761. Fol. 29 Bl. in der Gemeindetruhe zu Planail. Es ist dies eine erneuerte Abschrift des im J. 1563 „widerum von neuem aufgerichteten Dorfbuches".

Gemains-puech der gemeinde Plannail, des gerichts Glurns
und Mals.

Nachdeme berierte gemeinde Plannail nach alten herkommen jähr- 25 lichen zu einem ieden sanct Barthlomeus tag ihre große gemeinde, darinnen

---

*) Die Leute in Planail waren seit alter Zeit Grundholden des Bisthums Chur, welche Schloss Fürstenburg im Vinstgaue bis zur Secularisation im Jahre 1803 besassen. Zwischen den reichbegüterten Geschlechtern von Matsch als Vögten und von Reichenberg als Vicedomen von Chur bestand viel Streit über die gegenseitigen Berechtigungen, der sich zum Theil auch auf Planail bezog. So wurde in einem Schiedspruch von 1258 festgesetzt: Der Vogt von Matsch hat während jener 3 monate, während welcher die alpfahrt des herrn Swicker (von Reichenberg) dauert, mit den leuten in Plagnol nichts zu schaffen, noch dieselben in irgend einer sache zu nötigen; in den übrigen monaten des jars hat er über dieselben all jenes recht und herrschaft, welche er über die andern gottshausloute geniesst. Alle jagdbarkeit im thale Plagnol sowol von federspiel als der hirschen und anderen wildes steht dem bischofe von Chur und dem herrn Swicker (als churerischem Vicedom) zu und der herr vogt hat gar nichts damit zu schaffen, als insoweit der bischof und der vicedom es ihm gestatten. Ladurner J., Die Vögte von Matsch I. 51 in Zeitschrift des Ferdinandeums für Tirol und Vorarlberg. III. Folge. 16. Heft. 1871.

man die gemainsümbter verkert, abhaltet, darzue von iedem haus, so
peurliche rechte beihaben, oin nachpaur zu der gemain und erwöllung zur
gueten zeit sowohl, als von selbigen Bartolomei hin das ganze jahr durch-
aus derselbige selbsten zur ieden gemeinde, und kein anderer gehen solle,
5 es wäre dann, das er hierinnen durch gottes gewalt, herrschaftpot oder
sonsten durch genuegsamb rodlichen und erheblichen ursachen verhinderet
wurde oder er hätte von ganzer gemeinde vergonstnus, bei peen und
strafe, wie hernach von verabsaumnus deswegen nach gestaltsame unter-
schidliche erleuterungen gegeben werden, dabei soll es nochweils ver-
10 bleiben, und auf denselbigen tag dieses gemains- oder dorfbuech vor
ganzer gemeinde offentlichen vorgelesen werden.

Vor solcher großen gemeinde und verlesung des dorfbuechs sollen
die alten dorfvögt erscheinen, ihren gewalt aufgeben und durch die ganze
gemeinde niemande zu lieb noch zu laid zwen neue dorfmaister auf das
15 zuekonftige jahre, die tauglichen und geschickt, damit die gemeinde auch
versechen und versorget seie, und nit nach gunst oder anhang, item mult,
gaab, schankung, tro, forcht, feuntschaft, freunt-, gevatter- oder nachpaur-
schaft, erkisen, die sich dessen nit verwaigern sollen; obe es aber be-
scheche, so soll der oder dieselben ieder um ein yhrn wein gestrafft werden,
20 und dannoch des angehenden jahrs dorfmaister bleiben, auch also balt das
glibt von denen alten empfangen, ihnen versprechen, zuesagen und an-
loben, in allen der gemeinde nutz und fromen fürderen, nacht[l] und
schaden warnen und wenden, so vil ihnen immer möglichen, getreulichen
und ohne alles geführde, auch in anlaitung und in ander weeg niemand zu
25 lieb noch laid, sondern was recht ist, beineben, was in peurlichen oder
gemainen sachen, es seie urtlweis oder sonst, fürgenomben und beschlossen
würdet, behuetsam und verschwigen sein, keiner parthei solches ohne fueg
anzaigen, und welcher ein solches übertrütet, der soll seines ambts entsözet
und wie ein meineidiger gehalten werden.

30 Sie neue dorfmaister sollen auch, wie von alters herkommen, die
gemaine recht allweg an denen orten, wo sich gebühret, emphachen.

Welcher unter den dorfmaistern seiner ehehaft- und noterforder-
lichen geschüft nachgienge oder verraisen wurde, der solle einen anderen
tauglichen man an seiner statt, damit durch ihme nichts verabsaumbet
35 werde, bei straf ein phunt perner, bestöllen.

Verer und wiewohl vor alten jahren in dieser gemeinde der gebrauch
gewesen, daß die dorfmaister die bieter- oder saltnerei auch verrichtet
haben, dieweil aber solches, sonderlichen, so uns zur einicher anlaitung
geraichen solte, mit einander zu vollbringen ganz unthuenlichen angesehen
40 würdet, so ist derohalben diesen ordnung gegeben worden, daß alle jahr
auf diesen tag ain saltner gesözt, welche saltnerei von jahr zu jahren der
rot nach auf ieder behausung, so peurliche recht hat, gehen und geleget
werden solle, der in allen fürfallenden geschäften und handlungen, auch
was zu bieten vonnöten ist, den dorfmaistern die schuldige gehorsamb
45 inhalt seiner pflicht, so er ihnen erweisen solle, iederzeit guetwillig und
mit fleiß laisten, damit durch ihme nichts vernachlässiget werde, alles bei
der peen, darum das poth anbefolchen worden, auch nach gestalt und ge-
legenheit ieder verbrechung.

Damit aber auch fürohin nit um ein iede und schlechte sache, obe die schon die gemeinde berührte, die ganze nachpaurschaft zusamben behelliget werden dörfte, so ist hiemit diese ordnung gemacht, daß auch auf solchen tag allweg vier geschworne, nemblichen die zwo alten abgesözte dorfmaistere und noch zwo taugliche darzue gesözt und ausgeschossen 5 werden, die das glibt denen neuen dorfmaistern, allermassen wie es dieselben hievor beschribener massen denen alten abgesözten thuen mießen, auch pflegen und geben sollen, welche zwo neue dorfvögt und vier geschworne in kraft dieses dorfbuechs von der ganzen gemeinde volle macht und gewalt haben sollen in sachen zu handlen, was der gemeinde dienst- 10 lich, nuzlich, fürträglich, thuenlich und verantwortlichen ist, das solle auch kröftig und für gültig, als wan es die ganze gemeinde also erkennet hette, gehalten werden.

Obe selbe aber hierinnen einiche gefährlichkeiten ausiebten oder gebrauchten, auch solche erweislichen an tag kommen wurden, der oder 15 dieselben sollen alsdan ihres ambts entsözet, für meineidig gehalten und darzue nicht desto weniger nach gestalt des verbrochens gestraffet werden.

Was aber nambhafte sachen und handlungen sein, so grunt, poden, wunn und waid oder anderes antreffen möchte, das alles solle auf der ganzen gemeinde gelangen, mit vorwissen und willen derselbigen für- 20 genomben und zum ende gebracht werden.

Von anlaitung und dergleichen, auch baicht und vermarchstainung, so fürderhin allein durch dorfmaister und geschworene beschechen und vollzochen werden solle, ist beschlossen, wo einer, er solle in oder außerhalben der gemeinde sein, die dorfmaistere um ain anlaitung, baicht, 25 schaden-schützung, außsprechung und marchstainsetzung anruefet, alsdan sollen sie den anruefer und sonderlichen um wachsende schüden in dreien tagen, und so aber kein wachsender schaden darauf ligete, nach gestalt und gelegenheit der zeit zu sözen benennen, den dorfsaltner vergonnen, dem gegenthail, ob der um den gegenwürtigen spann ein anlaitung ein- 30 gehen will oder nit, mitangeregten saltner zueschicken und befragen lassen, und ob antwortender thail auf solch ordentliches zuesprechen sich in der anlaitung nit einlassen, noch des spanns abstehen wolte, so soll alsdan derselbige um ein yhrn wein gestrafft und, so oft er sich, wie gehört, der anlaitung verwidert und des spanns sich nit bemüeßigen thete, erst ob- 35 gemelter massen gepfendet, darzue auch durch der hochen herrschaft, wie sich gebührt und von alters herkommen, gestrafft werden, oder aber anlaitung eingehen oder seines vorhabens abstehen. Wan antworter sich aber in anlaitung einlassen thuet, so soll auf eines oder baider thail begehren zue angeregter anlaitung, kuntschaften und andern nothdurft durch den 40 saltner ordentlichen gebothen und demselben von ieder kuntschaftpersohn ein kreizer zue lohn gegeben werden, und wann man zusamen erschinen ist, so sollen die dorfmaistere und geschworno vor allen eingang von baiden thailen um alle sachen genuegsambe pfandung nemben und empfangen, wan sodan dasselbige beschechen, den kleger mit seiner klage, nicht weniger 45 den antwortor mit seiner antwort, samt baider parteien gerechtigkeit nach nothdurft verhören und demselbigen nach, was sich gebührt, recht und ehrbar ist, treulichen ohne alles geführde erkennen, darvon man ihnen dorfmaistern und geschwornen ein gulden gelt zu geben schuldig sein soll. Wofern aber mehr, als ein klag und ein antwort fürgebracht wurde, das in der parteien willen stehet, so solle alsdan die zöhrung und köstung zu erkantnus der dorfvögt und geschwornen stehen, und welcher thail der anlaitung verlürstig würdet, solle obgemelten gulden, sofern es bei einer klag und antwort bleibet, den gehörten dorfmaistern und geschwornen zuestöllen, beinebens, was der saltner auf denselbigen tag mit kuntschaftbiethen und zu wissen thueung verdient, erlegen, zu deme auch den gegenthail sein selbes, seines fürmunts und aines beistandes, das ist selbs driter zöhrung abzutragen schuldig sein, ob aber mehr, als ein klag und ain antwort gethan wurde, so solle die messigung zu erkantnus mehr angeregter dorfmaister und geschwornen stehen, und so ainer sich der peurlichen anlait-urtl beschwerte, der mag die von eröffnung derselben hier in vierzöchen tagen für ein geschworne anlaitung vollführen, wo er aber die in obbestimbter zeit nit vollfüehrte oder schub beibrüchte, dem soll die verlegen, und dem obsigenden, als begehrenden thail um seinen pfenning geschrieben und besiglet verförtigter mitgethailet werden.

Item, so in nüchst beschribenen gemainssachen ainer oder mehr dorfmaister oder geschworne dem ainen oder andern thail nachend verwandt oder parteiisch weren, so sollen diesfalls an des- oder derselben statt andere taugliche personen, wo die in der nachpaurschaft vorhanden weren, daselbs, wo nit, von andern umligenden gemainden genomben, und was also durch dorfmaister und geschworne in gueten treuen ohne betrug gehandlet wurde, das soll vest gehalten, und wider sie frefentlich nicht geredet, noch gethan, sonderen sie von der gemain vor solchem frefl beschirmet werden, ob sie aber selbs in der gemeinde fehlen wurden, so sollen diese um zweifache mult in straf verfallen sein.

So soll auch den dorfmaistern und geschwornen, auch saltner, so oft sie einen auf sein begehren marchstain setzen, an ainem ieden ort zur besoldung für den ersten sechs kreizer, und von denen anderen iedwederen drei kreizer gegeben werden.

Zu deme solle denen dorfmaisteren um und für ihr durch das ganze jahr hindurch gehabte mühe und arbeit neben gebührlich passierender zöhrung iedem ain gulden zur besoldung erfolglichen sein, welche dorfmaister auch, so sie ihr jahr gar vollendet haben, den jungen dorfmaisteren aller ihrer der gemain gepflogener handlungen, ihres einnembens und ausgebens ordentlich specificierte raitung legen sollen, die gemain mit überflüssigen zöhrungen nit beschweren oder aufwenden, sondern sich hierinfals gebührlichen verhalten, was in ihren jahr oder regierung einzunemben oder außzugeben ist, in ihren raitungen völlig einbringen, ainiche wenig oder vil restanten auf die jungen dorfmaister nit kommen lassen, vil weniger passiert werden, und wan sie ötwas mit raitung schuldig verbleiben wurden, alsdan ohne verzug die erstatt- und bezahlung zu thuen schuldig und verbunden sein, hingegen solle ihnen ihre restanten von selbsten einzubringen bevorstehen.

Gleicher gestalten, obe man ihnen ötwas schuldig verbleiben möchte, desselbigen vorgnieget, und das nügst hernach kommende jahr zur aivichen anderen amt, als wie vorgeschriben, geschworner nit gesötzet noch beschweret, sondern entlassen werden sollen, ohne münigliches widerreden.

Es sollen auch in besetzung der ämter, die iederzoit getreulich und ohngeführlichen beschechen sollen, weder brüeder oder geschwistert-kinder mit einander in oder zue einichen gemainen ambtern zum wenigisten nit 5 erwöllet oder gesötzet werden.

Veror so solle auch niemande ohne vorwissen und willen der dorfmaister oder deren, so an ihrer statt erbeten sein, die gemain biethen lassen, allain es gescheche von herrschaft wegen.

Nicht weniger und bei peen ainer yhrn wein sollen die dorfmaistere 10 ohne bewegliche ursachen nit biethen, noch die große gloggen anziechen lassen, so aber auß ehehaft und redlicher ursache obberiehrter massen gebothen oder geleitet wurde und ainer oder mehrer nit gehorsamblichen zu der gemeinde erschienen, so solle der- oder dieselben bei peen, wie benennt würdet, gestrafft werden. 15

Sowohl auch, ob einer durch den saltner über nacht oder sonsten gebothen, auch geleitet wurde, und nach der gloggen fall in halber stunt, noch sousten zur bestimbten zeit nit erschine, oder, wan die stubenthür verspert, nit verhanden, der ist ohne aller genade zwölf kreizer peen verfallen. 20

Und zu iedemahl, als oft die dorfmaister eine gemeinde um nothwendige sachen, es seie gar halbs, minder oder mehr, pieten lassen, so sollen sie oder ihre anwülte entgegen erscheinen und den fürtrag, warumon das pot beschechen seie, thuen.

Wann dan also ein gemeinde, die iederzeit an gelegenlichen, unver- 25 dächtigen orten oder im nachbestimbten fürgenomenen gemainen würtshaus gehalten werden solle, wie obgehört, citiert und durch die dorfmaister oder ihre anwülte umgefraget würdet, so soll in der frag kainer vor dem andern reden oder antwort geben, sondern müniglichen schweigen und losen, was der aufraget, saget, bis das die umfrag an ihme kommet, alsdan 30 mag er sein nothdurft in sachen, was fürkommen, genuegsamb reden und anzaigen, alles bei der peen, so die dorfmaister vor der anfrag darauf legen sollen, allain um des willen, damit ein gleichheit gehalten und man wissen möge, was erfunden seie.

Es solle auch keiner bei versambleter gemeinde die dorfmaister oder 35 andere rv. lipplen, [1]) schelten, poltern, mit überigen unnothwendigen reden schumpfieren, [2]) droen, vil weniger unterstehen zu schlagen, auch keiner mit ainem ungebührlichen, noch verborgenen gewehre für oder zu der gemainde nit erscheinen, und was in haltung der gemeinde erfunden würdet, bei ihme behuetsamb sein lassen, das selbig an andere ort oder 40 gemeinden mit nichten nit außschwützen, wo aber solches durch einen oder anderen, das aber zu erhaltung gueten regiments zum höchsten verbothen sein solle, beschechete, item auch ob sich ainer oder mehr, um was sachen das seie, wider der ganzen gemeinde widerwertig sein und stöllen, so derselbigen zu nachthail geraichen wurde, der- oder dieselbigen ein 45 ieder soll um ain yhr wein ohne alle genade gestrafft und deswegen

---

[1]) ligglen *hs.*   [2]) stumpfieren *hs.*

alsobalt von ihne die pfantung erhebet werden, so der oder die aber die
pfantung nit hergeben, noch seines fürnembens abstehen wolten, denen
solle zur erhaltung der gemainen recht durch die ganze gemeinde für das
haus gezochen, ain pfahl für der thür geschlagen und damit zu einem
5 zeichen seiner ungehorsam und widerspenstigkeit alle geniesungen in der
gemeinde, als holz, feur, wasser, wunn, waid, weg, steg, in- und außfart
verbothen werden und sein.

Ob aber derselbe ihme mit dem unrecht beschechen zu sein ver-
meinte, der mag die gemain, wie sich gebührt, darumben mit recht für-
10 nemben und ersuechen.

Item auch, so ein ganze gemainde einem dergleichen widerwürtigen
zu haus und hof zu ziechen aufstehet und doch nit beschichot, so solle
derselbige die yhrn wein nicht desto weniger verfallen sein.

Häuser, so von alters gewesen und peurliche rechte haben, sollen
15 dabei bleiben, was aber von neuen häusern gebauet seind oder werden, die
sollen ohne zuvor habender vergonstnus kein peurliche recht, vil weniger
gemaine recht haben, und wo auß ainem haus zwei häuser gepauet werden,
so sollen die gemainliche rechte bei einem haus bleiben.

Es soll auch ein ieder nachpaur zu iedem ihme zuegehörigen haus
20 und feurstatt einen aignen feurhanggen samt ainer laiter, damit man in
feuersnöten, darvor gott genüdig sein wolle, haben und darmit befast
machen [möge], bei penn ain halb yhrn wein.

So solle auch das feur weder bei tag oder nacht, fruhe noch spät, von
ainem haus zum andern unbedecket oder ohne genuegsamber latern zu tragen
25 nit gestattet werden, sondern bei einer ansechlichen strof verbothen sein.

Zu mehrerer versicherung so sollen die dorfmaister und saltner zu
ieder quatemberzeit in der gemainde herumgehen, die kämin, obe sie ge-
seubert sein oder nit, besichtigen und gegen den übertretern iedes mahl
nach gestalt der verbrechung, wie in andern gemeinden gebräuchig ist, mit
30 straf fürgehen.

Und es sollen auch keine mäuren, noch insassen, ohne wissen, willen
und vergonstnus der dorfmaistere und geschwornen, auch sonderlichen was
außer gerichts oder außländer sein, ohne zuelaßung der oberkeit ingenomben
werden, bei der mult einer yhrn wein, und bevorab in ainem haus, so
35 peurliche recht thuet, neben den hausvatter nit mehrer, als ein ingeheus,
und doch der gemain ohne schaden passierlichen sein.

Weiter, nachdeme sich ein zeithero ötliche benachparte, so zwei oder
mehrer behausungen haben, angemasset, die, so sie nit behuefen, zu ver-
mairen, hingegen aber was die verlassenen behausungen an gemainen recht
40 und nutzungen, es betreff holz, wunn, waid und anderes, haben, selbst zu
gonießen, weilen dan solches der gemeinde in mehrerlei weg beschwerlichen
gefallen und fortan zu gedulten nit gemaint, so ist derohalben also be-
schlossen worden, das dieses kainem, wer der sei, mehr gestattet, sondern
will er oder die vermairen, so soll es mit allem von der gemain habende[n]
45 genuß und entgelt, wie solches alles namben haben mag, nichts hindan ge-
schiden, verlassen werden.

Die marchungen der paumbwaldungen seind folgende: erstens auf der
sonnenseiten fanget es an in Vallsamorß, dieselbige seiten hinein unzt in

Vällarot, dan auf abend- oder nörderseiten von thal Valldetega unter den kanl-treü heraus, dergleichen von demselbigen priul unter den weg heraus, was zwischen diesen gemörken allen pümbwälder genent und darfür gehalten werden sollen.

Derohalben ist auch geordnet, welcher nachpaur überfüehre und in 5 solchen marchungen ohne vorwissen und willen der ganzen gemeinde holz und stümb schliege, das der- oder dieselben um ain gulden ohne alle genad gepfändet und gestrafet werden sollen, aber die dorfmaistere, die solchen frefl prauchten, sollen von ihren ehren entsözet sein und hinfüro zue einiche gemaine ämter nit mehr gebraucht werden. 10

Sowollen, welcher der were, so ohne erlaubnus auß obeingefüehrten pämbwäldern durr holz nemben und füehren thete, der- oder dieselbigen sollen für iedes fueder um ain pfunt perner gepfendt werden.

Aber es soll und mag ein ieder nachpaur in Plannail, sofern ihnen an prennholz gebrechen und manglen wurde, über das, so ihme in pann- 15 walt jährlichen außthailt wird, — darinnen die armen um wegen, daß sie der gemainde in allen sachen und obligen desto williger seien, auch bedacht und nach iedes zimblichen gebrauch was mit gethailet werden soll, — in dem walt, was für das thal, genant Saagthal, die Raffein in Grafeis hinein ist, zu seinem nothwendigen gebrauch prennholz schlagen und 20 füehren, gleichwohl das über jahr nit ligen lassen, und was über winter verliget, soll der gemain verfallen sein.

Nit weniger, wan zu maienzeiten in pannwalt holz mit loos außgeben würdet, so soll ein ieder nachpaur sein holz, so ihme mit lais zuefallet, und nit anderes nemen, dasselbige auch vor verscheinung acht tagen 25 auß dem pannwalt raumben, obe aber die dorfmaistere erfahrten, daß iemants anderes holz, als ihme mit dem loos geben worden ist, nemben wurde, der- oder dieselbige sollen von einem ieden stam, wie oben begriffen, um ain gulden gestrafft werden.

Dergleichen, welcher solches holz, so ihme mit lais zuefallt, unzt im 30 hörbst auß dem walt nit fiehren thette, so soll das selbige holz in walt der gemain verfallen sein.

Item in thal Valldetegü unzt in thal Vall de Graffas soll kein nachpaur nit mehrer, dan zu langeszeiten zwei fueder und zu herbstzeiten auch zwei fueder prenn- und durrholz, und zu iedem fueder zwo grüene schlaif- 35 paumb, doch das beede schlaifpaum nit mehr dan ain stam außmachen, und derselbige stam weder saagbrigl, noch zimmerpaum abgeben, machen.

Aber gar durr holz mag ein ieder nachpaur und ingehäus zu ihrem gebrauch, und anderst nit, iedoch mit vergonstigung der dorfmaister und geschwornen daselbs gleichwohl machen, füehren und tragen. 40

Es soll auch kein nachpaur in besagten Plannail oder iemande in keinerlei weis oder weg, wie das erdacht werden möchte, einiches holz, prigl, flöcken, gröten, schrein, pettstatten, prennholz, mueltern, und in summa ganz und gar kein holz hinaus dem thal ohne vorwissen, bewilligung der ganzen nachpaurschaft weder verkaufen, verehren oder 45 sonsten in ander weg vergeben, bei peen und straf dieser aufgesözten mult: für ein saagprigl, er sei klein oder groß, ain gulden, für ieder flöck ein pfunt perner, von einem grotten dreißig kreizer, von ainem schrein ain

gulden, von ainer petstatt ingleichen ain gulden, allermassen und gestalten,
welcher nachpaur der were, so für der gemeinde und für ihme selbs andere
in oder außer der gemeinde, wer er seie, um holz hinauß zu geben bette,
der- oder dieselbigen sollen ohne aller gnad um ain yhrn woin gepfendet
5 werden.

Jedoch, wan es sich begebete, daß ein nachpaur ein künt aus dem
thal verheuraten wurde, so mag derselbige seinem künt gleichwohl solche
sachen gebührlicher und zimblicher weis zur haussteur geben.

Wann aber ein nachpaur brauch- oder zimmerholz zu einem pau
10 nothdurftig wurde, der- oder dieselbige mögen vor der ganzen gemeinde
erscheinen, seine mangl anzaigen, und so sich die noth erforderte, so soll
ihme dasselbige holz, wie von alten, hergegeben werden, dergestalt, so
ainem kanl, durchzüg oder dergleichen in mangl stehen thete, so soll es
deme der nothdurft nach zu geben zuegelassen werden, iedoch daß solches
15 holz in vierzöchen tagen gemacht, gefieret und angeleget werde. Woferen
aber ainer das überführe, derselbige soll von ainem ieden stam per ain
gulden gepfendet werden, es were dan gottes gewalt, daß ers inner der
zeit nit thuen möchte, so soll es allwegen nach gestaltsam der sachen damit
gehandlet werden.

20 Verrer so ist für guet angesechen, wan iemande in der gemeinde, es
sei um stuck, güeter, holz, wunn, reverender albenfeste oder anderes, nichts
außgenomben, zu leßlen verhanden ist, so soll zu umgeheung allen ver-
dachtes, betrug und vortls um außnembung der gemachten looß ain unpar-
teiischer, ungefehr zöchenjähriger knab genomben und gestället werden.

25 Mit genüessung alben, item haimbwunn und waid, auch freiung der
güeter und anschlag des mades solle, wie von alters hero, darmit fürderhin
auch und darinnen niemande einiche vervorthailung nit gestattet, sonderen
iederzeit ein lobliche gleichheit gehalten werden.

Bevorab so solle fortan denen dorfmaisteren dasjenige rindviech, es
30 seien rosse, ochsen, küee, stier oder anderes, so ein ganze gemeinde zu
sommeren und zu ülpen aufnemben will, allein im namen der nachpaur-
schaft einzunemben, vil weniger das grasgelt davon zu empfachen, auß
dem, daß es bißhero denen gemainen oder armen hausleuten wenig ein-,
noch zu gueten kommen, sonderen in anderweg neben anderen beschwer-
35 lichen verschwent hindurch gangen und doch darmit wenig ordenliches
außgerichtet worden ist, nimmer nachgeben, sondern diesfahls also gehalten
werden, daß ein ehrsambe gemeinde jährlichen um Georgi zusambenkonft,
aach erfündung, wie vil desselbigen viehs angeregte nachpaurschaft zu
sommeren und ülpen einzunemben gedacht ist, halten, ain überschlag und
40 ain gleiche außthailung in der gemolten gemainschaft auf den häuseren,
so peurliche rechte thuen, wie vil rinder und häbt ieglichen gebühren und
zuegelassen werden wöllen, machen und benennen, die es alsdan, doch
inner gerichts und aus frischen und nit inficierten orten vor meniglichen
mit rath, vorwissen und guethaißen der gemeinde oder derselben gewalt-
45 haber selbs einzunemen und das grasgelt zu hilfkomb otlicher obligender
noth, erstatt- und abrichtung gemainer steuren, anschniz, anlagen oder
anderen beschwernussen von denen jenigen persohnen, so ihr vich zu sümmern
und alben hinein thuen, ohne eintrag zu empfachen befuegter sein sollen.

Weiter, nachdem sich ein zeit und ötliche jahren hero persohnen
langes- und andere zeiten ötliche rinder und mehrer, als sie winteren [und]
nach ihrer nothdurft zu gebrauchen bedürftig gewest sein, zu kaufen und
auf der gemeinde zu treiben unterstanden haben, damit aber ein chrsambe
gemeinde und nachpaurschaft mit diesen gesuechten list fürdorhin nit mehr 5
dermassen beschwert, sonderen abgestölt und ein billichere gleichheit
gehalten werde, so ist derohalben abermahlen also beschlossen worden,
daß solcher fürkauf hiemit günzlichen abgethan, verboten und ainem iedem
allein, was er zu seiner hauslichen notdurft behueft, zu kaufen und neben
anderen seinen vich auf der waid zu treiben und in berg zu schlagen zue- 10
gelassen sein solle.

Und wan ainer oder mehr in der gemeinde verhanden sein, die horn-
ochsen zu ihrer notdurft einzunemen bedürftig weren, die sollen vor einer
ehrsamben gemeinde erscheinen und solches anbringen, daß alsdan gleich-
wohlen, doch ieder zeit mit angeregter gemeinde vorwissen, nach gestalt 15
nachgeben und hierinnen kein gefahr gebraucht werden solle.

Obe ainer oder der andere aber mehreres vich, weder ihme iezt ge-
hörter gestalt verwilliget worden, annemben oder unter dem schein, als
obe es sein were, auftreiben wurde, der solle, so oft solches beschicht, um
ein yhrn wein ohne aller genad gestrafet werden. 20

Item ain nachpaur, so an unfrischen orten lantsterben halber ritte,
gienge oder davon kommete, sowohl ob einer durch unfrische ort, da vich-
presten weren, vich tribe oder dardurch füehrete, der von solchen orten
und enden viech in der gemeinde bringete, der solle um ain yhrn wein
gepfendet, dermassen auch, welcher leute oder vich von unfrischen orten 25
ohne der dorfmaister und deren, so darüber geordnet sein, vergonstnus
einnemmen wurde, der solle mit leut und vich eingespert und ieden tag
und nacht um ain yhrn wein gestraffet werden.

Zu hörbstzeiten sollen die dorfmaistere niemande, wer der seie,
keinen frembden sein vich ohne vorwissen der ganzen gemeinde nach des 30
heiligen creiz tag herinnen zu behalten gestatten, obe aber die dorfmaistere
oder sonst ein nachpaur das thete, der- oder dieselben sollen um die be-
schribne peen gestrafet werden, und sie dorfvögt sollen auch darumben
nit umfragen.

Item, wan das velt gefridiget würdt, so soll kein nachpaur einiches 35
vich [im] velt hieten oder waiden, welcher aber das fräfentlich überfiehre, der
soll also gepfendt werden, von ain baar ochsen sechs kreizer, reverender
ain gais ain kreizer, ain schaaf ain kreizer, ain schwein ain kreizer, der-
gleichen ander klein vich, was aber ungefährlichen beschichet, ist die mult
ein kreizer, und solche multen gehören denen dorfmaisteren und dorfpieter, 40
durch denen angeregte pfandungen vollzochen werden sollen, zue, welche
multen auch von stund an nach hant her, und nit aufs jahr auß verzört,
und denjenigen, so es schuldig sein, zu bezahlen auferlegt, ob der schaden
aber so nambhaft oder unleidentlichen were, alsdan durch die dorfvögt und
geschwornen nach billichen dingen geschützt, auch von dem, [so] es zue- 45
stehet, erstat und bezahlt werden solle.

So sich ainer aber einicher pfandung, um was sachen die beschechen
möchte, beschwerete, die nit geben wolte und für einer ganzen gemeinde

10*

zu kommen und zu erscheinen begehrete, der soll zuvor ain pfant erlegen, alsdan für ain gemeinde zu kommen vergonnt, daselbs beede thail gehört werden, und ob der gepfendte durch der gemeinde nit ledig erkennet wurde, folgents zweifache mult zu geben schuldig sein.

5 Mehr, so ainer um multen pfandung gibt, und die in vierzöchen tagen nit löst, sonderen die tag verscheinen last, so solle dieselb pfandung verstanden sein.

Und es soll auch keiner einich unraines in die Puny thuen oder werfen, bei peen ain halb yhrn wein.

10 Item Sacker, Ultner und andere holzweg samt gemaine wühl sollen durch der ganzen gemeinde und ingehäusen treulichen zu füeßen gehalten werden.

Was aber andere weg, steig und steg, schwöller oder radanten zu machen, auch wasser durch die radanten zu füehren anbetrüfft, solle ieder 15 zeit bei der gemeinde erfindung stehen und demselbigen nachgelebet werden bei der mult, so man auf ein iedes setzen würdet.

Und zu welcher zeit im jahre einer were, der, [es] seie inner- oder außerhalb der gemeinde, mit ainem geladenen oder lühren wagen durch ein guet, da er kein fueg noch recht hötte, fahrete, der soll um ain pfunt 20 perner gepfendet, darzue der schaden durch dorfmaister und geschwornen auf des beschwerten anrucfen geschätzet werden.

Gelibt [3]) der alpenmaister: denen solle alles crusts aufgelegt werden also, daß sie um allen ihren empfang und außgaben, so vil sie von der alpen wegen einnemben und außgeben, nichts ausgenomben, bei ihren 25 treuen, pflicht und aid, den sie globt haben, aufrichtige, rechte, redliche raitung thuen und von der alpen vergeblichen nichts verzöhren. Dargegen soll ihnen für ihr mühe und arbeit ain guldeu gelt und ain albküs zu lohn geben werden, doch das sie sich mit denen hirten zu speisen, wie von alten her beschechen, auch verhalten sollen, sie albmaister aber sollen kein 30 gewalt haben, ohne vorwissen und willen der ganzen gemeinde einiche waid zu verlassen, vil weniger einiches vich, außer, wie vor gemeldt, zu sümmeren einzunemben, bei der peen ain yhrn weins.

Feirtäg und feiraben sollen inhalt der landordnung, wie die gemeinde zum thail zu halten aufgesözt, verlobt hat und noch beschechen mag, mit 35 aller arbeit treulich und gottesförchtiglichen gehalten werden, und soll sommerszeiten um vieruhr nachmittag, winterszeiten um droiuhr feiraben sein, obe aber einer in feirabenläuten ein fueder zu laden angefangen hötte, mag er es fassen und haimb füehren, sowohl, ob ainer einen schober zu machen angefangen hötte, denselbigen vollenden, und das überige bleiben 40 lassen; welcher aber das überfiere und nit hielte, der soll um sein taglohn, so vil er denselben tag verdient haben möchte, nach gestaltsam der arbeit gestraffet werden, von ain paar ochsen um ain pfunt perner, von ain paar reder auch um ain pfunt.

An vorbemelten st. Bartolomeus tag werden auch jährlichen ain 45 kirchenbrobst und ain meßner erwellet und gesözet, die ainen herrn pfarrer von Mals, so lang er das gotteshaus Plannail versicht, item dem alten

---

[3]) Belibt *hs.*

brabst und dorfmaister in namben der gemeinde das glibt bei ihren ehren und treuen an aides statt thuen, anloben und zusagen sollen, der kirchen und gotteshaus nutz und wohlfart zu fürderen und zu betrachten, alle mengl und schüden, so vil ihnen möglichen, zu wenden, wie sie es dan gegen gott und der welt mit gueten titl zu verantworten getrauen. 5

Welcher kirchenbrobst und meßner am st. Nikolaus tag das mahl gleichwohl mit dem herren pfarrer empfangen, darüber aber keinen vergeblichen unkosten aufwenden sollen.

Insanderheit aber solle dem kirchenbrobst vermög vierundfünfzigisten titls driten puechs tirolischer landesordnung alles ernsts eingebunden 10 werden, des gotteshauses güeter und einkommen zu seinen selbst aigenen nutzen zum wenigisten nit zu gebrauchen, die zins und geföll zu gebührender zinszeit getreulichen ohne einichen aufwendenden unkosten einzuziechen, und bevor ab das schmalz, so der kirchen gehört, zum wegen beede dorfmaister beruefen, folgendes dasselbige schmalz mit einander 15 sieden und in ainen kibl einzureichen.

Davon solle er für sein besoldung ainen gulden haben.

Es sollen auch diejenigen acht mut getraid, so zu der allmuesenspent gehören, gemahlen und außgebachen, alsdan durch denen, als von geist- und weltlicher oberkeit, auch gemeinde hierzu verordncte, unparteiische 20 persohnen armen leuten getreulich, ehrbarlich, aufrecht, redlichen und gar außgethailet, dargegen denen selben für ihrer mühe zwo paceiden wein, auch küs und brot, aber einich anderes nit gegeben, vil weniger der gemeinde fürderhin, wie bißher beschechon, einicher drunk, noch küs oder brot nit erfolget werden, sanderen hiemit als für billichen abgenamen sein. 25

Item, wan der herr pfarrer oder sein caplan hinein kommet beicht- hören, so soll kein nachpaur, wie zu zeiten beschechen, auf der gemeinde oder kirchen zören, sondern der würt soll allein, so vil der priester ver- zöhret, der gemeinde aufschreiben, obe aber ein mehreres verthan wurde, so solle für demselbigen dem würt nichts gegeben, noch bezahlt werden. 30

Item, was man dem pfarrherren zu Mals von wegen haltung der gottesdienst geben solle, ist gleichwohlen ein alter vertrag verhanden, weilen man aber sich mit ihme herren pfarrer anderer gestalt zu ver- gleichen vorhabens ist, so ist dieser posten einsmahlen darauf eingestölt worden. 35

Auf beeden kreizgüng gegen Türtsch, wie gebreichig, solle der kirch- brabst zu einem ieden drei gulden denen, so mit kreiz gehen, zu ainer zöhrung von dem kirchenzins dargeben.

Gleicher gestalten, wan man in das Münsterthal mit kreiz gehet, so solle der kirchenbrabst von dem kirchenzins zwen gulden zu einer zöhrung 40 geben, welche zwen guldon sollen mitsamt der paceiden wein, so die ge- mainde Mals der gemeinde Plannail auß alter hergekommene gerechtigkeit geben mueß, durch denen, so mit kreiz gehen, verzöhret werden.

Sowohl, wan man gegen Sanct Valentin mit kreiz gehet, solle kirch- probst neben der paceiden wein, so die gemeinde Mals dargibet, um dreissig 45 kreizer brot kaufen und gleichlichen außthailen.

Und welcher nachpaur oder nachpäurin auf alle kreizgeng mit dem kreiz nit auß, von und widerumben haimb kommet, der- oder dieselbige sollen ohne aller genad um ain halbe paceiden wein gestraffet werden und von stund an durch den gehorsamben außgetrunken werden.

Obe aber die dorfmaister, kirchbrobst oder sonst andere in der gemeinde über die bestimbte zöhrung, als vor unterschidlichen vermelt, auf 5 alle kreizgeng oder sansten ein mehreres auf der kirchen oder gemainde verzöhren noch sich zueschlagen wurden oder wolten, solches solle ihnen keines wegs nit passieret, noch gestattet, sanderen voreingefierter gestalt ie und allwegen getreulichen gehalten werden.

Es soll auch auf alle vier kreizgüng von ainem ieden haus ain gueter 10 poth, der das hochwürdige sacrament empfangen, und nit kinder geschicket werden.

Was und wie vil aber außer dieser vier durch die gemeinde verlobte kreizgeng gehalten oder angestöllet werden, das solle dieselbige nachpaurschaft der kirchen und derselben einkommen günzlichen ohne schaden 15 selbsten entheben.

Verer allemahl, so man kirchenkerzen macht, solle dieselbigen zu machen der kirchprobst darzue beruefen wen er will, doch hierzue taugliche persohnen, und zu solchen körzen zu machen soll demselbigen kirchenprobst um und für die zöhrung zwen gulden, und darüber nicht in seine 20 raitung passieret, gleich so wenig dem kirchprobst oder iemande anderen einiche vergebliche zöhrung oder kostung zu thuen, weder wenig oder vil, nit gestattet werden.

Es soll auch kein nachpaur dem dorfmaister, kirchenbrobst oder sonsten, die ihnen von der gemeinde zuegeben werden, es seie um [welche] 25 sachen es wolle, zu handlen, denjenigen weder um essen, drinken, dergleichen mit ungebührlichen worten mit dem wenigisten nit übertringen oder überfillen, bei der peen einer paceiden wein.

Item es sollen auch weder die kirchenbröbst, dorfmaister oder andere der gemeinde gewalthaber nit befueget sein, weder kirchengüeter, gemain 30 grunt oder andere dergleichen sachen ohne vorwissen und bewilligung der ganzen gemeinde, und sonderlichen, so vil es die kirchengüeter betrifft, ohne guethaißen der geistlichen und weltlichen oberkeit zu verkaufen, versözen oder in ander woge zu verändern, auch nit' über der kirchen und gemain püecher und gerechtigkeiten zu gehen, alles bei ihren gethannen 35 pflichten, und darzue bei peen ain yhrn wein ohne genad verwirkter straf.

Damit aber sonderlichen hierinnen dem gotteshaus seiner gerechtigkeiten gewißere fürsechung bescheche, so sollen dieselbigen in einer wohl versorgten truchen mit drei guoten gespören und eben mit so vilen darzue gehörigen schlißlen verwahrter gelegt, und der ain der oberkeit, der ander 40 dem herren pfarrer und der drite dem kirchenprobst zu behaltung gegeben werden.

Und sodan nun solch des kirchbrobsts jahr her und verschienen, so solle er auf einen gelegensamen tag zu umgehung unkostens nit vor ganzer gemeinde, sanderen allein vor dem herren pfarrer und richter oder derselben verordneten, als geist- und weltlicher nachgesözten oberkeiten, samt 45 der gemeinde dorfmaister, auch geschwornen und saltner um aller in zeit seines ambts gepflogner und verrichter sachen, auch einnembens und außgebens ehrbare, aufrichtige, recht, redliche raitung thuen, des gotteshauses

geföll und einkommen in seinem empfang völlig einbringen, item das ge-
traid und geschäft, inmassen ers verhandlet, verrechnen oder den anschlag
desselben von obbemelte hierzue geordnete persohnen erwarten, einiche
restanten zum wonigisten nit auf den nachkommenden stöllen oder an-
stehen lassen, vilwoniger mit einicher unnotwendiger oder mehreren auß- 5
gab, dan ihme hiervor beschriben zu mehrmahlen fürgebildet worden, gar
nit beschwüren, und ob er der kirchen ötwas mit raitung schuldig ver-
bleiben wurde, den raitrest alsbald in icto mit baaren gelt zu erlegen oder,
obe es das gotteshaus so gar nit notdurftig were, alsdan um gebührliches
interesse auf begniegen der oberkeiten und gemeinde mit genuegsamben 10
aignen grunt und poden zu versicheren und zu verschreiben verbunden
sein, damit dem gotteshaus fürderhin besser, als ein zeit hero beschechen,
möge fürgehaust werden.

Hingegen solle dem kirchprobst obangeregte des gotteshaus geföll
gleichwohl alle jahr selbsten vor oder nach der raitung einzubringen bevor- 15
stehen. Wofern aber diese nit richtig hergehen wolten, fortan nit mehr
mit gemaine recht, dieweilen es dem lands- und gerichtsgebrauch zuwider,
getriben, sanderen mit gebührender ordnung, darzue ihme durch gericht
fürderliche hilf beschechen und geben, ersuecht werden sollen.

Dieweil dan auch in allen gemeinden fast der gebrauch, das man 20
kein heu, gruembat oder stro vor st. Georgen tag, noch anderen zeiten,
wie es dan ain iede gemeinde erfindet und benennet, außer der gemeinde
frembden zuegibet oder gestatet zu verkaufen oder in anderweg zu ver-
wenden, ist durch ernenter gemeinde Plannail auch einhellig erfunden und
beschlossen, daß keiner in der gemeinde von st. Martin tag an bis auf 25
Georgi frembden, außwendigen persohnen kein heu, gruembat oder stro
ohne vorwissen der dorfmaister und gemeinde hingeben und verkaufen
solle, wo es aber durch ainen übertreten wurde, der soll um ain yhrn wein
gepfendet werden, doch wan ainer inner der obbenanten zeit was heu,
gruembat oder stro zu verkaufen hette und hingeben wolte, so soll ihm 30
solches in der gemeinde bewilliget und zuegelassen sein.

* Was von heu, gruemet, stro oben angeführt, das ist nothwendig
in der gemeinde zu bewilligen, daß die bemeirung in der gemeinde zu ver-
bleiben und [nit] verkauft werden solte. [Gegen] den übertretter soll mit
einer halb yhrn wein zur straf firgangen werden.* 35

14. Matsch. **)

Papierhds. v. J. 1605. 4. Bl. 90, im Archive zu Matsch. Unser Weisthum Bl. 1—13.

Vermerkt meiner gnädigen herrn der Trappen, als gerichtsherrn
von thal Matsch, freiheiten, gerechtigkeiten, alt herkommen und büurliche
recht, so zum theil hinnach beschriben sind.

---

* — * *Von späterer Hand.*
**) *Das Thal Matsch ist seit 1160 nachweisbar im Eigenbesitze der edlen
Familie gleichen Namens gewesen. Bald darauf wurden die Edlen von Matsch*

Item anfänglich ist von alter herkommen, daß alle jahr am h. Peters tag der stuhlfeier ein gemeind, die man nannt die groß gemeind, gehalten, darzu dann einem ieden nachbaur im thal Matsch selbst bei der paan ein yhrn wein gebothen werde, und er bei angezeigter paan erscheinen sollte.

5   Freiung.

Zum andern ist von alters herkommen, daß auf obbemelten tag die freiheit des gerichts Matsch, wie hernach verzeichnet wird, vor der ganzen gemeind öffentlichen auf der gemeindstraßen verlesen und berufen werden sollte, sprechend: Hier stehe ich auf meiner gnädigen herrn, der Trappen,
10 grund und boden und beruef gedachter meiner gnädigen und des gerichts Matsch freiheiten, so sich strecken ist durch die gemeindsstraßen hinaus zu dem hochen crucifix, und von dem kreuz hinauf unzt auf den höchsten grad, und von demselben grad nach dem höchsten joch hinein unzt an den ferner, und von demselben ferner nach dem höchsten grad hinaus unz an
15 das Ellerthal, und durch das Ellerthal unter unz an Groller bruggen, und von der Groller bruggen wieder herauf unz zu dem hochen kreuz.

Und in solchem angezeigten zirch der freiung soll und mag ein iede person, so von keinem redlichen totschlag oder um ander redlich verhandlung flichtig ist, sofern er der feind oder andern merklichen ursachen
20 halber die herrschaft in Matsch nicht erreichen möchte, das hohe kreuz um freiung anrufen, sollt er alsdann solche freiung vollkommenlich, bis er den richter erreicht, empfangen und dabei gehandhabt werden.

Und *) so ver er aber der feind halben einen hirten, oder darnach einen nachbaur, und nachmals einen geschwornen, und gedräng halben
25 der feind den richter nicht erreichen mechte, und deren einen um freiung anruft, sollt er abermahls vollkommentlichen, bis er den richter erreicht, bei solcher freiung gehandhabt werden.

Und auf solche art oder anrufung soll und mag einer jahr und tag freiung empfangen und darbei gehandhabt werden.
30 Und als oft ein flichtige person drei tritt für das hoche kreuz auf der freiung geht und wieder kehrt, und abermals um freiung, wie ob steht, anruft, sollt ihm wiederum jahr und tag gegeben werden, und dabei gehandhabt werden.

Item und wenn ein flichtige person in angezeigter freiung köme, die
35 kein zehrung hät und zu ihrer aufenthaltung gern arbeiten wollt, ist ein iedlicher nachbaur in thal Matsch solchen flichtigen person aufzuhalten

---

auch Schirmvögte der Benedictinerabtei Mariaberg und nannten sich davon die Vögte von Matsch. Im 13. Jahrhundert gewannen sie dazu auch das Voglamt des Bisthums Chur über sämmtliche Gotteshausleute im ganzen Vinstgau und Münsterthale. In Folge eines Streits mit Herzog Ludwig dem Brandenburger, Gemal der Gräfin Margaretha Maultasch, verlor dieses Dynastengeschlecht seine volle Unabhängigkeit und wurde 1351 mit den Matschischen Gütern und Gerichten belehnt. 1498 erhielt Vogt Gaudenz von Matsch durch König Maximilian in seiner Herrschaft Matsch und allen darin gelegenen Gerichten das Recht des Blutbanns. Mit ihm endete 1504 das altberühmte Geschlecht und die Matschischen Herrschaften gingen zum grössten Theil auf die Familie der Ritter (jetzt Grafen) von Trapp durch Erbgang über.
*) *Dieser Satz steht in der Handschrift zweimal nach einander.*

und ihr[1]) arbeit zu geben schuldig, und so ver aber ein nachbaur mit
ehehalten genugsam versehen und der fliehtigen person arbeit nicht bedärfte,
ist er schuldig, sein gedingten ehehalten zu verlassen und die fliehtige
person zu fidern, damit sie aufenthaltung habe und die freiung ge-
nießen möge. 5

Item, und wenn auch einem nachbaurn oder andern person aus dem
thal Matsch in einen andern gericht etwo vergebentlichen ein unglück
zuestüend, für violen, dadurch die freiung nottürftig war, soll ihm die ob
angezeigt freiung, so vern er der begehren ist, wie einer andern person
gegeben und darbei gehandhabt werden, ihm auch, was sich kann, auf 10
solche freiung vertrösten sollt.

Geschworner.

Item verweis von alten herkommen, dass auch vorbemelten tag nach
der ganzen gemeind rath und gutbedunken aus jenen drei geschwornen er-
wählt, und mit dem eid bestüttiget, auch in den eid ihnen eingebunden 15
werden soll, meiner vorgemelten gnüdigen herrn der Trappen etc. und der
ganzen gemeind nutz und frummen zu betrachten, und zu fidern, ihren
schaden zu wenden, auch all bairlichen recht und gebrauch, so die gedacht
gemeind antreffend ist, nichts ausgenohmen, wie dann das zum theil hin-
nach geschrieben ist, aufzurichten und zu vollbringen. Und so ver etwo 20
aber ein schwerer ansehnlicher handl fürfiel, sollten sich die geschwornen
das nicht allein unterstehn, sondern mit rath eines gnüdigen herrn und der
ganzen gemeind nach gestalt der sachen handeln. Weiters so sollten die
geschwornen das selbe jahr gewalt haben, in der gemeind nach der raid
zween gawien zu setzen, die sollten nach brauch der geschwornen ohne 25
widerred all wahlerlohn, hirtenlohn, schmidlohn und anderes, nichts aus-
genohmen, einrecken und nach verschienen [jahr] um solch ihren empfang
den geschwornen raitung thun und bezahlen.

Verrer ist beschlossen worden und von alter herkommen, dass man
alle schaltjahr zween nachbarn erwählt, die gilt der schaf geding-geld, so 30
die gemeind auf Fürstenburg und Ratund all schaltjahr zu geben schuldig
ist, die selbige alle jahr einzurecken, wie dann von alters her auch ge-
schehen ist, und sollich 16 schaaf-gedinggeld an ob angezeigten ort zu
antworten, und um das übrige den geschwornen der gemeind zu ausgang
ihr vier jahren raitung thuen und bezahlen, und solliche sollten die ge- 35
schwornen der gemeind zu Liechtmess beschätzen und also bezahlt werden.

Waid.

Item so geht der ganzen gemeind Matsch gemarch, wunn und waid
von dem dorf nach der strassen hinaus untz bis zu üuserst der muer der
Matscher wald, und von derselben mierur hinab untz gegen Kaplatsch, 40
da ist ein marchstein unter den weg neben den Rathschlag; so ein mittel-
mäsiger mann ein schritt von den marchstein thut, sieht er den halben

---

[1]) ihm *hs.*

thurn von oder am schloss Churburg. Es megen auch die gemeind Matsch
ihre geiss innerhalben den gemarch nach dem gesicht untz an die Chur-
burger mauer hieten und waiden, iedoch dem acker ohne schaden.

Verweis auch von alten herkommen, so ver ein schwerer langes und
5 grosser mangel an hey würe, mag die gemeind Matsch das vieh drei tag in
Schludorns zuhieten und woiden. Weiter so ist ihr gerechtigkeit, dass kein
ausgeschlossener, maierleut oder ander, zu Senetza nichts gewalt haben
sollten zu hieten. Es soll auch ein hirt so weit unter dem feld stehen, als
ein mann, der nit tenk ist, mit der tenken hand einen stein werfen mag,
10 wer ihn weiter herauf ergreift, ist der straf von des hirten stab 1 perner,
und von einen einletzen nimt 1 kr. und den hirten das gewand alles ab-
ziehen und nackend laufen zu lassen.

Item von demselben marchstein hinauf untz auf dem joch, und nach
dem joch hinein soll den Matscher und Planailern frei sein, also was
15 Matscher vieh enthalb des joch hinab geht, megen die Planailer pfenden,
und was Planailer vieh heraushalb des joch herab kommt, das megen die
Matscher pfünden, denn [2]) die weid her dieshalb des jochs gehört den
Matschern allein zue hinein untz an Valtarta, und von Valtarta hinein
nach inhalt eines spruchs, so dieshalben gemacht und brief darumen auf-
20 gericht worden sein. Von Avaplatta enthalb heraus untz an Avainutza
gehört der gemeind allein zue, ab von Avainutza untz an das Ellerthal,
das gehört den Ellermaier zue.

Item und aber die zween höf auf Runn sollend oder mögend das
ganz jahr unter dem trey, der auf Ollrinratsch geht, nicht recht haben,
25 zu weiden.

Item die waid herdieshalb des bach hinein an die wiesen gehört der
gemeind Matsch samentlich zue.

Item weiter so hat die gemeinde langeszeiten auf Kartatscher wiesen
recht zu weiden, doch den ackern unschädlich, dargegen mögen die mairleit
30 mitsamt der gemeind auf der gemeind wiesen hieten.

Item die zween mairhöf, Rofernhof und Muntaditsch-hof, sollend
und mögend mit der gemeind hieten, alben und weiden. Es sollend auch
die genannten höf von h. Veits tag untz auf des h. Kreutz tag nit mehr vieh,
dann ieder hof ein kuho und ihre külber, so viel sie selber ziegen wollen,
35 daheim behalten, und das übrige vieh zu der Matscher vieh thuen und sie
nühren. Die zween millner sollend sich auch allermassen mit dem vieh
halten, wie sich die gemeind hült.

Item es sollend die höf oder iemand ander nach h. Veits tag, untz
die oxen ab dem poß komen, [3]) nichts weiden für Vallfabria hinein unter
40 Patzlein, bei pfündung von einem rind 2 tr. kr. und von der kutten ein
scheet kaas. Item in Vuletzas sollt auch bei vorangezeigter paan niemand
weiden, untz der pofel fürkumt.

Item wann die gross hert vieh für das hoch kreutz hinein triben
wird, so sollend und mögend die mairleit und klein hirten ihr vieh auch
45 hinein treiben, und wo aber einer vor hinein trib und begriffen wurde,
sollt er gestraft werden von den stab 1 scheet kaas.

[2]) denn] die *hs.* [3]) kennen *hs.*

Item den pofel an den rainen sollt niemand ohne der geschwornen erlaubnis weiden, bei den paan von ein paar ochsen ein pfund perner, und von einen ross auch ein pfund perner. Item ein ieder richter auf Matsch soll und mag sein vieh mit der vieh hieten und weiden.

Paanwald und holz.

Item die pirchen hinaus gegen den hochen kreutz, was unter dem obern grad und ob dem untern grad steht, soll von meniglichen frei sein bei den paan von einem stam, klein oder gross, ein gulden reinisch.

Es soll auch niemand bei angezeigten paan ohne der geschwornen erlaubnis daselbs dürres holz awöck [4]) tragen.

Und was aber unter dem untern grad ist, soll in der gemeind iedermann frei sein.

Und was ob dem obern grad geschlagen wird ohne der dorfmeister erlaubnis, ist von dem stam 4 f. und von fueder $4^1/_2$. Und [5]) die selb mult geht oben durch untz vor [6]) Ruschleit.

Ruschleit *) ist ein paan-wald, bis in Vallprabeider ist der paan von stam 1 f. und von fueder ein gulden, und ob dem Ruschleitwald auch gar hinein ob Vallprabeider untz in Valltarta **) ist der paan von stam 4 xr. und von fueder 4 xr., dergleichen auch von Valltarta hinein untz zu den prunnen bei dem Cabril-wald. Cabril-wald ***) ist ein paan-wald, der paan von einem stam 1 f. und von fuder 1 gulden, und inderhalb dem Cabril-bach gehört zu den alpen.

Item von dem Cabril-wald grad über in Luzeras-wald ist von dem stam 1 pfund perner, und aber von Luzeras heraus in gröben und auch gar heraus in Taneyder gröben den 3 mairen allein zue.

Tiall ist ein paanwald und streckt sich heraus untz in Tialler gröben. Was in poden steht, ist der paan vom stam 1 f. und vom fueder 1 gulden, und aber ob dem boden auch von Tialler gröben heraus untz an Avaplatta und gar bis in der pleis ist vom stam 4 xr. und von fueder 4 xr. und von der selben pleis heraus bis an der pleis Maröll ist ein paan-wald, genannt Prada, †) ist der paan vom stam 1 f. und von fueder ein gulden. Und ob dem selben wald auf den köflen, und ob den köflen, auch für pleis Maröll heraus untz an Remsbach ist der paan vom stam 4 xr. und von fueder 4 xr.

Und vom Remsbach heraus untz an Platzigezauna ist der paan vom stam 1 pfund perner und vom fueder 1 pfund perner. Item von selbigem boden Plazigezauna hinauf untz in Walischgusteine vom stam 4 xr. und vom fueder 4 xr.

Item und von Walischgusteine untz an Wallfabria vom stam 1 pfund und vom fueder ein pfund perner, und was ob dem Remser trey ist, vom stam 4 xr. und von fueder 4 kr. der paan.

---

[4]) abröck *hs.* [5]) Von *hs.* [6]) von *hs.*
*) *In einer Aufzeichnung der Rechte und Freiheiten der Herrschaft Matsch (gräfl. Trapp'sches Archiv in Innsbruck Nr. 4778):* Raschneid.
**) *Ebenda* Waldteissa.
***) *Ebenda* Gabaril-wald.
†) *Ebenda* Prääde.

Item von Wallfabria untz an Vallmundatitsch ist ein paanwald, den
man nennt Döstgierf, *) und ist der paan vom stamm 1 f. und von fueder
1 gulden, und ob Dössgierf vom stamm 4 xr. und von fueder 4 xr.

Item von Vallmuntaditsch heraus in Fantaunalunga vom stamm
5 4 xr. und vom fueder 4 xr. der paan, und ausserhalb Fantaunalunga
gehört den mairleiten allein zue.

Item die pirchen unter Runnerwiesen bis in Runk ist der paan
vom stamm 4 xr. und von fueder 4 xr.; es wär dann sach, dass etwa
oinem ein deixl oder ax mangelt, mag er eine abschlagen und haim tragen.

10   Item in Runk soll niemand nicht kappen oder holz machen, allein
etwa reiser, einen garten zu decken, iedoch allwegen mit wissen der ge-
schwornen.

Item die Kartatscher haben von Rafinals heraus untz an Schganlares
eck 7) zu hilzen, und aber von Schganleras egg heraus gehört zum schloss
15 Matsch, sollt sonst niemand daselbs hilzen, allein der Groller mag sich
unter Ellerwiesen untz in wald Matsch behölzen.

Item in den wald von Vallnavera hinein untz an Patzleider weg
unter Patzleid und Tiola ist von stamm 1 pfund perner und von
fueder 1 ₰.

20   Item die pirchen in Vuletzas ist von stamm 1 pfund perner und von
fueder 1 pfund perner, wo die ohne der geschwornen erlaubnis geschlagen
werden.

Item wer sonst allenthalben in thal pirchen macht, ist der paan von
1 stamm 1 pfund perner und von fueder 1 ₰ perner, was aber einer
25 stutzt, ist der paan 6 xr.

Item es sollt auch niemand in diesen vor angezeigten paan-wäldern
rinten oder schwenten bei der paan von einem ieden baum 1 gulden.

Weg und trey.

Item die gemeind Matsch sollten haben einen gemeinen trey durch
30 die dörnen unter des pfarrers anger.   .

Item und ein trey durch Pekätscher thal.

Item mehr haben die gemein und Kartatscher ein trey bei den bild
in den pirchen hinauf, und sollten ausserthalb der grossen radant unter
den wahl nit hieten.

35   Item mehr sollt ein trey durch Partenger thal gehn.

Item mehr ein gemeiner trey durch Vallsohilgnau, iedoch den ackern
ohne schaden.

Item es soll auch niemand zwischen h. Veits tag und des h. Kreutz
tag vieh durch Trayöl treiben, bei der paan 6 xr.

40   Item es soll auch niemand den gemeinen weg hinein fahren mit
keinen geschirr, sobald die wahl gemacht werden.

Item es soll auch niemand den gatter bei den trey aufthuen, eh ihm
der geschworne öffnet, bei der paan ein gulden reinisch.

---

*) Ebenda Tessgiorffs.
7) oeck hs.

Wasser und wahl.

Item, wenns kummt zu der zeit, dass man wassert, soll niemand das wasser abschlagen, untz auf dem Remawahl geschoppet ist.

Item es soll auch niemand den obern wahl zu den gütern, so unter dem untern wahl liegen, gebrauchen, sondern nach den untern untz zu 5 seinen runst gehn lassen.

Item es soll auch niemand ohne der wahler willen das wasser abschlagen und nehmen von einer radant, bei der paan 4 xr., und sonst in ein guet 22 xr.

Item es ist auch von alten herkommen und bewissen, dass die innern 10 höf den wahl ohne schaden hieten sollen.

Feierabenter.

Item, so man baut, sollt einer mit den pflug für das hoche kreutz herein sein, eh man die erste gloggen anziechet, feierabent zu leiten, bei der paan 1 pfund perner. 15

Item und ein ieglicher tagwerker oder tagwerkerinn sollten bei verfallung ihres taglohns für das hoche kreutz herein sein, eh man feierabent ausgeleitet hat.

Item andere fuhr, es sei um garben oder anderes dergleichen, ob einer an das land fuehr, sollte das hoche kreutz herein sein, eh man feier- 20 abent zu leitet, bei der paan 6 xr.

Item, so man die mult in den Faissen-wiesen anschlägt und einer mit einem fueder hei hinter den Libach begriffen wird, so man feierabent ausgeleitet hat, ist der paan 6 xr.

Item und ein ieglicher tagwerker und tagwerkerinn, so gleicher 25 maass, wie ob gemelt ist, begriffen wird, sollt sein taglohn verfallen sein.

Item, so man auf den innern wiesen arbeitet, soll ein ieder für das kreutz heraus sein, und die maierleiten, die hervor arbeiten, für das kreutz hinein, eh man die erste gloggen anzieht, feierabent zu leiten, bei der paan 6 xr., dergleichen alle tagwerker und tagwerkerinn bei ver- 30 fallung ihres taglohns.

Item die maierleit sollten über die Millbruggen hinüber, und dergleichen die dorfleit herüber sein, eh man anzieht, feierabent zu leiten, alles bei der paan 6 xr.

Item, wenn ein geschworner der gemain auf Senetza oder in Restif 35 sollt erriefen und den feierabent anzeigen, alsdann sollt man feierabent lassen.

Item es ist auch von alten herkummen, dass ein nachbaur an einen feierabent ohne der erlaubnis [nioht] pachen sollt, und sover es ihm aber erlaubt wird, sollt er so fruhe einheinzen, dass der erste rauch ver- 40 gehe, eh dass die sonn an die wahl anscheind, alles bei der paan 1 pfund perner.

Mühen.

Item, so einer vor der zeit in einer mult anschlägt zu mähen, wie
dann die von einer ganzen gemein anschlägt für genohmen wird, der
oder dieselben sollten iedlicher um ein ihrn wein gestraft werden.

5   Item, und so man in einer mult mähen ist, sollt keiner in drei tagen
hei führen, damit ein anderer den weg, da er was mähen, [marken] und
raumen mag. So ver aber einer deswegen in 3 tagen nit markt und raumt,
sollt, der sein hei führen will, das dem andern anzeigen und begehren, das
wegzuraumen, und so ver derselbe merklicher ursachen halber nit raumen
10   mecht, sollt der das hei führen und den weg brauchen will, das gras
selbst abmähen und raumen, damit es nit zu leid gehe.

Wollt aber einer ohne merkliche ursach sollich weg nit selbst
raumen, so mag ihn der ander seiner nothdurft nach, iedoch nit vor [8]) an-
zeigung durch der nutzung fahren.

15   Beschluss.

Item und solches alles, wie vor angezeigt und verlesen [9]) ist, durch
eh gemelten unsern gerichtsherrn und der gemein sammentlichen be-
schlossen worden, so ver etwas, wenig oder viel, innhalt des libels durch
ein oder mehr überfahren und strafmässig wurde, dass der oder die selben
20   durch die geschwornen bei der paan, wie vor geschrieben steht, ohne gnad
oder nachlassung gestraft werden. Davon dann die dorfmeister, so oft es
sich begibt, ein marend nehmen und das übrige der gemeind verraiten
sollen. Und aber die paan und straf der paanwälder, die sollen den gerichts-
herrn allein zustehen.

25   Und aber der dorfmeister einer oder mehr solliches, wie vor ge-
schrieben und verlesen ist, auch nit hielten und überfieren, sollt der oder
dieselben um zweifachen paan, wie ob bestimmt ist, gestraft werden.

Item es ist auch weiter beschlossen worden, so ver die dorfmeister
sammentlichen oder sonderlich sollichen baierlichen rechten und strafungen
30   gegen einer oder mehr günstlichen und verdüchtlich befunden wurden, als
dass nit der arm als der reich, und der reich als der arm mit der straf
gleichmüssig gelten, [10]) dass ein ieder gerichtsherr in Matsch den oder die-
selben geschwornen, ein iedlichen mit der paan fünf march perner ohne
gnad strafen sollt.

35   Richters-halben.

Item, so ist von alters herkommen, dass die auf der gemeind, so nit
ochsen haben, dem richter die Randill-[*]) wiesen nach dem dritten tag, so
die mult angeschlagen ist, zu mähen schuldig sein. Und aber die, [11]) so
ochsen haben, sollich bei dem richter zu führen schuldig sein und führen

---

[8]) vor] von *hs.*   [9]) verlassen *hs.*   [10]) gehlten *hs.*
[*]) *Ebenda* Radill.
[11]) die] der *hs.*

sollten. Dargegen der richter denen, so im mähen, zimlichen essen und trinken, auch, wann sie heim gehn wöllen, für das nachtmahl zwo brod und ein stück kaas geben sollt, und so, wann das heiführen ist, sollt der richter selbst oder sein scheinbothen auf der wiesen sein, auch kaas und brod da haben und geben. 5

Item, so sein die maierleit einen ieden richter [eine] wies, genannt Warga-wies, die nächsten tag nach h. Jakobs tag, so sie der richter begehren ist, bei der paan zu mähen schuldig, dazu dann die dorfleit den ersten tag zwo tagwerker nach der raid geben sollten. Und alsdann sollt ein ieder hof desselben hoi zwei fueder, und die dorfleit das übrige hei 10 dem richter haim führen schuldig sein und führen. Dargegen auch der richter einem ieden mader zu essen geben, und wann sie wollen haim gehen, iedlichen zwo brod und ein stückl kaas für das nachtmahl geben sollt. Weiters so ist ein iedlicher nachbaur, der hei einzuarbeiten hat, einem ieden richter auf Matsch ein halbs fueder hei, so man er ihnen ist, 15 das fueder hei zu geben und zu dem schloss zu antworten schuldig. Und aber die, so nit ochsen haben und arm sein, soll und mag der richter mit denselben, wellicher das begern ist, um sollich hei mit geld oder arbeit, nämlichen xviij kr., mit ihnen abkummen lassen. Iedoch, dass sollich hei oder vergnügung nit vor [12] h. Lorenzen tag geantwortet wird und be- 20 schehn, sollt nachmahls darumen abzukummen in des richters wohlgefallen stehn. Dargegen der richter einem ieden, so ihm sollich fueder hei bringen ist, ein pecher wein, ein brod und ein stückl kaas zu geben schuldig ist und geben sollt.

Pfarrers-halben. 25

Anfenklichen so ist ein ieder pfarrer auf Matsch der ganzen gemeind, die hinnach geschrieben stehn, iber jahr gut, damit die gemeind versehen sei, zu halten und auch ein külbermahl acht tag vor h. Antonis tag ungevärlichen [13] zu geben schuldig, dabei sollten sein meines gnädigen herrn geschworner, auch die dorfmeister und kirchprobst, es mögen auch die 30 dorfmeister einen nachbaur, und die kirchpröbst einen nachbauer darzue laden, die mängel der gemeind zu bei- und anzubringen helfen. Und sein die beeren nämlichen ein fohl, der sollt über jahr bei den paaren gehalten werden, ein pfarrstier, ein schweinpoer, ein bock und ein widder.

Item und sollich angezeigt peeren soll und mag ein ieder pfarrer mit 35 anderer der gemeind vieh und hert fürtreiben und gehn lassen und auch alle nacht fleissig einthun, davon er den hirtenlohn frei sein sollt.

Dargegen ein ieder nachbauer in thal Matsch einem pfarrer den jugendzehend, wie hinnach bezeichnet ist, zu geben schuldig ist und geben sollt, nämlichen von einem kalb, das man absend, zuricht oder ver- 40 kauft, viiij fierer. Von einem ieden kalbel, [14] man stechs oder verkaufs, 3 fierer. Von den ersten bett einer schweinmutter ein spenfackl, von den andern nichts, von den dritten aber eins, und also für und für, nit das beste und nit das pöseste. Und auch das zehend lamm und kitz.

---

[12] vor] von *hs.* [13] ungemärlichen *hs.* [14] kalbfel *hs.*

Welicher aber nit zehen lämmer oder kitz hat, sollt allwegen von zweien drei fierer, von einen einzigen ein fierer geben.

Sollicher kitz- und lümmerzehend gehört einem ieden richter und pfarrer zue, mit einander zu theilen. Von ein fihl ein pfund perner, und 5 von ieder pruet airglutsch ein huhn.

Verrer ist von alters herkummen, dass der pfarrer mitsamt den kirchprobsten in obberierter zeit ein tag, wenn er sollich kälbermahl geben will, ansetzen und auch verkünden sollt. Darauf dann ein iedlicher nachbar diesen gemelten jugendzehend, wie ob angezeigt ist und ihm gebirt, er- 10 legen und bezahlen soll.

Und wo aber einer oder mehr sollichen jugendzehend auf denselben angesetzten und verkündeten tag nit erlegen, sollten die kirchpröbst sollichen ausstand des zehend dem pfarrer ohne entgeldens einzubringen schuldig sein, und auch der oder dieselben gewalt haben, von stund an [15]) 15 darumen zu pfenten. Dargegen dann ein iedlicher kirchprobst, die weil er sollichen amt verricht, [16]) des jugendzehend frei sein sollt. Es ist auch ein iedlicher pfarrer alle sonntag, pannfeirtag und quatembertag ohne lohn mess zu halten schuldig. Es sollt auch ein pfarrer die gestiften jahrtäg halten, inhalts des kirchenbuchs, und allwegen den sonntag darvor 20 sollichen tag, auf welchen tag die [17]) gehalten werden, verkünden. Auch für des stifters seel und all, so aus desselben geschlecht verschieden sein, bitten.

Und so ver kaas geschaffen sein, sollichen jahrtag darummen zue halten, ist von alter herkummen, dass die selben wochen, darin der jahrtag gehalten wird, die kaas gegeben, und soviel keif oder hürt sein sollten, 25 dass sie in einen band gewügen werden. Und so ver aber einer die selb woch, darin der [15]) jahrtag gehalten wird, keinen kaas oder geld [geb], solt nochmals der pfarrer die wahl haben, geld für die kaas zu nemen oder nit. Oder aber, wo einer die selb wochen geld für die kaas geben wollt, soll der pfarrer 5 xr. für ein scheet kaas zu nehmen schuldig sein.

30 Item, so ein person, die zum h. sacrament gegangen oder alters halber darzue hüt mögen gehn, abstirbt, sollt der pfarrer zu der bestattnus ein amt, zum siebenden ein amt und zum dreissigsten ein amt halten, und die 3 tag, wie sich gebürt, [19]) über das grab gehn, auch das ganz jahr alle sonntag um des abgestorbenen auf die kanzel [gedenken], dar von soll [man] 35 dem pfarrer ein pfund perner geben, auch zu ieder eigenthums das mahl. Wo aber einer das mahl nit vermöcht, sollt der pfarrer mitleiden haben. Und so ver einer sollliches vor den dreissigsten bezahlen und wert daran geben wollt, und auch den wert für den widum bringt, soll der pfarrer sollichen wert nach erkanntnus der kirchpröbst zu nehmen schuldig sein 40 und sich damit bezahlen lassen.

Item, und wann ein kind oder eins, das jugend halben nit zum h. sacrament gangen ist, abstirbt, ist man dem pfarrer für die begräbnis drei kreutzer und für ein amt 6 xr. oder für ein mess drei kreutzer zu geben schuldig.

45 Item von einen hochzeitamt, so ver 1 f. oder darüber geopfert wird, ist man dem pfarrer nichts, als das mahl, zu geben schuldig.

---

[15]) stunden *hs.* [16]) verwißt *hs.* [17]) die] den *hs.* [18]) die *hs.* [19]) gibet *hs.*

Item und sonst ist man von einem ieden gefrimten amt 1 f. und von einer gefrimten mess 30 xr. dem pfarrer zu geben schuldig.

Item und ein iedliche schwangere frau sollt kein beichtkreutzer zu geben [schuldig] sein, allein durch ihren guten willen.

Item und den gottlob sollt in eines ieden guten willen stehn zu geben. 5

Mößner.

Item, so ist man dem mößner von einer iedlichen abgestorbenen person, so zum h. sacrament gangen oder alters halben darzu hüt mögen gehn, für seinen lohn ein schüssl mehl, das man nennt das opfermehl, oder 3 xr. darfür zu geben schuldig, und wo aber das mehl nit 3 xr. wert würe, 10 mag der mößner das mehl bleiben lassen, und die 3 xr. dafür empfangen, und man ihm die zu geben schuldig ist.

Item und aber von einem abgestorbenen kind, oder des alters halben nit zum sacrament hät mögen gehn, ist man dem mößner 1 xr. davon schuldig. 15

Item, und so einer ein dreisigsten lesen lasst, ist man dem mößner für seine mühe zu geben schuldig vj kr.

Und aber so ver . . . in der großen arbeit, ist man dem mößner ein besserung zu geben schuldig.

Ihro grüflich gnaden zehend zu Kurburg ertragen soll: roggen 20 93 mutt, 4 metzen; gerst 46 mutt, 6 metzen.

Gemeinds-schluss,

welcher vor mehreren jahren von löbl. ausschuss und gemeinds-vorstehern errichtet, der gemeinde vorgelesen und von iedem gemeindgliede gut geheisen und zu halten versprochen worden. 25

Diese nützliche punkten.

Primo.

Sobald die gemeinen wahl geöffnet und das wasser in den feld geht soll sich kein gemeindsglied unterstehen, das wasser zu schmühlern oder gänzlich aufzuheben, es sei dann, dass er von dem wahlhieter dazu berufen 30 werde, und um 4 uhr abends soll ieder, der berufen wird, noch zum wasser gehn.

Die erste raid der maschun fangt um 7 uhr an.

Die zweite raid der maschun aber um 8 uhr, weil die kechren schon aufgemacht sein, mithin ist das wasser von untern wahl von 7 bis 8 uhr 35 frei, und von obern wahl, wie die gemoin eins wird, pfand . . 36 xr.

An dennen samstägen aber sollen die haarer um 3 uhr nachmittag das recht haben von obern wahl, in denen garten aber an mitwoch und samstag um 6 uhr abents. Der übertretter ist 36 xr. pfand zu geben schuldig. Wer aber fruhwiesen beim dorf oder inner den dorf hat, der soll 40 die radanten so öffnen, dass die weg nicht verletzet werden durch den wassern. Der übertretter wird abgepfündet mit 42 xr.

Secundo.

Das grastragen ist von fruhjahr an bis Partholome ab gemeinen theil verbothen und, wo das hornvieh gehen kann, allzeit verbothen. Der übertretter wird abgepfändet für der trug . . . . 30 xr.

Tertio.

In den gemoinds-waldungen soll kein grüner stamm, wie auch kein grüner schlaifbaum ohne erlaubnis der vorsteher umgehauen werden. Der übertretter wird abgepfändet für ein stamm . . . . 1 f.

Der pirchwald ist von laub, wie auch von dürren und grünen holz
10 gänzlich verbothen. Der übertretter wird abgepfändet für einer trug 2 fl.

Das holzstrutzen ob der kirch und ob den dorf ist gänzlich verbothen. Der übertretter wird abgepfändet für iedes mahl . . . 30 xr.

Quarto.

Was die hauptgemeins-arbeiten belangt, soll iede parthei auf dem
15 sammelblatz sich um 7 uhr einfinden und anständige leut schicken, wo aber nicht, so wird iede parthei nach vermögen zum pfand gezogen werden.

Quinto.

Wenn die ochsen, nämlich die ganze herde, in albperg getrieben und geweidet wird, und sich ein gemeindsglied unterstehn sollte, seine ochsen
20 anderswo auf gemeiner weid zu treiben und von der herd abzusöndern, wird abgepfandet für ein baar . . . . 1 f.

Beschehen zu Matsch den 12ten april anno 1805.

15. Schlanders.*)

Nach einer Abschrift des Herrn Grafen A. v. Brandis. Theilweise abgedruckt in den „Beiträgen zur Geschichte, Statistik etc. von Tirol und Vorarlberg" Bd. 3. 1827, S. 189 (ex orig. archiv. Ormiponi, wovon eine Abschrift Primisser's im Ferdinandeum, Dipaul. 614 f. 229), und in J. Grimm, Weisthümern Bd. III. S. 738 (hier nach einer Abschrift Gottfried Primisser's im Ferdinandeum, Dipauliana Nr. 612. II. f. 15—17).

I.

1400.

Das ist die landsprach an Schanzaner prugk.

25   1. Das ist, das man an Schanzaner prugk offen soll zu mitten merzen, so jürloich eloich taiting da sint, daz sich mit aidsbern und mit den altsesen erfunden hat an der landsprach.

---

*) *Das landesfürstliche Gericht Schlanders ward im 14. Jahrhundert an die Starkenberger verpfündet und zwar erscheint es 1388—1397 als Pfandschaft*

2. *) Darnach sol man die prugk bschawen, wes die nottürftig sei, das schüllen die aitsbern tain und sullen zu einander gen und sullen zu rätt werden umb enspäum und umb schürens und umb alles, das der prugk nött ist, das süllen si da offen.

3. Man sol auch offen, in welcher leng und in welcher grezze der enspaum sein sulle; der enspaum sol haben an der lenge 8 clafter und an dem wipphel einen schuch.

4. Wer sich süumpt an den enspaum oder an den schürens oder wenn man [1]) den schürens aufhebt, der gerecht [2]) darzu gehört und da nicht ist, als manig frei feurstatt in dem gericht ist, als manig 5 *tl* ist er dem gericht vervallen.

5. Welcher aitsber an die pruck nicht chimpt, der ist dem gericht vervallen 16 β [3]), und die andern freigen umb 8 β. [3])

6. Item man scholl auch offen, wenn man ainen enspaum absait zu mittem mertzen oder ainen schürens, den schol man an st. Veits tag künden und dan ze mitten mertzen da sein an der prugkn, ob daz überfaren wirt und ber sich daran süumpt, der das versorgen sol, der ist chomen, als oft ain freige feuerstett in dem gericht ist, als oft 5 *tl*.

7. Man schol auch öffen umb weg und umb steg, und ob iemant die gemain ingefangen hiel, der ist chomen umb 50 *tl*, da sol man meins heren aitsberen zu gebieten, die schullen ander erberg läut zu in nemen und schülen daz beschauen und ausmerken und darnach ab prechen.

8. Man schol auch öffen, ob sich iemant der herschaft guet unterbunden hab, daz es [4]) der herschaft nicht verloren würde. [5])

9. Item man schol auch öffen, ob sich iemant verheirat hab aus der herschaft von Tiroll, der ist umb 50 *tl* chomen. [6])

10. **) Man schol auch offen iegleicher aitsber in seiner techeney umb das mas, es sei yren, paceiden, mütt oder metz und auch umb die wag, das daz geleich und gerecht sei.

11. ***) Man soll auch öffen, warüwer ain richter gebalt hab zu richten in dem gericht zu Schlanders.

---

der Gemalin Ulrichs von Starkenberg (nach Urk. Herz. Leopolds cop. im Ferdi-nandeum, Dipaul. 614 f. 219). Im Jahre 1422 forderte Herzog Friedrich das Gericht von Ulrich von Starkenberg zurück (Ladurner, Vögte von Matsch. II. S. 131) und vergab es im Jahre 1426 nebst der Veste Juval und mehreren Dörfern an Peter von Liebenberg als Lehen. Im 15. und 16. Jahrhunderte wechselte das Gericht vielfach seine Inhaber theils als Lehen, theils als Pfandschaft. Im Jahre 1747 erscheint Graf Sebastian Trapp als Gerichtsherr; 1786 gieng die Pfandherrschaft nebst dem Allodialvermögen der Gräfin Maria Anna von Hendl, verehelichten Gräfin von Trapp, an ihren Sohn Graf Leopold von Trapp über. An Pfenniggeld und Korngeld trug das Gericht in den Jahren 1388 bis 1395 jährlich über 120 Mark; im Jahre 1490 haben sich bei der Hauptmusterung unter Erzherzog Sigismund 770 wehrhafte Männer in dieser Herrschaft befunden.

*) *Die §§. 2—7 fehlen bei Grimm.*
[1]) man] mit *Beiträge.*   [2]) gerecht] ze recht *Beiträge.*
[3]) Schilling *Beiträge.*   [4]) es] die *Grimm.*
[5]) würde] werde *Beiträge.* werden Grimm.
[6]) der *bis* chomen] denn der ist verfallen um 50 *tl. Grimm.*
) *Fehlt Grimm.*   *) *Dieser Absatz fehlt in der späteren Redaction.*

12. *) Man schol auch offen umb ainen ieleichen aitsberen in techney umb unfortig läut, es sein man oder weib.

13. Man schol auch offen, ob iemant dem [andern 7)] das sein nem haimleich oder offenleich und ob iemant den anderen wund oder slach, das 5 er pluot, und ob iemant dem anderen sein haus aufbrüche und im schaden tu an läut oder an gut.

14. Man schol auch 8) umb frei läut, welche frei läut sich fürbas zichent an st. Johans tag, da schulen si daz jar dienen tot und lebentig mit dem guet, het er dan ze sneiden oder ze müen und ze pauben oder ze 10 drechsen, daz schol ers sneiden und müen und wider anpauben zu röcken und schol seinen arbeittcron milich haben und feuor und waid auf st. Jorgen tag und schol chainen dienst da nicht tain.

15. Wer ainem prübst phant wert von der herschaft steuer oder zins wegen, der ist dem gericht 50 ₰ vervallen, welcher aber inderthalben 15 der tür oder an freiger strazzen phant wert, der ist chomen, als oft ain freige feurstat in dem gericht ist, als oft 5 ₰ ist er vervallen.

16. **) Man sol auch offen, wie sich die prübst dem richter stellen schollen an st. Steffans tag mit ir weissat, ieleicher präbst aus seiner techney sol ainen richter pringen 1 mutel rogen und ain mut waiz und 20 8 schultern und 3 ₰ 9) und 4 gr. und die aier zu osteren, und welcher das dem richter nicht bringt, so sol der richter soinen prabet darumb phenten.

17. Item wer ainen wundet, daz in waizelt, der ist 50 ₰ vervallen dem richter, und wer ain wundet, das er plüet, ist vervallen 5 ₰.

18. Wer dem prabst nicht verhaissen will umb das prück-koren, 25 der es zu rechter zeit tün sol, der ist vervallen 50 ₰ dem richter.

19. Umb die dillen sullent die maier von Schantzan besorgen und gepieten, wan es nôtt ist an der prücken, wer dez süumig wer, der es geben sol, den schullent si phenten umb 3 gr., als oft das geschicht, und wen es in ze sber wirt, des sulent si dem richter chunt tün.

30 20. Auch ist von alter her chommente, ***) was 10) läut her 11) chümpt, 12) von wann si her chomment 13), die sullen mit den freigen dienen ieder man nach seinen stütten 14) ân 15) die aus Ulten, die sint vogelfrei.

21. Umb die stellung schol ein ieleich, man oder weib, der ochsen hat, zwei phart 16) stullen, und wer nicht ochsen hat, ain phart und sol 35 ainem ieclcichen phart dez nachtes zwen metzen gebon unt 17) des morgens nach dem wazzer ain motzen und höw gonug und dem choecht ze ezzen nach seinen eren, und hütt er wein, so geb im nach sein trewn, hat er aber chainen, so geb im ain chreutzer. †)

---

*) Die §§. 12—20 fehlen bei Grimm.
7) Beiträge; fehlt bei Brandis. 8) auch] auch offen Beiträge.
**) Dieser Paragraph fehlt in der späteren Redaction.
9) 8 ₰. Beiträge.
***) Von §. 12 bis hieher fehlt der Text bei Grimm.
10) was] welche Grimm. 11) her] in das gericht Grimm.
12) chümpt] kommen Grimm. 13) si herchomment] es sey Grimm.
14) stätten] vermögen Grimm. 15) ân] ausgenommen Grimm.
16) phartt] pferde Grimm. 17) unt bis genug fehlt Grimm.
†) Hier endet der Text der Beiträge.

22. *) Wen ain richter den aitsberen gebeut, das herschaft nicht
anget, wer ir dan bedarf, so sullen si an ainen wirt zichen und da ezzen
und trinken ihr notdurft, wer dan unrecht hat, der schol si von dem
wirt letig und los machen.

23. Si habent auch geoffnet umb malefitz und umb frävel, daz sich 5
erfunden mit gewizzen, von dem Schlumbspach oben her bis an Chastelbeller
pruchk und von der selben pruchken bis an Spininger pruchk seien die
häut, wer si wellen, man oder weib, welches hern si sein, das so [18]) in dem
gericht beleiben.

24. Die aitsberen haben auch erfunden, was für chumpt von unzucht 10
begen, das in dem gericht geschäche, ain igleicher aitsberen in seiner
techenei, als ez in für bracht wirt, ain warhait für ain warhait, ain leumutt
für ain leumutt.

25. Man hat auch erfunden, wan [19]) fremde leutte in ain dorf
chomen, die nicht gehäusset sint, die [20]) holz slachent, das schol der richter 15
verbieten, und [21]) ob genannt hölz, der da ge[se]zzen ist, der sein herberg
päubn und pessaren wolt, der sol chains nicht slachen, man erlaub
ims dann.

26. Mer habent si erfunden, wenn ain richter in dem anger ze
Schantzan ze gericht sitzet, umb welcherlai sach das ist, das der richter 20
der [22]) gepeut, so süllen di phart [23]) in dem anger gen, ez sei gemüet
oder nicht.

27. Item alle panchkart sind der herschaft, sei [21]) vater oder muetter,
welches hern si sein.

28. Wassar und gejüge [25]) ist gemain.   25

29. **) Man hat auch erfunden, ban ainer angeschlagt wirt umb
frävel in diesem gericht, sein welches heren si sein, so sole er sich vor
tissem stabe verantbürten, hat er recht, er genis sein, hat er unrecht, er
entgelt sein.

30. Man hat auch erfunden, wer freiger urbar erbet, der [26]) schol 30
mit den freigen dienen, oder er verbeg sich des urbars.

31. ***) Item man hat auch erfunden, wer ainen uberläuffet in
seinem trupfstall mit gebaffneter hant, der ist dem gericht vervallen 50 *ll.*

32. †) Item, man hat auch erfunden, wer ainem gefrächlichen
seinen marchstain aus pricht und aus zeret, der ist chomen umb 50 *ll.*   35

33. Item, man hat auch erfunden, wer ainen bei der nacht vindet
mit seinem viche in ainer wise oder in seinem pau, der ist chomen umb 50 *ll.*

---

*) §. 22—24 fehlt Grimm.
[18]) so] lies sol. ?
[19]) wan bis chomen] kemmen fremde leute in ein dorf Grimm.
[20]) die bis slächent] und schlagen holz Grimm.
[21]) und bis ist, der] und ob ein angesessner Grimm.
[22]) der] da Grimm.   [23]) pharrt] pferde Grimm.
[24]) sei bis sein] wessen herren auch der vater oder die mutter sey Grimm.
[25]) jagd Grimm.
**) Fehlt Grimm.
[26]) der bis urbars] der diene auch mit den freyen Grimm.
***) Fehlt Grimm.
†) Fehlt Grimm.

34. Item, vindet ainer ainen pei dem tag mit seinem viche in seinem pau, der ist chomen umb 5 *tl.*

35. Wer ainen vindet pei der nacht bei geröchem[27]) feuer in seinem haus, der ist vervallon leib und guet auf genad.

36. Wer ainen bei der nacht in seinem haus uberläuft mit gewappenter hant, der ist vervallen dem gericht leib und guet auf genad.

37. Item man schol verbieten kuglein in den dörfern pei 50 *tl* perner.

38. *) Item man hat auch erfunden, wer ainem sein holz hin füert ab der ladstat, der ist chomen umb 50 *tl.*

39. Item wer ainem sein holz-märch aus slecht und sein märch dar auf slecht, der ist chomen umb 50 *tl.*

40. Item, wer ainem sein viche merchket und sich sein mätzet (?), der ist chomen von dem märche umb 50 *tl* und von dem viche-haupt umb 50 *tl.*

41. Man hat auch erfunden, wer ainem über sein urbar fräfleichen vert ân seinem willen zu der zeit, und er es unpilleich tuet, so man urbar freiget, der ist chomen umb 50 *tl.*

42. Item man hat auch erfunden, wer ainen gemeinen hirten slecht, der ist chomen, als[28]) oft ain freige feurstat in der selbigen paurschaft, als oft ist er chomen umb 5 *tl*, schlecht[29]) man in aber, das man in waizzelt, so ist er chomen, als oft ein freige feurstat, umb 50 *tl.*

43. Man hat auch erfunden, wer ainen gemerchkonten enspaum in den wäldern ab slecht,[30]) der ist meiner[31]) herschaft vervallen auf genad leib und guet.

44. Auch ist ze wizzen, ob icht[32]) irung in disem obgenent gericht aufstünd, welcherlei hant[33]) das wer, das daz gericht mangel hiet, es ber umb malefiz oder der herschaft recht oder umb ander gerichtes nottdurft, das schülen die gesbörn erfinden, als von alter her chomen ist, und mügen auch zu in nemen meins heren freige läut und auch mer ander erberg läut, die meines heren aigen sint, damit daz das gericht bei seinen alten rechten beleib und land und läut dessen pas besorget werd.

45. **) Man hat auch erfunden, wer frömde künt in[34]) hät, der schöl si nicht verheiraten ân der nechsten freunt will und gunst, und wer das überfürt, der ist der herschaft vervallen leib[35]) und guet auf genad.

---

[27]) *Grimm:* getrochenem.
*) *Die §§. 38—41 fehlen bei Grimm.*
[28]) als *bis* 5 *tl*] um 5 *tl.* so vielmal als freye feuerstätte in derselben bauerschaft *sind Grimm.*
[29]) schlecht *bis* 50 *tl fehlt bei Grimm.*
[30]) slecht] fället *Grimm.* [31]) meiner] der *Grimm.*
[32]) icht *bis* aufstünd] irrung in dem gericht entstünde *Grimm.*
[33]) welcherlei hant] von welcher sachen *Grimm.*
**) *Dieser Artikel ist von etwas neuerer Hand beigesetzt.*
[34]) in] in seiner gewalt *Grimm.*
[35]) leib *bis* genad *fehlt bei Grimm.*

II.

1490.

A. Abschrift des Grafen A. von Brandis (Copie vom Original-Pergament). — B. Pergamenthds. aus dem 16. Jahrh. Fol. 9 Bl. im Besitze des Herrn Neeb in Bozen. C. Abschrift im Dorfbuch von Latsch (s. d.) Fol. 115—128.

Des leblichen ersamen gericht Schlanders lantsprach.

Hienach sint vermerkt die recht, alte gewonhait und gesazt der lantsprach des gerichts Schlanders und der pruggen recht zu Schanzen und Naturns, auch ander eehaften und gerechtigkait des vermelten ge-richts, als das mit alten gewonhaiten herkomen und ietz in dem vergangen 5 neunzigisten jar durch den edlen und vesten Hansen Hendl, derzeit richter zu Schlanders und brobst zu Eurs, und ander erber gerichtsleut aus den dreien gedingstäten Lütsch, Schlanders und Las, an offner lantsprach darzue benennt und erwelt, fürgenomen und erfunden haben, als die mit namen hie nach geschriben seint: Paul Vilg von Tarsch, Oswalt Strauß, 10 Anthain Margentag, baide von Lätsch, Fridrich Müllner ab der Aun, die aus Lütscher dingstat, item Petner Enser von Schlanders, Hans Strefl[1] von Cortsch, Hans Luzi, mair zu Oberhof, von Geflan, Cristan Treger von Allitz, die aus Schlanderser dingstat, item[2] Christan Mändl, Hans Pläsi, genannt Reyr, Hans Schuester, all drei von Las, Sigmunt Cartütscher von 15 Eurs, die vier aus Laser gedingstat. Beschechen zu Schlanders an der sindlift tausent maid tag nach der gepurt Cristi, unsers lieben herrn, ain-tausent vierhundert und im neunzigisten jar.

Item des ersten soll ain ieglicher richter des gericht Schlanders alle jar an sant Gedrauten tag zu mitem merzen, vor oder nach ungeverlich, 20 wann ain richter ander geschäft halber unsers allergnedigisten herrn des remischen kinigs, erzherzogen zu Osterreich und grafen zu Tirol als regierenden lantfursten darzu geschickt ist, zu Schanzen lantsprach halten, und die des suntags vor durch all drei fronpoten in den obgemelten drein dingstäten vor den freithöfen[3] offenlich verkunden und menigelich darzue 25 pieten, es seien herrschaft, gotshaus oder ander herrn leut, wers die sein, niemant ausgenomen, die hausgesessen sein, den geschwornen bei funfzig phunt perner und darnach menigelich, wo rauch aufgeht, bei funf phunt perner, und das die vor mittag zu Schanzen seien auf den selbon tag, so dann verkundt ist lantsprach zu halten, der lantrichter zu Schlanders oder 30 sein anwalt, wem er das bevilcht, nidersitzen soll und bei im haben die geschwornen des gerichts Schlanders und die zween aus Marthell, und ob ainer oder mer der geschwornen von gotts gwalt, herrn pott oder ander eehaft darbei nit sein mechten, andere an der stat sitzen und darnach den fronpoten zuesprechen, ob si die lantsprach gepoten und auf den freit- 35 höfen[4] ieder in seiner dingstat verkundt hab, wie von alter herkomen ist. Da die fronpoten vermelden, das si die lantsprach zu halten verkundt und darzue poten haben, so soll der richter darnach iederman an der schrann fragen, es sei herschaft, gottshaus, Mosburger oder ander herrn

---

[1]) Strßpl *B. C.* [2]) herrn *B.* [3]) freithufen *A.* [4]) freithufen *A.*

leut, ob es si an jar und tag, zeit und weil, das er als richter an stat
unserer gnedigisten herrschaft von Osterreich etc. lantsprach haben mug,
unser allergnedigisten herrschaft eehaft, pruggenrecht, gerichtes recht und
alts herkomen vermelden und lesen lassen? Und so die selb frag und
5 urthail umbgangen ist und zu recht erkannt wurd, lantsprach zu halten
und hören lassen, soll darnach der gerichtschreiber des gericht Schlanders
die lantsprach lesen und menigelichen hören lassen, damit sich menigelich
wisse darnach ze richten, und so die verlessen ist, mag der richter ain
frag umbgeen lassen, ob die lantsprach an ir stat kumen sei.
10   Hienach seint vermerkt die recht der pruggen zu Schanzen, wer
schurensn, enspam, archen und anders machen und geben soll, als von
alter herkomen.

    Item die [5]) archen geen Goldern werts machen Cortscher, die frei
güeter innhaben, und sollen die von grunt mit stainen wol besetzen und
15 versorgen, damit den schurensen und enspamen nicht schaden dardurch
bescheche.

    Die schurens, die darauf gehörn, sollen geben: den obern Petter
Verdroß aus dem langen anger zu Cortsch, ob dem Gungger [6]) gelegen,
den mitern des bischoffs hof zu Schanzen, den dritten und nidern der groß
20 hof zu Lütsch, der da haißt der Bischoffenhof, ist des gottshaus zu Stambs.

    Item die ander arch in der Etsch machen Laser, die frei güeter da-
selbs innhaben, und sollen die auch von grunt auf mit stain wol besetzen
und versorgen, damit die schurensen und enspamen versorgt seien.

    Item die drit arch geen Schanzen werts sollen machen Latscher,
25 Cortscher und Laser, welliche frei güeter innhaben, und sollen die obge-
schribner mas von grunt auf wol besetzen mit stain, damit schurensen und
enspam versorgt sein.

    Item die fürarch an der selben archen machen Latscher, die daselben
frei güeter haben und mit in dienen.

30   Die schurens, die darauf gehörn, sollen geben: den obern der mairhof
zu Morter, geen Castlbell dienent, den mitern schurens gibt der hof zu
Lütsch, der da dienet den klosterfrauen ins Stainach.

    Item den nidern schurens geben Tarscher von dem grossen hof, den
si pawen von der herrschaft, herr Joppen hof . . .

35   Item der enspam auf Schanzener pruggen seint vor zeiten neun
gewesen und soll ieder enspam der herrschaft in das ambt Schlanders
järlich zinsen sechs mut waiz und sechs mut roggen pruggmas, und das-
selbig prugkorn soll[en] järlich, wann ain richter das gepeut, füern an Meran
die Cortscher, die frei güeter daselben innhaben, in ir selbs cost und füern
40 dem richter ân schaden.

    Der enspam an der selben pruggen seint ietz sechs, die gelegt
werden, soll geben geen Goldrain wertz den ober enspam Karleitenhof zu
Schlanders, den mittern der Zurchhof zu Cortsch, sant Luzihof zu Tuiss, [7])
Mosburgerhof zu Schanzen, Clemens und Compstell von Schanzen, den
45 undern geben mairhof von Weingart, [8]) Simon an der gaß und ander ir
mithaber.

---

[5]) der *B.*   [6]) Rungger *B.*   [7]) Tüss *B.*   [8]) Weingers *B.*

Item die enspam geen Schanzen wertz sollen geben: den obern abt ab Sant Marienperg, den mittern baide Schnatzhöf-mair [9]) von oberhof zu Geflan und ander ir mithaber, den untern enspam mair ab Pini, Eberle und Peeder von Liechtenberg.

Die drei enspam, die nit gelegt werden, welliche die geben sollen, 5 zu erkunden under in nach dem prugkoren auszuraiten.

Item die pruggen zu Schanzen sollen dillen Goldrainer ain drittail, Tussener ain drittail, Vezener [10]) ain drittail und sollens verpinden und versorgen.

Die mairleut zu Schanzen sollen pieten und darob sein, das die 10 prugg mit dillen versorgt sei, und wer des saumig ist, der es zu recht geben soll, den sollen si phenten, ieden umb drei kreizer, und wenn es den mairleiten zu schwer wolt sein, sollen si das aim richter kunt thuen, der mag in dan pei ainer pen gepieten.

Item,[*]) wann ain enspam oder schurens abgesagt wurt und erkannt, 15 ain neuen zu legen, soll verkundt werden nach der lantsprach vor sant Veits tag und darnach vor sant Gerdrauten tag gelegt werden von den, die denselben pam schuldig sein zu geben; wer darinn saumig ist, der ist dem gericht verfallen fünfzig phunt perner, und ob schaden dardurch beschäche, [11]) den selben schaden zu den selben zu suechen und zu bekumen. 20

Item die jochhelzer auf die schurensen zu legen sollen die enser geben, nach dem in fuegelich ist, gros oder klains zu legen.

Item ain ieder enspam an Schanzener prugg soll haben an der leng acht klafter und an dem wipfel ain schuech.

Item und ain ieder schurens soll funf klafter lang sein. 25

Item, wenn man peut, ain enspam zu hengen, zu legen oder zu kern, oder schurens oder jochhelzer zu legen, oder archen zu machen, und die von rechts wegen schuldig sein darbei zu sein und das nicht thuen, und die andern [un]gehorsam beweisen und die arbait verzogen und nicht gethan wurde, der oder die sollen der herrschaft funfzig phunt als umb ain unge- 30 horsam und fräfl vervallen sein, und ob ain schaden dardurch beschäch, denselben schaden nichts destmunder zu den selben ungehorsamen zu ersuechen.

Vermerkt die recht der pruggen zu Nathurns,

wer die machen soll, als von recht und alter herkomen ist. Pergshalben 35 den nidristen schurens geben herr Joppen [12]) und herr abten höf, Hainrich purgkgraven, den mittern schurensen geit Ott Reichlinger von Starkenberger hof, den etwenn gepaut [13]) hat Waltler von Naturns, gibt Wanger [14]) zu Naturns und sein mithaber von der herrschaft hof.

Die obern schurens geben zween höf zu Lätsch, herrn Perchtungs 40 Montill- und Curteinhof, dient in das kloster in Stainach.

---

[9]) Schnatzhufmair *A.* [10]) Vetzaner *B.*
[*]) *Vgl. Landsprache von 1400, §. 6.*
[11]) beschächt *A.* [12]) Jeppen *B.* [13]) Gepaus *B.*
[14]) Gibtwanger *B.*

Item die arch pergshalben machen Laser, die frei güeter innhaben,
und halb Cortscher, die frei güeter innhaben, helfen darzue mit leut
und guet.

Item die ander arch machen Lütscher, die frei güeter innhaben, und
5 Cortscher, wie vorstet, helfen darzue mit leut und guet.

Den obern schurens auf die archen pergshalben geben Laser freien.

Den mitern schurens geben Latscher freien, den nidern schurens
geben Cortscher freien, und soll ain ieder schurens funf klafter lang sein.

Enspüm.

10   Item den obristen enspam an Naturnser pruggen sollen geben die
zween mairhöf zu Tschars, der ain ist der herrschaft von Tyrol, dient in
das ambt geen Castlbell, der ander dient [15] dem abt und gottshaus zu
Staingaden.

Item den mittern enspam goben zween Mosburger höf zu Cortsch,
15 ain paut Conrat von Canclen [16] erben, den andern der Zurcher und sein
mithaber desselben hofs.

Item den dritten enspam geben die zween mairhöf zu Tschürlan,
dienent dem abt und gotshaus zu Weingarten.

Die enspam soll ainer zehen klafter lang sein.

20   Item *) darnach soll man öffnen umb weg und steg, und ob
iemant die gemain ingefangen hab, der ist komen umb funfzig *) phunt
perner, da soll man den aidschweren zugepieten, die sollen ander erber
leut zu in nemen und das also besichten und auszaigen und darnach ab-
prechen.

25   Man soll auch öffnen, ob sich iemant der herrschaft guet under-
wunden hab, damit es der herrschaft verlorn werde.

Man soll auch öffnen, ob sich iemant verheirat hab aus der herr-
schaft [17] Tyrol, das stet ainer herrschaft zue ze straffen.

Man soll auch öffnen, ain iegelicher aidschwerer in seiner degnai
30 umb wag und mas, es sei um yrn, paceiden, mut, metzen und andern und
sein aufsehen haben, das des gleich und gerecht sei.

Desgleichen umb unrechtfertig leut, es sei man oder weib, darauf si
ir aufsehen sollen haben.

Si sollen auch öffnen, ob iemant dem andern das sein nem oder ge-
35 nomen hab haimlich oder offenlich, und ob iemant den andern wunt oder
schlag, das er pluete, und ob iemant dem andern sein haus oder gmach
aufprech und im schaden thüt an leib oder an guete.

Man soll auch öffnen umb freileut, welliche freileut sich fürpas
ziehent an sant Johannes tag sunnewenten, die sollen das jar dienen tot
40 und lebentig mit dem guet, hat er dann zu schneiden oder zu mäen oder
zu pawen oder zu dreschen, das soll er schneiden und mäen und wider

---

[15] dient *fehlt B.* [16] Canel *B.*
  *) *Von hier an sehr ähnlich mit der Landsprache von 1400, §. 7 bis zum
Schlusse.* *) 5 fl. *C.*
  [17] herrschaft von *B.*

anpawen zu roggen und soll seinen arbaitern milch haben und feur und waid auf sant Jergen tag und soll kaine dienst da nicht thuen.

Wer ainen fronpoten pfant wert von der herrschaft steur oder zins wegen und umb gichtige schult, der ist dem gericht vervallen funfzig pfunt.

Item wer ain wuntet, das man in waizelt, der ist dem gericht ver- 5 vallen funfzig phunt, und wer ain schlechtigelich wunt, der ist vervallen funf phunt.

Man soll auch öffnen und ist von alter herkomen, was leut herkomen, wannen si kumen, sie sollen mit den freien dienen, ieder man nach seinen staten, ausgenomen die aus Ulten, die seind voglfrei. 10

Item umb die stellung soll iegelicher mann oder weib, der ochsen hat, zween pfert stellen, und wer nicht ochsen hat, ain pfert und soll ainem iegelichen pfert des nachts zween metzen fueter geben und des morgens nach dem wasser ainen und hei genueg und dem knecht zu essen nach seinen eern, und hat er wein, so geb im wein nach seinen trewen, hat er 15 aber kainen, so geb im ain kreizer darfür.

Item, wenn ain richter den aidschwern gepeut, das die herrschaft nicht berüert, wer ir dann bedarf, so sollen si an ain wirt ziehen, und da essen und drinken ir notturft, wer dann unrecht hat, der soll si von wirt ledigen. 20

Item vischwaid und gejaid in disem gericht ist gemain ainem als dem andern, von dem Schlumpach [16]) oben her pis an Castlboller pruggen und an Vermaipach*) und von denselben pächern pis an Spandiniger prugg, desgleichen umb malefiz und frävel stet auch ain richter zu Schlanders zue ze straffen, sein die leut, wes [19]) si wellen, mann oder weib. 25

Die aitswören sollen auch riegen und fürbringen, was in fürkumbt von [20]) unzucht, das in dem gericht beschicht, ain ieglicher in seiner tagnei, als es im fürkumbt, ain warhait für ain warhait, ain leumbolt für ain leumat, ain hörensagen für ain hörensagen.

Item wer unnutzig leut, mann oder frawen, im gericht Schlanders 30 behaust oder behoft wissentlichen, der ist komen umb funfzig phunt perner.

Man hat auch erfunden, wenn frömbt leut in ain dorf komen, die nicht behaust seint, die holz schlagen, das soll in ain richter verpieten, und ob iemant holz bedarf, der da gesessen ist, der sein herberg pessern will, der soll kaines schlagen, man erlaub ims dan. 35

Item, wenn der richter im anger zu Schanzen zu gericht sitzt, umb was sachen das ist, und der richter der gepeutet, so sollen die pfert in dem anger geen, er sei gemät oder nit.

Item alle pankarten seint der herrschaft, sei vatter oder muetter, wes si sein. 40

Es ist auch erfunden, wenn ainer anklagt wurt umb frevel in disem gericht, er sei wellichs herrn er sei, so soll er sich vor disen stab verantwurten, hat er unrecht, entgelt sein, hat er recht, so genieß sein.

Man hat auch erfunden, wer freis urbar erbt oder kauft, der soll davon mit den freien dienen sovil, und billich ist und das urbar ertragen 45 mag, oder er verweg sich des urbars.

---

[16]) Schlunspach *B C.*   *) Formaisbach *C.*   [19]) wer *B.*   [20]) pan, *B.*

Item wellicher den andern überlauft in seinen truppstall mit wörhafter hant, der ist dem gericht vervallen funfzig phunt perner.

Item wellicher den andern ubermerkt oder uberzeint oder uberpaut, und sich das mit warhait erfindt, der ist der herrschaft vervallen funfzig
5 phunt perner.

Item wellicher dem andern sein marchstain frevenlich auspricht oder ausreit, der ist komen umb funfzig phunt.

Item *) findet ainer ainen bei dem tag mit seinem vich in seinem pau, der ist komen umb funfzig phunt.

10 Item wer ainen findet bei der nacht bei grochnem feur in seinem haus, der ist vervallen leib und guet.

Item wer ainen bei der nacht in seinem haus uberlauft, der ist der herrschaft leib und guet vervallen auf gnad.

Item kuglen in dörfern ist verpoten bei funf phunt perner.

15 Item man hat erfunden, wer ainem sein holz hinfuert ab der ladstat, der ist vervallen der herrschaft funfzig phunt.

Item wer ainem sein holzmarch ausschlecht und sein march darauf schlecht, der ist komen um funfzig phunt perner.

Item wer ainem sein vich merkt und es für sein guet maint, der ist
20 komen von dem march umb funfzig phunt und von dem haubt vich auch umb funfzig phunt.

Item man hat auch erfunden, wer ainem frevenlich über sein urbar fert ân seinen willen zu der zeit, und ers unpillich thuet, so man urbar freiet, der ist komen umb funfzig phunt.

25 Item wellicher ain gemerkten enspaum in dem wald abschlecht, der ist der herrschaft vervallen funfzig phunt.

Item es ist auch erfunden, wer ainem sein kint verheirat ân des vatteren [21]) und der muetter willen und gunst, der ist der herrschaft vervallen leib und guet.

30   Neu erfindung.

Item die aidschwern sollen nun hinfür schuldig und pflichtig sein von unrechtfertigen leuten, als absager, landzwinger, mörder, dieb, und umb sachen, dardurch unser gnedigisten herrschaft landen und leiten unrat und schaden aufersteen mechte, von stund an ainem richter anpringen on
35 verziehen oder doch auf das lengst in droien tagen und ander sachen in monats frist.

Und wenn das ist, das ain aitschwer oder ain fronpot ambtshalben sollich übeltüter oder ander leut aus notturft oder auf anruefen annemen und die gerichtsleut anruefen wurden, [22]) im peistant ze thuen, die zu
40 hanthaben, so sollen sich die gerichtsleut, so ermant und angerueft werden, des in kain weg setzen, welliche aber sich des setzen wurden, und sich das warlich erfunde, das alsdann die selben, so sich ungehorsam erzaigen, in der kiniglichen maiestat straff steen.

Item es ist auch erfunden, das alle gemain holzrisen von sant Gallen
45 tag pis auf sant Jörgen tag den gerichtsleuten frei sollen sein, wie dan

---

*) *Dieser Absatz fehlt in A.*
[21]) vatters *B.*   [22]) wurd *B.*

das von alter herkomen ist, bei ainer peen funfzig phunt, wer sich unter-
stet, das zu wern.

Item für die dienstperkeit der fuetrung gibt ain ochsenpau ain stär
fueter und ain halber ochsenpau halb stär fueter.

Item mit dem strecken soll das hinfür also gehalten werden, das 5
ainer dem andern kain schaden thuen soll, sondern treuen vleis zuekern,
wo das gesein mag, damit am minsten schaden beschäch, und albeg mit
zwaien ochsen anfurchen und anstrecken und nit mit aim ganzen phlueg,
bei ainer pen funf phunt perner, als oft das überfaren wurt.

Item, nachdem wag und mas im gericht hie ungleich und pisher 10
merklichen beschwerung daraus komen sint und besonder der wagen halber
sollichs hinfür zu fürkomen, so ist erfunden, das in den dreien dingstäten,
in ieder ain fronwag des teutschen und welschen gewichts sein soll. Dabei
dann menigclich, wer des bedarf, gewegen soll werden, damit menigclich
recht bescheche und niemant betrogen werde, doch das dem fronpoten sein 15
zimblicher lon davon gevalle nach erkanntnus, wie an andern enden, da
man dann fronwagen hat.

Desgleichen von der mut, ster, urn, paceiden, mas und drinken-kandl
wegen sol man anfenklich [23]) die pei Meraner mas abphächten und als-
dann die andern mut, ster, kandl etc. dabei abgepfecht [24]) werden durch 20
den geschwornen fronpoten, wenn das bevolhen wurt, damit niemant be-
trogen werde, und ob notturft eraischt [25]) im jar oder ain richter das
schafft, sollen die aidschwern, ieder in seiner tegnei, allenthalben die wag
und mas abphächten und was si ungerecht finden aim richter zuepringen
und dieselben angeben bei dem aid, den si als aidschwern geschworn 25
haben, damit dieselben gestraft und die ungerecht wag und mas zer-
schlagen werde.

Es ist auch erfunden, welliche die sein, die im gericht Schlanders
sesshaft und des gerichts freihait geniessen wellen, die sollen rör und raif
tuern, wie sich dann das gezimbt ze thuen, und soll sich des kainer setzen 30
noch widern, ausgenomen dio vom adl oder wer des billich uberhebt ist.

Item es ist auch weiter erfunden, wellicher der ist, der frevenlich
fridpot veracht oder für nicht halten will, denselben soll und mag der
richter in unser gnedigisten herrschaft gfüngclichen annemen und in
darzue halten, das man zu recht vor im versichert sei, und hierinn nicht 35
geniessen, das er gesessen ist, sonder er soll darumb gestrafft werden, damit
ich ander auch daran stossen und hinfür frid gehalten werde was oder
wer, dann pis her gehalten ist worden. Wellicher gesessen aber ist, der
sunst ain frevel begieng ausserhalben fridpots, derselb soll gerichts gewon-
hait, ob der darumb gnuegsamblich verpurgt, geniessen und nicht in 40
gfänknüss gelegt werden.

Item insonder ist fürgenomen, das alle gotslestrer, schwerer und
laucher, welliche die sint, die ob dem spil oder sonst aus dürstigkait in
dem gericht erfunden wurden, die sollen darumb, wie sich wol gepürt, an
am leib und guet gestraft werden, wo sich das mit warhait erfindt, und 45
wellicher wirt so farlüssig an im selbs ist und sollichs in seinem haus

---

[23]) aufmerklich *B*. [24]) abgepacht *B*. [25]) eraische *B*.

zuesicht, und nicht wert, als sich gepürt, und das nicht an ain richter oder
aidschweron von stund an anpringt, der soll wissen, das er darumb gestraft
soll werden, wie der lestrer. [26])

5 Item von der lantsrecht wegen habon si also erfunden, das ain ieder
richter die recht an den leslichen feirtägon oder an feirtägen, die bei dem
pan poten sint, zu feiren, die nicht vigili haben, so das notturft eraischt,
wol zum lantsrechten sitzen mag und fürnemen alles, das für den stab
gehört, es sei umb urbar, aigen, lehen, geltschult, frevel etc., nicht aus-
genomen, wie dann von alter herkomen ist, und beschech, was recht sei.
10 Es sollen auch die merken [27]) kain phantung noch besitzung der lantsrecht
hinfür mer verhindern, als vor beschechen ist.

So [*]) das verlosen und gedient ist, mag der richter ain frag umbgen
lassen, ob die lantsprach an ir stat komen sei, wie von alter herkomen und
erfunden ist.

15   So das beschicht, dann sollen und mugen die geschworn des gerichts
Schlanders ieder dingstat für die schrannen goen, und alle jar in ieder
gedingstat aus den zwaien geschwornen ainer entsetzt und ain ander darzue
taugenlich widerumb gesetzt werden, also, das albegen sechs geschworen
des gerichts ausserhalben Marthell sein sollen, und der und ain ieder ge-
20 schworen, der gesetzt wurt, soll schwörn ain aid mit auferpoten fingern zu
gott und allen heiligen, das er dem obberüerten unsern allergnedigisten
herrn, dem remischen kinig, seiner kaiserlichen maiestat, pesten zu be-
wahren, [28]) gleichs recht sprechen welle dem armen als dem reichen, dem
reichen als dem armen, und darinn kainerlai ansehen darzue, weder
25 schankung, miet noch gab nemen welle bei seiner seel seligkait, und dem
rechten gewürtig sein, und ob sich iemant umb kuntschaft auf in ziehen
wurde, der gerechtigkait nach ain warhait zu sagen, und in allen sachen,
es berüer malefici, den leib, lebon, er oder guet, ain gleicher urtailer sein
nach seiner besten verstantnus, und das gericht und recht im getreulichen
30 lass bevolhen sein, alles vest und stät zu halten, getreulich und on geverde,
als im gott helf und alle gotts heiligen.

Es sollen auch in ieder gedingstat siben sitzer sein, die dann zum
thail alle jar verkert und ander an der verkerten statt erwölt und gesetzt
sollen werden, die dann bei iren hantgeboten treuen in aides weise dem
35 richter am stab loben sollen, gleich urtailer ze sein dem armen als dem
reichen, auch dem gericht gewürtig ze sein getreulich und ongeverlich.

16. Tschengels.

*Papier 80 Blätter in Quart. Das folgende Bl. 1—25. Dann folgen unwichtigere Gemeindebeschlüsse
bis Bl. 34. Archiv in Tschengels.*

Der ersamben gmain Tschengls dorfbiechl und peirliche recht, wie
dann solliches den 10. tag october an. 1611 johr in gegenwertigen beisein

---

[26]) gotslestrer *A C.* [27]) markten *A.*
[*]) *Dieser Absatz fehlt in A.*
[28]) betrachten *A.*

Hansen Mayrn den jungeren und Hansen Zingten, beeden als dorfmaier, sambt denen firnemben und ersamben Christiän und Valtin, vater und sohn, die Zingten, Hans Mayrn, Lorenz Mayrn, Thoman Mayrn, Andere Stieger, Stofl Anberg, Caspar Pörlinger und Peter Panditen, als aines ersamben ausschußes, verneuiert und umbgeschriben worden, als erstlichen 5 an kässontag iedes jahrs ist firgenomben worden zu ganzer gmain, ohne alles pieten bei der peen oder straff finfundzwainzig chreizer gelt alles zu ganzer und großer gmain, wie von alters hero der brauch gewesen, zu erscheinen, und weliche die ümbter-erwöllung firnemben, das soll der ambtman sambt den alten dorfmair und beede kirchpröbst, der alte und neue, 10 mitsambt zween oder drei oder mer, auß der nachparschaft erwöllen, ämbter zu setzen, sie dorfmaister, zween albmaister, ainer gehet nach der rodt, und zwen veltsaltner, beede nach der rodt, auch zween feirabendsaltner und ain ganglmaister, die sollen erwöhlt werden. Wan solliche erwöhlt worden und der außschuß herein kumbt, so sollen sie die ämbter 15 anzaigen, und welicher sich seines ambts verwidert oder waigert, der ist der gmain verfallen ohne alle gnad umb finf gulden gelt und das ambt nicht desto weniger verrichten.

Welicher ain ambt hat, der soll den jungern dorfmaister anloben, der gmain nutzen und fromben zu firdern, nachtl und schaden zu wenden 20 schuldig sein.

Auch welicher nach ainen jahrs verrichtung seines ambts von gemelten jungern dorfmaister nit urlaub nimbt, der soll widerumben ain jahr das gehabte ambt verrichten.

Weiters ist von alters herkumben, welicher einen ingeheisen einlat, 25 der zuvor nit ist in der gmain gewesen, ohne der dorfmaister wißen und willen, der ist straf verfallen finf gulden gelt, und dannoch soll er auß der gmain ziechen mießen.

Verner ist firgenomben worden, das niemant, weder man oder weibspersonen, ainiche gespinst weder in stuben oder kuchen nit dörren sollen, 30 bei der straf finf gulden gelt.

Widerumben von wegen wunn und waid ist von alters hero, wie volgt.

Erstlichen gegen der gmain Laß, nemblichen von der Etsch zue der langen Pfoßen, von dannen den langen greben und der Grüfluck zue, als- 35 dan von der Grüfluck der gröde nach auf und auf bis an das joch.

Weiters ist von alters herkumben, das die von Tschengls gerechtigkeit haben, in die Gstumbser püter-wisen bei der tschött mit den klainen vich bis auf mitleten möyen zu trenken und rasten zu laßen.

Mer ist von alters her die gerechtigkeit, das die von Tschengls 40 zu waiden haben gegen die von Prat vom Marchthal hin, unter der straß ist ain marchstain, von ainem stain zum andern bis auf Pöderfickt, zu Pöderfickt ist ain langer marchstain mit kreiz verzeichnet, nach inhalt beeder gmainen vertrüg, es seie trenken und rasten in Itt. 45

Verners ist von alters hero der saltner [1]) pfantung, wie volgt:

---

[1]) saltners *hs.*

Von ainer hert vieh . . . . 2 ℔ perner [2])
Von ainem rint . . . . 3 xr [3])
Schaff [4]) und gaiß 2 häppet . . . . . 8 xr
Ain rev. schwein . . . . 10 xr
5 Ain ungerungens schwein . . . . . 14 xr
Ain roß von 1 tag . . . . 24 xr
und von ainem, [das] iber nacht ausbleibt, 48 xr
Auch von die gens . . . . 1 xr.

Dises hat die ganze gmain beschlossen, das das halbe der gmain
10 und das halbe dem saltner angehörig.

Verners wegen der Taufen-waldung so ist inzwischen der gnädigen
herrschaft waldung und der gmain Tschengls a. 1763 ain ordentliche über-
mörchung von der Taufen-riß gegen der gnädigen herrschaft waldung
durch loblicher obrigkeit oder comißian von Schlanders nach außweisung
15 habenden briefeneien von unterist des sogenanten Kiegerrisls auf und auf
bis an das joch mit gesetzten marchstainen und eingehackten kreizen fir-
genomben worden.

Es soll auch kainer kain holz iber kainer riß oder iber der ladstatt
treiben.

20 Weiters soll auch kainer kain holz nach sanct Getrauten tag bis auf
sanct Gallen tag, wie lantsrecht ist, treiben. Und wenn ainer in der zeit
holz treibt in ainen taufen, der soll mit dem gerechten fueß auf dem pümb
stehen, den er zum ersten anlaßt, und soll 3 streich und 3 schrai thuen,
alsdan mag er ihme laßen laufen. Geschicht dardurch ain schaden, das er
25 es mit dem aid kan bezeigen und bestätigen, es seie an leiten oder vich, so
[ist] er nichts schuldig abzutragen.

Widerumben ist durch die nachparschaft firgenomben worden der
multwälder halber, daß der pirchwalt, was ob die pergwahl ist, soll ain
multwalt sein von taufen bis an der Viül-wis hinauf bis an rinder threi.
30 Mer ist geröt und gemacht worden, das der walt von der Marent
und von albsteig bis zu der alb, was unter dem steig ist, multwalt sein
solle, und welicher solliches ibertritet und holz schlagt, soll gestrafft
werden von iedem stamb 1 fl, auch das holz genomben werden. Obe aber
ainer pauen wolte, solle ihme durch die dorfmaister und nachperschaft
35 vergunt werden.

Verners sollen die pergleit mit der gmain Tschengls zu alben be-
rechtet, aber weder länges-, noch sumerszeit in der albwaid zu waiden gar
nit befuegt sein, doch mögen sie ihre kie mit der gmain in die alben
treiben und die besoldung, wie ain anderer gmains man, zu geben schul-
40 dig sein.

---

[2]) 2 ℔ perner *durchstrichen und am Rande von späterer Hand: Ist nach*
dem schaden zu bestimmen.
[3]) 3 xr *durchstrichen, dafür von späterer Hand* 12 xr *gesetzt.*
[4]) Schaff *bis* 1 xr.] *Die Strafgelder sind von späterer Hand geändert, so*
dass das Ursprüngliche nicht leicht ermittelt werden kann. Am Rande steht von
späterer Hand: Hieriufals wird bei die eingedrettene zeitsumstände eine er-
höhung gedroffen.

In den rinderperg sollen die pergleit vor sanct Veits tag, oder bis das gmain vich oben ist, nicht ob den Schwintlkofl treiben, hernach mögen sie alsdan mit ihrem vich hinauf fahren.

Weiters der ströb halber ist firgenomben und gemacht worden, das ain ieder hausgesößner macht haben solle, mit ainem mader den ersten tag 5 nach sanct Michels tag, was ob die neui veltweg ist, zu mähnen, darnach soll es in der gemain preis sein, und in Gspair soll auch ieder hausgesößner den ersten tag nach sanct Gallen tag mit ainem mader zu mühnen loßen befuegt sein, alsdan ist es auch preis.

Welicher, er seie hausgesößner oder tagwercher, ain fueder ströb auß 10 der gmain verkauft, der soll umb der ströb verfallen sein.

Verners soll kainer kain lüb in die auen rechnen vor sanct Martins tag, bei der straf von ainem fueder 24 xr. und von ainem leilach voll 6 xr.

Den pergwahl und Gargenanwahl soll kainer ankeren, er habe dan die dorfmairn und saltner begriest, bei der pen 1 muth korn. 15

Die veltsaltner sollen die pergwahl die ain furch waßer vorauß genießen, und mit der anderen furch fangen sie die erste fört in der raid an.

Item so ist an küssontag firgenomben worden, das holz und flöcken außer der gmain zu verkaufen verpoten sein solle bei der pen von iedem fueder 1 fl., und soll kainer kain lühn-holz iber nacht ausmörken, auch 20 soll kainer auf plez unter der wöhr holz treiben.

Verners des feirabent halben ist firgenomben und gemacht worden den 12. juni 1695 durch ainer ersamben gmain und außschuß, daß man den feirabent, wie unsere voreltern versprochen haben, denselbigen fleißig zu halten: als von sanct Veits tag hin bis auf Michels tag umb 3 uhr die 25 erste glogg zu leiten hin und hin bis auf 4 uhr, darnach soll es zusamben leiten, und von sanct Michels tag hin bis auf sanct Veits tag von 2 hin bis auf 3 uhr zusamben leiten, und abgeröt auch verlobter maßen, das was auß neui velt und unter der Leyr-leit ist bis auf Mitterleyr-leit, und welicher bis zusambenleiten nit dorthin kumbt, der solle von ein par oxen gestrafft 30 werden 12 xr. und von ainem roß 6 xr. sambt den leiten, die darbei zu thuen haben, und die hant- und tagwercher, auch die chehalten, es seie man oder weib, ains umb 6 xr. gestrafft werden, und auß dem alten velt von dem Ligprun hinab und ab, so neben des Ziegler anger hinab gehet, auch so vil, und was in die obern weg ist von des herrn pfarrers dorf- 35 äckerle luck hin, von derselben ab und ab auch so vil, und auß dem Zaß-pergacker bis zu dem gschloß *) auch so vil, und ob der multauen bis zu des schuesters stüdele auch so vil, und ob der reit hin bis zu der obristen luck auch so vil. Und welicher dasjenige nit halten thuet, der soll umb sovil gestrafft werden, wie vorgemelt, und die straf sollen mit ernst die 40 saltner und fleiß, der darzue verursacht, ab und zusamben treiben, und so vilen es abgibt, fortzue hin den armben seelen in dem fegfeur so vil heilige meßen laßen lesen.

---

*) Bei *Tschengels* stand, jedenfalls schon seit dem 12. Jahrhunderte, die *Tschengelsburg*, noch im 14. Jahrhunderte Lehensbesitz einer gleichnamigen Familie. Die untere *Tschengelsburg* wurde im Anfang des 15. Jahrhunderts (?) von den Lichtensteinern erbaut, aber schon 1421 gleichfalls zu Lehen aufgetragen.

Widerumbon ist durch ainen ersamben ganzen außschuß firgenomben
und beschloßen worden, wie man sich mit der gmain zu erscheinen halten
solle, sowohl auch in gemaine arbaiten, es seie an der Etsch oder in ander
weg, wonn es die noth erfordert, zu perg oder zu thal.

5   Erstlichen, welicher zu der gmain poten wirdt und zu der benanten
stund nit erscheint, wan man geleitet hat und der drite man an der umb-
frag gefragt worden ist, pfantung 18 xr. [5]

Dann wan man gmaine arbeiten hat auf der Etsch, [wer] nach dem
pieten nit erscheint, der soll von ainem pothen verfallen sein 12 xr. und
10 von ainem par oxen 24 xr.

So vil anbelangt gmaine arbeiten in der alben, auch in gangl, und
wan es die noth erfordert, welicher nit erscheint oder ainen annemblichen
poten schickt, der ist pfantung verfallen 12 xr. Da aber ain poth erst
umb mittag kumben wurde, soll ebenmeßig, wie vor stehet, gepfentet
15 werden.

Soll auch niehemand kain holz ob die wöhrn herauf fiehren, bei der
straf ab ieden fueder 1 fl. und von ainer pur holz 12 xr, und wan ain
ieder saltner in ain haus kumbt und ain unbgekörtes kämbet findet, der-
selbige inhaber in solichem haus soll gepfentet werden und strafmüßig
20 sein 10 xr.

Actum Tschengls den 1. december 1627.

Vor und durch ainer ganzen ersamben gmain ist in ordentlich ge-
hobter berathschlagung ainhellig beschloßen worden, das all und iede, es
25 sein reich oder armb, weliche alda in der gmain nit geporn, die sollen sich
vor und ehe sie solliche gepir, auch der obrigkeit sich nit erzaigen, da-
selbsten die gepirliche pflicht nit laisten, nit an noch aufgenomben, sondern
außgeschloßen werden.

Sovern sich aber ainer mit aller gebihr einstelt, soll er als ain
gemainsperson den dorfmaister erlegen und bezahlen nach rath und er-
30 kanntnus der ersamben gmain. Desgleichen weliche, es sein hiesig an-
gepohrne hausleit oder frembde, sich alhero mit frembden weibspildern
begeben, sollen sich gleichermaßen gegen der ersamben gmain mit gebihr-
licher verehrung, auch einkaufgelt einstellen auf gnad und willen der
ersamben gmain.

35   Gemaine recht.

Den 15. tag october 1617
ist durch ainer ersamben gmain und außschuß alda zu Tschengls,
inmaßen von alters hero der gebrauch gewesen ist, widerumben des vichs
halber dermaßen hinfiran fest und stät zu halten firgenomben worden.
40   Erstlichen der kost halber, was man auß der gmain von altem sanct
Veits tag unzt neuen heiligen creiztag weiter zu simeren hinthuet, das
soll kostfrei sein. Und wo der oxner zu des heiligen creiz tag zu kost ist,
so solle dasselbig vich, so weiters zu simeren gewest ist, also mit der oxen-
kost fort gehen. Des möstvichs halber, was 3 tag fir den hieter getrieben

---

[5] *Von späterer Hand:* 24 xr.

wirdt, das solle kost und lohn zu geben schuldig sein, es werde abge-
schlächtiget oder nit.

Item welicher ain rint auf den poß treibt, des nit recht hat, soll der
gmain pfentung zu geben schuldig sein 1 fl.

Und des vich halber, was recht in gangl hat und man dasselbige nit 5
hinauf treibt, der oder die sollen nicht desto weniger völligen kost und
lohn, als ainer, der sein vich oben hat, zu geben schuldig sein.

Den 14. november ann. 1632
hat ain ganz ersamber außschuß und gmain auß noth fir guet angesechen
und ainhöllige mainung wegen eröfnung der neui veldgröben gemacht der 10
gestalten, das die dorfmaister sambt dem außschuß alle jahr und järlichen
zu frielingszeit schuldig sein sollen, die gröben umb das velt herumb zu
besichtigen ungever umb Geörgi, wan dann bei ainem oder andern ain
föhler erfunden und erkent, sollen die dorfmaister denselbigen durch den
saltner zu wißen machen, und wo solliches bis auf sanct Veits tag nit ver- 15
richtet wirdt und die dorfmaister und außschuß die besicht eingenomben
haben und in ainom oder andern acker befunden wirdt und das durch den
außschuß und gemain erkent oder ainichen unfleiß gespiren, solle derjenig,
so strafmeßig ist, umb 5 fl. gestrafft werden.

Dan wen die dorfmaister nit in vorbeschribner zeit die besicht ein- 20
nembn oder in vergeßenheit stillen, sollen sie auch umb 5 fl. gestrafft
werden. *)

Den 25. november a. 1633 ist durch ainen ersamben außschuß und
ganzer ersamben gmain erkent worden, das diejenigen, so rev. schwein auf
der alb thuen, als mit namben beede dorfmaister und beede albmaister 25
nicht zu geben schuldig sein, sowohl auch die rev. pfarrtier und per fort
halten und gemainer schreiber, desgleichen aber weliche sunsten hinauf
thuen, so nit die recht haben, sollen den gulden [6]) geben, wie von alters
hero [7]) breichig gewesen ist.

Den 26. tag manats mai 1643 hat man sich in ainer ersamben 30
gemain Tschengls und sunderlichen der außschuß, der dorten die meisten
möser ligen hat, auf ain johr oder zwo oder auf ewigkeit sollicher maßen
verglichen, das nemblichen herrn-moß und modeßen in mitleten alten
maien gefridet, umb sanct Lorenzen tag sollen sie gemänt oder gelürt sein,
damit das vich seinen gang habe; schachen und tschopne möser sollen den 35
neuen sanct Medaren tag bis auf den neuen heiligen creiztag gelürt sein,

---

*) *Am Rande steht:* Die am 20. Febr. 1823 nachtregliche vorschrift über
diesen punkt folgen hienach blatt 33, welche auch abzulesen und genau zu
halten haben. *Diese Vorschrift lautet:* Nachtrag zum punkt über der eröffnung
der neufeldgröben. Bei diesem punkt wird bemerkt, daß derselbe sehr nach-
lässig beobachtet wird. Daher wird heunte auf einhälliger abstimmung an-
geordnet, das ieder partikular, wo sein guet anstoßet, diesen graben in der
weite am boden des gröbens 2 werchschuh und wenigstens so vil in der dief
eröffnet, auch an jenen orten, wo derselbe durch der gemeinde theil durchgehet,
verspricht denselben die gemeinde zu eröffnen, damit das wasser seinen zug
bekomt, sollte der außschuß bei dem besicht finden, nach obiger vorschrift nicht
eröffnet zu sein, hat es bei der erstern vorgeschribenen straf zu verbleiben.

[6]) *Für* den gulden *steht* 48 xr. *von späterer Hand.*
[7]) von alters hero *ist durchstrichen.*

und die gmain solle schuldig sein, after sanct Medarn tag die gmaine threi und sunsten zein und dergleichen lucken zu richten, damit iedes sein gang habe.

Hiemit ist vorbeschriebne mainung durch ainer ersamben gmain und
5 außschuß stät und ewig zu halten aufgericht worden.

Weiters ist firgenomben worden von der gmain und außschuß Tschengls a. 1653 lüp halber, das auß der gmain kainer kain lüp, er seie armb oder reich, bis auf sanct Bartlme mache, oder wan es die dorfmaister eröfnen lasten, alsdan solle es 2 tag frei sein, so wirdt man es nach der
10 gepir außthailen, und wer solliches ibertritet, der wirdt von aim schäp lüp gestrafft werden 1 xr.

Dan ist vorgenomben worden durch ainer ersamben gmain und auß- schuß in das 1654igist jahr umb wegen des reverender riches, hinfiron ist darumben unterrödt und beschloßen, auch stät und ewig zu halten fir-
15 genomben worden, das man den schaff-, und gaiß-, auch kölber- und schwein-hirten, man treibe fir oder nit, kost und lain göben solle, außer die albschwein, so in der alb gehen, sollen kost und lohn in dem sumer frei sein.

* * *

Vermig unterm 27. october 1747 von der hochgnüdig gepietenden
20 gerichtsherrschaft zu Schlanders auf anvor von der gmain Tschengls von 8 eingegebenen beschwerpuncten und darauf von hochgedachter gnädigen grichtsherrschaft zu haltung gueter polizei und ordnung seint volgende verordnungen hieriber zu halten und järlich am kassontag oder der andern gmain darauf unaußbleiblichen vor gesambter gmain abzulesen abgeben
25 worden, auf das nit befolgte verbeßert, die iberträtere abgestraft und an- durch die heilsambe obsicht des gemainen nuzens, ruehe, glick, götlicher segen, frid und einigkeit bestmöglichist befördert werden möge.

Erstlichen wegen verpotenen holzschlag will die gnädige grichts- herrschaft hiemit verordnet und anbevolchen haben, das firohin, wie alzeit,
30 bei den ofendlichen küssontag 2 holzsaltner bestölt und verpflichtet, von denselben aber genaue obsicht gehalten und die ibertretere und holz- schwender den grichts-verpflichten und außschuß angezaigt, von dorten auß aber dieselbe behörig abgestraft und solliche straffen schleinig ein- cüßiert und exequiert werden sollen, davon dan 2 thail in der gmain und
35 das dritl denen holzsaltnern anstat ainer besoldung zuestendig.

Anderens nach erhaltener information wegen johrkorn von denen uneingekauften instantsleiten und andern inwohnern, weliche daselbst nit gepohren oder sunsten aufgenomben sein, dergleichen johrkorn in andern gmainschaften des gericht Schlanders auch obserfierlichen, als ist dest-
40 halben auch in Tschengls, iedoch aber ohne suechender parteilichkeit, sondern unintreßlich mit dem johrkorn die bezahlung vorzunemben, da aber mit dergleichen bezahlung gewaigert wurde, ist wider die renitenten mit der execution, dabei allenfals die obrigkeit zu requirieren, vorzukern.

Drittens, weilen an erhaltung des gmainen wegs, auch an abstellung
45 dergleichen unfuegs der gmain Tschengls selbsten gelegen ist, die abstellung ainstmahls von den daselbstigen gerichtsverpflichten zu thuen und vor-

zuoemben und so vorer kein abstellung gelaistet wurde, hat von dorten auß die anzaigung der ibertrötere bei der obrigkeit zu beschöchen, weliche specialiter befelchet, wider dergleichen partheien mit exemplärischer straf vorzugehen.

Viertens, wan das dorfbuech keine der grichts-herrschaft und dero 5 nachgesetzten obrigkeit nachteilige satzungen in sich haltet, wirdt solliches dorfbuech, so vorhero in der gmain Tschengls aufgerichtet und allerseits angenamben worden sein solle, hiemit von gerichtsherrschaft rütificiert, allermassen denn denselbigen puncten genau nachzuleben und volzug zu leisten ist, mit dem anhang, das die ibertretere ainstmahlen mit behöriger 10 straff belegt und allenfahls bei der obrigkeit nambhaft gemacht werden sollen.

Finftens, weilen die verkaufung der flöcken und pirchen vermig dorfbuech ohne deme verpoten und bei straf eingepoten, kumbt es nur auf deme an, das solliche straffen exequiort werden.

Söchstens, gleich wie es ein hegst schädliche sach, wen in denen 15 holzrisen und thölern das abgeschlagene holz oftermahls ain lange zeit ligend verbleibt, wordurch bei etwo entstehenden waßergüßen und lühnen der schaden und gefahr vermehret werden, sollen die gemains-intreßenten und grichts-verpflichte dergleichen von selbsten abstellen und einzupieten befließen sein, wider die ibertretere aber mit abtragung disfahls geschöpfter 20 straf und allenfahls verursachten schaden exequtife vorzugehen haben.

Sibentens, indeme die gmain das gemachte pflaster in den lühn-gröben von selbst für vorträglich und nüzlich erkent, als hat die vor-stehung, so oft das pflaster ruiniert wirdt, dasselbige widerumben repü-rieren und in gueten stant zu stellen, dergleichen unkösten aber auß dem 25 gmainen söckl zu bezahlen, anbei aber auß ursachen die gmain Kirsch unter sollicher lühn unterschidlich und merföltige gieter besizt, gemelte intreßenten zu Kirsch der proportion nach zu concurrieren und den un-kosten guet zu machen haben, derentwillen ain anlag zu machen ist.

Achtens, sobalt die lühn, so Gott gnädig verhieten wolle, anfalt, hat 30 die ganze gmain sich auf den runst zu begeben und auf alle mögliche gröde nach einzulaiten und zu erhalten, darbei aber kein aignes oder pürticular intreße zu schaden der gmain oder aines dritten nicht zu suochen, allermaßen dann sollicher runst alle johr der gröde nach außzu-stöcken und zu eröffnen ist bei unterbleibung schwerer straf und verant- 35 bortung.

Daran beschicht der gerichtsherrschäftliche bevelch. Actum ut supra.

(L. S.) Sebastian Trapp.

Das geförtigte original hievon ist in den gmain behalt zu finden.

Weiters wirdet brichtlichen alldu angefiegt, wie das unter 5. Juli 40 1747 von hochlöbl. hofcamer der gmain Tschengls die in der gmain auf-gegebener bofingerzeigung habende ede möser zu wißen zu machen und außzuthailon laut der vorhandenen verleichung allergnädigist verwilliget worden, iedoch mit disem außfierlichen beding, das solliche neue wißen oder möser, wie auch die darauf erwaxene fieterung bei straff nit außer 45 der gmain Tschengls verkauft oder verfiert werden solle, weliches zu iet-weder wißen und verhalt alldu abgelesen wirt.

Weiters ist anno 1789 an kässontag firgenohmen und beschlossen
worden in gögenwerdigen beisein seiner gnaden herrn Johan Augestin von
und zu Plawen, als schloßverwalter, nebst ganzer gemainde wögen denen
rev. gemainen stier, das jene, welche keine heiser haben oder auf ihr
5 heiser von dergleichen nicht entgelten, solten fir ieder rev. kue zu erlögen
schuldig sein eine erkantlichkeit von zöchen kreizer, und anbei die schul-
digen partheien solches auf Martini iedes jar zu erlögen haben, welches
jene zwei heiser, welche diese zwo rev. gemainen stier in der rod haben,
auf gleich beziechen kenten.

17. Eirs.*)

Papierhds. Quart. 42 Bl. im Gemeindearchiv zu Eirs. — Hier aus einer vom Grafen Anton von Brandis mitgetheilten Abschrift abgedruckt.

10　　　　　　　Dorfbuch der gemeinde Eirs.

Diesem nach wird auf verlangen aller hienach zu benennenden
gemeinde-interessenten alda einverleibet:

Dass sich am ersten sonntag in der fasten, der kassonntag genannt,
die völlige gemeinde Eirs von angesessenen mannspersonen versammlen,
15 und vorerst sechs tüchtige männer auswählen solle, welche das jahr hin-
durch der auschuss genannt und das vorfallende zum nutzen der gemeinde
anordnen und in wichtigern geschäften aber die gemeinde beiziehen sollen.

Daselbst wird auch der dorfmair auf solches jahr hindurch, und der
feldsaltner gemacht, so auf denen 20 häusern der rod nach herum gehet;
20 ist kein tüchtiger inhaber, solle er einen andern unterstöllen.

Weiters haben bei solcher versammlung der messner, schmid und
rödermacher, auch liener wider anzuhalten, welche von neuem nach ihrem
wohlverhalten aufgenomen oder abgesetzt werden.

Welcher von den dorfmair oder saltner zur gemeinde geboten wird,
25 und erscheint nicht, oder keine rechtmüssige entschuldigung beibringt,
der wird gestraft um einen gulden, jener aber, so ohne halsband, hut,
oder mit einer tabackpfeif rauchend zur gemeinde geht, soll 12 xr. strafe
bezahlen.

Es sollen auch bei der gemeinds-versammlung zwei nachtwächter
30 und feuerbeschauer auf das jahr hindurch gesetzt werden. Erstere haben
als einen lohn ob iedem haus, nicht aber von pfistern, welche frei sind, ein
gulden in geld oder in korn, so viel es 1 fl. austragt, einzulangen. Letztere
aber sollen alle vier wochen die kamine und kuchen besichtigen und all
nachtheil einbiethen.
35　Bei solcher gemeinsversammlung am kassonntag hat zu einen trunk
der Niklaus Primisser von seiner pfister ein viertl, der dorfmaister ein

---

*) *Eirs war eine, wie es scheint, immer zur Herrschaft Schlanders gehörige
Propstei, mit der auch eine eigene, doch vom Gericht Schlanders abhängige Juris-
diction verbunden war.*

viertl, der schmid ein viertl, der rödormacher ein viertl, der schmirbor zwei viertl wein, und 36 xr. der mossner zu bezahlen.

Der messner hat die schuldigkeit auf sich, den brunnen zu besorgen, sauber zu halten und darvin nicht waschen zu lassen, einen tüchtigen perschwein aufzuhalten, item am 16. und 17. jänner, und am samstag 5 vor Lichtmessen, als kirchtagabend, iedes mal eine zehrung auszuhalten und darzu den herrn pfarrer, den herrn benoficiaten, schulmeister und zwei nachbarn von der gemeinde einzuladen, welche letztere den häusern nach abgeordnet worden, vor ieder person sind 36 xr. zu bezahlen und dies von alters her, damit ein oder anderer nachbar wegen aufrechthaltung der 10 messner-güter eine ergötzlichkeit zu beziehen habe. Ferner soll der messner und dorfmeir am hl. kreutzabend im monat mai sich nach Tanas begeben und aldort das wasser abtheiln, denen Tanasern gebiehrt der drite theil des wassers bis auf st. Lorenzen-tag, und wenn selbe darum noch weiters anhalten, muss man es ihnen annoch 14 tag länger, folglich 15 bis Bartlme gestatten, hiefier geben die Tanaser vierzehn muth wasser-korn, so zum Mariabergzehend zu adscribieren. Auf solcher wasser-abtheilung solle nun der messner allwochetlich einmahl zusohen, damit nichts verändert werde, als den vertrag gemäss.

Der liehner hat die pflicht auf sich, das liehn-vich, für dene auf der 20 arch ein verenden, der rod nach iedem stalle getreu und redlich anzusagen und niemand auszulassen, sondern der rod nach herumfuhren, wie der stallner-zettel ausweiset, und wird auf ieden gulden steuer ein lichnpferd verwilliget; sollte der lichner die seinige pflicht übertreten, so wird er gestraft um 2 fl; hingegen was unter arch ankommet und nicht absetzct, 25 haben die zwei wirth zu bedienen.

Dio aushaltung der zwei reitstier in der gemeinde gehet auf den zwanzig häuser der rod nach herum, und welchen die beschwerd zu über-tragen betrift, die haben am st. Gallen-tag taugliche reitstier dem auschuss vorzustöllen. Er wird also vom ausschuss besichtiget und wem der stier 30 aberkennet wird, der ist schuldig, innerhalb 14 tagen einen tauglichen zu schaffen, widrigenfalls ein anständiger auf seine unkosten von der gemeinde erkauft wird.

Diese zwei haben hierauf abzulöslen, welcher das völlige jahr hin-durch, und welcher nur bis pfingsten den reitstier aufhalten muss, wofür 35 selbe acht mannmad moos zu benutzen und zu manen haben. Auf dass aber eine desto bessere viehzucht durch schönere einzustellende reitstier erlanget werde, ist verwilliget und beschlossen worden, dass die angesessenen mit-häuser iedem jährigen kuh- oder kalbvieh, es mag sodann dies kalbvieh zuständig sein oder nicht, drei kreuzer, und die unanständigen [1]) sechs 40 kreuzer, denen zweien, so die reitstier aufhalten, zwei drittl, und der übrige ein drittl zu empfangen.

Der dorfmeister kann zwei pferde kost und lohn frei zur herde treiben, ingleichen werden zur bessern pferdezucht zwei die schönsten fühl von kost und herterlohn frei gemacht. 45

---

[1]) unangesessene beigesetzt.

Das geissvieh solle wegen den schedlichen abbissen in der örlau zu
hieten genzlich eingeboten sein, wessentwegen der saltner fleissig obsorg zu
tragen und das in der au findende geissvieh also gloich in den pfandstall
zu treiben hat, von welchen ieden stück geiss- oder kleinvieh ohne aus-
5 nahme deren eigenthümer 2 xr. dem dorfmeister als ein pfandgeld zu be-
zahlen und zu verrechnen sei.

Der ausschuss hat alljährlich zu bestimmen, wie viele heifen örl-
stangen in der gemeindeau ieden haus gehackt werden darf, wird also ieden
hausinhaber angekündet, so viele heifen zu hacken, muss solche der dorf-
10 mair besichtigen, ob alle in gleicher grösse, und veranstalten, dass die
kleinern ergenzt werden; sohin werden die heifen abgelöselt und denen
häusern zugetheilt. Die zugetheilten heifen sollen innerhalb 4 wochen aus
der au abgeführt sein, nach welchem zeitverlauf die überbleibenden dem
dorfmair und ausaltner zu gleichen theilen ohne verrechnung gehören.

15 Jeder fischwagen, der mit dem brunnenwasser die fisch abfrischt,
hat ein stück der gemeinde abzugeben, wegen aufhaltung des benötigten
kandls hat folglich der dorfmair solchen fisch zu verüussern.

Die eröff- und ausschöpfung der wasserwühl gehet nicht auf den
häusern, sondern auf den wasserroden herum, iedoch werden auch die tag-
20 werker darzu gebothen, welche dafür die kost, doch keinen lohn zu em-
fangen haben.

Wegen den gefährlichen muhren bleibet ieder zeit verbothen, auf dem
Sonnenberg etliche eichbäume und anders holz oder stauden auszuhacken.
Zu machen eichene oder andere tschuppen wird ein gewisser tag von dem
25 außschuss bestimmt; welcher aber früher mit tschuppen gefunden wurde,
wird gestraft um ein gulden dreissig kreuzer.

Die tagwerker und unangesessene dürfen in ieder woche nur 2 tag
in der örlau ohne waffen holz zu klauben abgehen; wer aber ein oder
mehrere stämm örlen, ausser den absterbenden stöck, das jahr hindurch
30 abfüllet, wird von ieden stück gestrafet mit 12 xr., aus welchen die helfte
dem dorfmair zur berechnung zu bezahlen, die übrige helfte zu bezahlen
dem ausaltner vor der obsicht zu verbleiben hat.

Wer oder welche dem andern in seinem ackersran ohne erlaubniss
gras abschneidet, soll gestraft werden um 30 xr.

35 Wann ein fremdes vieh in des andern gut ausser der außtribszeit er-
funden wird, soll der eigenthümer von iedem stück grossen vieh bei tag
12 xr. und bei der nacht 1 fl. bezahlen. Da aber dabei excesse sehr stark
verübet worden, ist der schluss ergangen, dass so oft ein fremdes vieh in
eines andern gut ertappet wird, der eigenthümer desselben ohne ent-
40 schuldigung das pfandgeld bezahlen muss, ausser dass selber erweisen
könnte, dass das gepfündete vieh am selbigen tag dem hirten zugetrieben,
aber der es nicht nach haus ins dorf getrieben habe, in welchem falle der
hirt, wie oben, zu bestrafen. Wenn zu nachts das vieh nicht nach haus
kommt, so muss der hirt gleich darum bestraft werden, damit er solches
45 aufsuche und vom schaden verhieten könne; meldet sich aber der eigen-
thümer nicht, so muss er das pfandgeld ohne ausnahme bezahlen.

Von allem vieh, so drei tage lang zur herde getrieben worden, muss
die ganze hüetzeit hindurch kost und lohn bezahlt werden. Die schwein

hingegen, wenn selbe auch niemals ausgelassen worden, müssen dennoch verliehnt und köstet werden bis hl. kreuz in herbst, damit desto leichter ein hirt ausgehalten werden könne, und wer sich dem widersetzet, der solle dem dorfmeister angezeigt und bestraft werden. Und also sollen auch die kölber und ochsen von einem hirten gehütet werden, damit selbe nicht 5 auf den rünen herum weiden und andern schaden.

Niemand in der gemeinde solle unter 10 fl. straf einen fremden unterlassen, ehevor er nicht von dem ausschuss geduldet oder aufgenommen wird, wie dann in der wahl der völligen gemeinde verbleibet, fremde aufzunehmen und das einkaufgeld zu bestimmen, jedoch solle die unterlassung 10 niemals anders als auf hochgnädiger ratificatione der gnädigen gerichtsherrschaft beschehen, und dahin ieder fremde gerichtsunterthan verwiesen werden.

Wegen den grossen lahnmuhrn und wasserschäden haben die vorfahrer drei kreuzgäng verlobt, so auch in zukunft also gehalten werden sollen: 15

I. Am achten juni, als am st. Medardus tag, gehet von ieder ehe eine person nach Tanas mit kreuz; zum zweiten glockenzeichen sollen alle kreuzleute schon in der kirche sein. Auf Tanas haben nach vollendetem gottesdienst herr pfarrer, beneficiat, dorfmair und schulmeister ein mahl, und werden von ieder person 36 xr., dann 30 xr. nachzech für alle von 20 der gemeinde bezahlt. Der tag wird gefeiert, auch sogar das wässerwasser auf den gütern nicht ausgekehrt.

II. Ist den donnerstag vor oder nach Galli nach Tschengels oder Laas, welche zwei kirchen abgewechselt werden, zu Laas wird, wie vor, ein mittagessen gezahlt, in Tschengels hingegen hat der herr pfarrer für das 25 amt ein gulden, der schulmeister 18 xr., der orglzieher 6 xr. und der fahntrager 3 xr.

III. Ist am 21. februar, als Marie opferung tag wird gefeiert, nach Tschengels kreuzgang und wie oben für den herrn pfarrer, schulmeister, orglzieher und fahntrager bezahlt. Damit aber die verlobten kreuzgäng 30 fleissig beobachtet werden und von ieder ehe eine person dabei erscheinet, hat der dorfmair, vor man an den kreuzort hinkommt und in den dorf Eirs zurückkehrt, die ehen herabzulesen, und wer sich nicht dabei einfindet, oder ohne erheblicher ursach nicht erscheint, deren hinlänglichkeit die gemeinde erkennen, solle um ein pfund wachs, so der st. Romigis kirche 35 zugehöret, gestraft werden.

Zur gemeindearbeit, wenn darzu gebothen, sollen taugliche leute geschickt werden, und wann das zeichen mit der glocke geschieht, sollen die gemeindearbeiter bei der schmitten auf den platz sein; wer zu spät kommt um $\frac{1}{4}$ stund, hat 10 xr., $\frac{1}{2}$ stund 20 xr., und der völlig ausbleibt, 40 30 xr. straf zu bezahlen. Die gemeindearbeit hat der dorfmair auszutheilen und gehörig zu veranstalten.

Das sogenannte Plawennhaus hat das recht, einen kleinen finger dickes brunnenwasser zu seinem haus zu kehren, ist hingegen schuldig, den trog, alwo das wasser getheilt wird, zu erhalten, worvon damahls 45 Johann Alber inhaber ist.

Es wären zwar in übrigen noch mehrere punkte abzuschliessen und hauptsüchlich wegen der bewaldung, weil aber die zeiten sich verändern,

dies dorfbuch aber für allzeit und ewig anzusehen ist, ausser es werden
bei widrigen umständen am kassonntag von der gemeinde aus vorstehenden
punkten einige abgeändert, so vorbehalten bleibet, es solle die am er-
melten sonntag versammlete gemeinde alljährlich derohalb einen verbünd-
5 lichen schluss schriftlich über allen vorfallenheiten von jahr zu jahr ab-
fassen, und solcher schluss solle selbiges jahr hindurch genau gehalten
werden.

Bei all vorstehenden haben es nach genauer überlegung und ablesen
hier nach specificirte hausgesessene interessenten verbleiben zu lassen und
10 all solchem nach zu kommen dem wohledl gestrengen herrn Anton Mathäus
Purtscher, richter der herrschaft Schlanders und probstei Eirs, das hand-
anloben erstattet.

(Folgen die Unterschriften und das Datum Eirs 9ten Februar 1775.)

18. Kortsch.*)

*Nach einer Abschrift des P. Ephraem Kofler (Papier, Folio) im Ferdinandeum Sign. III. h. 22.
Das Original, welches in einem Register des Archivs zu Kortsch vom Jahre 1642 verzeichnet ist: „Ain
alte ordnung, wie die gemain gehalten und die übertrötter und ausbleiber gepfennt werden sollen".
sowie „Fundation und albenordnung die Kortscher alben betreffend" konnte nicht mehr gefunden
werden.*

Der gemeinde Cortsch dorfbuch,
errichtet im jare 1614, erneuert 1766.

15 Im jare 1614 hat eine ganze ehrsame und vornehme gemeinde und
nachbarschaft allda zu Cortsch zur erhaltung guten friedens und nachbar-
lichen willens, auch aller ihrer rechte und gerechtigkeiten vorgenommen,
ein dorfbuch aufzurichten, und hat den hernachbenannten nachbarn voll-
mächtige gewalt gegeben dazu, wie sie dann mit namen eingeführt
20 sind u. s. w., bemeltes dorfbuch in das werk zu bringen, und die artikel
da von post zu post zu verzeichnen.

1.

Anfänglich ist vorgenommen worden, wie auch von alters her ist
gebräuchig gewesen, dass alle jahr am küssonntag die ganze bauerschaft
25 nach mittag um 12 uhr durch den gemeinen saltner zur versammlung
sollen boten werden alle diejenigen, so hausgesessen sind, bei einer pön
von 16 xr. Und dieselbige gemeinde soll auf keinen andern tag gehalten
werden; allein es falle gottes gewalt oder herrengeschäft ein, so mag selbige
vor oder nach dem bemelten sonntag, und nach gelegener zeit gehalten
30 werden. Und welchen das bot am abend zuvor antrifft, und nicht dabei
erscheint, und die halbe gemeinde oder ausschuss vorhanden ist, mag man
anfangen gemein zu halten; auch wann der dritte mann befragt ist, und
nicht vorhanden, auch nicht bei der gemein verbleibt, bis ihr ende ist,

---

*) *Kortsch gehört jedenfalls zu den ältesten urkundlich erwähnten Orten
von Vinstgau, ja von ganz Tirol und wurde um das Jahr 720 vom hl. Corbinian
für das Bisthum Freising erworben. Meichelbeck, histor. Freising. I. a. p. 16.*

ohne bewegliche ursache und ohne erlaubniss der dorfmair, der soll um obbemelte pön, als 16 xr., ohne alle gnad gestraft worden, und das pfand bar zu erlegen schuldig sein. Es sollen auch bei dieser gemeinde keine knechte, buben oder anderes gesindel geduldet werden. Bei dieser gemeinde soll dies dorfbuch öffentlich vorgelesen werden, und die dorfmairn 5 sammt derselben ausschuss, wer dann dieselben sein werden, sollen steif darob und daran sein, dass diese bemelten artikl und posten fleissig gehalten werden.

Auch soll bei dieser gemeinde jährlich der ältere dorfmair vor öffentlicher gemeinde seines auf sich gehabten amtes urlaub nehmen, und 10 ein anderer an seiner statt gesetzt und erwählt werden, wie dann auch von alters her gebräuchlich gewesen. Und der dorfmair, so urlaub hat, soll um sein einnehmen und ausgeben, was er an statt einer ehrsamen gemeinde gehandelt hat, innerhalb 8 oder 14 tagen nach dieser gehaltenen bauerschaft eine ehrbare raitung thun. Und wo es sich befindet, dass er einer 15 gemeinde, oder die gemeinde ihm was schuldig verbleibt, soll ein theil den andern nach beschehener raitung innerhalb 8 tagen bezahlen.

Bei dieser gemein sollen auch zwei feldsaltner bestättiget werden, und dieselben sollen den dorfmairn an eides statt angeloben, dass sie wollen und sollen, was ihnen die dorfmairn und die gemeinde befohlen, fleissig 20 und getreulich verrichten, an dem kein mangel erscheine, auch auf das feld, die äcker und wiesen, so weit der gemeinde Kortsch gebiet sich erstrecket, fleissiges aufsehen haben, damit keinem, er sei reich oder arm, schaden beschehe.

2. 25

So ist auch vorgenommen worden, dass der ältere dorfmair, so oft im jahre die ganze gemeinde oder ausschuss zusammen boten wird, die meldung, was vorzubringen ist, thun soll. Und die dorfmairn sind alle jahr zu leisten schuldig, als: der ältere soll ein zuchtschwein, der jüngere einen zuchtschwein zu halten schuldig, die durch den ausschuss besichtiget 30 werden, ob sie annehmbar sind oder niht. Dagegen haben die dorfmair im namen der gemeinde zu geniessen, ieder einen halben tag wasser in der obern zahl, wie es mit dem loos füllt. So haben auch die zwei feldsaltner für ihre mühe und ihr versäumniss und ihre arbeit jährlich zu geniessen, auch selbst aufzusammeln von dem ackerfeld im gebiete Kortsch von iedem 35 jauch, es sei dann weitzen, roggen oder futter, vier garben zu empfangen, und jährlich vom stifthofe 1 fl. grummet-geldzins.

3.

Weiters ist vorgenommen worden wegen des amtes eines dorfmairs: wer eine behausung und ein feld von zwei jauch äkker, und bei 5 mann- 40 mad wiesen hat, der ist schuldig und soll schuldig sein, das dorfmairamt zu verrichten, wan die rod an ihn kommt, ohne alle widerrede. Wer aber nicht so viel acker- und wiesfeld hat und zu so viel feld kommt, — zwei manmmad sind für ein jauch angeschlagen —, der ist auch schuldig, dies amt zu verrichten. Welcher aber nicht so viel feld hat, als oben begriffen, 45 der ist dieses amtes ledig. Hat einer aber mehr feld, als vor begriffen, der

ist auch schuldig, der gebühr nach dies amt zu verrichten, wie mans von
alters gehalten hat. Und welcher einmahl von der gemeinde der gebühr
nach zu einem dorfmair erwühlt und gesetzt wird, der soll es ohne alle
widerred von stund an zu verrichten schuldig sein, und da er sich aber
5 eines solchen erwidert und sich setzen wollte, der soll alsbald um eine
yhren wein gepfündet werden, und soll das amt in allweg doch zu ver-
richten schuldig sein.

4.

Zu der bauerschaft zu gehen ist auch vorgenommen worden: als oft
10 man das jahr durch die gemeinde oder den ausschuss hält oder bietet, und
in das gebot begriffen hat, oder am abend zuvor das gebot zu hause ge-
lassen wird, und nicht dazu erscheinet, der soll alsbald, wann der dritte
mann befragt ist, gepfündet werden; wenn die ganze gemeinde ist, um
16 xr., wenn der ausschuss, um 8 xr., ohne alle gnade, allein es falle ein
15 eine gottesgewalt oder herrengebot, wasser in der zahl oder dem Alitz-
bache, auch dem Etschwuhle; wann sich das wahr befindet, der ist des
pfandes ledig. Wann aber die gemeinde oder ausschuss vormittag wird,
und er das wasser nachmittag hat, der ist schuldig, zu der gemeinde zu
gehen; da aber die gemeinde nachmittag gehalten wird, und er seine rod
20 wasser vormittag hat, der ist auch schuldig zu der gemein zu gehen. Und
wann einer zu backen hätte, damit das liebe feuer desto fleissiger versorgt
werde, soll er entschuldiget sein, sonst soll ihn nichts befreien, keine
ausrede helfen. Und wenn einer vorgäbe, er wäre durch die obrigkeit be-
gehrt, oder hätte sonst herrengeschäft, und die wahrheit sich nicht be-
25 fünde, soll in die doppelte pön verfallen und gepfündet werden. Es soll
auch keiner, er sei, wer er wolle, einen gesandten zu der gemeinde
schicken, oder angenommen worden.

5.

Die beiden dorfmairn, so oft sie nicht zu der gemeinde erscheinen,
30 sollen in doppelte pön verfallen und gepfündet werden, und was da be-
schlossen und vorgenommen worden, wenn einer oder der andere was aus-
sagt, und wann man es mit wahrheit erfahrt und an tag bringt, derselbe
soll alsbald nach erkünntniss des ausschusses nach ungnaden gepfandet
werden, und hinfüran nicht mehr zum ausschuss kommen.

6.

35

So ist auch vorgenommen worden, wann einer das dorfmairenamt
auf sich hat, der soll schuldig und verbunden sein, der chrsamen gemeinde
ihre rechte und gerechtigkeiten in guter acht zu haben, ihren nutzen und
frommen fördern, und nachtheil und schaden wenden, so viel immer mög-
40 lich. Und wann ein dorfmair seiner eigenen geschäfte halben sich von
haus begeben würde, herrschaftgebot oder gottsgewalt einfiele, soll er
schuldig sein, einen andern tauglichen, ehrlichen mann zu erbitten, der
indess das dorfamt verrichtet, damit der gemeinde nicht versäumt würde.

7.

Weiters ist auch vorgenommen worden: nachdem es eine gewohnheit ist, dass, so oft eine bauerschaft geboten und gehalten wird, ein ieder mit einem beil, einer hacke oder andern ungewöhnlichen währen kommt, darob die vorbemelten nachbarn missfallen und unwillen haben und ver- 5 meinen, es sei nicht nachbarlich, sondern grob und unfreundlich, ist darauf vorgenommen worden, dass keiner einen beil oder eine hacke oder andere ungewöhnliche währen zur baurschaft tragen soll, allein sein ge- währ an der seiten, ob er will, mag er wohl bei sich haben, und wann einer oder mehr solche ungewöhnliche währen bei sich hätten, dergleichen 10 von der arbeit kommen, die sollen sie während der baurschaft bei sich haben. Darauf ist gesetzt worden: so oft einer solches übertritt, soll er ohne gnade gestraft werden.

8.

Wann eine baurschaft zusammengeboten wird, und die nachbarn 15 beisammen sind, soll keiner mit dem andern mit unziemlichen worten kriegen oder hadern, oder einen alten hass äftern, das zur baurschaft nicht dienlich, sondern der baurschaft, was die dorfmairn vorbringen, von anfang bis zu ende helfen beiwohnen, bei der pön von 1 fl. ohne alle gnade, so oft es einer oder der andere übertritt. 20

9.

Weiters, so eine gemeinde versammelt ist, soll keiner bei obbemelter pön ein ungebührlich wort oder werk brauchen. Ob einer sich, um was für sachen das waere, wider die gemeinde setzen und widerspänstig sein würde, und der gemeinde zum nachtheil gereichte, der soll um eine yhrn 25 wein ohn alle gnade gepfündet werden, und so er die pfandung nicht gibt, noch seines vornehmens abstehen will, dann soll zur erhaltung der gemeinds- rechte durch die ganze gemeinde vor das haus gezogen werden, ein pfeil vor die thür geschlagen, und damit zu einem zeichen seines ungehorsams und seiner widerspänstigkeit ieder genuss in der gemeinde, als holz, feuer, 30 wasser, wun und waide, weg und steg, in- und ausfahrt verboten werden. Ob aber derselbe immer vermaint, es sei ihm unrecht geschehen, der mag die gemeinde darum, wie sichs gebührt, mit recht vornehmen und er- suchen.

So eine ganze gemeinde gegen einen widerwärtigen zu haus und hof 35 zu ziehen aufsteht, und doch nicht beschieht, nicht destoweniger soll der- selbe der gemeinde eine halbe yhrn wein zu geben verfallen sein.

So einer sich einer pfandung beschwert und selbe nicht geben will, und vor einer ganzen gemeinde zu erscheinen begehrt, derselbe soll ein pfand erlegen, dann soll ihm vor die gemeinde zu kommen vergönnt sein, 40 und beide theile sollen gehört werden. Wird der gepfündete der gemeldten pfandung durch die gemeinde nicht ledig erkannt, so soll er alsdann die pfandung zweifach zu geben schuldig sein, iedoch noch nach erkenntniss der obrigkeit.

So einem durch die gemeinen saltner eine pfandung erhoben und ausgetragen wird, und er dieselbe innerhalb 14 tagen nicht ablöst, sondern die tage verscheinen lässt, so soll sie verstanden sein.

10.

5 So ist auch vorgenommen worden, wie auch von alters her bräuchig gewesen, dass alle jahre am küssonntag von einer ganzen gemeinde sollen gesetzt und verordnet werden 12 ehrsame männer, 6 im niederdorf und 6 im oberdorf, genannt der ausschuss. Die sollen von einer ganzen gemeinde gewalt haben sammt beiden dorfmairn, das ganze jahr alle sachen,
10 welche die gemeinde betreffen und vorfallen, zu verhandeln, das sie wissen vor gott und der gemeinde zu verantworten. Wo ihnen aber ein handel vorfiele, den sie sich nicht getrauten zu verrichten, so mögen die dorfmairn noch mehrere nachbarn dazu wissen lassen, oder die ganze gemeinde.

15   ### 11.

Ferner sollen die dorfmairn schuldig und verbunden sein, alle jahre, herbst- und langszeit, mit rath, wissen und willen eines ehrsamen ausschusses in feldern, äckern und wiesen zu marchsteinen. Und wann sie die tag benennen und anstellen, sollen sie es den sonntag zuvor dem früh-
20 messer allda befehlen, dass er dasselbig auf der kanzl verkünde. Wer zu marchsteinen hat, soll auf den tag erscheinen, und derselbige soll seinen gegentheil selbst dazu begern; und von iedem marchstein soll man den dorfmairen ohne verzug zu geben schuldig sein 3 xr., sobald die dorf-mairn dem nicht nachkommen, soll alsbald ieder um 1 fl. gepfündet
25 werden.

12.

In betreff des weges in Schlandraun.

Alle jahre sollen die alpenmeister, wer dann dieselben sein werden, mit den dorfmairn den weg in Schlandraun, am längs und herbst, wann
30 man willens ist, zu gehen oder abzufahren von der alpe, nach sag eines vertrags zu machen schuldig sein. Und wann die alpenmeister und dorf-mair lassen bitten bieten, es sei in welcher sache es wolle, so den weg und die alpe betrifft, und die noth erfordert, so soll ein ieder hausgesessner, reich oder arm, dem gebot gehorsam und fleissig nachkommen, ohne alle
35 widerrede, und gute und starke leute schicken, die zu solcher arbeit taugen; und welcher dem gebote nicht wollte gehorsam sein und nicht taugliche, annehmbare boten schicken, mögen die alpmeister und dorfmeister den boten wieder abschaffen und heimschicken, und der soll alsbald um 16 xr. gepfündet werden.

40   ### 13.

Ingehäusen.

Keiner in der gemeinde, er sei, wer er wolle, arm oder reich, soll iemanden einlassen ohne vorwissen und willen der gemeinde oder des aus-schusses bei einer pfandung von 10 fl., und wo einer inzug ohne vorwissen und bewilligung, der soll einem pfand von 10 fl. verfallen sein. Da aber zwei mit wissen und bewilligung der gemeinde eingelassen worden, von denen eines entweder allhier geboren oder erzogen worden wäre, so soll das andere, so allhier nicht geboren oder erzogen worden, der gemeinde zu geben schuldig sein 5 fl. ohne alle widerrede. Und alle ein- 5 wohner, welche sie sind, dürfen ohne bewilligung der dorfmairn oder des ausschusses mit nichten sich ausser der gemeinde zu arbeiten begeben, sondern allein da in der gemeinde und nachbarschaft vor andern arbeiten um eine gebührliche besoldung, wie von alters her gebräuchig, oder noch ist. Da sie aber in der gemeinde nichts zu arbeiten haben, mögen sie sich 10 bei den dorfmairn, wie vorgemelt, erzeigen und um erlaubniss anhalten, alsdann soll es ihnen bewilliget werden. Da aber einer oder der andere das gebot übertritt und nicht gehorsam leistet, soll er alsbald aus dem dorfe geschafft werden.

14.
Von den gemeindsarbeiten.

Es sei wegen der wühle, wasserleitungen, wege, und was der ge- meinde vorfüllt, nichts ausgenommen, wie es die nothturft durch das ganze jahr möcht erfordern, wann die saltner eine gemeindsarbeit oder eine ge- meine bauerschaft bieten, so soll ein ieder hausgesessner, der wun und 20 weid genist, geboten sein gemeindsarbeit zu thun und leute zu schicken, die dazu annehmlich, treuliche und ungeführliche. Desgleichen, wenn die saltner eine gemeine bauerschaft bieten, soll ein ieder selbst dazu kommen und nicht einem andern befehlen, sondern allein, es irre ihn gottsgewalt oder herrengeschäft. — Wie dann auch vorbegriffen ist, soll keiner von 25 der baurschaft gehen, bis die vollendet ist, und von iedem hause soll nur ein mann, nicht mehre kommen, wer etwas darin übertritt, soll um 16 xr. gepfündet werden. Und was in der baurschaft vorgenommen, darum auf- gehoben wird, soll bei dem mehrern theil verbleiben, und der mindere theil soll ohne alle widerred nachgeben. Doch soll man keinen zur baur- 30 schaft bieten, allein er habe ein eigenes haus.

15.
Von den pofel-saltnern.

Alle jahre soll man zwei pofelsaltner, wie dann auch von alters herkommen ist, setzen und ordnen. Die sollen ihr fleissig spüch und auf- 35 sehen haben früh' und spät. Und wo sie bei der nacht ein stück klein- vieh, so sich gefährlicher weise in den gütern befindet, die verboten sind, antreffen, sollen sie es um 1 fl. pfänden. Wird es ungeführlich gefunden, sollen sie bei nacht iedes stück um 12 xr., bei tag um 6 xr. pfänden. Die saltner sollen keinen ansehen, sondern einen halten wie den andern und die 40 pfandung nehmen, das vieh zum wirth treiben, und dem das vieh zugehört, alsbald zu wissen machen, damit demselben kein schaden beschieht. Darum sollen sie den dorfmairn angeloben. Wofern aber die bemelten pofelsaltner dem nicht fleissig würden nachkommen, einen oder den andern auf den rücken tragen, das sich mit wahrheit befünd, sollen sie alsbald gepfändet werden, ieder um 1 fl.

16.
Von gefährlichem viche.

Welcher ein hödiges füllen oder einen stier hat, der drei jahre alt ist, oder anderes unloidliches vich, den soll er unverzüglich heilen lassen und abtreiben. Wo er das nicht thut, soll er daheim im stalle behalten und nicht hervorgetrieben werden. Wer dem nicht nachkommt, soll, so oft das geschicht, um 1 fl. gepfündet werden.

17.
Auftrieb des viehs auf den pofel.

Welcher drei jauch acker baut, die allher in der gemeinde steuern, der mag ein paar ochsen aufkehren, und welcher 12 jauch baut, mag 4 paare und ein ross aufkehren, wie dann auch von alters herkommen ist, und keiner darf ein geliehenes vich herzunehmen und aufkehren, bei der pön von 1 fl.

18.
Wegen kost und lohn für die weidung.

Ist das vich, es sei, welches es wolle, drei tag aufgetrieben worden, soll man dafür kost und lohn zu geben schuldig sein, besonders kost.

Auch für junge schweine, wenn sie 6 wochen alt sind, soll man das geben, sie mit den andern zu den hirten treiben, sie nicht zum schaden der loute im dorfe herumgehen lassen. Wo die feldsaltner herumlaufende schweine finden, sollen sie solche pfünden, bei tag um 3 xr., bei nacht um 12 xr.

19.
In betreff der schaafe und ziegen.

Solches sein vich soll keiner mit besondern hirten hüten in angern, wiesen, rainen, weingürten oder äckern, sondern soll es zu den gemeinen hirten treiben oder im stalle behalten. Wer dem nicht nachkommt, soll gepfündet werden für iedes stück um 3 xr.

20.
In betreff des andern viches.

Niemand soll sein vich, grosses oder kleines, mit besondern hirten oder seinen ehehalten allein hüten, sondern vor den gemeinen hirten treiben, zu herbst- und lüngszeit. Wann aber die wiesen alle gefriedet sind, mag, wer da will, besondere hirten nehmen. Die gemeindssaltner aber sind nicht befugt, es ist ihnen gänzlich verboten, so lange sie auf den wiesen hüten, ihre gaise mitzutreiben oder gehen zu lassen bei einer pön für iedes stück 3 xr., das andere mal 6 xr., und das drittemal soll er von seiner hut urlaub haben und aus dem dorf geschaffen werden.

21.

Wegen der hirten kost.

Nachdem sich oft streitigkeiten begeben wegen der hirten kost, der-
gestalt, dass oft einer den hirten will vorüberschieben und sagt, „er habe
nicht brod“, darob sein nächster nachbar beschwerung hat und unwillen, 5
so ist deshalb also vorgenommen worden: wann die kost-raid mit recht an
ihn kommt, so soll der hirt nicht vorbeigehen, der köster soll sich nicht
weigern, sondern sich darnach richten und dem hirten die kost geben, wie
sichs dann gebührt, ohne alle widerrede. Und ob einer oder mehr das
nicht thun, und die kost nicht geben wollten, sollen das die hierten dem 10
dorfmair anzeigen. Alsdann sollen die dorfmair mit dem köster reden,
dass er die kost gebe, und wofern dasselbe nicht helfen möchte, sollen die
dorfmair die hirten alsbald zu einem wirth stellen, dass man ihnen kost
gebe. Dieselbe kost soll jener zahlen, der die kost verwidert hat. Dazu
sollen die dorfmair hand haben nach beilichen rechten. 15

22.

Wasserleitungen.

Es soll auch jährlich am küssonntag der gemeine Alitzbachwahler
vor ganzer gemeinde sich stellen, um die hut bitten. Und wann einer von
einer ganzen gemeinde an- und aufgenommen wird, soll er den dorfmairn 20
anstatt der gemeinde an eides statt angeloben, dass er wolle einem ieden,
arm und reich, wer dann eine rod wasser in diesem bache hat, geben und
zutheilen, dass er wisse solches gegen gott, die welt, seiner seele ohne
nachtheil und schaden zu verantworten.

Der obere zahlwahler hat auch, wie von alters herkommen ist, um 25
den alten st. Michaelstag urlaub, alsdann mag der oder ein anderer, wer
dann zu diesem amte tauglich ist, vor ganzer gemeinde sich stellen, und
um diese hut anhalten und bitten. Und welchem solche hut vergönnt und
gelassen wird, der soll auch anstatt der gemeinde den dorfmairn ainen eid
anzugeloben schuldig sein, daß er wolle bei tag und bei nacht, die weil 30
man das wasser ankehrt und braucht, auch sonderlich bei hohen schworen
wettern sein fleissiges aufsehen haben, damit Kortschern, Schlandersern,
oder wen es berührt, kein schaden beschehe. Er soll auch schuldig
und verbunden sein, wann zum falle durch den Forrahwal, durch holz-
treiben, oder sonst an diesem unsern zahlwal schaden beschehe, dass er das 35
alsbald zur stunde der gemeinde anzeige mit grund und wahrheit, wie das
beschehen sei. Wann sich dann bei gedachtem wahler eine hin- und fahr-
lässigkeit befünde, soll er alsbald von seiner hut urlaub haben und aus dem
dorf geschaffen werden.

23. 40

Messner.

Der messner allhier hat auch jährlich am st. Martinstag urlaub,
und soll auch jährlich vor der ganzen gemeinde stehen und um solches
amt bitten. Und wanns ihm gelassen wird, so soll ihm durch den dorf-

mair vorgehalten worden, er wolle dem gotteshaus, dem herrn frühmesser
fleissig und getreulich abwarten, auch bei hohen und schweren wettern
fleissig aufmerken und zu rechter zeit läuten, es sei tag oder nacht.

24.

Friedung der freien anger.

Weiters ist auch vorgenommen worden, wie man die frühanger und
wiesen friden soll. Am ersten die wiesen in Maneid, die soll man anfangen
zu frieden zu st. Georgentag nach der alten zeit, und sollen gefriedet sein
bis auf st. Martinstag; zu st. Batholomüstag sollen dieselben wiesen ab-
gemüd sein, und der post soll der gemeinde zustehen, als für eine gemeine
weide zu besuchen, frei und offen.

25.

Friedung der andern anger.

Wegen der andern anger, der obern, Lang- und Kropfanger genannt,
die am obern wege liegen, ist vorgenommen worden, die sollen alle jahre
nach der alten zeit am st. Georgentag gefriedet werden und so stehen, wie
es der vertrag und spruch zwischen Kortschern und Alitzern innhält. Die
Alitzer sollen nicht besonders mit ihrem vieh vor den Kortschern darein
hüten, sondern beide gemeinden sollen diese weide mit einander besuchen;
darauf sollen die pofelsaltner ihr fleissiges aufsehen haben.

26.

Gungganger.

Man soll sie alle jahre an st. Georgentag frieden nach der alten zeit
und sollen gefriedet sein bis auf st. Bartholomüstag nach der alten zeit,
alsdann soll der post der gemeinde freie offene weide sein.

27.

Schnairanger.

Auch diese sollen von st. Georgentag bis Allerheiligen gefriedet,
dann der gemeinde freie, offene weide sein.

28.

Zapfwiesen.

Die Zapfwiesen, ietzt Pöders Zafein genant, die sollen jährlich ge-
friedet und gehalten werden gleich den andern, wie es der vertrag zwischen
der gemeinde und Jacob Pöder ausweist.

29.

Die Kortscher-Wiesen.

Die Kortscher-wiesen, die von Gestair-acker hinaus gegen die alber
liegen, alle feldegarten bis an die Marein soll man jährlich am st. Georgentag

frieden, und sollen gefriedet sein bis auf den alten st. Peterstag, wo sie alle gemüht sein sollen; alsdann sollen sie der gemeinde freie, offene weide sein.

30.
Die aussern egarten.

Die aussern egarten von der Tiefkehr bis hinaus zur Toltenogart, und Pederwein-egart in der Lücke soll man jährlich zum eingehenden mai frieden, und sollen gefriedet sein, bis sie abgemüht und leer stehen.

31.
Die mittern wiesen.

Sie fangen an zu Riederluck und gehen hinaus bis über die Croinen, unter Zürcher ebene in Heinrich Voilleggers lücke, in gemeinen runst unter Portütsch, die soll man jährlich frieden zu ende mais, und sollen gefriedet sein, bis sie abgemüht und leer sind, alsdann sind sie der gemeinde freie, offene weide.

32.
Die wiesen beim berge.

Die wisen beim berg hinauf, die soll man jährlich zu ausgehenden mai frieden, und sollen gefriedet sein, bis sie abgemüht und leer sind, dann soll sie die gemeinde Kortsch besuchen, soweit sich die letztere friedung erstreckt.

33.
Gemeinds-diener.

Der zahlwähler, wer der ist, ist dem ausschusse, wie es dann auch von alters herkommen ist, am küssonntag zu bezahlen schuldig zum trunk 18 xr; der Alitzwahler 18 xr., die beiden saltner 24 xr., die zwei küh-hürten auch 24 xr.

34.
In betreff des grasschneidens.

Wegen des grasschneidens, der bärnpranten oder andern schwein-krautes, so man jährlich getrieben hat, dadurch etlichen an seinen früchten merklicher schaden beschieht, ist deshalb vorgenommen und verboten, dass niemand gras schneide, weder in seinem noch andern rainen oder feld, bis es die gemeinde wieder öffentlich erlaubt, das erste mal bei der pön von 6 xr, das andere mal 12 xr; wird iemand das dritte mal betreten, soll er alsbald aus dem dorfe geschaffen werden; die feldsaltner sollen darauf fleissig achten.

35.
Die gemeinen ponthayr.

Zum ersten ist und soll eine freie offene ponthayr sein von Trill-koß hin zwischen den wiesen hinab, und durch das dorf nach dem Protz-

weg hinab bis in die Etsch; die andere pontayr ist von Pöderfeld und
Riederluck hin neben den Mannaidwiesen und Spitzbreiten hinab bis in die
Etsch; die dritte ponthayr ist von den lehenwiesen her der Tiefkehr,
Pederfeld, den Schrankückern und Rafetschon zu, und durch Andre Laners
5 acht muth, wieder neben den Lafermückern dem Rafayrwahl zu; die vierte
ponthayr ist neben den Bärengarten, und hin ob Moreinetgruss, neben
st. Luciusacker hinab, neben Fürgeld und der Breitnieder; und die fünfte
ponthayr ist zu Merottenwahl und geht hinab gen Vellepont.

36.

10   Welche holz, stein, mist, oder was es immer sei, auf einen gemeinds-
platz legen, wie es dann damit gehalten soll werden, ist vorgenommen
worden: welche selbst keinen eigenen platz, keine hofstat haben, wohin
sie solches in der noth möchten legen, dawider oft geredet, gemurrt und
gekriegt wird, dieselben sollen die gemeinde oder dorfmairn anstatt der
15 gemeinde anrufen und bitten um begünstigung, dasselbe auf gemeindsplatz
legen zu dürfen, und sollen der gemeinde etwas dafür thun nach erkentniss
guter nachbarn. Alsdann sollen die dorfmairn anstatt der gemeinde den-
selben das zu thun vergönnen auf ihr bitten, und nicht von gerechtigkeit;
wie weit, oder wie lange ihnen das vergönt wird, mögen sie das brauchen.
20 Und wann ihnen durch die dorfmairn wieder abgekündet wird, sollen sie
wieder abräumen ohne alle widerrede, der gemeinde und andern ohne
schaden und nachtheil. Wer das zu thun oder zu legen nicht noth hat,
soll es nicht begehren, und darum gegen keinen widerspünstig sein.

37.

25   Wegen setzung der säulen.

Da etliche weinreben vor ihren häusern haben und säulen hinüber
auf die gemeinde setzen, wodurch denen, die auf- und abfahren und aus-
stellen müssen, auch dem vieh zwang beschicht, das unleidentlich ist, so
ist also vorgenommen: damit die gemeinen wege und strassen frei und
30 offen, sollen die säulen, wo sie gefährlich stehen und irrung bringen, alle
anders gesetzt werden nach erkenntniss der dorfmair und mehrer nachbarn,
so dazu verordnet worden. Wie sie es anzeigen, dabei soll es bleiben.
Welche sich aber des setzen und es nicht thun wollten, die sollen um eine
pön nach beilichen rechten, so von der gemeinde darauf gelegt wird, ge-
35 pfündet werden, so oft sie das übertreten.

38.

Der weg beim berg hinein.

Wegen des gemeinen weges beim berg hinauf, so gen Alitz geht, der
oft verlahnt, veründert und so schlecht wird, dass man denselben nicht
wandeln kann, und den nachbarn, welche wiesen neben dem berge hinauf
40 haben, mit fahren und reiten grosser schaden beschicht, ist vorgenommen
worden, wie auch von alters hergekommen ist, dass die innhaber der drei

mannmad-wiesen zu Alitz, so der mairhof zu st. Lorenzen und Paul
Pinggera anstatt seiner hausfrau Regina Mayrin, so von Hans Christandl
herrührt, so oft der bemelte weg verrinnt, bis gen Trillkofl verschüttet
wird, von dorf hin schuldig sind zu machen, es sei im jahre, wann es will,
und die noth erfordert. Dagegen haben sie für ihre mühe und arbeit von 5
den vorbemelten drei manmad-wiesen das grumet zu mähen und zu ge-
niessen. Wofern aber die bemelten inhaber den weg nicht bei füssen
würden halten, dass man denselben nicht könnte wandeln, so mag eine
ehrsame gemeinde Chortsch das grumet mit ihrem vieh selbst ützen und
geniezen. Da aber die bemelten inhaber das grumet in einem oder andern 10
jahre gemäht und genossen hätten, und denselben weg nicht bei füssen
würden halten, so sollen dieselben inhaber nach erkenntniss des ausschusses
gepfündet werden.

39.

Der wald im Bruggerberge. 15

Der wald und das holz im Bruggerberg und Grub, so der gemeinde
Kortsch allein zugehört, soll menniglichen, reichen und armen, verboten
und in mult gelegt sein; ohne vorwissen und willen der gemeinde soll
keiner darin schlagen, es seien lürch, feuchten oder birken. Wer aber das
verbot übertritt, der soll ohne gnade alsbald gepfündet werden, für einen 20
larchstamm um 4 fl, für eine feuchte um 3 fl, für eine birke um 30 xr.
Es sollen auch die zwai holzsaltner, die von der gemeinde dazu gesetzt
werden, ihr fleissiges aufsehen haben und keinen verschonen. Und wo es
sich befände, dass die holzsaltner fahrlässig damit wären, sollen sie alsbald
um ihre hinlässigkeit gepfündet werden, ein ieder um 1 fl. Ist auch be- 25
schlossen worden, dass man alle jahre einen holzsaltner setze und wühle,
derselbe soll schuldig sein dies geschäft zwai jahre zu verrichten; der eine
hat am küssonntag urlaub, und der andere soll gesetzt werden.

40.

Der wald zu Trill. 30

Der soll auch menniglichen verbothen sein und in mult gelegt
werden. Der es übertritt, soll gestraft werden, wie oben beim Brugger-
berg begriffen ist. Auch mit den holzsaltnern soll es so gehalten werden.

41.

Vom viehhüten auf den halmen. 35

Ist vorgenommen, auch von alters hergekommen, dass die Göflaner
mit ihrem vieh nicht auf Kortscher halbmen sollen hüten und weiden vor
den Kortschern; so sollen die Kortscher vor den Göflanern auch nicht
darauf hüten, sondern miteinander. Wann die Kortscher darauf treiben
wollen, sollen sie es durch ihren saltner den Göflanern vorher wissen 40
lassen, alsdann sollen sie miteinander darauf hüten. Wo aber die Göflaner
vor den Kortschern, ehe es ihnen zu wissen gethan, darauf hüten, sollen
sie gepfündet werden von iedem rind um 6 xr. Desgleichen, wo die

Kortscher vorher hüten, ohne es wissen zu lassen den Göflanern, sollen
sie auch gepfändet werden. Es soll auch niemand, weder Kortscher,
Brugger oder Göflaner, gais oder schaafe auf das feld treiben, weder im
winter noch sommer.

5   42.

Ausschöpfen der sandschwellen.

Ist vorgenommen und gemacht worden, welcher sandschwellen in
seinen gütern hat, wann sie dieselben raumen und ausschöpfen wollen, so
soll keiner dem andern den sand auf die güter werfen oder den gemeinen
10 runst, oder den gemeinen weg, als bei der Tiefkehr, den hohen albern,
dem Laretzwege, damit der zahlwahl eingefüllt wird, sondern auf seine
eigenen güter, oder soll ihn anderswohin führen, damit er niemanden zu
schaden kommt, bei einer pfändung von 12 xr. für ieden karren, so oft
es geschieht.

15   43.

Wegen viehhütung der Brugger am Etschwahl.

So oft am Etschwahl durch das Brugger vieh, das darauf gehütet
wird, schaden beschieht, ist vorgenommen worden, keiner soll ob- oder
auf dem Etschwahl oder äckern vieh hüten, sobald der wahl gemacht ist,
20 wie dann von alters herkommen ist, bei einer pön für iedes stück das
erste mal 1 xr., dann 2 und das dritte mal 3 xr.

                          44.

Der schädlichen hunde wegen.

Ist vorgenomen und verboten worden, dass niemand einen schäd-
25 lichen hund haben soll oder halten, die den leuten schaden thun in heitern
gütern, es sei in weingütern, äckern, angern oder gärten, es geschehe
leuten oder vieh. Und welche solche hund haben oder halten, die sollen
sie von stund an lassen hinthun oder daheim hangen. Welcher aber das
nicht thun wollt, wann er ihm durch die gemeindsaltner abgeboten wird,
30 der soll alsbald gepfändet werden, so oft er es übertritt, um eine pön, so
die gemeinde nach bailichen rechten darauf legen wird, und ist darauf ge-
legt worden iedes mal 1 fl. 30 xr.

                          45.

Weiters ist auch vorgenommen worden, dass ein ieglicher, welcher
35 wasser hat in der Zahl oder in dem Alitzpach und damit wässert, und
wann und als oft das beschieht, so soll der wässerer die Lawurzen lassen
gehen und verfolgen nach ihrem rechten fluss, als dem nächsten, so güter
darunter hat. Und ob aber der wasserer die Lawurzen selbst, einem andern
ohne schaden, kann und mag geniessen, soll es ihm gegönnt sein, und den-
40 selben nicht nemen und einem andern zufiegen bei einer pön, so oft es
beschieht, um 1 fl.

46.

So ist auch vorgenommen worden, welcher in der gemeinde sitzt und keine wiesen in der gemeinde hat, derselbe soll nicht mehr als eine kuh in der gemeinde auftreiben. Wer aber soviel als ein mannmad wiesfeld in der gemeinde hat, mag zwei kühe vortreiben, wer mehr hat, kann 5 vortreiben, so vil er wintern mag.

47.

Keiner, wer der sei in der gemeinde, soll vor dem alten st. Georgentag heu oder stroh aus der gemeinde verkaufen. Auch alle diejenigen, wer die sind, so wiesen anderswo und ausser der gemeinde haben und 10 fütterung herzuführen, sollen allwegen zu geben schuldig sein von iedem mannmad früwiese 18 xr., und von mannmad spätwiese 12 xr; und auf Martini nächst darnach sollen sie es den dorfmairn zustellen, und sie sollen es in ihrer raitung eintragen. Auch denjenigen, welche auf wiesen ausser der gemeinde geld leihen und die fütterung herzu führen wollten, 15 soll es gänzlichen verboten und abgelegt sein, bei der pön von 4 fl.

48.

Weiters ist auch vorgenommen worden, dass ieder nachbar, reich oder arm, die pontayrn bei seinen gütern, äckern oder wiesen alle jahre im längs selbst mache oder machen lasse, damit ein ieder nachbar mit 20 seinem wasser, wohin er will, fahren kann, bei einer pön von 30 xr, so oft es übertretten wird.

49.

Wegen des spieglen auf den feldern ist vorgenommen worden, dass niemand auf unsern feldern soll spiegln, der nicht in der gemeinde sitzt, 25 bei einer pön, wie sie die dorfmair den saltnern befehlen zu erbieten. Nur dem armen volke, welches in der gemeinde sitzt, soll zu spiegln erlaubt sein, wanns die dorfmair den saltnern befehlen, doch dass auch die nicht untreulich spiegln, da noch höcker sind, sondern sollen warten, bis sie weggeführt sind, bei der pön von 12 xr. 30

50.

Wann der gemeinde hier was vorfallt, dass man zwei, drei oder mehr nachbarn nothwendig zu verschicken hat, daran der gemeinde gelegen, und wenn der handel so beschaffen, dass ihn einer oder der andere mit seinem verstand verrichten kann oder mag, soll sich derselbe nicht 35 verwidern, sondern willig den gehorsam leisten, allein es irre ihn gottsgewalt oder herrengebot, das sich in wahrheit befindet, bei einer pön, so oft es einer übertritt, von 1 fl.

51.

Jeder ingehäuse darf, so er will oder vermag, nur ein schwein halten, 40 nicht mehr, bei einer pön von 1 fl.

52.

Keiner soll auf dem felde eine garbe geben; welcher aber durch gott eine den armen will geben, mag es daheim thun und wohl geben, bei der pön, so oft ers übertritt, von 1 fl.

53.

Wann einer nach Lichtmessen hin vieh herzu kauft, und will es in die alpe thun, so soll er zu geben schuldig sein ein halbes roggstar salz.

54.

Diejenigen, so mit ihrem vieh lienen, sollen beim heimfuhren mit demselben bei der strasse bleiben und nicht über die wiesen fahren, bei einer pön von 30 xr.

55.

So ist auch beschlossen worden, wenn einem oder anderm nachbar vieh, kleines oder grosses, von der hand abgeht, soll er dasselbe hinführen, wo sichs gebührt, oder vergraben lassen, und nicht in die güter eines andern nachbarn führen und ihm damit schaden, bei einer pön von 1 fl. 30 xr., und soll es sogleich fortraumen lassen.

56.

Die einwohner, welche kühe in die alpe thun, und kein recht allda haben, sollen für iede kuh 18 xr. grasgeld geben.

57.

Also haben die vorbenannten nachbarn und der ausschuss, welche zu diesem handl sind erwühlt worden, im namen gottes diese vorgemelten artikel, beilichen rechte und ordnung, wie dann ein ieder artikel vorgeschrieben steht, anstatt und von befehl der ganzen gemeinde und nachbarschaft Cortsch also gesetzt, bestüttiget, vorgenommen und geordnet, damit ein ieder, sonderlich die jüngern nachbarn, deren zu dieser zeit viele sind, guten bericht und licht haben, wie mans für und für halten solle mit allen stücken und beilichen rechten, und dass die artikl für und für durch uns und unsere nachkommen fest und stet sollen gehalten werden, in hoffnung, dass der gemeinde desto minder krieg, zank und nachrede, sondern mehr freundschaft, einigkeit auferste, auch der ganzen gemeinde, reichen und armen, nützlich, freundlich, glücklich, ehrlich und gottloblich sein, hiemit ist dies dorfbuch geschlossen.

58.

Darnach, so haben auch vorgenannte nachbarn also noch weiters beigesetzt: ob nachmal durch mehrere verständigere nachbarn etwa mehr hinzu oder davon wollten setzen oder nehmen, das ihnen dienstlich wäre nach dem gemeinen nutzen und zu gutem, das soll allwegen hierin vorbehalten sein und soll geschehen mit der ganzen gemeinde wissen und willen, und nicht durch einen oder zwei allein, alles getreulich und ungefährlich.   5

59.

Schliesslich ist auch von einer ganzen gemeinde ordentlich vorgenommen worden und beschlossen, dass, wann einer oder der andere eine wasserrod neben einem andern hat, es sei im Alitz-, Zahl- oder Etschwahl, etwas entzieht oder unbefugter weise hinwegkehren würde, und es mit 10 wahrheit erweisen kann, derselbe soll alsbald um 30 xr. gepfündet werden, eben so auch, wann einer vor dem andern nachbar, der wasserroden neben ihm hat, und vor ihm weiter fahren oder fertig würde, derselbig solls dem andern neben ihm alsbald fleissig wiederum nachschlagen, damit ihm das seinige auch nicht weiter entzogen würde, bei der pön, wie vor, 30 xr. 15 Wiederum, welcher betreten würde, dass er einem andern geschlagenes holz von der ladstatt, wo ers dann liegen hat, entziehen und hinwegführen würde, derselbe soll nach gestalt seines verbrechens für iedes fuder gepfündet werden.

Dieses dorfbuch wurde im jahre 1672 von der ganzen gemeinde 20 wieder erneuert und angenommen.

Im jahre 1747 wurde es im herrschaftlichen schlosse Schlandersburg dem gerichtsherrn Sebastian grafen von Trapp vorgelegt, der seine gerichtsherrliche ratification beisetzte.

19. Göflan.*)

Nach einer Abschrift des P. Ephraem Kofler im Ferdinandeum. Sig. III. 2. 32. Das Original ist im Gemeindearchive nicht mehr zu finden.

Dorfbuch der gemeinde Göflan im gerichte Schlanders. 1564.   25

Actum Göflan am kassuntag. Im 1564. jar hat für sich genommen ain ersame gemein Göflan ain torfpuech zu machen, und ire alte und fürgenomne newe preich darinnen zu verzeichnen alle willens sein gewesen, wie hernach folgt.

I.   30

Erstens so ist der brauch, daß die zwai gewosenen dorfpürgen am kassuntag urlaub nemen, und zwai oder vier fürwerfen, die der gmain füegelich sein. Dieselben sollen guet acht haben auf all fürgenomne posten und prüüch, wie hernach folgt, dass si floissig gehalten werden, so ver daß sie einer aber nit hielt, den sollen sie der gemain anzaigen, der 35

___

*) *Über Göflan s. Thaler, der deutsche Antheil des Bisthums Trient I, 119.*

soll dann gestraft werden nach gestalt der sachen. Es sollen auch fünf andere notwendige ümter an selben tag, wie oben stet, gesetzt werden, als holzsaltner zu unserm aignon wald, auch albmaister und feuerbeschauer, dergleichen meßner, schmid und hirten, sover vorhanden sein und darumben
5 bitten, und um ein senu sollen die albmeister schauen, wie von alters her, damit die gemain versorgt werde.

Und sover die feuerbeschauer in eine küchen kommen, und sie herum gehen schauen und befinden, daß man unfleißig ist mit dem kamin oder sonsten ungevarlichen sein möchte mit dem feuer, so sollen sie dieselben
10 strafen um ein pfund perner, so oft man es befindet.

Zum andern ist es auch aigentlich beret und fürgenommen worden im beisein einer ganzen gemain Göflan vonwegen unsers walds, der uns verliehen ist von unserm landesfürsten und herrn dergestalt uns gemains-leuten, sonsten welcher ausserhalb der gemain Göflan ist und in unserm
15 wald holz schlagt, der soll gestraft werden nach inhalt unserer brieflichen gerechtigkeiten, und wir habens uns in der gemain selber also verpoten. Welcher grüns holz schlagt, der soll von ainem ieden stamm um zween gulden gestraft werden, sover einer küm und ainich zimmerholz nottürftig wäre in der gemain, desgleichen geschirr- und raif-pürchen, so soll er zu
20 dem holzsaltner und ausschuß kommen und begern, und durch inen ge-geben werden nach gestalt der sachen.

Es hat auch die gemain Geflan fürgenommen, wann es sich begibt, daß man loosholz ausgibt, so soll ain ieder das beste ausklauben, was nütz-lich ist zu zimmern, damit der wald nit wuestlich hingehe. Und welcher
25 loosholz oder pürchen hingibt ausserhalb der gemain, der soll von ain ieden stamm um zween gulden gestraft werden. Und welcher sein loosholz nit in jarsfrist aus dem wald treibt oder führt, dem mags ein ieder gemains-mann hinfüren oder treiben, ungeirrt des andern zu seiner not-turft zu gebrauchen recht haben.

30 Zum dritten ist auch fürgenommen, wenn man die wisen frieden oder manen soll, wie es dann von alters her ire brauch ist gewesen, darbei mans noch bleiben laßt.

Zum ersten Geflaner änger und Tschinen-änger und Proz-änger, Rofayr- und Kreßwisen und die wisen in Pleng und die länen zu Voll,
35 diese vorbemelten wisen sollen alle am st. Georgentag gefridet werden, und zu des hl. kroutz tag wiederumb ler sein, doch vorbehalten die drei tag etzung in den Protzüngern, wenn das heu ab ist. Und hernach Geflaner eegarten, und was unter dem walele ist, soll zu ingeenden maien gefriedt werden und zu st. Ulrichs tag wiederumb lar sein, und die wiesen ob dem
40 walele, die herdieshalb dem holzweg sein, genannt in Parmünt, die sollen acht tag nach die egarten gefried werden, und nach acht tag nach st. Ulrichs tag wieder lar sein, und die Graisen-wisen sollen zu mitleten maien gefriedet werden und sein, und acht tag vor st. Lorenzen tag wiederum lar sein. Und die Voll-wisen sollen acht tag nach den Graisen-
45 wisen gefridet werden, und an st. Lorenzon tag wiederumb lar sein. Die Tafein-wisen sollen zu ausgeenden maien gefridet werden, und umb st. Bartolomais tag wiederum lar sein. Und Pardell, Puneralb, Prugg-wisen und die Getwis, diese wisen sollen umb st. Veits tag gefridet werden,

und an heiligen kreuztag wiederumb gelürt sein. Die Prozünger sollen umb st. Bartholomüus tag wieder lür sein, wie von alters her der prauch ist gewesen.

Zum vierten ist auch fürgenommen dergestalt, es soll ain ieder küeger, so er die kost anhebt zu nehmen, allweg die lang raid nemen von 5 allem vieh, so für den küher getrieben wird, es sei hingethan oder nit, oder auf die alb, desgleichen von den sterzgaißen auch geköstet werden, wie oben steet. Und von den schaafen soll die kost auch allweg für sich gehen, wann schon einer die seinen hinthut zu simern. Und welches hapt vor st. Jakobs tag abgestochen wird, soll halben lohn geben, die andern 10 ganzen lohn. Und welches ·lamp vor st. Jakobs tag wird, soll auch ganzen lohn geben, die andern halben. Auch alsbald ein lamp wird und es die kost begreift, so soll man die kost darum geben. Und mit resp. zu melden von den schweinen, und wenn ein fückl sechs wochen alt wird oder ist, und es die kost begreift, so soll darvon geköstet werden, und von den 15 müstschweinen soll man kösten bis auf st. Martins tag. Und welches schwein vor st. Jakobs tag herzukommt, soll ganzen lohn geben. Ist auch endlich beret und fürgenommen von wegen des umziehen auf Georgi. Von wegen der kost also ist es fürgenommen, zieeh ainer hin oder her in dorf, so soll er kösten von allem seinen vieh, wann der hirt kommt, und es soll 20 auch allerlei vieh, wie obsteet, kost und lohn geben, wann es drei tag für-getrieben wird, nach gestalt der sachen; es soll auch keine kuh auf Göflaner alb getrieben werden, die nit allhie gewintert ist worden, und die tagwercher sollen das grasgeld geben.

Zum fünften ist auch fürgenommen von wegen des auftriebs auf den 25 pofl, und ist dergestalt fürgenommen, welcher 12 mutmel baut, der soll und hat recht zwai hapt, und welcher sechs mutmel baut, ain hapt aufzu-kehren, und welches hapt für den oxner getrieben wird, davon soll man geben ganze kost und ganzen lohn, von anfang der raid. Und welcher über seine zahl zu viel auftreibt, der soll von einem ieden hapt um ain pfund 30 perner gestraft werden, als oft ainer zu viel auftreibt, und hedigs und geliehens vieh soll gar nicht aufgetrieben werden bei der peen 1 fl. von ainem ieden hapt, und als oft ainer übertritt, soll er gestraft werden, wie oben steet. Und man soll sich auch zusammen gomarn auf das püst, so man kann und mag, damit die gemain nit beschwert wird mit dem fremden 35 vieh, und so ver es sich begüb, daß einer außerhalb der gemain hausend und güter in der gemain hat, und aussterhalb der gemain vieh wintert und wollt's in unserer gemain aufkehren, dem soll es mit nicht gestattet werden, in keinerlei weg. Zu denen obgemelten posten soll man pofl-saltner setzen, dieselben sollen gewalt haben, zu pfünden, und wenn die-40 selbigen hinlässiger weis befunden werden, so sollen sie von der gemain zwaifach gestraft werden.

Es ist auch fürgenommen eigentlichen von wegen der tagwerker der-gestalt, sie sollen aus der gemain kein holz verkaufen, sondern was sie zu ihrer notturft brauchen, machen, und unsere wülder glut mießiggeen, die 45 nit häuser haben in der gemain Geflan, von der marchriß hin bis an Kanöfweg, und bis auf Martschaner march. Si sollen auch in der gemain Geflan arbeiten, wann ainer irer bedarf vor menigelich, welche nit häuser

haben, doch um der bezahlung, wie sie außerhalb der gemain verdienten und recht ist. Sie sollen auch nit mehr, dann ain ieder tagwerker zwai fueder holz verkaufen in ainem jar, das sollen sie in der . . . . wälder nehmen und sollens am ersten in der gemain antragen, und um einen
5 kreutzer ain iedes fueder rechter geben, als außerhalb der gemain, und wann sie es nit funden zu verkaufen in der gemain, so sollen sie es verkaufen in der pfarr, wo sie wollen. Und wann ein gemainsmann irer bedarf, soll er den sunntag zuvor zu ihnen geen und sie darum anreden, an welchem tag man sie bedarf, und welcher diese obgemeldte posten nit haltet, ainer oder
10 mer, der soll um ainen gulden gestraft werden und aus der gemain davon ziehen, welche nit häuser haben, und welcher ain söllhaus hat, der soll drei fueder holz in ainem jar verkaufen, und welcher ain bauhaus hat, der soll vier fueder holz verkaufen recht haben in einem jar und nit mer, und welcher darüber mer verkauft, der soll von ainem fueder holz um 1 fl. ge-
15 straft werden, als oft ers übertrit und [sich das] befindet.

Es ist auch fürgenommen und von wegen der pfarrstier dergestalt, welcher einen haltet, der soll ein schwein auf die alb recht haben zu thun, und soll einem ieden der pfarrstier kost und lohn frei gehen, und soll mit dem küherlohn desto mer angelegt werden, das ain ieder, der ain pfarrstier
20 haltet, 6 ₰ perner zu empfachen habe bei dem küher. Und welche alb-meister sein wollen und trauen die gemain zu versorgen, die sollen die pfarrstier auch halten um die bezahlung, wie obstet, wann die reid an sie kommt.

II.

Vermerkt, was ain ehrsamer ausschuß zu Geflan fürgenommen hat am nächsten erchtag nach dem kassuntag im 68. iar, wie hernach folgt.

Erstlichen ist fürgenommen von wegen der pfarrstier, welcher ain pfarrstier halt, erhült darfür 6 ₰ perner und soll mit dem küher angelegt
30 werden, und für ainen stier soll man im ain schwein auf die alb gehen lassen.

Für das andere ist fürgenommen worden, wie man sich halten soll von wegen der wülder, wie hernach folgt.

Es soll koiner holz schlagen in Geflaner wald, zu verkaufen, es seien
35 pauhüuser oder sellhüuser, bei der straf von einem ieden fueder holz 4 fl.

Weiter ist auch fürgenommen von wegen der andern wülder: es mag ain bauhaus 4 fueder aus der gemain verkaufen und nit mer, und ain sell-haus drei fueder und auch nit mehr, bei der straf von einem ieglichen fueder 4 fl.
40 Item ist auch fürgenommen worden von wegen der tagwerker, die keine hüuser haben, sie sollen kein holz machen für sich selbst im Geflauer wald, weder grüns oder umsturzen, bei der straf aus dem dorf zu ziehen und das holz darzu zu nehmen.

Ferner ist auch fürgenommen, die tagwerker, die keine hüuser
45 haben, sollen kein holz schlagen oder machen ob dem Kanöfweg oder in Geflaner alben, bei der straf, aus dem dorf zu ziehen und das holz zu nehmen darzuo.

Item ist auch fürgenommen worden, die tagwerker, die kein haus haben, sollen und mögen, in der Gand genannt, holz machen und schlagen, ein ieglicher zu seiner hausnotturft und nicht verkaufen, bei der straf, aus dem dorf zu ziehen und das holz zu nehmen.

Weiter ist auch fürgenommen, die tagwerker, die kein haus haben, 5 mögen in den drei gemain wäldern holz schlagen oder machen, wie es sich gebürt, wann sie aber ein fueder oder zwai machen, zu verkaufen, so sollen sie es in der gemain antragen, und sollen es um 1 xr. rechter geben, als außer der gemain, und welcher mehr als zwei fueder holz aus der gemain verkauft, soll gestraft werden, bei der straf, aus dem dorf zu ziehen. 10

Item hat man auch fürgenommen, wann einer oder der ander ainich tunget hütte zu verkaufen, derselb soll es in der gemain antragen, und ain penn um 1 xr. rechter geben, dann außer der gemain, doch dergestalt, welcher etwa einen tausch hütte, es wäre um kraut, heu oder grumet, dem-selben soll vergönnt sein, aus dem dorf zu vertauschen, wann ers im dorf 15 nit bekomt.

Wer zu der gemain geboten wird und nit erscheint, so den das pot antrifft, soll um ain pfund perner gepfendet werden.

Wann man die ganze gemain leut, und welcher auch nit erscheint, der soll ohn alle gnad um 1 *ℓ* perner gepfendet werden. 20

Item hat man auch erfunden, daß in keinem haus mehr, denn drei feuerstätt sein sollen, und ain ieder hausvater, oder welcher ain haus über-kommt, die sollen gut aufsehen haben, daß keinem die züun zerrißen werden, und welcher solches übertritt oder befunden wurde, der soll von der gemain gepfündet werden um 1 *ℓ* perner. 25

Item so ist man auch weiter beschloßen worden, wenn ein nachbar in der gemain einen ohne vorwissen und guthaißen, auch bewilligung der obrig-keit und gemain einließ oder lassen würde, der soll um zwai monat solt, als 8 fl., gestraft werden, so oft es beschieht.

20. *Vezzan.*

Papierhds. vom Jahre 1751. Fol. 11 Blätter im Gemeindearchive in Vezzan.

Gemainsordnung, so in adl und gemain Vezzan, gericht Schlanders, 30 entzwischen denen daselbstigen gemains-interessenten aufgericht worden.

Actum Schlanders den lütsten february anno sibenzüchenhundert ainundfumfzig.

*) Demnach s. hochgreflich excellenz der hochgeborne herr herr 35 Sebastian Antony Trapp, graf und aigenthumbsherr in Matsch, herr zu

---

*) *Nach einer weitläufigen Einleitung, wornach das folgende Weisthum als* „Aufsaz, wie und auf was weis in ain so andern remedirt und der gemaine nuzen befördert werden kunte“ *von der angesessnen nachberschaft der gerichts-obrigkeit vorgelegt und von dieser* „durchgegangen, verbillichet und stött zu halten anbefolchen“ *wurde.*

Piscin, Cur und Schwannburg, Camp und Caldonaz, erblant-hofmaister der
gefirsteten graffschaft Tyrol, der Remischen kaiserl., auch keniglichen
mayestüt wirklicher camerer, o. und n. ö. repräsentations- und hofkamer-
rath, gerichtsherr diser herrschaft Schlanders und probstei Eyrs, Glurns
5 und Mals, auch Ulten, titl ihnen das wohlsein der unterthanen iederzeit
preiswirdigist angelegen sein lassen, auch zu sollichen ende sich auf die
gedingstött in aigner person zu begeben, die mißbreich mit dem daselbstigen
ausschuß zu untersuechen, auch nachgehents merföltige puncta zu unter-
thenig gehorsambister beobacht- und nachgebung zu hinterlassen hoch-
10 gnedig geruechet, welliche sambentlich dahin abzilen, das sowohl in dero
unterhabenden ganzen gericht, als ieder communität in particulari eine
guete pollicei und darvon abhangende wahre ruehe, frid und einigkeit,
auch nachbarliche verstantnus eingefiehrt und erhalten werden solle, dise
hochgnedig gerichtsherrschaftliche vorsorg aber biß anhero in ein und
15 anderen ort, sonderheitlich bei adl und gemain Vezan ihren entzweck nit
erreichen kennen, da es doch daselbs an einer gueten ordnung umb so mehr
gelegen, als selbiger ort fir sich selbsten klain, dargegen allenthalben mit
lühn- und wassersgefahren umgeben, auch anderen gemainen dienstbar-
keiten beladen, wellichen iche lenger, iche minder gesteuert wirdt, als vil
20 in der gemain angesessen und unangesessen sich befinden, welliche sich
von denen gemainen arbeiten, auch anderen praestanden auf alle megliche
weis abzuziechen befleissen, mithin auß mangl anderer in der gemain ein-
gehenden mitl zu bestreitung derlei nothwendig und unentbehrlichen auß-
gaben dasjenige, was zu nuzen gesambter gemain angesechen und die
25 schuldigkeit mit sich bringet, zu deroselben hechsten nachstant unter-
bleiben mueß, dahero die daselbs angesessene nachbarschaft, als wellicher
alle von unterlassung ihrer schuldigkeit herriehrende klagen allain zue-
gemuethet werden, der gerichtsobrigkeit dise ihre anligenheit gehorsamb
vorgetragen, zugleich ainen aufsaz, wie und auf was weis in ain so anderen
30 remediert und der gemaine nuzen befördert werden kunte, vorgelegt mit
gehorsamber bitt, alles der billigkeit nach einzurichten, wo es erforderlich
erachtet wirdt, zu verbessern und respective abzuendern, und darüber nit
nur allein die obrigkeitliche ratification zu ertheilen, sondern auch mit
ernstlicher assistenz und mitwirkung alles in aufrechten stant zu erhalten
35 großgünstig zu geruechen. Worauf man von seiten wohlgemelter gerichts-
obrigkeit nit ermanglet hat, den vorgelegten aufsaz zu durchgehen und
darüber volgendes verbillichet und stött zu halten anbevolchen.
    Nemblichen und erstens ist e eine aller orten kindige und durch
widerholte augenschein erwisene sach, das das ganze dörfl und gieter
40 mehrföltigen lünstrichen außgesezt, und dise umb so gefehrlicher werden,
wann mit aushackung der kranewittstauden das ohnedem faule gebirg noch
mehrer aufgeroglt wirdt, dahero solle sich firohin keiner unterstehen ob
den dorf und gieter eine kranewittstauden mehr abzuhacken oder außzu-
reuten, es seien angesessene oder inwohner, und dis bei ain gulden dreissig
45 kreizer straf, mit dem weiteren beisaz, das
    Andertens, in fall die inwohner und ingeheussen hierinfahls das
gebott ibertretten würden, dise straf nit bei ihnen, sondern ihren hofherrn
ersuecht werden mege, und indeme

Drittens zu dergleichen mißhandlungen den mehreren anlaß gibet, das in selbiger gemain ain ieder angesessener nach seinem belieben tagwerchor einlasset und aufnimbet, andurch aber das dörfl mit ohnnothwendigen und denen insassen beschwerlichen leuten angeheift wird, so solle hinfir keiner ohne bewilligung gesambter gemain dergleichen frembde 5 leut mehr ein- oder unterzulassen befuegt sein, bei straf drei gulden dreissig kreizer, und zumahlen

Viertens in allen gemainden dises gerichts die observanz in schwung gehet, das sich alle frembde einkaufen oder mit einem gewissen jahrgelt oder korn einstöllen sollen, in diser gemain aber dergleichen observanz 10 niemahlen eingefiehrt worden, wo doch selbe auch mit ain und anderen ohne habenden einkümften nit wohl erschwinglichen extraausgaben beladen, dahero weilen doch alle von denen gemains-gerechtigkeiten weniger, oder mehreren thail nemben, mithin auch billich, das iedermann zur bestreitung derlei ausgaben mit einen proportionierlichen beitrag sich finden 15 lasse, so ist der schluß und verbillichung dahin ergangen, das die auf denen daselbstigen höfen und paurechten sizende mit einem nach ihrer zue- und inhabung gemessenen einkaufgelt belegt worden, die andern inwohner aber sambentlich, sie seien verheurat oder ledigen stants, und zwar iede manspersohn jehrlich dreissig kreizer ainem ieheweiligen dorfmair oder vor- 20 steher erlegen und abfiehren sollen. Und gleichwie die mit haus und hof angesessene sich zu einen billichen einkaufgelt selbsten herbei gelassen, so sint dem Georg Schuester Mareiner fünfundzwainzig gulden, dem Joseph Martin auf den Befelch-guet auch fünfundzwainzig gulden, dem Alosi Stocker, hochgreflich von Stachlburgischen paumann, zwainzig gulden, 25 Petern Nischler in Raditsch zwainzig gulden, Johan Kaasserer auf den Wahlhof ainundzwainzig gulden, dann dem Jacob Tappeiner fumfzechen gulden und Petern Stricker auch fumfzechen gulden, item dem Antani Müßl ainlif gulden, und dem Veit Spechtenhauser zwölf gulden geschepft und mit deme angenomben worden, das ihnen frei stehen solle, sothanes 30 einkaufgelt aintweder paar zu bezahlen, oder aber einen ieden dorfmair den gulden mit drei kreizer zu verzinsen.

Gleichwie aber

Finftens sich gar wohl zuetragen kunte, das einige derjenigen, welliche das jahrgelt zu geben haben, sich in abfiehrung ihrer schuldigkeit 35 absäumbig erzeugen oder solliche gar verwaigern würden, dahero beschlossen worden, das es einen dorfmair frei stehen solle, dises jahrgelt aintweder bei den inwohner oder hofherrn ersuechen zu kennen, wie dann der erstere bei ain gulden straf dises zu bezahlen gehalten, iedoch bei seinen ingeheisen zu ersuechen befuegt sein solle. Nun ist 40

Sechstens in diser klainen gemain von nit geringen nachdenken, das jehrlich zu abwendung der so gefchrlichen lünstrich, vorbauung des Fallergrebens und der Etsch, auch erhaltung der landstrassen vil gemaine arbaiten, auch anlagen erfordert werden, bei disen aber bißhero großo ungleichheiten sich zuegetragen, und balt diser, balt jener mit vorschüzung 45 anderer gescheft sich davon zu schrauffen getrachtet hat, damit also auch disefahls abgeholfen werde, so ist der schluß dahin ervolget, das firohin ain ieder, welliher auß denen alldortigen nachbarn und inwohnern bei

erfolgenden aufbot bei der gemainarbeit sich nit die ganze zeit einfinden
wirdt, iedesmahlen gestraft werden solle per dreissig kreizer, gleichwie nun

Sibentens bei denen gemeinen arbeiten nit zu verbleiben hat, sondern
auch auf dem Faller-greben, bei der Etsch und auf der landstrassen fuehren
5 erfordert werden, so ist dißfals resolvieret worden, das diejenige, welliche
drei jauch aker pauen, so oft es vonnethen, mit ain paar oxen den ganzen
tag fahren, die anderen aber, welliche zwar etwas minders, iedoch einen
zimblichen pau fiehren und mehreren auftrib an s. r. vich haben, neben
der ihnen obligenden gemainen arbeit noch mit einem anderen billigen
10 beitrag belegt und disen ohnverwaigerlich zu entrichten angehalten werden
sollen. Damit nun

Achtens sowohl mit einlang- als verrechnung obigen einkaufs- und
jahrgelts, auch der fallenden straffen alle gleich- und billigkeit beobachtet
und keinem durch die finger gesechen, sondern ein ieder umb dessen
15 schuldigkeit mit ernst angegangen werde, hat ein icheweiliger dorfmair
hierumben nit nur allain fleissige aufschreibung zu halten, sondern auch
der gemain nach auslaufung seines ambts getreie und aufrichtige rechnung
und zwar mit aignem entgelt desjenigen, was er einzulangen unterlasset,
zu erstatten. Gleichwie aber

20 Neuntens sich gar wohl eussern kann, das ein und anderer widriger
kopf wider dise ordnung mit der zeit sich stüzen, die verwirkte straf oder
jahrgelt zu bezahlen verwaigern, folgsamb einem dorfmair nur mit einem
schlimmen maul begegnen dürfte, dahero solle sich bei einlangung der ge-
fallnen strafen, auch jahrgelts ein und anderer nachbar neben dem dorfmair
25 und gemainen diener einfinden und bei sich zaigender widerspenstigkeit
mitlst hebung des pfants sich bezahlt machen oder mit sperrung der ge-
mainen recht und auftribs, oder wie es die gemain am vortreglichisten zu
sein erfinden wirdt, zur gebühr anhalten kennen, wo anbei wider der-
gleichen aufsezige die obrigkeitliche straf nach gestaltsambe und verdienen
30 vorzukeren vorbehalten zu verbleiben hat. Und so nun

Zecheptens die aufrechthaltung diser obstehenden puncten ainzig
und allain von der einhelligkeit der daselbstig angesessenen nachbarn ab-
hanget, als wirdet solliche auch denen selben auf alle megliche weis, und
zwar dergestalten anbefolchen, das, wann ein oder anderer auß ihnen bei
35 denen vorhabenden zusambenkümften sich absäumig erzeugen und ohne
erheblicher ursach absentieren, oder aber wohl gar denen widerspenigen
anhangen würde, der oder dieselben nit nur allain iedesmahl per ain
gulden gemainer, sondern auch da durch ihr übles beispiel andere aufge-
wiglet und zu außschlagung dergleichen hailsamben ordnung angefrischet
40 würden, noch mit obrigkeitlicher straf belegt werden sollen; wo
übrigens und

Ainliftens die gerichtsobrigkeit mit dero beihilf und netbigen com-
pulsiv-mitlen ihr gemain an handen zu stehen hiemit zugesagt haben will.

Nachdem all voriges denen anwesigen gemains-leuten abgelesen und
45 eröffnet worden, haben es hernachstehende darbei verbleiben lassen und
darumben dem herrn richter Johann Antani Stainberger das angeloben
erstattet.

(Folgen die Namensunterschriften.)

Nachdem dieser projectirte vergleich der gesambten gemain Vezan
abgelesen worden, so ist dieser durchgeends darbei verbliben, auch darumben
von dem Antani Müßl und Jacob Tappeiner, dem schreiber Joseph Antani
Schwentewein das anloben erstattet worden.

Ohngeverde und des zu wahren urkunt hat demnach der wohl edlvest 5
und weise herr Johann Antani Stainberger, richter der herrschaft Schlanders
und probstei Eyrs, von ambtsweegen sein aignes insigl, doch anderwertig
hieran unschädlich, hierfir gestölt und anmit disen aufsaz und ordnung
bester massen verfertiget und bekreftiget. Actum ut supra.

21. Goldrain.

Pergamenthds. vom Jahre 1583. Fol. 11 Blätter im Besitze der Gemeinde.

Dorf- und paurschaft-puech der gemainden Goldrain, Schanzen, Tyß und 10
Morter, aufgericht im funfzechenhundert und dreiundachzegisten jar.

Im namen Jhesu Christi, unsers ainigen hailants, erlesers und selligmachers, amen, beschlossen am zwainzigisten tag monats february nach
der geburt Christi im funfzehenhundert dreiundachzigisten jar, ist zu
wissen menigelichen, nach demo mit rath, vorwissen und guethaissen des 15
edlen gestrengen herrn herrn Franzen Hendls zu Goldrain, ritter, fürstlicher durchleichtigkeit erzherzog Ferdinanden zu Österreichen rath,
obristen feldzeugmaister der ober und vorder Österreichischen landen,
landshaubtmann an der Etsch und burggrafen zu Tyrol, gerichtsherrn
zu Schlanders, und maisten gemainsmann in der gemain zu Goldrain, 20
die ersamen gemainden Goldrain, Schanzen und Tyss und die zu Morter
andersthails, als ain viertl des gerichts, mit dem ander ieder thail halb steur
erlegen, auch in etlichen andern sachen, als holz, wunn und waid, paurschaften und dergleichen, gemaine arbaiten und anlagen haben, darumben
kain ordenlich paurschaftpuech nit vorhanden, sonder bisher treulichen 25
und ohn aller geverde gehalten worden, des hoffenlichen fürterhin auch
beschehen soll, damit aber durch absterben der alten und unwissenhait der
jungen konftiger zeit in aim oder anderm ainig misverstant, speen, zwitracht oder widerwillen nit entsteen, demselben, sovil müglichen, fürzukomen, haben baide ersame gemainden für nutz, guet und thuenlichen 30
angesehen, baider gemainden mit ainander, auch ieder insonders habenden
recht und gerechtigkait sament und unverschidenlichen in ain paurschaft-
oder dorfpuech zu bringen, dasselb zu ieder gewendlichen paurschaftzeit
offentlichen verlesen zu lassen, damit das guet erhalten und sich ain ieder
vor dem unrechten bei der pfantung und straf zu verhüeten wiß, dero- 35
wegen von ieder gemain ausgeschossen darzue verordent, als die ernvesten,
fürnemen, ersamen und erbarn Georg Oetl, pflegsverwalter zu Schlanders,
Caspar Vorcher im Fuller, Veit Schwartz, Lorenz Vorcher, Andree Gesantner, mair zu Schanzen, Bartlme Gamper, Georg Rapp, Hans Sigmunt,
Leonhart Froschauer und Peter Härtl, als gemainsleit zu Goldrain, 40

Schanzen und Tyß, und dann auch die ersamen, erbern Andre Schmidhofer,
mair, Jacob Telfser, Cristan Schwaiger, Hanns Sain, als innhaber des Pitsch-
hofs, Hanns Rapp, Anthany würth und Oswalt Bernhart, gnannt Platz-
gumer, inhaber des hofs auf der gassen, gemainsleit zu Morter, welliche
5 sich der alten preuch, loblichen recht und gewonhait erinnert, und was
noch weiter hinzue zu setzen von netten gwest und die erfarn notturft er-
vordert, zu befürderung des gemainen nutz mit pestem vleiß beratschlagt
und erwogen, darauf alle artiggl in die feder fassen und baiden ganzen ge-
mainden, armb und reich, klain und groß, offenlichen verlesen und anhern,
10 die inen es dermassen rest, stüt und unwiderrüefflichen zu halten und dar-
bei zu bleiben gefallen lassen und angenomen haben, doch mit dem vor-
behalt, ainen oder andern posten zu glegner zeit zu mindern oder zu
merrern mit dem willen gottes nach der welt lauf, wie es baiden ersamen
gemainden oder ieder in irer paurschaft sonders für guet, nutz und thun-
15 lichen ansieht, alleweil aber darinnen kain veränderung nit beschicht, soll
es dermassen von allen thailen auf ewig weltzeit gehalten und denselben
dergestalt nachgesetzt werden, alles freuntlichen, nachperlichen, treulichen,
erberlichen und ongeverde, wie hernach volgt.

     Anfangs volgt der ersamen gemain und nachperschaft zu Goldrain,
20 Schanzen und Tyß paurschaft, so man an dem heiligen küssontag im dorf
Goldrain auf Klafzöll halten thuet, darbei gehern allain zu sein die haus-
gesessnen, die sollen unpotten komen bei der peen, ausserhalben gotts
gwalt und herrngschüft, zwelf kreizer pfantung der gemain.

     Erstlichen solle der mair zu Schanzen schuldig sein, wann hürten,
25 es seien küeer, stierer, rössler, schwainer, schäfer oder andere hürten, die
man in der gemain notturftig ist, acht tag vor dem küssontag kümen und
umb die huet pitten wurden, dieselben aufhalten unzt auf disen paurschaft-
tag, aladann der gemain fürstellen und umbfragen, welliche der gemain
nutz und taugenlichen sein, setzen, wie von alters.

30   Zum andern ist der mair der gemain schuldig, zu halten ain gueten
pfarrstier und ain gueten perfack, doch wer die in der gemain braucht, der
soll si dem mair wider ohn nachtl und schaden haimb antwurten, vor-
behalten aber, da in aim oder andern stall der vichpresten regiern wurde,
darvor uns gott gnedigclichen verhüeten welle, solle man den stier dahin
35 zu leihen nit begern. Entgegen und für solliche dienstperkait geen dem
mair frei an kost und lon vor dem küeherter sechzehen rinder, davon gibt
er ime hierten ain mutt roggen Schlanderser maß, was er aber über die
sechzehen rinder mer fürtreibt, ist er schulig, kost und lon zu geben, und
bei dem schwainer goen im frei an kost reverender drei schwein, was er
40 mer fürtreibt, gibt er die kost und von allen samentlich den lon ain mutt
roggen Schlanderser maß; dargegen sein die hürten schuldig, ime sein vich
bei dem haus zu nemen und auf die waid zu treiben, wie von alters, und
auf sanct Gallen, wann die möstschwein frei sein, sollen ime mair drei
andere schwein kostfrei geen.

45   Zum driten ist auch der mair schuldig, alles das jenig, so durch das
ganz jar aus der gemain für und zue fart, das zu derselben nutz und wol-
fart, auch verhietung schadens, wie das namen haben mochte, raicht und
dient, der gmain anzuzaigen, den ausschuß oder die ganz gemain, wie es

die noth eraischt, zusamen pieten lassen, allzeit selbs mit und bei sein,
helfen pfenten; er solle auch bei allen gemainen arbaiten selbs sein und
anschaffen, neben deme auf der Etsch alle tag, so lang man wern thuet,
ain knecht mit aim par oxen und wagen schicken, iedes bei der peen zwelf
kreuzer pfantung der gemain, wie von alters.   5

Zum vierten, so sich ainer in der gemain verwidert, ain hierten zu
kösten, solle der mair den hierten zue ainem wiert in die kost thuen und
solliches der gemain anzaigen, darüber derselben entschid erwarten; hat
er unrecht, so ist er schuldig, dem würt die kost zu bezallen und der
gemain achtzehen kreizer pfantung zu geben, wie von alters.   10

Zum fünften, das wälerambt in Dissener pach geth von haus zu haus
umb. Wann ainer aber, dem die rod antrifft, selbs nit wüler sein wolt, soll
er ainen stöllen, der der gemain taugenlich und annomblich ist. Diser wüler
solle auch schuldig sein, sobalt die gemain zu wüssern begert, das wasser
bei tag und nacht, wie es die noth eraischt, nach der rod den ersten tag 15
zu Tyß und den andern zu Goldrain, von stuck zu stuck ainmal die vorrod
und darnach die nachrod, wie es die einkern geben, kainen für den andern
bevortlt, treulichen angeben, bei dem wahl bleiben, denselben auf und ab-
kern. Er wüler ist auch schuldig, das ganz jar den ausschuß und die
gmain zusamen, auch alle gemaine arbaiten zu pieten, darbei und derselben 20
gewürtig zu sein und anzaigen, wemb er potten habe. Er solle auch nit
allain, weil er den wahl hietet, sonder das ganz jar auf das vich, sonder-
lich reverender schwein und gens sein acht haben, wo or dasselb betritt,
pfenten, von aim stuck drei kreizer gehert ime zue. Gleichermassen soll er
auch sein vleissig aufsehen haben auf unnütze leit, so die zein schädigen 25
und zerprechen, item denen, so durch die saaten geen und inen nit gebürt,
auch umb drei kreizer pfenten und, ob sie es so gar oft und beschwürlich
thuen wolten, solliches der oberigkait anzuzaigen, damit mans mit der
keichen zu straffen wiß. Entgegen so gibt man ime wüler von iedem jauch
acker sechs garben trait, von aim manmadt wiß zwai garben und für das 30
veldhüeten zwai garben, doch disen lon nach rath der gemain zu mindern
oder zu merren. Wellicher dem wüler in das wasser falt, wanns ime an-
geben ist, der soll gestrafft werden per dreissig kreizer.

Zum sechsten, der Erlpach gehert alle sambstag, auch alle nacht von
Schattenprugg in das dorf zu kern, am sontag ist der pach frei denen, so 35
in der rod sein, sonst die andern fünf tag in der wochen gehert der pach
etlichen in der rod zue, wie von alters; ausserhalben der ersten kernrod
soll diser pach von der rün hin gegen dem dorf werz, wann der Dissener
pach herüber geth, in dem pach zu hilf desselben wassers einkert werden.
Die andren tag, wann das wasser zu Tyß ist, sollen die roder im Erlpach 40
das wasser mit einander zu geniessen haben, vorbehalten auch, wann man
den Erlpach die nacht in das dorf nit behueft und vergebens in die Etsch
rinnen wurde, solle es dem herrn Hendl in die tschött zu keren, doch ob
gotts gwalt oder prunstnoth im dorf entstunde, darvor uns gott gnedigelich
verhieten welle, solle die tschött auszukern frei sein. Darzue sezt man alle 45
jar ain saltner, wellicher im dorf Goldrain von haus zu haus in der rod
herumb get. Der soll sein vleissig aufsehen haben und diejenigen, so zu
ungebürlicher zeit in dem pach fallen, pfenten bei der peen dreissig kreizer.

Zum sibenten soll man auf disen tag zwai feur- und kemet-beschauer
sotzen, die sollen alle quottember von haus zu haus geen, die kemet
vleissig beschauen, sonderlichen auf das gespinst ir vleissigs aufsehen
haben, wo si iemant betretten, welliches in warmen stuben, in oder auf
5 den kachl- und pachöfnen gespinst dörren thäten, dieselben umb vier
gulden pfenten, gehert der gemain zue; wover aber si kemet-beschauer die
bemelten vier quottemberzeit nit herumb goen oder iemunt straffmässigen
überruck tragen und verschonen wölten, soll man si um vier gulden
pfenten. Herrschaftümbter und steurhaubtleit werden zu der landssprach
10 entsezt und gesezt, und die kürchbröbst bei den kürchen-raitungen.

Zum achten, die alben auf dem Sonnenperg, genannt auf Putz, haben
ain ganze gemain Goldrain, Schanzen und Tyß zu besetzen mit ainund-
fünfzig rinder, es seien galt- und melchvich, und ainundachzig gais, die
auftreiben acht tag vor sanct Veits tag unzt auf des heiligen kreuz tag zu
15 herbst ungever abzutreiben, geth nach der rod herumb von haus zu haus,
so weit die anzal geraichen mag und ainer hinauf zu thuen hat; wellicher
aber seine küe nit hinauf thuen will, der mags andern in der gemain ver-
lassen, ist das grasgelt von ainer kue sechs kreizer, hat er's aber nit zu
verlassen, so ist man im nichts schuldig. Es sollen auch auf disen tag
20 zwen albpürgen gesezt werden, die schuldig sein, mit rath der nachper-
schaft sennen, raider und hürten zu dingen und zu bestellen, das vich auf
zu schneiden, damit man nit über die anzal hinauf treib. Si sollen auch
im somer alle wochen ainer ainmal auf die almb geen schauen, wie man
haust und wie si das vich anwaiden, alsdann zum abfarn vleissig bei der
25 abthailung und abraitung sein, die küser vleissig zuespörren und den
albenzeug verwahrn. Si sollen auch guet aufsehen haben auf die Sonnen-
perger, das si die küe nit überwaiden. Umb diser alben ist gegen den
Sonnenpergern allain, die in Lütscher pfarr sein, ain ordenlicher vertrags-
brief vorhanden, der alle sachen ausweist im dato am erchtag nach sanct
30 Veits tag vierzehenhundert fünfundsibenzigisten jar.

Ferrer so hat auch ain ganze gemain Goldrain, Schanzen und Tyß
fueg und macht, all ir groß und klain vich das ganze jar zu hüeten und
zu waiden auf Vezener leu unzt an die ücker, und nebenauf unzt zum
Fallerpach, auch mit dem klainen vich alle wochen drei tag in Vezener
35 perg, volgents gegen Lütsch wertz nach dem lant mit allem vich unzt zu
Lütscher pruggen, und mit dem klainen vich unzt an Castlboller gepiet,
volgent überauf mit allem vich, so weit maus vom stall aus erraichen mag.
Es ist auch von wegen der ebent gegen denen von Lütsch ain ordenlicher
vertrag vorhanden im dato an sanct Barbara tag vierzehenhundert ainund-
40 sechzigisten jar. Der waldung halber hat ain ersame gemain sonnenseite
gegen Vezen wertz nach Loggüregg hinauf, und gegen Castlbell unzt an
Vermay-pach zur urholz auf mit den Sonnenpergern zu behilzen, ausser
des schloss Annenberg pitzaichen, wie von alters. Im monat juni, juli und
august soll der pach in der Schwemb zu verhüetung der lünen, so auf
45 dem dorf und güetern zu Tyß geen mechten, vom holz lür und geraumb
sein, bei der peen von iedem stuck ain pfund perner.

Zum neunten ist beschlossen worden, das kainer in der gemain in
ain haus über drei feur und inngesessne nit haben soll, auch kainer kain

frembden ingeheisen ân der gemain wissen und willen nit einlassen soll,
baide artiggl und ieder insonders bei der peen zehen gulden, gehert die
pfantung der gemain zue.

Zum zehenden von wegen des wals durch das dorf, so oft der das
ganz jar zu machen von netten, solle den machen reich und armb, die von 5
Goldrain und Schanzen von Schanzenor pruggen hin unzt zu des walers
haus, und von dannen unzt zum einfang die Tyssener, es würe dann sach,
das es an aim oder andern ort durch gotts gwalt und länstrüch dermassen
so gar grob überschütt und eingefüllt, so sollen baid thail ain ander helfen
und treulichen beistendig sein. Auf Klafzöll soll man zusamen komen zu 10
der stunt, wie poten würt. Wellicher dahin niht kombt, ob er gleich sonst
in die gemain einstiende, der soll pfendt werden per achtzehen kreizer.

Zum aindliften, den weg auf Annenberg und in die Schwemb, auch
die lantstrassen von Vezener liin unzt zu der Plimi soll die ganz gemain
mitainander machen, ausserhalben, was in der straß für schweller und ein- 15
keren zu machen sein, das soll ain ieder selbs bei seinem stuck machen.

Zum zwelften ist weiter beschlossen worden, was für vich, ausserhalb
der schwein, drei tag fürgeth oder sonst auf der gemain fürkert und gehiet
würt, der ist schuldig, ganz kost und lon zu geben. Allain, ob ainer sein
vich verchauffen und ime die kost nit begriffen wurde, so soll er nach 20
erkanntnus der gemain nach der zeit dem hürten den lon geben, wie
von alters.

Zum dreizehenden, reverender der schweinkost halber ist preichlich,
was für fückler für getriben werden, so zu sanct Georgen tag acht wochen
alt sein, die sollen ganze kost und lon geben, welliche aber darunter alt 25
sein, die geben halb kost und lon, die mastschwein aber geben nach sanct
Gallen tag kain kost, allain der hürt würe schon bei ainem in der kost, so
soll er die kost von allen schweinen zu geben schuldig sein, wie von alters,
und in summa von allem vich, da ainer hauswonont ist und im die raid
antrifft, er ziech darinn oder darauß, so ist er an demselben ort die 30
kost schuldig.

Zum vierzenden, was schafkost ist, alsbald ain lamp geworden und
der hürt im haus kombt, ist er schuldig, kost und lon zu geben.

Zum fünfzehenden, wann man die rössler andingt bis auf sanct Veits
tag, solle ain ieder, der roß für zu treiben hat, er treibe die für oder nit, 35
ganz kost und lon zu geben schuldig sein, allain die jungen filer sein des-
selben frei. Die aussützigen volen soll man ohn wissen und willen der
gemain nit fürtreiben. Gleichfalls solle es von des hailigen creuz tag hin,
wann man die hürten wider anstölt, dermassen gehalten werden.

Zum sechzehenden, was gaiß sein, darumben sezt man sondere gais- 40
mair. Item durchaus, wo die kost ausgeth, soll si des negst daran wider
angeen, wie von alters, bei der peen achzehen kreizer.

Zum sibenzehenden, so hat nun ain ersame gemain Goldrain, Schanzen
und Tyß, ausser etlicher personen, ain hof und perg in Vezen, der Pilsen-
und Arrenstainhof genannt, neben deme von Monthüny erkauft, was ain 45
ieder besonder darinnen bezalt und zu geniessen hat, auch wie und was
gestalt derselb besezt und genossen werden solle, darumben ist ain sonderer
brief aufgericht.

Zum achtzehenden soll der mair zu Schanzen, als oft der ausschuß
oder die ganz gemain, auch gemaine arbaiten zu pieten vonnethen, dem
wüler ain pfantung nach glegenhait der sachen anzaigen; wellicher aus-
bleibt, solle ain iede person umb die genant pfantung âu allen nachlaß
5 gepfendt werden, der mair die pfantung begern und angreifen, wellicher
sich des entsetzen wolte, solle alsdann die ganz gemain dem mair in allen
pfantungen ain beistant thuen; wellicher nit mitgeth, der solle ebenmässig
pfendt werden.

Item so gehert der gemain zue grunt und poden das heusl enhalben
10 Schanzener pruggen, so iezt Jacob Zimmermann innhat, gibt bestantzins
ain star roggen, wann man auf der Etsch wert, auszugeben.

Mer zinst Anthoni Wolf, schneider, von ainem garten hinter der
gemainen schmidten, bei dem weg glegen, so von der gemain ausgesteckt
ist, ain halb yhrn wein, die theilt man auch aus, wann man auf der
15 Etsch wert.

Verrer zinst Joseph Platzer der gemain von ainem garten, hinter
seinem haus glegen, so zuvor ain wisen gwest, und die waidbesuchung auf-
glassen worden, so lang der garten inzeint und verschlossen bleibt, alle
jar ain halb stür roggen zu prot pachen, so auch, wann man auf der Etsch
20 wert, ausgeben würt.

So hat auch die gemaine sondere freihait und gerechtigkait in der
gemainen schmidten laut aines hierumben sonderbar aufgerichten briefs,
so bei der kürchen ligt.

Beschlüsslichen, dieweil alle sachen sollen durch anrüeffung und erung
25 gottes allmechtigen, von dem alles ewigs und zeitlichs herfleust, angefangen
und geendet werden, und wiewol âne das von der cristenlichen kürchen
die feirabent zu halten ausgesezt und verordent worden, so hat doch ain
ersame gemain fürgenomen und entlichen beschlossen, wie und was gestalt
der feirabent an dem heiligen sambstag gehalten werden solle, nämblichen,
30 das menigelichen hausgesessne und inwoner, reich und armb, mit allem
irem gsind und vich unhaimbs und auf dem veld die vier monat, als
november, december, januarii und februari, wann man zu gewendlicher
zeit feiraben leit, und alsdann die andren acht monat: marci, apprillen,
mai, juni, juli, augusti, september und october, ungever umb dreu uhr nach
35 mittag solle der mesner ain guete weil die groß gloggen leiten, feiraben
lassen und zu rue sein; wann nun die vier monat zu feierabenzeit und die
andern acht monat die groß gloggen ausgleit ist, wellicher darüber bei
ainer arbait betreten würt, der solle umb ain gulden unablässlicher pfan-
tung gestrafft werden, allermassen, wellicher an ainem heiligen sontag von
40 dem Etsch- oder Plimi-wasser alda, one das ain zimbliche notturft ist,
wässern thuet, der solle auch umb ain gulden pfondt werden. Item der
holzfuern aus Mortell halber, dieweil man der ende nach glegenheit des
wetters furn mueß, wellicher das gleit an Schanzener pruggen erraicht,
der mag mit seinem holz unpfenterlichen haimbfarn, wann aber außgleit
45 ist, ehe er zu der pruggen kombt, es sei in den vier oder acht monaten,
der solle gleichfalls umb ain gulden pfondt werden, und zu sollicher pfan-
tung verordent man alle jar zwen aufseher, das geth von haus zu haus
nach der rod herumb, die sollen ir vleissig aufsehen haben und niemant

verschonen oder überrugg-tragen, si selbs auch sollichem nachkomen, die
ungehorsamen pfenten, die pfantung eintreiben und verraiten. Von
sollicher pfantung soll den kürchen zuegeherig sein der halb thail, den auf-
sehern ain vierter thail und der übrig vierte thail der gmain.

Folgt die paurschaft, so baide gemainden Goldrain, 5
Schanzen und Tyß, auch Morter mit einander an sanct
Geörgen·tag im schrannanger haben, aldu soll menigclichen,
der haus und inngsessen ist, unpotten komen bei der peen
zwelf kreizer.

Die mairschaft zu Goldrain ist allezeit zu verrichten schuldig der hof 10
zu Schanzen, so vom stift Chur zu lehen ist, und derselb mair solle auf
disen tag die umbfrage thuen.

Erstlichen ist von alters her der prauch gwest, das man auf disen
tag rattig worden, wie und wann man auf der Etsch wörn solle, dieweil
aber dise zeit zimblich spatt und die Etsch angefallen, auch manichs jar so 15
groß, das man mit grosser unglegenhait und schaden wörn müessen, ist für
guet angesehen und beschlossen worden, das fürohin die mairleit zu Gold-
rain und Morter alle jar ungever ain monat lang vor Georgi auß ieder
gemain zwen nachpern zu sich nemen, die Etsch besichtigen und, wie si es
im rath befinden, tag und zeit zu wern anstöllen sollen. Wann man nun 20
das holz zu den wörn anlegt, darinnen sollen geben, es seien roß, arch-
pämb oder läsen, wie es die noth ervordert, ainmal die von Goldrain,
Schanzen und Tyss die zwai thail, und die von Morter den driten thail,
und darzue denen von Goldrain zu hilf irer zwai thail albegen das zehent
stuck. Alsdann sollen baid thail mit einander, reich und armb, mit leit 25
und vich wörn von der holzpruggen die selb seiten hinab unzt zu unterist
des herrn Hendls weier, was aber herdißhalben gegen Goldrain wertz ist,
solle dieselb gemain allain zu wörn schuldig sein, das auch baide mairleit
zu Schanzen und Morter albeg mit und bei sein, guete ordnung halten, das
vleissig und fürderlich gearbait werde, alles treulichen und ongeverde, bei 30
der peen ain gemenet achtzehen kreizer und ain peen von zwelf kreizer.

Zum andern soll der mair zu Schanzen, wie von alters her, das
wasser nemen an sanct Geörgen abent, als die erst rod zu Schanzen die
Schanzenhofs wisen und mag dasselbig acht tag gebrauchen, doch soll er
sich pestes vleiß befürdern; wann er mit dem schwenzen ehe förtig kann 35
werden, so greift alsdann die gemain darein; die andern roden sol er sich
halten, wie andere gemainsleit.

Fürs drit von wegen des vichabtribs auf den wisen, dieweil sich bis-
her aller paurschaften krüeg und speen darumben erhöbt, ist entlichen be-
schlossen worden, das hinfüron nach sanct Geörgen tag, den dreiund- 40
zwainzigisten apprillen, auf den frücwisen zwen tag und auf den spat-
wisen ain tag zuegeben soll werden, und nit lenger.

Zum vierten soll die Pfäsch gefridet sein an sanct Georgen tag.

Fürs fünft, der wasserthailung halber, soll der rodwahl ankert
werden, wie von alters, nämblichen vier ackerfürch groß ungever.   45

Die wasserthailung auf den wisen, was durch der au herab geet,
gehert von dem selben wasser nach des mairs zu Schanzen rod biß auf den
mitleten maien, die zwai thail herdißhalben auf die Pfäsch und andern

früewisen, und der ander drite thail hinaußwertz in Mortener veld und wisen, von mittleten maien hin gehern alsdann die zwai thail hinauß und der dritte thail herein, wie von alters.

Mer so ist ain tailung auf dem Widenwahl, so bei der Mortener sag
5 herab kert würt.

Item von dem untern wahl, so man in der Peiniz auskert, ist davon ain driter thail auf dem Milwal, der selb driter thail geth auf zwen wäl, die andern zwai thail auf dem Pürchwal, Goreithwal und Quaderwal, wover aber das wasser vom unterwahl nit einzukeren wär, so soll mans
10 bei der sag herab zu kern fueg und macht haben.

Alsdann hörbstzeiten, wann nun nit mer auf den wisen zu wässern ist, sol man das wasser in der Plimi vleissig abkern und nit mer auf die wähl, als ain drinkwusser für das vich, rinnen lassen, aber winters zeiten soll es sauber hinkert, damit die lantsstraß nit übereist, sunder bei gueten
15 würden drucken erhalten werde.

Letstlichen so solle man auf disen tag holzsaltner setzen, wie von alters. Wie es dann der waldung halben ain gestalt, darumben ist ain ordenlicher waldbrief vorhanden, wellicher von wort zu wort also lautend ist:

Kunt und zu wissen sei gethan allermenigelichen hie mit offenlichen
20 disem waldbrief, das anheut im beschluß beschribenem dato die ersamen, fürnemon und weisen Claus Mayr, genant Pult, Balthasar Fux, genant Mayr, Hans Sigmunt Gorguß, salzgeber, die zu Goldrain und Schanzen, Geörg Hürtl zu Tyß, Andre Froschauer, gnant Schmalz, zu Vezen, Christan Schwaiger, gnant Telfser, und Peter Schmidhofer, die zwen zu
25 Morter, all im gericht Schlanders seßhaft und haushäblichen, ieder für sich selbs, auch innamen und anstatt gemelten törfern Goldrain, Schanzen, Tyß, Vezen und Morter, derselbigen gemain und mitverwonten nachperschaften und gemainsleiten daselbs erwelter und erküester ausschuß, auch mit rath, vorwissen, gonst, bewillig- und nachgebung des edlen und vesten
30 herrn Franzen Hendls, zu obgemelten Goldrain, römischer kaiserlicher Mayestat pfleger zu gemelten Schlanders und bropst zu Eyrs, auch in beisein des edlen, vesten Geörgen Scheggen von Nider-Monthäni und zu Goldrain, nachdeme, das vormalen durch obberüerte gemainsleiten und ire voreltern oft vorhabens und bedacht seind gewesen, in irer zuegeherung und
35 gepieton etliche wälder und holz zu befreien und panwälder daraus zu machen, aber die bißheer erstreckt und sich verlengert, und aber iezt durch gehorten ausschuß der gemelten gemainen und nachperschaften, darinnen si ir und iren erben und nachkomenden gemainsleiten zu befürderung ires verhoffenden merrern nutz und fromens, auch verhüetung gressers schadens
40 und mangels an holz, so auß lungwüriger fürtrachtung der zeit und der überflüssigen verschwendung und abnembung des holz und wüldern, so auß lenge nit ertragen, erraichen und ordeien kinte oder mechte, wellicher uberflissigen verschwendung des holz und wüldren mit zeitigem rat fürkombt, zu erhaltung ainigkait gueter nachpern- und freuntschaft, auch zu
45 ersparung ungunst und unkostung, so darauß mittler weil entsteen oder entspringen mechte, des doch kains wegs sein, noch beschehen solle, davor auch gott der himblisch vatter zu ieder zeit sein welle, und zu ver- und annembung dero, so haben vorgemelte nachparschaft und ausschuß

hernach beschribuen wälder zu panwäldor gemacht und mit ausgehauten
märchern gemerkt und ausgestrekt, doch hierinnen mit disem vorbehalt
beschribner gemainden und nachperschaft ir und iren erben und nach-
komenden gemainsleiten, wover sich über kurz oder lange zeit ausserhalben
diser panwälder mangel an holz erscheinen wurd, und in disen befreidten   5
panwäldern holz zu schlagen die notturft eraicht, welliches doch aber in
albeg mit vorwissen aller obbeschribner dörfer Goldrain, Schanzen, Tyß,
Vezeu und Morter, derselben mitverwandten, aller samentlichen und ain-
helligen vorwissen, bewilligung und vergonstnus ain oder merrere holz-
trüften oder zimerpäm auszuschlagen oder zu hacken, durch prunst, län   10
oder andern beweglichen ursachen die noth erschin, wie dann solliches
alles gott dem allmechtigen in seiner göttlichen gnaden, straff und gowalt
steth, dem oder dieselben, was stands oder wesens die in deren gehörten
dörfern sein, auf iedes freuntlichs pitt und begern und nach gestalt der
sachen, auch mit rath, vorwissen, bewilligen und erlaubnus deren gemelten   15
gemainsleiten und ersamen nachperschaften, derselbigen erkantnus und
gelegenhait nach mitgethailt werden, und aber sonst in kaines andern vortl,
weg oder ursachen nach uinicherlai weise gestatt, zuegesehen, noch nach-
geben werden oder beschehen solle, sonder in ewigkait befridt sein, thuen
das auch hiemit wissentlichen mit und in chraft dis briefs, wie das nach   20
dem lantsrehten diser hochloblichen fürstlichen grafschaft Tyrol am aller-
höchsten, creftigisten, auch bestendigisten sein kann, soll und mag:
nämblichen und anfangs auf der linggen seiten, so man in Marthell geth,
ain wald, genant der Tygütschwald, mitsambt seiner zuegeherung, recht
und gerechtigkait, so mit seinen ausgesteckten coherenzen also lautent: 25

    Erstlichen von der Platzwis, nach dem selbigen pach durchauf piß an
gemelten Tygütscher prunen, darunter ist ain stainene platten, daran sanct
Andres kreuz gehaut worden, und von dem marchstain, platten und prunen
hinauf aber zu ainer stainplatten, ist auch sanct Andres creuz daran ge-
haut, und von dem hin zu obbemelter Mortener und Marteller waid   30
märcher, und volgt hinauf der linggen seiten zu ainem kofl, darob etlich
pämb und stainplatten darbei ligent sein und auch sanct Andres chreuz
und andere märcher mer gemerkt worden, und geth piß am joch und gerath
durchauf, volgents widerumben hinab piß an Tygätscher län und wert piß
an Lärchepach-rast, auch piß widerumben an gemelter Platzwis. Item dar-   35
neben und pei iezt obangezaigten panwalt, da ist auch ain klaine revier
und ain wäldl, von Tygütscher län im winkl auf der linggen seiten stossent,
darinnen etlichs holz zu behülzen, welliches holz von dato dits briefs in
vier jarn zu hacken und außzuschlagen si die allgemain und ganze
nachperschaften gleichfalls im vortl gestelt wellen haben, aber nach ver-   40
scheinung der erstgemelten vier jaren, so soll verrer kain vorbehalt oder
ainichen vortl wer haben, sonder zu obgemelten Tygütscher panwalt ge-
herig und gleichfalls zu ainem panwalt in ewigkait befreidt sein.

    Item mer, der Prantwalt stoßt daran mit seinen coherenzen und
gemerken, erstlichen vom Prantnerkofl nach der Mülrüß genant hindurch   45
auf ünzt an dem obern Struzweg, alsdann volgents hin piß an Mortener
albweg und geen mittern prüggl, nachmals von dem gemelten mittern
prüggl herab wider zu dem vorgemelten Prantnerkofl, zu behalten der

erstgeherten panwäldern all andere ire merrere und pessere coherenzen,
anstöß und gemerk, auch umblegenhaiten, ob die warer und pesser be-
funden wurden. Derohalben so hat sich hierinen menigclichen zu halten
und zu verhüeten, und wo ver inn- oder ausserhalben der gemelten ge-
5 mainen und törfern, wer oder was stants die sein, kaine ausgenomen, on
erlaubnus oder ainichor bewilligung obgemelter nachperschaft ain oder
mer stamen holz, groß oder klains, macht oder niderschlagen laßt, darob
er befunden würdt oder nit, der oder dieselben, und so oft es beschicht,
das holz, wo es befunden würdt, genomen und darzue an alle gnad von
10 ainem ieden stamen, was das für holz, es sei groß oder klain, nicht aus-
genomen, per ain gulden oder per sechzig kreizer gerechnet würdt, ge-
strafft werden.

Item so soll auch in disen gemelten törfern Goldrain, Schanzen,
Tyß, Vezen und Morter kainer mer holz, dann was er zu seiner haus-
15 hüblichen cehafft und notturft bedarf, schlagen und machen lassen, sonder
hierinen verpotten, nichts zu verkaufen, noch zu kaufen, und ob hierüber
ainer oder mer holz verkaufen oder kaufen, der oder dieselben kaufer und
verkaufer, und als oft es beschicht, so sol das holz genomen und ieder
thail darzue von ainem ieden fueder holz per ain gulden gestrafft werden.

20 Item es ist auch befunden und mit gnuegsamen worten berat- und
beschlossen worden, das albegen auf ain ieden sanct Geörgen tag und ain
iedes jar insonders diser waldbrief vor ainer ersamen gemelten gmain und
nachperschaft, so alda zusamen kombt, offenlichen verlesen, verkindt und
anzaigt werde, darmit sich menigclich und ain ieder inwoner sollicher be-
25 schlossner wald- und holzbefreiung dero gepreuch nach wiss zu halten, und
sollen auch von dato fürterhin albegen vier daugenliche waldsaltner, zween
von Goldrain und zween von Morter, gesezt und geordent werden, volgents
fürterhin alle jar darauf ain ieden sanct Geörgen tag zween entsetzen und
dergleichen widerumben zwen andere an der statt bestatten und setzen,
30 und denen verordenten vier waldsaltner und aufseher soll das vorbeschriben
gestrafft holz voraus zuegeheren und zuesteen, und in dem gestrafften gelt
sollen si haben den halben thail, und der ander halb thail soll den oft ge-
melten gemainsleiten zuegeherent und bleibent sein, und wo derohalben
durch denen gemelten und verordenten vier waldsaltner ain nachlässigung
35 erschinen und befunden wurde, gegen denen soll ainer ersamen ganzen
gemain die straff zu ersuechen vorbehalten sein.

Nach sollichem vorbeschribnen fürgenomen und befreiten panwalt
und holz, wie hierinnen gnuegsame vermeldung beschehen ist und ver-
nomen worden, in allen seinen inhalt und aller gemain genomnen ratt und
40 bedacht, auch umbfrag und darauf beschehner ausschuß, so haben si dann
all thail zugleich für guet ermessen, angesehen und zu wilkürlichen an-
genomen, auch mit mund und hant gelobten truwen ainander zuegesagt
und anglobt, darwider in ewigkeit nit zu reden, zu handlen, noch ze thuen
in kainerlai weg, sonder also war, vest und stätt ganz unwiderrüeflich zu
45 halten, zu gleben und nach ze komon alles erberlichen, treulichen und on
geverde. Des zu waren urkunt und zu bekreftigung solliches alles und
auf vorbeschribnen verordenten ausschuß und ganzer gemainsleiten und
ersamen nachperschaften sonderhochs pitt, so hat der vor wolgemelt herr

Franz Hendl, als pfleger für sich selbs, auch von ambts und oberigkait wegen sein aigen angeborn erbinsigl, doch ime, seiner gnaden erben und insigl ohn schaden, hier an gehengt. Beschehen zu Schanzen an der pruggen am ainunddroissigisten tag monats mai nach Christi, unsers lieben herrn und seeligmachers, geburde fünfzehenhundert und darnach in 5 dem zwaiundsechzigisten jar.

Bei erzeltem waldbrief soll es also vestigclichen verbleiben, allain ist aniezt beschlossen worden, das der pürchwald und laubnus, von der Monthüniger gepiet sonnenseiten hinein, so weit es denen baiden gemainden zuegehörig ist, gefridet und auf fünfzehen jar lang zu erhüiung und 10 ziglung merrer laubnus im pan glegt sein; wellicher darinnen falt, der solle allermassen pfendt werden, wie hio oben der waldbrief mit bringt, sonst in andern gemainen laubnussen soll man anfahen acht tag nach sanct Lorenzen tag zu läppen. Wellicher darvor läb macht, ist vom hundert dreissig kreizer pfantung der gemain. Im goherten waldbrief ist nit be- 15 griffen der panwald ob dem dorf Morter, auch andere gemaine wülder in Mortell wertz biß hinein in Saltgröb, und was man fürhinein, wo man mit dem protzen zu dom stamon mag, für gerechtigkait hat, das gohert baiden gemainden auch unverschidenlich zue. So soll auch kain tagwercher über ain fueder holz zu verkaufen nit macht haben, bei der peen von 20 iedem fueder ain gulden.

Die paurschaft, so baide gemainden Goldrain, Schanzen, Tyß und Morter an sanct Johannis, gottes taufers, tag bei dem hohen rain auf Goldrainer wisen mit einander halten, so auch menigclichen unpotten zusamen komen solle, bei der 25 peen zwelf kreizer.

Auf disen tag soll der mair zu Schanzen den mair von Morter anfragen, davon zu röden, was die pevlichen recht sein und der gemain notturft ervordert.

Erstlichen ist davon zu melden, das der mair zu Schanzen soll anslahen 30 und anfahen zu müen das hai drei tag vor sanct Johannes tag, wie vor alters.

Andere in der gemaine mögen gleichwol anschlagen zu irer glegenhait, doch das kainer dem andern durch ganzes hai nit far, bei der peen zwelf kreizer, und dem den schaden abzutragen nach erkantnus zwaier nachpern, so durch paiden gemainden darzue verordent sollen werden, wie vor alters. 35

Zum andern solle der mair zu Schanzen an sanct Johannes abent alle wäl auf den früewisen abkern und drucken verbleiben lassen biß auf sanct Margarethen tag, das kainer darin fall, damit nit iemant in diser zeit durch sein hai gewässert und schaden zuegefüegt werde, bei der peen von ainem manmadt drei kreizer, und dem den schaden abzutragen nach 40 erkantnus, wje negst oben steth, wie von alters.

Fürs dritt soll der mair zu Schanzen das gruemadt zu mäen anschlagen drei tag vor sanct Bartlmeus tag, wie von alters.

Zum vierten solle der mair zu Schanzen pfenten das vich, es sei, was es welle für vich, klain oder groß, so er auf der Pfüsch im poß betritt, von 45 iedem hübt bei dem tag ain kreizer und bei der nacht drei kreuzer, und gehert die pfantung ime zue, wo er aber das nit thuet, soll man ine umb sovil pfenten, wie von alters.

Fürs fünft und gleichermaßen solle der mair zu Morter pfenten das vich, wie ob steth, auf den spatwisen und gehert die pfantuug ime zue; thuet er aber das nit, soll man ine pfenten, wie von alters.

Zum sechsten solle die Pfäsch ab sein an sanct Peters tag. Wellicher
5 nit gemäet hat, der soll pfendt werden von iedem manmadt ieden tag, solang es ansteth, drei kreizer dem mairn. Es wäre dann sach, das ainer nit mader bekomen kindt, so mag er die negsten mader nemen, so er auf andern wisen antrifft, die sollen andern außzusteen und ime umb sein par gelt zu mäen schuldig sein, wie von alters.
10 Zum sibenten von wegen auftrieb am pofl solle albegen von drei jauchen ain par oxen aufgeen, wo ers nit hat, mag er sich, damit die zal erfült, zu andern zuegemürn, sonst werden ime kaine aufglassen. Was auch nit ziehen kann, das würdet nit zugelassen. Gleichermassen würdet auch kainem, er hab, wie vil jauch er will, über vier par nit passiert.
15 Wellicher aber ain merrers auftreiben würdt, als er befuogt, soll er von iedem häbt umb zwelf kreizer, halbs der gmain und halbs dem mair zu Schanzen, pfendt werden und schuldig sein ab zu treiben, wie von alters.

Zum achten, nach demo man zu zeiten nach den oxen die roß auf der Pfäsch die nacht gerichtet hat, dardurch aber den früewisen im grue-
20 madt schaden beschehen und nit zu verhüeten gwest, ist dasselb abgestelt und solle hinfüron mit dem vich bei dem tag hienach gewaidnet und geätzt werden treulichen und ongeverde.

Zum neunten soll man auf disen tag oxner setzen, wie von alters.

Zum zehenden sollen an sanct Lorenzen tag die spatwisen abgemät
25 und lär sein.

Zum aindliften solle das gruemadt an sanct Moritzen tag ab sein, das man alsdann die oxen über die wisen laufen zu lassen ohn menigclichs widerreden fueg und macht hat, wie von alters.

Zum zwelften ist zu merken, wer sanct Steffans pruggen in Martell
30 zu machen schuldig ist, gibt der mair zu Schanzen ain ennspamb, der mair zu Morter ain ennspamb und der Pitschhof alda ain ennspamb, dieselben hinzue zu fiern und zu antwurten. Alsdann sein baide gemainden schuldig, dieselben mit einander zu legen, gleichfalls auch si die gemainden, die archen und alles zu machen, wie von alters.
35 Zum dreizehenden, der wunn und waiden halber haben die von Gold-rain, Schanzen und Tyß zu waiden neben und mit denen von Morter mit allem irem vich auf der gemain neben der Etsch hinauf unzt zum gätterle, genant zu niderist, an der holzpruggen rauth, darnach durch die aue hinauf unzt zu oberist der Pfäschwisen, zum Pfäschloch genannt, das ganz
40 jar. Item ennhalben der au auf den spatwisen und acker hinauf unzt zu dem niderwahl, und was von dem mittern armb, so aus disem niderwahl auf die spattwisen hinausgeth und gewässert würt. Item auf den früewisen allenthalben hinauf gegen Morter werts bei der Plimmi längis-zeiten, unzt man die güeter fridet, und hörbst-zeiten von sanct Gallen tag, so lang si
45 auf den gnueß geen mügen. Dargegen und hinwiderumben so haben auch die von Morter mit allem irem vich zu hieten und zu waidnen durch der au und neben der Etsch herab unzt zu unterist des herrn Hendls weier auf der gmain das ganz jar und auf dem moß, allain die zeit ausgenomen,

so man des herrn Hendls und Scheggen moß fridet und ain gras durab
nimbt, mer nach der Etsch hinauf unzt zum gatterle, wie ob steth, auf
den wisen allermassen, wie die von Goldrain an andern enden, laut ires
von Morter dorfpuechs.

Weiter so haben auch die von Morter fueg und recht, ir klain vich, 5
als reverender schaf und gaiß, zu hüeten und zu waidnen im Sonnenperger,
Vezener, Goldrainer, Schanzener und Tyßener perg von sanct Andres tag
bis auf sanct Peters tag im februarii.

So vil nun die waidnüessung hörbstzeiten auf den wisen und poß
belangt, ist zwischen baiden thailen ain gemerk mit marchstainen auf- 10
zaichnet, welliches dergestalt geth von dem Zeltacker, in Mortener veld
gelegen, daraus geth ain allmuesen, darbei ain marchstain mit ainem
krouz steth, nach dem selben weg herdurch auf dem oxenleger, dabei ain
marchstain mit zwaien kreuzen, von dannen fast mittelt durch den
Grambl-raut, steth ain marchstain herdißhalben des zauns in den spat- 15
wisen mit drei kreuz, volgents über die Pfüsch grad hindurch fast zu
oberist der langen wisen, Annenwerger lehen, ist ain marchstain mit vier
kreuz, verrer hindurch beim Milwahl, ain marchstain mit fünf kreuz,
weiter aber fast zu oberist herrn Franzen Hendls langwis ain marchstain
mit sechs kreuz, und lestlichen aber grad hindurch an die Plimi- 20
wal herein, in die wisen, ist ain marchstain mit siben kreuz, sollen unzt
auf sanct Gallen tag die von Goldrain, Schanzen und Tyß unter die
marchstain und die von Morter ob die marchstain hieten und waiden, aber
nach sanct Gallen tag überall baide gemainen waiden und hüeten, ausser-
halben denen wisen und ückern, so unter dem weg und lantstraß, die 25
gehern denen von Goldrain, Schanzen und Tyß allain zue und in albeg.
Da in der ain oder andern gemain der vichpresten regiern wurde, darvor
uns gott gnedig behieten welle, solle ain thail mit dem andern dise zeit
gedult tragen, ainander nit beschwüren, sunder mit aller waidbesuechung
bei dem gemerk bleiben treulichen und ongeverde. 30

Der wasserthailung halber gegen denen von Latsch: auß dem ganzen
Plimipach gehert denen von Latsch die zwai thail, und denen von Gold-
rain und Morter der drite thail zue.

Und nachdeme die von Latsch zu der Marein ain neuen wahl ge-
macht und paut, so haben si von Latsch aber nit macht, das wasser aus 35
dem Plimipach anzukern, ehe das die von Goldrain und Morter ir not-
turft wasser zu iren wisen und ückern haben.

Zum beschluß, wann die mairleit zu Schanzen und Morter, ausser
gottes gwalt und herrn geschäft, nit das jenig verrichten, was inen erzelte
paurschaft aufladet, der soll von der gemain umb ain mutt roggen ge- 40
straft werden.

22. Morter.*)

Papierhdt. kl. Fol. 13 Bl. vom Jahre 1734 in dem Gemeindearchive zu Morter.

Morterer dorfbuch von 1576.

Ist diß hernach gemolts dorfpuech durch ain ehrsambe gemain und
nachtperschaft Morter aufgericht worden am finfzechenden tag monats
mürtj anno finfzechenhundert sechsundsibenziginten.

5 Anfangs so soll jürlichen am küssonntag ain ungepotten paurschaft
sein und da man erscheinen soll auf der gaßen zu Morter, es seien haus-
gesessne oder tagwercher, so vil die ganze gemain und nachperschaft be-
langen thuet, und wellicher auf gemelten tag nit erscheinet und nach-
lüßig erfunden wirt, der soll gestrafft sein umb sechs krouzer.

10 Zum andern so ist auch jürlichen auf sanct Geörgen tag aber ain
ungepotne paurschaft, da man zusamben komen und erscheinen soll, Mor-
terer und Goldrainer, auf den schrannanger, und wellicher nit kombt, der
soll auch, wie vorgemelt, gestrafft werden.

Zum driten ist auf sanct Johanes tag im sumber aber ain ungepotne
15 paurschaft, da man auch zusamben komen soll, Morterer und Goldrainer,
auf den hochen rain, und wellicher auch nit erscheint, der soll, wie oben
gemelt, gestrafft werden.

Zum vierten sollen die mairn alle gemaine dörfliche und peiliche
recht uiner ersamben gemain schuldig sein, anzuzaigen, außgenomben
20 kirchprobst, albpürg und heubtmann, und sovil betrifft dieselben drei
ümbter, soll ainer fir sich selbs schuldig sein, firzutragen und anzuzaigen.

Zum finften ist auch ain ieder mair schuldig, ain kieer und reve-
render ain schweinor der gemein firzustellen an vorgemelten küssonntag,
doch ob si der nachtperschaft dauglich und fueglich sein, und sover si aber
25 der gemain nit annemblichen wären, so soll ain nachtparschaft ime mairn
hilflichen sein, umb gemelte hirten ze sochen und zu schauen.

Zum sechsten soll ain ieder mair schuldig sein, zu halten reverender
ain pfarrstier und ain perfack, damit die gmain genuegsamblichen versorgt
ist, dargegen sollen den mairn frei geen acht rinder mitsambt den pfarr-
30 stier, und wenn ainer kombt und den stier oder perfack nottürftig were,
er sei reich oder armb, so sein si dieselben schuldig zu leichen; darnach
so ist man ihnen mairen schuldig, [si] widerumben gesunt haimzubringen
und alles miglichstes vleis zu versehen und zu versorgen. Wenn aber

_____

*) Dorf Morter und Thal Martell (s. das folgende Weisthum) standen in
ülterer Zeit immer unter der Gerichtsherrlichkeit von Schlanders. Im Jahre 1658
aber wurden sie der von Erzherzog Ferdinand Karl neugeschaffenen Gerichts-
barkeit des Schlosses Montani, eines churischen Lehens, unterworfen, das von der
Mitte des 14. Jahrhunderts bis 1614 mit Unterbrechung den Herrn von Montani
verliehen, sich seit 1647 im Besitz der Freiherrn von Mohr befand und schon 1650
Burgfriedensgerichtsbarkeit erhalten hatte. Die Herren von Brandis waren 1495
von Kaiser Maximilian mit der halben Veste von Montani belehnt worden und
erkauften 1501 die andere Hälfte, erhielten sich aber nicht lange in ihrem Besitze.

ainer etwo nur ain kuee hat, so soll er dieselbe hinzue treiben, wenn ers
mit fueg kann thuen und haben.

Wenn aber ainer ain unfrisches vich in seinen stall hat, dem sollen
die mairn ohne rath und vorwissen der gmain niemant leichen.

Mer sollen ihnen mairn frei geen reverender vier schwein mit- 5
sambt den perfack, so da sein zwölf stuck hääbt, so ihnen frei sollen geen
an kost und lain für ihre gehabte miheverwaltung, die si das ganze jar
ainer ersamben gmain schuldig sein zu thuen.

Mer ist der mair schuldig, auf den Etschwall zu pieten, was in dorf
ist, außerhalb des dorfs ist der veltsaltner schuldig, zu pieten. 10

So sein die mairen schuldig, alle gemaine arbeiten zu pieten außer-
halben. Was die alb anbetrifft, und wenn si gemaine arbeiten pieten, und
wellicher nit erscheint zu der stunt, wenn man leit, so soll man pfenten
fir ain persohn zwelf kreizer und fir ain par oxen achtzechen kreizer mit-
sambt dem bueben, der darmit fart. 15

Sollen auch die mairn macht haben, denselben urlaub zu geben, und
zu pfenten, darinnen sollo ihnen die gmain schuldig sein, ainen beistant
zu thuen, und wellicher mit geet auf den abent, der soll auch gleichfals
gestrafft werden, wie ainer der nit kombt.

Auf sanct Gallen tag, wenn die mairn mestschwein instöllen, so 20
sollen ihnen andere vier schwein kostfrei sein. Was fir vich ausserhalb
der schwein drei tag fir geet oder sonsten auf der gemain firgekort wirdt
und gehiet, der soll schuldig sein, ganze kost und lohn zu geben, und ob
ainen die kost nit begriff, und in denselben etwas verkauft worden, so
soll er lainen nach rath der gemain. 25

Der reverender schweinkost halber ist beschloßen, wann ain fückl
sechs wochen alt, es werde firgetriben oder nit, so sollo [os] ganze kost
und lain schuldig sein zu geben; welliche aber nit sechs wochen alt sein,
die sollen kain kost und lain geben.

Was aber möstschwein sein, die sollen nach sanct Gallen tag kain kost 30
schuldig sein zu geben; ob aber der hirt in den haus zu kost wer, so soll er
die mestschwein vor die andern kösten, gott geb, man treibs fir oder mit.

So soll man auf den kassonntag jerlichen albpirgen setzen, und die-
selben albpirgen sollen schuldig sein, umb ainen senn auf der alben zu
schauen. Doch so sollen si denselben fir die gmain stöllen, ob er der 35
gmain annemblich ist oder nit.

Man soll auch sechen, das man ain gueten stier auf der alb habe.
Si sollen auch guete achtung und firsechen haben auf die Prantacher
und anderen mitverwanten, das si nach mitlten maien kain gerechtigkeit
über das gemörk mit hinausfahrn [haben] sollen. 40

Es sollen auch die albpirgen im sumer alle wochen ainer hinauf geen
und schauen, wie man haust, und wie si das vieh anwaiden. Fir ihr er-
gözlichkeit sollen si haben ain iederer albpirg reverender vier schwein
recht hinauf zu thuen, aber si sollen zuvor geringt werden, das si die
gümpen nit zergraben.[1] Darnach soll ain ieder albpirg aus verthailten 45

---

[1] zergarhen *hs.*

geschäft auf der albon ain thailfleck onder, als man darumb lest, ain
küs und ain knollen smalz von finf pfunt bevor heraus nemben,
und aber darinnen kain vortl gebraucht werden, ranwegen ihrer mihe
und arbeit.

5 Mer, auf ieden küssonntag so geet das pieterambt von haus zu haus
umb; wemb es trifft, ders sein soll, derselb soll pflichtwillig und gehorsamb
sein, wann ers begert, an den mair zuvor paurschaft zu pieten, und ainen
hauptmann auch dergleichen, wann er begert, auch den kirchprobst und
albpirg desgleich dasselbig vleißig verrichten, wie ime dann bevolchen
10 wirt, und auch an der paurschaft selbst erscheinen und anzaigen, wemb
er gepoten hab oder nit; wo aber er das nit thüt, so soll ain mair mit-
sambt der gmain und nachtperschaft, oder iedlichen unterthanen wern.
recht haben zu pfenten, wellicher nachlassig erscheinen wurde, umb
zwelf kreizer.

15 Man soll auch in der gmain allenthalben guete ordnung und fir-
sechen thuen, damit die gemelte gemain nit geschmelert, sondern gepessert
wirt, und sonderlichen guete achtung halten des wegs halben, der auf das
velt hinaus geet, und auch anderer weg mer, und wellicher das waßer so
groß hinaus kert, das die weg außgeschwenzt und verlegt mechten werden,
20 der dann solliches überfuer, der soll ohne alles mitl gestrafft werden umb
drei pfunt perner gelts.

Mer so ist auch in der gmain firgenomen und beschloßen worden,
wellicher ain ingehüuß in laßt, der nit zuvor im dorf ist, ün der gmain
vorwissen und willen, der soll gestrafft sein umb vier gulden, und ob auch
25 ainer im dorf wer, der der gmain schedlich und nit nüzlich ist, es sei man
oder weib, in velt, holz, zein und anders schadhaft, und dariber befunden
wirt, der soll durch die gmain von stunt an außgetrieben, auch wellicher
ain sollichen in laßt ün der gmain vorwissen, der soll ebenmeßig ge-
strafft werden umb vier gulden ohne alle gnad.

30 Mer ist firgenomben, alle, [welliche] unter den perkwall güeter
haben, soll kainer das waßer nit ankeren vor 4 uhr zu morgens, und ob
ainer ankert, so andere komen, so mogen sis nemben, und denselben tag
nimber laßen; so aber mer, als ainer kombt, so sollen si mit einander
loßlen, und wellicher das loß erhaltet, der soll fort fahrn, und wellicher
35 den wahl zu groß wurde ankern, das er hinprechen wurd, der soll schuldig
sein, denselben widerumben zu machen.

Wellicher gewäßert hat und fertig ist, der soll das waßer von stunt
an widerumben vleißig hin kern; wo aber das nit beschöchen wurde, funder
[er] nachsaumbig erschine, der soll ün alle gnad gestrafft und gepfendt
40 werden umb zween gulden.

Verer so ist auch firgenomen und beschlossen, wie es auch von
alters preichig ist, wenn ainer mit zween firch wasser gewüssert auf ain
mal, und ain anderer kombt und wolt auch wüssern, so soll er ime billich
die ain furch lassen. Es ist auch preichig, wenn ainer zu morgens vorkem,
45 so soll man ims lassen, sonderlichen auf die wisen dergestalt, es wär
dann sach, das ainer zu nachts aufkert und zu morgens nit darzue kümb,
ender das die sunnen aufgeet, so solls ainer recht haben, widerumben
hinzukern.

Die Holzprugger und Schlanderser haben kain gewalt, das wasser auf die wisen zu keren, dieweil mans in das velt braucht; wo aber ainer das thuen wurd, so soll ain saltner in namen der gmain gwalt haben oder ain knecht, das wasser abzukeren.

Und so verr man das wasser in das velt nimmer zu gebrauchen 5 nottürftig würe, so haben die von Morter gwalt und recht, das wasser im herbst bei der Etsch abzukern und mither biß in längs, und die von Holzprugg haben verrer kain recht noch macht, das wasser in das velt zu kern, aber wann der Holzprugger das wasser auf der müll praucht, so soll ers iederzeit widerumben vleissig in die Etsch keren, wo das aber nit beschöch, 10 und ain schaden dardurch entstunde, denselben schaden abzutragen schuldig sein, darzue auch, so oft ain schaden beschicht, umb vier gulden gestrafft werden.

Belangent der schaafkost. Alsbald ain lamp geworden ist, und der hirt in haus würe, so soll man von stunt an kost und lohn schuldig sein 15 zu geben.

Wann man die roß fürtreibt, so soll man bis auf sanct Veits tag ganz kost und lohn verfallen sein, er habs dahaimb oder nit, und was junge filer sein, dieselbigen sollen kost und lain frei sein, und ob auch ainer ain aussetzigen fill hat, der soll nit fürgekert werden ohne der gemain vor- 20 wissen und bewilligung. Gleichfals auf heiligen Kreiztag, wann man widerumben die gemainen hirton anstöllt, und wann ainer sein vich von der alb nit haimb het, so soll der hirt wider hinter sich farn, wann das vich haimb kombt, und die kost von in hernach nemben, und ob auch in der gmain ainer die kost unbilliger weis aufhebon wurde, so soll der 25 mair den hirten nemen und mit ime zu ainen wirt geen und ain gmain pieten lassen, und ob es sich an der gemain befindt, das man die kost unbillich aufhielt, so soll der mair demselbigen ain pfant außtragen und ine pfenten mitsambt der gmain umb achtzechen kreizer, als oft es beschicht, und auch den wirt bezahlen, wo der hirt zu kost gestellt ist worden. 30

Und was die gaiß- und schaffhürten anbelanget, soll der mair nicht mer schuldig sein, als ain ander nachtper, umb dieselben herter zu sechen.

Von wegen der saltnerei.

Die saltnerei geet von haus zu haus, und wo es dann auf ain haus fällt, der soll das velt von ain küssonntag zu dem andern hieten, und so 35 verr ers aber selbst nit hieten kunt oder möcht, so soll er am küssuntag ainen andern saltner fir die gemain stöllen, der ainer ersamen gmain gefellig und annemblichen sein will, wo aber nit, so soll die gemain gwalt haben, ainen nach ihrm gefallen zu setzen, der dann der gmain nuz und ihrn frumben fleißig und getreulichen versechen und versorgen soll von 40 ainen küssuntag zum andern.

Er saltner soll hieten die spülwisen bis geen Holzprugg, und von perg bis auf die Etsch und als weit das velt raicht.

Mer so ist ain saltner schuldig zu thuen, auf den nider und neuprichwall alln zu pieten, was innerhalb und ausserhalb des dorfs ist, und 45 auch auf den Etschwall, was ausserhalben ist. Er saltner solle mitsambt

den mair fleißig darbei sein, wann man das wasser in das velt kert, ganz
fleißig mit dem wasser hinab geen, damit niemant kain schaden gescheche
und darumb ontsteen wurde, und die punthaien[2]) allerpöst fleißig ver-
sehen. Er soll auch alle samstag zu feirabentszeiten, und wenn aber
5 sonst in der wochen ain groß wetter anfallen wurd, schuldig sein, das
wasser abzukern, und auch müglichstes fleiß auf die Etsch sechen. So ver
si etwa in das velt inprechen wurde, solle ers dem mairn anzaigen. Die
saltner sollen auch fleißig ihr aufsechen haben, das die Holzprugger nit
herab hieten bis fir die Blengmaur, sonder grad her an den Etschwall und
10 grad hingegen der Etsch zum gütterle zu niderist an des Holzpruggers raut,
und die von Morter haben albeg recht und noch, von Holzprugg bis an
Holzprugger wisen in velt oder in der au zu hieten und zu waiden.

    Die von Goldrain haben kain recht, ins velt über den niederwall
herauf zu hieten, über das solt ain veltsaltner fleißig sein aufsechen haben
15 auf die Goldrainer und Holzprugger. Wo sie aber das vich überwaiden
wurden, so soll er saltner fueg, macht und gwalt haben, das vich zu
pfenten, und [die] gmain soll ime ain getreuen beistant zu thuen schuldig
sein, und bei gemelten mairn soll er saltner sein pfantstall haben. Das
pfant ist bei dem tag von ainem hübt ain kreizer, es sei groß oder klain
20 vich, und bei der nacht drei kreizer. Wo aber ain schad beschüch bei
dem tag und er nit kam dasselbige anzaigen, so soll er saltner schuldig
sein, solliches abzutragen.

    Mer so soll er auch sein fleißigs aufsechen haben auf die perkleit,
auch Schlanderser oder Holzprugger; ob sie auf die zeun herab hieten
25 wurden, so solle der saltner schuldig sein, hinauf zu wöhrn, und ihren
frumben firdern, nachteil und schaden wenden, wie dann ainen frumen,
redlichen mann und getreuen gemainen diener solliches zu thuen gebirt.

    Verrer so soll er saltner widerumben sein aufsechung haben, wenn
die Schlanderser und Kortscher das holz ab der lent fiern, das si das velt
30 nit erfahron. Darfir soll ime zu seiner ergezlichkeit von ain jauch acker
6 garmb, von dorf aus bis geen Holzprugg, und von perg unzt an der Etsch
zuestendig sein.

Von wegen der waiden.

    Es haben auch die Goldrainer kain recht, in die ehegarten zu hieten,
35 desgleichen auch in der au ob dem Pfüschloch, auch fir Kolbmers ehegart
bei der Plima herauf mit nichts zu hieten macht haben.

    Die von Morter haben recht zu hieten in velt und in der au, und
moß und unter des Lenz Forchers haus im klainen mösl und auch im
grossen Tschocken-mos, gleichfalls biß her an die Etsch.

40   Mer so haben die von Morter recht, von sanct Andrees tag bis auf
sanct Peters tag mit klein vich, reverender gaiß und schaaf, zu hieten
und zu waiden im Sunuenperge, Vezuner, Goldrainer, Schanzen und
Tissener perg.

    Mer so haben die von Morter längeszeiten recht, gar hinab zu hieten,
45 und desgleichen nach sanct Gallen tag auf die wisen und überall.

---

[2]) pumthayen *hs.*

Am herbst sein die wisen gethailt, frie- und spatwisen, wie es bei
denen Zelt-äcker ain marchstain mit ainen kreiz ist, und nach demselbigen
weg bis auf den oxenlüger, da wider ain marchstain ist mit zwai kreiz,
von dem oxenlüger hinüber gegen den Gramblraut, daselbsten bei miten
des Kindermachers wis aber ain marchstain mit drei kreiz, mer über mitl 5
Hanns Wolfens wis grad über auf der Pfüsch auf den friewisen zu der
pirch, alda ain marchstain mit vier kreiz, davon hinaus bei dem millwahl,
in Käßmanmadt ainer mit finf kreiz, von demselben hinaus zu des herrn
Franzen Hendls langwis, stect auch ain pirch und ain marchstain mit sechs
kreiz, von demselben grad hinaus zu der Plima, da ain marchstain mit 10
sieben kreiz.

Gegen Martell nörderseit aber haben die von Morter guet recht,
zu hieten und zu waiden unzt auf Saltgrüb, es sei in holz, wunn
oder waid.

Die aussern Marteller höf, wie die iede mit namen, kaine auß- 15
genommen, haben nach mitlen den maien kain recht über das gemörk
hinauf gegen den alben zu fahren, weder mit klain oder mit grossem vich.
Wo ver si ain gmain Morter dariber begreifen wurde,[3] so hat[4] si macht
und gwalt, zu pfenden.

An der sunnenseit gegen Martell, vor Tschillen prugg, liegt ain 20
markstain mit ainem kreiz, grad nach den Steinthall auf biß ins Hellen-
thalegg haben die von Morter holz, wunn und waid, fueg, macht und
gwalt, zu hieten mit groß und klain vich, und die in Martell haben von
demselben gemörk kain recht heraus.

Mer so haben die von Morter recht, zu hieten nach den Hellental 25
hinein biß ans joch.

Die von Morter haben auch guete recht, ir vich ob den Holzprugger
in die Etsch zu trenken und in der schweingamp ihr vich zu rasten und
nach der rast widerumben güetlich heraus zu treiben, bis zu ausserist des
Holzpruggers wis und Dolanz grad auf bis auf Aigner zoun und Dolanz 30
und von daselben grad auf bis an Nößlweg, und von Nößlweg biß an
Döcken-prunnen, und grad geen joch hinauf.

Die von Holzprugg haben kain recht oder macht, fir den großen
Tallayr herein zu hieten.

Die Nörderperger haben mit ihrn vich zu trenken fueg in gemelten 35
dorf Morter, sollens aber fürderlichen widerumben hinaus treiben fir das
gemörk, ob si aber das nit thetn, so haben die von Morter macht, das
vich zu pfenten.

Schlanderser und Kortscher haben mit ihren lentholz kain recht fir
den alten kalchofen herauf, der bei sanct Steffans egg, und grad über bei 40
sanct Steffans kofl, wo sanct Steffans prunnen springt, vermig ihrer brief-
lichen gerechtigkaiten.

So sollen die Schlanderser den millpach, der geen Morter heraus
rinnt, wenn si das holz heraus fiern, unverlezt und unverhintert lassen.

Mer sollen vilgedachte Schlanderser und Kortscher die lent wol 45
verpauen, versechen und versorgen, das der gmain oder iemant andern

---

[3] begriffen wurden *hs.*   [4] haben *hs.*

kain nachteil und schaden widerfahr, ob aber solliches mit hinläßigkeit
bescheche, so soll die gmain fueg, macht, recht und gwalt darumben haben
firzunemben.

Dann so sein vier gmain arbeiten in jar: erstlichen ain der Etsch-
5 wall, die ander an der Etsch, die dritt an der alb, und noch aine an ge-
mainen weg auf all zufall, darzue sollen helfen armb und reich.

Beschließlichen so soll die gemelt dorfpuech alle jar am küssontag
der gmain und nachtperschaft firgelesen werden, damit sich ain ieder wiß
zu verhalten. Zu aufrichtung diß sein gewesen die ersamben und erbarn
10 Andree Schmidhofer, Jacob Telfser, Albrecht Mamuth, Caspar Tanner,
Anthany Weber und Hans Rapp, alle als ausschuß. Zu namen der gmain
beschechen am datum, wie vorgemelt.

23. Martell.

I.

Mitgetheilt nach einer Abschrift aus diesem Jahrhundert, die sich im Archive zu Martell befindet.
Papierhds. Fol. 3 Bl. sign. kk.

Marteller ehaft tüding und thalordnung 1543.

Actum in Martell am ersten tag monats mai anno domini aintausend
15 fünfhundert und im dreiundvierzigisten jar,

ist durch die ersamen und erbaren Clausen zu Walt, Anthoni Püchler,
Peter Paflurer, Veiten Marmeier, Hansen Mair aus dem Wuellenbach zu
Maurach, Jakoben Nidertelfser in Purgaun, Johannen zu Oberhof, Bastian
am Stain, Peter Praiter, Adam Aichner und Jakoben am Rain, sament-
20 lichen als ain verordneter ausschuß der ersamen gemainde und nachtper-
schaft in Martell, die lantsprach und talrecht, wie es von alter jährlichen
auf dem maientag daselbs geöffent [und] gehalten, in geschrift angeben und
nachvolgender massen aufgeschriben worden.

Anfengclichen soll ain richter zu Schlanders anstat aines herrn
25 phlegers, als in namen römischer, künigclicher mayestat unsers allergnedig-
sten herrn und regierenden lantsfürsten, järlichen ainmal und iedes jars in
sonderhait an sanct Philip und Jacobs, der heiligen zwelfpoten, tag, die-
weil von alter her der prauch ist, das auf den selbigen tag ain ersame phar-
menig von Schlanders mit kreitzen herein kumbt und das gotthaus daselbs
30 besuechn, der richter selbs oder, wo er aus chraft und geschäft unsers gne-
digen herrn ainsweil hien, ain anderer an seiner stat in namen der obrig-
keit herein kummen; wo aber solche erscheinung durch den richter selbst
oder seinen nachgesetzten anwalde auf gemelten tag nit beschehe, das es
doch nägst darnach innerhalben vierzehen tagen beschehen und dem fron-
35 poten in Martel solliches zu wissen und verkint werden soll zu vermeidung
und ersparung der unkostung, damit fronpot des ain wissen haben und der
nachperschaft zu wissen thuen möge; und wann der richter oder sein
anwalt anstatt der herrschaft mitsambt seinem schreiber herein kumen,
soll der fronpot sein fleißigs aufsehen haben, si zu einen wirt, alda si der

notturft nach traktiert werden, zu weisen. Darselbs soll der richter sambt
ainem diener, schreiber, fronpot und aitschwör das morgenmal haben und
einnemen, des richters roß ain maßl fueter und um ain kreizer hei geben,
wie von alter her, doch ungefürlichen. Dasselbig mal bezallen etliche
sondere höf, vorbehalten derselben namen, nach der runt von ainen hof 5
zum andern, als von alter herkumen ist, und die höf, so das mal geben,
sollen desselben jars wider iren willen mit kainen schweren ambt nit be-
laden, sondern ledig gelassen sein. Doch wo das aber beschwarlich sein
wolte, sollen dieselben höf, was die notturft ervordert, mit ämbtern
zimblicher weise nach erkantnuss und gestalt der sachen begabt werden, 10
und der fronpot soll schuldig sein, den selben tag, als der gottsdienst voll-
endet und zukirchen für ist, vor der kirchen offenlichen zum dritten mall
berueffen, und ain iede mansperson, so mannpar und sich im tall Martell
nert und beheusent ist, es sei wes herrn das wolle, kainer ausgenomen, zu
der lantsprach zu erscheinen, ainen ieden hausgesessen pieten bei ainer 15
peen fünf pfunt berner, und sonderlich, so ver ain richter von Schlanders
oder sein anwalte nit auf gemelten maitag, sonder erst darnach auf ainen
andern bequemlichen tag herein zu der pfar küme, so soll der fronpot davor
soliche lantsprach von haus zu haus zu verkünden und bei vorbeschriebner
peen zu pieten pflichtig sein, und nach der malzeit, wann des merere tail 20
volks versamblt und bei einander ist, soll fronpot ain schranken an ge-
birlich ent und ort machen und, wanns der obrigkeit gelegenhait ist, die
lantsprach und talrecht zu vernemen, wiederumbe zum dritten mall be-
rueffen und verschaffen mit den haushablichen personen pei obgemelter poen
fünf pfunt perner, das si in die schrannen sitzen und die lantsprach und 25
die tallrechte, wie von alter, verhörn wöllen. Und nach sollichem soll ain
fronpot dem richter oder anwalt, so er sambt seinem schreiber daselbs in
der schrannen nidergesessen seint, den richterstab überantwurten. Alsdann
soll der richter ainen aidschwör in der schrannen der urtail anfragen, ob
es sei an weil und zeit, das ain richter von Schlanders oder sein anwalt 30
anstat der obrigkeit alda bei versammleter gemainde sitzen, die lantsprach
und talrecht vernemen verhörn und alle ümter besetzen[1]) solle? Und
wann solches in ainer umfrag umgangen ist, solle alle notwendigkait, so
der gemain Martell von nöten sein wolle, es sei um holz, wülder, wunn,
waide, wasser und anders, fürgenommen und darvon geredt werden. Und 35
ungevürlichen drei tag vor der gehaltnen lantsprache sollen die aidschwör
hingeen und beschauen, auch pesichtigen, und anfahen an der gasse und
oben hinein biß an die wegschait, von demselben ort biß auf Vasalt-gröben,
von dannen wiederumen herein zwischen wisen und [an] an die Aubruggen
herauf biß an die gaß, ob iemant die weg verwassert, verrennet, verzeint, 40
die gemainde eingenommen und ainiches anders, so der gemain nachtber-
schaft daselbs zuwider und nachtailig sein möchte, gepraucht habe,
solliches alsdann auf den tag der lantsprache der oberigkait anzaigen[2]) und
fürpringen, damit das möge abgestölt werden, auch auf denselben tag,
dieweil ain richter oder sein anwalde mit dem stab sitzt, wittib und waisen, 45
ob der verhanden sein worden, auf ir selbs oder derselben freuntschaft

---

[1]) besehen *hs.* [2]) alwaigen *hs.*

anrueffen oder von oberigkait wegen gerhaben zu verordnen und sonder-
lichen alle ümbter zu besetzen, als zwen aidschwör, zwen talbürgen und
ain haubtman auf zwai jar lang zu verordnen und die alle in das glibt, wie
sich gebirt, vervassen, gleichermassen ainen fronpoten auf ain jar lang ver-
5 ordnen und zu bestäten. Die alle sollen wider irn willen, als aidschwör,
talbürgen und haubtman, über und nach verscheinung aines jars die ümbter
noch[3]) ainmal zu versehen nit schuldig sein, si werden dann in sonder-
hait darzue erpeten, das soll in iedes desselben willen steen.
         Verrer soll geöffent und verboten werden, das kainer dem andern
10 nachent ob seiner herberig kain holz schlage, dardurch mit den lannen
gevarlichen sein möchte, damit ieder dester sicherer in seiner herberig
sein müige.
         Es sollen auch alle holzrissen von sanct Georgen tag hin biß auf
sanct Gallen tag gefreit und befreit sein, darinnen kain holz zu schlagen.
15   Und nach sollichem allem soll der richter umbfragen den aidschwör,
alsdann ainen nach dem andern, ob was vergessen, mer oder weniger zu
handlen sei, dasselbig anzuzeigen, alles, wie von alter löblicher prauch und
gewonheit zu tuen gebirt und recht ist.
         Auf den vorgemelten tag haben sich die vorgemelt gmain und nach-
20 perschaft in Martell für si, irn erben und nachkumen aines, und Jakoben
von Rain daselbs für sich und seine erben anders tails auf ewigkait also
und sollicher massen verliebt und bewilligt, das Jakob am Rain und seine
erben hinfüron jürlichen ain fleckl und stückl ertereich gemainde, daran
stosst morgenthalber auch gemaind, gegen mittentag der Plimapach, abent-
25 halber sein des Jakoben guet, zinst jürlichen sanct Walburgen kirchen acht
kreizer, zu der vierten soiten zwai manmad[4]) wisen, zinsen denen von
Brandis, wie solliches stückl eingefangen ist, zu behalten pessern coheren-
zen, sollen und mügen inhaben, prauchen, nutzen und nießen.
         Dargegen hat Jakob am Rain für sich und seine erben zugesagt, so
30 ver man winterzeit von schnee oder eis wegen derselben ende nit auf dem
weg ob der wisen, so denen von Brandis zinsbar ist, farn möchte, so soll
und mag man über die alp farn, die dem Jakob am Rain zuegehörig ist, so
lang und vil, wie es iedem tail glegen sein will, und wann Jakob am Rain
oder seine erben nit lenger auf der gmain farn oder die gmain nachpar-
35 schaft das stückl erterich nit lenger laßen, sonder widerumben haben
wollten, soll solliches geding und bewilligung als ab, und das obgemelt
stückl erterich der gmain nachtperschaft zuegehörig sein.

II.

Pergamentbrief vom Jahre 1530 im dortigen Gemeindearchive.

Thal- und paurschaftbrief des thals und der gemeinschaft Martell, deren
rechte und gerechtigkeiten halber antreffend.

40   Kunt und zu wissen sei hiemit angefiegt iedermenigclichon durch
den inhalt dieses thal- und paurschaftbriefs, demnach die gemainschaft

_____

[3]) noch] auf *hs.*   [4]) maimad *hs.*

bedeits thal Martell laut ires verhanden mir vorgetragnen alten brief
unterm dato sechzehenten mai anno fünfzehenhundert und achtzig auf-
gericht, demselben gemeß löblichen gelebet, und desselben inhult iedert-
weilen, sovil inen miglichen gewest, getreulichen nachkomen und einander
darbei hantgehabt, nun weilen aber angemelter ir brief mit worten 5
bereits nemlichen nit genugsamb ausgefiert, zumahlen auch unverfertigter
verhanden, das diesom nach sie sich dessen auf etwa iezt oder in das
kunftig eröffnet oder herfirwachsende streitigkeiten, davor sie alle gott
gnediglichen verhieten wolle, allerdings nit recht wol bedienen kunten
oder mechten, dannenhero si mich Maxmilian Philipp grafen von Mohr, 10
freiherrn zu Lautstain, Liechtencgg, Greifen und Neuhaus, herrn zu Ober-
und Nider-Manthüni, als irer gerichtsherrschaft etc. und in unthcniger
gehorsambkeit gepeten, solch ir talrecht, iedoch ungeschwecht der darin
begreifende hauptsach, etwas merer und klerer außzufiern, und hienach
auch von gerichtsherrschaft wegen zu verfertigen, und ist ir thal- und 15
beiliche recht, auch ordnung disos ausfierlichen inhalts:

Erstens, wann in bedeiten iren thal Martell ain sachen vorkumbt,
und der thalpirg zum ausschuß oder der ganzen gemain zusamenkunft
pieten laßt, worinen dann notwendige schluß zu machen sein, und ainer
oder mehr, denen das pot zuckomen, ausbleiben und nit erscheinen würden, 20
dise und alle ungehorsambe sollen ieder gepfennt werden umb acht-
zehen kreizer.

Item, wann ainer in vilbestimbten thal im länges reverender vich,
es seie vil oder wenig, nach sankt Peters tag ohne erlaubniß der gemain
hinein im thal treibt, das soll, was unter zehen hübt, iedes umb achtzehen 25
kreizer, und was merer ist, um fünf pfund perner nit allain gestraft
werden, sondern selbiges noch darzue schuldig sein, die nacht aus dem thal
zu treiben.

Item, wolcher ain reverender vich ausserhalb des thals einhandlt,
und wissentlich sich ain unfrischheit oder sucht selbiger refier herumb 30
erhielte, es seie alsdann, was pest es welle, und dasselbige hinein brücht,
andurch das ganze thal inficiert und schaden leiden wurde, diser solle
ebenfahls umb iedes stuck per fünf pfund perner gelts unnachleßlichen ge-
straft werden, darzue auch selbiges alspalden widerumben aus dem thal zu
treiben schuldig sein, und so man es erfaren wurde, das es außer dem 35
thal in dörfern mit dem reverender vich übl stunde und die sucht regieren
solte, so soll es alsdann verpoten werden, das niemant kein vich in das
thal hinein treibt, und welcher über so beschehens verpot noch betreten
wirdet, derselbe solle gleichmessig umb iedes stuck per fünf pfund perner
abzustrafen, zugleich auch selbiges von stund an aus dem thal zu treiben 40
schuldig sein. Ain gleiche beschafenheit es auch mit demjenigen beihat,
der mit oxen aus dem thal hinaus fart, alda die unfrischheit annoch auf
dem lant waret, und soll dises pfant allererst ain ende nemen, wann man
in das thal widerumben auslaßt.

Item, welcher auch unter dem thalsgenoß ein vich außer das thal 45
ohne vorwissen und verwilligung der gemain aufnimbt zu simern, es sei
klain oder groß, der selbe solle pfantbar sein umb fünf pfund perner, es
wäre dann, das er selbiges auf sein aignen guet solche zeit hietete.

Item, so im thal ain feuer aufkumt oder andere notheiten, davor
sie alle sambentlich gott verhieten wolle, und man sturmen höret, und
darzue nit alspalden, außer gottsgwalt, an der gassen mit gepreichigen zeig
erscheint, diser solle auch, wie vor, umb fünf pfund perner gelts ge-
5 straft werden.

So vermögen auch ir der gemain Martell, sag allegiert alten briefs,
peiliche recht, das, welcher nit in die rechte alben fart, zugleich auch,
welcher auf ervolgenden picten nit kumbt, dem pfarrer machen helfen,
der soll alsdann ainsmals um neun kreizer gestraft werden, auch noch
10 darzue schuldig sein, sein tagwerch zu verrichten.

Item, welcher sich in ordeiten thal heislichen aufhalten, auch wunn
und waid genießen well, diser solle der gemain nuzen und fromen fürderen,
nachtl und schaden wenden und getreu sein; wo aber ain solches nit be-
schicht, solle er hierumben gebirent von der paurschaft umb achtzehen
15 kreizer abgestraft und zu der gehorsamb ernstlichen angehalten werden.

Item, so ainer dem andern sein wasser wurde nemen und solche klag
vor dem thalpirg komete, so soll hinnach er thüter hierumben bei dem
tag umb zwelf kreizer und bei der nacht umb vierundfünfzig kreizer ge-
pfennt werden, und noch darzue ime sein wasser zu bezalen oder wider
20 zu gelten schuldig sein, so lieb es ime ist.

Item, so ainer sein rod ausgewüssert hat, soll es der selbe ab und in
seinen rechten runst keren, welcher es aber nit tet, der solle gleicherweis
umb achtzehen kreitzer gepfentet werden.

Item, welcher an ainem suntag, dann an auffart Christi, verner an
25 heilig pluetstag, weiter am hohen unser Frauen und Johann sonnenwent-
tag wüssert, derselbe solle umb zwelf kreizer gepfennt werden. Es sollen
auch alle tragwühl unzt an die klamb offen sein, wer es aber nit thuet,
soll pfantpar sein umb zwelf kreizer. Item derjenige, welcher den perk-
wahl braucht, und so pald er außgewässert, soll er selbigen alspalden in sein
30 rechten runst, als in Saugpach, keren. Welcher aber ain solches nit thut,
den soll man pfenten umb fünf pfund perner.

Item, so geet auch der multwald von Stainwant unzt auf Stallwiß,
im welchem dann verpoten, ohne vorwissen der gemain und ohne erlaub-
niß derselben kein holz zu schlagen; der aber solches übertreten und in
35 dem holzschlag begriffen wurde, der selbe und ain ieder tüter, der hieriber
betreten wirdet, solle umb ain ieden stamb per fünf pfund perner gelt
gestraft werden.

Item, so soll auch niemant kain holz zu schlagen befuegt oder be-
mechtigt sein ob seinen haus und güetern, und sonderlichen, albo vorhero
40 lühnstrich oder solche gfar obhanden ist, bei hoher straf.

Und letztlichen sollen die thalpirgen die aidschwerer zu sich nemen,
und die weg, auch strassen besichtigen und den anfang nemen an der
gaß, alsdann sollen si zwischen der mairwisen durch den troy hinab unzt
Purganner gieter, neben den Dorner gütter, und volklichen [1]) sollen si unten
45 hinein für Pontayr zu der Stampfpruggen, hernach abermals widerumben
oben heraus an die gassen, dabei aber vleissige obsicht haben, ob sich der

---

[1]) unvolkhlichen *hs.*

weg guet erhalt, und ob ain oder anderen orts etwo einwendung vorzunemen und ainer an sein gezirk oder hofmarch an weg zu raumben hete, hieriber es die talpirgen dann ain solchen zu wissen thuen und pieten lassen sollen, massen ain ieder nachpar nottirftig den weg zu machen. Welcher aber die reparierung über so beschehne auflag nit machen, sondern 5 noch saumbig erscheinen wurde, derselbe solle nit allain umb achtzehen kreizer abgestrafft werden, sondern noch darzue den weg zu machen schuldig sein.

Dise pfantungen und sonderlichen sovil in dem mult und über ain pfund perner gelt anlaufen, sollen albegs die zween thail der paurschaft, 10 und der ain thail den thalpirgen anständig und verbleiblichen sein. Getreulichen und ohngeverde des zu wahren urkunt habe demnach ich oft wolgedachter Maxmilian Philipp graf von Mor, von gerichtsherrlicher obrigkeit wegen und auf der gemain des ganzen thals Martell beschehens gehorsames piten, mein greflich angebornes erbsigl, iedoch hieran ander- 15 werts unschüdlichen, hieran gehengt und andurch diesen paurschaftbrief verfertigt. Geschehen auf meinem schloß Monthani den andern tag monats maien nach der gnadenreichen geburt unsers allain seligmachenden herrn Jesu Christi in sechzehenhundert neinzigsten jar.

24. Latsch.*)

Nach einer vidimirten Abschrift vom Jahre 1820, die Johann Oberdörfer für sich verfertigen liess Papierhds. Fol. Bl. 134. Das Original ist verloren.

Dorfbuech in der gemeinde Latsch, welches im jahre 1607 errichtet worden. 20

Ordnung des neuen aufgerichten dorfbuchs, was bei einer ersamen gemein von punkt zu punkt in allen, auch ieden ämtern zu verrichten, und nach verstand gebihrlich fürzehalten sei.[1]

----

*) In Latsch befand sich, so wie auch in Laas, eine eigene Gedingstatt des Gerichts Schlanders, an welcher der Gerichtsanwalt mit dem Gedingstattschreiber und dem Fronboten polizeiliche und Geschäfte der niederen Gerichtsbarkeit vornahm; dieselbe wurde erst mit der Juridictionsnorm Kaisers Josef II. vom 17. Mai 1784 aufgehoben. Die Herren von Annenberg hatten mit der Burg zu Latsch schon frühzeitig die Grundherrschaft über einen Theil des Latscher Gebiets erworben. 1413 wurden Hans und Sigmund von Annenberg von Herzog Friedrich mit der Burg von Latsch belehnt. Nach dem Aussterben dieser Familie (1690) kam Latsch durch Erbgang an die Grafen von Hendl zu Goldrain, welche zugleich Gerichtsherren von Schlanders, Eyrs und Kastelbell waren. Das Bisthum Chur hatte zu Latsch die Pfarre, einen Meierhof, und viele gotteshausleute.
[1] Nach einer weitläufigen Einleitung, in welcher die Nothwendigkeit einer öffentlichen Ordnung und eines allgemeinen Gehorsams gegen die Obrigkeit dargethan und insbesondere vermerkt wird: Ist derowegen rechtmässig, weislich und verständig, einhellig von geistlichen und weltlichen, edl und gemeinen, reichen und armen fürgenomen und in dieser löblichen communität des dorfs Latsch für versicherung und verhietung aller uneinigkeiten, missordnungen oder missbräuchen, so entstehen möchten, eine gemeine christenliche ordnung unwidersprächlich durch briefen und brieflichen gerechtigkeiten auf ewiger weltzeit von einem in sonderheit und allen ingemein beschlossen und vestiglich

Folgen die punkten betreffend der gotteshäuseren,[2]) stiftungen, ver-
haltungen unsers lieben pfarrherrns und aller nothwendigen anhängigen
dinge.

In gottes namen und für das erste so wellen mir, dass in unserer
5 pfarrkirchen der heiligen aposteln Petri und Pauli alle tag ewiglich nach
der stiftung unser lieben vorältern durch unser lieben pfarrherrn oder
seinen priestern sollte ein mess auf dem choraltar gehalten werden,
ausserhalb wann auf den andern altüren patrocinia fallen, der stifter in
ihrem gebet gedacht, wie es dann ohne das billich, und so oft es nit be-
10 schehe, es wäre dann gottesgewalt, solle er pfarrherr der kirchen bezahlen
für die straf vierzig gulden, und so es an einem sonn- oder feiertag beschäh,
ist die straf doppelt, also achtzig gulden.

Zum andern soll auch ein pfarrherr fleissig achtung geben, damit
dass die gestiften frühmessen, so alle montag, mittwoch und freitag fallen,
15 von iezigen und kinftigen frühmessern nach alter stiftung colebrieret und
gehalten werden, es wäre dann sach, dass ein mensch aus der bruderschaft
mit tod abgieng, für den er ein mess zu lesen schuldig, dargegen solle
dieselbige mess für einer frühmess abgien, und dass auch gemelter früh-
messer dem chor und der ministerierung fleissig beiwohne, wie ers dann
20 schuldig, darumben auch sein besoldung empfacht. Es sollen auch vermig
brieflichen gerechtigkeiten von bischof Ortlieb von Kur und bischof Hein-
rich, beed daselbst, die gemein Latsch einen frühmesser zu erwühlen haben,
und so er frühmesser für einen abgestorbenen bruoder oder einer schwester
für einer frühmess ein mess list, davon ist man ihme zu geben nicht
25 schuldig.

Zum dritten ordnen und wellen wir, dass ein pfarrherr samt und
neben der gemein einen qualifizierten schulmeister, messner und kirch-
probst aufnemmen, ihnen, was die kirchen anbelangt, den gewalt zu geben
und auf den kassonntag den messner die schlissl, ihme allein, soviel als
30 ein geistlicher gewalthaber, dem die schlissl übergeben sein, zu übergeben,
denselbigen auch mit fleiss zu aller gottesforcht und andacht zu ermahnen.

Zum vierten, die weil von alters bekanntlich gewest, dass ein ieder
pfarrherr durch ein bischof zu Kur, welcher der löblichen pfarr und stat-
lichen komunität, wie in derselben briefen geschen, nit allein ordinarius,
35 sondern vollmüchtiger colator gewest und noch ist, doch dass derselbigen
ihr fürstlichen gnaden, den mir für ein colator erkennen, uns, wie wir
dann gar nit zweifeln, als dieser ansehnlichen und statlichen pfarrmenig
mit einen gelehrten, exemplarischen und wol qualifizierten pfarrherrn,
der nit allein in administrierung der heiligen sacramente, prodigen, gottes-
40 dienste und auf der seelsorg fleissig sein achtung habe, fürsehe und gnädigst

zu halten zuegesagt worden, es wäre dann sach, dass über kurz oder lange zeit
von uns oder unsern nachkommenden zu hülf und besserung unseren wohlmei-
nungen andere löbliche, rechtmässige bräuch-aenderungen und ordnungen ein-
fallen und fürgenomen werden möchten, welche wir mit dieser unserer meinung
nicht entzogen, sondern zu mehrern und zu wenigern, ringern und stärkern,
diesen vorbehalt freiledig zuegelassen haben wöllen.

²) den gotteshäusern *hs.*

begabe, auch denselbigen uns fürstelle, damit wir dessen gewiss und uns gegen ihr fürstlich gnaden, wie es auch billig begehrt wird, nicht zu beschweren haben möchten, wo sollichen gelebt wird, wir wenigts auch nicht zweifeln, soll es noch weder an ihr hochfürstlich gnaden recht und gerechtigkeiten, sowol auch uns an unserigen iezt praeiudicierlich sein. 5

Wellen auch verrer, dass unser wiedumsbehausung und güter durch einichen pfarrer, wer der sein möcht, [nicht] veründert, versetzt oder verkauft und ohne ihr fürstlich gnaden, auch unserer vorwissen nichts davon alieniert, sondern alles mit rath und guetachtung derselben gehandelt, darzue ihme auch hülf und beistand erwiesen wird, werde. 10

Zum fünften solle auch ein ieder pfarrherr mit seinen qualificirten priestern zur administrierung der heiligen sakramente sich befasster machen, welliche tag und nacht sollen gewärtig sein, auf dass, wann etwas aufstiende, nichts verabsäumt oder verwarlost wurde, welliches mir ihrer conscienz heimbesagt haben wellen, so sollichs beschieht, werden sie auch 15 die sammlung, so man ihnen aus gueten willen und nit aus gerechtigkeit wegen geben möcht, desto reichlicher zu empfangen haben.

Zum sechsten ist auch zu wissen, was unsers herrn pfarrers vermig seiner instruction regalien in einen und andern, ausserhalb seines urbars, accidenten sein. Als erstens für die begräbnuss oder conduct, ausser deren 20 von adl, ... 18 kr.
für versehung mit den heiligen sakramenten der comunion, der letzten ölung, so oft es beschicht . . . . 3 kr.
für ein amt . . . . 12 kr.
für ein vigil . . . . 12 kr. 25
für ein leichpredig, da es begehrt wird . . . . 6 kr.
zu verkündung der hochzeiten und begräbnissen von ieden . . 3 kr.
für ein hochzeitseinsegnen . . . . 6 kr.
über ein grab zu gehen . . . . 6 kr.
kinder zu taufen und einzuschreiben . . . . 3 kr. 30

Zum siebenten und beschluss wellen wir, dass alle jahrtägfest, feiertäg, sonntäg und die fastenzeit mit den gottesdiensten, predigen, auch allen christlichen ceremonien fleissig sollen verricht und gehalten werden, damit die ehre gottes beruecht,[3] das volk zum guten vermahnt und endlich der willen der fundatoren oder stiftern vollzogen werde. Wir wellen auch, 35 dass unter uns der meist, als der wenigst, der reichost, als der ürmst, der kleinst, als der gröst, sollten zu obbestimmten gottesdiensten und stiftungen unserer lieben vorültern fleissig, wie miers vor gott schuldig, sollen erscheinen, gottsförchtig und inprünstig uns dabei erzeigen, fest und gesetzte feiertügo fleissig halten, in der kirchen und nit am platz zur zeit des 40 gottesdienstes uns befinden, auch lestlich unsern lieben herrn pfarrherrn, iezigen und kinftigen, auch einer ganzen erwürdigen klerisei und priesterschaft alle gebührende ehr und reverenz, gehorsame, schuldige pflicht erweisen und leisten, dass er uns für seine schäfler, mir ihn für unsern treuen hirten und seelsorger nach dem willen gottes erkennen, halten und 45 aufnehmen, darzue gott und alle hoiligen sein gnad verleihe. amen.

---

[3] besucht *hs.*

Ordnung eines messners allhie, was er verrichten und thun soll.

Die woil das amt eines messners ein englischer dienst ist, welcher da dient gott und den dienern gottes, auch viel mit seinen dienst nüzlich sein kann einer ganzen gmein, so ers thun will, wie ers dann zu verrichten schuldig, so haben wir derowegen, was er in seinem amt pflichtig zu verrichten, hiernach mit kurzen begriffen verfassen wellen.

Nämlich, dass ietziger und ein iedwederer konftiger den pfarrherrn und der priesterschaft iederzeit gehorsam, beflissig und willig seie, das gotthaus und alles, was darzue und anhängig, mit miglichsten fleiss verwar, auch zu rechter, doch auch nach gestaltsame der zeit in jahr versperre, die schlissl bei sich behalte, die clainater und ornaten, was dann vorhanden, und das gotthaus sauber behalte. Wir wellen auch, dass er zu rechter ordentlicher zeit mit den hoiligen gottesdiensten nach der ordnung, wie ihme der herr pfarrer wirdet fürschreiben, leite, sich von der kirchen nicht absentire ohne erlaubnuss des pfarrherrn und der gemein, —

Sauber bekleidet zum alterdienst[1] gottsförchtig seie, nit hin und wieder gaffe, sondern gedenk, dass er einen englischen dienst habe. Nicht weniger, dass er in sonderheit wölle fleissig leiten, oder es sollen ihm nit allein die garben aufgehalten werden, sonder in ander weg zu entgelten zu lassen sein, zur summerszeit zu tag um zweiuhr, und zum heiligen ave Maria zu morgens um dreiuhr, und zu nachts um achtuhr leite, aber von Michelen bis ostern um sechsuhr oder sibenuhr nach gelegenheit der zeit, doch dass die uhr fleissig gerichtet werde, das uhrkamerle und glokenhaus oder thurm versperrt, von den bösen bueben verwahrt, auch durch ihnen kein geschrei in thurn zu verhinterung des priesters auf dem altar, kanzl oder chor erhört werde, auf die alten begräbnussen der geschlecht und herkommen fleissig acht und aufschung nome.

Dann so solle ieder mössner aufsehen haben, dass der weihenbrunn in allen denselben geordneten, gerichten geschiren zu befinden seie, dass auch die opferkandeler sauber geputzt, alle tage frischer wein und wasser vorhanden, auf der verkündung des priesters, was in der woch zu verrichten, soll er fleissig acht geben, die stiel reinigen, die spinnen abköhren und sonst alle sachen in gueten würden und fleissiger süuberung erhalten, auf die ewigen lichter, und sondern auf den heiligen hochwürdigen sakrament wohl acht geben und, wann er hin und wider gehet, vor dem heiligen sakrament sein reverenz thuen, auch die gloggen recht zuleiten, nit glangglen, als wann man sturm schliege, und in summa in allem sich als wie ein englischer diener, und nit wie ein abgez oder wochentölpler erzeigen.

Und wenn dann solliches ein meßner fleissig verrichtet, soll man ihmo auch für sein mühe und arbeit für den todfällen sein maal oder dafür zwelf kreutzer zu bezahlen schuldig sein, für das schidungleiten mit allen gloggen zue allen gottesdiensten für iede person achtzehn kreutzer, für ein kleine person, so nit zu heiligen sakramenten gegangen, sechs kreutzer; ausserhalb, was sonsten sein regale seie, als in kaassamblung,

---

[1] aller dienst *hs.*

wettergarben, taufen, und wie diese mögen genannt werden, soll es bei
dem alten verbleiben. So hat er auch ohne verzinsung, ausser des zehnts,
den es geben muss, sechs muttmahl acker, nein viertl frühe-, und ein tag-
mahd spatwies, und die müler in wiedum hat er an allen hohen fest- und
aposteltagen und sonst, wie von alters; dann so hat er bei sanct Peters 5
pfarrkirch jährlich drei gulden vierunddreissig kroutzer, und bei unser
Frauen zwen gulden vierundzwanzig kreutzer.

Ein messner ist auch schuldig, wann ihme der pfarrherr und ein
ersame gemein und nachperschaft das mössnerhaus zulassen, was über des
schulmeisters geraum betrifft, umb[5]) der verzinsung anzunehmen, dargegen 10
soll ihme gleichwol in vortl stehen, selbs darinn zu ziehen oder mit rath
eines pfarrherrns und der gemein andern tauglichen personen jährlich zu
verlassen.[6])

Beschliesslichen ist er und ein ieder messner sollichen hievor be-
schriebenen puncten und andern, sie sein hierinnen beschrieben oder nit, 15
mit höhstem und getreulichstem fleiss nachzusetzen und nachzukommen
verbunden, darumben soll er einen pfarrherrn, so wohl auch einen anwalt
anstatt der ganzen gemein mit und um handen anloben und das zuesagen
thuen. Er soll auch iedes jahr zween guete, erliche, statthafte, angesessene
gemeinsleut zu birgen zu stellen schuldig [sein], dass, wover einicher scha- 20
den oder nachtheil durch hinlässigkeit oder verwarlosung beschäh und sein
verdiente besoldung, auch nutzung nit genuogsam darumben wäre, damit
alsdann dieselben birgen zu ersuchen und fürzunehmen seien.

Schulmeisters ordnung und besoldung.

Erstens solle der schulmeister, wann ein erlicher mann, er sei in oder 25
aussers dorf Latsch, einen knaben oder tochter in die schuel schickt, [sie]
in gueter zucht und straf erhalten, auch treulich lernen und unterweisen,
sonderlich auf das gebet und geistlichen gesang, so man in der kirchen das
jahr lang singt, wie es dann zu weihnachten und ostern brüuchig und es
einen getreuen, ehr liebenden schulmeister zustehet und gebürt, verhalten. 30
Zum andern, so gebührt dem schulmeister immerbeg, das er seine
schuelknaben in der kirchen in gueter zucht halt, sowohl auch auf der
gassen, und, wenn sie für die priesterschaft, herrn und frauen von adl, auch
obrigkeiten und sonst für alle ehrliche persohnen gehen, die gebührende
reverenz thuen, zu demselben lernen und anweisen. 35
Zum dritten soll der schulmeister den herrn pfarrer allhie zu Latsch
feiertag und werchtags, was die kirchen dieser pfarr anbelangt, das chor
zu verrichten schuldig sein, dargegen hat schulmeister von gottshaus sanct
Petrus pfarrkirchen einzunemmen iede quartember: geld drei gulden, roggen
zwei staar, und dernach von der frühmess iede quartember 1 fl. 30 kr., 40
den ietztigen pfarrherrn alle quartember 2 fl. — kr. oder aber dritthalb
staar roggen, so in des herrn pfarrers willen stehet.
Dann so hat er von der gemeinde alle quartember zween gulden.
So ist er auch in der kirchen messnerhaus herberg-frei.

---

[5]) umb] und *hs.* [6]) erlassen *hs.*

Zum vierten, wann der schulmeister zu hochzeitlichen tagen das amt
hilft singen, so wohl auch zu sibent, bestatnuss und dreissigst, soll ihme
von iedem amt gegeben werden sechs kreutzer. Wann man aber ihme
schulmeister zu gast ladet und er die mahlzeit einnimbt, ist man ihme zu
5 geben nicht schuldig.

Zum fünften gibt man einem schulmeister, wann er einem knaben
das namenbüchl schreibt, sechs kreutzer, aber für die vorschrift nichts.

Zum sechsten soll sich ein ieder schulmeister befleissen und schuldig
sein, des werchtags, wann die knaben in die schul gehen, kein andere geschäft
10 fürzunehmen, und die gemelten werchtag die wirtshüuser bemiesigen und
bei den schulkindern verbleiben, auch alle feiertag den katekismum lernen.

Zum siebenten ist des schulmeisters besoldung von einem knaben und
dirnle von einer quartember schulzeit 24 kr. und von einem knaben, der
ausserhalb von der gemein herzukomt, passiert man ihme dreissig kreutzer.

15 Winterszeiten, welches kein holz oder liecht bringt, des soll von
einer quartember für das holz geben zwelf, und für das liecht sechs kreutzer.

Der schulmeister solle sich auch solliches gewalts nit anmassen oder
unterstehen, ohne wissen und willen der gemein bueben anzunemen durch
gottes willen. Welcher knab aber weiter lernt, der ist von einer quartem-
20 ber zu geben schuldig ain gulden.

Mer so hat die gemein den ietzigen schulmeister aus dem multwald
vier fuder prennholz auf seine unkosten zu machen bewilliget.

Dann so hat er alle hohe feste, aposteltäg, sowohl jahrtüg und andere
schuldige malzeiten, wie von alters her brüuchig, mit der priesterschaft zu
25 genießen, und welcher theil [sich] weigern will, der soll dem andern zwei
quatember zuvor aufsagen, damit sich keiner zu beschwüren habe. In
diesen unterschiedlichen besoldungskosten seint acht gulden von der
kirchen, sowohl zinsfreiige herberg, dann acht gulden oder zehn staar
roggen vom pfarrherrn, ferner acht gulden und vier fuder holz aus der
30 mult von der gemein, einmal nur dem ietzigen schulmeister passiert,[7]) und
gegen einen andern solls zu geben oder nit vorbehalten sein.

Betreffend der dorfbürgen, wellicher schuldig, dasselbig amt zu verrichten oder nit.

Es soll ein ieder, wellicher soviel als drei jauch acker und wiesen
35 darzue hat, unverweigerlich auf ein mal, von einem kassuntag zum andern,
das dorfbirgamt zu verrichten schuldig sein, als albeg zween in unter-, und
zween in oberdorf, das solle in der rod iederzeit der gebühr nach herum-
gehen. Wellicher auch, es sei einer oder der andere, zwei, drei oder noch
mehr lehen oder sonst güter hütte, dass es drei jauch, und wiesen dazue
40 hat, antrifft, der ist sollich dorfbirgamt mit sollichem unterschied, iedes-
mal entzwischen ein jahr, und nit mehr oder länger frist, bei hernach
benannter straff unweigerlich zu verrichten schuldig.

Item, wellicher sich solliches unbefugter verwiedern wurde, der und
ein ieder iedes mal [sol], so oft es beschieht, per 4 fl. gestrafft und nicht

---

[7]) pessert *hs.*

desto weniger solliches zu verrichten verpunden sein. Und das albegen und
iedes jahr insonders einer aus den vier dorfbirgen, als das ein jahr in unter-,
und das andere jahr in oberdorf, alle pfantung, item einkaufgeld, strassen-,
weg- und niederleg-geld, auch alles andere, wie es sich zuetragen möcht,
zu handen einnehme und empfache, dargegen, wo man gebührlicher weis 5
schuldig, abzahle und darumben zum beschluss, wann das jahr herum-
kommt, die woch vor dem kassuntag ordenliche schriftliche raitung thue;
wover aber ein sollicher einnehmer sein raitung der gebühr nach nicht
verrichtot und nit ordentliche raitung, als zu der zeit, wie gehört, hielte,
der soll, so oft es beschehen möcht, des dorfbirgamts nit erlassen, sondern 10
nach ablegen darzue ein jahr dasselb zu verrichten schuldig und nit er-
lassen werden. Welche aber unter sollich beschrieben zahl güter haben,
sollen [durch] das dorfbirgamt gleichwohl nit beschwert, aber dargegen,
doch nachdem einer güeter oder behausungen hat, mit dem steuertreiber-
und andern dergleichen aemtern und beschwürungen der gestalt nach über 15
sich zu nehmen und zu verleiden, auch in allen oder ander fürfallenden
sachen desto williger, geflissener und mit geneigten diensten zu erzeigen
verbunden, und doch im fall einer gleichwol nur zwei jauch, und aber sonst
zimlich viel wisen und etwann ein behausung darzue hätte, der soll das
dorfbirgamt nach rath des ausschuss auch zu verrichten schuldig sein. 20

Und solliche dorfbirgen seint hierauf schuldig, dass sie des ganzen
dorfs recht und gerechtigkeiten, auch alle gewohnheiten, bräuch und her-
kommen innhaben, allen besten fromm [s] und nutz zu fürdorn, dargegen,
sovil miglich, nachtheil [und] schaden zu verhieten, und guete, zeitliche
fürsehung zu thun auf alle punkten durchaus, davon das dorfbuch in einem 25
und andern meldung thut oder nit thuen möcht, und doch billich hätt ein-
kommen sollen, und ehrwürdige achtung zu haben, wie dann sie dorfbürgen
in allem ohne das den gewalt und das ganz dorf, doch was ihnen allein
zu verrichten unerschwinglich und nicht erträglich wür, mit hülf und
beistand eines ausschusses zu regieren haben, und dass sie und ein ieder 30
dorfbürg sollichen erzählten und beschriebenen punkten getreuest, besten
und miglichstes fleiss nachsetzen und nachkummen, und sollicher mas ein
hoh und anvertrautes amt, und nit wenig, sonder viel daran gelegen ist, es
verrichten wöllen, ist ein ieder schuldig, so wahr er ein wahrhafter, er-
licher, treuer gemeins- und nachpersmann ist, einem anwalt oder nachper- 35
schaft anzuloben, und in fall durch ihme was verwarlost oder übersehen
wurde, nit allein die hiernach benennte straf, sonder auch die erstattung
in ein und andern der gebühr nach zu thuon, und hierinnen werden aus-
genohmen wiedums-, dann die burg- und spitalgüter, denn mit denselben
soll es, wie von altersher gebräuchig gewest, noch gehalten werden. 40

Gross gemeinde.

Item es soll auch, wie vor alters gebräuchig gewest, die gross gemein
jährlich und jahr an heiligen kassuntag gehalten werden, darzue menig-
lichen, der theil und gemein hat, selbs oder iemand anderer an seiner statt
ohne einige zuwissenthuung um zwölfuhr im mittag an dem gewöhnlichen 45

---

[s] form *hs.*

ort erscheinen, und so man vermaint, auf der zusammenkomft einen anfang
zu machen, so soll vor anfang ein ordentliche anfrag gehen, ob ieder, dem
es gebührt, vorhanden sei, und so iemands ohne bewegliche, genuogsame
ursachen nit erschienen oder aber zue spat, als nach beschehener umfrag,
5 so soll ein ieder unnachlässlich also bald gestrafft werden per ein gulden.

Alsdann so sollen auch nit weniger, wie von alters, inhalt, wie vor
vermelt, die vier gewesten dorfbürgen, in fall sie anderst um ihr verrichten
raitung gethan haben, ihres amts erlassen und auf derselben fürwerfen
vier andere gebührender massen besetzt, die, als vor stehet, ins glib ver-
10 fasst werden, nach den selben soll albegen ein messner, schulmeister, und
die gewesenen gemein dienst, so viel miglich, an diesem tag ersetzt, und
soll iedem derselben, wie auch zu vorderist den dorfbürgen, eines ieden
schuldige verrichtung, damit ieder derselben seinem zuesagen nachzu-
kommen wisst, fürgelesen werden.

15 Verer so sollen auch die vier, so neben den erwählten dorfbürgen
der billichkeit nach fürgeworfen werden, auf das konftige iahr schon zue
dorfbürgen erwählet sein.

Es sollen auch die vier geordneten dorfbürgen macht und gewalt
haben, einen ausschuss zu machen, darinnen ungefähr zwelf verständige,
20 wohlangesessene gemeins- und nachpersleit sollen genomen werden, die
neben den dorfbürgen der gemein nutz und frommen bestes verstands nach,
was dan fürfallen möcht, schöpfen, was ihnen dann an rathsamisten und
besten gedeicht.

Dann, so die dorfbürgen zu einem ausschuss der gemein bieten, und
25 im diesen einer oder der andere, welliche der gemeinschaft zugethan seint,
geboten wird, und ausser beweglichen ursachen nit erscheine, der und ieder
soll gestraft werden iedes mal um vierundzwanzig kreutzer. Und so einer
gleichwol der geforderten stund nach erscheint, und nit drei umfragen
fellig ganz versäumt oder [dabei] wäre, so soll der selbig um die halb straf
30 verfallen sein, als zwelf, aber nach den drei umfragen und ausredung der-
selben soll auch die völlig straf sein, als 24 xr.

Item und wellicher aber gleichwohl auch erscheint und ohne er-
laubnuss der dorfbürgen vor[9]) den beschluss davon gieng, der ist zu strafen,
wie der, so nit erschienen ist, als per vierundzwanzig kreutzer.

35 Folgen hinnach allerlei der ganzen gemeinde in specie fürgenohmene
ordnungen, darauf dann die dorfbürgen, als vor stehet, ihr fleissigs auf-
sehen zu haben schuldig, auch ieder gemeinsmann sich zu halten und
nachzugleben in wissenschaft hab.

Belangent erstens der heurat, dienstknecht und handwerchs-
40 **gesindl.**

Und auf das das ganze werk dieser ordnungen und verfassten dorf-
buchs, als durch einer löblichen nachparschaft solliches fürnehmend, ge-
recht gebessert, wohl gemerkt und nicht, was zu ergänzend vonnöthen ist,
ausbleibe, so haben wir mit rath und freundlicher ersuchung, vorwissen
45 und bewilligung des ehrwürdigen wohlgelehrten herrn Petrus Reichen.

---

9) oder hs.

thumherrn zu Kur, geistlichen vikari in Vinschgau und pfarrherrn allhie,
einhellig gesagt und fürgenomen, damit dass mir nit allein mit überlauf
der unehelichen erzeugten kinder, sondern auch der ehelichen, als knechten
und mägten, so zur ehe greifen, aufs höhst beschwert oder überfallen wur-
den, dadurch auch den hausarmen leuten, denen das almosen gebührt, und 5
gegen gott unverantwortlich entzogen, so wellen wir mit allem ernst das
nemlich mit gutachten und consens der geistlichen obrigkeit auch steif zu
halten gemeint haben, also, und wann es sich zutriege, dass ie unsere
ehehalten oder handwerchsgesindl, so nit eigen haus und herberg haben,
sich durch schickung gottes eelichen zusammen versprechen wollten, so 10
sollen die handstreichweis von ihme unsern lieben herrn pfarrer und den
selbem nachkommenden nit zusammengegeben werden, sie haben dann zu-
vor von den vier dorfbürgen oder einem ausschuss, damit etwann dadurch
vielerlei ungelegenheit verhiet werde, dem herrn pfarrer einen schriftlichen
schein fürzuweisen, darinnen ein ehrsame gmein solliches nachzugeben 15
gewilliget habe.

Betreffend wegen einziehung, die nit eigne behausung haben.

Item, da und im fall ein ehevogt oder ein einige person, es sei in
oder aussers dorfs, die anvor noch nie eingelassen worden, begehrten, allhie
einzuziehen und wohnung zu haben, deren iedes soll sich bei denen ge- 20
ordneten dorfbürgen und vor einem ehrsamen ausschuss seines vorhaben
bittlich erzeigen und daselbsten gewärtig sein, ob sie eingelassen wer-
den oder nit, und was man alda für antwort bekommt, derselbigen
nachzuleben, und da einiches ehevolk oder einig person einzulassen willi-
gung hüten, so soll ein ehevolk schuldig sein, also baar zu erlegen acht 25
gulden, und die einig person 4 fl. Ist es aber sach, dass die ein oder
andere person ein hieiges kind ist oder beide, seint die das einkaufgeld zu
geben nit verbunden, aber sich, als gehört, zu erzeigen dennoch schuldig,
und auf derselbigen hieigen manns-, oder anlezen frauensperson begehren
solle ihnen die einziehung ohne bewegliche ursach nit verwiedert werden. 30
So ver es sich begübe, dass sie ein person, die einmal schon einge-
lassen ist und aussen sich hierzu verheuratet, so soll die person, wie die
anderst, als gehört, kein hieiges ist, auch mit erlegung 4 fl. sich einzu-
kaufen, — und was mannspersonen sein, die sollen dennoch zu gewarten
haben, ob sie eingelassen werden oder nit, — schuldig sein. 35
So seint auch diejenigen ehen oder einigen personen, so 300 fl. oder
mehr gulden haben in vermögen und das allhie in stuck und gütern oder
ausgeliehenen geld liegend haben, solliches einkaufgeld nit, aber die
erzeugung bei den dorfbürgen oder ausschuss, wie vorgehört, dennoch
schuldig. 40
Wellicher oder welliche aber dergleichen personen, so vorerzählt,
ohne erlaubnuss der gemelten vier dorfbürgen und eines ganzen ausschuss
unterschlüpf und herberg geben, die sollen von stund an, sobald solliches
gewahr wird, von ieder person pr. 10 fl. unnachlässig gestraft und dennoch
die unterschlaipfpersonen, da sie nit bei einer ersamen gemein ein mehreres 45
erlangen möchten, fortgeschaffen werden.

Item, ob einer ausser oder innerhalbs dorfes, der anvor sich nit einkauft
hat, güeter oder behausung kauft und dieselbige kaufsumme 300 fl. oder mehr
gulden wert, so ist er, wie vorgesagt, kein einkaufgeld nit, aber wenn es
sich zutrieg, dass derselbige solliche güter wieder verkauft, oder aber ohne
5 unglücksfall verschwendt, so sollen sich solliche personen, als wie andere, zu
erzeigen und, wenn sie die bewilligung haben, einzukaufen schuldig sein.

Ebenfalls so ist es, wann einer auf einen namhaften bestand hieher
zieht, einmal das einkaufgeld zu geben nit schuldig, aber, da es sich zuetragen
wurde, dass solliche personen von dem bestand kemen und, als vor gehört,
10 am grund und boden nit vermigens wären, oder aber im geld soviel, als
300 fl. oder mehrer gulden, auch nit fürgesehen, soll es mit ihnen, wie mit
andern, als obstehet, gehalten werden.

Und sollichen dergleichen eingelassenen personen solle allwegen
nothdurftigen erzählt werden, wie sich dieselben aller erbarigkeit, und es
15 dergleichen inwohnern zu thuen gebührt, bei vermeidung des dorfs und
gebührender straf wissen sich zu verhalten, beinebens auch dem dorfbuech
in allen nachzuleben haben und wissen.

Gemein arbeiten und pfüntungen.

Wann einer, der es schuldig, zu einer gemein arbeit mit einem baar
oxen samt dem potten geboten wird und der nit erscheint, noch gehorsam
20 ist, der soll gestraft werden ieden tag, so oft es beschieht, per 36 xr. Ittem
von einer gebotenen mannsperson, die nit erscheint, 18 xr. und von
einer weibperson 12 xr., und so deren gebothenen personen, es sei mit oder
ohne vieh, so auf der gebotenen zeit nit gehorsam oder zu rechter zeit,
sonder erst spat darnach erscheint, so sollen dieselben heimgeschaffen und
25 um der völligen straf, als gehört, gestraft werden. Sollich ungehorsame
die sollen auch alspalt zu abends oder nach verrichtung der arbeit der straf
nit erlassen, sondern alspalt gestraft und den gehorsamen soviel wein und
brod darumben kaufen und mit einander verzöhren lassen.

Ittem, so in diesen und allen anderen billichen pfantungen sich
30 einer oder mehr der pfantung wider rechtmüssigen titls verwiedern wurde,
der soll mit aufgelegter pein den andern tag nach belegter pfantung die
pfantung doppelt, und den dritten tag dreifach zu geben schuldig sein.
und so noch kein bezahlung folgen, und sich pfant zu heben gewalthätig
verwiedern wolt, den soll, wie billiche recht vermigen, ein pfeil vor seinen
35 haus geschlagen und alle gemeine nutzbarkeiten so lange, biss dass er sich
gehorsam erzeigt, entwöhrt und genomen worden.

Ittem, wann ein sturm angeschlagen wird, und einer oder der ander,
er sei reich oder arm, ausser gottsgewalt nit durzue erschiene, und sich
dabei rödlich, ehrberig und treulich nit verhielte, der soll nit allein durch
40 einer ehrsamen gemein nach gestalt der sachen gestraft, sondern, da das
verprechen und die ungehorsam so gross wür, der obrigkeit zu mehr straf
angezeigt werden.

Steuerhauptmann.

Item es soll, wie anvor, allwegen ein steuerhauptmann ungever vor
45 Georgi um der eingetriebenen völligen steuer erberliche raitung thuen und

einicher richtiger ausstand von ihme nit passiert werden, er solle auch den rest,[10] was er verbleiben möcht, inner vierzehn tagen bezahlen und bei sollicher raitung solle wiederum ein anderer steuerhauptmann, den es der gebühr nach treffen möcht, ersetzt, durch wellichen auch nit allein die steuer Georgi, sondern auch die steuer zu Anderei getrieben werden soll. 5 In fall durchzüge beschehen, so soll der steuertreiber, sowohl der auf das konftige jahr darzue fürgeworfen wird, schuldig sein, mit aller ihrer müglichkeit treue und fleissige aufsehung zu haben, wie von alters.

Tagwercher.

Ittem, wo ver einer oder der andere tagwercher sommer oder andere 10 zeit ohne erlaubnuss der dorfbürgen aus dem dorf der arbeit und seinem eigenen willen und zaun nach gar [nach] Engadein und andern orten gehen wurde, und doch in dem dorf um der gebührlich besoldung arbeit hät, und um der gebür nit arbeiten wollte, dem solle von stund an sein weib und kinder nachgeschickt, und keiner nit mehr an- oder aufgenomen werden. 15

Dargegen aber, so solle ihnen, den tagwerchern, hiemit gewilligt sein, dass ein ieder mögo aus den gemeinen wüldern neben andern geniesbarkeiten, so sie von alters gehabt, jährlich drei fueder holz, aber nit mehr, auf den kauf machen, der es aber überführe, deme soll das holz genomen und [er] noch darzue gestraft werden. Es sollen auch diejenigen hausleut, 20 die etwan magd oder bueben bedürfen, hiesiger armen leut kinder vor andern, wie billich, befördern.

Folgt hierauf hand- und tagwercher besoldung aufs ganze jahr.

Eines tagwerchers besoldung ist von Martini auf sanct Peters tag 25 von allerlei arbeit, ausser reverender misttragen, holzhaken, fieren und machen, das ist vier, und sonst von einem tag drei kreutzer.

Dann von sanct Peters tag unzt auf sanct Veits tag von allerlei arbeiten vier xr., und von sanct Veits tag auf Michaeli, doch ausser des schnitts und maades, sechs kreutzer. 30

Was dann schnitt und maad anbelangt, ist die besoldung ohne wein acht xr., wellicher aber wein gibt, ist es auch nit mehr als sechs xr.

Von Michaeli bis wider Martini aber ieden tag vier xr.

Man ist auch keinen, allein fremden schnittern, an sonn- und feiertägen die marend, sonder nur das nachtmahl nechst vor dem werchtag zu 35 geben schuldig, aber mit der feiertagsuppen soll es auch samt der besoldung in der tagwercher speis beim alten verbleiben.

Der Handwercher belangend

hat einmal ein ausschuss diese nachgehende besoldung fürgenomen, doch in fall ein ganzes gericht dessentwegen ein mehre ordnung fürnehmen 40 wurde, so solle man in diesen derselben auch beifallen.

---

[10] erst *hs.*

Item einem maurer, als einem meister ieden tag neun, einem knecht sieben, und einem lerner vier, aber einem rauchknecht sechs kreutzer.

Zimmerleit: einem meister neun, einem knecht sieben, und einem lerner fünf xr.

5 Wann aber unter diesen zweien handwerchern in des meisters speis gearbeitet wird, so soll für die speis so viel, als gehört, lohn sein.

Tischler, in bedenkung, dass die bei der nacht arbeiten, einem meister zechen, einem knecht achte, einem lerner, der ein halb jahr gelernt hat, vier kreuzer. Die erzühlten acht kreutzer sollen einem knecht, der wol 10 arbeiten kann, gegeben werden, sonst ist es nur sechs kreutzer.

Sagmeistern ist derselben besoldung für speis und lohn auf ihrer sag von einer gemeinen fleck 6, und von einer bodenfleck acht vierer, und solle ihnen keine, allein der leger-schwütling zugehörig sein.

Schmid sollen sich nicht verweidern, wann einer, der sonst bei ihnen 15 in stäter arbeit ist, begehrt, um das taglohn zu arbeiten, und was sie alsdann den bauren, es sei eisen oder kohl, geben, neben dem taglohn, wie sie sich mögen mit einander vergleichen, nit beschwüren. Dargegen solle den meister und knechten auch gebührlich essen und trinken volgen.

Den schustern ist die besoldung in des bauren speis von einem paar 20 stifl sechs, und von einem paar schuch, gross und klein, zween kreutzer; sie sollen ihnen auch das schwarz leder,[11] wie von alters, zahlen lassen, als von einer ochsen- acht, und von einer stier- auch, und von einer kuhehaut 4 xr.

Schneider: einem meister acht oder 10, einem knecht, der wohl 25 arbeiten kann, sechs oder acht, einem lerner, der ein halb jahr gelernt hat, zween kreutzer, vor dem halben jahr nicht.

Garber-besoldung ist von einer ochsen- 22 xr., von einer stier- 18 xr., und von einer kuhehaut 14 xr., dann von einem kalb-, schaaf- oder geisfehl drei kreutzer, von einen kitzfehl einen kreutzer. Entgegen so sollen 30 sie garber einichen stürling oder anders, wie dieselben ihres eigenen sinnes nach bisweilen pflegen haben, nit davon nemen, bei straf der besoldung.

Strickenmacher sollen hinfüro keine scheiben-baindling oder anders mehr aus den hüuten nehmen, sonder sollen sich gegen bezahlung 6 xr. begniegen lassen, und ist ihr besoldung in des bauren speis von einer 35 klafter strick und amplezen dritthalben, und von iedem staiss ein kreutzer, so es aber in seiner speis gemacht wird, toppelt.

Kirschner-besoldung ist von einem tag auch 10 xr., von einem schaffehl oder geissfehl in der baiz zu arbeiten drei, und von einem kitz- oder lamplfehl ein kreutzer.

40 Weber sollen das gemein haustuch fünf viertl brait machen, davon ist die besoldung in des bauren speis acht fierer, und das stuppe, von anderhalb ellen brait, die besoldung ein kreutzer, was aber klug tuech, handzweelen, tischtücher, raas und anderes antrift, sollen sie weber hierinnen niemand mit unbillichen lohn beschwüren, sonder sich des billichen be-45 gniegen, bei der straf.

---

[11] schwanzfider *hs.*

Müller- und päken-ordnung.

Die volgt hernach nachlangs geschriebener, die dann durch herrn
Ulrichen Hendl als gerichtsherrn damalen aufgericht worden,
darboi es bei uns also gehalten und vollstreckt werden soll.
Actum in schloss Goldrein am dritten januari anno XXI.   5
Demnach dem edlen herrn Ulrichen Hendl zu Goldrein, pfleger zu
Schlanders, nun mehr oft und lange zeit nit allein durch den armen per-
sonen, sondern auch andern in gericht seiner verwaltung soliche klagen
und beschwerungen fürkommen, das nümlichen sich die müller mit mahlen
und bachen dermassen so unverschembt grob, unfüglichen und unfleissig   10
verhalten, also, dass denjenigen, so ihnen zu mahlen und zu bachen zue-
bringen, das ihrig nit vollkommlichen, wie es billich sein solle, zuegestellt
und geben, sondern also aufgehalten und entzogen wird, welliches dann
seiner gnaden von ihnen, den miller und bücken, verrer zu leiden, zu ge-
dulten, noch zu gestatten keineswegs gemeint, sondern von gericht und   15
herrschaft obrigkeit wegen, auch inhalt und vermig tirolischer lands- und
polizeiordnung, damit den armon und reichen dasjenige, was ihnen von
billichkeit wegen gebührt, zugestellt, ervolgt und durch ihnen, den
müllern und bücken, nit abgestreckt oder vorgehalten werde, gebührlich
einsehen und wendung fürgenohmen, für ein unvermeidenliche notdurft   20
angesehen, demselben nach dann seine gnaden mit rath und gegenwürd
dessen pflegverwalters Jeronimussen Pennzengls, sowohl Albrechten Fies-
sels, richtern,
     item Mang Kristan und Hansen Steiner, als gerichtschworne, nicht
weniger Erharten Gamper zu Laas, Kristan Rechenmacher und Martin   25
Gellser zu Schlanders, welliche vorverschiene jahr das angedeit müller-
und bäckenhandwerch auch gebrauchet, ein ordnung, wie und was gestalt
sich die müller, da ihnen iemand getrait zu mahlen zuebringt, ohne einichen
falsch und betrug verhalten, mahlen und zuestellen sollen, folgende ord-
nung und instruction fürgenomen, auch ihnen fürgehalten, offenlicher   30
verlesen, und denselben nach gesetzen ernstlich auferladen worden in
massen, als zu vernehmen:
     Dass nümlichen sie die müller in bemelten ganzen gericht Schlanders
und probstei Eirs, welche sich das malen anmassen und gebrauchen, hie-
mit schuldig und verpunden sein sollen, einem ieden, der ihnen etwas zu   35
mahlen zuebringt, sie sein gleich reich oder arm, von einem gestrichnen
roggstar annemlichen waitzen ein aufkauftes roggstaar schön, sowohl zwei
massln nachmehl, item ein kauftes roggfiertl grischen in der mühl zu ge-
ben, dann von einem ieden dergleichen annemlichen roggstar korn ander-
halb roggstar mehl gestrichnes maas samt kauftes viertl grischen.   40
     Und welliche mallout aber dergleichen roggen in säcken oder bälgen
geen mühl thuen, denselben sollen die müller pflichtig sein, so vollkauft
und eingeriggelt, wie man es ihnen mit roggen zuebringt, solliches geschirr
dermassen mit ihren mehl kaif einzestossen, und sowohl, als es denselben
mit roggen zugebracht worden, samt auch hievor gemelter grischen, als   45
von iedem staar ein aufkauftes viertl zu geben.

Doch solle aber den maallouten, welches ihnen fueglich und gefälliger,
das maas oder geschirr von den müllern zu begehren bevor und zu ihrer
waal stehen.

Betreffend der gersten ist das für rechtmässig und billichen zu sein
5 angesehen und zum bericht befunden, dass die müller von iedem rogg-
staar schöne, saubere gersten ein kauftes roggstar schön, und zwei massler
nachmel, wie auch zwei roggenmassler grischen herausgeben sollen. In fall
ihnen aber bemelte gersten mit dem futterstaar zu mahlen zuebracht
wurde, sollen übermassen die müller sich mit heraushebung des mehls, als
10 gehört, dem maas nach gegen den maallouten verhalten.

Und ob einer oder der andere gersten zu gerstbreien machen lassen
wollte, dass die müller iedem von einem schönen roggstar gersten ein
kauftes halb roggstaar oder ein gestrichenes halb futter-staar genuiten gerst-
prei herausgeben sollen, in fall aber die gersten durch den futterstaar geen
15 mühl getragen wird, soll müller von derselben ein halbs aufkauftes futter-
staar brei machen und goben, verrer von einem gestrichenen futterstar
gegeben werden.

Wo ver man aber bemeltes futter zu speis- oder bachmehl mahlen
lassen wollte, sollen die müller von einem gestrichenen staar futter ein
20 kaufets roggstaar mehl geben.

Und in fall nun das getreid mehr ausgäb, als die ordnung vermag, soll
müller über sein muess das ander billichen auch deme zuestellen, so es gehörig.

Hieneben, ist auch in sonderheit bedacht und für billichen angesehen,
in fall einer oder mehr personen, reich oder arm, ihr getreid auf welliche
25 mühlen lust und willen hat, selbs mahlen zu lassen, oder sousten zugegen
lassen sein wollte, soll müller ihme solliches zuelassen, ihme auch die mühl
ohne einichen falschen betrug und finanz zum besten richten, davon er
sonst nichts, allein sein gebührliches muess, als von iedem staar ein massl,
der zweinzig ein roggstaar, sowohl ein dergleichen maassl grischen zu
30 nehmen befugt sein. Hinentgegen aber soll dem müller auch dies zuge-
lassen und vorbehalten sein, in falle einer oder mehr ihme getraid zu
mahlen zuebracht, dass er fueg und macht haben solle, solliches zuvor, ob
es vorbeschriebener massen annemblichen sei, zu besichtigen, da er ihme
aber nit getraut, mehl und das mas zu geben, so soll ers den mahlleuten
35 wiederum zurugg dürfen geben, oder aber dermassen zu seibern und zu
butzen, dass er folgends ihnen die maas davon geben und zuestellen künde,
doch aber sollen sie die müller hierinnen einiche gefahr oder finanz nit
gebrauchen, und wo ver sich die unterthanen solliches beschweren und bei
der oberigkeit erzeigen wurden, soll der müller gestraft werden.

40 Und nachdem nit allein zu Schlanders, sonder anderen orten, welche
in gericht, gebräuchig, dass zum theil personen, als arm und reich, zu
ihrer nothdurft ihr getraid den bäcken bachen lassen, in wellichem fall
gleichermassen man oft beschwert und bevortheilt worden, derowegen und
damit hierinnen auch niemand bevortheilt werde, ist gleichermassen auf
45 den empfangenen bericht gestaltsame der sachen fürgenomen und beschlossen,
dass ein ieder bäck, wellicher sich des bachen gebraucht, von einem roggstaar
roggen 120 gueter, keifer, annemlicher hausbrod bachen und demjenigen,
gegen empfachung ihrer alten ordinarii-besoldung, zugestellt werden solle.

Des waizen- und roggenbrod halber, so die bücken in gericht des ganzen jahr auf den kauf bachen und wekgeben, ist dies fürgenomen, dass die bücken sümmtlichen sich fürderhin das was grösser und besser zu machen fleißen, als bis dato her beschehen, und also das weitzen- und roggenbrod dermassen bachen, damit weder die gerichtsleut, durchreisende 5 oder andere personen nit beschwürt, sonder ohne klag seien; in fall aber durch ihnen über sollicher ermahnung noch kein wendung gebraucht und man hierüber geursacht wurde, sich zu beklagen, so soll alsdann den bücken ein gebührlich gewicht, wie es gehalten und ein gestalt haben solle, zuegestellt, und dieselben über vererer übertrettung gestraft werden. 10

Zu deme ist auch in sonderheit angesucht und erwegt, dass die müller in ihren müllen maas, als staar, viertl, mezen, massler und anders mehr, wie das namen haben möcht, darauf von der oberigkeit ordentlich pfacht seie, halten und sich einicher anderer maas nit gebrauchen sollen.

Deme allem nachzukommen und derwider nicht zu handeln haben 15 ermelte bücken und müller vorbenanntem herrn richter, in namen ihrer gnaden, an eines geschwornen eides statt das glib geben, und in fall folgends einer oder der andere wider sollicher ordnung handeln und fürgehen wurde, der soll nach seinem verdienen an leib oder gut durch die oberigkeit mit gebührlicher straf ersucht und fürgenomen werden. 20

Nach diesem haben sich Lorenz Saltenreich, Wolfgang Schmelzer, Blasi Jenegin und Valtin Schuler zu Laas, item Reinprecht Paader, Peter Lösch und Wolfgang Sedlmayr zu Schlanders, ferrer Peter Obermüller, Allexander Müller und Geörg Tuppeiner zu Latsch und alle meister des bäckenhandwerchs hienebens sonderbaar verabligiert, das weitzen- und 25 bevorab roggenbrod, du anderst sie das treid bekommen, gebührender massen zu bachen, damit der arm und nothdurftig zu ieder zeit das brod nach dem kreutzer oder sousten getraid zu kaufen finden.

Von sollicher fürgenohmener guten ordnung ist auch aus sonderbaarer anbefehlung der oberigkeit einer ieden gemein deren hauptleut zur 30 nachrichtigung ein glaubhafte abschrift um ihren pfennig zuegestellt und behändiget worden.

Item es sollen auch die müller und schmid dermassen mit ankehrung des mühlbachs thuen, wo die einkehr mit einer zimmerten arch so guet versehen, damit einicher schaden nit zu besorgen. 35

Item auch zu keiner zeit einiches Plimi-wasser ohne wissen der dorfbürgen nit herabkehren, in fall aber in diesem durch ihrer verwarlosung einicher schaden geschähe, sollen sie denselben abzutragen schuldig sein.

Keiner soll heu, grumet oder stroh, das einmal zu einem stock eingesaimert ist, vor negsten Georgi darnach ohne erlaubniss der dorfbürgen 40 oder des ausschusses aus dem dorf nicht verkaufen, bei straf von einem ieden fueder ein gulden, doch solle hierinnen auf dem beschehenen erzeigen zu ieder zeit, und nach der hand beschaffenheit billiche messigung beschehen.

Es soll auch iemand auf den moos keine neue weeg machen, bei der 45 straf iedesmal achtzehen kreutzer,

Sowohl auch ohne wissen der dorfbürgen einiche neue haar-rösen nit machen, bei der straf 1 fl., sage ein gulden.

Item, es hat keiner macht, felber, alber oder sonst ander büum,
allein baumgarten ausgenomen, gegen morgen und mittag zunägst vor
eines andern stuck zu setzen, bei der straf iedem stammen ein gulden, und
soll donnoch die gesagten stuck hinweck zu thuen schuldig sein; was aber
5 die baumgarten betrifft, so soll es also gehalten werden: nämlich, wenn
einer oder mehrer oft in eines andern stuck hinüber reicheten, so solls
dem, dem dasselbig stuck gehörig, darinen die üst, als gehört, überreichen,
in der wahl stehen, solches zu gedulden oder nit, und so ers gleich ge-
dulden wurde, so solle doch derjenige, dem der baum zuegehörig, schuldig
10 sein, mit dem andern die davon jährliche nutzung auf gleichen theil zu
theilen.

Es soll auch iemand dem andern, der es nit sonder fueg hat, für
liecht und fenster oder mit den dachungen [und] derselben fürsten [12])
nicht zu schaden bauen.

15 Es solle zu ieder langeszeit die raumen zechen tag nach beschehen
friden geführt und nachmal nach dieser zeit nit allein umbs raumen, son-
der auch um keine schranken oder anderwerts auf die wiesen geführt
werden, bei der straf iedesmal dreissig kreutzer.

Es soll auch alle bescheidenheit mit dem fürmühen braucht und kei-
20 ner leichtfertig und früfenlich durch die grüser fahren, sondern es solle
der hinten, da er so zeitlich mühet, dass er nit auskimt, acht tag mit füh-
rung seines fueters warten, und in mittl deme, deme er durch sein stuck
fahren muss, das sein zu mühen oder ein mad zu schlagen begehren; thät
es aber derselbig nit, so mag der, der durchzufahren hat, selbs ein mad
25 schlagen und unverhintert durch- oder fortfahren; welcher aber solches
überfuhr und dem nit nachkam, der soll iedesmal gestraft werden per
dreissig kreutzer, und dem, so schaden beschehen, abtrag zu thun.

Item der weg halber in ückern und wiesen solle ein ioder sehen,
dass derselbig am nügsten zu eim weg und dorf, und da an wenigsten
30 schaden beschicht, fahre, doch aber hierinnen iede alte inhabung und recht
unbenomen, und in fall sich dessentwegen spen erhebeten, soll es durch
die dorfbürgen und ausschuss, wo miglich, verglichen werden, so aber die
vergleichung durch mittl dies nit sein kient, einem ieden sein weitere
sprich unabgehintert und unabgeschnitten sein.

35 Ferer, wann einer von einem acker weg durch einer spaten wies
hat und mit der nutzung, unzt die wies gemühet wird, ie nit warten
kann, so sollte derselbig [den], deme die wies gehörig, ein mad zu schlagen
anmanen, so ers aber auf sein begehren nit thät, so mag er selbs ein mad
schlagen und unverhintert fortfahren. Doch solle in diesem allen beschei-
40 denheit, und kein ungelegenheit braucht werden.

Der es aber überfuhr, der soll auch iedesmal per 30 xr. gestraft,
und auch den schaden abzutragen schuldig sein.

Mit anfirchen, brachen und bauen halber soll es also gehalten wer-
den, dass keiner ohne sondere gonst und erlaubnuss zum an- und abfahren
45 mehrer, als dreimal und drei fürch, mit einem paar oxen auf eines andern
stuck strecke, und da es mehrer beschah und schaden daraus folget, soll

---

[12]) dürsten *hs.*

deme, so schaden beschieht, durch den übertreter derselbig billich abgestat, und noch darzue um 18 xr. gestraft werden.

Item, so iemand betretten wurde, der die archen und wöhren in der aue und sonsten, die noch nutz bringen, zerhackt und vertrieg, der soll erstes mal um 24 xr., das ander mal 48 kr. gestraft und, so es das 5 dritte mal beschach, gar aus dem dorf geschaffen werden.

Item die dorfbürgen sollen auch in sonderheit sehen, dass in langis zu ieder gebührenden zeit alle wüil und puntayren guet und recht gericht und gemacht werden, und auf die wässer guet acht und fürschung haben.

Ferrers soll auch das wasser, wie von alters, bei sankt Stefans 10 brugg, und nicht bei dem Engedeiner wahl theilt werden, und gebühren Latsch die zween theil.

Es soll auch nit allein in der aue, auch bei der Plimi, sondern auch bei der einkehr und herunten bei der Plimi-bruggen zu gueter früher langes [zeit] soviel miglich gewört werden. 15

Die bruggen sollen mit archen und ensen, auch dillen iederzeit wohl versehen werden, damit man nit etwann gefahr zu besorgen und zu gewarten habe.

Die strass soll langes- und hörbstzeiten der nothdurft nach gericht und beschidt werden. 20

Es sollen die dorfbürgen das ganze jahr zu allen vier wochen und in sonderheit zu der zeit, als man mit den harern umgehet, die kemich besichtigen und obsorg halten, damit in dem ganzen dorf mit dem lieben feuer gewürlich umgangen werde, auch iemand nit gestatten, fieterung, flichtern, schüp und dergleichen auf den dillen oder ungewührlichen orten 25 zu legen, bei grosser straf.

Dann so soll auch iemand, dem ein ross oder tüss zu den wöhren geboten wird, nit nur den glatten gipfl, sondern stümb und grobe gipfl mit einander an der wöhr bringen, damit nit die waldung hinlässiger weis verschwendet und dennoch nicht gewehrt, sondern gleich wieder durch 30 den wasser hingeführt werde, bei der straf, der es überfahrt, 30 xr.

Mehr, so man jährlich in die aue wöhrt, so ist von alters der brauch, dass herr von Annenberg den arbeitern zum beschluss einen trunk lat geben, darbei es noch samt den waidbesuechen und andern rechten inhalt verhandens kundschaftlibells zu erhalten ist. 35

Ferer ist den dorfbürgen auferlegt, dass sie alle jahr zwischen Georgi und pfingsten in der gemein der gebühr nach so viel vial [13] bei vorbemelter peen bieten, und die vial, als in klein Plattey, Kreuz, Siechen, Rastüm, und Unser Frauen fial und an andern orten, was nit sein wird, fein fleissig aushacken und butzen lassen, da sie aber es zu gehörter zeit niht ver- 40 richteten, sollen sie die dorfbürgen von stund an als um ein halb yhrn wein gestraft, und sollicher wein an pfingstfeiertägen denen, [die] alsdann die fial putzen, gegeben werden.

Den reverender pfarstier ist nachfolgends stuck vermig einer zettl, auch unzt her gehabten brauch und zu gueter inhabung der gemein zu 45 halten schuldig.

---

[13] vorl *hs.*

Und vermag dasselb zettele dieses, dass auf bitt Veiten Kartheiners, der damalen, als die zetl geschrieben worden, so im verschienenen sieben-undsiebenzigsten jahr beschehen, vor zweenundzwanzigsten jahr in gott enschieden, an ein ersame gemein daselbst, dass man ihme sollt vorzunehmen
5 die egart unter der alten lantstrass an dem Razinrain gelegen, so an sanct Peters lehen morgenthalber stosst, mitten tag die gemein alt lantstrass, abend Georg Tschinen guet, zinst denen von Stambs, zu der vierten seiten an Razinrain, man soll es ihme für ein fridwies, als zu ihre gras, lassen, dargegen hab er sich erpoten, einer ersamen gemein [ein pfarstier zu halten,
10 dass dieselb] versorgt sei, und der den dorfbürgen, anstatt der nachperschaft, annemblichen sei, ob aber derselb durch die innhaber nit gehalten wurde, so soll die wies wieder offen sein, wie andere gemeine wiesen ; ob mans haltet, ist der stier lain- und kostfrei, anietzt ist Georg Ratschiller sol-liches stuckes ein innhaber.
15 Und alleweil dem Martin Rofanatscher oder anderen nachkommen-den sein innhabendes stuck wies, zunegst für des herrn Kleinhansens be-hausung hinaus, so in sanct Peters pfarrkirchen lehen gehörig, gelegen, für frid-anger eingezäunter und versperrter gelassen würdet, ist er dar-gegen schuldig, der gemein ein pfarrstier zu halten, wo das aber nit be-
20 schah, hat man solliche wies, wie von alters, wieder zu öffnen und derzue zu weiden.

Reverender des perfacks halber ist vermig erst hievor angedeiter zettl das stuck, so inhalt derselben Kristan Tschaupp ingehabt hat, zu halten schuldig, welliches ietzt Martin Winter, der bei aufrichtung dieses
25 buchs als ein gemeinsmann und ausgeschossner auch mit und bei gewest, innen hat.

Und ist solliche obgehörte zettl dieses erst beschriebenen postens halber dieses inhalts, daß Kristan Tschaupp in seinen leben ein ersame gemein gebetten, man soll ihme vergonnen, aus einer spatwiesen auf Grogg
30 gelegen ein acker zu machen, so ungefähr drei muttmahl sein, und auch aus zwei munmahd spatwiesen frühes mad zu machen, so diese zwei mann-mad unter den Mareinwaal ob Stadlrein bei der alten lantstrassen ge-legen, dargegen wöll er in ewigkeit der nachperschaft und gemein, damit sie versorgt sein, reverender ein perfack halten, wenn derselb aber nit zu
35 guten benüegen gehalten wird, hat ihme die gemein vorbehalten, die stuck wieder, wie vor, zu öffnen. Die dorfbürgen sollen auch von stund an die negst wochen nach kassonntag die reverender pfarrstier und den per-fack beschauen, ob die oberzühlter massen in währung sein oder nit, da-mit notwendige fürsehung beschehen kann.

40 ## Betreffend der Marein.

Der Marein halber, dieweil zu derselben zeit von alters her kein ordnung gewest um wegen des auf- und abtribs, ist anietzt diese ordnung fürgenomen.

Erstens solle die ganze Marein und die wiesen am oeden acker den
45 alten mitleten maien gefridt und erst nach den spaten wiesen gemähet werden.

Dan von wegen auftrib des pofls mag ein ieder, der da wiesen oben
hat, seine ochsen auftreiben; wo aber einer, der keine wiesen oben hüt,
ochsen auftrieb, der solle der gemein von iedem paar in hülf der bezahlung
eines saltners samt der anlag von einem iedem paar um sechs kreutzer
mehrer, als der wiesen oben hat, geben.   5

Es soll auch kein ander vieh, als allein ochsen, die ein joch aufgehabt
und zogen haben, an pofl aufgetrieben werden.

Und nachdem die Marein-saltner unzther sich unterstanden, ieder
ein rind auf den pofl aufzukehren, so ist ihnen aber dasselbig durch einer
ehrsamen gemein abgesprochen und fürder solliches zu gestatten nit zuge-   10
lassen worden.

Ob auch einer oder mehr von fremden orten zu brachen, hauen oder
in anderweg ochsen leichen thet, dieselben soll man aufzutreiben nit macht
haben.

Des mezgers halber soll mit auftreibung seines viehes gehalten wer-   15
den, wie sein ordnung hernach melden thut. So wellen wir auch, dass dieser
ordnung der Marein, sowohl des neuen wahls halber, nit anderst, als mit
wissen und willen herrn von Montanigs inhalt verträg nachgelebt werde.

Item so sein diejenigen wiesen, die Marein genannt, anno 1599, so
weiland die frst. dhtl. erzherzog Ferdinanden zu Oestreich etc. hochlöblich 20
seligster gedechtnuss der gemein Latsch verlichen, durch Hansen Blaas,
anwalt, und Steffan Pül, beed als dorfbürgen, auch Anprosien Greiter und
Alexander Ratschiller, als der gemein Latsch gesante, vor dem edlen herrn
Ulrich Hendl zu Goldrein, als unsern gnädigen und gebiethenden gerichts-
herrn, anstatt ihr kais. mjt. mit erlegung vier gulden gelds empfangen   25
worden, welliche dann auch fürerhin alle zeit zu fünfzehen jahren der-
gestalt als mit vier gulden empfangen werden muess, und wann man,
wills gott, des sehszechenhundert vierzehent jahr den andern tag aprillis
zählen wirdet, ists und trifts dieselb wiederum zu empfachen, und wenn
man in obbemelten 1614. jahr zählt, und so ofts herumkumt, muss die 30
empfachung vor dem andern tag monats aprillis beschehen.

Die spatwiesen unter dem Kandlwahl und Mareinwahl sollen all-
wegen, weil die Marein erst nach denselben, als der pofl geezt wird, vor-
gemühet werden, und so die zeit komt, dass man aus befehl der dorfbürgen
auf den pofl treibt, so soll iemand einichen stier, so nit zogen und unter 35
drei jahr alt, sowohl keine küe an pofl treiben.

Es sollen auch alle jenige, die einmal so viel, als drei tag ihre ochsen
an späten wiesen am pofl treiben, nit allein das ochsenkorn, sondern auch
das brod zu geben schuldig sein, und geben werden.

Stras- und sauünger, auch andere, ausser der egart zu negst ob Unser 40
Frauen, und diejenigen, so von alters befreit sein, sowohl die aun-ehegarten,
die seint von altem Georgi unzt den alten sanct Gallen tag gefridet, [14)]
aber vor und nach seint sie gemeine wiesen, es habe dann iemand in pene
genuegsam fürzuweisen, dass es ander fridwiesen sein sollen. Was dann
den grossen anger bei der Plima antrifft, soll es mit der weidbesuechung, 45
wie von alters, gehalten werden.

[14)] geführt *hs.*

Dillen, ror und ruif halber.

Dillen, rer und ruif, so man auf dem fürstlichen schloss Tyrol um-
wegen, dass das gericht Schlanders des [15]) fischen und jagens vermig der
landsprach*) befreit ist, ist ein zettl in altar boi den brieflichen gerechtig-
5 keiten befunden worden, welliches der freisteuer halber auch ausweisung
thuet, dieses vermag und in sich haltet:

Nümlich dass alle jahr vier rehr, vier dillen und zweenunddreissig
reif gemacht in Latscher gedingstatt, und sollen daselbst auf die tanzgass
geführt und geschnitten werden, wie sie dem maas nach sein sollen, und
10 sollen nachmals hinab auf gemelten schloss Tyrol geantwurt werden.

Und in 1536. jahr, als damalen dieselb geschriben und aufgericht
worden, haben es die oberdörfer tagwercher alda zu Latsch und die bauren
geführt und geantwurtet, und im 37ten jahr hats der ander theil in ober-
dorf obgehörter massen gemacht und geantwurtet, also dass es albeg [16]) vier
15 jahr in dorf seie, und vier daraus, als zwei jahr zu Tarsch und eins zu
Goldroin und derselben mitverwanten, und eins zu Morter, und komt
albeg in achten jahr wiederum.

Die weinzirl soll man halten: als wan sie in tag kommen zu mahl-
zeit, soll man ihnen das mahl geben, umb marendzeit einen untertrunk,
20 so sie aber auf die nacht kommen, ist man ihnen nur das nachtmal.

Holzbürgen.

Holzbürgen sollen auch mit negstem nach dem kassuntag zu zweien
jahren durch den ausschuss gesetzt und geordnet werden, und sollen deren
alwegen vier, als zween in unter-, und zween in oberdorf sein, und seint
25 solliche holzbürgen auf dieses zu halten mit allem fleiss, wie die hienach
gemelte vorzeichnuss, zum theil vom alten waldbuch abgeschrieben, ge-
treulichs aufsehen und nachzukommen schuldig bei straf.

Erstlichen in Faltneid allenthalben in mult gelegt, und hebt sich
das gemärk an an dem neuen weg, grad hindurch demselben weg nach
30 bis an deren von Montain gemerkt und nach demselben grad durchauf bis
an das joch, gegen dem morgent hebt sich an bei der Arzgruben, und von
derselben rüs bis auf Pertschogg, und nach demselben egg durchauf bis
auf Hochhitt, und dernach daselben hindurch bis an den Voglbrunnen, und
hinein auf Varnütsch dem alten struzweg oder steig nach unzt zu dem
35 schwarzen brunnen in pirchwald, und daselben grad durchauf bis auf den
absteigweg, so von der alten alb bis auf die neu alb gehet, und hinein bis
auf den egg in Faltneid, und nach demselben egg unzt ins joch, und das-
selbig darzwischen alles in mult gelegt, griens und durrs also, dass niemand
griens stamben schlagen oder machen solle, bei der straf, ob einer befun-
40 den wird, dass einer ein grienen stamben schlieg ohne der holzbürgen vor-
wissen, der soll gestraft werden, so es einer überfier, um ein mult roggen.

---

15) das *hs.*
*) *Vgl. Landsprache von Schlanders I. S. 165 Z. 25 und II. S. 171 Z. 21.*
16) albis *hs.*

Weiter so ist den holzbürgen vergunt und befohlen, wann die bech-
klauber oder lergetbohrer einen stam oder mehrer schwenden wurden,
darinnen sich die holzbürgen wahrlich befinden mögen, dieselben [zu]
strafen um ein ieden stamen dreissig kreutzer.

Durrs holz, ob einer ein fueder machen thüt ohne vorwissen der holz- 5
bürgen, soll derselbig gestraft werden um ein mutt roggen, und das holz
genomen. Das gepfündt holz solle den holzbürgen zuegehörig sein, und
die straf davon solle der gemein Latsch halb zuestehen, doch wover in
deron revier lübnuss vorhanden sein möcht, dasselbig hierinnen vorbehalten.

Belangend der lapnuss-mult, soll es damit, wie von alters, gehalten 10
werden und in sonderheit [ge]sehen, dass das lap bei guetem mond gemacht
werde. Es soll auch mit der lapnuss bei gemelter straf verstanden werden.

Auf Latscher alb gegen Pamgart-egg ist ein kleines larchwaldele in
mult gelegt, so drob hin ein trei gegen Pamgart in [17]) gehet, und darunter
kradenhalber der kaser über ein schröfl und egg auf, wer darinnen etwas 15
macht, soll gestraft werden, wie gemelt. Im Freienborg hat die gemein
ihr besitz, wie von alters, und in sonderheit seint die brent nit zu passieren.
Belangend der geschirr-pirchen ist endlich beschlossen, dass ein baursmann
zu seinem brauch, doch dass ers zu geschirr-pirchen brauche, dergestalt
in Vermal mit wissen der holzbürgen machen dürf, aber andern soll es 20
ganz verboten sein bei der straf, wie gemelt; da sich aber einer befunt,
der solliche pirchen zu brennholz braucht, soll für ieden fueder um ein
mutt roggen gestraft werden.

Item auch, so iemand zu einem pauholz aus den multwäldern, das
er anderweg nit bekommen kint, begehrt, so solle durch den holzbürgen 25
sollicher bau besichtiget und, so es die nothdurft erheischt, der gebühr und
gestaltsame [nach] durch den ausschuss holz darzue vergont werden. Sol-
liches verguntes holz soll inner jahrsfrist gefiert und, so es nit beschähe,
solliches hinfür zu machen oder zu führen nit mehr macht [haben], son-
dern soll das holz der gemein gehören, und da es sich befinden wurd, dass 30
gleichwohl einer solliches erlaubt holz im jahr machet und führet und
dasselbig an dem nothwendig besichtigten ort nit brauchet, so soll ihme zu
demselben bau hinfüro keines mehr vergont sein und [er] noch darzue ge-
straft werden.

Ferrer so soll es in gemeinen waldungen also gehalten werden, dass, 35
wann einer ein holz machen lasst und solliches über den dritten saft liegen
und nit umkehren oder [18]) weiter treiben thuet, so soll es meniglichen
frei sein, doch dass es der, der es nemen will, in demselben jahr auch
weiter treiben thue.

Die holzbürgen sollen auch in langis fleissig sehen, ob nit etwann 40
in den multwäldern umgefallen holz aufzutheilen sei, und [so] sie es befin-
den, soll dasselbig der gebühr nach austheilt [werden], damit das jung
und stehend holz verschont werde.

Item auch sollen sie mit bestem fleiss achtung haben, damit die
wälder vor dem lieben feuer verhietet werden. 45

---

[17]) in] ûn *hs.* [18]) sondern *hs.*

Wegen der rüsen und hinführung eines andern holz, darauf die holz-
bürgen ihr achtung haben sollen, solls innhalt der lantsprach gehalten
werden, und sonst gemeiniglichen alles das thuen, was getreuen holzbürgen
zuestehet und gebiehrt, darumben sie den dorfbürgen anloben sollen.

5   Forer so ist mult fürgenomen und hebt sich an beim Vermal-bachl,
und gehet durchauf bis auf Varnetsch, unten hindurch bis in Remenig-
bach und zu dem grossen bruch, so ennhalb des bachs ist, daselben grad
durchauf bis an den Schnitlweg und hinein bis an den Ploder oder Re-
minigbach, und nach dem bach hinauf bis an steig, so auf Koleben gehet,
10 und nach demselben steig hindurch bis an den schwarzen brunnen. Was
darzwischen ist, solle auch in mult gelegt sein in massen, wie in Faltneid,
und solle die straf auch auferlegt sein, welche das überführen, wie obgemelt.

Von wegen der mult in Malfout ist die ungefährlich vor vierzig
jahren durch ein ehrsame gemein Latsch in mult gelegt, dabei bleibt es
15 noch, und hebt sich die mult an bei dem Latscher albweg, daselbsten es
dann unterm weg mit einem markstein mit ein kreuz gemürkt, und gehet
daselb durchauf bis auf Tarscher albweg und Gampen, und entzwischen
hat es etlich marksteine, und daselben hindurch bis an Valzeitbach, und
nach dem pach unzt desselbigen ursprung, und von dannen dem egg zue
20 unzt auf den geißsteig, und nach dem egg herab bis in Valzeitbach also,
dass niemand darinnen kein holz machen soll, bei der straf von iedem stam
ein mutt roggen, doch mit allem vorbehalt, solliche multen über kurz oder
lang zu mindern oder zu mehren, nach rath einer ersamen gemein.

Ferrer ist vorbehalten das holz, so man zu den landpruggen, auch
25 rehr und dillen auf Tyrol bedürftig, auch brunnen-reer, so man ausser
der multwälder nit bekommen kinnt, soll mans nach rath aus den mult-
wäldern vergonnen und nit ander gestalt.

Weiter so ist fürgenommen am Sonnenberg und seint die aichen
und eschen in mult gelegt, und hebt sich an bei Fröschls-bad, krad durch-
30 auf bis an die wend, und krad dadurch bis in Zelün, und daselben durch-
auf grad bis auf den steig, so von Annenberg bis auf den platz gehet, und
daselben hinein bis auf den Ratschill-rain, und daselb hinab bis auf die
lang eher am Pfraumenkofl, und hinab bis auf den Platzersteig, und
daselbsten krad durchab bis auf Breitebnet, was darzwischen ist gegen
35 Latscher bruggen, solle in mult sein. Wann einer das überführ, der solle
gestraft sein, wie obgemelt, und was man sonst ausser der mult für pren-
holz mit ziohung einer hack zu ries bringen mag, des hat man in Sonnen-
berg, wie von alters, fueg.

Niederleger, weglohn und einnehmer dienstordnungen
40   **und der gemein recht betreffend.**

Erstens, so viel das weggeld antrifft, hat er anstatt und in namen
der ganzen gemein vermig der f. dht. unsers allergnädigsten [herro] und
landesfürsten Maximilian, erzherzogen zu Oestreich etc., gnädigst gethanen
bewilligung durch und enhalb des dorfs als Tissersteig nach zu empfachen:
45   als von einem hapt ross oder oxen, so in einen geladenen wagen ge-
spannt, zween, und von einen geladenen samross ein fierer, und von allen

rossen und rindvieh, so auf den kauf fürgeführt und getrieben werden, von iedem hapt 1 fierer, dann von schafen, geissen, reverender schweinen, und allem andern kleinen vieh von zwei hapten auch ein fierer.

Darinnen aber seint vermig obangedeiter ihr frl. dhtl. gnüdigsten bewilligung nit allein ihr dht. selbs, sondern auch derselben rüth und diener 5 von woinen und allen ander kammergüetorn, desgleichen die fuhrleut, die allerlei metall und ürzt führen, befreiet, nicht weniger auch diejenigen, so von mehr höchsternennter frl. dhtl. oiner hohlöblichen obor-oesterreichischen regierung und chammer frei geschaffen und lösbrief fürbringen werden.

Dargegen ist zu wissen, dass die gemein Latsch hat unter des edlen 10 gestrongen herrn herrn Maximilian Hendl zu Goldroin und Iufahl, röm. kais. Mjt. und der frl. dhtl. rath und kammer-viertlhauptmann in Vintschgau, gerichtsherrn zu Schlanders und Kastelbell, auch der brobstei Eyrs, als unsers gnüdigen und gebietenden gerichtshern verfertigung ein revers geben, nit allein die zwei landbruggon, sondern auch die landstrass dar- 15 zwischen, die man gleichwol ohne das von alters zu erhalten schuldig gewest, zu versehen und darzue auch, so anvor nit gewest, einen stüten wegmacher, damit die bruggen und die landstrass in desto bessern würden bleiben und erhalten werden, zu halten und zu besolden versprochen.

Gleichfalls hat er im namen der gemein niederleggeld vermig rod- 20 briefs einzulangen:

als nümlichen von oinom hapt ross, so güeter ziochen oder tragen, zween kreutzor, und wann einer etwan zween oder drei pallen führt, ist der von saum zu geben auch zween kreutzer.

Und wann die fremden rodleit oder andere güeter alda aufladen und 25 dieselben geen Glurns oder Algund führen wurden, soll ieder von einem wagen zu bezahlen schuldig sein, es wollten sich dann die rottstütt selbs einander solliches guetwillig erlassen, zwelf kreutzer.

Und obwohl solliches der gemein niederleggeld anvor quatemberlich auf den rodleiten austheilt worden, dadurch man aber befonden, dass die 30 gemein auf ein sollichem weeg allerdings nicht als wenig nutzpars ausgericht, sondern oft bisweilen einer mehrer verzöhrt, als eingenomen, derowegen fürgenomen und beschlossen, weil man wegen erbauung der neuen strassen sankt Peterskirchon allhie nit ein kleine, sondern grosse summa schuldig, damit dieselb summa mige verzinst und mitlerweilen ab- 35 zahlt [werden], so solle solliches niederleggeld zu dem weggeld durch den geordneten weg- und niederleg-einnehmer in einer versperrten bixen zusammen getriben [19]) und gelegt werden, und dann darumben alle quatembersuntag, das ist viermal im jahr, den dorfbürgen und etlichen benachperten ordenliche raitung thuen, und was er ihnen rest verbleibt, baar zu handen 40 der dorfbürgen erlegen und bezahlen; es soll sich auch sollich dienst zu allen gehörten raitungen enden und der oder andere auf ein neues angenomen werden.

Der rodordnung halber hat er sich und soll sich also verhalten, als nümlich: wann kaufmannsgüeter von Algund oder Glurns auf der rod 45 hieher kommen, solle iederzeit das, so anvor komt, wann das geld verhanden, zum ersten auch angesagt und geführt werden. Er niederleger soll sich auch von den kaufleuten wider den willen der gemein kein geld zu empfachen und auszuzahlen anmassen.

Dann so ist hierinnen auch ausdrücklich in vortl gestellt, dass durch
5 den hofherrn deren habenden bestandsleuten, denen vermig ihrer bestand die niederleg gebührt, der gebühr nach unzt, so lang das solliche beständ verandt, und die niederleg in den bestünten nit ausgenomen wird, bezahlt und guet gemacht werden solle.

Item neben deme auch, daß ein niederleger- und weglohn-einnehmer
10 solliches geld zu empfachen und dargegen zu verraiten hat, ist er auch schuldig und verbunden, gegen nachbemelter besoldung diese folgende posten bestens fleiss zu verrichten, nümlichen und für das erst, daß er soviel, doch ausser gottsgewalt, und ihme der gebühr gemäss möglich sein kann, in gueter achtung hab, dass iemand nit, der doch, als gehört, das
15 weg- oder niederleggeld zu geben schuldig, es sei tag oder nacht, durch das dorf oder ehnhalb gelassen werde, er geb dann zuvor dasjenig, was er dann zu bezahlen schuldig. Und so es sich begübe, dass deren oiner ohne sein wissen und ohne bezahlung, was er schuldig, für füere oder mit trei- benden vieh fahren wurde, und er niederleger- und weglohneinnehmer
20 solliches in wissen hätte, so ist er schuldig, demjenigen nachzueilen und bei negster oberigkeit, wo der betretten wird, umwegen bezahlung des niederleg- oder weggelds anzulangen, und die bezahlung inhalt habender freiheit zubegehren.

Item ist er auch schuldig, täglich und in specie zu beschreiben, was
25 und wie viel wügen, ross, oxen oder kleinvich, es betreff weg- oder nieder- leggeld, fürgangen, auch was klosterfuhrleut, herrn-knecht, viehtreiber mit namen in seiner raitung zu benehmen.

Wo ver aber ihme niederleger auf gebührlicher forderung des weg- und niederleggelds nit gereicht werden wollt, soll ihme alsdann auf sein
30 begehren durch den benachbarten von iedem und in gemein billiche hülf erwisen werden.

So wird ihme auch zu verrichten und nachzukommen anbefohlen, dass er schuldig sein soll, quatemberlich mit allem fleiß auf der strassen zwischen beiden bruggen zu sehen und, wo an einen ort oder andern schläg
35 oder sonst tiefe wagenlaisen waren, fein fleissig einziehen, und die stein und koppen aus der strassen werfen, die steig und die wül in und bei der strassen, so viel miglich, und in diesem allen, was er mit seiner hand ver- richten kann, richten. Was ihme aber zu wenden und zu richten zu schwürlich sein wurde, solliches, betreffend fuhren oder anders, den dorf-
40 bürgen zu wenden zeitlich zu wissen machen und, so ein gemein oder sonst arbeit beschah, dan selbs mit und bei sein, das, was er für am besten und thuendlichsten halt, anordne, benebens auch acht hab, dass summerzeiten die wül durch den wülern oder andern auf der strassen nit zu gross, sonder bescheidenlich angekehrt, auch die Lawurzwül bei der landstrassen fleissig
45 ausbutzt werden.

Gleichfalls so ist er schuldig, auf beide bruggen zu sehen, damit die mit aller nothdurft der dillen und andern versehen werden, die dillen, so lang es sich thuen lasst, fein gegen einander einziehen und einrichten

und, so aber dillen oder etwas ander, wie das namen haben mag, manglte,
den dorfbürgen solliches fürderlich zu wenden anzeigen [solle], sollichos
solle auch durch den dorfbürgen bei der straf, so geschwind es sein kann,
gewendet werden; was dann an den dillen manglen wurde, sollen die dorf-
bürgen albegen zu gueter zeit grosse, grobe feuchten in den multen schlagen, 5
führen und zu dillen auf der gemein unkosten schneiden, dieselben auch
iederzeit mehrers, als man einmal bedürftig, zu den bruggen führen und
was von nöthen durch den niederleger legen lassen, davon ihme dann
die alten dillen, welche mit wissen der dorfbürgen aufgehebt werden, zue-
gehörig und verbleiblich sein sollen. 10

Mit hinführung des guets ist man auch schuldig, wanns durch den
gutfertiger begehrt wird, auf einmal mit zwölf wägen zu fahren, doch ist
zu wissen, dass dasjenig guet, so nit unzt oder vor mittag ankommt, den-
selbigen tag zu laden nit anzusagen ist. Es ist auch keiner wider seinen
willen schuldig, mehrer als zwölf zentner zu führen, und so ein wagen 15
angesagt, derselbig zu führen geladen, und alsdann das geld nit vorhanden
wär, so ist der rodfertiger die bezahlung ohne fertigung des guets dennoch
schuldig.

Item auch, wann es sich begüb, dass einer weniger, als zwölf zentner,
führen müsst, so muss ihme sollicho fuhr für zwölf zentner zahlt werden. 20

Des fahrens halber am montag und freitag soll es darmit, es müß
dann anderst sein, bei dem alten verbleiben.

Er niederleger soll auch ein ehrbars aufsehen haben und gegen den
rodfertigern oder den rodleuten kein gefährliches mit wag und gewicht
nicht geben, sondern hierinnen einem wie dem andern, reich und arm, 25
halten, das erbar und aufrecht ist.

So soll er auch mit ansagen und dem los niemand, sowohl als mit
der wag nit beschwüren oder ein ungleichheit brauchen, sondern auch
benebens, so er schreiben kann, guete aufschreibung halten.

Item es soll auch die ordnung, wie von alters, gebraucht werden, 30
dass keiner den andern, wie dann die rod gehet, nit [für] fahre, und sollen
allwegen die hinterstelligen zu hinterist bleiben und fahren, bei der straf
achtzehen kreutzer.

Es soll auch keiner ohne sonderbare, einhellige verliebung nit vor
zweiuhr zu morgens zum ausfahren ansetzen, bei der straf 18 xr., welcher 35
aber es überfüehr, darauf dann der niederleger acht haben solle, soll er
denselben den dorfbürgen anzeigen.

Item, so iemand fremder aussers dorfs güeter hinführen und laden
wollt, so soll derselbig, so lange unangesagte sein vorhanden, aus der purst
laden, und so ein hiesiger einem laden wollt, dem er nit angesagt worden 40
wär, sollte es gleichermassen also verstanden werden, aber wenn keine
unangesagte güter vorhanden, so mag [er] für den andern sein angesagten
wagen wohl führen.

Mehr, so einer oder der ander, wer der seie, auf einmal mehrer als
zwelf, sonder bis in die vierundzwanzig und darüber zentner auf einen 45
wagen auflüde, so soll es ihme doch nit für mehr der rod nach, als für
einen wagen, zu passieren sein, und ist es ein fremder, so ist er auch nit
mehr niederleg davon zu geben, als wie vorstehet, das ist zwelf kreutzer,

und wer dies überfüehr, und also nit gehorsam sein wurd, der soll um völliger besoldung gostraft werden.

Von sollichen seinen verrichtungen ist die besoldung quatemberlich, als von dem niederleg- und weggeld, von iedem ein gulden vier kreutzer,
5 dann von weg und der bruggen ausser der alten dillen 2 f. 30 xr., welliches geld ein niederleger und weggeldeinnehmer also baar zu der raitung vom geld zu empfachen hat.

Und noch darzue so hat er von den kaufleuten von einem ieden wagen sein besoldung, wie von alters, als ein kreutzer.

10 Item, so ist auch zu wissen, dass herr von Annenberg, wie von alters, schuldig, das palhaus der gemein ohne nachtheil zu erhalten, davon er dann von den rod- und kaufleuten den genuss zu empfachen, als von iedem wagen ein kreutzer.

Und da er, sollicher einer ganzen gemein diener, in diesem sich far-
15 lässig zeigt, seinen dienst treulich, wie sich gebührt, nit hielt und sich solliches wahr befände, so soll er nit allein vom dienst gethan, sondern auch gebührlich gestraft werden. Dennoch so soll ein ieder niederleg- und weglohneinnehmer, wellicher, gehört, quatemberlich von der gemein an-genomen wird, einem anwalt oder dem dorfbürgen das versprechen und
20 anloben thuen, dass er [in] allem diesen und was summariter dem dienst anhängig, auch anderweg der ganz gemein nutz und frommen befirdern, schaden und nachtheil zu wenden und sich dermassen zu verhalten, dass er ihm getreu vor gott und einer ehrsamen gemein und nachperschaft zu verantwurten, als er ein ehrlicher mann, sei.

25 Feldsaltners, darunter auch andere gemeine ordnungen begriffen.

Ein feldsaltner soll, wo es sein kann, auch am kassuntag, wo nit, doch negst darnach angenomen und seinen dienst, als hernach folgt, unzt auf Martini darnach zu verrichten schuldig sein. Erstens so hat er in acht
30 zu nehmen, dass die Tarscher zu keiner zeit unter dem Kandlwaal, doch einmal innerhalb des Tiefthals nit weiden, allein haben sie den trieb mit dem rind-, sonst keinem vieh anderst, [als] unter dem Kandlwaal hinaus mit geringstem schaden zu suchen, und ausserhalben des Tiefenthals hin-aus haben sie die waidbesuchung von altem Galli unzt den alten sanct
35 Jörgtag, doch ausser der äcker, darinnen die Tarscher zu keiner zeit einiche waid nit haben.

Zum andern, so haben die von Tarsch gegen uns über den Reminig-bach ausser der Reminigwiesen, darinnen sie die waid allein zu besuechen haben, mit keinem, allein mit dem geissvich die waid, doch auch ausser-
40 halben der güeter zu besuechen, benebens auch fein achtung [zu] haben, damit sie sich in Reminig mit nemung der baumgürten oder ausschneidung der rueten gänzlich bemiesigen, dargegen oben und gleichfalls haben die von Latsch über den Kandlwahl und Reminigbach mit dergleichen vieh, ausser der albweid, nit hiniber zu fahren und zu weiden.

45 Item die Kastelbeller haben nicht auf den spaten wiesen, sowohlen der alten landstrassen nach unzt zu die Tümerwiesen und den rein, und

der Etsch nach bis zu den Pekchen-bründl, oder das egg darhinter gegen Latsch, wie von alters, zu hieten.

Die Goldener und Tissener und dieselbigen gemeinen haben weiter nit, ausser der geiss, sonst mit keinem vieh zu weiden ehnhalben des wassers unter den wenten, und dem wasser nach, als unzt zum Fröschlpad 5 oder im Zelün, aber an andern orten, wie von alters.

Item er saltner hat einen, der dem andern unbefuegter durch einer feldbenutzung fahrt, iedesmal per 6 xr. zu pfenden und ist auch schuldig, deme, so das stuck gehört, solliches anzuzeigen.

Item, wann er saltner sehe, das ein vieh in einen schaden gehen 10 wollt oder, da kein viehhirt wür, so soll er demselben schaden zeitlich fürkommen und nit gleichsam warten, unzt das vich in schaden kommen sei, bei der straf. Wann er aber ein rind oder ander vieh in einem schaden erwischt, ist das pfänterlohn zwei kreutzer, von einem ross drei, dann von einem hüpt, als schaaf und geiss, ein, von ein reverender schwein auch 15 ein, und von den gensen von zweien ein kreutzer, und in diesen pfandungen soll es bei der nacht alwegen, sowohl da ein vich aussers dorf gehörig gepfänt wurd, doppelt, dargegen aber er saltner iedem sein vieh heimzutreiben oder, da er nit weil hett, solliches anzuzeigen schuldig sein.

Es soll auch iedem sein eignes vieh, das nit mit fleiss gehiet wird, 20 in seinem stuck gepfändt werden. Er saltner ist auch verbunden, von stund an einem ieden anzuzeigen, wo er und zu wellicher zeit iedes vieh gepfandt worden, und obgleich wohl einer in seinen eignen stuck hieten lassen wollt, des doch andern zu schaden beschehen müsst, hat er denselben auch zu pfänten. 25

Er saltner soll auch schuldig sein, iemand, der kein theil oder gemein hat, gras oder roggen zu schneiden nit nachzusehen, oder aber, da derselbig theil und gemein hat und in eines andern acker befunden wird, um drei kreutzer zu pfünden, das gras ze nemen,[20]) und deme zue[ze]tragen, so es entnomen worden, damit sollliche rauber migen der gebühr nach ge- 30 straft, und soll hierinnen niemand verschont werden.

Und welioho kein theil oder gemein haben, denen soll es verbothen werden, weder stielreiser oder einiches anderes holz aus den güetern zu tragen, bei straf dem saltner 3 xr. und der gemein nach erkanntnuss des ausschusses. 35

Es soll auch niemand keine holerbär klauben, unzt die durch den dorfbürgen aufthan werden, bei der straf der gemein 18 xr. und dem saltner, so oft es beschieht, 3 xr. Ebenmässig so soll es mit dem krauttragen und entfremdung desselben verstanden werden, als wie das grassschneiden. 40

Item er saltner soll auch zu pfünden haben die jenigen, die einen andern acker, ehe und zuvor die nutzung aus sei, treid, kraut oder wurzen daraus geführt oder tragen, damit vieler eigner gesuch und nutz verhiet werde, bei vorgemelter pfantung, sowohl deme, wellichem schaden beschehen ist, solllichen anzeigen. 45

--- --- -

²⁰) genomen *hs.*

Das spiglen solle ausser erlaubnuss der dorfbürgen vor dem führen
nit, aber an einem acker gar aufgehokert mit oder ohne wissen der dorf-
bürgen gar nit gestatt werden, bei der straf, und der saltner hat es zu
pfänden iedesmal 3 xr. So mans aber nach dem führen oder völligem auf-
5 hokern erlauben würde, hat er sich demselben nach zu verhalten.

Es soll niemands dem andern in seine obsänger oder pamgarten
gehen, bei grosser straf, und er saltner, da er eines betretten wurd, soll er
es den dorfbürgen anzeigen und um 3 xr. zu pfänden haben.

Item alle vial, — ausser der alten landstrassen unzt geen Raug gegen
10 Plavad der alten strass nach bis zum bild, und nach der neuen unzt, wie
die wiesen angehen, — sollen darinnen zu hieten verpoten sein, bis die-
selbigen durch den dorfbürgen geöffnet werden; da es aber einer über-
trette, hat er saltner dene auch, als vorstehet, zu pfünden.

Verer, so ein reiter in der weilen, so die nutzung auf der Plavad
15 ist, anderwerts, als der rechten landstrass nach reiten wollte, solle solliches
ihme durch den saltner nit gestatt, sondern zu der rechten neuen strassen
gewiesen [werden], so ers nit thuen wollt, [ihn] per 6 xr. zu pfünten haben.

Nicht weniger auch so solls gehalten werden mit dem durchtreiben-
den vieh, dass iemand einiche waid ausser erlaubnuss der dorfbürgen zu
20 besuechen nit gestatt werde, darauf er saltner sein fleissiges aufsehen und,
so sich nit einer abweisen lassen wollt, [sollt] er [ihn] auch, wie andere, zu
pfänden haben.

Item ein ieder solle sein vieh, gross und klein, für iedem derselben
gebührende hert treiben, und da es nit beschehe und solliches er saltner
25 gewahr wurde, und es einem die dorfbürgen, wie die hienach zum beschluss
der hirten geordnet, nit erlaubt haben, so soll er saltner solliches vieh
pfenten, und dem dorfbürgen anzeigen, damit dieselben der gebühr nach
gestraft werden migen.

Verer so soll zu langiszeiten niemand gestatt werden, sonderbar das
30 kleinvieh, als schaf und geiss, auf den wiesnen zu hieten, so wohl in herbst
soll man mit den schafen nach der abfahrt nit mehr als acht tage darnach
auf den wiesen an den gewöndlichen orten die weid suechen; wer diesem
aber nit nachküme, [den] soll der saltner auch zu pfünden haben.

Item es soll ihme saltner auch hiemit einbunden und anbefohlen
35 sein, dass er von Martini unzt am kassuntag, sonderlich, so reicht wetter
ist, so viel müglich sein aufsehen habe, dass man nit etwann reverender
die schwein um die weg und strassen ausser der herd laufen und gehen
lasse, und, wover es beschieht, soll ers auch zu pfünden haben.

Der saltner ist auch schuldig, wo etwann lucken durch den vieh
40 nieder gerissen wurden, wiederum, wann [er] anderst weil hat, [dieselben]
aufzumachen, hat er aber nit weil, so soll ers, deme das stuck zuegehört,
anzeigen, damit grösserer schaden mige verhiet werden.

Er saltner soll auch alle hirten und ochsenbueben in gebührender
forcht halten, nit mit ihnen spielen oder kurzweil treiben, [sich] an den-
45 selbigen, wie bisweilen her beschehen, mit schläg und nehmung ihres ge-
wands gänzlichen bemiesigen, sonder da einicher einen schlechten hirten
zu seinem vieh, der es zu hieten nit genuegsam wär, hätte, solliches den
dorfbürgen anzeigen, damit wendung beschehen mig.

Er saltner soll dargegen auch nit schuldig sein, iemand andern, als dem, deme das vieh gehörig, nachzugehen, es wären dann gemeine hürten, und ihnen das vieh ordentlich fürtrieben wär, solln derselbig hirt abstatten.

So sich aber einicher eines redlichen pfands wider diesen dorfbuch wiedern wollt, so mag er das vieh bei einem wirt einstellen und es den dorfbürgen anzeigen, von denen ihme hülf und beistand, damit er sein pfantung, wie billich, gehaben kann, beschehen soll. 5

Und summariter ist er schuldig, der ganzen gemein nutz und frummen zu firdern, schaden und nachtheil zu wehren [und] zu wenden, wie es dann einem ehrlichen mann und gemeinen diener zu thuen gebührt. 10

Dargegen ist sein besoldung, ausserhalb der hievor stehenden unterschidenlichen pfantungen, von ieden jauch acker in ganz Latscher gebiet drei ein halber kreutzer.

Was aber für güeter aussers dorfs gearbeit werden, was ackorfeld ist, soll es beim alten bleiben. 15

Wüler-dienst und ordnung an Maroin- und Kandlwaal.

Diese dienst sein von alters her am kassuntag ersetzt worden, dabei es noch bleibt, und somit solliche iezige und konftige angenomene wüler auf negst bemelte posten zu halten und nachzukommen schuldig:

Als erstens zu güeter früher langis-zeit die puntayren, so unter denen 20 zween waal gelegen, fleissig auszuschöpfen, auszuhacken und die schweller, so viel miglich, zu richten.

Zum andern, so die wal durch den dorfbürgen an tagen der gemeinarbeiten, und so brüch beschehen, gericht und gemacht werden, ist ieder wäler an seinem waal schuldig, sein hülf darzue zu verrichten und die 25 bewussten mängl den dorfbürgen zu der wendung fleissig anzuzeigen.

Drittens so sollen die, wanns durch den dorfbürgen begehrt wird, das wasser zu hieten und anzupannen anstehen, und hat der wüler am Mareinwaal sein wasser auf der grossen lüün, und der am Kandlwal in 30 Reminig zu nehmen, von denen [sie] das wasser von stuck zu stuck ohne betrug und gefahr, wie von alters gebräuchig gewest, als von ersten unzt zum letzten stuck anzupannen haben, und solliche anpannung soll, so viel miglich, albegen am abend davor zu wissen gemacht, auch damit nit gefält werden, damit nit, wie oft zu zeiten beschicht, dass einer seinen knecht und wüsserer gleich lär um die weg schicken muess. Sie sollen auch 35 dermassen das anpannte wasser mit eim sollichen fleiss hieten, also dass die wüsserer bei ihrer wasserung unverhintert bleiben migen.

Was aber der Kastelbeller güeter anbelangt, sollen sie das wasser iemand nit, sonder nur denen, die hienach bei der Kastelbeller puncten begriffen sein, geben und der gebühr nach anzupannen haben. 40

Item die wäler sollen auch in sonderheit güet achtung haben, bevorab der an Mareinwaal, wann sich etwann die wääl schoppen oder löcher macheten oder machen wollten, fleissig zu verhietung mehrers schadens behende ernstliche wendung zu thuen.

Ferer so seint sie auch verpunden, nit allein im sommer, sondern 45 auch im winter unzt am kassuntag, so etwann ein regenwetter [oder] wasser in Tarscherthal oder sonsten anfallt, es sci tag oder nacht, zu den schwellen zu laufen und [zu] sehen, dass durch sollichen anfallenden wasser, soviel miglich, kein schaden geschah.

Item, so durch ihnen wüler einem der gebühr nach ein wasser zu
5 benennter stund angepannt wird und der, dem es anpannt, oder iemand an seiner statt zu rechter stund nit erscheint, so soll der waaler drei laute schrai und rufer thuen, wür noch niemand vorhanden, drei kehrn wüssern und, so noch niemand vorhanden, mit dem wasser aus dem stuck und der gebühr nach weiter fortfuhren, derselbig soll alsdann schuldig sein, bei
10 der straf, auf der andern gebührenden rod zu warten, als ein gulden.

Item, so iemand einen sein anpannts wasser nimt und vor der zeit abkehrt, der soll iedesmal per 1 fl., gescheh es öfter, alsdann mehrer nach rath des ausschusses gestraft und das wasser iedesmals dennoch genomen werden.

15 Item die wüler sollen auch das, was zu hieten und anzupannen, nit allein gleich unzt zum schnitt und [mahd] führen, sondern auch nach der ackernutzung in wiesnen unzt zum hörbst schuldig sein und, so die zeit kommt, die garben einzusammeln, dem wasser nit, gleich wie bisweilen beschieht, kein acht geben.

20 Sie sollen auch niemand umb sondere gunst, verrechnung oder schankungswillen das wasser zu ungebührender zeit nit geben, auch auf den wiesen mit den nachtzigen kein gfär oder fortl brauchen, bei straf der besoldung und des diensts;

Ferer zu aller zeit guet achtung haben, dass die landstrassen, soviel
25 miglich, mit übriger grosser ankehr des wassers verhiet werde, sowohl mit den haaren-wüssern guete gelegenheit zu halten.

Das wasser in den gürten solle nie, allein am mittwoch und samstag so viel als allemal ein stund, gelassen werden.

Item auch, wellicher waaler unter diesen zweien von einer gemein
30 erwühlt, umb die oxen am pofl zu hieten, neben einem wüsserer auf der Marein begehrt wird, derselbig ist schuldig, die spatwiesen, [wie] ein rod fellig, ohne sonderbaare bezahlung, als von alters, den pofl zu wassern.

Sie seint auch schuldig, wann es begehrt wird, bei der nacht sowohl, als beim tag, das wasser zu hieten und anzupannen.

35 Und summariter seint sie schuldig, der ganzen gemein nutz und fromen zu firdern, schaden und nachtheil zu wenden, auch da dieselben durch den ehehalten oder andorn personen einiche untreu sehen würden, solches den dorfbürgen bei straf, als vorstehet, des diensts und der besoldung anzuzeigen.

40 In sonderheit aber soll der wäler am Kandlwaal den Tarschern, ausser was ihnen inhalt alten und neuen vertrags gebührt, kein wasser geben oder lassen, als was die gieter unter dem Kandwal sein, die haben ihr rod neben unser güetern, und so er bericht bedürftig, soll ihme die beschaffenheit, als hienach der Tarscher betreffend zu sehen ist, bericht
45 und bevelch, wessen er sich zu enthalten hab, geben werden.

Wann sie dann ihrem dienst fleissig nachkommen und verrichten, ist ihr besoldung von wälen gleichlich mit einander, als von iedem ein jauch acker, was darinnen für traid waxt, vier, und von einem tagmad

frühewies auch vier, und von einem tagmad spatwies zwo garben; was
aber diejenigen personen aussers dorfs betrift, die von ihren gütern mit
führung des guets und andorworts mit gemeinen dienstbarkeiten kein mit-
leiden und burd tragen, sollen [sic] die besoldung, als wie von alters ge-
bräuchig gewest, doppelt geben, und so einer aussern dorf nur wiesen und 5
kein acker hette, ist er von einem frühmad ein viertl und von einem
spaten auch ein viertl roggen, ausser denen von Tarsch, die geben von
einer spatwies, als von iedem mannmad, nur ein halb viertl.

Der zween waaler auf der Plavad betreffend ihres diensts
und der besoldung. 10

Die werden auch am kasauntag auf und angenomen und ist ihr schul-
dige verrichtung diese: erstens sollen sie langiszeit, wanns die dorfbürgen
begehren werden, zu schwenzen anfachen und, so es miglich, drei oder vier,
und zum grummad zwei oder drei roden wüssern und das wasser, wie von
alters, stuck zu stuck ohne einichen betrug und falsch anzupannen, und mit 15
dem grossen anger soll es anderst nit, als wie von alters, gehalten werden.

Item zuvor die puntairen und tragwül fleissig zu putzen und aus-
zuschreiten und zu schwenzen, und sonst mit dem schreiten kein gfar
brauchen, sondern einen, wie den andern zu halten.

Auch, da sie es von andern, es seien bauren oder arbeiter, ein solche 20
untreu sehen, sollen sie es nit zusehen oder gestatten, sondern, wo nit folg
sein wurd, solliches den dorfbürgen anzeigen, aufn thor, sonderlich im
regenwetter oder sonsten in geführlichen anfallenden gewüssern, ihr fleissig
aufsehen und achtung zu haben bei tag und nacht; sie sollen auch das
thor und die schwell, so oft es die noth erfordert, öffnen, auf dass der sant 25
fortkommen mag.

Item sie sollen auch kein wasser in die strass rinnen lassen, bestem
ihren fleiss nach.

Die heiligen samstag sollen sie das wasser um vier uhr, sowohl alle
hohe festabend, abkehren und in derselben weil nichts wüssern. 30

Ihr aufsehen sollen sie haben, dass die miller oder andere keine
wasser herein kehren. Da sie ein oder den andern betretten, sein sie schul-
dig, dasselb den dorfbürgen anzuzeigen, damit sie zu der gebührend straf
zu bringen; da sie es nit thäten, sollen sie es zu erstatten und zu ent-
gelten schuldig sein. 35

Und da ein untreu oder fahrlüssigkeit bei einem oder andern erfun-
den wurd, soll ihnen alsdann die besoldung, doch nach gestalt der sach
aufgehalten und nit geben, sondern [sie] noch darzue nach rat des aus-
schuss gestraft werden.

Item sie sollen auch schuldig sein, acht zu haben, wann einer in 40
oder ausser der gemein an einem heiligen samstag, auch feierzeit, sonntag
oder sonst gebotenen feiertagen hinausgehen und wasser herein kehren
wollt, so sollen sie es den dorfbürgen anzeigen und alsdann ieder, so oft
es sich erfünt, per ein gulden gestraft werden.

Sie sollen auch ohne bewilligung der dorfbürgen nit zu viel zu 45
wüssern annehmen, dadurch sie ihrem versprochnen dienst nit genueg thuen

kinten. So scint sie auch schuldig, einer dem andern, so viel ieder kann,
hilf und beistand zu erzeigen, wie sie dann auch das saltnerkorn mit ein-
ander gleichlich zu geniessen haben.

Da sie aber demo, wie sie es dann schuldig sein, nit nachkümen,
5 sollen sie der gebühr nach durch den ausschuss gestraft werden.

Und von sollichem dienst ist ihr besoldung in dem dorf von einem
mannmad ein halb, aber aussers dorfs, die nit nachperliche dienst und
beschwürlichkeiten tragen, ein viertl roggen, von besonderm wüssern von
iedem mannmad für heu und grumät zehen kreutzer.

10 [Ain] wäler durch den egarten heraus würdet auch am kassuntag
angenohmen.

Der ist auch schuldig in langüs alle puntairen fleissig zu machen und
auszuschöpfen, benebens die schwellen, was ihme miglich, zu richten, es
würe dann einer oder mehr so schlecht, dass ern nit richten kunt, so solle
15 ers demjenigen, dern zu machen schuldig, anzeigen, damit derselbig ge-
richt werde.

Er ist auch schuldig, da man den Mareinwal macht, sein hilf darzu
zu thuen und, wo mängl an waal, solliches den dorfbürgen anzeigen.

Item, wanns die dorfbürgen begehren, so solle er den wal ankehren
20 und hat den ursprung bei der einkehr untern alten schloss zu nehmen,
sollicher, ausser was er an seinem waal bedürftig, zu führen unzt auf der
grossen län, als viel als acht fürch, wann sich aber ein regenwetter zue-
tragt, alle gebührende maas zu brauchen, auch in sonderheit wohl und
fleissig achtzuhaben, wo der waal etwann schoppen und löcher macht,
25 demselbigen zeitlich fürzukommen, damit nit schäden daraus entstehen
möchten, was er aber selbs nit wenden kinnt, sollicher den dorfbürgen zu
wenden anzeigen.

Nicht weniger soll er, was unter sein waal unzt an bemelter grossen
län, von stuck zu stuck in massen, wie es die andern thuen, auch zu thun
30 schuldig sein anzupannen und darinnen kein gefür wenigst nit brauchen.

In sonderheit auch soll er guet acht haben, in regenwetter, oder
wann die Plima sonst gross anfallt, von stund an den waal zu ringern
und, wo noth, bei tag oder nacht der schwell oder einkehr zuelafen und
dieselben, ehe schad beschieht, zuestossen.

35 Er soll auch allen den knechten und wüsserern zuesprechen, dass
sie sich mit wässern und schreiten aller gebühr nach verhalten, und wo
er in diesen oder andern der gemein unfrumen gespiert, solliches alles bei
verlierung seines diensts den dorfbürgen oder ausschuss anzuzeigen, und
da er wäller sollichen dienst der gebühr nach nit verrichtet, soll er durch
40 den ausschuss der gebühr nach gestraft werden.

Darum hat er sein besoldung zu empfachen, von iedem jauch vier
garben und ein tagmad frühewies auch vier, und aussers dorfs, wie die
andern wäler, sowohl was den herrn von Annenberg antrifft, wie von
altors, als von beiden ängeren drei viertl roggen.

45 [Ain] wäler aufn neuen waal mag nach dem kassuntag durch den
ausschuss angenomen werden.

Ain wäler an neuen waal ist schuldig, an langis, zu was zeit es die
dorfbürgen begehren, dem herrn von Montani und der gemein, so der wahl

gemacht, darzue er auch sein hülf zu thuen verbunden, das wasser anzu-
kehren und fleissig zu hieten, also dass er unter tags kein zeit davon sein
solle, es wäre dann, dass er dem wüssorer auf der Marein etwas helfen
miest, wie ers dann auch zu thun schuldig, und in sonderheit auch sehen,
dass der wal nit etwann schoppen mach und, so sich etwas anlegen oder 5
stein und sant darinnen fallen wurde, solliches fürderlich wenden, alle tag
nit nur einmal, sondern mehrer den wahl nach hin und hergehen, zu
zeiten wasser zuetragen und, wo noth, den wahl fein zu besetzen,

Item den wahl iederzoit nach gestalt des wetters mit mässigen an-
kehr[en], auch zu anfallenden wetter eilend zu der schwell laufen, densel- 10
ben ringern oder gar abkehren.

Es solle alle montag das wasser zusamt dem tag auf der Marein sein.
Er solle auch ohne wissen des herrn von Montanig[21] oder der dorfbürgen
einiches holz zu dem waal, oder sonst aus den herrn-waldungen nit nehmen.

Item, so er befünd oder vermeint, der wahl wurde etwan ein loch 15
machen wöllen, soll er demselben zeitlich mit schoppen fürkommen oder,
da ers selbs nit thuen kund, solliches den dorfbürgen zu verhietung mehrer
schadens zu wenden anzeigen.

Alle heilige sonntag solle kein wasser an dem waal auf der Marein
geführt und noch viel weniger nicht gewüssert werden, bei grosser straf, 20
und da es sich aber begäbe, dass iemand sich solliches unterstünde, so soll
er wäller den dorfbürgen bei verlierung des diensts und der besoldung
anzeigen.

Er ist in summa schuldig, der ganzen gemein nutz und frumen zu
befürdern, schaden, auch nachtheil zu wenden. Da und im fall aber 25
solliches durch ihme wühler nit beschüh, soll er nach rath des ausschusses
gebührlich gestraft werden.

Und da er sein dienst fleissig verricht, ist die besoldung von iedem
ein tag, so viel er den waal hietet oder sonst etwan zu brüchen helfen
wurde, wie ers dann schuldig zu machen, zwelf kreutzer. 30

[Ain] wasserer auf der Marein mag nachn kassuntag angenomen
werden.

Der ist auch gleichfalls schuldig, auf begehren der dorfbürgen anzu-
fachen zu wüssern und allwegen ein jahr aussern und das andere jahr inner
tals. Er solle auch alle kehren und stuck, ie eins nach dem andern, ohne 35
allen fortl und betrug nach einander anzukehren, und die wül und wasen
fleissig auszuhacken, die nachtzig keinem andern zuezemessen, alein deme
es der rod nach betrifft. Er solle auch als ungefähr eine halbe stund in
der nacht heimgehen. Item auch soll er allweg, ist es nit enter, auch ein
halbe stund vor tag auf den wiesen sein, umb das wasser weiter fortzu- 40
kehren.

Da einer sich anmassen wurde, das wasser selbs auf seiner wies zu
kehren oder an einem sonn- oder feiertag, da man sonst zu feiern verlobt
hat, solle er solliches den dorfbürgen anzeigen, und sonst in all ander weg
der gemein nutz und frommen firdern, schaden und nachtheil wenden. Er 45
solle sich auch hinfüro, ausser der wääl und in den wegen, des gras-

---

[21] Montanius *hs.*

schneidens gänzlichen bemiesigen. Er ist auch schuldig, den poß in der
hei-wasserungs-besoldung ohne ferere ergötzlichkeit zu wassern aus diesem,
dass ein wässerer die oxenhuet auch hat, und ist von dem heiwüssern von
anfang unzt zu vollendung desselben sein lohn als ieden tag, wie dem
5 waler, 12 xr., und von der oxenhuet ist der lohn beeden öxlern, von ein
paar ein viertl roggen, und was auf den spaten wiesen fürtrieben wird,
ist noch darzue von eim paar vier prot.

Die öxler sollen auch auf der Marein, sowohl auch auf den spaten
wiesen kein reverender kühe oder anders mit aufzunehmen oder selbs auf-
10 zutreiben haben.

Wegmacher.

Der und ieder soll schuldig sein: erstens die alt landstrass unzt auf
die Tämerwiesen mit aushackung der stauden und auspolung der stein,
auch in allen andern wegen, wo es noth ist, in gueten würden zu erhalten.
15 Ferer auf dem moos allenthalben die weg aussteinen, die wässer aus-
zuführen und dann der kleinen lühn nach hinauf unzt am Kandlwaal, so
wohl auch in Paznig und in Formal, dann auch ehnhalb unzt an grossen
poß fleissig und guet machen, und auch alle wässer ausführen.

Item den weg über den egg hinauf unzt auf Perenboden und unzt
20 auf der neuen alb in gueten fleissigen würden erhalten, alle kehren
fleissig, und aber nit gar zu tief auskehren und, wann ein gewitter an-
fallen wollt, von stund an hinauf gehen und die kehren öffnen, auf dass
das wasser nit dem weg nach sein lauf hab und denselbigen zerreiss, in
sonderheit auch langiszeiten auf den eggweg nach den prözen, wann unge-
25 führ der letzt herab fahrt, die bemelten auskehren fleissig wider aufrichten
und aufziechen.

Ferer den weg von moos hin durch Valtnaid hinauf bis an Part-
schoggsteig denn auch mit bestem fleiss guet erhalten, und den brunnen
in Faltneid auskehren, auch dem lesten immer zu bevelchen, dass er das-
30 selbig wasser auskehre, da es sich aber befünt, dass deren einer solches
wasser nit auskehret, der solle durch den dorfbürgen um 30 xr. unnach-
lässlich gestraft werden.

Nicht weniger auch den weg über der Marein unzt auf Margrin und
bis zum zwiselten larch, und hinaus unzt auf die Pettenböden, denn auch,
35 wie andere, bei gueten würden erhalten.

Anlangend den neuen weg in Faltneid.

In fall den die gemein richten wurde, solle'n ein wegmacher auch
bei würden zu erhalten schuldig sein.

Der wegmacher solle auch alle ungebühr, da er einiche von ein oder
40 andern sähe, den holz- und dorfbürgen anzeigen.

Dargegen ist sein besoldung von iedem paar oxen oder stier, ausser
des mezgers und mestvieh, so auf der Marein auf dem poß trieben werden,
roggen ein viertl; da es sich aber begüb, dass einer [einen] oder mehr
oxen anheims oder nit auf bemelten poß trieb, so solle derselbig das weg-
45 koren dennoch vellig schuldig sein, und er hat solches wegkoren nach
Martini zu treiben.

Wachterdienst und besoldung.

Ein wachter solle andere gestalt nit angenomen werden, allein die
geistlichen und die herrn von adl, sowohl die ganz gemein haben sich mit
einander einen zu haben zuvor verglichen.

Und so einer angenomen wird, ist sein verrichtung dies: als erstens, 5
solle er von kassuntag unzt Georgi zu abends nein-, und zu morgens drei-
uhr, dann von Georgi bis Bartlmei zu abends zehen-, und am morgen
zweiuhr, von dannen bis wieder am kassuntag neun- und vieruhr rufen.
Die ruef aber solle er an den orten thuen, wie von alters.

Er soll auch in all ander weg mit dem lieben feuer, auch mit bösen 10
leuten und znichten bueben und gassenstürger guot aufsehen und fleiss
brauchen, und da er wenigst ein untreu befünd, bei hoher straf solliches
einem anwald oder dorfbürgen anzuzeigen schuldig sein; da er aber ein
oder mehr stund auslassen und ohne bewegliche ursach nit riefen wurde,
soll er für ieder per drei kreutzer gestraft werden. 15

Wann er sich aber in ander weg seinem zuesagen nach unbeschei-
denlich verhielte, so soll er nach beschaffenheit der sach zu strafen sein.

Davon hat er sein besoldung von der ganzen gemein zwanzig gulden,
und von den herrn von Annenberg 1 f. 12 xr., vom herrn pfarrer 1 f. 12 xr.,
dann von herrn Kleinhansen 1 fl. 12 xr., 23 fl. 36 xr. 20

Und solle auch beschliesslich dieser der wachterbesoldung halber
keiner, wer der sei, befreit sein.

Mezger-ordnung, wessen er sich zu halten hat.

Erstens so soll sich ein ieder, wellicher gemeiner mezger sein will,
am kassuntag bei einer ganzen gemein mit ansuechung seines vorhabens 25
erzeigen, und so er zu einem, als gehört, gemein mezger angenomen wird,
sich folgender gestalt verhalten.

Als nemlichen wird ihme von einer ersamen gemein alhie das rind-
oder ander fleisch, sowohl ingreisch, kalbsköpf, lungl und leber, roch oder
gsotten inselt, in dem tax und wert nit anderst, als wie es ein gemeiner 30
mezger zu Schlanders zu geben schuldig, oder ihme durch der gericht-
lichen oberigkeit nach gestaltsame iedes jahr vergunt wird, doch solle das
ingreisch, welches zu einem zuesiegl zugewegen wird, fleissig sauber butzt
und der gebühr nach auf das billichst zuegewegen und eintheilt, auch, so
miglich und die haltung beschieht, soll das leder hiesigen gärbern und 35
schustern vor andern verkauft werden.

Zum andern soll er mezger einem ieden, dem reichen wie dem armen,
gleichs fleisch und gerechte wag und mas geben. Es sollen auch in der
schüssl, darauf das fleisch gelegt wird, etliche löcher durchgeschlagen,
sow01 die wag zu ostern, und so oft es noth ist, gefisitiert werden. 40

Drittens so ist er schuldig, die ganz gemein durch das ganz jahr der
nothdurft nach mit frisch, gerechten und saubern fleisch zu versehen, be-
nebens einichen ausser des dorfs, doch ausser der ritterschaft, wann er ver-
nimmt, dass er nit wohl versehen sei, vor den hiesigen kein fleisch zu geben,
auch die fremden vor den hiesigen ausser sondere ursach nit befürdern. 45

Viertens solle er mezger von niemand einiche verehrung nit ein-
nehmen in meinung, einen mit dem fleisch für dem andern zu halten, auch
nit sondere gonst tragen.

Fumftens soll er auch niemands, unzt man sonst mit dem fleisch ver-
5 gniegt, oder er wisse, dass es gewiss erklecklichen sein mig, einiches fleisch
nit in das salz geben.

Item auch so soll er mezger zu keiner zeit einiches vieh an un-
frischen orten nit kaufen und herzue treiben, auch sonsten sich des tadel-
haftigen und unlustigen und unsaubern fleisch günzlich bemiesigen.
10 Hinentgegen und hinüber so soll ihme gemeinen mezger die gemein zu
verzinsung der mezgbank järlich mit vier gulden zu hülf kommen. * Die-
weilen vorhero nit observierlich gewesen, dass die gemein Latsch in ver-
zinsung der mezgbank etwas beigetragen, also ist auch vom adl und aus-
schuss der schluss beschehen, dass mithin auch hierin nichts zu entgelden
15 werden soll. *

Zum andern so soll ihme auch hiemit vergont sein, herbstzeit zwei
oder drei rinder auf den gemeinen oxenpofl zu kehren, dargegen er gleich-
wohl die gebührlichen wustungen bezahlen solle.

Nicht weniger auch so wird ihme zuegelassen, zu herbstzeiten auf
20 den spaten wiesen bei 40 oder 50 häpt schaaf, so die kühe abgangen, oder
doch enter nit, als 14 tag nachdeme, dass die auftriben werden, zu hieten.

Item auf der Plavad, dann auf der Marein, ausser, als gehört, des
pofls, hat er vor den neuen allerseelentag nicht zu hieten.

Betreffend der acker und aller egarten solle sich der mezger mit
25 aller waidbesuechung günzlichen das ganze jahr bemiesigen.

Er mezger soll sich auch ohne bewilligung der gemein oder obrig-
keit anderer gewerb oder fürkauf enthalten.

Lestlichen, so er mezger sollichen vorgemelten puncten nit nachküm,
sondern früfenlich überfüer, so solle ihme nit allein die 4 fl. hülf oder
30 bankzins nit geben, wie auch die gemein waiden nit zuegelassen, sondern
nach gestalt der übertrettung noch darzue durch den ausschuss oder, da
die sachen so gross, durch der obrigkeit der gebür nach gestraft werden.

Dann so hat er auch diese nachfolgende besoldungen, als von einem
oxen, er sei gross oder klein, 12 xr.
35 Von einem stier, der gement ist worden, 8 xr.

Von einer reverender kuhe auch acht kreutzer.

Mehr von einem kalb, geiss und schaaf fürs häpt zwei kreutzer.

Von eim lamp oder kitz von iedem häpt ein kreutzer.

Und von eim reveronder schwein, es sei gross oder klein, 4 xr.

40   Stierer.

Dieser ist schuldig, die weiden iederzeit unterschiedenlich an ort
und end, wie von alters her beschehen, zu versuchen, als langiszeit auf
der Plavad und solang die kühe darauf gehen, darnach von stund an in
Sonnenberg unzt zween tag vor, als dieselben in berg gehen, und, wann

* — * am Rande.

es ihme anbefohlen wird, die stier dausen über nachts zu lägern. Er solle in sonderheit auch die weiden und trenken in Bachthal und andern orten in ganzen Sonnenberg, wie von alters, besuechen und innenhalten.

Ein stierer ist auch.schuldig, nit allein im langis und an herbst, sondern auch im berg zu hieten, wie er dann daselbs auch fleissig darbei- 5 bleiben solle, und im regen oder schneewetter gueten fleiss und aufsehen zu haben und zu hörbstzeiten nicht leichtfertig das vieh heraus jagen, auch dieselbig woid nit besuchen weiter, als wie es ihme anbefohlen wird.

Am hörbst aber ist er schuldig, zu hieten in seiner speis unzt auf den alten sanct Michaels tag, und nachmals hat er die kost wieder zu neh- 10 men, wo ers im langas gelassen, als wie vor st. Veits tag, als ehe die stier in berg gehen. Er ist auch schuldig zu hieten, als lang man ihme fürtreibt.

Sowohl ist er auch schuldig, die troyen so viel miglichst fleiss zu machen und zu richten. Sein besoldung ist im langas, unzt dieselben in berg gehen, von einem stier 6 xr. und am hörbst ein kreutzer, im berg 15 aber für speis und lohn für der ganzen huet geld 10 fl., waizen ein staar, brod von eim hüpt drei.

So ein stier durch dem stierer verlohren wird, so soll es gehalten werden, wie in der kiegerordnung vermelt, als nümlich:

Dass er denselben zu suechen schuldig, und da er in dreien tägen 20 kein wortzeichen befünt, dass er dasselbig zu bezahlen schuldig sein soll.

Es sollen auch keine stier, die nit drei oder in vierten jahr und älter sein, anderst als für den gemeinen stierhürten getrieben werden, aber die im vierten jahr und mehrer alt sein, soll in eines ieden wahl stehen, langes- und sommerszeiten, ausser hörbsts, da iedes vich vor seinen 25 ordentlichen hürten getrieben worden soll, für den stierhürt zu treiben, oder besonder an befuegten orten hieten zu lassen oder nit.

Kieger

wirdet einer in unter-, und einer in oberdorf durch den nachpern iedes orts angenomen. 30

Solliche kieger seint schuldig, wanns die gemeinen dorfbürgen langes- zeiten begehren, fürzutreiben und in sonderheit guet acht und fleiss zu haben, damit mit staissen, auch in allen anderen weeg, es seie auf der Plavad oder spaten wiesen, nit allein mit hieten, sondern auch, wo es tiefe wahl hat, und mit heimtreiben in den gassen, zu welchen heimtreiben die 35 weiber helfen sollen, kein schaden beschüch, und haben erstens auf der Plavad unzt ungefähr bis den alten sanct Georgen tag, doch, wie es ihnen durch die dorfbürgen befohlen wird, zu hieten, alsdann ungefähr auch nach befelch der dorfbürgen auf den spaten wiesen unzt mitleten mai der alten zeit nach, nachmals, unzt die in der alben gehen, allein am 40 mittwoch und samstag in der auen, und die anderen tag sonst stäts in Nörder- oder Sonnenberg.

Ihnen den kiegern wird auch wenigst nit vergonnt, dass sie geiss, kitz oder schaaf mit sich führen und neben den kühen[22]) hieten sollen,

---

[22]) kiegern *hs.*

und herbstzeiten, wann die kühe schwür, mit dem auftreiben alle bescheidenheit brauchen.

Ferer sollen sie in den berg allen guoten fleiss und aufsehen haben, damit nit eines guoten ehrlichen manns vieh- verloren oder durch den
5 thieren zerrissen werden. Auch wann es sich zuetragen wurde, dass einem ein vieh verloren wurde, so sollen die hürten solliches zu suchen schuldig und, da sie es in drei tag nit funden und sie kein wahrhaften augenschein fürstellen kunten, das verloren vieh, was es billich wert sein möchte gewest, zu befriedigen schuldig sein.

10 Die kieger sollen auch einander mit dem weidbesuchen nit überfahren, sonder als einer gemein vieh durchaus wie von alters gehalten und kein betrug braucht werden.

Sie seint auch schuldig, so viel sie kinden, die troyen fleissig zu richten, was sie aber nit verrichten kinden, soll durch der gemein billiche
15 hülf erzeigt werden.

Ferer, so sich begüb, dass einer ein oder mehr rinder verkaufet und andere zugleich an der statt kaufet und fürtrieb, so soll der nit mehr lohn, als wann er die fordern rinder gehabt, geben. Aber welcher sonst sein vieh drei tag für den gemeinen hürt treibt, der soll kost und lohn zu geben
20 schuldig [sein], es wäre dann sach, dass sich einer besonderbar mit den hürten vergleichen kund, ausgenomen, was am herbst herzue kauft wird, das soll halb kost und lohn geben.

Von iedem dorfbürg, wer der seie, haben die kieger nit mehr, als wie von alters bräuchig gewest, als ein staar roggen lohn zu empfachen,
25 er habe dann viel oder wenig oder gar keine kühe.

Ferer seint sie schuldig, die Plavadweeg in guten würden zu erhalten, die stauden aus[zu]hacken, dargegen sie das hei aufzurechnen haben, darinnen sie sich aber gebührlich halten sollen.

Die küger sollen auch kein anders vieh, allein reverender kühe und
30 kalbler, die über das jahr seint, neben der nothdurft reverender pfarrstier mithieten, bei der straf, und so an pfarrstier mangl erschiene, sollen sie es den dorfbürgen anzeigen. Dann so ist auch fürgenomen, dass diejenigen, so in Morteller hintern alben albgehen, 10 tag schranten, aber die andern durchaus sollen kein schrant haben. Welchers aber nit hielt, [den] sollen
35 die kieger den dorfbürgen anzuzeigen schuldig sein, und wer es überführe, soll gestraft werden: von einer kuho und von iedem tag 6 xr., es wurde [23)] [er] dann des austreibens halber im fal durch mittel eines wetter verhindert.

Und ist die kiegerbesoldung, so lang man fürtreibt, für kost und lohn von iedem hüpt: roggen 1½ viertl, darinnen aber ¼ lohn, wellichen
40 [man], wann einem etwas zu leid gehet, nicht zu geben schuldig ist.

Ressler.

Ein ressler haben die dorfbürgen besten fleiss nach anzunehmen. Der ist schuldig, von langes an unzt in hörbst, so lang man ims fürtreibt, sowohl auch die ross auf Taffrit zu hieten, nicht weniger auch auf die

---

23) wurden *hs.*

böden, alsbald er durch den dorfbürgen hinauf bescheidiget wird, unzt die
wieder in perg gehen, sich auch in dieser seiner huet embsig und fleissig
zu verhalten und allbegen an denen enden hieten, wo es ihme durch be-
melte dorfbürgen anbefohlen wird.

Er rössler ist auch schuldig, seinen zuepoten selbs zu besolden.   5

Er solle sich auch am Sunnenberg mit der trenk und weidbesuech
verhalten, wie von alters.

So ein ross verloren wird, solls gehalten werden, wie in der kieger-
ordnung.

Item es ist auch endlich gemeint, dass iemand, wer der sei, ohne 10
bewilligung der gemein einen dreijährigen fohl oder der im dritten jahr
nit fürtrieb, bei straf iedesmal ein gulden, und so einem dardurch ein
schad beschehen möcht, soll er denselben dennocht abzutragen schuldig sein.

Des rösslers ganze besoldung ist ausser der kost, so zur rod gehet,
als von einem ross, das nit in Tafridberg kommt, vier kreuzer, was aber 15
hinein auf bemelter alben gethan wird, ist der lohn 6 xr. Darinnen aber
ein heuerzogenes fühl nit gemeint, sondern kost und lohn frei ist.

Geisser.

Einen geisser haben auch ebner massen die dorfbürgen anzunehmen.

Der und ein ieder ist einmal schuldig, von einem sanct Veits tag 20
unzt auf den andern zu hieten, und hat von stall aus mit der huet fueg,
ausser der gieter und gümpen, in dem Nörderberg unzt in Schlumsbach,
am Sunnenberg unzt in Formaibach, und gegen Goldern unzt an Tissner
äcker, als wie von alters, und was dann anbelangt deren von Latsch
wiesen und gieter, solle er dieselbigen ausser der dorfbürgen bewilligung 25
gänzlich bemiesigen.

Er geisser soll auch in den waldungen acht haben, ob nit etwan
ungebühr darinnen braucht werde, und wann ers gwarnemb, soll ers den
holzbürgen anzuzeigen schuldig sein.

Er soll auch kein feuer machen, dasselbig brennen lassen und davon 30
gehen; da ers thüt, soll er von stund an mit weib und kind aus dem dorf
geschaffen werden, und wann es andere thüten und ers wissen thüt, soll
ers gehörder gestalt den dorfbürgen anzeigen.

Und wann er geisser winterszeiten oder andere zeiten wettershalben
nit fürtrieb, solle er und seine zuegeisser bei dem kostbauren verbleiben 35
und, was er ihme zu arbeiten giebt, arbeiten und nit gleich essen und
trinken, folgends davon zu laufen.

Davon hat er sein besoldung, daraus er den zuegeisser zu bezahlen
schuldig, als vom heiligen kreuztag unzt auf sanct Veits tag von iedem
hapt 11 fierer, und von sanct Veits tag bis heiligen kreuztag 12 fierer, 40
darinnen aber die reverender böck ausgenomen so wohlen kost und lohn
frei sein.

Und wann er geisser ein hapt verliert, so soll es gehalten werden,
wie in der kiegerordnung gemelt.

Schäfer.

Den haben die dorfbürgen auch anzunehmen. Der solle schuldig sein,
die schaf vom heiligen kreuztag, unzt dieselbigen in berg und alben gehen,
zu hieten, auch sich in allem andern, wie der geisser [verhalten], ausser
5 dass er nit über den Kandlwaal und Reminigbach hinüber, auch in den
Reminigwiesen nit fahren oder hüten darf.

Und ist sein besoldung, davon er auch seinen zuhirten zu bezahlen
schuldig, als von heilig kreutztag unzt auf st. Veits tag von iedem hapt,
gross und klein, es sei geschorn worden oder nit, ein kreutzer.

10 Auch sich in allem verhalten, wie es einen gemeinen diener und
hürten gebührt und zuestehet. So ein hüpt verloren wurd, soll es gehalten
werden, wie in der kiegerordnung.

Kölberer.

Den soll man der beschaffenheit nach annehmen und bosolden, und
15 ist bis dato die besoldung gewest, daraus er den zuehirt zu zahlen hat, im
langas von einem hapt 6 fierer, und hörbst ein kreutzer.

Mit verlierung des viehs solls gehalten werden, als wie mit dem
kieger,[24] und sonderlich sommerszeit soll er frühe in berg treiben.

Schweiner.

20 Der wird am kassuntag durch einer ganzen gemein aufgenomen und
ist erstens schuldig, sich samt selbst vierter zu versehen, und soll das
fürderlich zu gueter zeit beschehen, als nach befehl der dorfbürgen,
und solle allemal bei dem obersten Zefighof anfachen zu sammeln, und als-
dann mit der halben hert über den platz und mit der halben durch der
25 Kuglgassen fürfahren, er solle auch selbs, sowohl seine boten zeitlich und
laut blasen, damit mans hören kann, und an einem gelegenlichen ort ein-
stellung halten, unzt sie allerdings gar vorhanden sein.

Alsdann solls er auf der weid fleissig kehren, und nit gleich bei der
bruggen und an die weg herum liegen lassen.

30 Auch selbs, sowohl seine poten mit den schweinen nit grob sein,
auch nit mit grossen pengl oder stecken und geisslen umgehen, und nit mit
stein werfen.

Item er solle auch gleichfals anheimb treiben, die hert zu zweien
theilen unzt zu oberst den dorf treiben, auch, als gehört, zeitlich wohl
35 und laut blasen.

Ferer so solle er auch ohne der dorfbürgen wissen weder auf die
hülben oder roggen nit hieten.

Wiederumb so ist er schuldig, die strassen beim anger hinab auszu-
steinen, sowohl auch die bruggen zu beiden seiten, so viel ihme miglich,
40 zu beschitten, auch, wenn es noth ist, die bruggendillen zu rucken.

----

[24] kreutzer *hs.*

Dann, wann er wisset, dass einer seine reverender schwein nit
fürtrib und doch dieselbigen ausließ, den soll er den dorfbürgen anzuzeigen
schuldig sein, und derselbig ist den lohn dennoch schuldig.

Davon hat er für kost und lohn einzunehmen und zu empfachen, als
von iedem rev. schwein, das vor sanct Johannes tag fürtrieben wird, 5
anderhalb viertl, und was erst hernach fürtrieben wird, das ist nur den
lohn, als ein viertl roggen, zu geben schuldig.

Wann aber ein reverender schwein von hand gehet, ist er nur die
kost, und den lohn nit schuldig.

Dann, so ein reverender perfack mangelt, so soll ers den dorfbürgen 10
anzeigen.

Kitzler.

Desgleichen solls auch mit dem kitzler verstanden werden, allein
wird zu wissen sein lohn gesetzt, dem ist man von iedem hüpt, unzt sanct
Veits tag, sechs fierer. 15

Es solle ein ieder oberzählter hürt bei verlierung seines diensts keinen
mit der kost überruggtragen, oder dieselbig gar dahinden lassen, da sich
aber einicher der billichen kost verwiedern wollt, solliches den dorfbürgen
anzeigen, der soll für die kost zu geben gehalten werden, wollt ers aber
noch nit thuen, den hürt zum wirt schaffen und um das, [das] der hirt 20
nothwendig verzehrt hat, so viel pfant heben und den wirt damit bezahlen.

Sie sollen auch eines ehrlichen mannes vieh halten, wie das andere,
bei verlierung der huet, und wie es mit dem verlornen vieh gehalten wer-
den solle, ist in der kiegerordnung meldung gethan.

Unter diesen hürten sümentlichen ist endlich gemeint, dass keiner 25
kein anderes vieh nebenzue zu hieten ohne wissen der dorfbürgen annehm
bei straf der huet, und wer sich aber solliches, als gehört, ausser der dorf-
bürgen anmassen wollt, der soll iedesmal von einem häpt per 18 xr. ge-
straft werden.

Betreffend der Latscher alm, und wie es mit albung 30
gehalten werden soll.

Erstens so hat ein ieder gemeindsmann, der doch theil und gemein
hat, macht, sein reverender melch-kühevieh neben anderen auf dieser
alben zu alben, doch soll die alben nach gelegenheit nit überlegt werden.

Zum andern solle auch unter denen, die daselbsten albnen, einer, wie 35
der gebührt, fürgenomen werden, ein getreuer albbürg [sein] und solches
amt bestes fleiss, wie er dann auf nachfolgende posten guet acht haben
soll, zu verrichten schuldig sein, davon er für seiner mühe als vortheil [25]
gschafet einen küß ohne vortl zu empfachen, auch ein reverender
schweindl alda umbezahlter zu albnen hat. 40

Sollicher alpbürg soll sich zeitlich mit einem gueten senn oder sennin,
auch raider und hürten, alles nach gelegenheit, mit hülf dereu, die da-
selbsten albon, versehen.

---

[25] aus nuertheil *hs.*

Und so nun die zeit komt, dass man jährlich das vieh, als kühe und
geiss, nach befehl des alpbürgs auftreibt, und einer oder der andere sein
vieh auf der alben trieben hät, und deme sollicher auftrieb reuet, und
solliches vieh vor der mess wiederumben ohne bewilligung des alpbürgs
5 oder ohne beweglich ursach herabtrieb, der soll gestraft werden, als von
einer kuhe zwelf und von einer geiss drei kreutzer.

Ferrer soll der alpbürg, so man sich eines messtags verliebt hat,
zween täg vor dem messtag die kühe an gelegenlichen orten weiden und
hieten helfen, und am gemelten messtag soll ieder auf sein vieh fleissig
10 aufsehen haben, ob einiches einen mangl hab oder nit, und so ein mangl
vorhanden, dasselbig aus dem pfärrer treiben, auch sollichs den alpbürg
neben noch einen gueten mann besichtigen und erkennen lassen, ob ein
mangl oder nit, und so es sich befünt, dass ainicher mangl wäre, soll der,
deme das vieh zuegehörig, ein waal haben, auf gemelten messtag solliches
15 vieh, oder die des alpbürgen gegebnen zeit auf einen andern tag einzu-
stellen, alsdann auch zu der pfantmessung, als um den alten Jakobi und
Bartlmei, sowohl im anfallenden schneewetter dem albvolk beistehen und
guets aufsehen haben.

Item, so es sich zuetrieg, dass einichem sein vieh nach der mess von
20 hant und zu leid gieng, soll deme das gschaffet wegen des schadens den-
noch vellig geben werden; es wäre dann schon pfänt worden, so soll die
pfantung abgehen.

Von einem kopf geschäfet ist das brod acht pfund, und salz ein
mezzen, doch nach iederzeit beschaffenheit.

25 So einer aber sein vieh eines schadens halber oder sonst ab der alpen
nehmen miefst, und derselbig schaden wiederumben besser wird, soll sol-
liches vieh wieder auf denen alpen than, und so [es] aber lang anstiend,
bei billicher ermessigung stehen.

Diejenigen, so auf dieser alpen alben, seint schuldig, die alp zu raumen,
30 die küser, den kessl und alles mülchgeschirr auf ihren kosten in gueten
würden zu erhalten, aber wann durch gottesgewalt ohne einicher ver-
wahrlosung an der küser, kessl oder mülchgeschirr grosser schaden ent-
stiend, den gott lang verhieten wöll, so soll es die ganze gemein wieder zu
richten schuldig sein.

35 Von einer kuhe ist unzthero das grasgeld gewest 4 xr., und von
einer geiss 1 xr., doch mag solches grasgeld nach beschaffenheit des
unkostens höher oder niederer angelegt werden, welches ein alpbürg
samt dem geschäfet-geld eintreiben und darumben ordentliche reitung
geben soll.

40 Item, welche am meisten mess haben, die sollen alle nothdurft-zeug,
als hiernach stehet, hergeben, dargegen sie auch davon ihren genuss zu
empfachen haben:

als von einer schlägl- oder andern hack 4 xr.,
von einem hafen 4 xr.,
45 von einer pfann 3 xr.,
von einer deck und leilach, iedes 3 xr.,
von einer renn- und reuthau, iedes 3 xr.
von einer schaufl 2 xr., und von einer vieschär 3 xr.

Item, so dann einiches vich etwas schaden- oder tadelhaftig wurde, so solle der senn und alle alpboten sehen, damit sie dem lieben vich bei zeit helfen, und, da sie vermeinten, der schaden wür so gross, dass sie selber den nit wenten kinden, solliches dem alpbürgen anzeigen; der soll alsdann der beschaffenheit nach ferrere ordnung geben, ob dasselb vich heimzu- 5 treiben oder nit.

Ferer, so einer reverender fünf kühe auf der alpen hat, so hat er macht, ein reverender schwein aufzutreiben. Doch sollen die schwein zuvor geringt werden, bei der straf von iedem 20 xr.

Die weiden hat man zu besuchen gegen Faltneid herab unzt zu 10 unterist Hochhitt, aber im anfallenden schneewetter unzt auf Partschogg, gegen Tarscher alpen unzt am egg gegen Falzeit, gegen unserer alpen unter dem weg nach unzt in Falzeitbach, aber in schneewetter bis auf Platzläng, und über den weg nach übern Falzeitbach und dem egg nach hinauf unzt am joch haben die Tarscher mit dem rindvieh gegen unser 15 alpen kein weid zu besuchen, aber mit den geissen soll es auf beiden theilen, ausser der alpgümpen, gehalten werden, wie von alters.

So der senn und das alpvolk gewar wurden, dass böse, schädliche, wilde thiere vorhanden wären, sollen sie solliches von stund an den alp- bürgen anzeigen. 20

Item, so die hürten einiches oder mehrers vieh verluren oder mut- williger weis verwarlosoten, sollen sie dasselbig vieh, dem es gehörig, da sie anders kein genuegsames wortzeichen in dreien tagen, daran sie nit schuldig gewest, fürbringen, bezahlen.

So aber der senn oder alles alpvolk, eines oder das andere, sich nit 25 gebührlich verhielte und sich dies wahrhaftig befänt, sollen die von der alpen geschaffen, der lohn aufgehalten und [sie] nach nothdurft gestraft werden.

Nun folgt ein Verzeichniss der Gemeindsaugehörigen, welche die Frei- steuer geben.

(Fol. 83 a.) Die schlissl zu den gemeinen briefen im altar, soll einen [ein] anwald und einen ein dorfbürger, der verreiter ist, und den dritten 30 ein kirchprobst haben, aber der kirchenbrief und sagar einen ein pfarrherr, einen ein anwald, und den dritten ein kirchprobst haben.

Es solle auch mit diesen schlüssl weniger als dreien angesessner gemeinsleut nit über die brief zu gehen vertraut werden.

Item alle übertrettungen, die wieder diesen dorfbuch beschehen, und 35 davon keine benennte straf gesetzt, die solle was büuerliche recht antrift, durch den ausschuss zu erkennen sein, aber das ander der weltlichen oberigkeit, so es von nöten zu sein eracht wird, angezeigt werden.

Fol. 84 und 85 enthält eine „ordnung der neuen stühl halber in der pfarrkirchen 1607.“ 40

Fol. 86 — 114 „folgen hiernach die hauptpuncten aus den ver- trägen“.

Fol. 115 — 128 „Abschrift des löblichen ersamen gericht Schlan- ders landsprach.“ *)

*) *Als C berücksichtigt im W. von Schlanders II. S. 167 ff.*

18*

Fol. 128 a. Actum Schanzen den zween und zwanzigsten martii anno (15) 74.

Vor herrn Geörg Giß, pflegsverwalter, samt einem ersamen ausschuss der gedingstatt Latsch, als Niklaus Gorfer, gerichtsanwalt daselbst, Michaeli Purgauner, Geörgen Tschin, Sebastian Pflacher und Jacoben Ploner, die von der gemein Latsch, Jörgen Hörtl und Bartlmä Telfser, die von der gemein Tartsch, Kaspar Forcher, hauspfleger auf Annaberg, und Andreen Schmidhofer in namen der gemeinde Goldrein und Morter samt derselbigen mitverwannten.

Nachdeme sich ein zeitlang hero zwischen gemelter gedingstatt Latsch und einem gerichtsfronpoten daselbs, was ein fronbot zu thuen schuldig, und hierwiederum für besoldung zu empfachen haben soll, darume sich die gedingstat ob dem fronboten seiner verrichtung und besoldung, und der fronbot ob der gedingstatt der gering besoldung halber beschwärt, irrung und spen [26]) erhalten haben,

Demnach ist anheut durch obgemelten pflegsverwalter und ausschuss von obrigkeit wegen und in namen der ganzen gedingstatt Latsch und Ulrich Steiner, als iezigen gerichtsfronbot, damit er und ein ieder nachkommender fronbot alda sich darnach, und nit anderst zu halten wiss, was er zu thuen schuldig, und dargegen von ieder unterschiedenlich handlung und sachen für besoldung zu fordern habe, diese nachfolgende ordnung und maas fürgenomen, also lautet: Erstlich ist ein fronbot schuldig und verbunden, der obrigkeit iederzeit unterthänig, gehorsam, dienstlich, treuer und gewärtig zu sein bei tag und nacht, ohn wissen derselben über ein tag aus dem gericht nit bleiben, wann man sein behuff, dass er iederzeit zu finden seie, als dann ein fronbot seiner obrigkeit globt und geschworen hat, und dessen von alter her der gebrauch gewest, und in was sachen der fronbot in der obrigkeit dienst, amtshalben betreffend, gebraucht wird, davon hat er kein partikularbesoldung, allein gibt man ihme aus dem amt Schlanders jährlich 1 fl., zu deme hat er zu Latsch dritthalb mannmad frühewies zu genießen. Davon muss er in das amt Schlanders 2 mutt roggen, 1 mutt gersten und 2 *℔*. perner geld geben, und so ein malefizperson zum tod verurtheilt wird, hat er 3 *℔*. perner besoldung.

Zum andern ist er gleichermassen schuldig, menniglichen der gedingstatt und wer sonsten [sein] bedarf, reich und arm, klein und gross, gewärtig zu sein, wann man seiner behuff, dass er alle zeit willig und geneigt dasjenig verricht, darummen er angerieft wird und sich amtshalber zu verrichten gebührt, doch gegen nachfolgende besoldung:

Fürs erst die fürforderung, [27]) so ein fundament und anfang aller handlung gietlichen oder rechtlich ist, betreffend, ist also beschlossen, von allen gemeinen fürforderung[en], wie die namen haben, die auf denselben tag kein tagsatzung, [28]) darbei ein fronbot sein besoldung oder mahlzeit hette, auf ihn tragen, solle menniglich in und ausserhalb der gedingstatt dem fronboten von einer person forder-geld geben und bezahlen in dorf Latsch 2 xr. und in den aussern dörfern 3 xr.

---

[26]) peen *hs.* [27]) erfordung *hs.* [28]) kein tag tagsatzung *hs.*

So viel aber die fürforderung zur gütlich und rechtlichen handlung betreffend, so tagsatzung auf ihn tragen und ain fronbote ein taggeld und mahlzeit darbei hat, davon sollen die in der gedingstatt ihm fronboten von einer person fürzufordern geben, wie von alters, im dorf Latsch 1 xr. und ausser des dorfs 2 xr. und andere ausser der gedingstatt, wie obstehet, 2 xr. und 3 xr. bezahlen.

Fürs ander des taggelds halber, wann rechtliche handlungen, darinen kundschaft-tüg auch begriffen, fürfallon, soll dem fronboten in der gedingstatt, wo das ist, gegeben werden erstlichen, wie obgemelt, das fordergeld, darnach von seiner vermeldung seines ausrichtens, sie beschüh schriftlich oder mündlich, 1 *ll.* pr., und alsdann ieden tag, so lang die handlung werd, sein taggeld neben der mahlzeit, ieden tag 12 xr.; dargegen soll er der oberigkeit und den parteien in der handlung alle zeit gehorsam und gewürtig sein, wie von alters her.

Aber in gütlichen handlungen soll man dem fronboten von der vermeldung nicht zu geben schuldig sein, allein das fordergeld und sein taggeld ieden tag, so lang die handlung werd, 12 xr., es wäre dann sach, dass auf ein tag vor einen obmann und sein erforderten mehr, als ein sach, verricht wird, soll man von derselbigen handlung dem fronboten über das vier pfund perner noch von ieder handlung 6 xr., welche besoldung die parteien nach gestalt der handlung mit einander vergleichen.

Fürs dritte in pfantungen solle meniglichen, der solches notdurft ist, inwohner und fremde, dem fronboten von der zuwissenthueung durchaus im dorf Latsch 3 xr., ausser Latsch 6 xr., von pfandheben, desgleichen von feilführen von iedem tag in Latsch 6 xr., und ausser Latsch 12 xr., und am schütztag von wegen zuwissenthueung des gegentheils, fürforderung der erforderten, für die vermeldung und taggeld 3 xr. zu bezahlen schuldig sein.

Zum vierten von einer urkund, die einer von dem fronboten der warheit zu gueten zu nehmen nothdurftig ist, ist des fronboten besoldung für schreib- und pütschier-geld 12 kr.

Zum fünften des waglohn halber, wie dann ein fronbot ein geschworne fronwag haben solle, ist taxiert, dass dem fronboten geben soll werden alwegen von 2 *ll.* schmalz 1 fr.

Zum sechsten vom messerlohn, soll gleichfalls der fronbot geschworne und recht abgepfächte yhrn und stür zu haben schuldig sein, soll ihme geben werden von einer yhrn oder sümb wein 2 xr.,

und von einem stür arbis oder ponen 1 xr.,

und von ein stür salz 2 fr.

Zum siebenten ist taxiert für das abgiessen gross und klein geschirr, fass oder panzen, von einer yhrn 2 fr., pfächten von eim stüür 4 xr., eim halben 2 xr., und für ein viertl ein kreutzer; von einer ieden arestation, wo die in [der] gedingstatt geschieht, 3 xr.

Ein ieder, der um unzucht oder ander wegen, [29] das malefiz nit antrifft, in gefänknuss einkehrt wird, der ist schuldig dem fronboten von dem hineinkehrn und auslassen 2 *ll.* pr.

----

[29] weng *hs.*

Beschliesslichen umwegen der futterstellung, nachdeme von alter
der brauch gewest, dass ein fronbot solliches futter nach dem ochsenbau
hat auftrieben, und der obrigkeit von der gedingstatt Latsch 40 stür geben
sollen, was er über deme mehr einbracht, eins fronboten gewest, so ist
5 aber unter deme zerritlichkeit entstanden, unnoth zu melden, wer daran
schuld haben möcht, dass der obrigkeit die futerung von jahr zu jahr nie
gliefert worden, so soll es aber fürohin die gestalt haben, dass die geding-
statt selber in iedem viertl wein gebührnuss, so trifft 10 stür, in die steuer
oder andere anschnitzen anlegen wölle, und soll ein ieder steuerhaupt-
10 mann jährlich so viel futter aus dem angelegten geld kaufen, der obrigkeit
zu derselben haus und sitz ohne allen nachtheil, klag und schaden, als um
andere zins der brauch ist, zuestellen und überantwurten, darbei ein fron-
bot gar nicht damit zu thuen haben, und ihme ohne allen entgeld be-
scheben solle. •

15 Und die weil man aber befunden, dass ein fronbot von der futter-
stellung ein ziemlichen genuss und vortl über die 40 stür gehabt hat, das
seiner besoldung zu guetem kommen, und nachmalen ihme dasselbig von
besserer richtigkeit wegen entzogen wird, so er auch sonsten mit der ge-
mein landsteuer und in ander weg viel mühe und arbeit ohne besoldung
20 haben muss, und anietzt alle sachen viel teurer, als vor etlich jahren, dass
sich ein fronbot mit der alten besoldung hart zu betragen beschwärt, wie
dann solches alles nach lengs fürkummen, derohalben solliches ein ehrsame
gedingstatt erwogen, und haben sich bewilliget, von dato hin einem fron-
boten alle jahr erzählte niessbarkeit und anders, damit sich ein fronbot
25 nit zu beklagen, sonder stütlich unterhalten werde, zu geben 8 fl. geld.

Mit solcher erzelter ordnung und maas soll sich ein fronbot be-
niegen, darüber iemand bei verlierung seines diensts und unablüsslicher
straf nit beschweren, darumben er dann, solches zu halten, über vorigs
glib dem herrn pflegsverwalter an eidstatt angelobt und zugesagt hat.
30 Diese ordnung und mas ist aber anderst nit, dann auf wohlgefallen und
gutheißen unsers gnädigen herrn, als gerichtherrn, der darinnen die sachen
mag sehen, mit besserm verstand mindern oder mehren, nach seiner gnaden
guetachten beschehen.

Ein ehrsame gedingstatt vermeint den gerichtsdiener nit beschwärt
35 zu haben, wollten also die sachen auch ihre gnaden ratificieren,[30]) also
dann in die landsprach bringen.

---

[30]) rativieren *hs.*

25. *Tarsch.*

Papierhds. vom 17. Jh. mit späteren Einträgen bis 1671. Fol. 111 Bl. im Archive zu Tarsch. Das mitgetheilte Dorfrecht Bl. 26 — 68.

Der gemain Tarsch dorfpuech.*)

Hienach volgen die peulichen recht und erstlichen, wie die paur-
schaft und gmain am küssontag und zu andern zeiten sollen gehalten
werden.

Zum ersten ist erfunden und für billich gesetzt, dass jürlich und 5
iedes jars besonders albegen, als von alters herkomen, am küssontag nach
mittag bei die alten dorfpürgen, in dessen aintwedern behausung oder
sonsten in ainer gewonlichen behausung im dorf, wo man durch die dorf-
pürgen hin beschiden wirdet, ain gmain und paurschaft gehalten werden
solle, zu wellicher gmain- oder paurschafthaltung bevorderist die beambten 10
und ain ieder gomainsmann, der ain bar oxen zu erhalten vermag, umb
ailfuhr oder mittagzeit an obgehörten ort, wo die gmain gehalten wirdet,
ohne gebot erscheinen und sich bei der gmain befinden lassen sollen. Es
sollen aber die dorfpürgen zu der stunt, wan die ankonft der obgesagten
gmainhaltung sein soll, die groß gloggen leiten lassen, auf das die gmains- 15
leut der paurschafthaltung desto besser erinnert werden. Und welliche
alsdann unter denen obgemelten, außer gottsgwalt oder herrngschäft,
umb ailfuhr oder auf das lengist umb zwelfuhr nach mittag nit erscheinen
würden, die soll man pfenten, ain beamten umb ain gulden, aber ain
andern gemainsmann, der kain ambt hat, umb dreissig kreizer, welliches 20
pfant die neu angehenden dorfpürgen mit hilf der gmain oder die gmain
selbsten bei ihnen den ungehorsamen ersuechen mögen. Und die gehor-
samen gmainsleut mögen, wann anderst mer, als die halben beisammen,
mit haltung der gmain nicht dest minder fortfaren und seint auf die ab-
wesigen über ain stunt nit zu warten schuldig, und was dieselbigen alsdann 25
handlen, wann es anders der billichait und erbarkeit nit entgegen, das
soll unverhindert der abwesigen in der gmain bei kreften und würden
gehalten werden.

---

*) *Der Eingang lautet:* Kunt und zuwissen sei gefiegt allermenigelichen
in disem offnen und widerumben verneuerten dorfpuech, demnach und obwohlen
ain ersame gemain zu Tarsch im gericht Schlanders von uralters her ain dorf-
puech und gemains dorfrecht der gemainen peilichen rechten halber gehabt und
gehalten, weilen aber solche, sonderlich das gemelt dorfpuech aus lenge der
zeit was unleslich und zerprochen, die alt hergebrachten gebreuch zum thail
in abgwohnung und vergessen kumben *etc. etc.,* so haben derowegen die fir-
nemen und ersamen *(folgen die Namen)* alle fir sich und anstat ainer ganzen
ersamen gmain Tarsch mit gueter zeitiger berathschlagung das vorgemelt alte
dorfpuech firhenden genomen, ersechen und das jenige, was unleslich und ver-
schlissen, alles fleiss abgeschriben, die alt hergebrachten dorfrecht *etc.* mit rath
und hilf gueter alter nachpern, die der alt hergebrachten dorfrecht wol erfarn
sein, widerumben mit neuen verfasst, auch, als verstanden, zu erhaltung gueter,
erbarer frid- und ainigkhait etliche nothwendige stuck von neuen hinzue-
gesezt *etc.*

In haltung sollicher gmain solten für das erst die alten dorfpürgen
zum driten mahl rieffen, ob iemant, es sei gemaine diener oder andere, die
der gmain gearbaitet häten, verhanden weren, denen ir gebihrender lidlohn
noch ausstendig, dass es dieselbigen vor offner gmain klagen und anbringen
5 wellen, und wann iemant vorhanden und sich bewürtlich befünd, dass
ain oder mer gemainen diener bei ainem oder anderen gemainsmann sein
lidlohn ungietlich aufgehalten worden, so solle die gmain den oder die-
selbigen ungehorsamen gmainsleut mit allem ernst und bei ainem benanten
pfant nach ansechung der sachen auflegen, dass sie die gemainen diener
10 alspalt denselben oder den andern tag bezahlen sollen, und wann gleich
die bezahlung volget, so mag man nicht desto weniger dieselbigen von
wegen des langen aufhalts ain ieden umb achtzechen kreizer pfenten.
Beschäche aber die bezahlung aufgelegter massen noch nit, so sollen die
alten dorfpürgen mit hilf der gmain dieselbigen stürhälsigen gmainsleut
15 nit allain umb das pfant, so ihnen zu der bezahlung aufglegt, sonder umb
noch sovil mer, damit sie die gemainen diener bezahlen mögen, pfenten
und pfant außtragen und mit demselben pfant verfahren, wie in peulichen
rechten pfantrecht ist, davon hienach auch weiter gemelt wirt, und daraus
die gemainen diener bezahlen und das ibrige soil der gemain zuege-
20 heren.

Zum andern sollten die alten dorfpürgen den meßner, schmidt und
albpürg, denen, so von der gmain schlüssl und gemaine dienst vertraut
gewest, zuesprechen, daß si die schlüßl in der gmain henden geben, als-
dann soll der albpürg seines ambts und die andern gmainen diener ieder
25 seines diensts ainmal erlaßen werden.

Dritens, so solten die dorfpürgen ir relation und raitung, was si des
ganz jar anstat der gmain, es sei mit einnemen, außgeben oder in ander
weg, gehandlet, specificirt in schrift, wie si schuldig, vor ganzer gmain
fir- und auftragen, die sollten die gmain mit allem fleiß fürderlich er-
30 sechen, und wann si die raitung aufrecht und erbar gehandlt zu sein be-
finden, sollten si die beschließen und volgents den ainen dorfpürg, als der
zwai jahr im ambt gewest, seines glibs erlaßen, und derselb mag den stab
ainem andern, der es billich sein soll, zuestellen.

Zum vierten sollt man ainen andern dorfpürgen, der es zu sein
35 schuldig, zu dem alten, der noch in alten glib verbleibt, verordnen und
mit nachgeendor pflicht verfaßen, wie hernach von dorfpürgen bei der-
selben bestallung begriffen, und dieselben neu bestelten zwen dorfpürgen
solten volgents rieffen und begern, ob iemant vorhanden were, der meßner,
item schmidt, wasser- und gmainer veltsaltner, kueherter oder anderer
40 gmainer diener sein wolt, daß der oder dieselbigen vor offner gmain fir-
steen, sich erkleren und umb die gmainen dienst, wie preichig, biten
mögen, und auf aines oder mer fürstehen und bitten sollten die bemelten
dorfpürgen die anfrag an der gmain mit aller kürz gehen laßen. Und die
gmain soll in deren umbfrag und erkantnus albegen die vorigen gemainen
45 diener, wann die anderst darumben pitten und sich gebirlich gehalten
haben, und sonderlich die alten, doch welliche noch den dienst verrichten
mögen, und die im dorf vor den frembden befürdern und erstlich der
meßner, zum andern der schmidt, dritens die waßersaltner, viertens der

kieherter, gmainer saltner, und also ain gemainer diener nach dem andern, sovil man den tag setzen kan, alle mit nachgehender installung, was ain ieder schuldig, gesezt und bestelt werden.

Es sollen auch gleicher gestalt auf obbemelten tag und gmainhaltung, wan es anders sein mag, die holzpürgen, poßsaltner, albpürgen, steuer- 5 haubtmann, ieder nach inhalt seiner pflicht oder doch alspalt zunegst hernach gesezt und verordnet werden.

Aber alle andere gmain- und paurschafthaltung, die sollten durch die dorfpürgen, so oft es noth thuet, unaufhültlich, doch, wann es anders sein mag, zu so gleglicher zeit angestelt werden, damit man der arbait und 10 anderer obgelegner sachen halber vermuetlich zum gleglichisten erscheinen mag, ausgenommen, es betreff herrschaft-gepoth oder dass solliche sachen weren, die kainen verzug erlitten, so sollens die dorfpürgen nit aufhalten, sonder von stund an an die gmain bringen und solliche paurschafthaltung solle in summer albegen, wie von alters herkumen, in der 15 alten hantschmidten, aber winterszeiten bei den dorfpürgen in des aintwedern behausung oder, wo es die dorfpürgen im dorf in ainer behausung beschaiden, gehalten werden.

Es sollen aber die dorfpürgen die ganz gmain, ieden insonders, die zu der gmain zu erscheinen schuldig, aintweder durch sich selbst oder ainen 20 so mannpern pothen am abet zuvor mit lauterer anzaigung der stunt [und] des ort, wenn und wo die gmain gehalten werdet, und mit darauflegung aines pfants, nach gestaltsamb der sachen von ainem biß in fünf pfunt perner, zu der gmain pieten und wißen, und zu merern erinnerung der gmain, wann die stunt zu haltung der paurschaft verhanden, die groß 25 gloggen leiten lassen, und wellicher alsdann iber sollicher zuwissenthueung in der negsten stunt, außer gottsgwalt oder herrngschäft, nit erscheint, den sol man pfenten umb so vil pfant, wie der dorfpürg in pietung der gmain darauf gelegt hat. Es wer dann sach, dass er derweilen der gmain ainen merer nuz, als er bei haltung der gmain hät schaffen kinden, er- 30 halten het, so soll er der pfant ledig sein und die gmain mag nicht desto weniger, wenn anderst mer, als die halben gmainsleut beisammen, mit irer vorhabenden gmainhaltung fortschreiten und sein auf die abwesigen über ain stunt zu warten nit schuldig. Und was alsdann dieselbigen in der gmain beschließen, des der erber- und billichait gmeß ist, das soll unge- 35 acht der andern bei kreften verbleiben und in der gmain darnach glebt werden. Es sollen auch die bemelten dorfpürgen, weßwegen sie die paurschaft zusamon wißen lassen, ir relation selbsten mit aller kürz und so lauter an der gmain anbringen, damit menigelich wissen und verstehen kinde, weswegen man die gmain helt, und volgents die umbfrag an der 40 gmain fürderlichen thuen und auf den mehrern und billichen rathsbeschluß ihr fleissiges aufmerken haben und sollen zum beschluß der sachen auch ihr guetdunken darzue reden, und was also in der gmain beschloßen wirdet, des soll man in der gmain, wie sich gebirt, halten und darwider nit handlen. Und sonderlichen aber soll man in solchen gmain beschlüßen 45 bevorderist die billichait und das dorfpuech, so vil es in sachen meldung thuet, in fleissiger obacht nehmen, darnach gleben und niemants nit darwider beschwörn.

Es sollen auch zu sollichen gmainen paurschafthaltungen in gemainen
sachen, wann kain außschuß verhanden, nur die ain oxenpau vermögen, und
wo es aber noth thuet, gleichwohl die ganz gmain darzue geboten werden.

Es solle auch niemants, der zu der gmain zu erscheinen gepoten
5 worden, mit ainem peil, läppmesser, runggl oder andern unzimblichen
wöhren oder waffen erscheinen oder sich in der paurschafthaltung mit
ungebirlichen worten oder werken vernemben lassen. Da aber iemants
hierwider handlet, die megen die gmain nach der gmain erkanntnuss
pfenten oder vor obrigkait beklagen, und der mit ainem unzimblichen
10 waffen oder wehr erscheint, mag gepfendt werden von ieden waffen sechs
kroizer. So vil von der gmain- und paurschafthaltung.

Von ämbtern und gemainen dienern, wie dieselben gesezt,
und wie sie sich zu verhalten schuldig sein, und erstlichen
von dorfpürgen.

15   Darmit die gmain mit gueten frid und einigkait regiert und die
gmain sachen, dienstperkaiten und peulichen rechten desto pesser ver-
richt werden mögen, ist durch ganzer gmain, als von alters herkumen,
beschloßen, daß ainmal am küssontag bei offner gehaltner gmain zwai
guete, ehrliche nachpaurn im dorf, albegen der ain herdißhalben und der
20 andere enhalben des pachs von haus zu haus der rod nach, und die solliches
ambts, der ain par oxen zu wintern und zu erhalten vermag, nicht zu ver-
widern haben sollen, zu dorfpürgen sollen gesetzt und verordnet werden,
und dieselbigen solten aber hinfiron ohne sondere bewegliche ursach, so
die gmain fir genuegsam helt, nit mit einander, sonder nur ainer allain
25 am küssonntag, wann er zwai jar im ambt gewest, von seinem ambt, als
hievor auch davon gemelt worden, bemiessiget werden, damit der neu
angeent dorfpürg des dorfs nuz und notturft zu handlen von dem alten
noch bleibenden lehr und bricht empfahen möge, und die bemelten dorf-
pürgen solten schuldig [und] verpunden sein,
30   Fürs erst der ganzen ersamen gmain nuz und fromen, sovil an inen
glegen, mit gueten fleiss zu befürdern und den schaden zu wenden und in
deme den armen sowol als den reichen, den reichen sowol als den armen
mit gueten treuen lasson bevolchen sein, diesen neu aufgerichten dorf-
puech und peulichen rechten so wol und mer, als andere, fleißig nachkomen
35 und darwider nicht handlen.
      Zum andern der gmainschaften rechten und gerechtigkaiten, es sei
umb wasser, wülen und wasserlaitungen, in- und auß-, von- und zuefarten,
holz, wunn und waiden, auch deren brief und briefliche gerechtigkaiten
in guet gwör und gwarsam, und die peulichen rechten in gueter üebung
40 halten, deren kaine abkumen lassen.
      Dritens die gmainen diener, wellich nit am küssontag vor der
gmain bestölt, alspalt hernach mit wissen der gmain oder der firnembsten
drei oder vier nachpern zeitlichen ersetzen und umb gebirenden lidlohn
dingen. Gleichfals die beambten, als holz- und albpürgen, poßsaltner, steur-
45 hauptmann, oder welliche am küssontag nit gesetzt worden, alspalt mit
der gmain zu setzen verhilflich sein.

Zum vierten der gmainschaft einkomen an pfantungen, zehent, über-
schuss an angelegter steur oder zehent, oder was sonsten die gmain ein-
zulangen hat, alles fleissig einbringen, und dargegen aber, was die gmain
hinauß schuldig, es sei stallfiotterung, steur, zehent, zins, item dillen, rehr
und raif, so vil an inen glegen, iedes zu rechter zeit und an sein gehörigs 5
ort abrichten und abzurichten verordnen, und weder einnembens oder
außgebens gar nicht auf die nachkomenden dorfpürgen anstehen lassen.

Zum fünften die paurschaft- und gmainhaltung albegen, so oft es
noth thuet, unverzogen zu gebirender zeit, wie hievor von haltung der
paurschaft gesagt worden, anstöllen. 10

Zum sechsten, gleichfals die gmainen arbaiten, es sei an wülen,
wasserlaitungen, ein- und ausfarten oder andere, die den dorfpürgen ge-
bürn, mit rathsam der gmain oder der firnembsten nachpern zu gebüren-
der zeit, wie hernach von gmainen arbaiten gemelt ist, anstellen, darbei
sie sich auch, ausser gottsgwalt oder herrngschäft, albegen bede, oder doch 15
auf das wenigist der ain dorfpürg mit gueter ungevortailter rathgeb- und
antreibung befinden lassen sollen.

Zum siebenten sollen sie diejenigen, so zu der paurschafthaltung zu
erscheinen schuldig, zu der gmain- und paurschafthaltung, sowol die ganz
gmain zu den angestölten gmainen arbaiten, ieden insonders mit der ord- 20
nung und condition, wie hievor von zuwissenthueung der gmainen arbaiten
angemelt worden, pieten und wissen laßen.

Zum achten solten sie auch ir fleißigs aufmerken haben auf alle
beambten, gemaine diener, gemainsleut, hant- und tagwercher, als da sie
befünden, daß sich dieselbigen irem ambt und gemainen diensten und 25
diesem dorfpuech entgegen handleten, ungehorsam und widerwertig sein
und pfantmäßig befonden wurden, so sollen sie es der gmain und paur-
schaft anbringen und darinnen niemants verschonen.

Zum neunten sollen sie auch schuldig und verponden sein, alles,
was die gmain vor gricht und obrigkait zu klagen und zu verantwurten 30
hat, dasselbig mit rath und hilf der gmain zu klagen und zu verantwurten
und hierinnen die gmain nach ihren pesten verstant mit gebirenden leide-
lichen unkosten vertreten.

Zum zehnten auch umb alles, was sie anstat der gmain handlen,
einnemen und außgeben, järlich am küssontag oder am negsten sonntag 35
darvor, darumben der gmain mit beibringung, so vil es immer sein kan,
specifizierter schein und auszüg relation und specifizierte raitung zu
thuen, die gmainschaft mit kainen unnotwendigen außgaben nit be-
schwören, und was sie der gmain schuldig verbleiben, das sollen sie in
vierzehen tagen die negsten bezahlen. Wo aber das nit beschicht, mag 40
sie die gmain darumben pfenten nach peulichen rechten, und in summa
sollen die bemelten dorfpürgen alles dasjenige handlen, thuen und lassen,
daß sie es inen albeg bei irer gmain, vor irer obrigkeit und vor gott
dem allmächtigen zu verantwurten getrauen, getreulich und one alle
gevärde. 45

Und die merbemelten dorfpürgen solten die zeit, weilen sie im ambt
sein, aller gemainen arbaiten außer ir person, und aller gemainen ämbter
für ir person genzlichen befreit sein.

Und wann die gmain inen dorfpürgen wegen, das sie fir der gmain mit gepür außgeben und spendiert haben, schuldig wirdet, so solle sie die gmain inner vierzechen tagen negst nach der abraitung auch bezahlen. Wo es aber nit beschüch, mögen sie die gmain darumben beklagen, und
5 da die gmain sie dorfpürgen mit der bezalung ungebürlich aufhielte und deßwegen zu unkosten verursachte, solle sie inen denselben abzutragen schuldig sein.

Und wann sich aber die bemelten dorfpürgen den inen hievor eingepondnen artigglen und diesom aufgerichten dorfpuech nit gmeß ver
10 halten, sonder, außer gotsgwalt und herrngschäft, so in albeg entschuldigt, ontgegen handleten, hinlüßig sint, der gmainschaft recht und gerechtigkhaiten zu erhalten, so sollen sie schuldig sein iedes mals, so oft das geschicht, erstens der gmain den schaden nach erkantnus gueter leut oder der obrigkait abzutragen oder iedes mals umb ain fach mer, als andere,
15 gepfendt werden.

Von poflsaltueren,

und wie ain iedes vich für sein ordenlichen hirten getriben, geköstet und belohnt werden solle, sowohl auch von beschauung der kamin und firsehung des lieben feurs.

20 Es ist in der gmain mit ainhelliger volg auch erfunden, daß jürlich und iedes jars, besonders am küssontag, wie hievor bemelt worden, oder doch alspalt darnach zwai guete nachpern im dorf, albegen der ain herdisseit und der andere enhalben des pachs, der rod nach von haus zu haus, wie von alters, doch der ain oxenpau vermag, wie von dorfpürgen gesagt,
25 zu poflsaltnern gesetzt werden sollen. Dieselbigen sollten schuldig sein, ir ganz fleißigs aufsehen zu haben auf die hienach gesetzten, in der gmain des lieben vichs halber beschlossnen artiggl, daß dieselbigen bei meniglichen gehalten und volzogen werden.

Als erstens ist beschlossen, daß ain iedes vich fir seinen gewon
30 lichen hirten, als küe und kalblen für den kücherter, stüer fir den stüerhirten, oxen mit den oxen, schaf mit den schafen und gaiß auch fir ihren hirten getriben und firgekert werden sollen.

Zum andern, daß kainer kain grobs, stößigs vieh, so dem andern ganz schüdlich sein möcht, so lang, unzt demselben bösen vich die hörn
35 abgesagt und die suchen gewendet werden, für gmainer hert weder auf den poflwisen oder gmain nit treiben oder firkeren sollen.

Zum driten, daß auch kainer sein vich allain dahaimen absonderlich der gmain zu nachtail hieten laßen welle, außgenumen, es wer ainem ain vich krump oder krank, so mag derselb so lang, unzt es gesont worden,
40 gleichwol absonderlich dahaimen auf der gmain hüeten laßen.

Zum vierten, daß auch kainer kaine ungeschnittne stier für der oxenhert weder auf den pofl oder gemainen waiden nit treiben welle.

Zum fünften, daß auch niemants kaine stier, die kain joch aufgehabt haben oder nit wohl gelernt sein und gleichmeßig neben den oxen
45 gebraucht werden, nit auf den pofl kern soll.

Zum sechsten solle auch niemants vor dem alten heiligen kreiztag am herbst ainiches mestvich an pofl neben den oxen nit aufkern.

Zum sibenden solle denjenigen, so kaine oxen zu wintern vermögen,
sondern oxon im längs erkaufen und alsdann am herbst widerumben
verkaufen mießen, den poß neben andern zu etzen nit zugelassen werden.
Es solle auch gleichfals denjenigen, so stuck und gücter in der gmain
haben, aber nit in der gmain hausen oder einen bestantsman in der gmain 5
zu hausen verlassen, sonder anderwerts ir nuzung, als hei und gruemadt,
prauchen und verfieren und in der gmain kain vich nit wintern thuen,
gar nit gestattet werden, ainichs vich weder aufn poß oder auf der gmain
aufzukern. Es ist auch durch ganzer gmain firgenomen, daß man von
drei jauch acker ain bar oxen mag an poß aufkern, und was in mangl 10
steth, vom mutmahl 12 xr. der gmain geben soll.

Zum achten solle niemants in der gmain kain frembds vich auf-
nemen oder die eingenommen winterküe nit über die gebirend zeit in der
gemainen waid aufhalten.

Und zum neunten soll sich auch niemants nit unterstehen, auf 15
den gemainen poß, weder auf seinen oder andern wisen von der stunt und
zeit, ehe die poßsaltner aufzufahrn gepieten, weder mit oxen, noch weniger
andern vieh aufzufaren.

Und da die gemelten poßsaltner bewärtlich befinden, daß iemants
hierwider ob erzählten punkten handlet und sein vich nit an sein gehörigs 20
ort firtreiben und hieten lassen und hierinnen gevar und vortail, es wer in
was weg es wolt, prauchen wurde, so sollen sie dasselbig vich alspalt ab
und zu inen in den pfantstall treiben, und soll iedes rind umb zwelf kreizer
pfant das erstmal, das andermal aber toplt verfallen sein, und sonderlich
sollen diejenigen, so ain stessigs rint über der poßsaltner abtrib und ver- 25
pot weiter unerlaubt für der hert aufkern wurden, nit allain das pfant,
als gehört, darvon zu geben, sonder, da es schaden thet, dem andern seinen
schaden abzutragen schuldig sein, und alles vich, was man obgemelter
maßen pfendt und in pfantstall treibt, das soll man stehen lassen ungessen
so lang, unzt man dasselbig laßt.   30

Weiter, so ist auch beschlossen worden, wann die gmain fir iren
stiern, schaf oder andern vich zu sümmern perg bestehen, daß ain ieder
gmainsmann sein vich in denselbigen pergen und gar nicht anhaimbs ab-
sonderlich sümmern und hieten lassen solle. Und da gleich iemants sein
vich nit anhaimbs hat, sonder an ainen andern ort zu sümmern hinthuen 35
wurde, so soll derselbig nicht desto weniger der gmain von seinem vich,
das er anderswo sümmert, das grasgelt zu beheben und mit der gmain zu
heben und zu legen schuldig sein.

Item wellicho ir vich, es sci rint- oder klainvich, vierzechen tag
oder mehr vor sanct Veits tag für den gemainen hirten treiben und acht 40
tag lang hieten lassen, dieselbigen solten völlige kost und lohn geben.
Welliche aber erst vierzechen tag nach sanct Veits tag firtreiben und acht
tag lang hieten lassen, dieselben solten halben kost und lohn zu geben
schuldig sein, außgenomen, es gieng ainem durch glicks unfall ain oder
mer rint von hant, so soll kost und lohn damit ab und hin sein.   45

Aber die pfarrstier, pöck und reverender perfacken, die sein, wie
von alters, kost und lohn frei. Es sollen aber diejenigen, so die pfarrstier
und perfacken zu erhalten schuldig, davon hernach auch gemelt wirt,

solliche pfarrslier und perfacken haben und erhalten, damit die gmain
ohne nachtl und zufrieden sein kan.

Die reverender schwein, so vierzechen tag oder mer vor sanct Veits
tag firgehen und drei tag gehiet werden, davon soll man auch ganze kost
5 und lohn, die aber erst vierzechen tag darnach firgetriben und drei tag
gehiet werden, davon soll man halben lohn geben, aber kost solle man
von den rev. schweinen ungeacht, daß mans gleich nit firtrieb, geben, so
balt ainen die kost begreift, von den facken, so balt die acht tag alt wer-
den und die kost begreift, völlig unzt zu außgang der huet.
10   Es solle aber niemants kaine ungeringte schwein auf der gmain
aufkern.

Dann so ist auch mit ainhölliger volg ernstlichen beschloßen, daß
sich niemants unterstehen soll, der gmain auf den spatwisen, sowol auch
auf den früern wisen, wöllich nit fridänger sein, darauf die gmain ir etz
15 hat, kainen pofl nit zu mühen bei verlierung des pofls.

Es ist auch erfonden worden, wann ainer auf den pofiwisen, in den
höggen oder äckern die waid herauß schneidt, daß derselbig, so oft es be-
schicht, umb ain gulden gepfendt werden soll.

Und derohalben sollten die vorberöten pofisaltner auch fleissig zue-
20 sechen, und wann sie wurden befinden, daß iemants sein vich absonderlich
hieten oder sümmern und mit der gmain nit heben und legen wolt, auch
daß die pfarrstier und reverender perfacken nit annemblich oder taugelich
sein oder iemants sein gebirende kost und lohn nit geben wurde, oder aber
ainer oder mer sich unterstehen wolten, unbefuegter pofl zu mähen, so
25 sollen sie es den dorfpürgen oder der gmain anzaigen, und alle diejenigen,
so hierwider frävelich gehandlet, die sollen nach erkantnus der gmain
gepfennt werden. Si die mer berierten pofisaltner solten sich auch alle
monat aufs wenigist ainmahl, wann die rev. schwein firgeen, zu morgents
unversehens zu derselben hert verfiegen, und da si ungeringte schwein be-
30 finden würden, sollen si dieselbigen, den die schwein zuegehörn, von iedem
ungeringten schwein umb sechs kreizer pfenten.

Verer so ist auch durch ganzer gmain beschlossen und ernstlich
gepotten worden, daß meniglichen im dorf, reich und armb, niemants
kainen har oder dergleichen gespinst weder in stuben, kuchen, pach- oder
35 kachlöfen oder an andern unbequemen örtern wenigist nit dörren, auch
niemants kain liecht one ainer versorgten wintern, weder in städlen,
reverender stöllern, noch in dorf hin- und herwider, und sonderlich fir
städl nit tragen oder brauchen, und daß auch meniglichen sein kemich,
kuchen und andere seine feurstätten miglichistes fleiß versorgter, sauber
40 und ganz gewarsamb halten sollen. Auch daß sich die jenigen, so hülzene
behausungen haben, mit dem lieben feur und liecht insonders firsichtig
handlen und sich sonderlich der groben küenliechter darinnen zu ge-
brauchen genzlichen enthalten wöllen, alles bei straff, wie iezt hernach
gemelt wirdet. Und wellicher oder welliche aber hierwider handlen und
45 ain har oder dergleichen in pach- oder kachlöfen dörren wurden und kain
eisens ofenplech darfir nit heten, die sollten gepfendt werden das erst
mal umb zechen gulden, das ander mal dopplet, die aber ain plech
darfir haben, das erst mal umb fünf gulden und das ander mal dopplet.

Die aber sonsten in stuben, kuchen oder anderen dergleichen unbequemen orten den har dörren wurden und kain gemauerte, versorgte behausung nit heten, sollten gepfendt werden, das erst mal umb zechen gulden, das ander mal doplt. Die aber gemauerte, wolversorgte behausungen haben, das erst mal umb acht gulden, das ander mal dopplet. Die aber mit den 5 liechtern unfirsichtig obangeregter mainung entgegen handlen, auch die die feurstetten, es sei kuchen, kemich oder anders, nit sauber halten, die solten und mögen iedes mals, so oft das beschicht, nach ansehung der übertretung von ainem biß in fünf pfund perner oder noch mer gepfendet werden. Und derowegen so sollen die obvermelten poflsaltner auch auf 10 alle des lieben feurs halben erzöhlte punkten ir ernsthaftigs, fleissigs aufsechen haben, darmit sich meniglichen darnach gelebe und nit darwider handl. Und auf das man aber mit dem lieben feur desto gworsamer und firsichtiger zu handlen sorg tragen mieß, so sollen die oegemelten poflsaltner das ganz jar aufs wenigist alle monat ain mal unversechner im 15 ganzen dorf von haus zu haus herumben geen, die kuchen, kemich und ander dergleichen feurstätten fleißig visitiern und beschauen, und da si etwas ain unsaubers befinden, mögen si nach beschaffenheit der sachen, als von alters herkomen, pfant austragen, sowohl auch, da si ain kuchen, kemich oder andere feurstätten ganz geverlich und ungeworsamb befänden, 20 solten sie es den dorfpürgen oder der gmain anzaigen und die gmain mag dieselbig feurstatt beschauen und denselbigen bei ainer benannten straf und zeit auflegen, dieselb kuchen, kemich oder ander dergleichen geverlichen feurstetten versorgter zu machen, damit die gmainschaft ohne sorg und nachtail sein kan. Wovern aber derselb solliches in bestimbter zeit 25 nicht thuen oder sich dessen gar verwidern wolt, so sollen die oegemelten poflsaltner mit hilf der gmain demselbigen ungehorsamen pfant austragen, so vil ime zur firsechung der geverlichen feurstatt aufgelegt worden, dennocht nicht desto weniger ist er die gevar wenden zu lassen schuldig. Es sollen sich aber die mer gemelten poflsaltner allen hieob erzelten puncten 30 als gmainsleut, sowohl als irem ambt gmeß halten und darwider nit handlen, da si aber hierwider handleten und irem ambt nit fleißig, wie sie schuldig, nachkomen wurden, sonder, außer gottsgwalt, etwas gevärlich versaumeten, solten si der gmain den nachtail, der durch ir verwarlosung entsprungen, abzutragen schuldig sein und noch darzue, so oft sie hier- 35 wider oberzehlten puncten handlen, albegen zweifach so vil, als andere, gepfent werden.

Von waldbürgen ist hievor bei der einverleibten waldordnung, wie die gesezt und wie sie sich verhalten sollen, gesagt, dabei hat es zu beruhen.*) 40

---

*) Vgl. die *Waldordnung* S. *310* sf.

Von albpürgen

und der darbei eingefierten albordnung.

    Damit guete gebirende albordnung gehalten werde, so ist durch der gmain beschlossen, daß gleicher gestalt, wie hievor von dorfpürgen und
5 poflsaltner gesagt, järlich am kässontag oder doch alsbalt hernach zwai nachpern im dorf, ainer herdisseit und der andere enhalb des pachs, auch der rod nach und deren ieder ain oxenpau vermag, zu albpürgen gesezt und verordnet werden, deren ambt auch ain jar lang wehren solle. Die-selbigen sollen im frieling oder doch zu gebirender zeit die käseren und
10 alben-waiden besichtigen und was si daran, es sei an der käser, pfärrer, milchgeschirr oder die waiden zu raumben, troien und weg zu machen und zu pessren notwendig befinden, dasselbig sollen si, was mit der gmainen arbait nit verricht werden mag, mit rath der dorfpürgen und vier oder fünf der firnembsten nachpern zeitlich machen und pössern
15 lassen. Was aber durch der gemainen arbaiten verricht werden kann, sollen sie solliche gmaine arbaiten mit rath, wie ob steht, auch zu glegen-licher und gebirender zeit anstellen, und die gmain alle, so albsgerechtig-keit haben und die alb gnießen wollen, darzue mit ordnung, wie hernach von zuwissenthueung von gemainen arbaiten vermeldt wirt, wissen lassen
20 sollen, und dieselbigen zu verrichten guet ordnung geben,

    Volgents auch gwalt haben, auch schuldig und verpunden sein, mit rath obbemelter nachpern und der dorfpürgen die albpotten, so notwendig sein mießen, zeitlich und so oft es nott thuet umb gebirlichen lidlohn zu dingen und denselbigen alles ernsts aufsechen, daß sie dasjenige thuen, was
25 sie schuldig sein.

    Verer sollen sie auch die auffarten auf den alben und die messen abermahlen mit rath, wie obsteht, zu gebirlicher, gelegelicher zeit anstellen und sonderlich zu der mess ain tag darvor guete huetschaft und aufsehen haben, damit ieden sein melchvieh, dem armen sowol als dem reichen, und
30 dem roichen als dem armen, gebirlich und recht angewaidnet und gehietet werde.

    Dann sollen si auch weder den hirten oder den albsgenossen weder zu der meß, noch sonsten ainiche gevar und vortail mit dem vieh und hieten zu gebrauchen nit gestaten, noch selbsten auch nit thuen, bei straff
35 und verlierung der milch, so gevar gebrauch.

    Und nachdem sich aber bei etlichen albsgnossen auch ain schädlicher mißbrauch eingerissen hat, nämblichen, daß etliche gleich acht oder zechen tag zuvor, ehe man auf den alben fart, ire küe, die si auf die alben thuen wöllen, anhaimbs behalten und auf ihren wisen eingehüet, dardurch zu-
40 weilen andern auch das irig verezt worden und gar dieselbigen küe zu der schrant, gleichwie man auf den alben vor der meß pflegt, gemolchen, das vieh darnach gewent und außgevilt, dardurch sie am meßtag desto merer milch, aber hinnach villeicht weniger als sonsten bekomen und haben, welliches ein unfreuntliche gvar und den albsgnossen, besonders den armen
45 zu grossen schaden und nachtail geraicht, welliches aber hinfürter zu ge-staten mit nichten gemaint, sonder durch ganzer gmain beschlossen wor-den, welliher auf Tarscher alben alben will, der soll sich der gevor

genzlichen enthalten. Da aber iemant hierwider thät, soll er oder die-
selbigen, so oft das beschicht, nit auf die alben glassen werden und, so si
aber dariber auffieren, durch die albpürgen ab und in den pfantstall ge-
triben und gepfent werden in maßen, wie hievor bei den poßsaltnern von
pfantbarn vieh begriffen ist. 5

Es ist auch beschlossen, wann auf den alben etwas zu pössern oder
zu pauen ist, daß ain ieder, der albsgerechtigkait hat, unangesehen, da
sich ainer gleich desselben oder mer sümmer der albsnüessung entschlagen
wolt, nicht destoweniger zu seiner gebir hilf zu thuen und bezahlung zu
laisten schuldig und verpunden seie, und da sich aber iemants verwidern 10
wolt, soll er gepfentet werden, wie hernach von pfantungen begriffen ist.

Die albpürgen sollten auch im summer fleißig zuesehen, und was
sie auf den alben mangelhafts und notwendigs befinden, so vil an inen
glegen, gute fürsehung und wendung thuen. Doch solten si die albsgnossen
mit kainer unnotwendigen ausgabe nit beschweren, sonder was si gebir- 15
lichen und zu notturft ausgeben mießen, darumben dann si der gmain oder
albsgnossen zu der alblosung raitung geben sollen, das soll inen, aber mer
nit, bezahlt und guetgemacht werden.

Verer sollen si auch das albgeschirr, es sei keßl, milch- oder anders
geschirr, sonderlich, wenn man abgefarn, pöstes fleiß aufsparen und, so vil 20
an inen glegen, in gueter gwarsam halten. Es solle aber wegen solliches
gschirr ain verzaichnus oder register aufgerichtet werden, auf daß ieder
albpürg weiß desto peßer sein aufsehen darauf zu haben, und inhalt der-
selben sollen die albpürgen den neu angeenden den albschlüßl geben und
die überantwurtung thuen. 25

Es ist inen albpürgen auch aufgelegt, daß si im summer fleißig
zuesehen um Jacobi und Bartolomee der alten zeit nach, wie von alters
preichig, sambt und neben ain oder zwen nachpern und den albpotten
sonderlichen die beseichküe dem reichen sowohl als dem armen, und dem
armen wie dem reichen fleißig und ohne alle gevar messen sollen, und 30
welich kuo zu Jacobi nit das dringkl und umb Bartolomei nit das früggeli
milch gibt, die sollen gepfendt werden, zu Jacobi dreißig kreizer und umb
Bartolomei fünfzechen kreizer.

Dann so ist hievor bei den poßsaltnern begriffen, daß niemants
weder auf den albnen noch sonsten für der gemainen hert kain steßigs, 35
grobs vich nit fürkern solle. Und da aber iemants darwider thüte, so soll
dasselbig vich ab und in pfantstall getriben und gepfentot werden, darpei
hats alda auch zu beruhen.

Es sollen sich aber die albpürgen denen hievor erzühlten punkten
und albordnung auch gmeß verhalten und alles das thuen und laisten, was 40
erlichen albpürgen bei irer gmain verantwurtlich gebirt, und da si aber
darwider handleten und der gmain etwas verhinlaßen wurden, und sich
solliches bewörtlichen befünd, sollen si der gmain den schaden nach
billichen dingen abzutragen schuldig sein, im andern fall, da si sich
pfantper hielten, sollen si sowohl und ain fuch mer, als andere, gepfendt 45
werden.

Und wann si sich gebirlich verhalten und der gmain nicht verhin-
laßen, so solle inen von wegen ihrer mühe und saumbsall, wie von alters

preichig, ain albenkäs voraus, und daß ieder zwai reverender schwein
auf die alben thuen mag, zueglossen, vergunt und geben werden, aber ihr
käswasser von iren kieen solle den albsgnossen allen sambent, doch ohne
bezahlung, zu guten komen.

5   Es ist von alters preichig gwest, daß ainer von acht küen käswasser
ain reverender schwein auf die albe hat thuen mögen, dabei hats auch
nooh zu verbleiben.

Von steurhaubtmann.

Ebenfalls soll am kässonntag, von albpürgen gesagt, ain nachpaur im
10 dorf, der aber auch ain oxenpau vermag und der gmain umb der steur
genuegsamb ist, der rod nach, wie von alters, zu ainem steurhaubtmann
gesezt werden. Derselbig soll schuldig und verpunden sein, so balt man
die steur anglegt, die steur auf ieden termin, sowol inn, als außers dorfs,
bei den tag- und handwerchern und denjenigen, so in und mit der gmain
15 Tarsch jürlich zu steuern schuldig, sowol als bei den angeseßnen im dorf
güetlichen und wo noth, doch mit hilf der dorfpürgen oder der firnembsten
nachpern, gerichtlich zu ersuechen und einzulangen und volgunts dem
steureinbringer die bewilligt lantsteur, was der gmain Tarsch auf ihren
viertl betrifft, der gmain ohne nachtail und schaden zu rechter weil be-
20 zahlen und abrichten, und dann allemahl der abrichtang halber quittung
abfordern, dieselbigon sambt den auf der steur überbleibenden rest, da-
rumben ieder haubtmann der gmain specificierte raitung thuen solle, ohne
alles verziechen geben und zuestöllen sollen. Im fall es sich aber begäbe,
daß der steurhaubtmann die angelegt steur außer redlich und beweglich
25 ursachen auf ieden termin zu rechter zeit nit einlanget und abrichtet oder
der gmainschaft den überrest, so auf der steur verbleibt, nit zuestöllen
wurde, sonder über der dorfpürgen oder der gmain güetlichs beschehens
anfragen inner vierzechen tagen den negsten ansteen laßen, daraus dann
der gmain sonderbaror nachtail entstiend, so solle fürs erst der selbige
30 steurhaubtmann schuldig sein, der gmain den schaden nach erkantnus
guoter leut oder der obrigkait abzutragen und die gmain fueg, auch macht
und gwalt haben, dem steurhaubtmann aintweders umb sovil pfant, als
ungever der schaden oder ausstant sambt aufgehenden unkosten sein mag,
es sei lebendig oder todter wert, hinzutreiben oder außzutragen, und
35 darmit nach allgemainen peilichen rechten, wie hernach darvon weiter
gemelt wirdet, zu verforn, oder aber vor obrigkait umb den nachtail und
außstant zu beklagen, weder es inen geliebt, fueg haben.

So ver sich aber auch begeb, daß man, es seien hant- oder tagwercher
oder die angeseßnen im dorf, die angelegt steur über des steurhaubtmans
40 zum dritten mahl beschehnen güetlichen anfragen ohne redlich und be-
weglich ursachen nit geben oder zuestellen wurde, so soll der haubtmann
auch den oder dieselbigen, welche die steur also ungüetlichen aufhalten,
mit hilf der dorfpürgen oder der gmain umb sovil pfant, als ungeverlich
die außstündig steur sambt der unkostung sein mag, es sei lebendig oder
45 todter wert, hinzutreiben und außzutragen, oder aber umb der steur und
außstant vor obrigkait zu beklagen und sich bezahlter zu machen fueg,
macht und gwalt haben.

Obwollen von altem preichig gewest, daß man die steur allo jar zu baiden terminen, als Andrei und Geörgi, in bedenkung, daß sich in mitlst mit den güetern immerzue veränderungen begeben, angelegt worden, mit wellichen aber der gmain großer, unerträglicher unkosten aufgangen, und zu abschneidung solliches unnotwendigen unkostens ist in der gmain ont- 5 lichen beschloßen, daß fürohin die steur in der gmain Tarsch im jar nun zu ainem termin, als nämblich zu Geörgi, doch zeitlich durch den steur- haubtmann, dorfpürgen und in gegenwirtigkait etlich der fürnembsten benachperten nach inhalt der verhandnen steurpüecher, und wie hernach ergriffen, der billichait ganz gmeß dem armen wie dem reichen, und den 10 reichen wie den armen, one alle gever und vortail und sowol auch in specie, als da iemant lehen- und aigne güeter innen hat, von lehen- und aignen güetern, von ieden besonderbar, auf das, wann gleich veränderungen volgen, man desto aigentliche wissenhait haben und albegen den inhaber der güeter umb die steur ersuechen kann, angelegt und deßwegen speci- 15 ficirte register, was ieder von seinen lehen- und aignen güetern steur zu geben schuldig, aufgericht werden sollen. Und nach inhalt derselbigen register sollen die steurhaubtmann die steur nit allain zu Andrei, sonder auch die terminen Geörgi negst hernach bei denen, so ire güeter gleich zunegst vor den geherten terminen erkauft oder an sich gebracht hüten, 20 so wohl als bei den andern inhabern, als oben vormeldt, güet- oder im fall gerichtlich ersuochen und einlangen, und dieselbigen solten, ungeacht obwohlen si, als gehert, ire güeter, daraus die steur geth, zunegst vor dem aintwedern termin oder zunegst vor ersuechung der steur an sich erhandlet heten, die steur von denselben iren neu erhandleten güetern sowoll, als 25 andere, zu geben schuldig und verpunden sein. Dargegen soll inen gleich- wohl bevorsteen, ire gweren, die sonsten die steur von rechtswegen zu geben schuldig sein möchten, darumben zu ersuechen. Es sollen sich auch die dorfpürgen mit anlegung der steur mit der zerung eingezogen, müßig und beschaidelich verhalten und die gmain wider gebir nit beschweren, 30 und dasjenige, was man zu notturft gebirlich verzert, das soll den dorf- pürgen inskonftig in ihrer raitung gleichwol, aber die iberflüßige zerung nit passiert werden.

Und obwohlen man auf ieden termin achtundachzig gulden dreissig kreizer steur zu geben schuldig, so solle doch die steur auf ieden termin 35 ain merors, als ungevür auf ain hundert gulden, angelegt werden. Trifft von beden, so mans zu ainem termin anlegt, ungeverlichen zwaihundert gulden, auf das die gmain ain überrest an der steur aufzuheben und zum fall der noth zu aufenthaltung der gmain sachen her zu nemen habe.

Was fir stuck und güeter außers dorfs oder Tarscher gmain ligen 40 und mit der gmain jürlich steuren, dieselbigen seint ainstails in den ver- hantnen steurpüechern begriffen. Dabei hat es zu bewenden. Dieselbigen steurpüecher sollen die dorfpürgen neben andern der gmain brieflichen gerechtigkaiten in guter verwohr behalten, und dem steurhaubtmann solle abschrift darvon vervolgen und zuegestelt werden, dieselbigen aber sambt 45 dem steurregister soll der steurhaubtmann auch bei ime in verwahr be- halten und zu außgang seines ambts dieselben den angeenden, auch ainer dem andern haubtman überantwurten.

Item alle hant- und tagwercher, welliche im dorf in ligenden güetern
nit drei hundert gulden vermigen haben und sich des hant- und tagwerchs
in der gmain gebrauchen und auf der gmain vich aufkern, die solten allain
von iren hant- und tagwerch auf ieden termin steur zu geben schuldig sein,
5 ain iede ehe zwelf kreizer, ain ainlizige persohn sechs kreizer, die aber,
so kain vich auf der gmain haben, ist ain ehe schuldig sechs kreizer, ain
ainlizige persohn drei kreizer, doch sollten hierinnen die alten und armen,
auch diejenigen, so sich in der gmain mit niessung holz und anders gar
tauglich und dienstlich verhalten, mit gnaden bedacht und wo möglich
10 verschont werden.

Diejenigen hant- und tagwercher aber, die in der gmain mit ligenden
güetern dreihundert gulden oder mer im vermigen haben und sich des
hant- und tagwerchs nit ploß allain gebrauchen, sich auch sonsten in der
gmain nit unbeschaidelichen verhalten, die sollen der gemainen hant- und
15 tagwerchersteur befreit sein.

Item, wann es sich auch begebe, daß iemants ausser des dorfs in der
gmain zu Tarsch haus, hof, stuck und güeter erkaufete oder an sich er-
handlet, dieselbigen aber nit selbs bewonet, sonder bestantsweis oder umb
der arbait verlassen wurden, oder aber anderst wohin zuepauet, so solle
20 derselbig auch schuldig und verpunden sein, von denselbigen seinen
güetern die steur zu ieden terminen in der gmain dem verordneten steur-
haubtmann zuezustellen oder aber seinen pau- und bestantsman dieselbig
zu gebirender zeit abzurichten auferladen. Im fall es aber nit beschähe,
so hat der steurhaubtmann fueg, mit hilf der dorfpürgen und gmain des-
25 selbigen bestants- oder paumann pfant hinzutreiben oder außzutragen
oder, da er kainen paumann hete, dieselb haab und gut an der nutzung
[mit] pfant anzugreifen und außzutragen und damit zu verfarn, unzt man
umb der steur, unkost, mühe und saumbsall völlig bezalt worden ist, und
ist also der steurhaubtmann nit schuldig, denselbigen außer der gmain
30 umb der steur wider seinen willen nachzuvolgen oder zu ersuechen.

Es mag auch die gmain, ob sie wöllen, den oder dieselbigen, sowol
auch andere, die in der gmain hausen und die steur unfueglich aufhielten,
doch dergestalt, wenn si dieselbigen nit wol fueglich pfenten möchten, an
ihrer thail- und gmains-niessung wasser und anderer gerechtigkaiten
35 aufhalten und verpieten lassen.

Nachdem sich in einlangung der steur auch ein zwitracht begeben
also, daß etliche dem steurhaubtmann umbwegen, daß er inen irer
aignen person schuldig, die steur aufgehalten und davon abzuziechen be-
gert, dadurch die steur lang aufgehalten und dann der gmain zu nachtail
40 geraicht, derowegen ist entlich beschlossen worden, daß fürtohin niemants
mer dem steurhaubtmann die steur, ungeacht ob er gleich denselbigen fir
sein person auch schuldig, nit aufhalten, sonder unverwiderlichen zue-
stellen solle, und dargegen mag er denselbigen steurhauptman umb seiner
schult güet- oder gerichtlich darumben ersuechen, wie recht ist. Im fall
45 es aber nit beschäch, mag der steurhaubtmann den oder dieselbigen, die
ime die steur deßwegen aufhalten, mit hilf der dorfpürgen und der
gmain mit pfant angreifen und damit verfarn, wie hie oben vermeldt
worden.

Und wann der steurhaubtmann bei denen außern dorfs die steur
güetlich nit einbrächt, sonder gerichtlich ersuechen und deßwegen ainen
unkosten spendiren miest, der ime vom gegentail nit bezahlt wurde, so soll
ime derselbig, doch der gebirlich und nit überflüßig unkosten, von dem ver-
bleibenden steurrest bezahlt und beinebens, wann er sich gebirlich ver- 5
halten und in seinem ambt nicht verhinläßt, wegen seiner bemühung von
ieden termin ain gulden zwelf kreizer besoldung passiert werden.

Vom mösmer.

Als hievor gesagt worden, sollen ebnermassen am küssonntag die ge-
mainen diener, sovil man immer kan und mag, und fürs erst der meßmer 10
nachfolgender gestalt ersezt und gedingt werden, und wellicher meßmer
sein wolt, der soll schuldig sein, die ganz gemain darumben zu pitten, und
beinebens, wann ime das müßenambt gelassen wirdet, wover er nit selbst
mit ainen zimblichen vermigen firgesechen, soll er der gmain umbwegen
der ornät, mößgewünder und kirchenzierde, auch da er an dem gotshaus 15
etwas verwarloste, und anders des meßenambts berierende ainen genueg-
samen, in der gmain angeseßnen pürgen zu stellen schuldig sein, die
gmain auch auf sollichen in gegenwiert des kirchbrobsten denselbigen
meßner zu sezen fueg, macht und gwalt haben, als von altern herkumen
ist. Doch solt die gmain mit sezung aines meßners albegen auf ainen 20
gueten, frumben und hierzue taugenlichen mann, der bei den wirdigen
gotsdiensten mit zu alter dienen und andern vorstendig ist, gedacht sein.
Und wellicher meßmer auf sein beschechnes bitten und gelaister caution
von der gmain zu ainem mößner gesezt, solle sein ambt ainmal nit lenger
als ain jar von ainem küssontag zum anderen weren, und zu außgang, oder 25
wann sich sein ambt endet, der gmain die kirchenschlüßl und was ime
vertraut widerumben zuestöllen. Und der neu gesezt mößmer solle die
wisen und den mößenacker bei Venür sambt dem garten bei der kirch,
welliche güeter sonston der gmain zuegehörig, völlig zu geniessen haben,
davon soll er aber dem abtretnen mößner, dieweilen er mistrecht auf den 30
güetern hat, sowol auch fir dem anpauen, von derselben nutzung sechs
stör roggen davon zu geben schuldig sein. Der neu bestellte mößmer soll
dieselben güeter in gueten, wesenlichen pau und würden halten, pessern
und nit leichtern, auch zum abzug, wann er vom mößenambt entsezt
wurde, alle füetterung, hei und strei alda bein mößengüetern verezen 35
und die veste davon nit entziechen, auch den meßenacker zu herbst merers
anpauen, und iber ain mutmehl nit zu längs lassen. Und der meßmer,
wellicher auf sein bitten durch der gmain obsteender maßen gesezt wirdet,
der solle schuldig und verponden sein, das wirdige gotshaus, auch kölch,
ornät, meßgewünter und derogleichen kirchenzierden, welliche ime laut 40
ainer inventur mit wissen des kirchprobsten vertraut werden, pestes fleiß
vor gevärlichait des lieben feurs und anderen gevaren und unrath sauber
und gewarsamb halten, versorgen und bewahren.

Zum andern, den gottsdiensten auf den sontägen, hohen und an-
dern vesten und feirtägen, und wochelichen, so oft alda bei disem wirdigen 45
gotshaus, sanct Michels kirchen, gotsdienst gehalten wirdet, mit zu alter

dienen, item bei austragung des heiligen hochwirdigen sakraments, kinder-
taufen, begröbnus, dreissigisten, kreizgeng und alle andere dergleichen
werk und diensten, so ainem meßmer zu verrichten gebirt, es sei bei tag
oder nacht, alles fleiss, gebirlich und christelich catollischen prauch gmeß
5 nach verrichten, embsig beistehen und an seinem ort nicht verabsaumen.
Dritens solle er meßmer auch schuldig sein, nit allain den todten,
iedem nach seinem stant und beruef gebirender massen, auch so oft es von-
nöthen, zeitlichen zum wetter, auch allen gottsdiensten und zu allen an-
dern zeiten, wie von alters herkomen, sundern auch, so oft es begert oder
10 anbevolchen wirt, zu der gmain- und paurschafthaltung zu leuten, sowoll
auch, wann es noth sein und durch den dorfpürgen oder ainen ansechen-
lichen nachper im dorf begert wurde, zu firfallenden feurs- oder wassers-
noth, davor aber gott sein wöll, den sturmb mit dem gloggenstraich anzu-
schlagen, und daran gevürlicher weis nicht verhindern noch vernachlässen.
15 Doch aber solt er mößmer den gloggenstraich odor sturmb one bevelch
der dorfpürgen oder der firnembsten nachpaurn nit thuen, es sei dann
sach, daß er feur- oder wassersnoth vor augen seche, alsdann solt er nicht
absaumen. Er mößmer soll auch, als hievor verstanden, das gottshaus,
sager und gloggenthurn fein wolverwart halten, auf das nit etwann durch
20 beß leut weder im gotshaus, noch an kirchenzierde etwas vertragen, ver-
lezt oder aber durch muetwilliger leut etwas an gloggen und an der uhr
benachtailt, auch zu ainer unzeit geleitet oder gar auß sonderer boßhait
ain gloggensturmb angeschlagen werden möcht.
Zum vierten soll sich der mößner bei den begröbnussen, dreissi-
25 gisten, hochzeiten, kindertaufen und austragung des heiligen hochwirdigen
sacraments und andern derogleichen diensten gegen meniglichen mit der
besoldung und den malzeiten eingezogen und meßig halten und wider alt
herkomen niemants beschwern. Es soll sich der mößmer auch befleißen,
daß er sein hörberig zu negsten an und bei dem gotshaus gehaben meg,
30 und insonderheit soll sich der meßmer ohne erlaubnus des kirchprobstes
und der gmain über ain tag lang außers dorfs an andern orten nit auf-
halten. Wann er aber ie lenger aussein mießte, so soll er schuldig sein,
der gmain deroweilen ainen andern taugelichen meßner zu stöllen.
Beschließlichen solle ain ieder meßner alles dasjenige thuen und
35 laisten, was ime vor gott und der welt, auch seiner gmain verantwurtlich
gebirt und billich ist. Und der meßmer, der sich ainsmals des messenambts
unterwindt, der soll demselbigen die ganz zeit, so er bestelt, vorsteen und
darbei verbleiben und one erlaubnus der gmain davon nit abtreten. Der
meßmer solle auch aller gemainen diensten genzlichen befreit, exempt und
40 ledig sein.

Vom schmidt.

Item, wellicher schmidt in der gmain Tarsch sein will, der solle die
gmain darumben am küssonntag pitten, und wellicher also auf sein pitten
von der gmain zu ainem schmidt aufgenomen werdet, solle sein dienst,
45 wann er sich gebirlich haltet, auch ain jar lang weren und derselbig soll
die wasser-, sowol die hantschmidten im dorf sambt den beden plaßpölgen,
und den großen, auch ain klenern und ain horn-ampoiß, sowol auch den

andern schmidtzeug, wellicher dem schmidt inhalt ainer inventur, deren
aine der schmidt und die andere die gmain haben, überantwurt werden
soll, sambt den bei der wasserschmidten neuerpauten garten und dem
halben manmadt friewis auf der Lafin die zeit seines werenden diensts zu
nutzen und zu niessen haben. Dieselben baide schmiten und güieter aber 5
soll er in gueten, wesenlichen pau und wierden halten, pesseren und nit
leichtern und in sonderhait, was er an der wasserschmidten mit seiner
selbsaignen hantarbait machen und pessern kann, auch was er nit selbs
pessern möcht, sonder mit ainem zimmermann oder maurer in ainem
halben tag verricht werden möcht, das soll er schmidt, doch außer holz, 10
item kalch, sant und stain, so die gmain zu entgelten hat, allain, was aber
mehrere neu pei und pößerungen sein möchten, die gmain zu entgelten
schuldig und verpunden sein. Was aber anbelangt des hievor bemelten
schmidtzeugs, den soll der schmidt allain in seinen stachl und eisen bei
gueten wirden erhalten und inskonftig zu seinem abzug denselbigen der 15
gmain allermassen und in gleicher sorten, wie er den empfangen, wider-
umben zu überantwurten schuldig sein. Von sollicher hinglassner wasser-
schmidt sambt derselben zugehör soll ain schmidt jürlichen iber erhaltung
des schmidtenzeug, wie der angemelt ist, der gmain järlichen zu zinsen
schuldig sein sechs gulden. Verer soll der schmidt auch von ieden in der 20
gmain Tarsch denen, so ackerpau haben, si schmiden oder nicht, nicht
destweniger von ieden jauch acker drei mäßl [1]) roggen zu empfachen und
einzulangen haben.

Darentgegen solle er schmidt verobligiert und verpunden sein, in
der gmain allen denen jenigen, von wellichen er das schmidtkorn ob- 25
steender maßen einzulangen hat, dem armen sowohl, als dem reichen, und
dem reichen, als dem armen, auf derselben begern zu irer gnuegsamen
notturft in irer der gmainsleut speis und deren kol und eisen mit gueter,
bestanthafter, ungevortailter arbait ohne ainicher verern besoldung zu
schmiden und zu arbaiten. Doch welliche zu schmiden vorhabens, die 30
solten den schmidt am negsten sontag darvor zeitlich ansagen, alsdann ist
der schmidt dem selbigen die negst woch daran zu schmiden und zu ar-
baiten schuldig. Es wer dann sach, daß den schmidt an bemelten suntag
zwen, drei oder mer zu schmiden ansagen wurden, die er auf bemelter
wochen neben ainander nit abfertigen kunt, so soll er doch den, der zum 35
notwendigisten zu schmiden hat, befürdern, und die andern die negst
wochen darnach, ie ain nach dem andern, unaufhältlich abfertigen one
allen vortail und gevar. Der schmidt soll auch, wo immer müglich, die
gmain mit gueten eisen versehen und versorgen einzukaufen und inen
dasselbig vor andern umb gebirlichen pfening, wie es dann bei merern ge- 40
kauft und verkauft wirdet, erfolgen zu lassen, sowol auch denjenigen, die
kain acker und also ime kain schmidtkorn zu geben haben, gleicherweis
umb gebirenden pfening mit gueter getreuer arbait zu arbaiten und zu
schmiden schuldig sein. Der schmidt mag auch, ob er will, iemant andern
außers dorfs schmiden, wemb er will, doch aber, wann ain gemainsmann 45

---

[1]) *Am Rande von junger Hand:* anietzo von jauch 4 maßl.

kumbt und zu schmiden begert, soll der schmidt den gemainsmann mit
der arbait vor andern befürdern.

Im fall es sich begäb, daß aber der schmidt iemant in der gmain,
der ime das obbemelt schmidtkorn zuestölt, nit schmiden oder aber iber
5 die gebirlich zeit aufziechen wurde, so mag derselbig solches dem dorf-
pürgen anzaigen und soll der dorfpürg dem schmidt mit allem ernst und
bei ainen benenten pfant auflegen, daß er denselben gmainsmann schmi-
den und arbaiten, und nit lenger aufhalten solle. Und da alsdann der
schmidt über sollicher auflag den geherten gmainsmann nit schmiden,
10 sonder noch lenger aufhalten wurde, so soll man den schmidt umb sovil,
wie ime aufgelegt, pfenten. Hinentgegen, wann iemants dem schmidt ob-
bemelts schmidkorn nit geben, sonder unfueglich aufhalten wurde, mag
der schmidt solliches den dorfpürgen klagen, alsdanne solle der dorfpürg
demselbigen ungehorsamen gmainsmann auch auflegen bei ainer benanten
15 straff, daß er dem schmidt das bestimbt korn one verzug zuestölle. Im fall
aber der bemelt gmainsmann über sollicher auflag den schmidt berierts
korn nit geben wurde, so soll die gmain denselbigen pfenten umb sovil,
wie ime aufgelegt worden.

Der schmidt solle auch der gmain in der wasserschmidten ainen
20 großen waffenschliffstain zu haben und zu erhalten, die gmain aber ime
schmidt fir ieden waffen, so darauff geschliffen werdet, . . . fierer zu geben
schuldig sein. Der schmidt soll auch aller gmainen arbaiten befreit sein,
darfir aber der gmain, wann man gemaine arbaiten hat, die hauen und
pickl zu spizen verpflichtet.

25 Item ain ieder schmidt, der ainmal von der gmain am küssontag zu
ainem schmidt aufgenomen worden, der soll dasselbig jar auß darbei ver-
bleiben und one guethaißen der ganzen gmain nit fueg haben, von dannen
zu ziechen, und wann ain schmid am küssonntag aufgenomen wirt, soll er
der gmain am küssonntag zahlen zwai maß wein.

30 Von inneren wassersaltnern, und wie das wasser gefiert werden soll.

Dieselbigen, wann sie auf ihr pitten am küssonntag von der gmain
aufgenomen werden, sollen schuldig und verpunden sein fürs erst, am
frieling zeitlich die punthairen im ganzen ackervelt vom Raminiger thal
35 unzt zu eusserist Abeleiz gar fleissig, getreulich und ungeverlich dem
armen als wol dem reichen, und dem reichen gleichwie dem armen, zu
graben, machen und außzuraumben, damit das wasser an selben orten und
enden nit verhindert werde. Zum andern auch järlichen am lönges drei
schwöller zu machen und selbige mit rath der dorfpürgen, wo es am not-
40 wendigisten ist, zu legen und einzugraben. Drittens am löngis, so balt die
gmain fir noth zu wässern halten wirdet, die roden anfangen und das
wasser, als den Raminigpach und das wasser im Tarscher thal, in die
sächse oder noch mer roden, so lang es notwendig sein möcht, nach der
ordnung und maß, wie inen von der gmain anbefolohen wiert, in allen
45 der Tarscher velt, als in wisen und äcker von stuck zu stuck, wie von
alters herkomen, mit ganzen fleiss fieren, tag und nacht auß darbei

verbleiben und gnau zusamen halten und, so vil inen immer müglich, kain
wasser zu der notwendigen wässerzeit zu verlur nit rinnen lassen. Zum
vierten ainem ieden sein wasser, es sei in äcker oder wisen, und es kumb
iemant bei tag oder nacht, den reichen gleich den armen, und den armen
als den reichen, zu rechter bequemlicher zeit ansagen. Als nemblichen, 5
wann ainem ain wasser innerhalben Carsyllegg werden solt, so solls der
aintweder wasseraltner demselbigen selbs oder seinom weib oder doch
ainem ehehalt, der es dem paurn vermuetlich ie sagen wurde, auf das
wenigist ainen tag zuvor ansagen, und zu der stunt, als wann im das wasser
kumbt, abermahlen, es sei bei tag oder nacht, zu haus geen und riefen. 10
Wann aber iemant ain wasser außerhalb dem Carsyllegg, es wäre, in was
velde es welle, kumen wurde, so sollten die wasseraltner demselbigen das
wasser gleichwohl auch obsteender maßen aufs wenigist ainen tag darvor
ansagen, und wann das wasser ainem boim tag werdet, abermalen in der
stunt, so das ainem werden sollt, zu haus geen und rüeffen. Wann es aber 15
ainem bei der nacht fallen mecht, so solls der aintweder saltner demselbigen
am abent ansagen, und dann volgunds bei der nacht auß dem weiten velt
herein zu haus zu geen über iren gueten willen nit schuldig sein.

 Zum fünften solten si auch das wasser, so vil daß fürch sein, gleich-
lich außthailen und iedem von stuck zu stuck, wie ob gehert, sein ge- 20
birende furch nach beschaffenhait des velts gebirender massen geben und
in acker hinein kehren und iedem sein gebir wüssern lassen und bei
hegster straff nit firfarn, sonder iedem, wie es im, es sei bei tag oder
nacht, kumbt, er sei reich oder armb, sein wasser getreulich zuestöllen.
Doch sollen sie niemants in ainem stuck acker auß ainer punthair mer als 25
ain furch zu geben nit schuldig sein, und zum fall, da si befänden, daß
iemants lankwirig und mer, weder im gebirt, wüssern wolt, oder aber
iemant sein wasser hinkern und wider fueg nemben wurde, so sollen si
fueg, macht und gwalt haben, demselben das wasser alsbalt abzuschlagen
und dem andern, dem es von rechts wegen zuegehört, anzegeben, und 30
solliches den dorfpürgen [anzaigen], damit der oder dieselben der gebir nach
gepfendt werden mögen, und soll ain ieder, der ain furch wasser oder mer
unfueglich genomen und gebraucht hat, von ieder furch, die er am tag ain
viertlstunt gebraucht hat, ain gulden pfant der gmain verfallen sein, aber
bei der nacht von ainer furch, so or ain viertlstunt brauchet, zwen gulden. 35
So es aber durch ainen zum andern mahl beschäche, solle die straff in
beeden fällen, als beim tag und nacht, toplt verfallen sein. Hinentgegen
aber, wann si die wasseraltner iemant sein gebirends wasser obsteender
massen nit ansagen oder geben, sonder unfueglich entziechen oder sonsten
gevar gebrauchen wurden, so sollen sie gleichermassen in obsteender pfant 40
der gmain verfallen sein, zusambt von demjenigen, so si sein wasser ent-
zogen, kain besoldung zu empfachen, sonder vilmehr demselbigen seinen
schaden nach erkantnus der gmainschaft oder der obrigkait abzutragen
schuldig und verpunden sein. Item die saltner sollten auch, wann si
iemant sein wasser obsteender maßen zu rechter zeit angegeben haben und 45
derselbig zu der zeit nit verhanden, das wasser in desselben acker hinein
kern und drei talli einschlagen, auch dreimal rieffen. Kumbt deroweilen
derselb, so hat es dabei zu bewenden, im fall er aber nit kumbt, sollen si

das wasser weiter in des negst daran volgende stuck angeben also, damit
das wasser nit verhintert werde, sonder seinen vortgang gehaben müge,
und seint demselbigen, der sein wasser versaumbt hat, auf derselben raid
kain wasser zu geben schuldig. Und in summa sollen si sich in albegen
5 erbarlich und gebirlich halten, der ganzen gmain nutz und wolfart be-
fürdern, schaden und nachtail warnen und wenden.

Und den mer bemelten saltnern, die sich gebirlichen, aufrecht und
embsig verhalten, den solt fir speis und lohn von ieden jauch acker und
wisen, darinnen si das wasser geben, als von ain jauch, so mit roggen
10 beseet, fünf, waizen vier, und fueter vier, von manmadt früewis ain, und
von ain manmadt spatwisen auch ain garben gegeben werden, welliche si
im ackervelt bei ieden, wo es inen füegt, begeren und außgezöhlt werden
sollen. Aber da si das wasser außer der gmain geben, soll inen von
iedem pau umb noch so vil, als in der gmain, geben werden.

15 Item die saltner sollen auch schuldig sein, ir fleißigs aufsehen zu
haben auf ieden, es sei hörbstwaizen oder roggen und längespau, damit si
zum zehet aufschneiden ihr grundlichs anzaigen thuen mögen, wie inen
dann auferlegt sein soll, ihr fleißigs anzaigen treulichen zu thuen, auf das
im zehet aufschneiden niemant nit unrecht beschech.

20   **Vom äussern saltner am niderwal.**

Gleichergstalt solle von der gmain Tarsch am kässonntag ain salt-
ner am niderwahl gesezt werden, derselb soll auch schuldig sein, anfangs
auf bemelten niderwahl zu schauen, ob etwas in dem tail, wo der den
Tarschern in kraft vertrags zu machen und zu erhalten gebirt, noth sein
25 wurde, was an den kändlen oder sonsten nothwendig zu pößeren, das solle
er den dorfpürgen oder gmain anzaigen ,und, wan man denselben wahl
machen will, sich auch mit getreuer hilf darbei befünden. Volgents so
man die roden anfangt, nämblich an sankt Geörgen tag, soll er zum wasser
sehen bei tag und nacht, so lang die roden weren, darbei verbleiben und
30 das wasser von stuck zu stuck, wie von alters herkumen, unzt in die
sechst rod fiern, auch ainem ieden der gmain Tarsch, sowohl als andern
und andern, die ain wasser am niderwahl gerechtigkait haben, dem armen
wie dem reichen, und dem reichen wie dem armen, gleichlich und gebirlich
zu gebirender gueter zeit ansagen, zuestöllen und darinnen kain vortail
35 oder gevar, bei verlierung seiner besoldung und aufgelegter hernach ge-
melter straff, nit gebrauchen. Weiter sollen si ir fleißigs aufmörken haben,
daß niemants ungebirlich wässern und das wasser nit zu lang rinnen laß,
auch daß kainer dem andern sein wasser nit nemb oder hinker, und da
si aber wurden befinden, dass iemant ungebirlich wässert, das wasser zu
40 gevar des andern lang rinnen ließ oder dem andern sein wasser unerlaubt
hinnemben wurde, so sollen si es denselbigen alspalten widerumben ab-
schlagen und, dem es von rechtswegen zugehört, zuestellen, auch die sachen
volgunts den dorfpürgen oder der gmain anzaigen, damit die verprecher
mögen gestrafft werden, und ist die straff, wie es hievor bei der innern
45 saltner bestallung einkomen, gleich. Verer sollen si auch schuldig sein,
von ainem kässonntag zum andern, wo si das vich auf der Marein und in

denselben güetern hernaußen, außer Hilb-vial, in den schüden bedreten, gleichwie der saltner im dorf, zu pfenten, sowol ir fleißigs aufmörken zu haben in ieden zehetstuck, wo si das wasser angeben, was und wievil darinnen waizen, roggen oder fueter anpaut worden, auf daß si der gmain den rechten grunt anzaigen, damit der zehet rechtmüßig angelegt werden 5 möge. Und dem saltner, der sich gebirlich und fleißig verhalt und das thuet, was er schuldig ist, dem soll vom ieden jauch außers dorfs acht, von ainem manmadt friewis zwai und von ain manmadt spatwis auch zwai garben, aber im dorf von ieden jauch acker frue- und spatwisen, wie bei den innern saltnern begriffen, von ain jauch roggen fünf, und waizen 10 vier, fueter vier, von ieden manmadt frie- und spatwisen ain garben ge-geben werden. Derjenige saltner aber, so sich ungebirlich verhalten, iemants sein wasser zuvor zu gebirlicher zeit nit ansagen oder aber nit geben, sonder firfarn oder aber zu frühe vor gebirender zeit hinkern und dergleichen geverde gebrauchen wurde, der soll, als vorverstanden, nit 15 allain sein besoldung bei demselben, den er gevärdt, verlohren haben, sonder auch demselbigen darzue seinen nachtail und schaden abzutragen schuldig sein.

Von gemainen saltner im dorf.

Ebenmeßig solle am kässonntag iedes jars ain gemainer saltner ge- 20 sezt, derselbig soll schuldig sein, von ainem kässonntag zum andern in ganzen Tarscher velt, in Raminigwisen und vom Raminiger thal unzt hin-aus geen Latschinig, auf der großen und schmalen Marein hüt-eegarten und derselben revier herumb, sowohl auch hinab auf den Kandlwahl, und hinauf gegen Sanct Medarn auch unzt an Carsylegg, und nach demselben 25 egg hinauf an das joch ir ganz fleißigs aufsechen zu haben, wo si das vich zu schaden betretten, hernach volgender massen pfenten und darinnen niemants verschonen, als nämblichen dergestalt, wann er ain vich, es sei inner oder außer des dorfs gehörig, an schaden betritt, so soll ers nit das erstmal pfenten, es wer dann sach, daß dermassen ain großer schaden be- 30 schechen wor, sonder solls demselbigen, dem es gehörig, oder demselben hirten zuetreiben, ernstlich zuesprechen und vor weitern schaden ver-warnen. Auch diejenigen lucken, so etwann durch dem vich einprochen oder durch den gmainsleuten oder deren ehehalten zuezumachen vergessen werden, sovil si kinden und mögen, zuemachen oder zue verzeunen an- 35 sagen, den hirten und potten alles ernsts zuesprechen und vor schaden gewarnen, und wann er aber das vich über der beschechnen verwarnung zum andern mal am schaden betrit, so soll er dasselbig vich, so es im dorf gehörig, denselbigen hirten oder demselbigen, so es zuegehört, zuetreiben, anzaigen und das pfant begern. Wirts im zuegestölt, so hats darbei zu be- 40 ruhen, so aber der gmainsman begert, der saltner solt ims verpeiten, soll der saltner, unzt das vich oingestelt wirdet, zu verpoiten schuldig sein, alsdann soll das pfant ime aber nit weiter aufgehalten, sonder zuegestelt werden. Wann aber das vich außers dorfs gehörig, so mags der saltner demselbigen, dem es zuegehörig, zuetreiben und das pfant abfordern oder 45 aber im dorf zu den potlsaltnern in pfantstall treiben und solliches dem gepfenten anzaigen und das pfant begehrn. Alsdann, wann die außers dorf

das pfant nit bar erlegen und das vich nit lesen wolten, so sollen die dorf-
pürgen dem saltner das pfant erlegen und dieselbigen mögen alsdann mit
dem gepfendten vich, außers dorf gehörig, nach pfentlichen rechten dem
lantsbrauch nach verforen, unzt sie umb iro schäden bezahlt werden, doch
5 soll kain saltner iemants vich, es sei inner oder außers dorf gehörig, nit
ungebirlich oder bedrieglicher weis pfenten, auch das vich nit grob auß
dem schaden weren oder ungebirlich verlezen, bei straff hernach gemelt.

   Nun volgt, wie ain iedes vieh pfantper: erstlichen inners dorfs vom
iedem roß beim tag drei kreizer, von iedem rint zwen kreizer, von iedem
10 hüpt schaf, gaiß, pöck oder wider, auch reverender schwein, ain kreizer,
von ieder gans ain kreizer, aber bei der nacht von ieden oberzelten hübt vich
toplet, und außers dorfs von ieden oberzelten hübt vieh beim tag noch so
vil, als im dorf, und bei der nacht auch toplet. Wann aber der saltner
mann- oder weibspersonen in wisen, ücker, auch obsgürten und dergleichen
15 schüden betreten wurde, als daß die selbigen kraut, garben, item gerütsch,
gras, lüpp, auch obs oder rangen nämben oder andere schäden thuen und
begehen wurden, dieselbigen solt er pfenten, erstens beim tag das erste
mal iede person droi kreizer, das ander mal topplet, aber bei der nacht
das erst mal sechs kreizer, und das ander mal auch topplet. Und beinebens
20 solt ers in beeden füllen den dorfpürgen oder der gmain entdecken und,
da es zum öftern mahl beschechen wurde, soll die straff nach erkantnus
der obrigkait oder gueter leut steen, geliffert und eingezogen werden.
Item, wann der saltner iemants betretten wurde, daß man mit ainem gmen
und gschirr durch aines andern guet, da er nit befuegt, faren wurde, so
25 mag der saltner denselben pfenten auf ainer lären wis von ainem gmen
und lüren gschirr bei dem tag drei kreizer, aber bei der nacht sechs kreizer,
fart er aber mit ainem vollen wagen, beim tag söchs und bei der nacht
zwelf kreizer, fart er aber auf ainer vollen wis oder angepauten acker mit
leren oder geladen geschirren, so solle man pfenten beim tag umb zwelf
30 kreizer und bei der nacht vierundzwanzig kreizer, vorbehalten dem be-
schödigten, seinen schaden bei dem, der inen zuegefiegt, zu ersuechen. Doch
werden hierinnen die spaten wisen, wann man dieselbigen müth, mit heu-
fieren, woverr einer dem andern nit durch das ungemäht hei fart, auß-
genomen und nit gemaint, doch soll man in albegen, sovil müglichen,
35 beim rechten weg verbleiben, und dem saltner, der sich gebirlich verhalt,
soll fir sein besoldung zusambt seinem pfanterlon von ieden jauch acker
in der gmain vier kreizer zu empfachen, sambt von der ganzen gmain ain
stär waiz gegeben und zuegestellt werden.

Von gemainen hirten.

40   Hievor, als bei den dorfpürgen und poßsaltnern, ist einkumen, daß
die dorfpürgen umb ain gebirlich und bestimbten lohn hirten dingen, item
daß ain iedes vich fir sein gewonlichen hirten firgetriben und gehiet wer-
den solle. Auch zu wellicher zeit dasselb firgetriben und gehüetet wird,
daß man darvon ganzen oder halben kost und lohn geben mueß, so wohlen
45 auch, weilen auch den kiehirten fir ihrer kost von iedem rint, so fir ihnen
getrieben, ain viertl korn und für den lohn von iedem rint vier kreizer

gelt von alters gegeben worden, darbei hat es nachmahlen boi allen zu be-
ruehen. Es sollen aber die küe- und andere hirten, sie seien in irer oder
des paurn kost, schuldig und verpunden sein, wann die zeit des firtreibens
verhanden, sich zu morgens zeitlichen an orten, da man das vich ver-
samblet, zu verfiegen, volgents, wie von alters, die waiden zu besuechen, 5
doch solten si niemants, weder die außers, so wenig die im dorf nit über-
farn, noch iemants das seinige mit gevar nit verezen oder zu schaden nit
gehen lassen, auch iedem sein vich, dem armen, wie dem reichen, und dem
reichen, wie dem armen, fleißig hüeten und mit gleichem fleiß bevolchen
sein lassen, das vich auch nit gröblich weder schlagen, noch werfen, noch 10
anderwerts gevärlich nit verwarlosen.

Item, wann es begäb, daß si hirten iemants sein vich, ain oder mer
häpt, im tag verluren, so sollen si abermalen schuldig sein, sich am abent
zeitlich haimb zu verfiegen und solliches demselbigen, dem es verloren
worden, anzaigen, damit derselbig umb sein vich schauen mög, darzue 15
der hirt auch hilf zu erweisen schuldig ist. Auch sollen gemelte hirten
die kost recht suechen und nemen und niemants darmit nit gevören, noch
bevortailen. Und in summa sollen si der ganzen gmain nuz und frumen
befürdern, schaden und nachtail warnen und wenden nach irem pesten
fleiß. Und denen hirten, die sich gebirlichen und oberzelter massen recht- 20
messig und erbar verhalten, denen solt ihr gebironde speis und lohn im
wenigisten nit aufgehalten, sonder erbar zuegestelt werden. Diejenigen
hirten aber, die unfleißig sein und sich ungebirlich verhalten, iemants
sein vieh verworlosen und sich das bewärtlich befindt, oder sich sonsten
oberzelter gestalt unrecht verhalten wurden, die solten nit allain ir be- 25
soldung bei denen, so si die gevor geüebt, verloren haben, sonder dem-
selbigen seinen schaden abzutragen schuldig und verpunden sein.

Von zehet-aufschneiden und thailen.

Demnach von alters im zehet-aufschneiden und austhailen große,
unnothwendige und beschwerliche zerung aufgangen, also daß nit allain 30
im aufschneiden, sonder auch austhailen nit allain pecde dorfpürgen und
beede wassersaltner, sonder noch darzue vil nachpern sich darbei befunden
und unter tagen, sowol zu abents unnotwendige, überflüssige trunk und
mahlzeiten verbraucht, dardurch der ganzen gmain, als gehert, beschwer-
licher unkosten spendiert worden, welliches hinfiron zu gestatten nit mer 35
gemaint, sonder durch ganzer gmain also beschlossen, nämblich, daß zu
dem aufschneiden, sowohlen zu dem zehettailen sambt beeden dorfpürgen,
den dreien wassersaltnern nit mer, als drei oder vier nachpern und den
neu angehenden dorfpürgen, sich darbei befinden lassen sollen. Und die-
selbigen nachpern solten nit albegen ainerlai, sonder jürlich zween andere 40
darbei sein, auf das die unwissenden die sachen auch erfaren mügen, und
denselbigen, so sich, wie gehert, also bemüen mießen, solte zum aufschnei-
den und austhailen iedem nachpaurn und dorfpürgen, auch wassersaltnern
auf ainen tag fir seiner besoldung und zerung gegeben werden dreißig
kreizer, und ainem schreiber, so man darzue brauchen möcht, auch fir 45
seiner zer- und besoldung ain gulden zwelf kreizer. Es solle aber der zehet

aufgeschniten werden, wann alles getraid auf dem velt stect, und solle
durch die dorfpürgen und nachpern, auch saltner, wo immer möglich,
ieder angeseßner zu haus gesuecht, befragt und der zehent in seinor gegen-
wirt aufgeschnitten oder geschriben werden, oder angelegt und außgethailt
5 werden, nämblich alsbalt nach weichnacht zu gueter zeit. Und gibt iedes
jauch in der ganzen gmain Tarsch, — doch außer hernach bemelte und
beschribne jauch, welliche im großen zehet sein, von denen man von ieden
jauch drei stär geben mueß, darbei es zu verbleiben, — zwai stär und
drei viertl stär, als im herbstpau waizen und roggen, aber im längspau
10 alles fuetter. Es begibt sich auch, obwohlen ainer kain jauch hat, das im
großen zehet ist, und dennocht ime in großen zehet kumbt, dergestalt, als
wann ainer gleich ain, zwai, drei oder mer jauch hat, und wirdet darinnen
ain halb jauch mit waizen und ain halb jauch mit längspau besüet, so
geben dieselben halben jeucher albegen ains von wegen richtiger raitung
15 anderthalb stür, das kumbt ime dann, wie gehort, in großen zehet. Es ist
auch beschlossen, daß ieder, sobald der zehet anglegt, dem, so er schuldig,
alsbalt ohne weiters aufhalten zuestöllen und die gmain one schaden halten
solle. Und da aber iemants hierwider handlet, den zehet jenigen, so man
schuldig, nit zuestöllet oder sonsten gevar prauchen wurde, und obwolen
20 dasselbig sein bestimbte straf in der lantordnung auf sich hat, dabei es zu
beruehen, nichts desto weniger so soll die gmain denselben ungehorsamen
zehetmann umb noch so vil, als der aufgehalten zehet ist, pfenten und
pfant an lebendig oder totten wert austragen und hintreiben und mit dem-
selben nach peilichen rechten zu verfaren befuegt sein, unzt man nit allain
25 um den ausstendigen zehet und derowegen außgehenden unkosten und
schäden völlig vergnüegt worden ist.

Volgen diejenigen jauch acker, so im grossen zehet sein, von deren
man von iedem, als hievor gehört, drei stär geben mueß.

Erstens Hans Schuesters Kandlacker ain jauch.
30 Hans Plüss ain jauch, der Pluracker und Pfütscholmacker ain jauch.
Sigmunt Angerer Plaz- und Kirchacker zwai jauch.
Christan Weittaler zwai jauch in Carplan, ain jauch in Ässeracker,
ain jauch im Kandlacker und ain jauch Pardiggacker.
Pfütschhof hat innen drei jauch in groß acker, ain jauch der Kandl-
35 acker und ain jauch der Pedragacker.
Peter Puz zwai jauch, der groß acker bei Stang.
Balser Härtl, ain jauch der Krumpacker im Paldör und ain jauch
der Kreistacker.
Toman Bernhart im Kirchacker ain jauch.
40 Geörg Gamper den Raminigacker, Bedragkacker und Ässeracker als
drei jauch.
Melchior Vischer, anwalt, ain jauch, der Kandlacker vom Gezner.
Matheis Weiglmeier ain jauch der Kirchacker.
Nikolaus Maillender Stanacker ain jauch.
45 Valtin Pruners Kandlacker ain jauch.
Cristan Trafoyer ain jauch, der Gulfacker.
Caspar von Salis ain jauch, der Haichacker.
Betreffen zusammen neunundzwainzig jauch.

Volgen die wisen, so auch im großen zehet sein, und was iedo fir
zehet gibt.

Ulrich Lürchers Marein-egart gibt anderthalb stär korn.

Peter Guetgsölln anger auch anderhalb stör.

Der alten Weiglmeirin ain halb manmadt auf der Marein gibt dreu 5
viertl korn.

Michel Plazers ain halb manmadt in hüt-ehegarten gibt zehent dreu
viertl korn.

Der Latschiniger ackervelt, so geen Tarsch zehonten, seint hievor
einkomen. 10

Welliche zehet bei der gmain zu heben haben und wie vil.

Herr Oswald Pinggera:		Hans Blüss, kramer:	
roggen ainhundertzwainzig,		roggen sechzig,	
waizen vierundzwainzig,	} stär.	waizen zwelf,	} stür.
fuetter achtundvierzig		fueter vierundzwainzig	15
Pauli Greitter:		Wolfgang Telfers seeligen kinder:	
roggen sechzig,		roggen zwceundsibenzig,	
waizen zwelf,	} stär.	waizen zwelf,	} stür.
fueter vierundzwainzig		fueter vierundzwainzig	
Herr Abraham Klainhans:		Michael Platzer:	20
roggen dreissig,		roggen acht,	
waizen sechs,	} stür.	waizen ain,	} stür.
fueter zwelf		fueter zwai	

Von gemainen arbaiten.

Die gemainen arbaiten sollen auch gleichermassen, als wie hievor in 25
diesem puech von paurschafthaltung einkomen, durch die dorfpürgen, doch
mit rath der firnembsten nachpauren und der gmain zu gebirender, rechter,
bequember, auch wann es anders sein kan, zu so glegelicher zeit, daß man
dieselbigen anderer obgelegnen sachen halber zum leichtisten verrichten
mag, angestelt werden und sollen zu sollichen gemainen arbaiten menig- 30
lichen im dorf, die darzu zu erscheinen schuldig, davon hernach weiter
gemeldt wirt, ebenmeßiger gstalt, als von paurschaft-haltung gesagt, am
abent zuvor durch den dorfpürgen oder ainen so mannperen pothen mit
austruckelichen worten, wann, wohin und zu wellicher stunt die versamb-
lung und zusamenkonft der gemainen arbait sein werdet, und albegen 35
nach ansechung der gmainen arbaiten mit auflegung eines pfants von ain
biß in die fünf pfunt perner, oder noch mer, daß derjenige, so außer gots-
gwalt oder herrngschüft nit erschine, um so vil gepfennt werden soll,
gebieten und wissen lassen, auch volgents am tag der gemainen arbait zu
morgents alspalt nach ave Maria leiten ain, und hernach zu der stunt, 40
wann die zusamenkonft sein soll, zum andern mahl zu mehrer erinnerung
der gmainschaft, wie von alters herkumen, die groß gloggen leiten lassen.
Und wellicher alsdann über sollicher zuwissentthueung und gevolgten
leiten, außer gotsgwalt oder herrngschüft, zu der stunt und rechter weil,
wie er gebotten, nit erscheint oder seinen schuldigen mannperen poten nit 45
schicken wurde, den oder dieselben soll man alspalt an demselbigen abent,

wann man von der gmainen arbait haimb kombt, durch die dorfpürgen mit hilf aller deren, so bei der gemainen arbait gewest, wie er gepotten worden, gepfendet und darinnen niemants verschont werden. Wann aber iemants durch gottsgwalt oder herrngeschäft abgehintert, der soll gleich-
5 wol ainmal des pfant exembt und ledig sein, volgents aber hernach sein versaumbsall aintweder mit gelt oder ainen mannperen potten auf andern gmainen arbaiten widerumben erstatten.

Und zu den obgemelten angestelten gemainen arbaiten, wann man den gemainen runst im dorf, den neuen wahl aus Raminig-pach, den
10 Kandlwahl aus Tarscher tal, den wahl aus Schlumbs ob Parmänt und den niderwahl ob Plazgumb järlich machen und pessern will, oder was man sonsten fir gmaine arbaiten zu verrichten hat, doch außer dem, was man auf den alben zu thuen hat, davon hernach weiter gemeldt wirdet, sollen firs erst alle angesessne im dorf nach guet bedunken der dorfpürgen, als
15 von ansehnlichen peuen von zwai biß in drei und vieren, und von klenern peuen von ain biß in zwai oder drei knechten darzue zu komen gepotten werden, die auch volgents durch si selbs zu erscheinen oder so mannperen pott, daß deren ainer auf ainen tag auf das wenigist fir speis und lohn zwelf kreizer verdienen kan, zu schicken und mit getreuer arbait und hilf
20 beizuwohnen schuldig und verpunden sein sollen. Zum andern, so sollen auch die hant- und tagwercher nach der dorfpürgen guetachten darzue zu erscheinen gepotten werden, und daß sich in albegen die armen ainlizigen, auch gar alten von denjenigen hant- und tagwerchern, so güeter haben und vich auf der gmain aufkern mochten, billich bedacht und so vil mig-
25 lich verschont werden.

Gleichergstalt so werden die gmainen diener, mößner, schmidt, waßer- und gmainer saltner, auch alle hirten, außerhalb irer güeter, die si sonderbar aigenthumblich hüten, darfir si ir gebir abzustatten schuldig sein, fir irer person aller gmainen arbaiten genzlichen befreit. Auch sollen
30 hierinnen die ainlizigen und alten armen hant- und tagwercher, auch hant- und tagwercherin, wellich wenig oder gar kain vich auf der gmain auf- kern und in armuthei hausen und sich sonsten in der gmain nit ungebir- lich verhielten, mit verschonung der gemainen arbaiten zimblicher massen bedacht werden.

35 Die gmainen arbaiten auf den alben, die solten durch die albpürgen mit rath der firnembsten albsgnossen zu gueter, bequemer, früeer und gleglicher zait angestölt uud durch die albpürgen oder iren rechtmessigen potten allen denjenigen, so albsgerechtigkait haben, zu gebirender zeit allermassen gleich, wie hievor von vorkindung anderer gemainer arbaiten
40 und haltung der paurschaften begriffen, nach ansehung der arbait auch bei ainer benanten pfant darzue zu erscheinen gebotten werden. Und auf sollicher zuwissenthueung seint diejenigen, als verstanden, so vich auf- kern, die alben geniessen wellen und albsgerechtigkait haben, zu erschei- nen und mit embsiger, getreuer, ungevortailter arbait hilf zu thuen
45 schuldig, dergestalt von fünf küeen oder rindern ainen und von zechen häbt klain vich auch ainen, doch aber, wie vor bei den gemainen arbaiten vermeldt, annemblichen knecht. Und so man in sollichen gmainen ar- baiten geen betürftig, so sollen diejenigen, so zwen knecht zu schicken,

ain par oxen und ain gschirr her zu geben schuldig, aber auch der zeit ire
knecht befreit sein.

Und die gmainen arbaiten, so in waldungen, item mit legung der
kändl und rehr, sowol mit pesserung der gmainen holzfarweg, auch
raumbung und außhackung der viül järlichen verrichtet werden müßen, 5
dieselbigen solten durch die waldpürgen, wie dann hievor bei der wald-
ordnung gemelt worden, also ebenmessig, wie von dorfpürgen und gmainen
arbaiten hievor gesagt, angestelt, gepotten und meniglich darzue zu er-
scheinen schuldig sein.

Von hant- und tagwerchern. 10

Nachdem auch in der gmain Tarsch ain mißprauch entstanden und
ain zeit hero gewert also, daß etliche in der gmain, welliche heisser und
herbrig zu verlassen gehabt, nit allain die im dorf gebornen, sonder gar
frembde hant- und tagwercher ohne wissen der obrigkait und der gemain-
schaft eingelassen und herbrigen verlichen haben, auch daß etliche hant- 15
und tagwercher, die gleichsamb kaines oder doch aines gar geringen ver-
migens, demnach und damit si sich nun ainsmals in der gmain ainschlaiffen
und der gmain das gebirlich einkaufgelt entziechen migen, gar umb 300 fl.
und noch mer güeter erkauft und gleichsamb in ainem jar wiederumben
verkauft oder doch alspalt verwendt, auch volgents, da si durch sollichen 20
mitl einkomen, der gmainschaft weder in gebung der steurn, gmainen ar-
baiten, gmainen diensten, noch andern der gmain obligen und eehaften
nicht gehorsamen, noch gebrauchen lassen wöllen, sonder sich ungehorsamb
und widerwertig erzaigt, auch in der grösten arbait sich etwann außer
der gmain an andern orten aufgehalten, und also die gmain und die da- 25
rinnen wohnenden hant- und tagwercher mit auftreibung ihres vichs, ver-
schwendung der waldung und anderer allerhant aigennuzigs und vortailigs
gesuech zum höchsten überlegen und beschwert haben also, daß sich im
dorf mit den armen hant- und tagwercher geheufnet, daß sich gleich ainer
neben dem undern nit wohl ehrlich aufhalten und ernörn hat migen, und 30
zu abstellung dieses unhails so ist demnach in der gmain mit ernstlicher,
ainhölligen volg beschlossen worden, daß sich firtohin kain gmainsmann
nit mer unterstehen soll, iemants, es sei hant- oder tagwercher, ohne der
obrigkait oder der gmainschaft wissen und willen, weder die im dorf ge-
bornen, noch vil weniger die frembden in der gmain nicht einzulassen 35
oder herberigen zu verleihen. Welliche aber hierwider handleten, das soll
doch nit kraft haben, und derselbig soll das erster mal umb zechen gulden
und das ander mahl umb zwainzig gulden in der gmain gepfendt werden
und der obrigkait ir straff vorbehalten sein. Gleichfals, wellicher hant-
oder tagwercher sich untersteen wurde, durch ainen sollichen obvermelten 40
vermaineten kauf sich in der gmain einzuschlaiffen, so solle doch der selbige
hant- oder tagwercher, so balt er die güeter verkauft, auß dem dorf zu
ziechen schuldig sein oder, wer ime darüber ohne erlaubnus der obrigkait
und der gmain weiter einlassen und herbrig verlassen wurde, der solle in
vorbegriffner pfant und straff stehen. 45

Welliche hant- und tagwercher aber mit wissen und willen der
obrigkait und der gmain aufgenomen und eingelassen werden, die sollen

zuerst ain frembde person der gmain vier gulden, aber die im dorf
gebornen nicht zu geben schuldig sein, und sich frumb, aufrecht und erbar-
lich verhalten, weder der gmain noch iemant andern nicht nemen, ent-
tragen oder in den güetern mit lübsträffen, gras außschneiden, auch kraut,
5 obs oder anders zu nemen sich im wenigisten nicht befinden lassen, der
gmain und den sondern personen in der gmain mit ihrem hant- und tag-
werch vor allen andren umb gebirlicher besoldung beistehen und darmit
niemant beschweren, auch sollen si die gehaimb, so si in und von der
gmain vernemen, wann es nit wider der ehr gottes, der obrigkait oder
10 gmainen nutz ist, verschwaigen, noch die gmainsleut wider einander nit
verschwezen, noch in hader und unwillen bringen, auch selbsten die
gmainsleut weder mit ungebirlichen worten oder werken nit ansteen,
weder niechter noch drunkner weis. Auch sollen si, wo si zu hörbrig, mit
dem lieben feur firsichtig und geworsam handlen, guet aufsicht und fleiß
15 prauchen, sonder der gmain in allen echaften, es sei in feuers- oder
wassersnoth oder anders, hilf zu thuen und gehorsamen, auch die gmainen
arbaiten fleißig zu ieder zeit, so oft si gebotten werden, wie hievor von
gmainen arbaiten begriffen, verrichten helfen, auch die steurn, so innen
gebirn, unverwiderlich zuestöllen. Item, wann die gmainschaft ainen
20 gmainen diener bedürftig, sollen die tagwercher schuldig sein, der gmain
sollichen dienst zu wellicher zeit im jar, so es die gmain begern wurde,
getreulichen zu verrichten und abzuwarten, wellicher aber desselbig ver-
widern wolt, der soll auß dem dorf alspalt außziechen und dariber nit mer
geduldet werden. Und in summä sollen si der ganzen gmain nuz und
25 frumen befürdern, schaden und nachtail warnen und wenden nach ihrem
pestem vermügen. Und welliche hant- und tagwercher sich obsteender
massen gebirlich verhalten, denen soll ihr klain vich, gaiß und schaf oder
anders, doch mit rechter beschaidenhait, fir der gmainen hertschaft auf der
gmain aufzutreiben, auch in gmainen waldungen holz zu ihrer notturft,
30 aber außer deme, was die waltordnung zuelaßt, nit zu verkaufen, auch in
der tagwercher lüpmult, welliche innen auch auß gueten willen läp zu
machen zueglassen und vergunt sein, doch daß si wegen der hertschaft
auch ir gebirende speis und lohn, wie andere, liffern sollen. Dann solten
die jenigen hant- und tagwercher, so in der gmain wohnen und, wie ge-
35 hert, vich aufkern, ain eevolk auf ainen termin zwelf kreizer, ainlizig
person, so vich auftreiben, sechs kreizer, aber die kain vich auf der gmain
aufkern, oder aber sonsten alte, arme personen und eheleut, soll ain person
drei kreizer steur der gmain zu liffern schuldig sein.

Welliche hant- oder tagwercher aber den hievor erzehlten punkten,
40 ainen oder mer, zuwider und entgegen handlen wurden, die solten durch
der gmain iedes mahls nach rath der gmain gepfendt oder auß dem dorf
gepotten werden.

Item es solle auch niemants, der nur ain feurstatt hat, nit mer als
ainen hant- oder tagwercher obsteender maßen einzulassen befuegt sein,
45 bei obbemelter straff.

Von pfantungen, wie darmit nach peilichen rechten gehandlet werden solle.

Nachdem hievor in diesem puech von allerhant pfantung, daß man
darmit nach peilichen rechten verloren, angemelt, davon aber nit gesagt
worden, wie man darmit nach peilichen rechten handlen soll, demnach 5
volgt dieser gmainsbeschluß und erleiterung, nämblichen, daß die gmain-
schaft oder von derentwegen die dorfpürgen, poßsaltner, waltpürgen oder
andere beamten allen den jenigen, so pfant verfallen, erstlich an vorender
haab pfant nemben und außtragen sollen und mögen, und dasselbig pfant,
wo ver es der gepfendt nit alsbalt lest, soll der dorfpürg anstat der 10
gmain, doch ungebraucht und unverlezt, vierzechen tag lang bei ime in
seiner verwahr aufbehalten, und wann die vierzechen tag verschinen und
der gepfendt das pfant inmitlest nit gelest, so solle und mag alsdann die
gmain die gepfent varnuß getreulich und ohne alle gevürde, wie es mechte
umb bar gelt verkauft werden, schätzen und umb derselben geschäzten 15
summü oder wert den dorfpürgen, poßsaltner, sonderlich und bevorderist
den beambten, durch welliche die pfant eingezogen worden, oder wo es
dieselben nit haben wolten, ainem andern gmainsmann im dorf verkaufen
und das erloste gelt über abzug des gepfendten pfenings und des unkostens
dem gepfendten innerhalb vierzechen tagen negst nach beschechnen ver- 20
kauf zuestöllen. Gleichsfals und hierentgegen so mag der gepfent die ge-
pfendt varnuß mit darlegung und bezahlung des kaufgelts und des un-
kostens in obbemelten vierzechen tagen negst nach obbemelten kauf wieder-
umben an sich lesen. Im fall es aber nit beschüche, soll die gepfendt und
verkauft varnuß dem kaufer ohne eintrag des gepfendten oder iemant 25
andern in ebigkait verbleiblichen sein. Und da es sich aber begeben wurde,
daß der gepfent dem kaufer der gepfendten varnuß oder denen, so in ge-
pfendt, ungebirliche wort oder werken zuegefiegt oder eintrag thuen
wurde, oder sich zu pfentn verwidern und setzen wurde, so solle derselbig
durch die gmain albegen, so oft das geschicht, umb noch so vil, als die 30
gepfendt verkaufvornuß wert und er pfantper gwest ist, gepfendt und
darinnen niemants verschont werden. Zu deme so soll dem, der also tribu-
liert und geschmecht worden, vorbehalten sein, daß er den schmecher umb
seine übertrotung güet- oder gerichtlich fürnemmen mag. Es solle aber
niemants an seinem leib- oder pöttgwant oder essender speis gepfendt wer- 35
den, es wer dann sach, daß der, der gepfendt werden soll, nicht anderst
und sich so grob pfantper verhalten hat, alsdann mag nit allain an ge-
melten posten, sonder gar vich als lebendiger wert zu pfant genumen
und hingetriben werden. Doch wann lebendiger wert zu pfant genomen und
hingetriben werdet, so solls der gepfendt inner drei tagen lesen, und zum 40
fahl er es [nit] lesen wurde, so sollen und mügen die gmain oder dorfpürgen
mit dem gepfendten vich mit verkaufung vortschreiten, gleichwie hievor
von vorender gepfendter haab gesagt worden, doch daß man in albegen
das gepfendte vich gebirlich, wie es umb par gelt mag verkauft werden,
geschäzt, und das erlest gelt dem gepfenten innerhalben vierzechen tagen, 45
den negsten nach dem kauf, über abzug des gebirenden pfantschillings und
des unkostens, zuestölle und darinnen kain vortl oder betrug nit gebrauch.

Und da sich aber erfinden wurde, daß die dorfpürgen oder andere beambten
oder die gmain iemants ungebirlich und dem dorfpuech entgegen pfenten
wurden, so sollen dieselbigen iedes mahls umb ainmahl noch so vil, als der
gepfent vorent oder lebentig wert gewest ist, gepfent werden. Darzue solls
5 dem, der also ungüetlich gepfendt worden, bevorsteen, die dorfpürgen oder
andere beambten oder, da es ime von der ganzen gmain beschehen were,
umb allen schaden güet- oder gerichtlich firzunemen.

Es ist aber auch beschlossen, daß niemants an ainer heiligen zeit,
als ainem sontag, apostltag, unser lieben Frauen täg oder andern heiligen
10 und gepottnen feirtägen, noch an werchtügen nach ave Maria zeit nit ge-
pfendt werden soll, es wer dann sach, daß sich iemants auf denselbigen
tügen pfantper verhalten wurde.

Item, und nachdeme man vorhero die pfantungen in der gmain zu
nuz nicht angelegt, sonder unnotwendiger weis bei den wirten verzert,
15 derohalben ist iezt beschlossen, daß firohin alle pfantungen, si werden
durch die beambten oder der gmain selbsten eingezogen und sich auf ein-
mahl auf zwen gulden reinisch oder mer erstrecken würden, die soll man
zu pau und pesserung und zu nutz der gmainschaft anlegen und die dorf-
pürgen zu verrechnen schuldig. Was aber fir pfantungen, die sich auf
20 ainmal auf zwen gulden oder darunter verlauffen, eingelangt werden, die-
selbigen mögen gleichwohlen durch die dorfpürgen und nachpaurn, so mit
dem pfant zu erheben müehe haben, verzert werden.

Weiter so ist auch beschlossen, daß alle diejenigen, so durch die dorf-
pürgen oder andere beambten, iemants zu pfenten oder pfant zu erheben,
25 darzue hilf zu thuen begert werden, darzue zu erscheinen und hilf zu
thuen schuldig sein sollen, und wellicher alsdann sich des verwidert, der
soll gleichermassen, als wie der, den man zu pfenten vorhat, gepfentet
werden.

Belangende das vich, so in güetern an schäden betretten und durch
30 die saltner oder andere gepfendt wirdet, darvon ist hievor bei der saltner-
ordnung gesagt worden, darbei hat es im selbigen fahl noch zu berueen.

Von ein- und aus-, auch von- und zuefarten.

Nachdem und diewcilen zum thail alle güeter ire besonderware weg,
steig und ein- und ausfahrten haben, so ist also ernstlichen beschloßen,
35 daß ain ieder bei seinen ordentlichen weg und steig verbleiben und nie-
mants andern durch seine güeter, da er nit befuegt und von alters nit
geforen oder gangen, wenigist nit hinfuren, roiten oder geen soll. Und da
aber iemants durwider thät und dem andern unbefuegt durch seinen guet
fuer, so mag den oder dieselbigen der gmain saltner, wie hievor bei der
40 saltner-ordnung ausgefirt, darumben pfenten, und zum fahl aber iemants
zum öftern mahl dem andern über das seinige unfueglich furen, reiten
oder gehen wurde, so mag und solle auf beger dessen, deme das guet zue-
gehört, derselbig nach erkantnus der gmain [gestraft] und pfant aufgelegt
werden. Und solle darzue nicht desto weniger deme der schaden beschechen
45 nach erkantnus der gmainschaft oder der obrigkait seinen schaden abzu-
tragen schuldig sein.

Item, und dieweilen dann auch die meresten güeter in der gmain
Tarsch, sonderlich das ackervelt an und bei einander ligent also, daß man
von ainem stuck durch den andern fahrn und gehen mueß, und man dar-
durch zu faren gleichwohlen befuegt ist, damit man aber einander zum
wenigisten schaden thue, ist derohalben beschloßen, daß die kleinern und 5
wenigern stuck den größern mit dem herbst- und lüngespau nachvolgen
sollen, als nämblichen, so daß größer stuck zu herbst anpaut, so soll das
weniger auch zu herbst anpaut werden, wierts aber zu längs paut, so
soll das weniger auch zu längs anpaut werden. Doch soll man mit dem
größern stuck mit dem anpauen kain gevar und vortail brauchen und soll 10
albegen zum dritten jar als zu rechter mistrechtzeit ainsmahls gelüngest
werden. Es ist auch beschlossen, daß diejenigen stücker ackervelt, von
wellichen man mueß von und zue durch aines andern stuck acker oder
wismadt faren und zu faren fueg hat, daß man die selbigen stücker nit
entzwaien, halbs zu längs und halbs zu herbst, anpau, sonder aintweders 15
gar zu längs oder aber gar zu herbst gepaut werden sollen. Und man
solle auch die durchfart albegen gebrauchen, auf daß dem guet, dardurch
man fart, zum wenigisten schaden beschicht. Nämblich, wann man durch
ainen acker faren mueß, so soll der, der die durchfart brauchen mueß, am
längs und herbst gar zu rechter, früher und bequemer zeit prachen, strüffen 20
und die veste fieren und pauen, damit derjenige, so darfir hat, auch zu
gebirender zeit arbaiten und zuepauen möge. Es sollen auch alle die-
jenigen, so, wie gehert, von wegen ihrer stücker die durchfart auf und
durch andern grunt unt poden nemen mießen, die durchfart, als verstan-
den, albegen brauchen, wo es zum negsten zum weg und dem guet zum 25
wenigisten schaden thuet, und bei ainem weg verbleiben.

Item, so man in ainem acker mit ein- und ausfart, es sei zum ein-
sümmern oder anpauen, ainen herten weg anfahrt, so ist man schuldig
ungeacht, ob er gleich der durchfart fueg und den weg zu rechter zeit
besuecht hat, denselben weg widerumben ausfahrn zu helfen. 30

Item mueß man aber durch ain spat- oder früewis foren, so soll
man gleichfahls am längs und herbst zu bequember zeit, und da der wisen
zum wenigisten schaden beschicht, und wo müglich, wann die wisen lür
ist, fahren. Wann aber ainer ie fahrn mueß, da das hou darauf steth, so
soll derjenige, der die durchforth brauchen will, an dem ort, da er den 35
weg hat, aintweder ain maden meien oder dem, dem die wisen zuegehört,
vor drei tägen ansagen, daß er ain maden müen wölle. Und volgents, es
werde die maden gemühet oder nit, so mag er die durchforth doch auf das
gschmeidigist, so er kann, gebrauchen, unverhintert iemant andern.

Wiewolen hievor gesagt, daß alle diejenigen, so durch aines andern 40
guet zu fahren fueg haben, die arbait in ihren güetern zu rechter, frier
und bequember zeit firnemben wöllen, auf daß, die darvor haben, an iren
anpauen und arbait auch nit verhintert werden, so ist derohalben hiemit
weiter beschlossen, so sich dergleichen gevar befünd, und daß iemants ge-
herter gestalt die arbait und durchfarth zu ainer unzeit firnemen wolt, 45
daß derjenige, so die durchforth leiden mueß, fueg hat, denselben anzaigen
zu lassen, dass er sich mit der arbait befürderen wölle. Und da alsdann
über deren warnung und verscheinung acht tagen die sachen nit gewent,

sonder, wie verstanden, zu ainer unzeit aufzogen wurde, so mögen alsdann
der oder dieselbigen ihr velt arbaiten und zuepauen und sein auf dasselbig
mal, den andern dardurch zu farn und das irig verwiesten zu lassen, nit
schuldig.

5   Item, daß kainer den andern übermüen, überpauen, überzeunen, oder
ungebirender massen in aines andern guet hinein ströken solle. Das alles
ist in der lantsprach, welliche man jürlichen an sanct Gerdrauten tag zu
Schanzen an der pruggen offenlichen publiciert, specificirlich begriffen
und die straffen darinnen angemelt, darbei es dits orts auch zu beruhen hat.

10   Es ist hierinnen in disem dorfpuech aigentlichen vorbehalten wor-
den, daß die dorfpürgen oder gmain die jenigen, si seien angesessen oder
nit, so dem dorfpuech entgegen handleten und in ain oder mer weg pfant-
par sein und sich ungebirlich verhalten wurden, umbwegen irer über-
tretung selbsten nach sag dits buochs zu pfenten oder aber vor obrigkait

' 15 zu beklagen und, da man gleich ain oder mehr übertreter der gebür nach
pfenten wurde, dennoch sollen der obrigkait gegen denselbigen verprechern
ire sprüch in albeg bevorsteen.

       Am kässontag des 1671igisten jar ist in beisein der ganzen nach-
paurschaft, auch der zeiten Leonhart Grueber und Hans Puz, dorfpürgen,

20 beschlossen und fir gut erkent worden, daß man auch von wegen unsrer
verhoffnung zuezupringen ain merers wasser zur erpauung selbigen wals
und anderwertig in der gmain zu gebrauchen vonnöthen, also wie gemelt,
daß man die waldung ober den droi bei dem see, an dem untern multwald
anstossent, und biß in Gufl und herein biß an der Fünsterriß hinein,

25 soweit holz hinauf in der refier waxt, daß all hinfir neben andern wäldern
gemultet und in pann gelegt seie. Von dato an ist auch beschlossen, wel-
licher ain stamb, es sei lürch, zirm oder feucht, heraushackt, der solle ohne
weitern nachlaß umb 1 f. 30 kr. bar gelt gestrafft werden. Nach ablesung
diss haben es alle darbei verbleiben lassen.

30   Waldordnung.
                    Tarscher Dorfbuch f. 23 b — 36 b.

       Demnach die gmainschaft zu Tarsch zu pesserer aufenthalt- und
pflanzung der waldungen, damit meniglichen in der gmain zu firfallender
noth mit holz firgesechen sei, von uraltershero aigne mult- und pannwälder
erwölt, firgenomen und ausgesündert haben, also seint hienach die-

35 selbigen, sowohlen die jenigen, so man aus bewegenden ursachen von
neuen in die mult genomen, darmit meniglichen möge wissen, wo die-
selbigen ligen und wie weit sich die erströcken, mit einverleibung deren
notwendigen artiggl, was man sich alten herkomen nach der waldungen
halber zu verhalten, volgender massen beschriben,

40   und volgen zu erst die multwälder.
       Der erst walt ligt in Tabel und stosst morgenthalben seiten an
Tabeltal und an ainen weissen knotten, genant der Weiss Kofl, so in Tabel-
tal stet, und get von unten hinauf unzt am troy, der von Freienberger
alben herein in den Pallen und zu Tarscher see get, und nach demselbigen

45 oberhalben hinauf unzt an Carsyll-egg und mittaghalben nach demselben

egg hinauf unzt an ainen tauffen, genannt die Schmiz-Pall, abenthalben
nach derselben Schmiz-Pall grad herab unzt an aussern Guflpriggl und
im Guflpach und zu mitternacht von bemelten pach und priggl durch
Tabel-löher hinab unzt abermahl in Tabel-poden, von dannen bis an vor-
gemelten weissen pruch. 5

Der ander multwalt ist genannt der Gufl- oder Schwarzwalt, ligt
am pach im Gufl und stosst gegen dem morgent an berierten Guflpach und
get von unten nach demselbigen grad hinauf unzt an troyen, der von
Pallen geen Tarscher see und alben get, mittertag halben nach demselbigen
troyen grad hinein unzt an Valsander gröben, abenthalben an bemelten 10
gröben und nach demselbigen grad herab unzt in Gumpfrey-poden und zu
der vierten seiten nach dem bereten Gumpfrey-poden hindurch an aus-
seren und fordern Guflpriggl und Guflpach.

Der dritt walt ist genant der Ainsigl-walt, stosst morgenthalben
an vorbemelte Valsander greben und get nach denselbigen von unten grad 15
hinauf unzt an troyen, welcher von Tarscher see auf Tarscher alben get,
mittaghalber an bemelten troyen und nach denselbigen grad hinein unzt
an der Schlöglriss, abenthalber an der bemelten riss und derselben grad
herab unzt an Schlöglprunnen, zu der vierten seiten von berierten
Schlöglprunnen nach einen hochen sattl, unten hindurch unzt an vor- 20
berierten Valsander gröben.

Der vierte walt ligt zu negst unter Tarscher alben und ist genant
die Neumult oder der Malfant-walt, stosst morgenthalben an der Malfant-
ladstat und geet nach derselbigen rissen von der ladstat hinauf auf ainen
farweg, der auf Tarscher alben geet, und nach demselbigen unzt auf Tar- 25
scher alben Gampen, mittaghalben an bemelten Gampen und gegen dem
abent an Latscher multwalt an ainen egg, wie es dann ainen grossen
marchstain zuvorderist auf dem Gampen hat, und von dannen durch den
walt grad herab nach demselben egg gegen Valzeitpach unzt auf den
farweg, so auf Latscher alben geet, mit marchstainen, auf deren ieden ain 30
creiz gehauen, aussgemörkt worden, und zu der vierten seiten nach ge-
melten farweg heraus unzt an vorberierter Malfant-ladstat.

Der fünft multwalt ligt ob Tarscher alben, wellicher allain zu
der alben gefreidt und man daraus das leichteste zu prenn- und das
schönste zu pauholz zu der alben nemen und prauchen mag, doch soll man 35
die zürmb ohne erlaubnus der holzpürgen und der gmain weder zu prauch-,
noch vielweniger zu prennholz nit nemben, sondern dieselbigen der ganzen
gmain zu deren notturft, gleichwie in den andern multwäldern begriffen,
vorbehalten sein; und stosst dieser walt morgenthalben zu eisserist der
alben Gampen an ainen hochen egg, genant das Zürmegg, und get nach 40
denselbigen an das urholz hinein an Latscher gerechtigkeit, auch an
ainen hochen egg, und abenthalben nach denselbigen nach Latscher ge-
mörk herab unzt in Falzeitpach, und zu der vierten seiten unten zu
obrist der mer bemelten alben Gampen hindurch unzt an vorbemelten
Zürmbegg. 45

Vorbehalten deren hievor beschribnen fünf mult- und pannwal-
dungen, deren pessorn, wurern und mehrern coherenzen, ob die verhanden
weren oder befunden werden möchten.

Derohalben ist durch ganz ersamer gmain mit ainhölliger volg ernst-
lichen beschlossen, daß firohin in vorberierten pann- und multwäldern
niemants, weder die angesessnen in der gmain, noch vil wenigcr andere,
kain weder durrs oder grüns holz nit schlagen noch darauss füehrn sollen,
5 bei straff, so oft das beschicht, von ainen ieden stamb, der ains pfunt
perners wert ist, (und der gebir nach durch die waldpürgen sambt zwen
unpartheiisch nachpern geschüzt werden soll) dreissig kreizer, sambt dem
holz, so auch damit verfallen, und dasselbig, unzt ieder waldpürg ain
fueder, das übrig die gmain einziechen mag.

10 Söchster multwald ist den aindliften mai sechzehenhundert vier-
undzwainzigisten jar auch durch ainer ganzen ersamen gmain und nach-
perschaft in die mult gelegt, also nämblichen ain stuck waldung vom
Gstöll der tief hinauf, wo der weg zu den Malfant-walt kumbt, da soll
er angeen, und nach dem egg hinauf bis zu dem albtroy, und nach der
15 oxen-öbnet herab bis wider auf Gstöll in der tief, wie es sich anfacht.
Diser walt, neben der oxen-öbnet oder Ainsigelwalt, auf ewig gfridet
sein, und wer ohne erlaubnus holz darinen schlagt und kain bevelch hat,
der soll der ganzen gmain umb zwai monat solt, als acht gulden, straff
verfallen sein.

20 Mer hat die gmain in mult glegt den walt bei Latscher gmerk
unter dem albweg vom grossen kofl bis zum albweg hinauf, da auch ain
marchstain ist.

Gleichfalls solle niemants, weder hirten noch andere in der gmain,
in berierten multwaldung, noch sonsten zu negsten darbei oder in gmainen
25 waldung zu gefar und schaden der waldung kain feur nit anmachen, wel-
licher oder welliche aber darwider handleten und ain feur obberüerter
gestalt an- oder aufmachen wurden, den- oder dieselbigen soll man pfenten,
so oft das beschicht, iedes mahl umb zwen gulden, beschicht aber darmit
schaden, so mag die gmain den- oder dieselbigen umb den schaden für-
30 nemben, wie recht ist.

Und darmit aber, besonder und bevorab die multwaldungen von
meniglichen desto sicherlichen aufgepflanzt nnd erhalten werden und man
derselbigen zum fall der noth zu gebrauchen habe, ist in der gmain, als von
alters herkumen, beschlossen, das jürlich und iedes jar besonders albegen
35 am kässontage, wie hionach von besezung der dorfpürgen gesagt wirt,
zwai guete angesessne nachpersleut im dorf, deren ieder ain bar oxen zu
erhalten vermag, zu waldpürgen verordnet und mit dieser pflicht alles
ernsts verfast werden sollen, nämblichen daß sie ir aufrechts und fleissigs
aufsechen auf vorberüerte waldungen und hernach gemelte artiggl haben,
40 und ob si mit wahren grunt befunden, daß iemants in vorgemelten ver-
bottnen waldungen unvergunt unfueglich holz schlagen und daraus fiern
wurden, oder iemants, als vorverstanden, feur aufmachte, daß alles si der
gmain anzaigen und darinen weder arm oder reich, niemants nit verschonen
sollen, bei straff, da sie solches nit thüten, wie hernach gemelt wirdet.

45 Und auf das sie aber des unfueglichen holzschlagens und fierens
dester eher in orfahrung bringen, sollen si pflichtig sein, jürlich am lengs
und herbst (wann das holzfiern zum merest wehret) iedes zwai und dann
im summer ain, das macht das ganz jar fünfmahl, unversechner der

gmain die mergemelten multwälder auf denselbigen ladstetten und risen
alles fleiss durchzugeen, besicht und beschau zu halten, und da si an ver-
bottnen orten ain geschlagen holz funden, das solten sie alspalt merken
und der gmain anzaigen. Und da sich das holz auf zwai erstreckt, so ge-
hörts, als vor gmelt, den holzpürgen, als iedem ain fueder, was aber mer 5
ist, der ganzen gmain. Und da si aint wüsten und erfaren, wer in gemelten
verbottnen waldung holz geschlagen oder daraus gefiert hete, das solten si
abermahlen der gmain entdecken, darmit die verprecher gestrafft werden
mügen, und sollen darinen weder armb oder reich, als vorgehert, niemants
verschonen. 10

Item si sollen auch in waldungen acht geben, und da si ain holz, so
durch grossen schnee oder anderwerts nider gefalln, befinden, daß si sol-
liches auch der gmain referiorn, darmit dasselbig aintweders aussgethailt
oder iemande in der gmain, sonderbar zu erpauung seiner behausung und
herberig mag gegeben werden; und den bemelten holzmaistern solte auf 15
den tagen, da si in die waldungen geen miessen und kain straffpars holz
befinden, fir ir zerung gegeben werden iedes mal ainem auf ain tag zwelf
kreizer, wellicho täg si aber ain straffpers holz befinden, also daß ieder
holzpürg ain fueder hat, so sollen si mit demselben holz vergnüegt und
inen weiter nicht passiert werden. 20

Verer sollen die mergedachten holz- oder waldpürgen jürlich am
längs und herbst zu bequomer, rechter, guoter, frier zeit auf den Kandlwal,
so durch Tarscher tal herabgefiert wirt, sowohl auch auf den rehrprunnen,
der ins dorf geet, item auf gemainen farweg und viülen ir fleissige besicht
und beschau halten, und wann si unbequembe und verworfliche rehr und 25
kündl befinden, sollen si dieselbigen auswerfen und merken, auch rol-
gunts alspalt der ganzen gmain nach glegenheit der sachen bei ainen
pfant gebieten, solche rehr und kündl, wievil ain ieder schuldig, (davon
hernach gemeldet wirt) machen und legen zu lassen, darbei si sich auch
mit iren getreuen rath und hilf befinden lassen sollen. Auch da si die far- 30
wege und rial zum fall, da man kain wegmacher hat, paufällig befinden,
zu machen ernstlichen gebieten oder, da man ain wegmacher hat, den-
selbigen, was er schuldig zu thuen, verordnen, und da alsdann dariber
iemants ungehorsamb sein und die kandl und rehr sambt der rechten
werung, wie man schuldig, nit machen, hergeben oder sonsten widerwertig 35
und ungehorsamb erzaigen wurde, sollen si es abermalen der gmain refe-
riern, auf das die verprecher gestrafft werden mügen und darinen nie-
mants verschont werde.

Und weilen man die kündl aus dem Gufl-multwald (wellicher
gleichsamb wegen der kündl aufgehalten wirdet) nemben muess, benebens 40
aber in schlagung gemelter kündl vorher ain gevürlicher missbrauch ent-
standen, also da etliche die kündl geschlagen, dieselbigen mit sondern
vleiss auf grossen und kleinen holz einföllen, darmit alsdann nit allain
der stam, daraus der kandl gemacht wirdet, sondern etliche stäm mer,
welches inskonftig treffliches pauholz abgeben möchte, verhackt und 45
verschwendet worden, also daß dieselben neben dem abholz, davon der
kandl gemacht worden, noch in die etlich fueder mer bekomen und zu-
wegen bringen und sich ainer sollichen unbefuegten, aigennuzigen und in

der gmain ganz schedlichen geniess behelfen, die waldung darmit besslich
verschwenden, welliches alles iezt lenger zuezusechen nit mer gemeint,
sondern genzlichen verbotten und abgeschaffen sein soll, bei der straff und
pfant, wie andere, die in berierten multwäldern unfueglich holz schlagen,
5 und derohalben sollen die ermelten holzpürgen auch ihr fleissig aufsehen
haben und, da si dergleichen gevar und vortail befänden, abermahlen der
gemain referiern, damit die fräveler mögen gepfendt und gestrafft werden.
    Nicht weniger so hat ain zeit her durch etlichen aigennuzigen in
der gmain ain schedlicher und verderblicher missbrauch eingerissen, also,
10 daß sich dieselbigen unterstanden, inen gleichwol zu ihren vermainten
aigennuz, aber der ganzen gmain zum hegsten nachtail und schaden,
kalch zu prennen, wollichen si doch nit zu auferpauung irer haus und
hörberigen verbraucht, sondern gar aussers dorf und gricht verkauft und
verfiert haben, zu wellichen nit allain in gmainen waldungen alls
15 zimmer- und sagholz nach grosser anzahl, auch zuweilen gar auß den
pannwüldern wuestlichen verhackt und verfiert worden; item daß etliche
auch sein, nit allain die angesessenen, sondern gar die tagwercher, denen
es ohne des zum wenigisten gebirt, nit allain in gmainen, sondern oftmals
gar in multwaldungen vill holz verhackt und gar aussers dorf fueder- und
20 gar plumben-weis verkauft und verfiert haben, dardurch abermalen die
waldung zum hegsten verschwendt und ausgeedet worden, des dann der
ganzen gmain zu mehrern abpruch und nachtail geraicht und firohin nit
mer zuegesechen und gestattet werden kan, demnach so ist durch ganzer
gmain mit ainhelliger volg ernstlichen beschlossen worden, daß sich hin-
25 firan niemants nit unterstehen soll, unerlaubt der ganzen gmain der-
gleichen kalch zu prennen oder gemelter gestalt in deren zu Tarsch aigen-
tumblichen und allain zuegehörigen waldungen das holz zu verhacken
und aussers dorfs zu verfiehren. Wellicher oder welliche aber dem ent-
gegen handleten und unerlaubt der gmainschaft kalch prennen wurden,
30 der oder dieselbigen sollen nit allain umb den kalch verfohlen sein, den
die gmain zu straff einziechen mag, sonder noch darzue, so oft das be-
schicht, umb zechen gulden durch der gmain gepfendt und gestrafft wer-
den. Die andern aber, die obbemelter massen holz verhacken und aussers
dorfs verfieren, die sollen von ieden fueder umb ain gulden gepfendt wer-
35 den, zusambt dem holz verlorn haben, das inen die waldpürgen, wo si es
betretten, verlegen und nemen mögen, daraus si ieder abermahlen ain
fueder obbemelter massen behalten und des ibrig der gmain vervolgen
solle. Doch solle den hant- und tagwerchern aus Tarscher aigenthumb-
lichen gmainen waldungen, damit dieselbigen dester eher ain steur oder
40 anders abrichten mögen, jürlichen ieden drei fueder zu machen und aber
dasselb allain inn-, und nit aussers dorf, zum fahl es aber die gmain nit
haben wollt, gleichwohl weiter, doch ieden ain und nit mer fueder zu
verhandlen bewilligt sein.
    Wann aber iemant zu auferpauung seines hauses und herbrig zu
45 notturft kalch zu prennen vermaint, denselbigen solls gleichwohl nit ver-
wert werden, doch soll er albegen mit vorwissen der ganzen gmain thuen
und soll darzue in gmainen, und gar nit in multwaldungen allain das
grebest holz nemen und das zimor- und sagholz durchaus verschonen und

volgunts, wann er denselbigen kalch selbsten nit gar verprauchen wurde,
soll er den, unvergundt der gmain, gar nicht aussers dorfs verkauffen.

Gleichermassen und dieweilen die vorbestimbten multwälder dergestalt
mit gueten firsichtigen fleiss gemultet, aufgepflanzt und erhalten werden,
damit man derselben in der gmain Tarsch zu firfallender noth zu ge- 5
brauchen hab, derohalben so ist beschlossen, wo iemants, der in der be-
melten gmain Tarsch angesessen und alda personlich und nit aussers dorfs
haust, oder alda ainen bestantsman hausen hat, zu auferpauung seiner
haus und hörbrig, stadl und stallung, auch kändl in güttern zu Tarsch
ainiches holz notwendig und bedurftig sein wurde, welliches er in gmainen 10
waldungen nit bekumen möcht, daß die waldpürgen und gmain denselbigen
die notturft holz aus den multwüldern über desselben beschechens piten
und anhalten und der waldpürgen und' gmain eingenumbenen beschau,
wievil er notwendig sein möcht, one alles aufhalten oder verwidern her-
zuschlagen und fieren zu lassen vergunnen sollen, doch soll das lärchholz, 15
weilen dasselbig wenig in Tarscher waldung zu befinden, niemants zu
kainen andern pau nit, als allain zu tachkündl, haubtseilen und
zwingpämb an den tennen vergunt werden. Und es sollen die waldpürgen
das holz nit albeg in ainen, sondern ainmahl in ainen und das andermahl
in ainen andern multwalt vergunnen, darmit nit ain walt vor dem 20
andern gar aussgeedet, sondern ain gebirende gleichheit gehalten werde;
si sollen auch, wievil si ainem stem und in wellichen walt si es vergunt,
und was der, dem es vergunt, geschlagen und herzuebracht, fleissig auf-
merken und achtung geben. Und so si alsdann befinden wurden, daß
iemants mer und nit an dem ort, wo es ime vergunt, geschlagen und her- 25
zue gebracht hüt, sollen si es der gmain anzaigen, und man soll demsel-
bigen gleicher gestalt, sovil er unfueglich geschlagen, pfenten, als wie es
hievor begriffen ist.

Item, wann iemants über vollbrachten pau an sein vergunten holz
was iberbleiben wer, so solls derselbige zu verprennen nit aufhacken, son- 30
der andern im dorf, die es zu pauen notwendig sein möchten, auf derselben
begern umb gebirlichen pfening keuflichen ervolgen lassen, da aber umb
iemants hierwider handlet, so ist derselbig in obbegriffner straff.

Hinentgegen, wann sich auch befinden wurde, daß iemants zu sei-
nem pau die notturft holz nit vorgunt worden, sondern noch etwas im 35
mangl stiende, so soll man demselbigen auf sein begern den mangl vergunnen
und darmit weder armb noch reich sein notwendigs pauholz nit aufhalten;
da es aber durch die waldpürgen und gmain beschäche oder iemants über
sein bitten und begern über die gebirlich zeit aufzogen wurde, so mag der-
selbig die gerichtlich obrigkait umb gebirliche wendung ersuechen, und 40
da er dann durch hilf der obrigkait das holz erlangt, so sollen die wald-
pürgen und gmain demselbigen allen unkosten und schaden abzutragen
schuldig und verpunden sein, zu deme gegen der obrigkait in gebirender
straff stehen.

Item und wiewol die prent zu schlagen incraft 6. titls 4. puechs 45
tirolischer lantsordnung one das menigelichen verbotten, darbei es ditsorts
auch zu beruhen, nicht destoweniger ist durch der gmain firgenomen, da
sich iemants unterstehen wurde, in der Tarscher allain zuegehörigen

waldung unvergunt prent zu schlagen und zu prennen, daß derselbig, so
oft das beschicht, der gmain mit 3 fl. pfant verfallen sein soll, vorbe-
halten der obrigkait straf.

Weiter ist beschlossen, daß in Tarscher waldung hernach gemelte
5 drei risen das ganze jar gemain sein sollen, also daß dardurch meniglichen
zu seiner notturft holz treiben mag, doch mit der condition, wover iemants
mit holz treiben oder holz laden inn oder auf bemelte risen vor, oder
ainiches vich darein were, so soll sich niemants nit untersteen, das holz
zu treiben, unzt und so lange der selbige, so vor darauf gewest, darab
10 und das vich daraus ist, darmit nit schaden ervolge, bei straf, wie hernach
gemelt wirdet. Und scint die risen mit namen erstens die Schlöglriss,
mer die Tabellriss im Tabell, so ob dem Pardätscher kombt, und die Roth-
riss bei Grosswant; die andern risen aber sambent und sonders, bevorab
wann das rintvich fürgeet, scint gänzlichen verbotten, daß darinen nie-
15 mants kain holz treiben solle.

Wellicher oder welliche aber in den verbottnen risen oder aber in
obberierten offnen, freien risen, obgemelter gestalt entgogen, holz treiben
und handlen wurden, der oder dieselbigen sollen iedes mahls der gmain
umb 1 fl. pfant verfohlen, und da si hierdurch iemants schaden thetten,
20 denselbigen darzuo abzutragen schuldig und verpunten sein. Und da
aber iemants in den verbottnen risen im winter oder gar früe am längs
oder gar spat am herbst holz zu treiben ie notwendig were, so soll er das-
selbig den holzpürgen anzaigen, und was er bei inen oder der gmain er-
langt, darbei hat es zu beruhen.

25   Nachdem das ganz gricht Schlanders, wegen des grichts freihait
vischens und jagens, in das haubtschloss auf Tyrol järlichen dillen, rehr
und raif, als von alters herkomen, zu geben und dahin zu antwurten
schuldig, wellicher zins auf die drei gedingstett, wie van alters, der rodt
nach zu geben angetailt, also daß sollicho dillen, rehr und raif albegen
30 zum sibenten jahr die von Tarsch, auch so zwai jahr, als des sibent und
acht, zu geben und zu antwurten schuldig sein, und wann dann dieselbig
zeit herzue kombt, so sollen die holzpürgen, wann si dessen van den dorf-
pürgen oder gmain vermant werden, schuldig sein, alsbalt ordnung zu
geben, daß die hant- und tagwercher, weilen dieselbigen auch der frei-
35 hait genüessen wöllen, die dillen, rehr und raif, es sei in mult- oder
andern waldungen, schlagen und herzue auf den ladtstetten, volgents die
gomain herzue in das dorf und van dannen an gehörigen orten unver-
zogenlich fiern und bringen, die dillen schneiden lassen so zeitlich, daß
damit man dieselbigen auf st. Geörgen tag auf freier strassen auf der äx
40 geladen hab und dardurch gar kain absaumbung nit erscheine. Und für
sollicher bemühung solle den waltpürgen und dorfpürgen das abholz
von dillen und rehren verbleiben, und was das fuerlon aus dem walt an-
betrifft, solle ainen nachpersman für ain rechtmessiges fuoder 15 kr.
gegeben und sollichcs, sowohl auch was man dem zimermann für die
45 dillen zu schneiden und hinab zu antwurten auf geth und gespendiert
wirdet, das mögen die holz- und dorfpürgen in der gemainen ausgab
legen und das soll inen die gebir passiert werden. Doch soll man (die-
weilen man die dillen und rehr merers aus den multwüldern nemben

muess) kain gevar und vorthail nit brauchen, bei straff, wie hievor begriffen.

Es sollen sich aber vor oft gemolte waltpürgen der hievor einverleibten waltordnung, sowol als die andern gmainsleut, gemess nach halten und darwider nit handlen. Wo es sich aber befinden wurde, daß sich die 5 waltpürgen der obgemelten waltordnung in ainen oder mer weg entgegen handleten, selbsten onerlaubt in und auss berüerten multwäldern holz schlagen oder fiehren, item ire schuldige geng in den waldungen nit thuen, auch die zeitlich beschau auf den Kandlwahl und rehrprunnen und die gebirende wendung, sovil an inen glegen, nit firnemben oder unerlaubt, 10 kalch zu prennen, holz aussers dorfs zu verfiern, verkauffen, auf verbottnen risen holz zu treiben und die straffmessigen in der gmain dem dorfpürgen oder der gmain nit anzaigeten, oder alles anders der waldordnung zuwider handlen und der gmain was nachtheiligs vernachlüssen wurden, darumben und deswegen sollen si iedes mahls umb noch sovil, 15 als andere, gepfendt und gestrafft werden, und die straffen, so si selbsten verwirkten, oder aber von andern güetlichen einlangen wurden, die solten si der gmain oder den dorfpürgen unverwiderlich zue zu stöllen und darumben red und antwurt zu geben schuldig sein.

Dise waldordnung solle jürlich am lünges und herbst iedesmahls 20 früezeiten vor offner gmain offentlich publiciert und verlesen werden, damit sich meniglichen darnach halten und sich vor schüden zu verhieten weiss.

Die kündl auf dem Kandlwal im Tarscher tal herzugeben und machen zu lassen seint, wie von alters, auf den ückern angelegt worden, 25 doch dergestalt, wo iemants wisen und gar kain acker het, so soll man albegen ain manmadt früewiss neben ainem jauch acker, auch zwai manmadt spatwiss neben ainem jauch acker raiten und denselben gleichlich zu geben schuldig sein, und geben albeg gleich, wie van alters, acht jauch acker ainen kandl van vier guete flaischklafter lang und der- 30 selbig soll am klenern ort zween gemaine mannsgnimmen weit und dief geholt werden, aber die rehr, die werden allain nach den feurstetten angelegt und gibt iede feurstat ainen rehr, der soll drei gemaine fleischklafter lang sein und benebens sein gobirliche dicke haben, doch solten die schlechten feurstett gegen den ansechelichen, da grosse pei sein und 35 vil vich ist, billichermassen bedacht und hierinnen nit beschwert werden.

Man soll auch, wo immer miglich, die kündl und rehr zu gueten, bequemen won (?) schlagen, auf das des holz desto werhaftiger sei. Sovil von der waldordnung.

26. Kastelbell.*)

Abschrift der gerichts-, auch hant- und tagwercher saz- und ordnung,
auch taxirung in diesem gericht Castelbell.

(Abschrift im Ferdinandeum zu Innsbruck, Dipauliana 1177.)

Actum schloss Kastelbell den 6. mürtz a° 1631.

     Vor und durch dem wolgebornen herrn herrn Maximilian Hendl,
5 freiherrn zu Goldrain, Iufahl und Maretsch, herrn zu Ober- und Nieder-
reichenberg, der röm. kais. maj. und hochfürstl. dht. Leopolden erzherzog
zu Oesterreich rath, cammergerichtsherrn der herrschaft Castlbell, in
gegenwirtigen beisein dern auch wolgebornen herrn herrn Sigmunden und
herrn Johann Baptisten Hendl, freiherrn zu Goldrain, Iufahl und Maretsch,
10 herrn zu Ober- und Niderreichenberg etc., als derselben geliebten herrn
vetern und herrn sohn, auch dero ervesten, weisen, firnemben und ersamen
Heinrichen Wenter, dero richter allhir zu Kastlbell, Hansen Mayr, an-
walten in Schnalls, Casparn Goldrainer, Oswalt Wolfen, Christan von
Rüfan, Hansen Kofler und Symon Rappen, allen ermelts gerichts Castl-
15 bell gesessen und von den ganzen gericht der sachen halber vollmechtig
schriftlichen gewalthabern, ist aus hernach volgenden ursachen über
reifer consideration und berathschlagung der sachen beschaffenhait mit
den hant- und tagwerchern allhie in gericht und anderer unterschidlicher

---

     *) Das Gericht Kastelbell war schon im 14. Jahrhunderte von den Landes-
fürsten den Schlandersbergern zu Pfand gegeben, wie die folgende Urkunde aus-
sagt:* Wir Leupolt von gots gnaden hertzog zu Oster, ze Steir etc. tun kunt umb
das gericht ze Kastelbell, das unsers getreuen Hansen des Slanderspergers
phant ist, haben wir im verhaizzen und gelobt, alldieweil er oder sein erben
das in phandes weise inne habent, daz wir si bei demselben gericht und bei
den leuten, genannt die Hylpolder, die Auchspurger, Pabenberger, s. Vilgen leut,
Weingartner, und bei allen den leuten, die aus dem egenannten gericht von
vater und von muter pürtig sind, wo oder in welchen gericht er die gestellen
müg, vesticklich halten und schirmen und im niemand dhainen inval daran
tun lazzen wellen, davon empfelchen wir unsern getreuen etc. allen haubtleuten,
purggrafen, phlegern und richtern, welch die seye ze den zeiten sind, und wellen
ernstlich, daz si si von unsern wegen also vestickleich daby schirmen und
halten mit urkund ditz briefs, geben ze Marchpurg an fritag nach Mathey
apost. et evangeliste a. 1377. *(Orig. Perg. Arch. Oenip.) In der Folge wieder ein
Besitz der Landesfürsten (die Erbhuldigung des Gerichts Kastelbell an Herzog
Friedrich 3. Mai 1412 bei Brandis, Tirol unter Friedrich von Oesterreich Urk. 72),
ward es 1468 von Herzog Sigismund neuerdings an Sigmund von Schlandersberg
mit Pflege und Gericht übergeben; 1472 wurden Schloss und Gericht an die von
Niederthor und v. Montani verkauft, und nach erfolgtem Rückkauf 1531 an Sig-
mund Hendl von Goldrain verpfündet und die Pfandschaft 1615 erneuert, seit
welcher Zeit die Familie der Freiherren (später Grafen) Hendl Gerichtsherren in
Kastelbell verblieben. Nach der bairischen Gerichtsorganisation von 1806 wurde
Kastelbell dem Landgericht Meran zugetheilt, 1810 aber mit Schlanders, Eirs und
Montani zu dem Landgericht Schlanders vereinigt. Seit 1817 wurde Kastelbell
wieder von den Hendl als Herrschaftsinhabern verwaltet, 1825 aber das Gericht
heimgesagt und nun mit dem Landgericht Schlanders definitiv vereinigt.*

gerichtsoblagen halber saz- und ordnung firgenomen und, wie hernach zu
vernemen, durch moniglich vestigelichen zu halten beschlossen worden.

Fürs erst, dieweilen sich nit allain unter den armen hantwerchern
und dienstleiten ain zeither vil unzeitige heiraten allhie in gericht be-
gäben und sich in den herbrigen niderglassen, sondern von den unter- 5
tannen (über verpot der obrigkait, villeicht aus derselben unwissenhait
und ainfall) immerzue vil fremde und unnotwendige hant- und tag-
werchsleit an- und aufgenommen werden, und also das gericht mit der-
gleichen armen leiten angefilt und iberladen worden, daß sich dieselben
mit und neben ainander gleich nit oder doch gar schwerlicher erneren und 10
erhalten kinen, hierdurch dann die gerichts-unterthanen von selben mit
täglichen überlauff, item niessung tail- und gmain-holz und dergleichen
mörklichen überlästigt und beschwärt worden, wie nichts weniger seits-
malen nun lang her so vilfültige nit allain ordinarj, sondern extraordinarj
über topplstouren und anlagen und noch unaufherlich condinuiren, wel- 15
liches nun bisher alles über den angesüssnen unterlannon ergangen, dar-
durch dann vil in grossen schulden und armuet geraten, entgegen gemeldte
hant- und tagwercher dergleichen steuern und anlagen uneracht irer
habenden niesperkait genzlichen frei gewest, und nichts desto weniger si
hant- und tagwercher noch über deme allem das uneracht über den von 20
ire hochfür. dt. vom 26. juni verschinens 1623isten jares abgangnen
erzfirl. bevelch durch die obrigkait allhie den 26. juli vermeltes jares ain
gebirliche hant- und tagwerchsordnung, wie sich dieselben mit ihren
hant- und tagwerchsbesoldungen verhalten sollen, gemacht und publi-
ciert, derselben nichts nachgelebt, sondern ungehorsamb mit ihrem arbaiter- 25
und taglon hoher gestigen, welliches sich die unterthannen und angesess-
nen merklichen beschwert und solliches beger nit mer gedulten, noch zue-
sehen wöllen, sondern daß si hant- und tagwercher, wie es in negst
anrainenden gerichten auch gebreichig, mit einkaufgelt und steurn belegt
und sonst in besoldungen guete ordnungen zu halten gepoten, derowegen 30
und damit zwischen armb und reich ain gebirende demonstration und
gleichhait gehalten und dergleichen winklherbrigen und unordnung, auch
beschwer abgestellt werde, ist aus erzelten und andern beweglichen ur-
sachen entlich beschlossen und zue halten mit ernst gepoten worden, daß
firterhin kain unterthanner in gericht, er sei armb oder reich, one vor- 35
wissen und willen der gerichtsherrschaft oder deren nachgesezter obrig-
kaiten das ende ainicher hant- oder tagwercher, sonderlichen die, so nit
der gueten catolischen religion seind, nit ein- oder aufnemen wölle, bei
vermeidung 6 fl., und da es mermallen beschüch, toppelt unnachlässlicher
geltstraff, daraus die zween tail der gmain, wo dies beschicht, und da- 40
selbsten zu gmainen nuz angelegt werden solle, und der dritte tail der
herrschaft verbleiblichen sein.

Fürs ander, und wellicher oder wellicho hant- und tagwercher
aber mit vorwissen und willen der obrigkait, als obgehert, allhie im gericht
zu inwonern an- oder aufgenommen wirdet, der soll von stund an schul- 45
dig und verpunden sein, der gerichtsherrschaft oder dern nachgesezten
obrigkaiten vermig 3. titls 1. puechs tirolischer landordnung ain sollichos
glib zu erstatten, daß si vorderist der firstl. dht. zu Österreich, auch dern

gerichtsherrschaft und obrigkait treue, gehorsamb und gewörtig sein, dero
nuz und fromen firdern, schaden und nachtl warnen und wenden, sich mit
iren hant- und tagwerchern im gericht, vorderist in der gmain, wo si
sich niedorlassen, mit hegsten und getreuen fleiss den armen wie den
5 reichen und den reichen wie den armen geprauchen ze lassen, und sich,
sowol als all andere im gericht an das verhanden und ietzt inwonende
hant- und tagwercher, mit diesen tux- und besoldung, wie die ebenfahls
anheut dato aufgericht und beschlossen worden, verniegen und ieder bei
straff dariber niemants beschwüren wöllen.

10 Fürs drit, so sollen alle neui aufgenomen hant- und tagwercher,
die so nit im gericht anhaimbs gepirtig, noch im gericht umb 300 fl. ver-
migen haben oder erkauffen, fir ain mansporson 6 fl. und fir ire ehe-
wirtinen, so aussers gerichts, 4 fl. derselben gmain, da die eingelassen,
bestimierts einkaufsgelt zu geben schuldig und verponden sein, welliches
15 einkaufgelt abermallen zu gmainen nuz und steuren angelegt und sonsten
kaines andorwegs verpraucht werden solle.

Fürs vierte, so sollen nit allain die neui aufgenomen hant- und
tagwercher, sondern auch alle andere inwonende, die so ir hant- und
tagwerch gebrauchen, schuldig und verpunden sein, firterhin volgende
20 stourn zu ieden terminen in der gmain, da er wont, unverweigerlich zu
erlegen, als ain hantwerchsmann für ime und seiner ehewirtin 12 kr.,
ain tagwercher für ime und seiner ehewirtin 6 kr., ain ainlizer hant-
wercher oder tagwercherin 3 kr., doch gar alt und armbe hant- und
tagwercher oder ainlizige alte arme weibspersonen sollen hierinnen durch
25 ieder gmain mit gnaden bedacht werden.

Entgegen ist aber durch wolermolten gerichtsherrn etc., auch dero
gelieblen herrn vetern und herrn sohn etc., sambt dero richter fir billi-
chen zu sein geacht und bevolchen worden, daß die unterthannen ihre
hant- und tagwerchsleit etc., seitemallen dieselben mit iren arbaiten bei
30 ainen gleich und billichen tax verbleiben sollen und miessen, mit dar-
gebung gotraide, auch schmalz, fleisch und all andere victualion auch
cristelich bevolchen sein lassen wollen, und inen ieder, sovil ainer hat oder
geben kann, umb ainen leidonlichen und gebirlichen werth, auch zimblicher
massen den alten herkomen nach, dargeben und si damit wider gebir und
35 billichkait nit beschwürn, noch zu clagen verursachen.

Schliesslichen, das die untertannen die gerichtsherrschaft gehorsamb
angeruefft und gepeten, si bei iren alten freihaiten und rechten des visch-
und jagens allhie in gericht gnedig und vestigelichen hantzuhaben und
darwider nit beschwürn zlassen, anlangt, last es ire gnaden (sovils dero-
40 selben von gerichts-herrschaftwegen anstat irer fir. dht. etc. beriert), bei
iren der untertannon freihaiten des visch- und jagens halber dergestalt be-
wenden, nemblichen daß si die angesässnen durch si selbs oder ire sün und
dienstleit das vischen auf freier Etschen und andern unverpottnen
wüssern allhie in gericht zu irer huusnotturft und nit zu verkauffen mit
45 ziemlicher bescheidenhait, und sonderlichen nach der ordnung und mass
des 16. titls 4. puechs tirolischer lands-, auch der durch weilende der in
gott rueenden firl. dt. erzherzog Ferdinanten zu Österreich ausgangnen
vischer-ordnung zu vischen, auch zu gebiereuder zeit (doch ausser der

zwei, als rodt- und schwarzwild, so ier dt. etc. aigentumblichen gehörig) ja-
gen und ire freihait, sovil si mit iren alten kuntschaften und brieflichen
gerechtigkaiten bewisen, possediert und noch sein, niessen und prauchen
sollen und miegen, doch weilen si sollich ir privilegium und freihaiten
sonderlichen vermig ob angedeiten titls landordnung allain auf die ange- 5
sässnen, die derentwegen frei- und andere steurn, raisen und all andere
nachperliche vactionen und dienstperkaiten laisten und mitleiden tragen,
gemaint und verstanden, daß solliches vischen und jagen allen andern un-
angesäussnen hiemit in chraft dits genzlichen verpoten und abgeschaffen
seie (sonderlichen denen es die gerichtsherrschaft nit sonderbar vergunt 10
oder fir deroselben bestellt wirdet) bei straff, der oder die sollliches iber-
treten würden, das si sich der gmain, darinnen si wonen, alspalten be-
missigen und ausgeschaffen werden sollen.

Und obwolen unter andern die gerichtsuntertannen ire gnaden auch
klagsweis angebracht und gehorsamb gepeten, der nachgesatzten obrig- 15
kait, richter und gerichtschreiber aufzuerladen, daß si sich iederzeit zu
gebierender gerichtsstunt bei den angestellten handlungen befinden und
denselben firderlichen beiwonen und abwarten sollen, so haben doch ire
gl. in gegenschlag von dero gliebten herrn son etc., der sich immer weilen
sambt dero richter bein handlungen befint, vernemen miessen, daß, wan 20
schon die obrigkait zu gebierender gerichtsstunt vorhanden, die merer
weil die partheien (denen die sachen selbs beriert) abseinig seind, sondern
bei heutig erhaltener ausschuss-zusammenkonft (unerachtet aus mitl an-
gedeiten ausschusses allain finf untertannen zu diesem werk erkiesst worden)
selbsten gesähen, daß sich tails ausgeschossne (über ire gl. und der obrig- 25
kait langes zuwarten) allererst umb 10 und 11 uhr herzue begeben
haben, dannenhero ire gl. und dero zuegetonen fir billichen achten, daß
firterhin die untertannen des ganzen grichts nit allain zu begerten aus-
schuss, sondern angestelten handlungen iederwoilen zu gebirender, lants-
gebreiohiger gerichtsstund gehorsamb erscheinen und ane röd- und boweg- 30
lichen ursachen (die si aber irer firgesezten obrigkait pflichtschuldiger
massen bei gueter zeit schrift- oder mintlichen mit gebir entdöcken
sollen) nit ausbleiben, bei vermeidung des derentwegen durch den unge-
horsamben verursachenden unkosten, sollichen sambt nach beschaffenhait
der sachen verworkten straff unnachlesslichen zu ersuechen. 35

(Folgt die Taxordnung.)

27. Tschars.*)

Papierhds., schmal Fol. 178 Bl. im Gemeindearchiv von Tschars. Das vorliegende Stück auf Fol. 26b — 27 b.

Tschars den 9. märti n° 1642 am kässontag.

Alda ist durch ihro gnaden herrn Sigmunten Hendl, frei- und ge-
richtsherrn etc., und ainer ersamen gemain alda ordentlich abgerödt und
beschlossen worden, daß nemblich alle küssontäg hausgenossne, hant- und
5 tagwercher ungepotner bei straff, die hausgesessnen umb 30 kr., die
hant- und tagwerchor umb 15 kr., so nit erscheinen, gestrafft sollen
werden.

Unter andern ist disen tag auch ainhellig beschlossen worden, von
wegen des schwainers, daß man solt guote obacht haben und tragen, was
10 ainer oder der ander fack hat, die 6 wochen alt sein, so sollen den
schwainer schuldig sein zu kösten und zu belohnen, er treib si fir oder
nit, wover aber der ain oder der ander die facken vor dem gemainen
hirten nit wolte firtreiben, so solle er dioselbige fleissig in dem stall be-
halten und nit umb die weg herumb lauffen lassen, bei der straff 24 kr.

15 Es ist auch anheut, als obbemelten dato, durch hoch adl und gemain
wirklich und ainhellig beschlossen worden, welcher ain fremden zu ainen
ingehausen ohne erlaubung hoch adl und gemain etc. solte aufnemben,
der solte, wie vorhero gebreichig und von alters herkomen, gestrafft
werden umb 6 pf.

20 Item ist auch ainhellig beschlossen worden, daß weder paurn, in-
wohner oder hant- und tagwercher kein pirchlaub solten machen vor
Bartolomei, bei straff des gemachten laubs, wan mans antrifft, und noch
darzue umb 1 pf.

Item auch ist ainhöllig beschlossen worden, daß weder paurn, in-
25 wohner oder hant- und tagwercher keine örlene stiflreisser aus der
gmain- und Tschorserau abhacken sollen, bei straff von ainer trueg 15 kr.

Nit weniger auch ist heint dato beschlossen worden, dass ain ied-
wöderer gmains-interessirter, welchor ein frembdes ross auf unsere waid
zu länges zeit aufnimt ohne wissen der gmain, solle per 30 kr. gestrafft
30 werden, wann aber ainom gemains-interessirten auf sein anhalten verlaubt
wird ain ross aufzunemen, sollte solcher aufnemer das grasgelt zu be-
zahlen schuldig sein, benentlichen vor ieder wochen 6 kr.

Iber den vorgemachten schluss von adl und gmain, daß kain in-
tresierter ohne verlaubnus der gmainschaft kain ross aufnemben noch
35 auf der waid treiben solle, haben sich doch etwelliche ungehintert dessen
unterfangen und etwelliche frembde ross aufgenomen und fir getriben,
darumben inen die gebirente und in vorigen schluss gemachte straff
geschepfte worden. *(Folgen deren Namen.)*

---

*) Die Bestimmungen dieses Täding sind theils Wiederholungen, theils Ab-
änderungen einzelner Sätze des alten im J. 1432 aufgerichteten Dorfbuchs von
Tschars, das leider nicht mehr aufzufinden war.

Item ist von adl und gmain ainhellig beschlossen worden, daß diejenigen, so sich ohne vorwissen der gmain unterstehn, strcb zu rechen, es sei in der au oder ausser der au, so der gmain angeherig, sollen per 1 fl. 30 kr. gestrafft werden.

Item wirt den hant- und tagwerchern, auch andern inwohnern bei 5 straff auferlegt, kein rev. tungent auss der gmain zu verkauffen, von ieden fueder per 30 kr.

Anbelangent des lieben vichs, weilen dem vernemen nach sollichcs in unterschidenlichen orten an der grassirenten vichsucht in verhaft ist, als wirdet in allhiesiger gmain zu verhietung des daraus erfolgenten 10 schaden einen ieden interessirten bei straff aufgeladen, kain s. v. vich aus frembden verdüchtigen orten herzue zu kauffen, bei straff von iedem rinde 6 pf.

28. Staben und Tablant.

I.

Papierhds. 18. Jh. Fol. 16 Bl. im Gemeindearchiv zu Staben.

Abschrift
des denen drei gemainschaften Staben, Tablant und Neunhöfern gehörigen gemainsbuechs. 15

Ich Hainrich Wenter, derzeit des wolgebornen hern hern Maximilian Hendl, freiherrn zu Goldrain, Iufahl und Marötsch, herrn zu Ober- und Nieder-Reichenberg, der römischen kaiserlichen majestüt und fürstlich durchleichtigkeit Leopoldi, auch mitinteressierter erzherzogen zu Oesterreich, w. rath, respectivo kamerer, viertl-hauptmann in Vintschgau, 20 pfleger und pfandsinhaber baider herrschaften Schlanders und Castlbell, meines gnedig und gebietenden herrn gerichtsanwalt zu besagten Castlbell, bekenn von ambts und obrigkait wegen hiemit offentlichen in diser vidimus und thue kunt allermüniglichen, als sich entzwischen ainer ersamen gemainschaft zu Tablant aines und Sebastian Plater, Widmer daselbs, 25 anderstails wegen aines durch gemolter gemainschaft auf den schloss Castlbell schuldigen lemperzins, wie zugleich wun und waid halber, und was in deme beriert, streit und unainigkait erhalten, begeben und zuegetragen: derowegen anheut zu ent volgenden düto die ersamen erbaren Kaspar Maillander, Balthasar Gärber, Lorenz Strasser und Kaspar Walnöfer, alle 30 zu angedeiten Tablant, fir sich selbsten und anstat ihrer mitverwonten vor mir als anwalt und Gorgusen Küserer, meinen beisizer, komen und erschinen sein und haben gegen und wider obgesagten Sebastian Plater, Widmer, als denen si auß meiner gegebenen vergunstnus hierzue erfordern lassen und zugegen gestanden, sumürisch daß firbracht, nämblich, daß 35 angedeite gemainschaft Tablant in das herrschaftambt auf Castlbell järlichen ainen lemperzins zu raichen schuldig, in welchen der Widmer wider ir verseechen und güetliches ersuechen nichts entgelten und, wann er aber auf Tablander almben und wisen mit der gemainschaft Tablant wun und waid besuech, verhoffen si, daß er Widmer in mergemelten 40

21*

lemperzins zu seiner portion pro rato neben den andern interessenten zu
Tablant zu entgelten schuldig sein, und da er sich aber dessen verwidern
wollt, daß er sich hinentgegen mit ihnen der waidbesuechung genzlichen
enthalten wölle. Darüber der Widmer in antwort angemelt, es sei bei und
5 ob mannsgedenken von Widemhof ainiches lemper-zinsgelt zu geben nie-
mahls nicht begert, noch geben worden, also hoff er, auch ainiches zu ent-
gelten nit schuldig zu sein, in massen er auch außerhalb rechtens nicht
gebe. Der waidung [halber] aber hab es kraft eines zwischen der gemainschaft
Tablant, Staben und Neunhöfer, auch andern mitincorporirten aufge-
10 richten alten dorfs- oder gemainspuech sein ausgetruckte sondere mainung,
bei der selben ers verbleiben und sich davon nicht abweisen lasse. Die
benachperten von Tablant sein dargegen weiter firkomen, sie verhoffen
noch, der Widmer sei das lempergelt zu entgelten schuldig. Der waid-
besuechung halber lassen si es auch bei angeregten dorfpuech verbleiben
15 und erwarten des begerten lempergelts des billichen beschaides. Darauf
ist den parteien durch mich mit rath meines beisizers diser beschaid er-
folgt und geben worden: Dieweilen sich der Sebastian Plater als innhaber
des Widemhofs zu Tablant weder wenig oder vil in den angezognen lemper-
zins zu entgelten iber mein gietig versuechen nichts einlassen, noch etwas
20 schuldig ze sein bekennen wellen, sondern ihnen den Tablandern das recht
firgeschlagen, und sintemalen es anheut allain ain gietige firforderung,
auch von kainen theil bißhero der sachen nicht beweisliches einkomen,
also könn ich ainsmals mit ihme Widmer nit verschaffen, daß er im vil-
berirten lempergelt etwas entgelten solle. Da aber die gemainschaft Tab-
25 lant in vermainen, disfahls zu ime sprüch zu haben, das inen gleichwol
bevorsteen solle, ine hierumben firzunemen, wie recht ist. Der waidbe-
suechung halber, weilen sich baid thail auf den dorfpuech referirt und
gezogen haben, laßts die obrigkait auch darbei bewenden und sollen si
parteien dahin gewisen sein, daß sie sich desselben dorfpuechs gmeß und
30 gegen einander nachperlich verhalten wellen. Ueber entdeckung dieses
beschaids habens baid thail bei demselben verbleiben lassen und Widmer
zu verzaichnen gebeten.
     Die Tablander haben verer gegen und wider dem auch ersamben
Balthasern Tündl, wirth und hueter zu Staben, als den si auch auß meiner
35 gegebnen vergonstnus anheut alher erfordern lassen, in massen er dann
sambt und neben Martin Waldner und Michaeln Guntschier, beden, da-
selbsten erschinen und gegenwirtig gewest, firbracht, wie daß si vor mer
angedeuts dorfpuech, — welliches bei langen und ungedenklichen jarn
zu Tablant im gotshaus in ainen den drei gemainden Staben, Tablant und
40 Neunhöfer zuegehörigen triechl mit drei schlösser und schlißl, deren
schlißl iede gemain den ainen bei der hand habe, behaltsweis und verwort
gelegen, — vor einem jar gedachten Balthasern Tündl behaltsweis ver-
traut, des er aniezto allerdings nit herfir geben welte, und wann aber ge-
dachts dorfpuech im gotshaus zu Tablant in berierten gemainstriechl be-
45 haltsweis gehörig, auch an dem ort zum pesten verwart, si auch solches
gegen dem Widmer und anderwerts hochnotwendig und betürftig, dero-
wegen piten si, man wer inen das dorfpuech alten herkumben nach zuwider
nit aufhalten.

Der Tändl ist in beisein oberwenter seiner mitnachpern solicher mainung firkomen, es seie nit weniger, daß ime solches dorfpuech vor einen jar vertraut, und er verhoff, es were sowohl und billich zu Staben im gotshaus, als zu Tablant versorgt und zu behalten, iedoch si er dasselbig, — wann man der gemainschaft Staben ain vidimierte abschrift 5 umb gebirlichen pfening erfolgen laßen welle, — herzugeben nit zuwider, inmassen dann dariber durch inen Stübnern, Tablandern, sowolen auch meiner und gesagts Gorgussen Küserers, als intressenten der Neunhöfer, verwilliget und verliebt worden, daß das vil angezogen original aller drei gemainden mit einander zuegehörigs torfpuech zu besagten Tablant im 10 gottshaus in gemainen triechl, sintemahlen es von alters alda in verwar, so oft man solches gebraucht und haben hat wellen, befunden worden ist, widerumben dahin alles fleiss gelegt und glifert, darontgegen und hinwiderumben aber den andern zwai gemainden, als den Stübnern und Neunhöfern, ieder insonderheit, ain gleichlautende vidimierte abschrift auf aller 15 drei gemainden gleichen entgelt unter mein als gerichtsanwaltens ordenlicher verfertigung ertailt und zuegestelt werden solle, und habens also all thail darbei sein, auch verbleiben lassen, wie dann hierauf vorangedeiter Balthasar Tändl oft beschribens original gemainsrechtpuech zu sollicher ausfertigung mir, zugegen den ob einserirten benachperten, alles fleiss zu 20 handen gestelt, und lautet dasselbe inhaltlich von wort zu wort firnemblichen also:

Zu wißen sei meniglichen: nach deme zwischen den gemainden und dörfern zu Staben und Tablant sambt iren mitverwonten, den Höfern und perkleiten, von wegen irer gemainden und dörflichen recht, der wasser- 25 und pruggen-gepeu, auch wun und waid, weg, steig, steg, trib, wasserlaitung, vichpfantung, albfarten und ander irer dörflichen gemainsrecht, wie sie derhalben mit alter hergebracht und gebraucht, auch bißher mit und gegen einander gehalten und genossen haben, die aber aus tiiglicher veränderung und absterben der menschen, dieweil die auch nit in ain 30 ordenlich libell und bestiindige schrift verfaßt gewest, auß iebung und brauch, auch zum thail gar in vergessen komen, span und irrung firgefallen, daß demnach bemelte gemainden ernennter dörfer sambt den Höfern und perkleiten, sovil dero in iren gemainsrechten vorwont sein und mitnießung haben, in bedenkung irer manigfaltigen, bißher erlitnen und noch 35 täglicher zuckonftiger schüden, der si in gemain und ainer von dem andern insonders auß nachlaß und abfall gueter ordnung und recht noch gewartend ist, bedacht, beratschlagt und sich ainhelliglich entschloßen haben, sollich abgangne dorfliche gemainsrecht zu fürderung gemains nuz und erhaltung bestiindiger fridlicher ainigkait und nachperschaft 40 widerumb aufzurichten und zu erheben, auf daß nun hinfiro baido gemainden und ain ieder augeseßne und verwonter sich derselben zu behelfen und darnach zu handlen, auch sein auferlegte schuldige robatt und dienstperkait in den ehaften gemainen arbaiten, pruggen- und wassergepeuen darzustrecken wiße, und damit aber dieselben ernenten derflichen 45 und peulichen gemainsrechten fester, gruntlicher, nach pilligkait und pesten formb verfasst und in schrift gebracht mechten werden, so haben mer ernente baide gemainden, sambt den Höfern und perkleuten, iren mit-

gewonten, hieriber die hienach benanten erbern leute mit namen Petern
Langstreiner, Josen Spandiniger, Clausen Mitterhofer, die drei im gericht
Castlbell, darnach Lorenzen Niderhofer auf l'abigl, Jörgen Illmer zu
Tschirnan und Ludwigen Pardeller, die drei im lantgericht Meran seßhaft,
5 als die vor etlichen verschinen jarn in disen gemainden seßhaft gewesen,
der preuch, ordnung und gemainsrechten guet bericht und ingedenken
wären, zu obmann, sprechern und schidleiten erkiost, erbeten und gesezt,
und samentlich inen iren volkomen gwalt geben und also in si compro-
mittiert, wie und was si auf dem firkomen in den spenen und artiggln
10 erkennen, sezen und außsprechen, daß sollichs entlich vest und unwider-
sprechentlich zuegesagt, angenomen und stät bleibe, auch darnach gehan-
delt werden soll. Darauf die gedachten erbetnen obleut sich der sache
gunstlich und willig unterfangen, darinn erleuterung than und nachfol-
gende dorfrecht gesezt, geordnet und particulariter in dis libell verfaßt,
15 nemblich also, wie hernach folgt.

Erstlichen ist erfunden, wann die gemain zu Staben der pruggen
oder wör halben oder umb ander angelegen eehaft händl die paurschaft ze
halten willens ist, so soll ain mair zu Staben dasselbig dem meßmer zu
Tablant zeitlich anzaigen und ze wissen thuen. Der selb meßner soll als-
20 dann den perkleuten und ainem ieden, der in Tablander gemain und viertl
begriffen ist, zu sollicher paurschaft pieten und ain ieder gemainsmann
zu sollicher paurschaft und ratschlag ân sonder eehaft ursach gehorsamb
zu erscheinen schuldig sein.

Und wann also durch baide nachperschaften ain gemaine wör und
25 arbait an die Etsch, auf Stäbner moß oder an der pruggen und archen
angeschlagen, beratschlagt und firgenomen wirdet, so soll ain mair zu
Staben in der selben gemain und ain meßner zu Tablant auch in der selben
gmain und den perkleuten, so in Tablander viertl begriffen sein, auf-
bieten und auf den firgenomen tag ain iedlicher, deme gebotten wirt, zu
30 sollicher wer und arbait zu erscheinen schuldig sein, und welche nach-
paurn oxen oder anders darzue zu leichen schuldig sein, die sollens entlich
und unverzogenlich mitbringen, und wellicher aber auf den bestimbten
tag in berierter wör und gemain arbait nit erscheint, der soll umb sechs
kreizer gestrafft werden. Und welicher mit ainem par oxen ze fahrn
35 schuldig ist und dasselbig nit mitbringt oder herleicht, der soll davon
sechs kreizer zu straff verfallen sein, und so er mit seinem leib oder seinen
verordenten an seiner statt auch außbleibt, der soll fir sich selbs auch umb
sechs kreizer gestrafft werden.

Ittem, wann man die pruggen zu Staben oder die archen zu baiden
40 seiten von neuen machen, auch so oft man die dillen auflegen will, so
sollen die Stäbner die zwai tail, und die Tablanter, Fanthaner und die-
selben perkleut, so in Tablander viertl geheren und begriffen sein, den
driten tail holz dargeben und in kost und lohn, so auf die arbet geet, auch
den driten thail zue legen und außerichten schuldig sein, doch soll dieselb
45 arbait und kostung in baiden gemainden ieden gemainsmann nach gestalt
und ville seiner güeter angelegt werden.

Ittem, als oft die Tablander sambt iren mitverwonten ainen enspam
zu Stübner pruggen ziechen wellen, so ist der Tschantscheframhof schuldig,

darzue ze leichen ain prozen, ain stricken und zwen oxen an die deixl,
und soll mit demselben par oxen den enspam albeg von Tablander sag oder
auß der Spölriß herab firsezen. Ob aber dieselben enspamb an andern
orten, dann wie obsteth, genomen und herbracht würden, so ist er Tschan-
tschefraner weder oxen, prözen oder stricken dar ze leichen nit schuldig. 5
Ob aber die nachperschaft den enspam mit den oxen von ehegemelter
Tablander sag oder auß der Spölriß nit fiern wolten oder möchten, alsdann
soll er der nachperschaft fir die hilf, so er mit firsezen des par oxens ze
thuen verpflicht ist, ain pfunt perner ze geben schuldig sein.

Ittem, wann und als oft die Stübner ainen enspam zu ihrer pruggen 10
ziehen und fieren wellen, so ist der Tschantschefranhof abermahls schul-
dig, von der sag oder auß der Spelriß ain par ochsen firzusezen und biß zu
der pruggen herabziehen zu lassen, wo in aber die Stebner des firspan-
nens mit den oxen erlassen wurden, so soll er inen auch ain pfund perner
darfir zu geben schuldig sein. Sover aber die Stebner solche enspüm auß 15
andern orten und wäldern bemen und herbringen wurden, so soll er inen
kain fuer oder firspannen ze thuen schuldig [sein]. Desgleichen so ist er
auch zu dem driten enspam, den alweg die Stübner geben miessen, aller
hilf, firspannens und darleichens frei, ledig und los, aber umb die hilf,
damit er den Stübnern und Tablandern zu den andern zwaien enspümen 20
mit darleichen des prozens und der stricken, auch firspannen des par oxens
dienstpar sein muess, hat er entgegen recht und freihait, mit den Tablan-
dern und Stebnern, wann si firkeren, zwai par oxen aufzekern und ze
waidnen.

Ittem, wann die Stübner oder Tablander ainen enspam fieren wellen, 25
so ist der Poderinhof schuldig, von Tablander sag oder auß der Spelriß biß
zu Stübner pruggen ain par oxen mit ainem zieter dar zu leichen und fir-
zusezen. Wirt er aber aus genuegsamer ursach das firsetzen nit thuen,
oder desselben sonst guetwillig erlassen, so soll er derselben gomain auch
ain pfund perner darfir zu geben schuldig sein, und um dasselb firsezen 30
hat er entgegen recht und freihait auf den poß und Tablander wisen ain
par oxen aufzukern.

Ittem weiter, wann die gemain zu Tablant, und wer in irem viertl
begriffen ist, iren enspam vom walt herbringen wellen, so ist der Plazhof
zu Tablant schuldig zum ziechen von dem ort, da der pam ligt, herab unzt 35
in die Spülriß oder Tablander sag ain stricken dar ze leichen und nit
weiter. Darnach von dannen biß zu Stübner pruggen ist er schuldig, ain
par oxen sambt ainem zieter firzespannen, entgegen hat er recht und
thail auf dem gemainen poß, wo und an welchen enden die von Tablant
mit irem vich ze waidnen und ze hieten haben, zwai par oxen firzukern 40
und ze waidnen.

Weiter ist gedachter Plazhof schuldig, der nachperschaft zu Tablant
in ir gemaine herd ain pock zu halten und firzekeren, darumb ist imo
vergunt und erlaubt, ain rint mitsambt den ob gemelten vier oxen auf
gemainen poß, auch auf die hülm und in die gemainen weg ze treiben und 45
ze waidnen.

Ittem, wann und als oft die Stübner oder Tablander solche ire ens-
püm, wie obsteth, fiern oder sonst ain gemaine wer oder arbait thuen

wellen, so soll alweg die ganz gemain und nachpaurschaft, ain ieder mit
seinem leib, oxen und andern, damit er zu der fuehr uud arbait hilf zu
thuen schuldig ist, gehorsam erscheinen und dieselb wör, arbait oder ohaft
verbringen, außrichten und vollenden helfen, und wann si also ain gemaino
5 wör, wasserpau, chaft hündl oder ensenfuehr verhauden haben, so soll ain
mair zu Staben solches dem Platzer zu Tablant zu wissen thuen und der
Platzer dasselb ainem mesmer zu Tablant ansagen. Derselb mesmer solls
alsdann in seiner gemainde zu Tablant allen denen, die wun, waid und
gomain genüessen, zu perg und tal, weliche in irem viertl sizen und
10 wonen, auf den firgenomen tag bei nachgeschribner peen aufbieten, aber
in Stübner gemain da soll der mair zu Staben selbs der nachperschaft auf-
zupieten schuldig sein, und wellicher über dasselbig aufpot zu solcher fuer
und arbait nit erscheint, ist er allain mit dem leib zu arbaiten schuldig,
so ist er sechs kreizer straff verfallen. Ist er aber ain par oxen, auch zieter
15 oder stricken darzuleichen schuldig, und dasselbig nit darzue gibt, so soll
er umb ain pfund perner gestrafft werden, und dasselbig straff- oder pueß-
gelt der ganzen gemain, darin er gesessen oder wonhaft ist, gefallen und
zuesteen. Ob aber ainer auß gottsgewalt, herrschaftpoth oder andern
gnuegsamen ehaften ursachen verhintert wurde, daß er nit komen mecht,
20 der ist kain straff verfallen.

Ittem den Stübner weg sein die Stübner von irer pruggen hinauf
geen Tablant biß zu sanct Niclaus kappellen schuldig ze machen, ze rau-
men und ze unterhalten. Darnach sollen die Tablander mitsambt iren
mitverwohnten den ietz gemelten Stübner weg von ehegenannter sanct
25 Niclaus kapellen firauf hin biß zu oberist in die ladstat machen, raumen
und in würde aufzuhalten unter- und oberhalb, damit ain ieder denselben
weg unter- und oberhalb zum einfüehren und fahren seiner notturft nach
gebrauchen müge. Wo aber ainer oder der andern nachperschaft ir tail an
gemelten Stübner weg auß gottsgwalt durch lühn, wolkenbruch, gerigen
30 oder wasserguß zerrissen, zerbrochen und verderbt wurde, so solle alsdann
dieselb gemain iren tail am selben weg, so weit er dann verfallen und
zerbrochen ist, in vierzechen tagen, den negsten nach dato solliches scha-
dens, on lengern verzug widerumben machen und pessern, damit mangl-
halben des wegs niemands an seinen nutzen auf dem veld von ungewiter
35 schaden neme, auch geferligkait des wegs an vich und leuten verhuet
werde. Wo aber dieselb gemain solchen iren tail am weg in den bestimbten
negsten vierzechen tagen darnach nit widerumben pessern und ganz
machen wurde, damit er zum fahren gebraucht mög werden, so soll si als-
dann der andern nachperschaft fünf pfund perner pueß und straff verfallen
40 sein, und der mair in der gehorsamen gemain den andern mair in der
ungehorsamen nachperschaft umb dieselben fünf pfund perner straffgelt
firzunemen und zu pfenten gewalt, fueg und recht haben.

Ittem, welicher ainem andern on erlaubnus über seine güeter, wisen
oder ücker fert, und sich der, dem das guet zuegehört, gegen dem, der im
45 über das geforn ist, ainiches schadens oder unfuegs beklagen wurde, der-
selbig soll alweg, wie oft das geschicht, durch den mair oder dorfmaister
in der gemain, darin er gesessen ist, umb sechs kreizer gepfendt und ge-
strafft werden, und dasselbe straffgelt derselben gemain verrait und

einzenemen zuestehen, darzue soll derselb schaden, wo es der klager begert,
durch guet nachpern auf grunt und poden besichtigt werden, und was die-
selben fir den augenscheinlichen schaden erkennen und sprechen, das soll
der sächer demjenigen, der das guet paut oder innhat, on weiterer weige-
rung zu bezahlen schuldig sein. Wo sich aber begüb, daß der gewondlich 5
und gemain forweg durch gottsgwalt und ungewitter, wie obsteth, zer-
rissen, verderbt oder verschitt wurde, dardurch man in nit brauchen
mecht, und ainer in der obbestimbten zeit, darinn er wider gemacht wer-
den soll, dem andern auß noth und gelegenhait über seine güeter farn
miest, so soll er kain pan verfallen sein, aber demjenigen, dem das guet 10
zuegehert, sein schaden, den er davon empfangen, obverschribner gestalt
nach erkantnus guter nachpern abzutragen wol schuldig sein.

Ittem, welcher nachpaur mit seinem wasserlaiten recht hat, das
wasser durch den weg ze fiern, der soll es dermassen versorgen und be-
wohrn, damit der weg dardurch nit zerbrochen und verderbt werde. Wo 15
aber das nit firgesechen und der weg davon schadhaft wurde, wellicher
gemain dann an irem weg solicher schaden beschicht, die hat gewalt und
recht, denjenigen wässerer, der den weg verderbt hat, umb ain pfund
perner zu straffen und zu pfenten, und der bemelt wüsserer ist nicht dester
weniger den selben schaden oder pruch am weg auf sein aigen kostung 20
widerumb zu wenden und ze pessern schuldig, und soll auch durch sein
mair oder dorfmaister darzue gehalten und gehanthabt werden.

Ittem, wann die spüten wisen gefridet sein, so soll dieselb zeit hin,
biß das erdrich zuegefroren ist, alweg der alt weg, der von Tablant geen
Sanct Laurenzen geth, wie von alter her recht ist gewesen, mit fahren be- 25
suecht und gebraucht werden, und welliche nachpaurn neben dem andern
weg, der auch von Tablant über obbemelte spüte wisen biß an Maditsch-
weg geth, güeter ligen haben, denselben soll es an irer ein- und ausfart,
die si dardurch und dariber haben und gebrauchen miessen, unvergriffen
sein, und welliche also in denselben ihren güctern ihr waid besuechen und 30
etzen wellen, die sollen die oxen an die tschungl zesamen weten, und die-
selben nit ledig auf die waid keren. Es soll auch sunst das ander vich
durch ainen ieden on schaden darüber getriben werden.

Ittem den wasserrunst, der durch Tablander wisen herab geth, sein
die Stebner unzt an die obermühl ze machen schuldig, aber den Kreuzwal 35
sollen die Tablander machen und bei wirden halten, und alweg nit mer,
dann drei fürch wasser dardurch fieren und geen lassen, und welcher in
seinem guet von ainem ieden gemainen wal über drei ker oder gümian
zuethuet, der soll alweg, so oft das beschicht, umb sechs kreizer gestrafft,
und dieselben wal sollen offen gelassen werden. 40

Ittem, welicher dem andern sein wasser haimblich oder offentlich
gefärlicher weise hinkert oder abschlagt, derselb soll den dasigen, dem die
wasser zuegehört, fünf pfunt perner schadengelt verfahlen und zu bezahlen
schuldig sein.

Ittem, dem Schleidhof ist erlaubt und vergunt ain zimbliche 45
mitnüessung im Madullpach, nemblich also und sollicher gestalt, wann
der pach klain geth, so soll er ain zimbliches und geschmeidiges perk-
fürchel außkeren, so ver aber der pach groß geth, so mag er aber nach

größ und ville des wassers dester mer und rütlicher daraus keren und nemon.

Ittem, wellicher seine gaiß, kitz und dergleichen klain vich ainem andern über seine wisen oder ücker treibt, der soll umb drei kreizer ge-
5 strafft, und dasselb strafgelt durch den dorfmaister oder mair anstat der gemain, darin er seßhaft ist, eingezogen werden, und nichts dester minder demjenigen sein schaden, der ime mit dem trib beschehen ist, zu wider-kern schuldig sein.

Ittem, wellicher sein gaiß, aine oder mer, auf dem veld hietet oder
10 waidnet, der ist seiner gemain, darunter er gesessen ist, von ainem ieden tag sechs kreizer zu straff verfallen und dieselben dem mair oder dorf-maister daselbs zu erlegen schuldig.

Dergleichen, wo ainem ain schwein auf seinen güetern zu schaden geth, und der schadhaft dasselb gepfendt oder es sonst dem mair in der
15 gemain, darinen derjenig, dem das schwein zuegehört, seßhaft ist, anzaigt, so soll derselb mair den dasigen, deme das schwein zuegehörig ist, umb den schaden gann pfenten, und ist der schaden beim tag geschechen, soll er von ainem ieden schwein ain kreizer, wär er aber bei nacht beschechen, zwen kreizer pfantgelt verfallen sein, und on gnad von ime eingezogen
20 werden, und nichts dester weniger demjenigen, der das guet inne hat und paut, den schaden nach erkantnus gueter nachpern abzutragen schul-dig sein.

Ittem ain gans, die ainem zu schaden geth, soll beim tag umb ain kreizer und zu nachts auch umb ain kreizer gepfendt werden.

25 Ittem, wellich in der gemain roß und rinder haben, die fir den ge-mainen hirten zu treiben gehern, die sollen kost und lohn davon zu geben schuldig sein, und inen kaineswegs vergunnt oder gestatt werden, dasselb vich ausserhalb und neben der gemainen hert besunder an andern orten ze hieten. Wo aber ainer sein vich darüber besunder hieten laßt und es
30 nit fir den gemainen hirten treibt, derselb soll allwegen von ainem rint oder roß ain tag sechs kreizer paugelt verfallen, und nichts dester weniger dem gemainen herter von ainem iedlichen rint den gewondlichen gedingten lohn in massen, wie ander gemainsleut, zu geben schuldig sein.

Und wo also ain rint oder roß inn- oder außerhalb der gemainen
35 huet ainem auf seine güeter zu schaden geth, so soll derselb schaden auf des beger, dem das guet zuegehert, durch nachpern besichtigt und taxirt werden, und der dasig, dem das rint oder roß zuegehert, demjenigen, der das guet inne hat, den taxierten schaden on mitl abzutragen schuldig sein, und nichts dester weniger der gemain, darinn er gesessen ist, umb sein
40 überfarung, so nemblich der schaden ganz beim tag beschechen ist, sechs kreizer, aber wo er bei nacht beschechen, ain pfunt porner zur straff ver-fallen sein, und durch den mair oder dorfmaister in seiner gemain von ime eingezogen werden.

Ittem das perkvich hat recht, von miten märzen hin biß auf sanct
45 Jörgen tag auf den späten wisen zu geen und ze waidnen. Welcher perk-mann aber sein perkvich über iezt bestimbter zeit lenger darauf hieten und treiben wurde, der ist alweg von ainen ieden haubt vichs ain tag ain kreizer peen zu geben verfallen.

Ittem die Stäbner haben recht, ir vich von der pruggen hinauf unżt an die alt straß, und von der alten straß bis an Scheiblrain ze hieten und ze waidnen.

Mer haben die Stäbner gerechtigkait, ire gaiß durch das ganz jar lang hinauf in Haslach ze treiben und ze hieten, aber mit den schafen 5 haben si allain gerechtigkait, von miten maien unżt auf sanct Veits tag in das egemelt Haslach ze farn und ze waidnen.

Ittem die Tablander haben recht, mit irem vich herab biß an die alt lantstraß ze hieten und ze etzen.

Mer haben die Tablander gerechtigkait, ire gaiß und schaf von sanct 10 Marteins tag biß auf den lengs über Stäbner späte wisen auf den Sunnenperg ob Staben ze treiben und ze hieten.

Ittem die Höfer allsamentlich haben kain recht, tail oder mitnüessung in der gemainen waide, auf den ängern und früewiesen, darinnen die Tablander mit irem vich zu waidnen und zu etzen haben, und sein der waide 15 in denselben früeängern von den Tablandern außgeschloßen.

Weiter haben die Tablander und die eegemelten Höfer alle gar mit einander gerechtigkait, ir vich auf die gemain, die da gelegen ist zwischen dem Maditschwege und des Wezls güeter, gar hinauff in das Haslach ze treiben und ze waidnen. 20

Auch so haben die Höfer insonders gerechtigkait, ihr vich über den weg, der zwischen dem Ragay-anger und des Wezls großen anger gen Kellder get, auf die spüten wisen ze treiben, ze hieten und ze waidnen.

Ittem dem Widenhof zu Tablant ist gerechtigkait geben und vergunt, mit den Tablandern auf iren pofl und spüten wisen alweg ain par 25 oxen firzukern, aber seiner küe und rinder halben ist ime die wahl gelassen, dieselben fir den gemainen hirten ze treiben oder besunder durch seinen aignen hirten ze hieten. Treibt er aber sein vich fir den gemainen hirten, so ist er schuldig, speis und lohn, wie anderer in der gemain, davon zu geben und außzerichten. Laßt er aber sein vich durch ain aignen 30 hierten besunder von der gemainen hert hieten, so ist er der waide in den eingezeunten ängern, umb das dorf Tablant gelegen, beraubt und außgeschloßen und hat darein ze waidnen kain recht. Dargegen sein ime seine änger, so er bei dem Widemhof ligen hat, auch seine spätwisen mit der waide und etzung von der gemainde auch befridet, und soll ime mit der 35 gemainen hert der nachperschaft zu Tablant nit darein gehüet oder getriben werden. Wann aber gemelter Widmair also vor angezaigts sein vich, als küe und rinder, für den gemainen hirten treibt, auch kost und lohn davon gibt, so hat er damit an allen orten fueg und recht, zu waidnen und zu etzen, dahin die Tablander ze waidnen und ze hieten haben, 40 doch so ver es ime von den andern üeßern gemainden, mit denen die Tablander außerhalb irer gemainen ze waidnen haben, vergunt und bewilligt wirdet. Entgegen so haben die Tablander alsdann auch recht, mit ihren küen in sein spätewis, genant der Widenanger, und in dem obern anger, ob dem haus gelegen, ze hieten und ze waidnen. Aber der oxenpofl ist im 45 in alweg gefreit, veraignet und vorbehalten, denselben mit seinen aigen vich allain zu nüessen, und zu sanct Jergen tag sollen dem Widenhof die spüten und früewisen befridt, und nit mer darin gehiet werden.

Ittem, welliche nachpern in den zwaien communen Staben und Tab-
lant sambt iren mitverwonten die hienach benanten spüten wisen, so im
jar nit mer dann einmahl gemehet werden, innehaben, besitzen und
nücssen, als nemblich Gotfrids mülwis, Pergers lehenwis, Mareiners wis,
5 so unter dem Haslach ligt, Haslers lehenwis und Raggoirs hinterwis,
dieselben sollen ir vich am lengs ain ieder des morgens am ersten in seine
aigne spüte wisen treiben, und dieselben außetzen lassen und darnach
mügen si auf die andern gemainen spüten wisen treiben und waidnen.
Doch sollen sie alweg acht tag vor miten maien ab derselben Stäbner und
10 Tablander gemainden spüte wisen widerumben abtreiben und abfaren.

Ittem die Präschdelwis soll acht tag vor miten maien befridet wer-
den und acht tag vor sanct Laurenzen tag widerumben geöffnet und auf-
gethan, und alsdann mügen die oxen darin getriben werden.

Ittem auf Geyder alb haben allain die dorfleut zu Tablant die zwai
15 thail und die zwen mair zu Staben den driten tail albgerechtigkait, und
die Höfer mitsambt den perkleuten sein von den dorfleuten zu Tablant
in den zwaien thailen, und die Stabner von den zwen mairn in ihren
driten thail der mitnüessung hindann geschiden, abgesöndert und außge-
schlossen. Doch so sein die Tablander und die zwen mair entgegen schul-
20 dig, wann si ainicherlai frembd vich, vil oder wenig, über ihr aigen vich
einnemen und älben wellen, daß si sollches iren negsten nachpern, so in
irer gemain seßhaft sein und kain albrecht haben, anzuzaigen und ze
wissen ze thun, und welicher sein vich in der gemain zu älmb[en] willens
ist, so sollen si zu merer freuntschaft und ainigkait desselben nachpern
25 viche vor dem fremden einnemen, und die nachpern in der gemain mit der
außker und albfort vor den frembden den billichen vorgang haben.

Ferer ist ersonnen, daß niemand kain holz, das noch in saft ist, von
sanct Veits tag bis auf des heiligen kreiz tag durch die risen, so von
Valkesor herab zusamen komen, treiben soll, darmit die alb auf Geidt,
30 auch die steig und weg darzue nit zerrissen, zerprochen und hingelänt
werden. Und wo aber ainer oder mer in solicher bestimbter gefridten zeit
ainich holz herab treiben und ainem dadurch ain schaden an leib oder
guet widerfarn wurd, so soll er demselben beschüdigten sein schaden, nach-
dem er gestalt ist, nach erkantnus der gerichtsherrschaft oder sonst gueter
35 nachpaurn abzutragen

(Blatt 15)

schuldig sein, darzu . . . .
des schadens alwegen . . . .
holz, so hergetriben ist . . . .
gelt zu geben verfa . . . .
40 die gemain zu Tablant . . . .
die zwen mair zu . . . .
heben sollen. Ob auch . . . .
steg und weg zerrissen . . . .
den, so soll er die auf sein. . . . .
45 derumben aufzupauen und in . . . .
zu machen schuldig sein, den aufgetragen . . . .
pan unvergriffen.

Ittem, wellicher ain pa . . . .
verwiestet, der zu . . . .
merkt, der ist . . . .
inn bezaichnet, gen . . . .
fünf pfunt perner 5
on ungnad oder nachsicht . . . .
dert und eingezogen . . . .
    Ittem wellicher nachper . . . .
gibt, verkauft oder . . . .
gemain, darinn 10
ist, alweg von ieden . . . .
perner pan verfallen . . . .
    Ittem die riß, so zwischen . . . .
thann herab geth, die . . . .
Oallen tag biß auf 15

(Blatt 15 b)

. . . . und darnach kain grös-
. . . . gerüst und getriben werden
. . . . an der hand ziechen mag.
. . . . riß und die Spelriß sollen
. . . . das ganz jar offen steen. 20
. . . . wegen des wassers, so dem Langstrein
. . . . ist dermaßen mit gehandelt,
. . . . daß derselb hof oder der
. . . . .inhaber egemelts wasser, so er hat
. . . . .aus der gemain oder nachporschaft nie- 25
. . . . mand fremden hindan verkaufen ver-
. . . . setzen und verlassen soll.
. . . . abgesezter dorf-
. . . . ieden gerichtsmann
. . . . jen gemainen Staben und 30
. . . . gesessen oder wonhaft ist, vor
. . . . er dem andern in obge-
. . . . .uberfuer oder schaden zuo-
. . . . daß er überfaren oder
. . . . gegenthail umb das, so er 35
. . . . tan hat, nach sag und außwei-
. . . . oder aber vor dem ge-
. . . . .richt zu Castlbell beklagen
. . . . rechtfertigen mag. Es
. . . . vorgenomne ordnung, ob 40
. . . . .in ainem oder mer über-
. . . . de, obgemelter gerichts-
. . . . straff und pueß gegen

(Blatt 16 a)

denselben zu ers . . . .
unvergriffen sein. . . . .
     Ittem so ist auch hierin . . . .
gedachte baide nachperschaft. . . . .
5 en mitverwonten. . . . .
ainhelligen rath wid . . . .
ieder zeit, wann er in . . . .
stern meren und verker. . . . .
     Nach eröffnung aller . . . .
10 haben mer gemelte . . . .
und Tablant auch . . . .
leut, so mit ihnen ver. . . . .
obberierts verlieb . . . .
all ainhelliglich . . . .
15 auch also getreu . . . .
ander zu gleben . . . .
sprechern offentlich. . . . .
zuegesagt. Darauf . . . .
libell auf der con . . . .
20 glaubwirdig verfert . . . .
zu Staben an sanct Peter . . . .
ligen zwölf botten tag. . . . .
nach Christi, unsers . . . .
zechenhundert, und. . . . .
25 zigisten.
     Solliches. . . . .
driter. . . . .

(Blatt 16 b)

. . . . schreibern alhir glaub
. . . . .abschreiben lassen, auch
30 . . . . .punkten durch ausge-
. . . . und befunden und
. . . . urkunt, auf deren im
. . . . neuen incorperierten
. . . . th begern u. gelaister sigl
35 . . . . ambts und obrigkait hal-
. . . . eigen insigel (doch dem ambt,
. . . . .erben und insigl ohne schaden,
. . . . getruckt, volgents daß
. . . . .ül der verliebung
40 . . . . gotshaus

. . . . .antwortet. Beschehen
. . . . monats mai nach der
. . . . .geburt unsers lieben herrn

. . . . .und seeligmachers Jesu Cristi
. . . . hundert ain und zwainzigisten
S.) jahr.
. . . . mir vorgebrachten mit
. . . . unverlezten vidmus in 5
. . . . zu wort gleichlautend
. . . . glauben, dessen mein
. . . . petschaft alda unter
. . . . ter Gruber
. . . . loster gerichtsschreiber 10
. . . . im Schnals.

--- --- ---

II.

Papierhds. v. J. 1665. Fol. 4 Bl. im Gemeindearchiv zu Staben.

Actum den zwainzigisten tag januäri sechzöhenhundert fünfundsech-
zig haben die firnemben und ersamen Geörg Gürber, Götfrieder, Anthoni
Hell, Hueber zu Tschars, als innhaber des Schintmerguets und Hueben
zu Tablant, Hanns Güßerer, Spöller, Blüsi Güßerer, Lerhner an Ort, und 15
Michael Gärber, mössmer, dise alle zu Tablant, ittem Geörg Prinster,
Steich, erbstantswirth zu Staben, und Taman Ladurner, Pruner daselbs,
als von der gmain meirhöf Tablant und Staben hierzue geordent und auß-
geschoßne, willen der hant- und tagwercher, auch andern imwohnern,
wie es hinfiran mit den selbnen zu erhaltung gueter policei und ordnung 20
auf firkomung der forhero gebrauchten umbgleichheit solch volgente saz-
und ordnung, doch auf rätification und verwilligung der gnedigen grichts-
herschafft zu Castlbell, gemacht und aufgesezt, wie zu vernemen:
Seitemall firs erst durch die hant- und tagwercher vorher ain große
anzähl von gaiß- und schafvich gehalten, wardurch nit alain zimlich 25
großer sohaden in den gietern geschöchen, sondern auch die waidnei und
laupnus starch außgeözt und ausgeedet worden, damit aber solliches
vermiten bleibe, und hierdurch ain pößere gleichheit gehalten werde, ist
entlich beschlossen worden, das hinfiran ain ieden hant- oder tagwercher
merer nit, dann vier oder fünf häbt schaf und gaiß fir- und aufzutreiben 30
verwilligt.
Dritens ainer witiben, wöliche mit klainen kindern vorgesehen,
zwai häbt, und ainer lödigen stants persohn nichts zuegelaßen sein darf,
aber da solche persohn sich in ziemlichen armuet befunden wurde, das-
selbige auß barmherzig-, und auß keiner schuldigkeit mit etwas nach 35
guetachten der gmainsvorsteere bedacht und angesöchen werden solle.
Neben deme wirdet firs vierte fir ain häbt merers nit, dann dreißig
gmaine schüpp zu machen vergundt.
Und weilen dann finftens den hant- und tagwerchern anno finfund-
funfzig durch dise drei gmainschaften ainiches laup vor Bartolomei zu 40
machen alles ernst verpoten worden, als hats disfals annoch sein bewenden.

Und obwollen, söchstens, sich etwöliche hant- und tagwercher wider
allen fueg und sa[tz] prigl und schintlholz zu machen underfangen, wann
aber solliches alt herkomen zuwider, also ist es hinfiran genzlichen ver-
boten.

5   So hat es auch firs sibente wögen des prennholz bei der neuauf-
gerichten waldordnung und derselben eingefierten punkten genzlichen zu
verbleiben, nemblichen, daß aim ieden merer nit, dann söchs fueder zu
schlagen vergunt sein solle.

So aber firs ochte ainer oder der ander under den hant- oder tag-
10 werchern ainiches prennholz in dise drei gmainschaften verkaufen wurde,
so soll derselbo ain dürrs fueder per zwainzig kreizer, ain griens aber per
funfzöchen kreizer zu göben schuldig sein.

So solle auch zum nointen ain ieder tagwercher von Martini an biß
auf Georgi, was gemaine tagwerch sein, darunder auch das dreschen ge-
15 maint, umb vier kreizer zu arboiten, item refen, misten und holzen umb
finf kreizer, dann somerszcit umb zöchen kreizer zu schneiden, so aber
alles in des puren speis zu versten ist, obligiert.

Wie nit weniger sie tagwercher, firs zöchent, schuldig und verbun-
den sein, alwo si sich mit hörbrig befinden, die arbeit auch an gnetigisten
20 vorkombt und obhanden ist, ohne vorwissen und willen derselben gmain
an kain andern ort sich zu versprechen oder in der arbeit zu verdingen.

So dann erfordert firs aindlifte die höchst notturft, daß in ieder
gmainschaft ain inspektor und aufsecher verordent werde, auf daß ain ieder
hofherr auf seine ingehoissen und auf deren kinder sein fleissige obsicht
25 trage, damit dieselben an sunt- und feirtag die heilige möß zu hörrn nit
underlaßen, durch inen auch ainiche übertrütung an fluechen, schwören und
andern gotteslüsterungen zuwider der aufgesezten ordnung nit geschöche,
und da ainer oder anderer wider alles versöchen durch den inspektor oder
aufsöcher ordabtet wurde, alsdann der hofherr sowoll, als der überdrüter
30 umb zwölf kreizer gestraft werden solle.

Schließlichen und zum zwölften sollen sich die hand- und tagwercher
zu allen begöbenden aufpoten, musterungen und dergleichen umbver-
waigerlichen, doch gleichwoll gögen erstatung der gebir, allermaßen es an
andern orten observiort wirdet, gebrauchen laßen, und da ain oder anderer
35 sich dössen wider versöchen verwaigern wurde, daß sich derselbe der
gmain, darinnen er wohnt, alspolten bemießige und ausgeschaffen werde.

Im überigen es bei dem dits orts verhantnen dorfbuech, wie auch
bei der am söchsten märti sechszöhenhundert ainunddreissig in disem
gricht Castlbell aufgerichten satz- und ordnung und daselbs eingefierten
40 punkten genzlichen und ohne unterschid zu verbleiben haben solle.

Den drei und zwainzigisten februäri sechszöhenhundert söchsund-
sechszig ist dise ordnung durch iro gnaden herrn herrn Johann Jacoben
Hendl, frei- und grichtsherrn der herrschaft Castlbell, ratificiert und guet
geheissen, gstalten auch dise ordnung under wolgemelt iro gnaden insigl
45 auszuschreiben begert worden.

Und des zu waren urkunt haben erst woll besagt iro gnaden herrn
Johan Jacob Hendl, frei- und grichtsherr etz., dero angebornen freiherr-
lichen erbinsigl, doch daran anderwerts umbschüdlich, hiefir gestölt und

damit dise ordnung den drei gmainsinteressenten umb gebirlichen pfenig
verförtigt und bekröftigter behendigon lassen.

Actum ut supra.

29. Chur.*)

Altes Copialbuch des 16. Jahrhunderts. Fol. 287 Bl. im Besitze des Grafen Oswald v. Trapp in Innsbruck, aus dem Archiv des Schlosses Churburg in Vinstgau. Dieses Weisthum auf Fol. 204—206.

Freihaiten und alt herkomen, so das stift und gotzhaus zu
Chur hat.   5

Vermerkt die freihait und alt herkomen, so das stift und gotzhaus
zu Chur hat, wan [1]) man sprûchûs hat.

1. Item und die soll man haben zwirent im jar, ain mall im jenner,
und das ander mall im maien, und auf die sprûchûs soll dann des gotzhaus
gerechtigkait gelesen und vermeldt werden.   10

2. Item, da soll der diaun des ersten bieten die Schlandersperger
bei dem vizthumb.

3. Item, darnach soll der diaun bieten den gotzhausleuten von
Spescha biß hinab ob Schkala, was in dem ravier ist, und da soll allen gotz-
hausleuten botten werden, das [2]) ain ieder die drei tag da sein soll, und 15
wellicher die drei tag nit alltag da wür, so ist er ain ieden tag ain pfunt
perner, und der hauptman mag dieselb peen einnemen.

4. Item, auch auf die sprûchûs soll der Schlandersperger da selbs
dritter geharnest und gewaffnet sein, und ob er nit selbs da mag sein, so
soll er drei guet vernunftig man da geharnest und gewaffnet haben, die 20
auch mit rat geben und andern auch das recht zu schirmen nutzparlichen
sint. Auch sollen dieselben mit ainem in rat geen, wer ir dann begert, es
sei der klager oder der antwurter. Auch soll der Schlandersperger ains
thuen, wo er innen wurd, das ain gotzhausmann hinab under Stadlrain
ziechen wolt, soll er auf Schludernser prucken steen und da warten, wan 25
derselb kumpt, und so er dann kumpt, so soll er in fragen, ob er ain gotz-
hausmann sei oder nit? Spricht er dann, er sei ain gotzhausmann, so soll
im der Schlandersperger drei kreizer geben zu ainem wartzaichen, wann
er wider herauf zug, das er dem gotzhaus widerumb dienen well, wie vor.

5. Item mer soll der Schlandersperger, wann ain gotzhausmann ge- 30
fangen wurd, und er so arm wurd, das er sich mit seinem gut auß der

---

*) *Die Bischöfe von Chur hatten seit 880, in welchem Jahre sie das Frauen-
kloster Münster erworben, weltliche Herrschaftsrechte im Vinstgau, von dem ein
Theil schon zu den Fundationsgütern dieses Klosters gehörte, viel andere Güter
und Leute im Laufe der Zeit dazu gewonnen wurden. Ueber die „Gotteshausleute"
im Vinstgau und Münsterthal übte der Bischof von Chur volle Jurisdiction aus,
nicht ohne bei der zerstreuten Lage der Besitzungen in vielfachen Streit mit den
Grafen von Tirol und anderen Grundherren des Vinstgaues zu gerathen, bis end-
lich im J. 1665 die Gerichtsherrlichkeit des Bischofs von Chur über die Gottes-
hausleute in den Gerichtsbezirken Nauders, Glurns, Mals und Schlanders aufge-
hoben und den Landesherren von Tirol zugesprochen wurde.*
   [1]) man *hs.* [2]) da *hs.*

gefangnus nit bringen mag, so soll im der Schlandersperger gehilflich sein, damit er auß der gefengnus kum. Wo aber das nit sein mag, so soll er hilflich sein, damit im das recht ergee.

6. Auch ob ain unainigknit zwischen dem haus von Osterreich und
5 dem stift wür, so soll der Schlandersperger damit und darob auch gehilflich sein, damit die unainigkait abgestelt und in ainigkait gekert werde.

7. Item dann mer auf die sprüchâs soll richter und geschworner ledig sein und da soll der hauptmann selbs mit dem stab sitzen, doch will er ain andern an seiner stat setzen, das mag er thun, und darnach soll
10 und mag er ain richter mit rat setzen.

8. Item darnach soll der hauptman sambt den richter und dienstleuten, oder wen er zu im nimbt, das recht mit rechtsprechern und rednern besetzen.

Item auch sollen die dienstleut da sein und wellicher ir begert in
15 rat oder andern, es sei das recht, klager oder antwurter.

9. Item auch auf die drei täg soll der Mylenz- und Cordani-hof ieder ain redner auf ir kostung und zerung da haben.

10. Item, wann ainer mit dem andern rechtet, so soll der antwurter auf den ersten tag antwurt geben, ausgenomen, wo den antwurter gotz-
20 gewalt irret. Wo aber der antwurter auf den ersten tag nit antwurt geben wolt und in gotzgwalt oder herrenpott nit irret, so soll der klager auf den andern tag in nutz und gewoer gesetzt werden nach laut seiner klag.

11. Item auch mag der richter umb kuntschaften und gerschaften selbs dritter sitzen.

25 12. Und wann ainer rechtet und kuntschaft nimbt, so mag er ins gerichts puch schreiben laßen, bis das recht für ist, begert er dann der kuntschaften von stund an geschriben und besiglt, so soll man imbs geben.

13. Item, wan die dienstleut ains rechtsprechers notturftig sint, so
30 sollen die rechtsprecher inen gehorsam sein, desgleichen, wann die rechtsprecher vor dem gotzhausstab der dienstleut bedürfen, so sollen si auch gehorsam sein.

14. Auch wann der richter mit dem stab sitzt umb gerschaft und kain anderen handlen, so soll er gerichts kostung sex kreizer nemen, wo
35 er aber umb andere sachen mit dem stab süße und ain gerschaft zu besteten in dem für in küme, soll er gerichts kostung von ainem nit mer als ain mas wein nemen oder zwo, wie dann die sach ain gestalt hat.

15. Item, wann ainer ain recht fuert, in wellichen sachen das ist, so hat ain richter von ainer ieden klag sex kreizer, und wann er ainem
40 den aid gibt, vier kreizer, ain rechtsprecher drei kreizer und ain redner vier kreizer und der diaun die kost und sein las, wie von alter her komen ist, und wann er des gotzhaus recht peut, zwen kreizer.

16. Item dem diaun, wann er ain pfendt oder peut zum rechten, soll man im geben im dorf Mals ain kreizer, darnach, wo er peut im ge-
45 richt Glurns, in welichem dorfe das ist, ist sein lon vom ersten pot ij kr., vom andern i kreizer, was aber außerhalb Glurnser gericht ist, mag er sein lon nemen, wie von alter, und der ursach halb, das das gericht weit ist, so mag er ain potten anstellen mit wißen und willen des richters und

der gschwornen, und wo er denselben potten schikgt an seiner stat und
was er dann handelt, so soll man im in aller maß glauben, als hiets der
diaun selbs gehandlet.

17. Item, auf die drei tag gibt der pfarrer zwai mal, und der Kor-
dani-hof zwai mal, und zu denen malen mag der hauptman auf Fürsten- 5
burg geen selbs dritter, der Schlandersperger selb dritter, der richter und
diaun, der richter soll zu allen malen zwen oder drei rechtsprecher zu im
laden und soll alweg abwechslen.

18. Item, wann ain gotzhausmann dem andern schuldig ist, so mag
er in auf die sprůchůs für recht nemen, doch das er in die schuld des ersten 10
anvordere und dann auf in klage, dann ist er gerichts kostung schuldig
anderhalben kreizer.

Und wann ain gotzhausmann ainem herrschaftsmann schuldig ist,
so soll im der herrschaftsmann mit dem diaunen zu haus und zu hof geen,
und in pfant und pfennig anvordern und darnach auch auf die sprůchůs 15
auf in klagen und da ist der herrschaftman gerichtskostung schuldig
dritthalben kreizer.

19. Und ob ain klager auf den ersten und andern tag nit fürkomen
möcht, so mag er auf dritten tag fürkomen, so ist es in aller maß als auf
den ersten und andern tag. 20

20. Item, wann ain gast - kuntschaft oder sunst ain ander recht
außerhalb landsrecht ist, so ist man dem redner ain tag schuldig sex kreizer
und die kost von ainer ieden klag.

21. Item, wann ainer kuntschaft nimbt, wann man sprůchůs hat,
so soll ain iedlicher von zwaien kuntschaften geben gerichtskostung drei 25
kreizer und soll die kuntschaftleut mit dem diaunen uber recht pieten
laßen.

22. Auch wann ainer kuntschaft nemen will, so soll er alweg den
widertail durch den diaunen zu den kuntschaften wißen laßen.

23. Auch wann ainer rechten will, soll er zu ainem wirt geen, wo 30
er will in Mals, und daselbst umb die kostung verpurgen, wo das recht
ain benuegen hat.

24. Item, wann ain geschworner des rechtens zum rechten potten
wurd und er nit gehorsam wär und das durch ine das recht nit ain für-
gang hat, so soll er oder mer rechtsprecher, die nit gehorsam waren, die- 35
selbigen kostung abtragen, und ob schon das recht ain fürgang hette, soll
er oder dieselben für die ungehorsamkait gestrafft werden umb ain pfunt
perner, und die soll halbe der hauptmann und die ander halb der vogt
einnemen.

25. Auch wann ainer vor dem richter unzimbliche wort rette, die 40
nit zum rechten gehören, so soll der richter mit demselbigen schaffen, das
er red, was zum rechten gehört; wo aber ainer dasselbig gepot iberfuer, so
mag in der richter angreifen und gen Fürstenburg fueren.

26. Wan ainer kuntschaft gibt, so ist man im davon zu geben
schuldig iij kreizer. 45

30. Münsterthaler Civil- und Criminalstatuten,

ddo. 17. Mai 1427.

Aus dem bischöfl. Archiv zu Chur. Abgedruckt bei Foffa, das bündnerische Münsterthal, eine historische Skizze nebst einem Anhang von Urkunden. Chur 1864, p. 95—120.

Ich Janutt Carl de Balkun ault, oder von Hohenbalken ze tütsch
genannt, gesessen ze Tufers, zu den zîten richter in dem Münstertal, be-
kenn und tuon kund offenlichen, daz ich an stat meines hochwirdigen
gnüdigen herrn herrn Johannsen, bischove ze Chur, ze Münster an dem
5 platz zuo der landsprachen ze gericht sessen bin mit all aidswerer und
mit allen denen, die zu der landsprachen gehörend. Als han ich obge-
nannter richter den aidswerer gemant un uf iren aid zuogefraget und ge-
forschet, landsrechten ze derfinden un ze öffnen, alz von alter herkommen
ist. Also haben die aidswerer mit rat vil frummer erber lüt, die darpei un
10 damit un in irens rat gewesend sind, un besunder die mit namen hernach
geschriben sind, un daruf uf iren aid derfunden un ertailt habent, es sei
inn und inn von alter herkommen in aller der mas, als es hie hernach ge-
schriben stat.

Item am ersten ist es ze wissen, daz das gotzhus von Chur in dem
15 Phinsgöw fier gericht hat. Item daz erst daz ist in dem Münstertal herein,
dishalb daz crütz ob Puntfeil, daz ist das hochgericht; item daz ander daz
ist ze Fürstenburg zwüschent der thoren; item daz dritt daz ist ze Mals;
item daz fiert daz ist under Scala untz gen Stadelrain oder zuo dem
Schlumbach. Item und dieselben gotzhuslüt, die under Scala gesessen sind,
20 die gehören heruf in daz Münstertal zu unserm comun mit stür und mit
zerung un mit allen diensten un sachen, die uns von des gotzhus wegen
zuo gepürt ze tuon. Item über des gotzhus von Chur lüt, die in der her-
schaft von Oesterrich land, grund un poden gesessen sind, hat ain her-
schaft von Oesterrich darüber weder über leib noch über gut, weder umb
25 erbschaft un urbar, noch um aigen, noch um dehainerlai sach wegen,
nichtz usgenommen, weder ze bieten, ze schicken noch ze schaffen, weder
mit recht, noch ân recht, den sunderlichen um malefiz un um frefel, un
nit ferer genötet werden.

Item alle verlegnus, die in der gemergkt von Puntault un von dem
30 Schercchg un gen Stadelrain oder Schlumbach hinder des gotzhus lüt ver-
legt söllen werden, es sei um urber oder um aigen, es sei um ligents oder
faruntz, es sei ain gast oder ain landzman oder iemant anders, daz soll
man mit ainz gotzhus von Chur tägen oder fronpott tuon, un daz soll
under des gotzhus von Chur gericht und stab berechtet werden an dem
35 end, do es hingehört, un nit ferer.

Item alle die güter, es sei urber oder aigen, die in des egenennt ge-
mergkt ligen sind, die hinder des gotzhus von Chur lüt sind inne habend
oder in gewer sind, die söllen under des gotzhus von Chur gericht un stab
berechtet werden an dem end, do es hin gehört, und weller zuospruch oder
40 ansprach darzuo vermainte zu haben, der sol an dem end mit recht
suochen, alz obgeschriben stat, und nit ferer.

Item alle lehen oder coloneien, die ainem herren von Chur zuo ge-
hörent, daz soll zu Fürstenburg zwüschen den thoren berechtet werden,
und nit ferer.

Item die güter, die in den maierhof zu Rivair gehörent, dieselben
söllen ze Tufers für einen probst ze Fürstenburg und für die coloneien 5
berechtet werden, un nit ferer, un daselbs sol man kaine urtail gen hof
nit dingen.

Item, weller ze Münster und ze Fürstenburg zwischen thoren und
ze Mals und under Scala ain urtail zu rechter zît gen hof für ainen herrn
von Chur ding, der mag es nach dem landsrechten führen, und nit ferer, 10
an dem und do ain herr in dem bistum ist, und nit ferer, in acht tagen
sol es geschriben werden, darnach in fierzehen tagen sol es follfürt wer-
den, und darnach zuo des rechten erkanntnus, es sie um ligent oder um
varentz und um all sach, usgenommen um malefiz und um freffel, des
enmag[1] man kain urtail gen hof nit dingen. 15

Item, weller gotzhusmann ain dem andren recht püt oder recht
fordret userhalb des gotzhus von Chur gericht, in frömden gericht, in der
herrschaft von Oesterrich gericht oder anderswo, es sei um erbschaft, um
urber, um ligents oder um varentz, oder um dehainerlei sach wegen, us-
genommen um malefizi oder um frefel oder um lehenschaft, das ainer 20
herschaft zuogehört, derselb ist ainem herrn von Chur fünfzig lib. ver-
fallen on gnad.

Item ist zu wissen, daz inn und inn von alter her kommen ist,
welle gotzhusfrow under der freien lüt sich verheiret, derselben kind die
söllen dem gotzhus von Chur nachziehen, und nit der herschaft von Oeste- 25
rich, noch der frîen; sus anderthalb ziehen, die eekinder sint, dem vatter
nach, und nit der muter.

Item all ledig kind, die ziehent der muoter nach, und nit dem
vatter.

Item all die, die von Burms oder durch Burmser gebiet her oder 30
über Saldier, old über dem Scarl, oder über Martinspruk her im land
ziehent, er sî, von wann er well, der sich hie im land nider lad ent-
zwüschen das egenannt gemerchgt von Puntault und von dem Scherchg
untz gen Stadelrain oder den Schlumbach, dieselben söllen dem gotzhus
von Chur nachziehen und recht gotzhuslüt sîn. 35

Item und all, die von Meran her uf oder durch das Finstermünz
herin komment und sich in das egenannt gemergt untz gen Puntault oder
in dem Münstertal sich nider lad, der soll der herschaft von Oesterrich
nach ziehen.

Item es ist ze wissen, daß sant Johanns closter ze Münster einem 40
herrn von Chur in gaistlichen und in weltlichen sachen zuo gehört, und
alle, die des egenantz closter zuo gehörent, si seien gesessen im Engadin
oder im land, wo si wellen dißhalb Stadelrain oder Schlumbach, dieselben
söllen ainem herrn von Chur mit allen sachen undertänig und gehorsam
sin, als ander gotzhuslüt, un söllent mit leib un mit gut un mit allen 45
sachen mit des gotzhus von Chur lüt dienen, un in allen den rechten un

---

[1] daz ermag *F.*

froihaiten sein, als ander gotzhus von Chur lüt rocht im land hand, als
obgeschriben stat.

Item, es ist ze wissen, daz von dem crütz ob Puntfeil herein berg
und tal ist ains gotzhus von Chur grunt und poden, un in daz gericht sol
5 nit me, denn nur ain richter sein, un ain herr von Chur un daz comun
im Münsterthall söllen da ain richter erwellen un setzen gemainklichon
mit ainem rat, un derselb richter hat gewalt ze richten über all, die in
dem gericht gesessen sind, es sie um leib oder um gut, um malefizi und
um frefel, um urber und um aigen, um ligents und um varentz und um
10 all sach, usgenommen über der herschaft von Oesterich lüt hat ain richter
nichts darmit ze schaffen, denn was um malefizi und um frevel anberürt,
und nit ferer, ze behalten die banten von Balkun ault, oder von Hohen-
balken ze tütsch genannt, iren freihaiten, über denen hat ain richter
nichtz ze bieten, noch ze schaffen, dann was um malefizi anberürt, un nit
15 anders, um frefel und um all andere sachen hat ain herr von Chur über
inen ze bieten un ze schaffen, un niemant anders.

Item all frefel und pen, die da fallent und geschehent, daz gehört
ainem herrn von Chur zu.

Item, was frevel von V *d* und darunter ist, gehört ainem richter
20 zue, und was über V *d* ist, daz gehört ainem herrn von Chur zu, und ain
richter hat nichtz darum ze schaffen.

Item, es ist ze wissen, waz landzrecht ist um malefizi und um frefel.

Item ain richter an ains heren stat; an stat ains heren sol ain
ander an siner stat sizzen und sol selber clagen und daz clag mit rat
25 denen, die den schaden empfahen habent oder geclagt habent, füren und
sol die zerung von dem frefel nümmen und bezallen.

Item, und ob der richter des inne wurd, daz ain frefel oder ain un-
zucht im gericht beschehen würe, und daz old niemant clagen wolt, so sol
ain richter den um daz ungestraft nit lassen, un sol daz für recht nämmen
30 und mit recht und mit urtail strafen lassen, domit daz dem rechte genug
beschech, und daz ieglicher büdermann beschürmet wird zu recht.

Es ist ze wissen, was landzrecht ist, besunders um malefizi.

Item um malefizi soll man sizzen ze Münster under daz closter inn-
halb des pächli und sollen darzu gepotten werden allü, die von rechts
35 wegen darzu gehörent.

Item am ersten die lehenherren, die von lehenschaft rechts wegen
darzu gehörent. Item am ersten ain freier richter ze Glurns an stat aines
fürsten des landz. Item ain anwalt der herren von Mätsch von Churburg
wegen. Item und ain Liechtenberger oder wer Liechtenberg inne hat.
40 Item ain fizthum sol selbs darpei sein und sol fier knecht ze ross da haben,
die uf der strassen, die weil man sizzet, söllent reiten, daz gericht ze be-
schirmen und zu bewaren, und all in ire cost und zerung. Item darnach
all die, die im gericht gesessen sind, und all gotzhuslüt, die in Tuferser
pfarr gesessen sind, die söllent all dann zu gepotten werden pei ainer pen
45 8 *d*. Item aine üptissin und daz cunvent zu Münster soll pänke da dar
richten und pölster dar leihen nach notturft, daz die richter selb dritter
und die aidswerer daruf sitzen mügen, und soll die egenannt üptissin und
daz convent fier wolgewapnet knächt da hinder die aidswerer stellen, daz

recht ze beschirmen, und soll die egenannt üptissin dies in irer cost und
zerung tun, und daz sol si tun von güter wegen, daz von ainem hern von
Chur und von dem gericht in daz egenannt closter geben sind, und haißent
die güter mit namen der Ofwainer güter, und darum söllen die fier waffen-
knecht die fier Ofwainer gehaißen sein. Worum? es ist vor alten zeiten 5
ain geschlecht gewesen, die selben habent die Ofwainer gehaißen und die-
selben habent daz ampt und die güter under handen gehabt, und dieselben
sind von ainer großen pestilentz mit dem tot abgegangen, daz kainer me
von dem geschlecht belaib, und darum sind die egenannten güter in daz
egenannt closter gegeben um des willen um ain behaltnus, daz die rechte 10
und freihaiten nit abgangen, wo daz egenannt closter von alter her ie und
ie ainem hern von Chur und des gotzhus von Chur mit allen rechten und
freihaiten zugehört hat; und wenn aine üptissin und das convent daz nit
tun wöltent, als hie ob geschriben stat, so soll und mag ain herr von Chur
die güter zu seinen handen nämmen und daz selber lassen thun, als es ob- 15
geschriben stat, oder fürpaß verleihen um des willen, daz die rechte und
freihait nit abgang.

Item, und wenn daz alles zu geornet ist, als es obgeschriben stat,
so sol ain hoptmann von Fürstenburg an stat ains heren von Chur da sin
und sol daz stab in die hand nümen und sol mit der aidswerer rat ain 20
ander richter sezzon, und der selb sol an daz stab grifen, ain gemainer
richter ze sin, nach sinem gewissen und nach dem landzrechte recht zu
richten, und do sol er sizzen und richten, und die aidswerer söllen auch
an daz stab grifen pei dem aid, so si vor gesworen hand, nach irom ge-
wissen un nach dem landzrechte recht ze urtailen, un daz sol man tun 25
alz oft, und man um malefizi sizzet, und so nun daz alles beschehen ist,
so söllen dann die aidswerer sizzen und der richter richten mit hilf un rat
aines hoptmann von Fürstenburg, der an stat ains heren sol clagen un die
clag mit der früntschaft rat, die den schaden empfahen habent, folfüren,
und geschech, wie [2]) nach dem landzrecht daz recht sie. Item und weller 30
da gevangen und gebunden ist, der mag dem ancläger zusprechen un for-
sprechen von der hand nümen, oder ain ander, der da ist, er sî, wie er
well, edel oder unedel, niemant usgenommen, über wen ain her von Chur
über söllich sach ze bieten hat.

Item, ain her ist nit verbunden, niemant kain cost noch zerung ze 35
geben, denn dem richter selbdritt und den aidswerer und dem cläger und
dem zusprecher und forsprecher zu beidenthalb, es wär den sach, daz man
kundschaft bedürft, daz ainer gevangen da wäre, so muß man vii ver-
nünftig man da haben, die mit früntschaft und mit feintschaft und mit
all sachen unverwant seien, und die müssen sweren, daz sie vom demselben 40
gevangenen us sinem mund gehört haben, daz er ungenötet verjehen hab,
daz er die tat und unzucht getan hab und sich selbs schuldig geben hab,
denen mus man ouch die zerung geben.

Item um malefizi sol man iii tag nach enander sizzen un nit fürpass
täg weder geben noch nämmen. 45

---

[2]) wie] die *F.*

Item ainer, der von dem leben zu tot urtailt wird un hingericht wird, derselb ist nit me gutz verfallen, denn was von gerichts wegen durch seine willen verzert wierd zu des richters erkanntnus, un nit anders, wo derselb ist um die unzucht und schaden, daz er getan hat, gestraft worden
5 und mit seinen aigen leib gepützt hat; aber ainer, der mit dem leben darvon komt und mit urtail in die ampt gerüft wird, derselb ist ainem heren von Chur leib und gut verfallen uf gnad, un ain her sol den leib nit zu gnaden nümmen ân die früntschaft, die den schaden empfangen haben wellent, und begerent die früntschaft ain auchtbrief von gerichts wegen,
10 daz sol man inen geben und sol inen nit me costen, den der schriberlon und ain *ſſ* um den insigel.

Item, weller dem andern um unredliche sach frömmt ze vochen, der selb sol sich gegen demselben einstellen, und sol daz nach dem landzrechte uf in pringen, oder aber pusstraph für in halten.

15 Item, und weller dem andern in ainem zorn übel handlet und nit frum haißt, derselb mus für frummen lüte herkummen und mus zu in sprechen, was er übels geredt hab, daz sie in ainem zorn geschehen und sie im laid, und wüss kain poskait von im nit; und wil der aber daz nit tun, und wil daruf beleiben un ligen, so mus er nach dem landzrechte
20 daz uf in pringen, old aber pusstraph für in halten.

Item, weller ain unzucht getan hat, daz zu malefizi gehört und an den leib berürt, den selben sol ain richter zu sinen handen nemmen und sol in gen Fürstenburg füren, und sol da zu recht behalten werden, und sol im da an seinem leib ân urtail kain laid geschehen, und sol der wider
25 hiruf in disem gericht zu recht geantwurt werden und geschech denn alles daz, das recht ist.

Item und weller ain frefel getan hat, es sie, was es will, daz nit an den leib berüere, der sol nit gevangen ligen, ain richter sol burgschaft zu recht von im vordren, gît der burgschaft, so sol er in ledig lassen; will er
30 aber nit burgschaft geben oder filicht nit geben mag, so sol der gevangen ligen alz lang, untz daz er burgschaft zu recht gît.

Item, und wenn daz ainer ainen gewundet het, daz sorglich würe zu dem tot, so sol der alz lang gevangen ligen, untz daz man gesech, wie es ain gestalt gewerd, und daz der ander sicher zu dem leben sie, und sol
35 dann der richter burgschaft zu recht von in nümen un in ledig lassen, und sol ouch daz gut die weil zu gerichtz handen in stiller gewer sten.[3]

Item, und wenn ainer ain frefel verfallen ist, und um den frevel nit gut ze finden würe, oder ain richter im darum nit truwen wölt, so sol der selb burgschaft geben, um dem frefel genug ze thun, ist diz aber nit, so
40 mus der alz lang darum gevangen ligen, untz daz er genug um den frefel getan habe, un darum sol ainer nit ain frefel oder poskait tun, und sich des betrösten, weil daz er nichtz ze verlieren habe.

Item, und wenn ainer erstochen oder ze tot gewundet wurd, und daz der selb old nur ain wunden het, weller, der darpei und damit ge-
45 wesen ist, hilf oder stür darzu geben hat, der selb ist alz fil schuldig, alz derselb, der den schaden mit seiner hand getan hat.

---

[3] in filler gewersten *F.*

Item, und weller frund dem selben darvon hilft, daz der nit gevangen oder derstochen wurd, ist es sach, daz er sus der tat unschuldig ist, umb des willen, daz er dem selben darvon hilft, so ist er dem gericht nichtz verfallen, es wäre denn sach, daz ain richter oder iemant von gerichtz wegen da wäre, die richter anrüfte un denselben, der den schaden 5 getan, hier zu gerichtz handen nemmen wölt, weller denn dawider wäre, und dem selben wider rechtz darvon hulfi, der selbig ist fünfzig *ℓℓ* verfallen.

Item, wenn ain richter von gerichtz wegen not angieng oder not tät und gerichtz lüt ermanete un rechtz anrüefti, so sol man in gerichtz- 10 lüt zu recht peiständig sein, weller daz nit tüti, dem ist es kain pen uf gesezt, daz sol zu des rechtz erkantnus stan nach dem, und wie es ain gestalt hat, so geschech denn daz recht, sie aber weller darwider wäre, der selb ist fünfzig *ℓℓ* verfallen.

Item es ist ze wissen, was landzrecht ist um all frefel, usgenommen 15 die grosen unzucht, daz zu malefizi berürt.

Item, weller dem andern haist lügen, der ist xviii crüz. verfallen.

Item messer oder swert züchen, spieß oder ander waffen, es sie, waz es will, nidret oder ufhebt ze slahen, das ist alles xxvi crüz.

Item, weller ain stain uf hebt und nit würft, daz ist xxvi crüz., 20 würft er un trift nit, daz ist V *ℓℓ*, trift er aber, so sol man richten nach dem schaden.

Item, weller ain armbrust spannt, daz ist xviii crüz., legt er ain phil oder ain polz uf und nit schüst, daz ist X *ℓℓ*, schüst er un nit trift, daz ist fünfzig *ℓℓ*, trift er aber, so sol man richten nach dem schaden. 25

Item, weller dem andern mit ain fuust oder mit ain steken, oder mit waffen oder mit stain schlecht, daz ist, als oft ain straich, X *ℓℓ*.

Item macht ainer plutrünstig mit ain fuust, so ist er aber nit me, denn X *ℓℓ*, verfallen, macht aber ainer plutrünstig mit ain stain oder mit ain steken oder mit ain waffen, daz man die straich durch die hut gesech, 30 und daz old nit plut, daz ist ouch XXX *ℓℓ*.

Item kain pruch und kain schrot und waize wunden, daz ist alles fünfzig *ℓℓ*, alz oft ain wunden.

Item ieklicher sol freiung in sin hus haben und sicher sin ze rechten. 35

Item, weller ainem für sin hus got und in hier us ze velt ruft, der ist fünfzig *ℓℓ* verfallen.

Item, und weller ainem under sin tach oder inderhalb des tachstroph frefelte, der ist fünfzig *ℓℓ* verfallen, ân den frevel, den er da tut, daz sol man richten nach dem schaden. 40

Item, weller ainem in sinem hus von dem leben zu tot bringt, es sie nachtz oder pei schönem tag, daz ist ain mort, und sol alz ain mordrer berechtet werden, es wäre denn sach, daz der, der den schaden getan het, nach dem landzrecht weisen mööht, daz er sich het gemußt weren und daz der tot mit im angevangen hab, so ist es kain mort nit, und sol es den um 45 ain redliche sach brechtet werden.

Item, und weller ainem in sin hus still und haimlich und pei gerochen für gat, der selb ist zwöret fünfzig *ℓℓ* verfallen, wenn er hat

zwöret gefreflet, ains, daz er nachtz haimlich in sin hus gegangen ist, daz
ander, daz er darin gefreflet hat; ist es sach, daz er von truwen wegen in
ein gegangen ist, daz es rodliche sach sei, und wurd aber ainer darinn
begriffen, so sol man in ân recht nichtz tun, man möcht in wol zu recht
5 halten, oder aber ainem richter clagen, und sol zu gerichtz handen ge-
nommen werden, und sol in nach dem landzrechte zu gefraget werden,
wie er die sach begangen habe, und sol gestraft werden im mas, als ob-
geschriben stat.

Wann wir können weder durch frommer lüt rat, noch durch uns
10 selber nit erfinden, weller dem andren um ain söllich sach von dem leben
zu tot pringt, daz der selb von ainem gericht des leibes sicher ungestraft
sol, noch mög sein, es wäre denn sach, daz es in ainer finsternus gechlichen
und unwüssentlich zu gieng, daz der von dem hus den andren nit erchennt
het, und der selb sich nit het gewölt melden, geb er im denn in demselben
15 ainen stich oder ain straich un nit me, un geriet es ald zu tot, so sol es
denn dem selben, der den schaden getan hat, von ainem gericht ân scha-
den des leibs un ungestraft sein, aber doch alz ferr, daz er fünfzig *℔* ver-
fallen ist um don frefel, und mus iii jar us dem land stan, und in die iii
jare nit im land ze kummen ân ains heren von Chur und der früntschaft
20 willen, und alz oft und dik in der egenannt zeit er ân ains heren und der
früntschaft willen im land käme, so ist er fünfzig *℔* verfallen; und würe
es aber sach, daz es wissentlich mit gevert und mit vordachtem mut zu
ging, und daz man uf in gewartet het, oder daz man in wol erkennt het,
und daz man darüber ain schaden tüt ân recht, so ist denn der, der scha-
25 den getan hat, dem gericht verfallen und sol nach dem schaden gerichtet
und gestraft werden; wann man sölt ainem richter geclagt haben und in
mit ainem rechte strafen lassen, so werden die gestraft werden im mas,
als obgeschriben stat, wan es ist von got und von dem richter verpotten,
daz niemant sich selber sol rechen, iedermann sol recht von dem andern
30 nämmen, und tut ainer unrecht, so sol der ander recht tun, und tunt sie
aber baide unrecht, so söllent sie baide mit recht gestraft werden, und
wurd ainem sein vatter ermürt, so sol der dennocht recht von demselben
nämen, und tut er in ân recht, so sol und mus der mit recht gestraft
werden.

35 Item, als können wir pei unserm aid nit erfinden in dehainerlei
weis, weller den andren vom leben zu tot pringt, daz derselb von dem
rechte sicher, des libes ungestraft sol, noch müg sîn, denn allain in söl-
licher mas, ob es sach wäre und es sich derfunde, daz ainer um unver-
schulte sach angegriffen wurd, und daz der in söllichen nötten wäre, daz
40 er in dehainerlei weis nit überhaben, noch übertragen möchte sein, weder
mit fliche, noch guete red zu geben, und daz im kain richter, noch nie-
mant anders ze hilf möcht kömen, denn daz er sich selbs müst helfen und
weren oder sterben, brecht denn das in der selben ainer vom leben zu tot,
der selb sol denn billich von ainem gericht sicher und ungestraft des leibs
45 beleiben, wann derselb hat sich selbs gemust weren oder sterben, aber di-
nocht ist der selbig fünfzig *℔* verfallen um den frefel und mus ain jar us
dem land stan, und alz oft, wenn er in der egenannt zeit kömmt ân ains
heren und der früntschaft willen, so ist er fünfzig *℔* verfallen.

Item, weller ain dorf oder ain besunder hus, da lüt darinnen ge-
sessen sind, anzünti, der selbig sol ouch verprennt werden.

Item, weller ain stadel oder sus ain zimber- oder holtzwerch, da nie-
mant darinnen gesessen sie, daz kainem menschen an dem leib schad
möcht pringen, anzünti, der solb ist fünfzig ₰ verfallen, und hett der 5
nit als fil, daz er demselben seinen schaden ab möcht tragen, so mus der
alz lang gevangen ligen, untz daz er dem sein schaden abtrage.

Item, weller ain walt ân ainer ganzen gemain willen anzünti, der
selbig ist uch fünfzig ₰ verfallen, und het der selb nit alz fil, daz er den
schaden ab möcht tragen, so mus der alz lang gevangen ligen, untz daz 10
der gemain ain ganzes benügen von im habent.

Item niemant sol lohen verkoufen noch versezzen ân des lehenheren
willen, wann es hat kain kraft nit und kummt von seinen rechten.

Item, weller urber oder ligent gut verkouft oder versezt, daz nit
sein ist, oder ain gut zwürit verkouft oder versezt und zwaien darum 15
brief git, und nit vorbehaltet, daz er vor geben und getan hat, der selb
ist leib und gut verfallen und sol alz ain dieb gerichtet werden.

Item, und weller urber oder ligent güter verkouft oder versetzt,
daz heren oder kirchen oder iemant anders gerechtikait darinne habe, und
daz für ain ledig, unbekummbretz gut git, und nit meldet und vorbehaltet 20
andre lüt gerechtikait, daz daruf ist und darus gat, der selb ist fünfzig ₰
verfallen, und hat der selb nit alz fil, daz er daz widerkeren und abtragen
müge, so mus der alz lang darum gevangen ligen, untz daz er genug ge-
tan habe, und daz der, der daz von im gekouft hat, ain ganz benügen
von im habe. 25

Item, weller urber oder lohen oder ligonde güter kouft, und grösser
summ oder im brief me setzt, denn der recht kouf inne habe, und er's von
der hand usgeben habe, der selbig ist ain glid und fünfzig ₰ verfallen,
und mus ain jar us dem land stan, untz oft, wenn er in der zeit im land
kämi, so ist er fünfzig ₰ verfallen, wann es ist alz fil alz gestollen gut, 30
was er stilt ainer erbschaft, daz ist ab, und der selbig brief hat weder
kraft noch macht nit, und ist falsch.

Item all urberbrief söllen nach dem landzrechte gemacht werden,
old aber es sol ain ewiger kouf sein oder ain ewige losung oder ain ge-
nanntes zît, alle jar untz uf daz genannt zît ze lösen, und weller ain zît 35
git und im brief sezt, daz ainer vor das genannt zît nit lösen oder wider
koufen möge, dieselbige brief sind falsch und habent weder kraft noch
macht.

Item, weller ain margtstain mit gefert verrugt, der selb ist fünf-
zig ₰ verfallen. 40

Item niemant sol dem andern entweren ân recht.

Item niemant sol dem andren daz sin mit gewalt nämen ân recht,
und wer es old sîn, und will im das ainer ân recht nit geben, so sol er
dennocht recht von im nämmen.

Item niemant sol dem andern nüwe ungewönliche weg uf daz sîn 45
machen, noch dadurch ân seinen willen varen ân recht, und weller daz
überfert, der selb ist von ieklich stük fünfzig ₰ verfallen.

Item iedermann sol recht von dem andern nämen, und in wellicher weis daz ainer dem andern gewalt tut ân recht, derselb ist fünfzig ₰ verfallen uf gnad.

Item, weller recht anruft, demselben sol man recht halten, und
5 weller recht pütt, denselben sol man in zu recht lassen kummen, und geschech denn daz recht sie.

Item, weller ain verlegnus nit haltet, noch uswarten will, oder was von gerichtz wegen verpotten wurd, daz nicht halten wil, derselb ist fünfzig ₰ verfallen.

10 Item, weller sich wider ain gericht von gerichtz wegen sezt und widerspennig ist, derselb ist fünfzig ₰ verfallen.

Item, und wenn ain richter von gerichtz wegen ainem ze hus und ze hof gat und wil ainen phenden, weller sich dawider setzt und widerspennig ist, und wil sich nit phenden lassen, alz oft, und ainer daz tut, so
15 ist er fünfzig ₰ verfallen um den frefel, ân die zehen phunt, daz dem richter zugehört.

Item, und wenn der richter und daz recht sich gesammet hat, und wellent ainen ze hus und zo hof gân phenden, so hat ain richter iiii crüz., und ieklicher aidswerer ii crüz., ist es aber sach, daz man in ze hus und
20 ze hof mus gûn, alz bald und der richter demselben für daz hus kummt, so hat der richter zehen ₰ darvon, und soll der aidswerer ine recht darvor tun, daz sol am ersten bezalt werden, und darnach, der daz haben sol, und denn darnach dem richter sin tail uf gnad.

Item, und würd aber der richter des[1] überhebt, das er dem nit ze
25 hus noch ze hof bedarf gün, so hat ain richter kain zehen ₰ nit, und nit anders, denn die iiii crüz., und ieklich aidswerer ii crüz.

Item, weller ain verlegnus wil lassen tun, sol ain burgschaft zu recht geben, und ain richter hat ain ₰ darvon.

Item, und wer ain gast hir, das ain nachpar mit des gerichtz pott
30 verlegt würd, wil den derselb, do es verlegt ist, daz nit halten, und lad er denn den gast ân willen des, der daz verlegt hat, mit daz sin also inweg und dahin varen, derselb ist fünfzig ₰ verfallen, und muß dem, der das verlegt hat, so fil guts zu recht stellen, alz da verlegt was, und wer es den sach, daz der gast mit gewalt oder haimlich mit daz sin inweg und
35 dahin gieng, so ist der würd niemant nichtz schuldig, und der gast ist funfzig ₰ verfallen.

Item, weller in daz erste gericht oder in daz ander gericht ze gericht gesessen ist, ez sie, wer der well, der soll nit verlegt werden, man soll in ze hus und ze hof vordren und nach dem landzrecht suchen, aber weller
40 us dem andren gericht in daz dritte gesessen ist, dem mag man pillich verlegen, er sie ain gotzhusman, wie andre, oder es sie der man, wer da well, niemant usgenommen.

Item, weller in disem gericht oder im Glurnser gericht mit hus und mit hof gesessen ist und ze gericht nit, und da selb nit recht git und
45 nimmt, denselben mag man hie in dis gericht daz sein verlegen, und uf die verlegnus nach gastrecht clagen, wo ainer ist nit verbunden noch

---

[1] des] der *F.*

pflichtich, ainen fürpaß in daz dritte, noch in daz fierte gericht mit recht
ze vordren, noch ze suchen.

Item kain landzmann, der in diz gericht und in Glurnser gericht
gesessen ist, sol sich niemants gastrecht, noch kainem gast gerechtigkait
uf nämen, noch sich an ze nämen, seiner geltschuld uf ze reken, noch mit 5
recht im ze zwingen und noch mit recht ze suchen, weder von ainem
landzmann, noch von ainem andern gast, wann es hat für recht kain kraft
nit, wann es wäre ain zwitracht, es were denn sach, daz es mit gutem
willen des widertail zuging, das dem die sach anged und gelten sol und
selb schuld ist, und daz muß vor ainem richter beschehen, so hat es denn 10
kraft und nit anders, ain gast sol selber kummen oder aber seinen ge-
wissen potten mit foller gewalt in geschrift her schiken, daz hat denn für
recht kraft, und nit anders.

Item, weller us ains würtz hus ân ains würtz willen ungerait und
unbezalt gat, der ist fünfzig *ℓ* verfallen; ist es denn ain gast, mag man 15
in mit des gerichtz pott erjagen, daz sol man tun, ist dis nit, so mag ain
würt ainen um daz sîn selber phenden, domit das daz sein nit emfüert
wird; gat denn ainer mit sînem willen us, es sîe ain gast oder ain anderer,
so sol er den mit recht suchen und nit ferer.

Item, weller gerichtz gewalt sich underwint oder sich annimmt, das 20
im nit zu gepürt oder empholllen ist, derselb ist fünfzig *ℓ* verfallen.

Item, weller ain weib haimlichen zu der ee[5]) nimmt ân des vatters
und muter oder der nächsten fründen willen, der selb ist funfzig *ℓ* ver-
fallen und ain glid, und mus zehen jar us dem land stan, und alz oft und
der selb in das egenannt zît ân der fründschaft willen in daz land käme, 25
so ist er funfzig *ℓ* verfallen.

Item, und weller darpei und darmit ist, stür, hilf oder rat darzu
gît, es seie wîb oder man, der selb ist geleich der selbigen pen schuldig
oder verfallen, alz es da obgeschriben stat.

Item, und weller odor welle, es sîe tochter oder sun, der sich haim- 30
lichen beratet ân vatter oder mutter oder bruder oder der nächsten fründen
willen, dieselben haben von der ungehorsamigkeit wegen vatterlichen und
mutterlichen erbschaft verloren und sind ganzlichen darvon gevallen.

Item all frefel stat uf gnad, nachdem nun ainer frefentlich freflot,
nach dem soll die gnad beschehen. 35

Item es ist ze wissen, wie das recht um all sachen soll gan.

Item um frefel und um zins und um gelihen und um behaltnus, daz
ainer dem andern etwaz ze behalten geben habe, und um lidlon und um
zerung und gastrecht, und daz ainer dem andern versprochen habe, vor
schaden ze halten, daz gad alles ze drei tagen nach enand. 40

Item und andre geltschuld, alz daz man kouft und verkouft ainer
mit dem andern, daz gût ze acht tagen, und waz ligender güter ist, daz
gût der fierzehn tagen, aber doch alles nach dem landzrechte und des
richters erkanntnus.

---

[5]) ee] er *F.*

Item, wenn ain richter um frefel clagt, so sollen die aidswerer und ain forsprecher nit anders, denn die zerung haben, und ain richter, der da sitzt, ouch daz selb.

Item und sol die zerung von dem frefel nümen und bizallen.

5 Item, und wenn ain richter um gut sizt, so hat ain richter um ieklich tag iiii crüz., und ieklich aidswerer ii, und ain forsprecher iii crüz.

Item, und wenn ain richter des inne wurd, daz ain forsprecher von iemant me lon nämi, denn die iii crüz., daz von gerichtz wegen uf gesezt ist, so ist er V ℔ verfallen, won was zu dem rechte gehört, daz sol ge-
10 main sein.

Item ain richter hat von ieklichen aid ain ℔, das für recht mit urtail usgäb und sweren mus, und wenn ainer nit schwert, daz im der aid überhebt würd, so hat ain richter nichtz darvon.

Item, und weller kuntschaft in geschrift begert ze nümen, dem sol
15 man's pillicher geben, und hat ain richter iii aidswerer pei im, kuntschaft ze verhören, so ist es genug, und sol der richter iiii crü. von dem stab haben und ieklicher aidswerer ii crüz.

Item und ain richter hat um ain kuntschaft, der da sweren muß, VI crüz., und wene old drien oder me miteinander swerent, daz alles in
20 ainem aid begriffen würd, so hat er ouch nit me, denn ain ℔, won es gut mit ain sach zu, und der da besiglet, der selb sol ouch ain ℔ haben.

Item, und weller von gepurt und von alter herkummen nit gut edel ist, derselb sol, noch mag in kain urtailbrief, noch kuntschaftbrief, noch in kainem kaufbrief nit versiglen, won es hat für ain gericht kain kraft nit.

25 Item, und weller von gepurt und von alter her gut edel und wappes genos ist, von seinen fordron von alter herkummen ist, wenn derselb kuntschaft und sein eigen insigel gibt, so ist als genug und als kreftik-lichen, alz ob er für offen gericht gesworen hett.

Item der ancläger hat allwegen die wal nach dem landzrecht ze
30 weisen oder aber der widertail seiner clagen ze nümmen.

Item ain ancläger behebt mit seinem aid zwei ℔ und selbander 3 ℔ und über fünf ℔ selbdritter untz an fünfzig ℔, und was über fünf-zig ℔ ist, so muß ainer drei an im haben, und müßent die kuntschaft glich, ainer alz der ander, sagen, und daz inen wol wissentlich seie.

35 Item weller, die weil ain richter sizzet, ungevärlichen für recht kumt un die richter um ain urtail pittet ze erwaren, daz sol man in pillich geben und sol in nit me costen, denn iii crüz., und die iii sol der richter und die aidswerer gemainklichen haben, und würd aber ain richter um des willen zesammen gepotten, um ain urtail zu derwaren, so mus der
40 selb alz fil geben, als um ain clag.

Item und um gerhaben ze sezzen und ze insezzen, ist es ouch alz daz recht und geleich daz selb, alz obgeschriben stat.

Item all redlichen küuf, daz redlichen und ungevärlichen zugât, daz sol kraft und macht haben von geding, gricht, landzrecht, und was
45 ainer dem andern verspricht und verheißt, daz sol man mit recht pillich halten, won ainer sol vorhin wissen, was ainer tun oder lassen mag, und was sein such ist; niemant sol den andern täuschen, niemant sol getäuscht werden, noch getäuscht sîn.

Item, und hett ainer mit dem andern gedingt mit allerlai haub ze
bezallen, und lad derselb für recht kummen oder phant an der stangen,
so ist es nit anders, denn par gelt.

Item es ist ze wissen, was landzwerung ist.

Item am ersten allerlai fich ûn tattel und ân presten und allerlai 5
korn, wol gewannet, und bonen und erbs, hor und hanf, daz wol berait
sie, käs, ziger und schmalz, smer und unschlicht, allerlai ungegerbs leder,
woll und hustuch, ze mitteln gemessen, saltz und ungeschmitzt eisen.

Item, weller ainem mit landzwerung versprochen hat ze bezallen,
der mag ainen mit söllicher haub weren und bezallen, und mit andrem 10
wert nit.

Item, und ist ainer dem andren schuldig, und kümment sie baid tail
mit zween bidermann für ainen richter, und git im der, der daz für dem
richter des gewunnen, das er im schuldig ist, und dem richter in die hand
lobt, genug ze thun, daz ist geleich alz genug und alz kreftiglichen, alz ob 15
es für offen gericht beschehen wäre, und für ainen richter gesworen tügen
auch alz und geleich als fil, und sol denn daz recht dem selben nach dem
landzrechte genug haissen tun.

Item es ist ze wissen, was landzrecht ist um zins, und wie man
zinsen sol. 20

Item zinsen, daz sol usgericht werden vor allen dingen pis an den
dritten zins, und nit fürer, und ist der dritt zins alz gut als der erst, und
der erst als gut als der dritt, und über den dritten zins ist ain maier nit
verbunden, noch pflichtich ze verraiten, noch ze weisen, daz er bezalt habe,
und sol denn nach geldschuldrecht gân und besucht werden. 25

Item käszins die fallent ze sant Galli tag, und geltzins ze sant
Martins tag, und kornzins zu der Liechtmeß, und von heuser zins ze sant
Görien tag, man mache denn andere tädung.

Item der käs soll alpküs sîn und ganz und unzerbrochen, und das
korn sol wol gewannet sîn. 30

Item, wenn ain prunst ufgieng, daz ain maier sîn hus verbrunne
vor zît, en daz der zins gevallen wäre, so sol ain maier uf das selb jar um
den zins nit gephendet werden, man sol in uf das ander jar peiten, und
korn für korn und käs für käs nämen.

Item, es ist ze wissen, welle hüser urbar oder varent gut ist. 35

Item alle hofstat ist urbar.

Item, es ist ze wissen, was landzrecht ist um gerhabschaft.

Item witwen und waisen oder anvaltige lüt hat gewalt gerhaben ze
setzen und ze entsezzen und ze bevogten der früntschaft willen, von dan-
nen daz gut her berürt, doch daz es trüwlichen und ongevürlichen zugang 40
und, ob es nottürftig were, mit des richters hilf und rat.

Item ain anvaltichz mensch, weller des plutz und des flaisch nächrer
fründ ist, der soll des leibs versorgen, aber daz gut nit, wil er's gern tun,
und wil er's aber nit gern tun, so ist er es nit verbunden; weller denn,
von dannen daz gut herberüert, recht erb ist, der selb sol sich des an- 45
faltichs leibs und gutz underwinden, und sol daz gut, die weil der lebt,
weder verkouft, noch versezt sein, noch verlan werden, denn sonderlichen
um seiner narung und seines leibs notturft, un nit anders.

Item ain mann mag sîns weibs gut nit verkoufen noch versezzen ân iren willen.

Item ain weib mag ire güter nit verkoufen noch versezzen ân ires mann willen.

5　　Item ist es denn aines anfaltichs weibs, so mag weder sie selber, noch ir mann ire güter weder verkoufen, noch versezzen ân ains gerhabs [willen], der von irenhalb mit irer fründ willen und rat von gerichts wegen gesezt sie worden.

Item, was güter ain frow koufen oder verkoufen oder versezzen 10 will, so mus sie ain gerhab haben und mit des willen tun, sus hat es kain kraft nit.

Item, wenn ain frow über vierzig jar alt oder unfruchtbar ist, und ain mann pei der selben kain kind hat, und sie ligente güter, es sie urber oder lehen, hat und er lüzel hat, so mügent ir ire fründ, die, von dannen 15 daz gut herrüert, fründ sind, ir ain gerhab geben wider ir und ires manns willen, der daz ir versorge, daz das ir nit verkouft, noch versezt, noch vertan wird, won ain frow die mus tun, was ain mann wil, und ain alter mann mag wol fruchtpar sin und ain frow nit, und besunders ain junger mann, der jünger denn sie ist, der selb hat ir kain trüw nit und zücht 20 gern an sich, won es geschicht oft und fil, daz ainer ain unfruchtpars weib nimmt nit anders, denn um irs guts willen, um des willen, daz er daz ir verheiren müge nach sînem willen, und domit oft ain frumme frow versmacht und daz ir emfrömmt würd und in fremder lüt hand kommt, daz sie und ire erben es manglen müssen, daz nicht pillich, noch recht ist, 25 und um des willen mag man ir ain gerhab wider ir und ires manns willen mit recht sezzen, daz das mit recht gewendet wird, und daz ir versorgt wird, und der[6]) selb gerhab hat ouch ân des manns willen kain gewalt nit und sol auch kain lon darvon haben, es wäre denn sach, daz man in bruchen müßt, so soll man in darnach lonen.

30　　Item ain gerhab soll all jar raitung geben und hat all jar 5 ₰ ger- habschaft recht, aber doch minder oder me nach des richters erkantnus, nach dem, und es denn ain gestalt hat, won die gerhabschaft sind nit all gleich.

Item, es ist ze wissen, was landzrecht ist um erbschaft.

35　　Item ain erbschaft, daz soll für sich gan und nit hinder sich piß an das dritte glid, und nit ferer, und was über das dritte glid usgieng, so sol es dann wiederum an die nächsten erben fallen und wider, won es ge- schicht oft, daz ainer ferer fründ erbt, und ain nüchster, der mus es manglen, daz es unpillichen ist, aber es ist von alter herkummen, daz wir 40 nun zemal nit veränderen mügent; aber doch so wellent wir unser sin und mainig melden und öffnen, was uns in dem pillich und müglichen teuchtet, won was nun ze mal nit geschechen mag, so geschicht es fileicht ain ander mal.

Item und wellent es uflegen also, daz uns es billich teuchtet, daz 45 der vatter und mutter ire kinder erben mügen vor allerieklichen des guts, daz von iren halb her berüert, und ire enichlein ouch, alz ist es sach,

———————
6) der] das *F.*

daz der enichlein enkain[7]) geswistriget hat, hat er aber geswistriget, so
erbent denn aines das andere, und ouch, daz die vättren all gleich mö-
gent erben, ainer als der ander, hinder sich als für sich, und für sich als
hinder sich, und daz ainer müge seins bruders sun als wol erben, als ain
geswistriget kind das andere, und daz were unsere mainung, sinn und rat. 5

Item ain erbschaft-gut sol allwegen wider umfallen und wider keron
an dem end, von dannen es herkummen ist.

Item es ist ze wissen, was landzrecht ist um tailung.

Item, wenn zwai eelüt über jar und tag pei enander gewesen sind,
was ligende güter ist, es sie aigen oder lehen, daz iedweder tail vor der ee 10
gehebt hat, daz sol beleiben an dem end, von dannen es herkummen ist,
und was sie baide mit ainander gebuwen oder gewunnen haben, es sie
ligents oder varents, daz soll mannshalb der zwo tail haben, und der
frowenhalb sol den dritten tail haben, ist es sach, daz sie pei irem mann
des leibs frum und erber ist gewesen. 15

Item, was leibgewant und clainnot[8]), daz iedweder tail hat, daz
beleibt icklichz an dem end, und all harnisch und waffen gehörent manns-
halb zu.

Item und um die morgengab sol die frow us gemainem gut gerichtet
werden mit aller der haub, so da in dem hus ist, es sie holtzwerch oder 20
anderes plunder.

Item der tot sol die lebendigen mit daz sein ziehen.

Item der tot sol sich mit daz sein begraben und sol selgerait, und
was durch seiner sel willen verzert würd, usrichten.

Item es ist zu wissen, was landzrecht ist um morgengab. 25

Item ain tote frowen volget ihr kain morgengab nach.

Item ain wittwen hat nach dem landzrecht kain morgengab, man
well ir die gern schaffen.

Item welle ire er verloren hat vor ee, daz sie zu irem mann kum-
men sie, dieselbe hat nach dem landzrecht kain morgengab, man well ir 30
die gern schaffen.

Item und welli sich haimlich biratet ân ihrer fründ willen, die selb
hat nach dem landzrecht kain morgengab, man well ir die gern schaffen.

Item welle frow frum und erber des leibs pei irem mann gewosen
ist und ire und irs manns er behalten hat, dieselb hat nach dem landz- 35
recht XXV *ll* morgengab und was man ir me verhaißt ouch darzu, untz
an fünfzig *ll*, und was aber fünfzig *ll* ist, das mag man ir geben, ob man
will, und kummt es für recht, so hat es kain kraft nit.

Item und welli frow pei irem mann des libs nit fromm und erbar
ist gewesen, und ire er und ires manns er nit behalten hat, dieselb hat iro 40
morgengab verloren und ist güntzlichen darvon gevallen.

Item, und were ald eine pei irem mann, die weil der mann gelebt
hat, frumm und erbar gewesen und alle die weil, und sie bei iren kind
ungetailt beleibt und nit usgericht ist, und sio in derselben zeit wider ir
er tät, und ir und ire kind er nit behielt, so sind ir iro kind enkain[9]) mor- 45

---

[7]) erkain *F*. [8]) dainnot *F*. [9]) erkain *F*.

gengab nicht pflichtig noch schuldig, ist sie aber vorhin usgericht, was
hin ist, das ist hin.

Item niemant sol noch mag ains dem andern nach sinem tot über
fünfzig *ℳ* schaffen weder in gaistlichen noch in weltlichen stätten, won
5 es hat für recht kain kraft nit, aber pei gesundem leib mag ainer daz sein
von der hand geben, wenn oder wo er will, und mus sich aber güntzlichen
darvon entzigen, weller daz tut, daz hat denn kraft und macht.

Item, es ist ze wissen, was landzrecht ist um ligende güter und um
güter geding.

10 Item, weller vom andern ain gut ze neun jaren und nit ferer ge-
dingt, als bald und der kouf beschehen ist, so sol es denn da pei bleiben,
und mag in kain nächner fründ die jare nit nümen noch darvon dringen,
es were denn sach, daz ainer nächner fründ von der geding nach dem
landzrechte es besucht het, so hatz denn derselb pillicher, denn ain fröm-
15 der oder ainer ferer fründ.

Item ist es aber sach, daz ainer dem andern über neun jare dingt
oder ze lehen verleicht oder verkouft oder versezt, weller der nächner erb
oder fründ ist, der selb hat noch pesser recht darzu, denn ain andrer
fründ; kommt denn ainer her in ains jars und tags frist, so der und ainer
20 das gewist hat und inne worden ist, untz an dem dritten jar nach dem,
und es gegeben oder verkauft ist, und nit fürpaß, und in dem kouff dritten
will, und das wil tun, daz der ander geton hat, so sol er es den pillich
haben und mag den andern mit recht darvon dringen und von der hand
nümmen, ist es, daz ainer hie im land ist, und wär es aber ainer, der us
25 dem land wäre, derselb hat zehen jar frist.

Item und waisen habent nit fürer recht, andre lüt güter ze lösen
und wider ze koufen, denn ain ander, der im land ist, und ist es aber
waisen güter, daz ain gerhab verkouft oder ze lehen geben hett, was
waisen under zwelf jaren gewesen sind in der zit, dieselben söllen haben
30 fünf jar frist nach dem, und es geben ist, ir gut wider ze lösen.

Item und auch, ob ain vatter selber verkauft oder versezt hett und
jare darinnen hett, wider ze lösen, und derselbe in der zit ee, daz die jare
us wärent, mit dem tot abging, so habent die kinder, was under zwelf jar
ist, noch fünf jar frist nach den jaren, daz es im brief stat, das ir vatter
35 verkouft oder versezt hat, wider ze lösen, und were es aber sach, daz der
vatter nur ain vernünftichz kind hinder im gelassen het, der zwainzig jar
alt were gewesen, so hat weder derselb noch kain anderer der jüngern nit
ferer frist noch recht, denn was der vatter gehebt hat und es im brief stat.

Item was knaben under zwainzig jar sind, die sind waisen, und was
40 über zwanzig jar ist, dieselben sind nit waisen, und die töchtern alle, die
weil aine nit beraten ist, so ist sie waise, und alzbald aine beraten ist,
so ist sie nümmer waise.

Item, und wenn ainer ain gut ze jaren gedingt hat, wenn die jare
us sind, so sol es denn unbekumbret on all widerred ledig sin.

45 Item und weller von dem andern ain gut truwlichen inne hat und
nit ze jaren gedingt ist, so sol er es die zeit trüwlichen buwen, wie wenn
er es geniesen wil, und wenn man ims nummen lassen will, so soll es un-
bekümbret on all widerred ledig sîn, es were denn sach, daz ainer mist

darinne het, so sol der sein faisti us nämen nach dem landzrechte; wenn es wol getunget ist, so weret es in ainem acker iii jar, und in ain grummatwisen ii jar, und in einer magerwisen ouch iii jar, man sol aber ainen zu rechter zeit lassen wüssen.

Item es ist ze wissen, ze wellicher zeit von güetern bieten. 5

Item von aker und von heuser und von güetern sol vor der Liechtmeß geschehen, und von wisen und von waiden, daz soll vor sant Yörien tag geschehen.

Item, weller dem andern von ainem gut verbieten wil, der sol zwei bidermann zu im nümen und sol in also zu rechter zeit darvon bieten, und 10 wil im's aber der mit lieb nit lödig lassen, so sol er in mit gewalt on recht darvon nit dringen, und soll der des gerichts pott nümen, und sol in darvon lassen verbieten und sol denn die verlegnus für recht nümen und daruf clagen, und geschech denn, daz recht si, und daz mag man vor oder nach sant Yörien tag tun, nur daz ainer zur rechten zeit darvon ver- 15 potten habe, als obgeschriben stat

Item, weller nit gut gütermaier ist, der vertreibet sich selber.

Item es ist ze wissen, was landzrecht ist um geltschuld.

Item, wann ain gültbrief über zwainzig jar verborgen unbesucht ligt, so soll es denn kain kraft haben, es were denn sach, daz iedweder tail us 20 dem land were, so verlürt es den wert kain gewer nit, oder daz es allwegen inderthalb XX jare ainist fürgezeigt oder besucht wurd, so beleibt diser brief allwegen bi kraft und bi macht und verlürt kain gewer nit.

Item, weller in des ersten oder des andern gericht gesessen ist und ainem ain geltschuld in zehen jaron nit forderet noch sucht, weder mit 25 recht noch ân recht, derselb ist von gewer kummen, es were denn sach, daz iedweder tail us dem land were, so verlürt es den wert kain gewer nit, oder daz ainer allwegen inderhalb zehen jar ainist suchet oder voderet, und daz der ander tail sich dis benüge, wie lang und ainer denn baitet, so verlört es aber nummen kain gewer nit, won von wol ruwen und wol baiten 30 wegen sol ain bidermann daz sein nit verlieren, und wenn ainer dann nit me baiten wil, so mus der ander denn weisen, daz es bezalt und usgericht sie, oder dem andern sein langen (*sic*) darvon nümen, daz er nit bezalt sie.

Item ainer, der us dem land ist um seiner erbschaft und um geltschult, so verlürt er alle die weil, und er us dem land ist, kain gewer nit. 35

Item und waisen um ihre erbschaft und um geltschult verlieren kain gewer nit, untz daz ain knab dreissig jar alt ist und ain tochter zehen jar nach dem, als sie beraten ist.

Item ain eekind ist pflichtig und schuldig seins vatters und mutters geltschuld ze bezallen und uszerichten, und hett ainer ain fierer wert nie 40 goerbt, won alsbald ain kind geboren wird und ist, so hat er vatter und mutter geerbt, und mus in vatter und mutter erziehen, und umb des willen so söllen die kind ouch usrichten und bezallen die geltschuld.

Item, und ist es aber ain ledigz kind, so soll es nur mutterhalb bezallen und usrichten, und vatterhalb nit, won ain ledigz kind, dasselb [10]) 45 erbet den vatter nit, aber die mutter wol.

---

[10]) derselb *F*.

Item aus ist kainer weder pflichtich noch schuldig, niemantz gelt-
schult ze bezallen, ainer erbe denn daz gut, und alzbald, wenn ainer lüzel
oder fil geerbet hat und sich des gutz unterwunden hat, so soll denn der-
selb ouch die geltschuld richten und bezallen.

5   Item, weller under XX jar alt ist, der soll kain kuntschaft geben.

Item, weller in das dritte glid fründ ist, der soll kain kuntschaft
geben, usgenummen um waisen, was waisen angât, daz mag ain geswistri-
get kind dem andern kuntschaft geben.

Item, weller des andern erben wird oder des rechter erb ist, und
10 der erbschaft warter ist, der soll demselben kain kuntschaft geben.

Item ain knücht mag dem heren kain kuntschaft geben, die weilen
er sein brot und sein mus isset.

Item kain anfaltiger [11]) mann sol kain kuntschaft geben.

Item ain ungehörender mann, der sol um gut kain kuntschaft geben,
15 aber um frefel wol, won waz der nicht gehört, so gesicht er aber.

Item weiber, die söllen um gut kain kuntschaft geben, aber um
frefel wol, und müßen iii erbere frowen für ain mann gut sein.

Item, weller in den sachen verwant ist, es sie, um was es will, der
sol kain kuntschaft geben.

20   Item, weller sînen rechten heren verlognet hat, der selb sol kain
kuntschaft geben.

Item, weller mainhait offentlichen kund worden ist, der selb sol
kain kuntschaft geben.

Item, weller ain eeweib gehabt hat, und aber ain andre, die weil
25 die lebt, gemailet hat, der selb sol kain kuntschaft geben.

Item es ist ze wissen, was landzrecht ist um alle gewer.

Item arme lüt gen enander, weller ain redliche stille gewer mit
pillichen sachen nach dem landzrechte inne hat und über zehen jar in nutz
und in gewer gewesen ist, der selb soll denn dannenhin pillich rübiklich
30 darpei bleiben.

Item ain herschaft gen enander verlürt in hundert jar kain gewer
nit, aber darüber wol.

Item ain gemainschaft gen enander verlürt in fünfzig jaren kain
gewer nit, und darüber wol.

35   Item ain herschaft gen ain gemainschaft verlürt in fünfzig jar kain
gewer nit, und darüber wol.

Item ain gemainschaft gen ain herschaft verlürt in hundert jar kain
gewer nit, und darüber wol.

Item ain herschaft gen armen lüten, daz nit ain gantz gemain sie,
40 verlürt über zehen jare ain gewer.

Item ain gemainschaft gen ander armen lüt, das nit ain herschaft
sie, daz verlürt über zehen jare ain gewer.

Item armer lüt gen ainer herschaft oder gen ainer gemainer gemain-
schaft verlürt in hundert jaren kain gewer nit.

45   Item kirchengüter-recht verlürt in zwanzig jaren kain gewer nit,
aber darüber wol, won ain kirchen, die ist allwegen mit kirchpröpsten

---

[11]) anfalltigz *F.*

und mit pharrer wol versorget, und habent allwegen die pücher under
handen, und ist da kain mangel nit, und darum so sol es dester minder
gewer haben.

Item, wenn ainem daz sin mit gewalt ân recht vorbehebt wurd, der-
selb verlürt numer kain gewer nit. 5

Item ainer, der us dem land ist um seiner erbschaft und um gelt-
schuld, alle die weil er us dem land ist, so verlürt der sein gewer nit.

Item waisen um ire erbschaft und um geltschuld verlüren ire gewer
nit, untz daz ain knab dreissig jar alt worden ist, und ain tochter, untz
daz si beratet ist und zehon jar darnach. 10

Item, wenn ain erbschaft fallt, und daz ainer mit dem tot abging
ân erben, und daz man nicht könnt, noch möcht wissen, noch sich erfinden
könnt, wer rechter erb were, so sol sich ain richter mit des gerichtz rat
dis gutz underwinden, und sol also das gut ain jar und tag in stiller gewer
stân, weller dann in der zeit herfür kummt und gute kuntschaft für recht 15
pringet und zaiget und nach dem landzrecht weiset, daz er mit demselben
in dem fünften sip oder glid geboron fründ sei, so sol denn derselbige daz
gut pillich erben und die geltschuld usrichten; ist des aber nit, so sol
denn daz gut ainem heren von Chur zustân und zufallen, und sol auch
der die geltschuld usrichten, und welles heren der mensch ist und zu ge- 20
hört, der selb her hat die gerechtikait.

Item es ist ze wissen, das es vor zeiten pei unsern gedingen beschehen-
hen ist, do bischoff Hartmann sülig ze ersten her in das land kam, do
furent etliche die richston zu und und hetten an bischoff Hartmann erworben-
ben und er hett gelt von ainem genommen und hett inen ze dienstlüt 25
gemachet und sölliche freihait geben, daz sie ze Fürstenburg zwüschent
de[n] thoren söllent da ze gericht sizzen und da antwurten und von den
andren gerichten enziehen, daz es ain unpillich sach was, und darum hie
im land ain groß geschrai darum ward, und fur daz land darum zu und
schicktent erbere bottschaft gen Chur zu genanntem gotzhus, und die 30
waren mit namen Jos Carl von Balkunault und Clavut Ursula von Valcaf
und Albrecht Cluster von Schluderns, und die prachtent da die clag für
gemainem gotzhus für, und da ward es mit gemainem gotzhus rat erfunden-
den, das ain her von Chur sölt iedermann und ain icklich, es sie ain land,
ain gericht oder ain commun, edel oder unedel, ain geschlecht oder ainer 35
allain, pei sinem alten herkummen beleiben zu lassen, und daz nit ze ver-
ändren, und sölt niemant sölliche freihait wedor geben noch nümmen,
denn wie ainer von alter herkummen ist, darpei lassen zu beleiben, und
besunders von des egenantz clags wegen so sölt ain her von Chur niemant
kainer me zo dienstmann machen, noch sölliche freihait geben, daz ainer 40
ze Fürstenburg zwüschent den thoren sol ze gericht sizzen, noch da ant-
wurten, und daz ainer von ainem anderen gericht in daz inzogen wird,
won es ist nit pillich und ist auch nit nottürftig, won andere gericht sind
weiser lüt fil nottürftiger, denn daselbst zwüschen thoren, wo[n] es falt
und stoßt an den zwain [12) andre gerichten mengerlai sach fil zu, denn 45
daselbs zwüschen thoren, und sölt sölliches recht uf stân, so wölt ain

---

12) den zwain] dor swain *F.*

ieklicher, der fil gelt het, sölliche freihaiten erwerben, won heren haben
gern geltz, also wurden nur dio pesten sich darvon ziehen, und domit so
wurde ain gericht seiner gerechtikait beraubt und enfrömmt und geswächt
und möcht die lünge als geswach werden, daz man kain gericht da mee
5 möcht besizzen, noch halten, noch richten, besonders do das hochgericht
ist, daz man um leib und um gut sizzen und richten mus, daz sol man
meren und nit mindren, und weller sich alz von ainem gericht in das
ander inziehen wölt und daz nit tun wölt, daz seine vordren getan haben,
so sol ain gericht und ain gantz land darzu tun und ainen darzu zwingen
10 und darum strafen und darzu halten, daz der das tun mus, daz seine vor-
dern getan, won sölliche freihaiten daz hat weder kraft noch macht nit,
won ain her von Chur sol sölliche freihait weder geben noch nämmen,
und wie ainer herkummen ist, darpei sol er in auch lassen bleiben; und
daz ist durch gemainen gotzhus rat erfunden worden, in allem des, was
15 ob geschriben stat, und daz ist auch unser landzrecht hie, und darpei sol
es ouch beleiben, und ist daz ouch ain grosse notturft, und sölt es sölliche
recht uf stân, so möcht es grosse zwitracht und unglüg darus wachsen,
won ainer wil als gut sein, als ain ander, der sein gleich ist.

    Item, und wenn es notturftig were, daz es ze Fürstenburg zwüschent
20 thoren und unserm herrn von Chur güter ein recht besetzt würe und daz
man weise lüt darzu bedürfti, so mag ain hoptmann von Fürstenburg
gotzhuslüt von den andren gerichten under Kalven oder ob Kalven, es sie
ir aidswerer oder andere, darzu bieten lassen, und die müßten darzu kom-
men, raten und urtailen, ob es notturftig were.

25   Item all gotzhuslüt und des klosters von Münster lüt, die in Tuferser
pharr gesassen sind, die selben gehören all herein zu disem gericht, es
sie um erbschaft, um urber und um aigen, um ligents oder um varents,
und um all sach, usgenommen um malefizi und um frefel, ze behalten der
Karlen von Balkunault ihre freihait.

30   Item um gut mag ain richter mit der aidswerer rat ze gericht
sizzen, es sie ze Münster oder ze Sant Maria, an weller stätt man wil, ân
all menklichen widerred, und niemant sol, noch mag kain irrung, noch
dehain artikel darinn werfen noch sprechen, daz es nit recht sie.

    Item um freffel und zu der landsprachen sol man ze Münster sizzen,
35 und nit ferer.

    Item paurschaftrecht stât für sich selber, aber doch ain paurschaft
mag über V *ℓ* kain pen nit sezzen, und sol auch niemant über recht
pieten um V *ℓ* gephendet werden, was pen V *ℓ* ist, weller darum recht
pütet, den selben sol man in zu recht lassen kummen und rechtz von im
40 nämen, und geschech denn, daz recht sie.

    Item und sol auch ain paurschaft niemant entweren ân recht.

    Item und sol auch, noch mag ain gemainschaft oder sie ain paur-
schaft nit ordinieren, noch kain gesetz machen, noch niemant zwingen,
noch verbinden, noch verpieten, daz ainer sein aigen gut, es sie korn,
45 hew oder strow oder ander haub, nit geben und verkoufen müge, wo ainer
well und wol gevall, es sie im land oder us dem land, in der paurschaft
oder us der paurschaft, wo ainer denn lust und wol gevallt; sölliche stöß
ist vor zeiten pei unsern gedingen für recht kummen, und hat recht und

urtail erfunden, daz ain icklicher sol mit sein aigen gut frei und ledig und
ganz gewaltig sein und seinen willen darmit tun, geben und verkouffen
im land oder us dem land, es sie in der paurschaft oder us der paurschaft,
nach seinen gewinn und nutz, wie es im allerpest fügt und wol kumt [13]),
ân aller mengklichen widerred, und wenn ain gemainschaft ainen um ain 5
söllichz zwingen oder nöten und ainen darvon phenden wölt, der ist fünf-
zig *vl* verfallen.

Item die müntz soll allweg nach Meraner werung löffich, geng und
genem sin; wie die müntz ze Meran beruft wird, als sol man hie oben in
disem gericht ouch geben und nämen. 10

Item, weller ain hus oder ain hof, und were es old andere güter
ouch, ze lehen hat, der sol guter maier sin, und sol daz in gutem paw
haben und sol es pessren und nit ergren noch pöscren, und wenn ainer
darvon stân oder ziehen wil, so sol es als gut und pessor sin und lassen,
als do er es empfangen hat, usgenommen ain gewalt, als feur und wasser 15
und rüffin, daz grund und poden hinfürti, man mach denn ander tüdung,
won täding pricht landzrecht, und sol ain lehen auch nit verkouft noch
versezt, noch niemant fürpass geben werden on des lehenherren willen.

Item ain maier, der in ainem hus um ain zins sizt und nit ze lehen
hat, der sol ouch guter maier sin, und sol daz hus in gutem pow und wol 20
gedegt haben, und der hofher sol die schindlen darzu geben, und der
maier sol es uf das tach legen in seiner kost, sus sol ain maier nichtz
anderes daran gewen, noch tun on des hofheren willen, won man bezalt
im's, ob man wil.

Item, weller heren-güter und kirchen-güter inne hat, derselb sol er 25
und sine erben unverstoßen und unvertrüben sin alle die weil, und ainer
guter maier ist und genug tut nach dem landzrechte, und sol ouch der
zins nicht erhöcht noch gemeret werden, und weller nit guter maier ist,
der vertreibet sich selber.

Item, weller ain gut zu phant inne hat, und gelt daruf gelichen hat, 30
der selb sol die wil, und er das sin daruf hat und gelt daruf gelichen hat,
tungen und buwen, wie er es genießen wil, und wenn es gelöst wird, hat
der denn mist darin, so sol er sin faisti usnümmen, und sol dem andern
die weil den zins darvon geben.

Item, weller ain acker zu ainer wisen lad werden, daz sie ain 35
grummat-wisen seie, und sol um ain mutt geltz, was [er] von ain mütt ge-
zinset hat, ain halben metzen korn zehent geben, und git darum diser
minder umb des willen, das man von das sich ouch zehent muß geben.

Item, und weller ain maier wisen umkert und ain acker darus
machet und lat werden, derselb acker git kain zehent nit. 40

Item, und weller us gemainer waid ain acker machet, der selb acker
sol zehent darvon geben, und lad man denn das wider zu ainer wisen
werden, so git er aber kain zehent nit; das recht ist in Tuferser pfarr, und
in diser pfarr, won es ist gemainklich mit ainem heren von Chur und mit
aller deren, [14]) den der zehent zu den ziten zugehört hat, willen und rat 45
beschechen und ist das vor langer zit beschechen.

---

[13]) kunnt *F*. [14]) allen denen *F*.

Item ain weber sol von ieklicher ellen tuchs drei fierer lons näm-
men, und nit me.

Item ain sagenmaister sol von icklich strich ain halben crüz. lons
nämmen, und nit me, und sol den lüten das ir gar güben und nichtz dar-
5 von nämen.

Item alle wasser und wasserval das sol gemain sein, weller darzu
buwen oder arbeiten wil, und ain gut sol dem andern wasser geben.

Item ain gut sol dem andern weg geben, dadurch ze faren, ob es
nit enberen [15] mag.

10 Item, weller etwas buwen wil, das ain tach darüber bedarf und mus
sein, derselb sol zwen manns- schuh uf das sein buwen, und stosset es
denn in die gemain, was in die gemain stosset, so mag ainer das sin gar
einnämen.

Item, weller aidswerer mit ainem geswistriget kind ist, was die-
15 selben angâd, so sol er nit sizzen, noch urtailen, usgenommen, um waisen
mag ainer wol sizzen und urtailen.

Item, weller aidswerer in den sachen verwant ist, tail und gemain
hat, derselb sol nit sitzen, noch urtailen, man mag ainen andern an des
stat sezzen von der sach wegen, ob es notturftig were, won das recht sol
20 gemain sein.

Item, wenn ain aidswerer trüwlichen nach seiner gewissen sein pest
thut, so sol ainer um kain urtail nit gestraft werden, won wo ainer oder
all nit wizzig, vernunftig oder nützlich darzu werent, so mag man die
absezzen, und andre an der [16] stat setzen, won ain commun hat söllich
25 gewalt und recht, aidswerer ze sezzen und ze entsetzen, darvon ze nämen
und ze legen und ze pessren als oft, und es notturftig ist, aber ain richter,
den sol ain her von Chur und das commun erwellen und setzen gemaink-
lichen mit ainom rat, alz obgeschrieben stat.

Item, weller wider urtail offenlich redt, derselb ist fünfzig ₰ ver-
30 fallen.

Item, weller ainen tügen von gerichtswegen, was von gerichts-
wegen angâd, mit worten übel handlet, der ist V ₰ verfallen, und weller
in slecht, der ist fünfzig ₰ verfallen um den frefel ûn den schaden, das er
tut, das sol man aber darnach richten.

35 Item, weller sich selber, das got für sie, umprecht und sich den tot
antät, derselb ist nit me gutz verfallen, denn fünfzig ₰ um den frefel,
und das übrig beleibt den erben, won um die grosse unzucht uud übeltat
und schaden, das er sich selber getan hat, mus leib und seel ewiklichen
darum hertiklich leiden.

40 Item über die pfaffen hat ain weltlicher richter weder ze richten,
noch ze straffen, noch ze schaffen, weder um leib, noch gut, weder leben-
diger noch tot, noch um dehainerlai sachen, und ob das were, das got für
sie, das ain priester sich selber umprecht und sich den tot an tüt, als ferr
und weilen es Churer bisthum anlanget, hat in kain weltlicher herr, noch
45 richter weder über den leib, noch über das gut weder ze richten, noch ze
schaffen, noch enkain gerechtigkait darzu; won weller über ainen im leben

_____

[15] erberen *F.*   [16] des *F.*

ze richten hat, derselb hat über in ze richten im tot, und nach dem tot
über den leib und über das gut ouch, und gehört daz ainem bischoffe ze
Chur zu.

Item ist es ze wissen, was landzrecht ist um leibschaden, das ainer
dem andern an seinem leib schaden tüt. Weller den schaden tut, der selb 5
ist nit me pflichtich, noch schuldig darum schüden abzutragen, [noch] us
ze richten, noch ze bezallen, denn sunderlichen arzitlon, und was derselb
in der zît mit sinen[17] mund und ain arzit ouch verzert hat, und ver-
saumung siner werch, was er die weil versumt hat, zu des richters er-
kanntnus, und nit ferer, won von plut und leibschaden kann, noch mag 10
niemant schetzen, und sol auch nit geschezt werden.

Item ain richter sol, noch mag um höher, noch um grösser pen nit
pieten lassen, denn um V *ll*, und verpieten um fünfzig *ll*.

Item um dehainerlai spill wegen; was von spill wegen zugûd, sol
man enkain recht nit halten, won es nit götlich, noch recht, gott hat ouch 15
kain spill nit beschaffen, won spill ist falsch und untrüw.

Item, weller so vil stilt, das V *ll* wert ist, demselben sol man das
recht or ab lassen howen in seiner cost, und das land verpieten, und was
über V *ll* ist, so sol ainer darum derhangen werden.

Item, wenn es sich derfunde, daz ainer ain falschen aid swur, so sol 20
man im dieselben zween finger ab lassen howen in seiner cost und das
land verpieten.

Item ain her von Chur sol den markt ze Münster behüeten und be-
schirmen lassen und den zoll einnümen und die zerung darvon tun, und
sol ain freier markt sein und sol acht tag weren. 25

Item niemant sol dishalb des crütz ob Puntfil in disem gericht von
niemant enkain zoll vordren noch ainnemen, denn sonderlichen ain herr
von Chur ain gewöhnlichen zoll, als von alter her kummen ist, und nie-
mant anders.

Item, weller in Glurnser gericht und in disen gericht gesessen ist, 30
der soll in Glurnser gericht gebiet und behör niemant enkain zoll nit
geben, weder um kaufmannschaft gut, noch um dehainerlei sach wegen,
won von alter und pei unsren gedingen ist daselbs von uns nie kain zoll
gevordret.

Item vatter und mutter mit iren kinder und geschwistriget und iren 35
kinder kinder, die söllent mit enander nit rochten um wes [sie] stößig wer-
den, und kummen sie denn darum für ain recht, so söllent sie mit urtail uf
iren nächsten gemain fründ geweißt werden, und wie die durch iren ge-
main fründ gerichtet werden, dapei sol es beleiben, kraft und macht
haben, und sol ouch ain richter ainen dapei halten, und weller denn nicht 40
nachkummen wölt, so sol ain richter darzu tun, das ainer das tun mus.

Item es ist ze wissen, das ain her von Chur sol zwürent im jar
landsprachen besezzen und halten, und das sol sin der nächsten tagen nach
sant Anthöni tag und ze mitte maien, und das sol drei tage nach enander
weren. 45

---

[17] siner *F*.

Item, die drei tagen sol ain her von Chur die zerung usrichten und die pen einnemen; möcht man aber in die drei tag nit vollenden und usrichten, so sol man den fierten tag auch sitzen, desselben zerung, daz sol über die gân, die da rechtent und es bedürfent.

5 Item, niemant bedarf den andern um kain geltschult für pieten, iedermann sol für sich selber für gebotten sein, und söllent alle die darzue gepotten werden, die in disem gericht gesessen sind, und all gotzhuslüt und des closters von Münster lüt, die in Tuferser pfarr gesessen sind, die söllen all darzu gebotten werden bei einer pen fünf ₰.

10 Item, weller den mairhof ze Rivair inne hat, der selb sol die drei tagen ain vorsprecher und die anclager da haben und in den lon usrichten.

Item, ieklicher clag den ersten tag giltet xii fierer und den andern tag xxiiii fierer und den dritten tag xxxvi fierer, und das ainer old nun den dritten tag für recht käme und die andren zween tag nit, so mus er 15 dennocht xxxvi fierer geben, und uf wellen tag das ainer angeclagt wurd, und der selb nit da ist und sich nit verantwurtet, derselb ist zwifach pen verfallen.

Item, die aidswerer söllen die 3 tagen nit anders denn die zerung da haben, und das ist nit me, denn ieklicher fier mal, den ersten tag ain, 20 den anderen tag ii, und den dritten tag aber ain.

Item, die sich verantwurten müssen, die selben söllen sich selber mit vorsprecher versorgen, wie nu si des geniesen wellen.

Item, und es sol niemant kain kuntschaft abgeschlagen werden, man mag bewîsen mit wie fil man wil, untz das man dem richter genug tüe.

25 Item den ersten tag sol man am ersten landzrechte öfnen und melden und das iedermann lassen verhören, und darnach sol man sizzen und recht halten, und geschech denn, das recht sie.

Item, weller pen verfallen ist, und den dritten tag unbezalt darvon gâd, der selb ist fünf ₰ verfallen.

30 Item in disem gericht sol uns von dem land weder korn, noch saltz noch fich nie verbotten sîn.

Item die aidschwerer, die das derfunden und dertailt und geöffnet habent, die sint mit namen gewesen Clavutt Ursula von Vallcaf, Sümon Zuff und Janutt Patschutt, baid von Sant Marien, und Minnig Michel von 35 Sielva und Jann Schkars von Münster, Clavutt Carl und Erhard Lavasthira, baid von Tufers.

Wür da ob geschriben aidswerer bekennen offenlichen, das wir pei unserem aid derfunden und dertailt, geöffnet und bestätet habent in aller der mas, als es obgeschriben statt, und kain nüwerung darzu, noch darinn 40 nit gemachet habent, denn sunderlichen, wie es von alter her kummen ist pei unseren gedingen und nach unsern gewissen, darpei habent wir es ouch lassen belîben, und auch mit rat diss nach geschriben erber lüt getan habent.

Item die sind mit namen: Janutt Buvella von Glurns, Albrecht von 45 Tschüncyr, Michel Muritzi von Türtsch, Andres Nisalla, Cunrad von Platatscha und der mesner, all von Lautsch, Jeri Propst, Hainrich Scanawa und Minnig von Carozza, all von Malls, Nichly von Schlus und Carsper von Schlus, Batschader und Stampfer, baid von .   .   .   .

Item ze Tufers   .   .   .   .

.   .   .   .

.   .   .   .

Item wir ietz da obgeschriben all, als wir genannt sind, bekennen
ouch offenlichen ainhelliklichen, das wier damit und darpei der der- 5
findung gewosen sind, und des wol ingedengg seient, daz es pei unsren
gedenggen herkummen ist in aller der mas, als es do vorgeschriben stat,
und was die aidswerer da derfunden, dertailt und geöffnet habent, das
bokennen wir ouch und bestettigen das pei unsren trüwen in all mas, als
es da obgeschriben stât.   10

Item wir Johanns, von gottes genaden bischofen zu Chur, bokennen
ouch das offenlichen, das das statut für uns kummen ist, und wier des
aigenlichen wol verhört habent, daran wier ain gantze benügen habent,
und darum so bestäten wier das ouch in all mas, als es da obgeschriben
stat, und des ze urkunt der worheit, so haben wier ouch unser insigel uf 15
dies statut drucken lassen, das es stüt und fest pei kraft und pei macht
beleib im mas, als da obgeschribon stât.

Item ich vorgenannter Janutt Carl de Ballcunault bekenn ouch, das
ich von gerichtz wegen ze urkunt der worheit mein aigen insigel uf disen
statut gedruckt han, doch mier und meinen erben ân schaden, der geben 20
und beschehen ist zu Münster ze xvii tag in dem maien in dom jar, do
man zalt von Christi gepurt thussent fierhundert und in dem siebenden
und zwainzigesten jare in gotz nammen. Amen.

NACHTRAG ZUM I. THEIL.

Schwaz. *)

(Vor Nr. 36.)

Papierhds. 17. Jh. 4º. 41 Bl. im Archive der Grafen von Enzenberg in Schwaz.

Der lechensassen im dorf zu Schwaz, Riedl, Zimperg und Piller-
perg öffnung.

Vermerkt der nachparn ehohaft zu Schwaz in dem gericht Freunts-
perg in der fürstlichen grafschaft Tyrol.

5 Von erst offnet man ain offne panrisen von joch her und gehet
übern Tulla, und auch ain tail uber den Egker und geht horab zwischen
des Tanfelders in den risen.

Item, so öffnet man ain ofne punnrisen von joch her durch die
Kalchgrueben unzt gehen Ried auf Gossen.

10 Item, so offnet man ain offne panrisen von joch her über den
Zinnperg, über urbor und aigen, unzt in das Nosenthal.

Item mer öffnet man ain offne panrisen auß dem Teuferpach her
uber den stain in den Purpach.

Item, so offnet man ain offne pannrisen, genant die Prantrisen, hebt
15 sich an von joch und get herüber den Arztperg über urbor und aigen unzt
her in das grien feld, und das holz in das grien veld kombt, so sol es nit
lenger ligen, dan drei tag, und aus dem grienen velt gefiert werden ohne
verzug, doch sol die risen offen sein von st. Martins tag bis auf sanct
Ruepprechts tag.

20 Item ain ieder lehensüß sol haben von der panrisen ain holzrisen zu
seinem haus.

Item, so sei von alten herkomen, daß ain iede risen offen sein sol
von st. Martins tag biß auf st. Ruepprechts tag.

Item, wann ainem sein holz auf die pannrisen kumbt und will sein
25 holz anlaßon und treiben, so sol ers zuvor drei stunt mit lauter stimb
beschreien: „aus der riß, aus der riß, aus der riß!", und wann es mittag

---

*) Das Weisthum hat in vielen Stücken grosse Aehnlichkeit mit dem W. des
benachbarten Dorfs Stans, welches im I. Theile n. 36 mitgetheilt ist.

ist, so soll er still halten als lang, biß das vieh getrunken hat, des gleichen
zu morgen und zu nacht, wan das vieh drinkt, sol ers ieder zeit berüefen,
darnach mag er anlaßen. Beschaehe aber nach dem geschreien iemant
schaden, so ist er deßhalber weder der obrigkeit, noch iemant andern
darumb nicht schuldig, beschreit ers aber nit und bescheche dariber 5
schaden, das sol der pießen, des das holz ist, gegen dem gericht und auch
dem schaden beschechen war, es seie vieh oder leut.

Item, so sich begäb und vonnetten sein wurde, das durch prunst
oder anders not beschäche, da gott vor sein wolle, so mag ainer miten
dem sumer mit ainem fürst und drei raffen den panris nach fahren zu 10
seiner notturft.

Item, wan ainer mit seinem holz auf die risen kumbt, so sol der,
wer der ist, ain tag und alle tag treiben, damit er davon kombt und ain
anderer nachfaren müge, ine iret dan gottes gewalt oder herrn gebot, so
mag er drei tag da ligen und dan das holz von statt treiben und die risen 15
raumen.

Item, wan ainer zu walt holz schlecht und laßt das ligen über jahr
und tag, so mag es ain ander aufarbeiten und treiben, und ist darumb ge-
richt, noch niemant nicht schuldig; treibt ers aber nur drei schrit verer,
so mag ers aber jahr und tag ligen laßen. 20

Item, wo ainer prenholz schlecht und das haimbfiehrt, weil es in
zeit ist, wol und guet, tuet er das nit, so mag das ain ander haimbfiehren
und ist iemant nicht davan schuldig.

Item, ob ainer oder mer ungewendliche weg oder steg bei der nacht
oder tag gieng in ungewendlichen gewand oder sich unbeküntlich macht, 25
nach dem sol man greifen und in zu gerichts handen der herrschaft von
Freintsperg antworten, darumb wer solches tuet oder dieselben, die das
thain, ohne schaden gehalten werden.

Item, als sich dan oft begibt, das ainer oder mehr außtreten und ab-
sagen und nicht recht nemen oder geben wil, und solches mehr beschöche 30
und ainen im gericht angieng, und doch gern recht umb recht nemen und
geben an allen billichen steten und sonderlich vor unserm lantsfürsten
oder gerichts-herrn, nach dem mag man trachten und zue gerichts handen
bringen, wer aber solche behauset und wissentlich beherbergt und des
erindert wurd, der ist dem umb seinen schaden und der herrschaft umb 35
die höchste peen verfallen.

Item begab sich, das ain unzucht entstiende auf freier gassen oder
in heusern oder, wo sich das begibt, an andern orten, das ainer von dem
land flichtig wurde, so sol kainer dem andern nachlaufen unter ain trupf-
stall, ob es aber beschöche, so ist derselb, so das thuet, der herrschaft die 40
hechst peen verfallen, und dem andern, so er nach ist gelaufen, umb seinen
schaden. Wan unter dem trupfstall aines ieden pidermans, so ainer darein
fleucht und darein kumbt vor dem nachlaufen, ist sicher inn, früvelt
aber ainer mit der hant und schlecht ainen noch unter dem trupfstall,
umb dieselb hant sol er strafft werden oder löst si, als lieb sie im sei, 45
desgleichen mit seinen fießen oder ganzen leib, nach alter öffnung her-
kumen.

Item, wer sach, daß ain hauswiert oder sein gesind ainen oder aine
fund in seinem haus bei nacht oder nebel bei gerochnen feur[1]) und zu un-
billicher weil und zeit, kan er den oder dieselb zu gerichts handen nemen
und halten, ist wol und guet, mecht er aber das nit thain und entrun,
5 und wur er des[2]) dan verklagt, nach dem sol das gestrafft werden, es seie
ehrlich oder unehrlichen.

Item, ob ain prunst auf käm in seinem haus und gemachen, der sol
das beschreien, alspalt ers gewort, und seines guets nicht außtragen; thuet
er das und halt das laut schreien: „auf, auf, ir lieben nachparn, es prennt
10 in meinem haus", so ist er den nachparn oder dem gericht, noch niemand
nicht darumb schuldig; thuet ainer oder der aine aber das nit, als vor
stet, und tragt sein guet aus, der ist schuldig, allen schaden abzutragen.

Item es sollen auch alle gosen offen sein, also das niemant darinn
stüben oder wässern solle; wer das überfert und darein stient oder was-
15 sert, ist verpoten bei fünf pfunt perner.

Item ain ieden sol sein haus- oder mueßwasser gehen, als von alter
herkumen ist, und wer das außkert, ist verpoten iede runst bei fünf pfunt
perner und sol[3]) nicht außkert werden biß hinab zum giesen.

Item den[4]) Riederpach sol der da sitzt zu aigen nemen ob der halten
20 oder bei der hiten und den füeren unzt in das Pröstvelt, darnach der von
Ried sol in fieren do[5]) durch das Pröstvelt unzt in den giesen. Darumb
hat er ain gemain, und wer in außkert unten oder oben, der ist verfallen
der herrschaft fünf pfund perner.

Item, wer den andern überzeint, überpaut oder müdt, ist verpoten
25 bei fünf pfunt perner, übermüdt ainer den andern und last's ligen, so ist
er nicht schuldig darumb, doch sol er das dem andern kunt thuen, daß
ers zuefiere.

Item, ob ainer dem andern ain marchstain auspaut ungevürlich, so
solle ime der mener und pfluegheber widerumb hinsezen an die alt statt.
30 Thuet er das, so ist er der herrschaft nich schuldig darumb. Farn si aber
darvan und lassen den stain ligen, und wirdt nit wider eingesezt an die
alt statt, so ist er 52 *℔* perner schuldig, oder wer in sonst auszeucht oder
übersteckt.

Item, wan ainer auf das feld zu seinem pau wil fahrn oder nach
35 seinem traidt, der sol fahrn, als von alter herkumen ist; wan man den
roggen abschneid, so sollen die graswog offen sein unzt auf st. Margreten
tag, acht tag vor oder nach, auch ungefürlichen, was van alter herkumen
ist, und wo die anwand an einander stossen, da sol der weg oder grasweg
über ieden halben gehen.

40 Item es sol auch dem andern über aufgangne sat, noch angepraiten
mist mit der äten nicht fahren, ist verpoten bei fünf *℔* perner, sondern
die zend solen über sich kert werden.

Item, wer den andern überzeint bei der nacht, es seie der zaun guet
oder bess, und hat das mit willen gethan, der ist schuldig der herrschaft
45 die hechst penn zu bezallen und allen schaden abzutragen; ob aber ain
vich ainem beim tag zu schaden gieng, darumb sol man die zein beschauen;

---

[1]) fruhe *hs.* [2]) das *hs.* [3]) so *hs.* [4]) dem *hs.* [5]) dos *hs.*

seint die zein daran schuldig, des genüess er; wären aber die zein guet, des sol der entgelten, des das vich ist, und ist schuldig den schaden abzu-tragen und der herrschaft die puess und peen.

Item man sol auch das vich einthuen, und dem das vich ist kunt machen; kombt er und lest das vich oder gibt pfant, so geschech was 5 recht seie; kombt er aber nit, so soll man dem vich essen [6]) und drünken sezen auf den first. Nimbt das vich ainen besen tot, so ist man der herr-schaft, noch dem das vich ist, nicht schuldig darum, item mit dem [pfant] soll man fahrn, was recht ist.

Item ain ieder panzaun sol winter und sumer guet sein, und ob ain 10 panzaun nit guet wer, und machet des nit, und beschüche ain schaden dar-durch, so ist [er] verfallen 5 *d* perner der herrschaft und dem andern seinen schaden.

Item, wan ainer über den anderen zuckt in zorn und thuet kainen schaden, das ist ain fräfel, der ist schuldig der herrschaft 30 *ß* in die 15 schaiden, schlecht aber ainer dem andern und thuet im schaden, sol ge-straft und gepiest werden, nach dem die schäden seint.

Item, schlecht ainer dem andern mit ainer haken und trifft in mit der schneid, sol er das piessen nach dem schaden, schlecht er in aber mit dem eer, so ist es ain mort. 20

Item begibt es sich, das ainer mit dem andern erzürnt, wo das ist, und felt ainer oder sie baide in die stain, und hebt ainer ain stain bis unter das knüe und last in wider fallen und wirft nit, so ist er nicht schuldig, hebt er aber den stain auf über das knüe und würft nit, so ist er 5 *d* perner, würft er aber und trifft, so biest er nach dem schaden, fölt 25 aber und trifft nit, so ist die felligkait leib, ehr und guet, als van alter herkomen ist.

Item, wer ainen überphar oder follen hat, der ist verpotten bei der hechsten peen also, das er den auf kain waid schlag, da den nachpern schaden geschicht, bescheche aber ain schaden, denselben schaden sol der 30 abtragen, des der überphar oder vol ist.

Item ain ieder, der ain zaun oder hag hat, der an gemain stost, der sol ain gueten schrit van demselben hag oder zaun hindan frei sein und das holz nicht hindan geschlagen werden, welcher aber das überfert, ist ieder stamb verpotten bei 5 *d* perner. 35

Item ain ieder söldner sol haben ain hann und drei hennen und iedermann ohne schaden halten, ob aber die schüden thäten und seine nach-parn nit leiden mechten, so haben die hennen nit weiter gerechtigkait, dan das die frau steet auf den fürst und würft ain scheibling hantschuech ärschling über den kopf aus, als weit der hantschuech fült, so weit hat 40 der hann und die hennen gerechtigkait, und weiter nit.

Item, wem das wasser zu schaden geet, dem solts zu nuz auch gehon.

Item der pach, so über den Zünnperg geet, wan die giss seint, so sol der obrist anheben und sol [in] in die Plaiken kern, und was dan noch hebt, das sol abgehen in das niederist hochried. Miegen aber die nachpern 45 im dorf das nit leiden, so mügen sie hinauf gehen und megen den kern

---

[6]) *Die Hs. hat nach* essen „geben", *dieses aber wieder gestrichen.*

hinab in das Mildal, und ob aber die am Zünperg, der Rümdl und der
Danfelder, das nit leiden wolten, so migen si den pach abkern in das
hochried, das ist van alter herkomen, das er durch das hochried ist hinab
gangen und gerunnen.

5 Item die nachpern in dorf haben ein aigen muesswasser, des nemen
si zum Pirkl unter dem radtsweg, si fieren durch des Grütlein lechen;
das aufkeren, wie oft man das thuet, so ist ain ieder, der das than hat,
puess verfallen 5 ₰ perner, und sol das muesswasser ainem ieden fir seinen
krautgarten oder sein thir laiten.

10 Item ain ieder, der päm hat, der obs tregt, in seinem grunt und
auf den anderen trift, so sol der drit thail zu dem stamb gehern, des der
pämb ist, und sol der paum geschit oder gelessen werden nach willen, des
der paum ist.

Volgen die urtlen zum ehehaft täding.

15   **Die erst urtl.**

Ich erkenn zu recht, das eur vest . . als richter anheut als an ge-
birender gstatt in namen der fürstlichen durchleichtigkait etc. unsers
genedigisten herrn und lantsfürsten die ehehaft, dieweil dieselb zu ordent-
licher zeit, wie van alter herkumen ist, berueft worden, wol besizen und
20 halten mügen, auch irer fürstlichen dht. etc. hochhaiten, herrligkaiten
und gerechtigkaiten eröfnen und der gerichtsleit chehoft und notturft
anhören.

Dio ander urtl.

Dieweil inhalt vorgefelter urtl das ehehaft täding zu ordenlicher
25 zeit berueft worden, und derselben zwai ein jar gehalten worden, so er-
kenn ich zu recht, das ain ieder, so aigen haus und hof, rue und rauch
hat, auch gemainer nochperschaft wunn und waid neusst und mit inen
in raiss und steuern verpunden ist, die ehehaft täding zu besuechen und
dabei zu erscheinen schuldig, sover sich aber begüb, das es wer um ain
30 pauzeit und das zween bei ainem pflueg weren, so mag ainer dem andern
gewalt geben, und der ain erscheinen; ob auch zween unter ainem first
wohnen, so mag ainer den andern vertreten; es mag auch ain messner bei
der kirchen und ain millner bei ainer lechenmil bleiben, und soll von-
wegen ires ausbleibens nicht schuldig sein; welcher aber ausser disen ge-
35 melten ursachen aus bleibt, den nit gottes gewalt oder andere ehehafte
not verhündert, der ist schuldig zu bezallen 6 xr., komt er aber nach der
nachpern sondersprach, so ist er schuldig 3 xr., ob aber ainer von täding
hinwek gieng on erlaubnus, ehe der richter den stab aus der hant legt,
der ist schuldig 6 xr., als wer er nie da gewesen, und solches strafgelt sol
40 ain richter mit den nachpern vertrinken.

Die drit urtl.

Nachdeme im jar zwai täding gehalten werden, so erkenn ich zu
recht, das ain ieder, so ime in seinem haus oder auf sein grunt und poden

was unzimliches begegnet were, burger-unzucht oder andere sachen, der
herrschaft anzaigen solle, so aber ainer in seinem haus oder auf grunt
und poden zu ungebührlicher zeit iemant betrit, so mag ainer ime um fank-
liche hanthabung zuesprechen, und ob er sich gefangen gibt, sol er den
der obrigkait antworten, wo er aber sich sein sezet und in der entleibt, 5
so ist er weder der herrschaft noch derselben freundschaft nicht schuldig
zu geben. Es ist ainer das, so ime sonst burgerlich oder unzichtlich be-
gegnet, der herrschaft schuldig anzuzaigen, ob er des aber nit kündig wär,
so mag er solche handlungen ainem seiner nachpern anzaigen oder dorf-
maister zu verstehen geben oder solches alles die nachpern in der sonder- 10
sprach berichten. Haissen si ine alsdan solches der herrschaft anzaigen,
so sol er ain warhait fir ain warhait und ainen wan fir ainen wan rüegen
und anzaigen, und mit dem wan sol die herrschaft den anzaiger ohne nach-
tail halten und der warhait beistehen.*

---

*) *Hierauf folgt in der Handschrift ein* „Verzaichnus, was ain ieder nach-
paur im dorf zu Schwaz für pannzein zu machen schuldig und wie si nach-
einander gehen.“ *Bl. 20—32.*
Bl. 33ª: Vorbeschribne abmessung ist beschechen den 11. tag mai
aº 1580.
A. di. Den 2. tag mai aº 1604 ist ain nachperschaft umb die pannzein
gegen der au werts gangen bis hinab zu des Hörman au.

NACHTRAG ZUM II. THEIL.

1. Aschau.
(Zu Nr. 20.)

A. Perg.-Urk. v. J. 1561, 6 Bl. 4°. im h. k. Statth.-Archiv zu Innsbruck. B. In einer Papierhds. v. J. 1590. 9. Bl. Fol. ebend. ist diese Ordnung mit vielen Abänderungen und Einschiebungen enthalten, von denen die erheblichen in den Anmerkungen mitgetheilt werden. C. In dem „Instrument Aschauischer übernemb- und huldigung, wie auch aller brieflicher gerechtigkaiten" 1610, Papierhds. Fol. ebd. auf Bl. 32 ff., in allem gleichlautend mit B.

Ordnung in der pfarr Aschau, wie es hinfüran in etlichen sachen gehalten werden solle.[1]

Vermerket die ordnung, so die gemain nachbaurschaft zue Aschaw durch ihre verordneten und gerichts-geschwornen aus bevelch des erwür-
5 digen in gott herrn Johannes[2], abbt des gotshaus sant Mangen zue Fuessen, als irn rechten gerichts-, grund- und lehenherrn, von gemains nutz wegen ain ordnung fürgenumen und gemacht, doch der römischen kaiserlichen maiestat[3] an hoher obrigkeiten und vogtei one schaden und unvergriffen, wie es dann mit aller sachen nun hinfüro gehalten werden soll
10 auf form und mainung, wie hernach stat.

Item, was man ainem mair zu thun und schuldig ist.

Item, es ist ain nachbaurschaft zue Aschaw für das recht zu samlen ainem mair nichts schuldig, aber ain auslender, der nit ain nachpaur ist, ist ainem mair für gericht zu samlen vier kreuzer schuldig.

15   Fürpott.

Item, so ain nachbaur dem andern lasst fürbieten zue recht, so ist er ainem mair nicht schuldig, wann aber ain fremder ainem nachbarn fürbieten lasst zum rechten, derselbig ist ainem mair schuldig vier kreuzer.

---

[1] *Diese Ueberschrift nur in B.*
[2] Mathias *B.*
[3] der fürstlichen durchleuchtigkait erzherzog Ferdinand zu Österreich *B.*

Fürfordern.

Item, so ein nachbaur dem andern für ainen mair und herrschaft ervordern last,[4]) ist ainem mair schuldig von ainem ieden ain kreuzer, und was oberhalb des Gechtlins[5]) sitzt, von ainen ieden drei kreuzer[6]) und von ainem verschaffen ain kreuzer, so aber ain fremder ain fordern 5 lasst für den mair, ist schuldig von ainem ieden zwen kreuzer, und was oberhalb des Gechtlins sitzt von ainem ieden vier kreuzer.[7])

Item, so ain mair sambt den geschwornen zu gericht niedergesessen ist und der kläger sein klag vor gericht eröffnet und gethan, der ist ainem mair das sitzgelt[8]) schuldig acht kreutzer, ob aber ainer oder mehr für- 10 stunden, und ihre klag nit eröffneten, der und dieselbigen sein ainem mair schuldig vier kreuzer und vier für sein zerung.[9])

Gerichts uncostung.[10])

Item, wann ain gricht gesamlet und nider gesessen ist, oder nit nider gesessen, es werd gerechtet oder nit, so soll der anruefend dem gericht 15 schuldig zue geben von ainem nachbaurnrecht zwölf kreutzer, und ain fremder oder auslender sechzehn kreuzer.

Gerichtsgeschwornen oder nachbaurn.

Item, wann ain mair ainem gerichtsgeschwornen oder ainem nachbaurn für zue, oder an die dingstet ervorderet, und der oder dieselbigen 20 nit erscheinen und ungehorsam wern, die sollen ainem mair das unrecht schuldig sein und geben acht kreuzer.[11])

Kundschaft - personen belonung.

Item, ob ainer oder mehr kundschaftpersonen fürbioten liess, kundschaft zu geben, der soll ainer ieden kundschaftpersonen, was under dem 25 Gechtlin[12]) sitzt, zu geben schuldig sein, ain nachbaur dem andern drei kreuzer, und ain, [was] oberhalb des Gechtlins sitzt, sechs kreuzer zur zerung und kain belonung.[13])

---

4) ist *A.*

5) zu Weissenbach oberhalb des Gechtlis *B.*

6) auf die Gacht 4 kr.; in den Hornpach 8 kr. *B.*

7) underhalben des Gechtliss 2 kr., gen Weissenpach 4 kr., auf die Gacht 6 kr. und in den Hornpach 12 kr. *B.*

8) fur das gericht zu samlen 8 kr. sitzgelt, wie ainem geschwornen 12 kr. und kain zerung, doch nach glegenhait der fürstend, ob deren etlich weren, soll sich ain mair und die geschwornen ziemlich und geburlich verhalten *B.*

9) kain zerung *B.*

10) *fehlt B.*

11) *B. fügt hinzu:* und zuvorderst der obrigkait in straff.

12) Gechtle *B.*

13) kain zerung. Ob aber ain auslender ainen oder mer nach perg in der Aschau ob oder underhalben des Gechtliss kuntschaft zu geben fürfordern oder gebieten liesse, soll es der belonung und zerung halben bei erkanntnuss des mairs und der geschwornen steen. *B.*

Nachbaurn recht.

Item, welch nachbaur ain mit dem andern zu rechten hat, der solls
an ainem montag thun, ob aber ainer oder mehr in der wochen rechten
wollten, der soll den gorichtsgeschwornen das mal und ihr taglon zu
5 geben schuldig sein, sechs kreuzer.[14])

Eingreifen.

Item, ob ain mair und die geschwornen ainem[15]) muesten eingreifen,
umb gichtig[16]) und bekanntlich schuld, wie dann solliches ain ganze ge-
maind mit vorgemeltem abt, gerichts- grunds- und lehenherrn, am bauding
10 beschlossen hat, nemlichen das soll des mairs und der geschwornen be-
lohnung sein, inmassen wie man inen ze thun schuldig ist, von ainem
nachtbaurn recht am montag, doch soll sollichs auch am montag besche-
hen, ob es aber ainer oder mehr in der wochen haben wollten, und nit auf
montag und umb tagsazung[17]) in der wochen anrueffte, der soll ainem
15 mair geben acht kreuzer und sein zimliche zerung, und ainem ieden
gerichtsgeschwornen sechs kreuzer zu lohn und sein zimliche zerung, und
ob ainer ain schreibtag oder urtlbrief aufrichten wolt, sol auch dermassen
geben werden.

Zaunstötten.

20   Item zum ersten nach altem brauch und herkumen soll ain ieder
seine zaunstetten aufrichten, fridzein und schirmzein, und nach bietten
des mairs[18]) sollen die albmaister die zaunstetten besichtigen, und ob si
zaunstetten funden, die nit gemacht weren, frid- oder schirmzein, * die-
selben sollen gestraft sein umb ain guldin, und damit ain iedlicher sein
25 zaunstetten befriden soll, oder aber der daran ligt und der ander nit zeinen
wolt, sol er dem andern, so daran ligt, zeinen. Nachmals ime von denen,
den er zeint hat, von ainem fridzaun der klafter sechs kreuzer, und von
ainer klafter des schirmzauns drei kreuzer geben soll, und ist angesehen
worden, das man wissen kunt, wem der zaun zugehöre, und obgemelt straf
30 darzue verfallen sein.* [19])

---

14) *B. fügt hinzu:* Aber ain auslender soll mair und geschwornen das mal
und ir taglon 10 kr. zu geben schuldig sein.

15) ainem in der pfarr *B.*

16) richtig *B.*

17) scheztäg *B.*

18) *B fügt ein:* so offentlich beschehen solle.

* — * *Die Stelle lautet in B.:* dieselben sollen die albmaister machen.
Davon soll der, dem der zaun zugehert, den albmaistern oder dem, so am selben
zaun gelegen und den machet, von ainer ieden clafter frid- oder schirmzaun
6 kr. zu geben schuldig und darzu der gerichtsobrigkait zu Fuessen ain gulden
straff verfallen sein.

19) *B setzt hinzu:* Es soll auch kainer kainen gemachten zaun bei straff
aines guldens in kainen weg, wie das beschehen mochte, weder mit stainprechen,
faren, reuten oder geen, nit erreissen oder aufthuen, damit das feld geburlicher
weis mit zaun versorgt bleibe, und weil der pau teur und manichen one das
hart ankumbt, aller schaden im veld, sovil müglich, verhuet werde.

Getter-farn, reiten und gehen.

Zum andern, welcher oder welche durch ain getter fört, treibt oder gat, und in aufthuet und nit widerumb nach im zue, sol gepfendt sein umb zween kreuzer,[20]) und ain ieder, der in sicht offen lon, soll macht haben zue pfenten, soll im auch glauben geben werden.[21])   5

[22]) Item nach altem prauch des clainen zechents, von wegen painen, erbiss und lehin[23]), wann ainer die ausseen wollt, sollen dieselben sollichs auf dem acker durch ainen unparteiischen * messer und den burgen an- zaigt werden, wo sollicher das verprechen wurt, durch die herrschaft umb ain guldin gestraft werden. *   10

Ausschlag.

Zum dritten, wann der mair vor offner kürchen bout ainen ied- glichen ain gemainen ausschlag, sol ain ieder dem andern one schaden ausschlagen, † bei der straf von ainem ross vier kreuzer, von ainer kue oder galdrind zween kreuzer, und von ainer sau ain kreuzer, und ob man 15 ain sau betret, die nit geringt were, die ist straf verfallen vier kreuzer, und von schafen oder gaissen, von ainem ieglichen haubt, ain kreuzer, † und ob man gens oder hennen betrit, das sie schaden thun, soll mans er- schlagen und an der stat ligen lohn, und vorgemelte strafen sollen den

---

[20]) 12 kr. *B.*

[21]) *B. fügt hinzu:* Und ob sich aber derselbig nit pfenden lassen wolte, und dem, der ine gepfent hat, pöse ungeburliche wort geben wurde, der soll es den gwalthabern iedes orts anzaigen, der soll alsdann den gwalthabern in ain gmaint 12 kr. sambt dem pfantgelt zu geben schuldig sein, und zuvorderst der herrschaft 1 fl. straff verfallen sein, darauf ain ieder nachpaur sonderlich guet achtung und aufsehen haben soll. — Und solle biefüron mit den gettern zu hengen, wie bissher im gebrauch gewest, bei 1 fl. straf gehalten werden. Ob aber ainen ain getter zu hengen zu beschwerlich were und der hof hinder joch denselben getter nit ertragen mechte und sich das gruntlichen befunde, so sollen die jenigen, so in selbigen hof haben, sich mit dem nach pillichen dingen vergleichen, sonderlich die so negst daran ligen, damit die getter wol gemacht und versorgt werden.

[22]) *Vorher geht in B.:* Und nachdem es nun dise jar her mit dem aus- seen des grossen zehenden bei vilen ungleich zugangen, aber ain ieder pfarr- herr ainem ieden in der pfarr, reichen und armen, gleich gwertig sein soll und muess, so ist durch die drei ort Lech, Wengles und Höfen fürgenomen und beschlossen worden, das sollicher zehenden, wie der von unserer obrigkait er- kauft werden mag, nach der steur angelegt und bezalt werden soll, welicher dann kain steur hat, wer die seind, deren ieder soll 4 kr. in den zehenden zu geben schuldig sein.

[23]) lein *B.*

* — * *Die Stelle lautet in B.:* hauer mit dem kornmass ordenlich messen lassen; dasselbig, was er gemessen und ausgeseet, auf ain holz oder span schnei- den und denselbigen den purgern zustellen, das sollen alsdann die purgen vleissig einschreiben, wellicher aber vil oder wenig aussecen und nit messen oder aufschreiben lassen, sonder erst über lang anzaigen wurde, die alle sollen der herrschaft 1 fl. straff verfallen sein.

† — † *Von hier an in B.:* und wann man anhebt zu pauen, so soll man die ross auf dem mos und denen orten halten, damit sie auf den saaten und paufeld nit schaden thuen, und solle ain ieder seine ross zu nacht einthuen. Welcher aber darüber betretten wirdet, der ungehietet vich, ross oder rinder

albmaistern der halb teil zuegehörn, wolten aber die jenig, so also straf-
bar erfunden wurden, [sich des pfantgelts verwidern,] sollen die alb-
maister dieselben irem gericht und grundsherrn bei dem aid anzaigen.[24])

Ein- und ausschlag.

5   Zum vierten soll man[25]) ain gemainen aus- und einschlag[26]) thun,
wie es die albmaister sambt etlichen geschwornen ainig und rütlich wer-
den, und soll auch niemands kain ross oder ander vich mit nichten in
die velder spannen, werchtag noch feiertag, sonder allain, wann ainer ain
ross zu der arbait brauchet oder ander vich, so mag er es wol bei im

---

ausschlecht, und sonderlich, wann die saat aufgangen ist, wie auch wann das
veld im pann ligt, und darüber betretten wirdet, der soll von den albmaistern,
pfender oder wer in betrit, gepfent werden, von ainem ross 6 kr., von ainer kue
4 kr., von ainem galtrind 3 kr., von ainem haubt gaiss oder schaf 1 kr., so
oft mans betrit. Und welicher die ross die nacht, ehe man ausschlegt, in der
saat, nit eintuet und die im veld befunden werden, der soll von iedem ross
pfantgelt zu geben schuldig sein 20 kr. Item welicher ain ungeringet schwein
ausschlegt, der soll gepfent sein umb 12 kr., und der pfender oder albmaister
soll si ringen, hat man dann ain schweinhirten, welicher nit fürschlegt, der soll
auch 12 kr. geben und der obrigkait 17 kr.

²⁴) *B. fügt ein:* Es soll auch ain iedes ort ausser der albmaister (ob man
will) ain aignen pfender haben, damit in allem guete ordnung gehalten werde.
Und das pfantgelt soll allweg dem, der gepfennt hat, unverzogenlich geben
werden, ervolgen und zuesteen, wovern sich aber ainer oder mer, wer die wereu,
des pfantgelts verwidern wollte oder wurde, so soll die herrschaft dem, der
pfendt hat, ain beistand thuen, damit er des pfantgelt bezalt werde, und soll
alsdann der, so sich verwidert, der obrigkait 34 kr. straf verfallen sein.

Es soll auch kainer in der ganzen pfarr, niemant ausgenomen, weder
ross noch rinder ausspannen, es sei dann tadelhaftig, allain mag er das bei ime
auf oder an der maden haben. Weliche das aber übertretten wurden, die sollen
obbemelt pfantgelt und straff, so oft das beschicht, on widerred zu geben
schuldig sein. Item es soll auch kainer kain unrain oder unfrisch vich, es sei
ross oder rinder, auf die gemaind noch sonst ausschlagen; ob aber ainer oder
mer dergleichen vich ausschlagen wurde, darauf die albmaister, gwalthaber und
menigelich guet achtung geben sollen, das sollen die jenigen, so das in wissen
haben, dem mair anzaigen, der soll alsdann mit dem, dem sollich vich gehörig,
von stund an mit erenst verschaffen, dasselbig vich weck thuen, bei straff der
herrschaft nach rath der geschwornen.

Welicher langs-, somer- oder herbstzeiten mit holz oder anderm durch
die felder fert und nit bei der rechten strass bleibt, sonder ungebürlich weg
suecht und machet, der soll gepfennt sein von iedem ross 6 kr. und darzue
der herrschaft straf 1 fl.

Item, welicher auch mit rev. mist, hei, koren oder andern ungebür-
lich weg über die ecker und durch die felder suecht und machet, der soll ge-
pfendt werden von iedem fueder 4 kr., so oft er das übertritt, allain ausgenomen,
was die gross notturft ervordert.

Dergleichen auch, weliche mit reiten oder geen ungebürlich weg über
die velder und ecker machen, da vormals keine weg gwest seint, die sollen
gepfennt werden umb 2 kr., auch weliche mit kaufmansgüetern durch die felder
faren, die sollen von iedem ross oder oxen gepfennt sein umb 6 kr., und
weliche sich sollich pfantgelts zu geben verwidern, die sollen sambt dem pfant-
gelt nach erkantnus der geschwornen durch die herrschaft gestraft werden.

²⁵) sollen die drei ort Lech, Wengles und Hlöfen *B.*
²⁶) in die velder *B.*

an der maden haben auf demselbigen acker und weiter kaius ausschlagen
und ausspannen, und ob aber sollichs ainem albmaister, ross oder ander
vich, ausgespannen oder ledigs in feldern nach ave Maria zeit betretten
oder funden, dieselbigen sollen gestraft sein, und verfallen pfantgelt ain
pfunt perner, ob sich aber ainer oder mehr nit pfenden wolten lassen, und 5
solch gelt nit geben, die soll ain herrschaft strafen nach ihrem gevallen.

Ausschlag nach der steur.

Zum fünften sol ain ieder, was galdvich [27]) ist, für den gemainen
hüerten schlagen, [28]) bei der straf von ainem ieden ross oder rind vier [29])
kreuzer, [30]) ausgenommen was tadelhaftig ist, und die wagenross, die ainer 10
zu seiner narung braucht, auch so soll ain ieder, so oft er sechs kreuzer
steur gibt, ain ross ausschlagen, und von ainer kue [31]) drei kreuzer darvon,
auch ob ainer oder mehr vich ausschliege, das er nit nach laut der steur,
wie obsteet, tragen möchte, [32]) der oder dieselbigen sollen geben von ainem
ross sechs [33]) kreuzer und von ainer kue vier [34]) kreuzer, und von ainem 15
galdrint drei [35]) kreuzer, und siben schaf oder gaiss für ain kue ausschlagen;
es sol auch ain ieder in seinem ort dem albmaister und etlichen geschwor-
nen bei seinen treuen anzaigen, was und wie viel er ausschlach, des doch
sein steur nit betragen mag, und wann dann also die albmaister ain ieder
in dem ort, darin er albmaister ist, die raitung von seinen nachtbaurn er- 20
fordern und in ain tag verkinden lassen, alsdann sollen die jenigen, so
in demselbigen ort sitzen, ime albmaister getreulichen anzaigen und rech-
nung thun auf der gemainen stuben, er schlag zu vil oder wenig aus, und
welcher oder welche sollich raitung und anzaigung nit thetten oder thun
wolten, sollen gestraft sein umb ain gulden auf den ersten tag und die 25
straf soll ainem herrn zu Fuessen zuegehören und sollens die albmaister
bei ihrem aid betheurn und anzaigen. [36])

---

[27]) oder järling *B.*

[28]) *B. fügt ein:* und soll ain ieder ort nit mer dann 3 stier zu den küen
haben.

[29]) 6 kr. *B.*

[30]) *B. fügt bei:* Weliche aber die galtrinder nit für den gemainen hirten
schlagen und darüber betretten werden, der oder dieselben, wie oft das be-
schiecht, sollen gepfennt sein von iedem rind 6 kr.

[31]) oder zwei galtrinder *B.*

[32]) oder nit in die pfarr gehörig ist, doch den armen, so nit 3 kr. steur
geben, soll ain kue auszuschlagen vergunt sein *B.*

[33]) 12 kr. *B.*

[34]) 6 kr. *B.*

[35]) 2 kr. *B.*

[36]) *In B. folgen mehrere Zusätze:*
Es soll auch kainer über 24 küe sambt den seinigen zu ainer albfart
und zu schöten haben oder aufnemen, weliche das übertretten wurden, die sollen
durch die obrigkait nach rath und erkanntnuss der geschwornen gestrafft werden.
Die von Weissenpach sollen mit den drei orten ainen gemainen galt-
hierten erhalten, aber nit schuldig sein fürzuschlagen; die drei ort sollen auch
mit denen zu Weissenpach der stallwaid halben ainen undergang thuon, das die,
so mit dem vich auf den Furnperg gen alb faren, hinfüron nit über den Öllen-
prunen, wie von alter auch gebreuchig gwesen, treiben sollen. Wo das aber

Hoch alben.

Zum sechsten, die hochalben send verpotten bei ainem guldin, bis man ain gmaine auffart thuet, sollich straf soll ainem prelaten zue Fuessen zuegehören.

5 ### Pfantgelt.

Zum sibenten, ausserhalb dieser straf, als oft von albmaister ross, rinder oder ander kleinviech, wie dann ain iegliches namen haben mag, nicht ausgenomen, in der hohen alben betretten und funden wurden, dieselbigen seind ainem albmaister schuldig pfantgelt von ainem ieglichen haupt drei 10 kreuzer.[37]

Jaghut.[38]

Zum achten sol die jaghut dem galdviech gewertig sein, es soll auch ausserhalb der albmaister und etlichen geschwornen wissen und willen niemandts darauf treiben, noch fahren, bei der straf ain gulden.

15 ### Aus der gemaind höwen.[39]

Zum neunten sol kainer nicht aus den gemainden nit howen, noch meen on erlaubnus der albmaister und etlicher geschwornen, bei der straf ain guldin der herrschaft, und welcher in den gemainden howet, der soll geben in ain gemaind von ainer ieden burden zween[40] kreuzer, und soll 20 auch darbei anzaigung thun, wie viel er gehowet hab; welcher aber sollichs nit thet oder thun wolt, den soll die herrschaft strafen nach ihrem gevallen.[41]

---

beschehe, sollen die von Weissenpach si zu pfenden macht haben, aber in schneefluchten soll man si nit gefaren.

Welicher auch ain rind drei tag für den gemainen hierten in das veld oder auf die gemaind schlegt und hernach das verkauft, der soll das hiertlon davon zu geben schuldig sein, welicher sich des widern wolt oder wurde, der soll durch die herrschaft zusambt dem hiertlon gestraft werden.

Auch welicher aigen feur und rauch hat in der Aschau und ain bestantguet hat, der mag nach der steur ausschlagen laut seiner bestantgilleter, ob aber der verlasser die steur selbs gebe, so solle der besteer das obbemelt grasgelt zu geben schuldig sein, bei straff der herrschaft.

[37] von ainem ieden ross 12 kr., von ainer kue 6 kr., von ainem gallrind 4 kr., was in die pfarr gehört. Darzue sollen auch die übertretter durch die herrschaft gestrafft werden. Es soll auch kainer kain hofpaum niderhauen, dergleichen auch aus kainem zerrwald nichts hauen bei straff der herrschaft *B.*

[38] fehlt *B.*

[39] heyen *B.*

[40] drei *B.*

[41] *B fügt ein*: Welicher ainen hof hinder joch hat und denselben heiet, der solt das tagwerch in herren rauth thuen, das fueter im hof einnemen und die hennen davon geben; welicher das nit thuet, den soll ain herrschaft straffen.

Holz-gehöw.*)

Zum ersten ist fürgenomen, das ain ieder howen mag, es sei reich oder arm, sechshundert brügl auf ein bach zu pringen für ain zal ; es mag auch ain ieder howen vier füertl flossbaum für ain zal, mitsambt gleger und rueter zur notturft, ainer zal und nit mehr, auch schauw holz, als 5 viel man bedarf, in zween kalchöfen zu verprennen, auch für ain zal.

Auch mag ain ieder hauen fünfzig schneid-pom für ain zal, after schlagen ordenlichen auspringen.

Es mag auch ain ieder hauen sechzig schindel-brügel für ain zall.

Es mag auch ain ieder hauen brenforchen sovil, und er zu notturft 10 seines hauses [bedarf].

Auch, ob ainer oder mehr über ain zal in den vorgemelten zallen hüebe, vil oder wenig, der und dieselbigen sollen gestraft sein von der herrschaft von ainem ieden stamen ain guldin.

Es soll auch kain lediger gesell nicht zu hauen haben, er haus dann 15 mit seiner muetter, die ain wittib ist.

Auch so soll kainer kain schindelholz, noch scheffelholz aus der pfarr geben, noch verkaufen, bei der straf vier guldin der herrschaft.

Dergleichen soll koiner kain stecken, noch stangen nit aus der pfarr geben noch verkaufen, sonder allain hauen nit mehr, dann zu notturft 20 seines hauses, bei der straf vier guldin der herrschaft.

Es soll auch kainer weder acherfelgen, laitterpem, ax-hölzer aus dem gricht geben, bei der straf ain gulden der herrschaft.

Es soll auch kainer sein zal ze hauen dem andern zu kaufen geben, or sols selbs hauen und auspringen, bei der straf vier gulden der herrschaft. 25

Auch soll ain ieder anzaigung thon bei seinem ait, was er für ain zal in ainem jar gehauen hat, und dasselbig jar nit auspringen künt oder wollt, soll er das ander jar zue hauen stil ston und sich des geschlagnen holz des vergangnen jars, so er gehaut hat, benuegen lassen, wann ers aber auspracht hat, dem albmaister und etlichen geschwornen anzaigen ; wo 30 aber ainer oder mehr bei seinem ait nit anzaigung thet und über sein zall in den obgemelten zallen hüebe, vil oder wenig, dieselbigen sollen gestraft sein, von ainem ieden stamen ain guldin der herrschaft.

Es soll auch ain ieder sich ainer zall begon, und nit mehr in andern zalen holzen oder anders, wie oben vermelt, nit hauen, weder wenig noch 35 vil, bei der straf vier guldin der herrschaft.

Wann auch die albmaister die raitung verkinden werden lassen auf ain bestimpten tag, so soll bei seines aits pflicht, so er der herrschaft gothon hat, dann ain ieder, der sein zal gehauen hat, dessgleichen zu vil oder zu wenig ausgeschlagen hat, getreulichen und ungevarlichen anzaigen bei 40 der straf ain guldin.

Es soll sich auch kainer kain holz hinfüro zu hauen, bis es die albmaister oder holzwart vergunden, understeen, und ain ieder erwarten, wo und welcher ende ime holz zu hauen erlaubt wird, damit dem wilpret an

---

*) Von hier an ist die Fassung in B. so sehr verschieden, dass sie vollständig wiedergegeben werden muss, s. d. S. 379 Z. 16 ff.

iren standen, auch dem federspill an iren aspämen kain schaden oder
verhinderung beschehe, und wann ainer sein zalholz geschlagen, sol die
kainer verfüeren oder verkaufen, unzt ihme die verordenten solchs abgezelt
haben, bei der straf fünfzechen pfunt perner.

5   Auch ob kainer oder mehr holz hauen wurt in seinem aignen walde,
sol er auch bei seinem ait anzaigen, wie vil er gehauen hab, damit guet ord-
nung gehalten wert.

Item enhalb des Lechs oberhalb des Berglins laut unser bauding
lassen wir es bleiben, ob aber ainer oder mehr sein zal enhalb Lechs hauen
10 wolt, mag er hauen in mass und gstalt, wie in andern welden herennhalb
des Lechs, für sein zal, auch an dem obgemelten Berglin sol niemant nichts
daran hauen, noch schlachen, weder puechen noch veichten holz, den zu
notturft seines hauses, laut brief und sigl.

Item fünfzechen lerch für ein zal, seien klein oder gross.

15   Item so soll man alle jar jerlich, welcher aigen brot und feuersteet
hat, in den gemainen daselbst ain tagwerk thun, reuten oder romen, wel-
cher aber das nit thet, der soll geben unablesslich in ain gemaind für das
tagwerk fünfzechen kreuzer, ob auch von netten sein wurde, die gemain-
den zue raeten vor dem wasser, so man archon oder ander arbait thun
20 wurte, sol auch ain ieder ain tagwerk thun, das ain recht tagwerk genannt
sei, bei der straf ain guldin.

Auch in den dreien orten sol man ain gemainen ein- und ausschlag
thun.

Es sollen auch die albmaister bei ieren aits-pflichten allo viertljar
25 ainer herrschaft treulichen anzaigung thun, so oft es sich zuetriege, daß
dieser ordnung nit gelopt und übertreten wurd, damit solche verprechung
gestraft werde, one allen verzug ain herr zu Fuessen oder dern anwält
von stund an.

Item, ob auch ain albmaister die übertrettung dieser ordnung, wie
30 obsteet, nit anzaigung thet, so sol ain albmaister an des übertreters stat
stan und darumb gestraft werden nach massen der herrschaft.

Item es sol auch kainer in der gemaind wider die albmaister kains-
wegs in ihren verwaltungen und anzaigung thun, es sei von pfandungen
oder ander articul, nach inhalt der ordnung, weder mit worten, werken
35 und gethaten frevenlichen einlassen noch handlen, welcher oder welche
das theten und fürpracht wurde, so oft das bescheche, der oder dieselbigen
sollen alwegen ainer herrschaft und oberkait zehen guldin peen unabless-
lich verfallen sein.

Item, es sol auch kainer kain holz, kleins oder gross, nicht ausge-
40 numen, innerhalb vierzig schritten hindan weit von zoinen abhauen, son-
dern lassen ston und den zaunstetten gewertig sein, bei der straf ain
guldin.

Welcher auch das holz aus den zeinen haut, der sol auch gestraft
werden umb ain guldin.

45   Item eckhalb von der jaghütten hinauf mag ain ieder sein zal
hauen bis zue dem brunnen, und oberhalb gemelts brunnen bis an das
Gschwendle und von dem brindlin gerat hinab bis an den bach, und der
ander walt hinein sol im pann ligen; wo aber das übertretten wurt, sol

für ain ieden stamen umb ain guldin gestraft werden durch die herr-
schaft.

Es soll auch ain herrschaft, wann man ier solche übertrettung an-
zaigt, von stund an strafen.

Auch ist sollichs fürgenomen und beschlossen, daß dise ordnung 5
laut irem inhalt sol treulichen gelept und gehalten werden fünf jahr lang,
die negsten nach ainand nach dato, wie volgt.

Und des zue urkunt, so hat auf unser aller, sovil die ordnung be-
rüert, underthennig bitten der erwürdig und gaistlich herr Johannes, abt
sant Mangen gotshaus zu Fuessen, als unsern von niderobrigkeit gerichts- 10
und gruntsherrn, ier aigen insigl hieran gehangen, doch ihren gnaden, dern
gotshaus und nachkummen an irer obrigkait herlichkaiten und gerechtig-
kaiten one schaden.

Beschechen den sechzehenten tag des monats martii von Christi
geburt gezelt funfzehenhundert sechtzig und ain jahr. 15

Holzgehow.*)

Zum achtenden, so seind alle gemaine vorweld in der ganzen pfarr
Aschau durchaus, kaine ausgenomen, in pann und verpott und holz auf den
verkauf darinnen zu hauen genzliche niedergelegt,[42]) also und dergestalt,
ob ainer oder mer wer, die sein hinfüron von dato diser ordnung bis zu 20
ausgang derselben auf dem verkauf vil oder wenig stamen in disen ein-
gelegten welden hauen oder niderschlagen wurde, der solle erstlich das
holz gegen ainer gemaint verwurkt haben, darzue der obrigkait von ieden
stamen ain gulden verfallen sein.[43])

Item was in Gunda sambt dem Gundawald von dem joch melk- 25
und galt-alb, hinder und vor dem joch, im Zerrwald vor dem Schneetall
arm und noter leuten ist, soll alles holz im pann ligen und den alben
gewertig sein, und was für holz darinnen geschlagen ist und noch ge-
hawen wirt, sollen die gewalthaber zu iren handen nemen und die ver-
brecher durch die obrigkait gestraft werden. 30

---

*) In B. Fol. 6—9 mit einigen späteren Einträgen und Correcturen. Wahr-
scheinlich aus dem J. 1597, wie aus der Correctur der Jahreszahl am Schlusse sich
ergibt. Gleichlautend mit in den Text aufgenommenen Correcturen und Zusätzen
in C.

42) Zusatz: auf 5 jar lang von dato dis an zue rechnen in pann und ver-
both gelegt, uff den Lech oder zue den heissern ze brüngen und also gar nicht
daraus zu verkaufen, als im vorwälldin von dem buechen ort hinauf dem Lech
nach bis an Schwarzenwasserbach, und von daselbsten hinein in Thanbach, vom
Thanbach binauf gögen joch in Krottenkopf, von daselbsten hinüber auf den
Gampell, von Gampell hinüber auf den grat nach in Ellonbrunnen, und von
dannen auf das buechen ort, item den wald oberhalb Schwarzwasser, von dannen
dem rainen nach in Wissbach, von Wissbach hinauf gegen joch in Saldenn, von
dannen hinüber dem gratt nach in das brünele, von deme in Schwarzwasser-
bach und dann ain wald under dem Gechtle, genant der Gunderwald, und die
welder binder joch, so wol auch der ganze wald under der galtalb, so an die im
Holzwinckel stost, und in Lenbach herab.

43) Zusatz: an den bergen, die ausserhalb und zue iedem ort kören, mag
ain ieder wol nuzen und niessen, wie von alters her gebreichig gewöst, aber
in thölern soll kainer nicht hacken bei hoher straf der oberkait.

So vil dann das gehulz, so disen lengs allenthalben in den vorwel-
den geschlagen worden ist,[44]) anbetrifft, das solle hiemit meniglichem auf
dem wasser zu verfücren und zu verkaufen oder ainichen kalch auf den
verkauf daraus zu prennen, es sei ausgebracht oder nit, durchaus genz-
5 lich und gar verpoten sein,[45]) aber dasselbig mag ain ieder zu notturft
seines haus gebrauchen, oder ainem nachpauren zum haus zu kaufen geben,
weliche das aber überfaren und darüber betretten wurden, dass sie sollich
holz aus der pfarr verfücren und verkaufen würden, denen soll das holz,
wo man das bekomen mag, genomen und darzue durch die herrschaft ge-
10 straft werden. Weliche auch auf heurigen lengs unzt her holz ausge-
bracht, verfuert und verkauft, oder kalch daraus gebrennt haben, die sollen
auch durch die herrschaft darumb gestraft werden. Welicher aber in
Schwärzenwasser hinder dem Tanpach, tanhalben ausser dem panwald, ain
zal holz, es were kurz oder lang, hacken wolte, es were reich oder arm,
15 dem soll es der enden, und sonst an keinem andern ort, erlaubt sein, doch
das si solliches dem mair zuvor anzaigen. Ob dann ainer oder mer zimer-
holz bedurftig sein wurden, die sollen die gewalthaber iedes orts darum-
ben ansprechen, und das mit irem vorwissen hacken, bei straf der herr-
schaft.
20   Es mag auch ain ieder prennholz, forhen und feuchten, sovil er zu
seiner hausnotturft praucht, an gebürenden orten wol hawen.[46])

Das pergle * und den Harlander betreffend, daran soll * und mag ain
ieder zu seiner hausnotturft holz hawen, welicher betreten wierdet, dass
er holz daselbst gehawen, verfücret und verkauft, können die gwalthaber
25 oder andere dasselbig holz bekomen, sol deme das genomen, und darzue
durch die herrschaft gestraft werden. Es soll auch ain ieder, der daselbst
holz hawen will zu notturft seines haus, das astach und afterschläg orden-
lich zu haufen werfen, weg und steg mit nichten verschlagen, damit das
vich sein besuech haben muge; weliche das aber nit thuen wurden, die
30 sollen der straf, und was inen darüber begegnen mechte, gewertig sein;
und was aniezo für holz am pergle und Harlander gehawen ist, es sei alts
oder neues, das soll kainer ausser der pfarr verfücren oder verkaufen, bei
obsteender straf der herrschaft.

Und ob schon etlich vil oder wenig der nachpaurn hinder dem Tan-
35 bach tanhalben ire zalen holz hawen wurden, so soll doch kainer macht
haben, die zal im astach zu verkaufen, bis die an den Lech gebracht und

---

[44]) *Zusatz:* und hinter der Ratsporren hinein unz an Danbach und Har-
lander.

[45]) *Zusatz:* ieder stam bei fl. 1.

[46]) *Zusatz:* an berglen und Kenpichl und Gachtschroffen.

* — * *ist durchgestrichen und später zugesetzt:* [enhalb des Lechs bis an
wald Harlander mag ain ieder holz hacken, was er zur notturft seines hauses
braucht, aber nicht auf den Lech oder in die kalchöfen, bei straf der obrig-
kait; dergleichen auch der ganz Küenbühl mag mit abtreibung aller mass und
gestalt, das holz zu irer nottuft zu hacken, erlobt sein, so wol der walt am
und auf dem Gachtschroffen; was aber den Harlander wald betreffen thuet, der
soll bis auf weitere beschaid der obrigkait in pann gelögt sein, darinnen
niemands gar nicht hauen soll].

durch den holzhaien ordenlich abgezelt worden ist, bei verlierung des holzes und straf der obrigkeit.

Ob dann ainer sein zal holz an den Lech ausgebracht hete und die selbs nit verfüeren wolt, sonder ainen ausleuder zu kaufen het, es were prigl oder lang holz, so soll ain pfarrsman fueg haben, daran zu steen, wie 5 das verkauft worden ist, doch das der kauf on allen folsch beschehe.

Es soll kainer, wer der sein mechte, weder puechen, schindel, scheffel- holz, zaunstecken, tachlatten, auch ahorn, velgen, axhölzer oder ander dergleichen laubholz, aus der pfarr oder dem gericht mit nichten verkaufen noch verfüeren, bei straf der herrschaft und verlierung des 10 holzes; ob aber ainer dergleichen holz aus aignen welden brechte, mag er damit nach seinem nuz und gefallen handlen.

Es soll sich auch ain ieder, der holz hawen will, es sei zu notturft seines haus oder sonst dermassen verhalten, damit dem wildpret an seinen stenden und dem federwiltpret an iren aspen kain verhinderung beschehe, 15 bei straf der herrschaft.

Item es soll auch kainer kain holz clain oder gross, nicht ausgenomen, vierzig schritt von den zeunen herdan hawen, sonder zu aufenthaldung der zeun steen lassen, bei straf der herrschaft.

So sollen auch alle jar in den vier orten, in ieden ort zween gewalt- 20 haber genomen, und durch den mair offenlich vor ganzer gemaind auf ain jar lang durch das glübt an aid statt besteet werden, die sollen alsdann neben der obrigkait macht und gwalt haben, was reuten und raumen, auch rettung der gemainden vor wasser, pesserung der weg und steg, auch andere dergleichen iedes orts zufel anbetrifft, mit ainem ieden nachpern zu ver- 25 schaffen, dass er sein gebürliche hilf in obsteenden fellen, wie es der gewalt- haber iederzeit für guet ansicht, thuen und erzaigen wolle; welicher sich aber dessen verwidern wurde, der soll durch die gewalthaber der obrig- kait für ainen ungehorsamen zur straf angezaigt, und darinnen niemands verschont werden. 30

Item, ob ainer oder mer prennholz ausserhalben der pfarr kauft und kalch daraus prennen würde oder wolte, der soll schuldig sein, den gewalt- habern anzuzaigen, vom wem er das und wie viel er aigentlichen kauft habe, damit nit ander gehulz, so er aus diser gemaind gebracht, auch dar- under verprennt, und also aller vortail verhüet und guete ordnung ge- 35 halten werde; ob sich aber befinden würde, darauf der holzhai und die gewalthaber ir vleissig aufsehen haben sollen, dass ainer oder mer solchen vortail gebrauchten, die sollen der obrigkait zur straf angezaigt werden.

Im faal sich auch im grund befünde, dass der gwalthaber, albmaister oder holzhai die ubertretter diser ordnung in ainem oder mer articlen, 40 wie vorsteet, nit anzaigen würden und doch solliches gewiss sich aber one das befund, alsdann so sollen dieselben gewalthaber, albenmaister und holzhai an der ubertretter statt durch die herrschaft unnachlüsslich ge- straft, und im selben irer nit verschont werden.

Da sich auch begebe, dass ainer oder mer, wer die weren, wider den 45 pfandgewalthaber, albmaister und holzhaien in iren verwaltung und an- zaigungen, in was artigglen das were, mit worten oder werken thuen und handlen oder inen in iren aufmanungen nit gehorsam laisten wurden, oder

wolten, dieselben sollen durch ir ieden angezaigt, und alsdann durch die
obrigkait gestraft werden.

Wann dann die albmaister und gewalthaber die raitung auf ain be-
stimbten tag verkünden lassen werden, so soll ain ieder bei seinen pflich-
5 ten und gueten treuen ordenlich anzaigen, was und wie vil ain ieder
zu vil oder zu wenig ausgeschlagen habe, und si die gewalthaber und alb-
maister also umb alle sachen erbare raitung und anzaigung vor der obrig-
kait oder in namen irer dem mair thuen.

Item, wann ainer oder mer, wer die sind, von ganzer gemaind wegen
10 gen Füessen oder Reuten gesant wierdet, so soll ime ieden tags für seine
zerung und belonung gen Füessen zwainzig kreuzer und gen Reuten zwelf
kreuzer geben und passiert werden.⁴⁷)

Und damit dann auch unter uns den gerichtsleuten in der pfarr
Aschaw alle guete ordnung, erbarkait und mannszucht erhalten werde, so
15 will vorgemelter herr prellat, als unser gd. grunt-, gerichts- und lehens-
herr, alle quotember doch zu irer gnaden gelegenheit, alhie in der Aschaw
quotember-recht halten, damit die übertretter diser ordnung und andere
zu geburlichen straf gebracht, ainer neben dem andern wonen und hausen,
und also in allen guete ordnung gehalten werden.⁴⁸)

20 Auf dass sich aber der unwissenhait durchaus niemand zue ent-
schuldigen, so ender sich in allweg diser ordnung zu verhalten habe, so
ist dise ordnung offenlich vor ganzer gemaind der pfarr Aschaw verlesen,
und also durch meniglich, reich und arm. auf fünf jar lang, die negsten
nach dato, zu halten und der vleissig nachzukommen angenomen worden.
25 zu verkünt- und becreftigung derselben

so haben hievor im anfang eingefüerte personen, allain ausschuss
vom ganzen gemaint, mit dienstlichem vleiss und ernst erbeten den ern-
haften und furnemen Mangen Payerhof, schreibern des gotshaus Füessen,
anstatt und in namen des erwirdigen in got und gaistlichen herrn Ma-
30 thiases abtes obermelts gotshaus zu Füessen, unsers grunts-, gerichts- und
lehenherrns, dass si ir aigen secret abteiinsigl, doch iren gnaden, dero gots-
haus insigl und nachkomen an irer obrigkait herlich- und gerechtigkait in
all anderweg one schaden, offenlich hiefür trucken lassen.

Beschehen den 30. ⁴⁹) juli nach Christi, unsers lieben herrn und
35 seeligmachers, geburt tausent fünfhundert und in dem zwai ⁵⁰) und neun-
zigisten jar gezellt.⁵¹)

---

⁴⁷) Zusatz: Es soll auch ein mair in der pfarrkirch ausserhalb der obrig-
kait schaffen und bevelch gar nicht verkünden oder verlösen, und iederweilen
was anzubringen sein wieret, für die kirch bieten und alda verrichten bei straf etc.

⁴⁸) Zusatz: Dieweil nur ein ganze ersame gemaint in den drei orten der
pfarr Aschaw den zehenden von unsern gnedigen herrn den prelaten des gots-
haus Füessen auf 6 ganzer jar lang laut der spanzötlen erkauft haben, soll ain
ieder bei seinen aid anzaigen, und mit beweisung baumans, wievil er ausge-
seet hab, bei straf iedes mezens ains gulden.

⁴⁹) corr. 3.
⁵⁰) corr. 7.
⁵¹) Das Wort durchstrichen.

2. Hechenbach.

(Nach Nr. 24.)

Pergamenthds. v. Jahre 1689, Fol. 6 Bl. im Besitze des Hrn. Jos. A. Lumper in Holzgau.

Ordnungsbrief für Hechenbach, Dürnau und Gföll im obern Lechtal.

Wir Karl von gottes genaden, herzog zu Lothringen und Baar, röm. kai. mayt. gevollmeobtigter gubernator der ober- und vorderösterreichichen fürstenthumben und landen, bekennen offentlich mit diesen brief und thuen kunt menigelichen, demnach die gesamte gemainsleut am Hechen- 5 bach, Dürnau un Gfüll in obern Lechtall des mehreren unterthünigist zu vernemben gegeben, welicher gestalten sie untern achten manats marty verweilten sechzehenhundert achtunachtzigisten jahrs mit wissen und verwilligung des Ehrnbergischen pfleg- und vorstmeisterambts zu besserer conservierung thail und gemain, und in sunderheit der waldungen und 10 helzer, wegen anleg- und auferpauung neuer hofsett nachfolgende ordnung, — iedoch in allweeg allergnedigisten lantfürstl. herrschaft an der superiorität, hochheit, regalien und herrligkeiten durchauss unvergriffen, — aufgericht haben, von wort zu wort also lautet:

Kunt und offenbar sei hiemit meniglichen mit disen gemaints-, saz- 15 und ordnungsbrief, das obwohlen die gemaint und nachparschaft am Hechenpach, zu Langen, Dirnau und auf Gfäll, alles der pfarr Holzgau des obern Lechthalls, gerichts Ehrnberg, gelegen, bereits im dato driten tag manats april des sechzechenhundertachtundsibenzigisten jahrs ain gewisse ordnung, wie es in besagter gemaint firohin mit erpauung der neuen 20 behausungen observiert und gehalten werden solle, aufrichten und bei obrigkeit ausfertigen lassen, die bisherige erfahrung iedoch so vil mit sich gebracht hat, dass selbige ordnung dem gemainen nuzen anhero vil mer schedlich und nachthailig, als nuzlich gewesen, indeme dadurch thail und gemaint geschmällert und zumahlen die gemains-waldungen und hölzer 25 solchergestalten geschwächt und abgetriben worden, oder nooh würden, dass man allein zu reparier- und erhaltung der alten behausungen die notturft an holz schwerlich mer gehaben mag, sonder dieselben entlich auß mangel des holzes ab und zu grunt gehen lassen mieste, auß welichen disen ursachen dan her benambste nachparen und gemainsleut an besagten 30 Hechenpach, zu Langen, Dirnau und auf Gfäll dahin verlaitet und getrungen worden, zu abwendung noch merers derglcichen einreissender unordnungen und schedlichen consequenzien, anheut zu beschluss gesezten dato, den oballegiert vorigen gemainsordnungs-brief vom driten april anno sechzechenhundertachtundsibenzig hiemit und in kraft diss, iedoch an- 35 derer gestalten nit, als auf guothaisen und bewilligen des Ehrnbergischen pfleg- und waldmaisterambts, genzlich zu cassieren, abzuthuen und aufzuheben, und dargegen zu steuer- und erhaltung des gemainen nuzens mit gemainhelligen verlieben nachfolgent neue gemains- saz- und ordnung zu stabilieren. 40

Als nemblich und erstens, so ist entlichen abgeredt, firgesechen, geordnet und beschlossen worden, das firohin und in das konftig am bestimbten Hechenpach, zu Langen, Dirnau und auf Gfüll weder ain noch dem andern gemainsmann, er sei ledigs oder verheirats stants, arm oder
5 reich, auf die gemaind oder sonsten aigenen grienen waasen und grunt, so mit kainer hofstats-gerechtigkeit firsechen ist, ain neue behausung, es seie gleich, unter was vorwant es immer wolle, zu erpauen kaines weegs mer zuegelassen, noch verstattet werden, sonder hievon genzlichen abgewisen und geschiden sein solle. Wofern aber, fürs
10 Ander, ain oder ander nachpar und gemainsman auss ihnen genuegsamb bogreiflicher massen mit ainer alten haushofstat vorgesechen wern, deme solle darauf ain ainfache behausung zu pauen unverwehrt sein, iedoch anderer gestalt nit, als mit diser austrücklichen condition, dass er nemblich in den gezirk derselbigen alten hofmark verbleiben und mit dem
15 gebei derselben lenge und praite nit überschreiten soll. Und indeme nun, Drittens, von dem Ehrnbergischen pfleg- und waldmaisterambt inhalt ergangener decreten dem maister Josephen Haimb, Adamen Singer und jungen Christian Klozen, iedem besonders, ain haus zu erpauen zuegelassen und verwilliget worden, als soll es bei deme noch fir dißmahl und
20 ohne weitere consequenz sein bewenden haben. Allain ist von seiten der gemaind hingegen neben deme, dass ieder allain ein ainfache behausung zu erpauen macht haben solle, bedingt worden, dass sie drei jenigen unkosten, so vor ainem jahr Christian Kapeler und Hanns Friz Zoller, als gemains- ausgeschossne, wegen Jacoben Permans neuen hauspaus aufge-
25 wendt, auch was über dise neugemachte gemainsordnung ergangen und noch über die ausfertigung des briefs ergehen wirdet, der gemaind ohne alle entgeltnus abfüchren und bezahlen sollen, zu welichen der Singer und Cloz auch also eingewilliget, der Haimb aber sich darzue nit verstehen wöllen. Und dise obstehent so verfasste neue gemains-ordnung firohin
30 iederzeit wahr, vest stehet, und unverbrichlich zu halten und darwider keines weegs zu handeln, haben die ehrsamben Christian Schneller, dorfgewalthaber, Tobias Hamerle, Georg Locs fir sich selbs und anstat Elias Loesen, Hanns Weissenbach, Oswalts seel. sohn, Hanns Walch, Hanns Friz, Hanns Nagl, Christian Falger, Michael Falger, Hanns Jacob Falger,
35 Georg Khuen, Christian Schneller, in vertrettung seiner schwester Anna, Jacob Walch, Hanns Jacob Bischoff, Hanns Jacob Falgers erben, Hanns Georg Khuen, Erhart Scharff, Simon Stainer, Hanns Pader, Georg Knittl, Johann Khuen, messner, Hanns Krapfl, Peter Permann, Georg Haneberger, Andree Bischoff, Hanns Falger, Hanns Khuen, Hanns Hueber, Hanns
40 Friz Zoller, Simon Perman, Hanns Maldonner, Sebastian Khuen, Christian Hueber, Jeremias Khuen jung, Christian Khuen, Peter Knitl, Hanns Lumpper, Georg Perman, Thaman Pfeifer, Christian Perman, der alt, Hanns Perman, Christian Perman jung, Baptista Schmidt, Ferdinand Falger, Hanns Gaimb, Jacob Perman, Peter Knitl, Christian Lang fir sich
45 und Hanns Georg Langen, Christian Hueber, Christian Knitl, Partlmes Langens seel. erben, Hanns Pader, Georg Khuen fir sich und Mathes Losen, Christian Kapeler fir sich und Christian Walchen, und Hanns Loes, miller in Asum, alle fir sich und ihre nachkimblinge, dem firnemben

Christian Falger, gerichtsverpflichten in obern Lechtall, anstat hernach-
benambst ihrer freiherrlich genaden des herrn pflegers zu Ehrnberg etc.
mit mund und handen angelobt, zuegesagt und versprochen, auch ihnen
dise gemaindsordnung geschriben und gesigelt mitzuthailen gebetten, so
verwilliget, alles getreulich ohn geverde. Hierauf so hat zu wahren urkunt, 5
auch ratificierung alles dessen, iedoch der lantfürstlichen, allergnedigsten
herrschaft an dero superioritet, hochheit, regalien und herrligkaiten
durauss unvergriffen, der hochwolgeborn herr herr Franz Carl Freiherr
von Rost zu Aufhofen und Kelburg, herr zu Singen und Megtberg, der
röm. kais. mait. etc. rath, obrist-leitenant, commandant und pfleger der 10
vestung und herrschaft Ehrnberg, disen brief mit dero freiherrlichen in-
sigi, doch dero in allweg unschedlich, behengt, und sollichen also damit
bekreftigter obinserierten gemainsleuten zu ihrem behuef begerter massen
zuegestelt. Bei aufrichtung dieser gemainsordnung, auch deren beschechner
anlob-, und darbei erstatter siglbittung seint requirierte gezeugen gewesen 15
die ehrbarn Christian Strobl und Christian Nagl, beede zu Holzgau, berets
obern Lechtalls, gerichts Ehrnberg gesessen.

Beschechen den achten tag monats martii Christi geburt in sech-
zechenhundert-achtundachtzigisten jahr.

Wann wür dann ietzt besagter gemainsleut aufgerichten ordnungs- 20
brief vorstendig, nuzlich und in allen dergestalten beschaffen befunden,
dass wür gnedigist kein bedenken, solliche als der o. und v.-ö. landen ge-
vollmechtigter gubernator genemb zu halten, iedoch in allweg mit wider-
holtem beisaz, das selbe der landfürstlichen allergnedigisten herrschaft an
dero superioritet, hochheit, regalien und herrligkaiten durchauss unver- 25
griffen seie und verbleibe,

Als ratificieren und approbieren dickerholten ordnungsbrief, iedoch
auf widerrueffen und wolgefallen, sambt allen dessen articlen hiemit und
in craft diss gnedigist und wollen, das selbigem durchgehents nachgelebt,
und niemand deme zuwider handeln gestattet, sondern sie gemainsleut da- 30
bei hantgehabt werden sollen. Urkuntlich mit unserm vorgetruckten
herzoglichen insigl verfertiget.

Datum Ihnsprugg den ailften iuly anno sechzechenhundert-neun-
undachtzig,

Niclas g. z. Ladron.   35
Balthasar v. Bärenfeld.

Commissio serenmi: dni.
ducis in consilio arcano
superioris Austriae.
J. E. Weinhart.   40

Ergänzungen und Berichtigungen.

Zum I. Theil.

Seite 271, Zeile 12 lies: bösern statt: bessern.
„ 272, „ 2 „ mit fülgen statt: mitfolgen.
„ 282, „ 11 „ ausezung statt: ansezung.

Zum II. Theil.

Nr. 20. Bauding von Aschau. Nachträglich hat sich hievon A eine Perg. Urkunde „Bauding in der Aschau" 1499 Fol., 6 Bl. und B ein weiterer Text in „Instrument Aschauischer übernehm- und huldigung wie auch aller brieflicher gerechtigkaiten 1610 Pap., Fol, 56 Bl." auf Bl. 16—21 im k. k. Statthaltereiarchiv zu Innsbruck gefunden. Eine Vergleichung mit dem gedruckten Texte hat folgende Varianten und Correcturen ergeben:

Seite 99, Zeile 3 abrechnen statt: anrechnen.
„ 100, „ 4 Stützbach statt: Stürzbach.
„ „ „ 7 Warenpach statt: Wehrenbach.
„ „ „ „ über den grat über statt: über den grat.
„ „ „ 10 Letzin A statt: Letzen.
„ „ „ 14 25 schilling pfeuning statt: 25 schilling.
„ „ „ 25 nach „Füssen" „und ainem phleger zu Erenberg" A.
„ „ „ 32 f. pann statt: poen.
„ „ „ 35 tail statt: urtail.
„ „ Anm. 1 die Handschriften nicht.
„ 101, Zeile 1 nach allweg „in der hant haben, pis es dem menschen an das plut get, so soll ain abt den stab".
„ „ „ 3 käm und auf die wies und auf die schrann.
„ „ „ 12 zu statt: von.
„ „ „ 13 Dienst. Die Handschriften haben hier zuerst folgende zwei Sätze:
Wir seind auch schuldig, das futer zu füren auch von Füssen oder von Vils uff das schloss Eremberg.
Wir seind auch schuldig jarlich uff vasnacht ainem abt zu Füssen und ainem phleger zu Eremberg iedwederem 50 huener.
„ „ „ 16 meins gl. statt: aines.
„ „ „ 19 hoffprot statt: hausbrot.
„ „ „ 20 nach herrschaft „von Österreich".
„ „ „ 33 ob statt: do.
„ „ „ 36 darum statt: darüber.
„ 102, „ 9 ungelt statt: umgelt.
„ „ „ 11 kainer von Füssen zu Füssen pfenten.

Seite 102, Zeile 12 da selbs recht statt: das selbe.
„ „ „ 17 hiedishalb statt: enthalb.
„ „ „ 23 ir statt: im.
„ „ „ 33 haissen statt: lassen.
„ „ Anm. 4 in haben auch die Handschriften.
„ 103, Zeile 13 das statt: der.
„ „ „ 18 kain erb statt: kainer.
„ „ „ 19 understan statt: unterziehen.
„ „ „ 25 ain statt: die.
„ „ „ 25 nach vergolten werden, „so sol ain mair das fürn, mag aber nit vergolten werden".
„ „ „ 34 das ain frau statt: die frau.
„ „ „ 35 trett A. tregt B. statt: tragt.
„ „ „ 42 reitten statt: reuten.
„ 104, „ 20 demselben mair statt: ainem mair.
„ „ „ 31 nach wein „und zu fassnacht vier mass".
„ 105, „ 15 umb sein geltschuld, man.
„ „ „ 16 ist er der schuld gichtig A.
„ „ „ 21 An ain fürsten ze werben statt: Fürstenziechen.
„ „ „ 23 mitreiten statt: einreiten.
„ „ „ 24 Horrenbach statt: Hornbach.
„ „ „ 30 den obbenanten zins.
„ 106, „ 17 lützell statt: wenig.
„ „ „ 27 geloben statt: glauben.
„ „ „ 31 aine herrschaft darbei schirmen und behalten.

Hierauf folgt in beiden Handschriften: Es seind auch unsere recht, ob ain abt zu Füssen oder ain phleger zu Erenberg di obgeschribnen artikl nit glauben wollte, so sollen acht oder zwelf aus den nachpauren nemen und di sollen das mit dem aid behalten, das in das wissentlich sei, daz daz also von alter recht und herkomen sei und dabei es beleiben.

Ob aber ichts vergessen were, das sich hernach erfünde mit ainer warheit, das soll iedwederem taill onschedlich sein an iren rechten.

Seite 296, Zeile 28 lies: auslosen statt: auflösen.

INHALTS-ÜBERSICHT.

———

Im Verlage

von Wilhelm Braumüller, k. k. Hof- und Universitätsbuchhändler in Wien,

sind erschienen:

Silberstein, Dr. Aug. Denksäulen im Gebiete der Cultur und Literatur. gr. 8. 1879.   3 *fl.* 50 *kr.* — 7 *M.*

> Inhalt: Abraham a Sancta Clara, Barfüssermönch und Humorist. — Ulrich von Lichtenstein, der ritterliche Minnesänger und seine Abenteuer. — Teufel und Hexen in Geschichte und Sage. — Neidhard Fuchs, der Bauernfeind. — Der Holzmeister von Nasswald und seine protestantische Colonie in den österreichischen Alpen.

> Gründliche Forschung mit künstlerisch darstellendem Geiste zu verbinden, diese eben so schöne wie schwierige Aufgabe hat der bisher als Dichter berühmte Autor in der Reihe dieser originellen und interessantest ausgewählten Essays gelöst, so dass ein in seiner Art seltenes, ein zugleich gelehrtes und doch unterhaltendes Buch vorliegt. Dessen, historische Personen und Epochen zugleich umfassender Inhalt bietet durch wissenschaftliches Materiale den Fachberufenen mannigfaltig Neues und dem allgemein gebildeten Publikum, in reizvoller, plastischer Stylistik und Form, ungewöhnlich anziehenden Lesestoff, welcher unter dem Titel „Denksäulen" vereinigt, sowohl in wissenschaftlichen Bibliotheken, wie in den öffentlichen allgemeinen und besonders auch im gebildeten häuslichen Kreise seinen Platz bevorzugterweise sicher erwirbt.

Svátek, Jos., in Prag. **Culturhistorische Bilder aus Böhmen.** gr. 8. 1879.   3 *fl.* — 6 *M.*

> Inhalt: Die Hexenprocesse in Böhmen. — Die Alchemie in Böhmen. — Adamiten und Deisten in Böhmen. — Ein griechischer Abenteurer in Prag. — Die Guillotine in Böhmen. — Bauern-Rebellion in Böhmen. — Schiller in Böhmen. — Die Rudolphinische Kunstkammer in Prag. — Die Zigeuner in Böhmen.

> Culturhistorische Studien verschaffen sich immer mehr Eingang in die ernster denkenden Schichten der Gesellschaft, denn allmälig bricht sich überall die Ueberzeugung Bahn, dass nicht die trockene politische Geschichte, sondern die Culturgeschichte allein ein treues Bild des Lebens und Schaffens eines Volkes zu geben vermag. Durch diesen Grundsatz geleitet, zeichnet der Verfasser des genannten Werkes auf Grund langjähriger Studien und Forschungen einzelne Partien aus der Culturgeschichte Böhmens, ein Feld, das bis zum heutigen Tage noch grösstentheils brach liegt und doch viel des Interessanten und Wissenswerthen in sich birgt. Es war daher eine lohnende Arbeit, die verschiedenen Aeusserungen des Geistes- und Volkslebens in Böhmen durch lebensfrische Darstellung dem Leser vorzuführen, wie dies in den „Culturhistorischen Bildern aus Böhmen" geschieht. Auch so manche unrichtige oder irrthümliche Angabe in Bezug auf Thatsachen und Persönlichkeiten, die bisher willig geglaubt und für baare Münze genommen worden war, wird hier berichtigt, sowie überhaupt das in diesem Werke verarbeitete Materiale durchwegs auf vollgiltigen Quellen basirt und dem grössten Theile nach zum ersten Male in die Oeffentlichkeit gebracht wird, ein Umstand, der das Interesse an diesem Werke jedenfalls nur noch steigern dürfte.

Wolf, Adam, k. k. Regierungsrath, Director des k. k. Theresianum. **Geschichtliche Bilder aus Oesterreich.** 2 Bände. 1. Band: Aus dem Zeitalter der Reformation. (1526—1648.) 2. Band: Aus dem Zeitalter des Absolutismus und der Aufklärung. (1648—1792.) gr. 8. 1878. 1880. à 4 *fl.* — 8 *M.*

> Das genannte Werk enthält eine Culturgeschichte Oesterreichs aus der Reformationszeit, und zwar in biographischen Denkmalen, auf Grund von eigenhändigen Aufzeichnungen. Geschildert sind im 1. Bande: Georg Kirchmair, die Wiedertäufer, Bartelme und Fr. Christoph Khevenhüller, Marx Sittich, Erzbischof von Salzburg, Hans Ludwig von Kufstein, Graf Slavata und Wolf Adam Pachhelbel; im 2. Bande: Maria Elisabeth Stampfer, Graf Sigmund Joachim von Trautmannsdorf, Fürst Ferdinand von Schwarzenberg, Graf Sigmund Friedrich Khevenhüller, Graf Carl von Zinzendorf, Friedrich Riedel und die Aufklärung. Städte und Bürger. Der Gelehrte, der Staatsmann, wie das grosse Publikum werden sich an diesen „geschichtlichen Bildern" erfreuen, die wie eine Sammlung von Portraitkupferstichen den Reiz der unmittelbaren Darstellung und künstlerischen Form an sich tragen.
